建纬律师文库

工程总承包
实务问答

朱树英 著

法律出版社
LAW PRESS·CHINA

目 录
Contents

中篇 | 实务问答

下篇 | 典型案例

超前、务实、至诚、优质

——建纬律师事务所“八字所训”何以成为专业发展之源泉

朱树英

伴随着参与国家主管部门关于工程总承包的立法进程，通过一年的努力，共约60万字的书稿终于完成并交付出版社。这是我个人的第10本专著，也将作为我个人10本专著撰写计划圆满的收官之作。我曾经说过，著书就是律师的人生，立说就是律师的成功。作为专业律师，要具备不断总结法律实务、提升理论水平的能力，而写作则是律师不断提升自我的必然选择。我主编的专业书籍有30多本，近1500万字；而作为独立作者撰写、出版的专著加上本书共有10本。律师专著作为司法领域一派一家的学术研究成果，必须建立在充分、扎实的司法实践基础上，应该是律师个人丰富的司法实践经验并结合自己的法律思考，经过一系列归纳、分析、研判、总结基础上的提升和总结。

回顾我在18年间完成共约470万字这10本专著的写作过程，感慨良多。

2001年12月，由法律出版社出版共41万字的第1本专著《建设工程法律实务》；

2002年9月，由法律出版社出版共46万字的第2本专著《房地产开发法律实务》；

2007年3月，由法律出版社出版共52万字的第3本专著《工程合同实务问答》；

2016年8月，由法律出版社出版共77万字的第4、第5本专著《墨斗匠心定经纬》一套（上、下册），包含《建设工程疑难案件办案思路与执业技巧》和《房地产开发疑难案件办案思路与执业技巧》；

2018年3月，由知识产权出版社出版共75万字的第6、第7本专著《苦寒磨砺筑方圆》一套（上、下册），包含《律师演讲技能提升之道》和《律师演写作技能提升之道》；

2018年12月，由知识产权出版社出版共67万字的第8本专著《未雨绸缪控风险——施工合同证据"两分法"及管理"三要诀"》；

2019年2月，由知识产权出版社出版共49万字的第9本专著《责任与使命——担任上海市政协常委十年的六十个提案》；

2020年由法律出版社出版的共60万字的本书《工程总承包实务问答》，则是我的第10本专著。

本书涉及当下最前沿的建筑产业转型升级的工程总承包的法律实务，许多读者除了不时地询问、关注本书稿何时能够正式出版外，问得更多的问题则是：您在律师执业的同时，究竟是什么让您有撰写十本专著这么大的动力、精力和毅力？其实这个问题的答案很简单，建纬律师事务所在建所时就确定了"超前、务实、至诚、优质"的八字所训，这正是整个建纬律师乃至于我个人在专业发展道路上不断进取的无尽源泉。

一、承担《完善工程发包模式研究》课题的专业动力

有关本书的成稿或者说写作的动力来源，离不开我担任国家住房和城乡建设部《完善工程发包模式研究》课题组负责人的工作。

（一）根据国家关于加快推行工程总承包的政策文件，建纬律师事务所积极参与国家主管部门有关工程总承包的立法课题研究

2017年2月21日，国务院办公厅印发《关于促进建筑业持续健康发展的意见》（国办发〔2017〕19号），提出加快推行工程总承包，装配式建筑原则上应采用工程总承包模式，政府投资工程应完善建设管理模式，带头推行工程总承包。随

着建筑业改革的深化和国家相关政策文件的落地,工程总承包模式在国内得以快速发展。为了保证工程总承包模式的健康发展、促进建筑业深化改革,制定和完善工程总承包的相关法律法规和为工程总承包项目参与当事方提供专业、高效、优质的法律服务,对专业律师提出了新的、更高的要求。

2017 年 7 月 25 日,建纬律师事务所受国务院住房和城乡建设部、中国石油和化工勘察设计协会委托,承担了《房屋建筑和市政基础设施项目工程总承包管理办法》(以下简称《总承包理办法》)的起草工作。在此基础上,2018 年年初,建纬律师事务所受住建部建筑市场监管司委托,成立了《完善工程发包模式研究》课题组,由我担任组长,中国勘察设计协会建设项目管理和工程总承包分会会长荣世立及上海市建纬律师事务所工程总承包部主任、高级合伙人韩如波担任副组长。课题组的主要工作包括两方面:一方面是通过进一步修改和完善《房屋建筑和市政基础设施项目工程总承包管理办法(征求意见稿)》,促进工程设计、采购、施工等各阶段的深度融合,提高工程建设质量和效益,指导工程总承包实践,为完善工程总承包更高层级立法奠定基础;另一方面是通过修订《工程总承包合同示范文本(试行)》(GF-2011-0216)并制订配套的设计分包合同、设备材料采购分包合同、施工分包合同、项目管理协议示范文本,指导当事人的签约行为,明确工程总承包各方主体的权利和义务。

我们对现有全部法律、行政法规、部门规章关于工程总承包的规定以及中央、地方关于工程总承包的规范性文件进行了收集、梳理,重点分析了自住建部发布《关于进一步推进工程总承包发展的若干意见》(建市发〔2016〕93 号)以及国务院办公厅发布《关于促进建筑业持续健康发展的意见》(国办发〔2017〕19 号)大力推行发展工程总承包以来各地制定的工程总承包政策性文件。同时,在上海、杭州、成都等多地多次以召开研讨会、论坛等形式向中华全国律师协会建房委、有关主管部门及从事工程总承包的设计单位、施工单位、咨询单位开展工程总承包立法调研,听取各行业代表所提出的呼声、意见和诉求。

在 DB/EPC 合同示范文本起草中,课题组以我国法律法规和政策文件为主要依据,结合近年来国内外工程总承包市场的发展实践,借鉴了国际咨询工程师联合会(FIDIC)2017 版《生产设备和设计—施工合同条件》(以下简称黄皮书)和 2017 版《设计采购施工(EPC)/交钥匙工程合同条件》(以下简称银皮书);以同样借鉴FIDIC合同条件编写的2017版《建设工程施工合同(示范文本)》(GF-2017-0201)为蓝本,意在与FIDIC合同保持一致,同时符合我国工程领域的实践;并以其他相关工程总承包合同包括住建部2011版《建设项目工程总承包合同示范文本(试行)(GF-2011-0216)》和九部委2012版《标准设计施工总承包招标文件》为辅助参考。

经过一年多的深入研究、讨论和修改,2018年年底,课题组圆满完成了《房屋建筑和市政基础设施项目工程总承包管理办法(送审稿)》,完成了《建设项目设计施工总承包合同》(《DB合同》)和《建设项目设计采购施工总承包/交钥匙工程合同》(《EPC合同》),以及与之相配套的设计分包、设备材料采购分包和施工分包合同示范文本。2019年5月10日,中华人民共和国住房和城乡建设部办公厅与国家发展和改革委员会办公厅联合下发《关于征求房屋建筑和市政基础设施项目工程总承包管理办法(征求意见稿)意见的函》,向各省级住房和城乡建设主管部门、发展改革部门征求意见。

除了《完善工程发包模式研究》课题以外,近十年来,建纬律师事务所作为国家住建部建筑市场监管司、上海市建设管理委员会以及多地建设主管部门的法律顾问,承担了国家和地方政府的多个立法课题研究。2011年,建纬律师事务所参加住建部建筑市场监管司修订1999版《建设工程施工合同(示范文本)》(GF-1999-0201)课题组;2012年,建纬律师事务所成为住建部制订2013版《建设工程施工合同(示范文本)》(GF-2012-0201)课题组组长单位;2013年,建纬律师事务所独家完成了2013版《建设工程施工合同(示范文本)》(GF-2012-0201)的国家宣贯和各地住建主管部门的宣贯工作;2014年,建纬律师事务所获《建筑工程施工转包违法分包等违法行为的认定查处管理办法》课题组任命,配合国务院开展的"工程质量两年治理行动",独家完成了该管理办法的起草工作,并经过半年时间完成课题研究、论证,使该办法即建市(2014)118号文件于当年10月1日得以施行;2015年,建纬律师事务所完成住建部修订《建筑工程施工合同管理办法》课题研究;2016年,建纬律师事务所完成住建部修订《建筑工程施工专业分包合同(示范文本)》《建筑工程劳务分包合同(示范文本)》课题工作;2017年,建纬律师事务所完成住建部2017版《建设工程施工合同(示范文本)》(GF-2017-0201)的修订工作,参与《房屋建筑和市政基础设施项目工程总承包管理办法》课题组,为该办法起草单位，我担任副组长；2019 年 8 月，建纬律师事务所入选国家发改委的《政府投资项目事中事后监管研究》课题组，我担任负责人。

建纬律师在发展和承担律师业务的同时，在我的带领下承担了上述多个专业研究课题，可以说任务是艰巨而繁重的。尤其是 2019 年，可以说是建纬的“课题年”：5 月，完成住建部组织的《建筑工程施工发包与承包违法行为认真查处管理办法》全国宣贯工作；6 月，完成住建部和国家发改委联合征求修改意见的《房屋建筑和市政基础设施项目工程总承包管理办法》送审稿；7 月，完成住建部委托起草的《施工企业简易劳动合同（示范文本）》讨论稿；8 月，完成住建部委托的《全过程工程咨询服务合同示范文本》讨论稿。同月，建纬律师事务所作为全国唯一一家入选的律师事务所，承担国家发改委投资司《政府投资项目事中事后监管制度研究》课题研究；9 月，完成住建部和国家工商管理总局的《建设项目工程总承包合同（示范文本）》初稿；同月，完成《政府投资项目事中事后监管办法》初稿。可以说课题工作一个接一个，但在我的带领和资深律师的积极带动下，通过建纬专业律师们的共同努力，一次次攻坚克难，按时且高质量地完成了课题任务。要问我这是依靠什么样的动力？我认为这完全得益于建纬人“超前、务实、至诚、优质”的建纬担当。

（二）不忘初心，方得始终。建纬律师事务所建所之初确定的“超前、务实、至诚、优质”八字办所方针，引领建纬人坚持走专业化道路，成为建纬律师事务所专业发展之源泉

1992 年年底，建纬律师事务所由上海市司法局特批成立。建所之初，我便将“超前、务实、至诚、优质”的八字办所方针确定下来。27 年来，我和建纬律师把这八个字作为自己的执业理念，坚持走专业化道路，一直以实际行动诠释“超前、务实、至诚、优质”。

1. 超前，即敢为天下先。努力走在同行前列，争做行业的领路人。在专业化道路上不断创新发展服务模式和服务产品；与市场和法律变化同步，不断适应专业服务新需求和新要求；主动研究最新课题，积极参与立法活动。

“敢为天下先”是时任上海市司法局局长薛明仁为有关我所的第一本著作《建纬律师之路》写的亲笔题词。建纬的超前，就是要走在同行前列，争做行业的领路人。

1992 年,我们所正是作为律师制度改革的一个试点,经上海市司法局特批成立的,成为中国大陆首家以城市建设为主要服务对象的一体化专业律师事务所。可以说,我们命中注定就是要成为“第一个吃螃蟹的人”。到了 1994 年,按照与司法局的约定,我所要与建委彻底脱钩。在这个抉择的关头,当时的我们坚信“时代的波澜在上海这个现代都市里充分体现,而律师和他所在的事务所应该站在时代的潮头。”在同行观望之时我们迈出了坚决的步伐,最终在 1995 年 11 月 8 日正式转制为合伙所,而当年的上海,只有两家律师事务所完成了国办所向合伙所的涅槃。

在专业化的发展道路上,我们坚信专业律师事务所的法律服务质量是与不断创新发展的服务模式和服务产品连在一起的,律师事务所如长期墨守成规,只能提供单一或固定模式的服务,必将被淘汰。建纬律师事务所在为众多企业和重大项目提供法律服务的同时,也不断推出新的服务模式和产品。可以说,建纬律师事务所是中国最早系统从事房地产开发非诉法律服务的律师事务所。我在 2002 年 9 月出版的第二本个人专著《房地产开发法律实务》中,以已获得成功的可供借鉴的律师非诉讼服务实例,比较系统地介绍了律师如何扩大法律服务内容、如何给房地产开发商提供全过程法律服务,以及开发过程中前期开发、施工营建和房屋销售三个阶段的法律服务模式,这对律师拓展在房地产开发领域的法律服务以及律师的专业化发展具有启示意义。以至于不少专业律师都说:“就是看着《建设工程法律实务》和《房地产开发法律实务》这一套介绍法律实务操作的专业书,才走上了律师专业化发展的道路。”

市场和法律的变化,以及相应的法律服务的需求变化,也不断对我们中小律师事务所,尤其是从事建设工程和房地产领域的律师事务所提出了很多需要研究解决的新问题。从某种意义上说,律师的建筑房地产领域的专业法律服务正是市场和当事人的法律服务需求所促成、所决定的。为了在专业道路上更进一步,建纬大力研究前沿课题,积极参与立法活动。要成为第一个吃螃蟹的人,除了需要勇气与魄力之外,怎么找到螃蟹、怎么吃螃蟹都是绕不过去的问题。我们始终专注于建筑房地产领域的专业研究,就律师的执业行为来看,主要是处于司法领域下游的法律实践之中。然而,我认为,好的律师应当自发地参与上游的立法工作。

只有如此，才能提高自身对法律的理解与操作能力。建纬先后参与了很多法律、法规、部门规章、司法解释的讨论并提供专业修改意见；受行政主管部门和行业协会委托，协助起草若干合同示范文本，以至于我2019年入选《中国工程咨询博物馆》名人堂时，给我的评价是“中国工程合同示范文本的奠基人”。取得这些成绩，也更加印证了建纬律师事务所“引领专业发展”的行业特点。

2. 务实，须专业定位持之以恒，以工匠之心夯实法律基础，铸起广厦万间。

中等规模的建纬律师事务所之所以能够在竞争激烈的律师行业里由小变大、逐步发展，是因为其在成立之初就确定了以建设工程和房地产领域为专业方向的发展策略，建纬律师根据建纬律师事务所的专业定位，确立了自己法律服务的专业方向。我曾经在上海建工工作了28年，本身就拥有建设工程的行业知识，再不断学习法律成为专业律师，在处理疑难复杂案件时，就自然而然地同时结合专业知识和法律知识为当事人提供上乘的专业服务。近年来，国内的律师事务所已经逐渐认可了律师专业化这一理念，尤其是中小律师事务所，都想走专业化的发展道路，然而能坚持下来的却不多。这并不是因为专业化道路难走，而是因为做到长期坚守有难度。法律行业新兴热点不断变化，然而建纬律师事务所矢志不渝地立足自身专注的建设领域，在专业法律服务市场构建起的专业品牌成为建纬律师事务所的核心竞争力。

让我最难忘的一个案例是2004年，我们建纬律师事务所在北京竞争中央电视台新台址建设的全过程法律服务，和北京一家著名的专业律师事务所进入最后的决标。在招标单位组织讲标时，凭借对行业情况的真切了解和大型建设项目全过程法律服务的实务经验，我根据项目实地踏勘情况在讲标时指出：如央视项目法律服务由我们来实施，我们可以针对项目开工前后会碰到的四个具体法律问题设定相应的化解对策。这四点分别是：第一，结合央视新大楼项目钢结构工程的特点，工程招标的顺序会倒置，先招标钢结构工程的分包单位，后招标施工总承包单位，由此会引起工程统一管理矛盾。我建议在两次招标文件中配套明确由总包统一管理；第二，由于工程结构形式特殊，设计方案通过国际竞标确定，我建议发包人在设计合同中明确设计的知识成果归委托人所有；第三，项目已完成“三通一平”的场地下面有人防翻砂厂的设备基础等很多障碍物。我建议在施工招标时明确承包范围包括清理障碍物，以避免日后的争议；第四，针对委托人将另行招标香港测量师事务所,我建议对测量师事务所提供的所有合同,应事先经中国律师审查,以避免法系适用出现矛盾。

这四个具体法律问题,正是当时央视项目部已遇到但不知如何解决的重大实际问题。而我讲标时所提出的解决方案符合实际情况,具有可行性和可操作性。只是委托人深感奇怪;你们律师对我们项目的具体情况和碰到的问题怎么会这么了解?最终,央视新址这个当年北京市的重大建设项目法律服务的招投标,由我们不占天时、地利条件的“外地和尚”上海建纬律师事务所胜出。

建纬律师事务所的务实还体现在建纬个人与建纬同进退,建纬与行业同发展。建所时,刚起步的我们没有多余的资金,因此我们决定借座在南京西路的上海展览馆,召开一个“上海市房地产发展趋势研讨会”作为我们的专业“处女秀”。这个会关于律所的成立仪式仅占用了10分钟,之后便由当时市建委、房地产局等领导与专家发表对当前房地产形式的专业报告。建所十周年时,我们承办了“第二届中国律师论坛”;建所十五周年时,我们开展了“城市地下空间和轨道交通建设法律实务研讨会”;建所二十周年时,我们又组织了“律师专业法律服务可持续发展研讨会”,以“专业与可持续”归纳了建纬律师事务所二十年来持之以恒的专业探索和矢志不渝的专业坚守,并以建纬律师事务所的名义出版了《房地产开发法律操作实务》和《建设工程法律操作实务》这两本书。这两本书中的文章其实全部来自2000年8月创刊以来,未曾间断过的所刊《建纬律师》。由于我的长期以身作则并坚持所刊的定期按时出刊,事务所律师逐渐形成有心得就及时总结、有想法便及时写论文的风气,写作队伍逐步扩大,所刊投稿日渐踊跃。年轻律师都以我为榜样勤于思考、勤于笔耕,事务所逐渐形成律师们勤于动笔、动脑的研究氛围。这些课题一般都是带有前瞻性的热点、难点法律问题,或者法律服务过程中的新问题、新情况,反映的是建纬律师原创积累的专业认知。每期《建纬律师》的原创专业论文和典型案例分析日积月累,成为我和全体建纬律师的共同知识财富,每期所刊都是最质朴却最有效的宣传手册。

而对于“如何推销律师”,建纬律师事务所也是使用务实的方式。我多年来一直推广律师应该“能说会写”。之前提到的专著《苦寒磨砺筑方圆》之《律师演讲秘诀纵横谈》《律师写作秘诀纵横谈》,就是我归纳出的演讲与写作技巧。根据我的亲身感受,笔耕不辍和业务创收不断增长存在着完全的正比关系。在我的带领和影响之下，建纬所的律师们在总结专业法律服务经验并注重写作方面，成为律所重要的专业特色。在建纬旗下或者曾经在建纬旗下工作过的众多律师在个人著书立说上取得了很大成效。

3. 至诚，是骄阳似火最为真诚的建纬情怀。建纬律师具有高度的责任感，不仅仅是对客户，还有对社会的责任感。同时，能够做到面对每一项工作，都脚踏实地、追求卓越。

建纬律师事务所始终奉行"源于社会，回报社会"的宗旨，怀着强烈的社会责任感和政治参与感，积极参与各类公益事业，加入各类志愿服务，履行社会责任，参与普法宣贯活动，更深入社区提供无偿法律咨询。近年来，建纬通过完善管理机制、规范运作流程、健全内控制度，在履行员工责任、经济责任、诚信责任、社区责任和环境责任等社会责任方面作出一系列成绩。来自社会回馈社会，建纬人积极参与公益事业，履行服务责任，长期坚持参加市委、市政府信访接待值班，主动承担法律援助任务，为社会弱势群体设立法律咨询热线，维护拆迁居民的合法权益。

2012 年，我受住建部建筑市场监管司委托，担任国家工商管理总局和住建部联合组建的 2013 版《建设工程施工合同(示范文本)》修订课题组负责人，课题组成员由我们建纬律师事务所的专业律师组成。2013 年 5 月 29 日，我作为住建部建筑市场监管司的法律顾问，接受安排在法律顾问单位组织的全国各省、市建设主管部门和各地建筑业协会有关负责人参加的新版施工合同的宣贯大会上，以《及时应对新版合同，加强施工合同管理——执行 2013 版施工合同及合同管理新制度的十二个操作问题》为题讲了一堂课。由于各地的建筑行业都有急迫的学习需求，作为示范文本的制定者，建纬律师责无旁贷，当即由我和建纬总所副主任曹珊等 2 人组成宣贯团队。2013 年 6 月份的一个月内，我们 4 名宣贯老师在全国各地共讲了 47 场课，其中曹珊讲了 12 场，我自己也天天靠着"金嗓子"保护讲了 16 场。我的讲课排期从 6 月 9 日开始，一共连轴讲了 16 天，最远还在西藏拉萨的自治区住建厅宣贯，高原环境中演讲了一天。

能够实现上述成就，与建纬人对于工作的热忱密不可分。脚踏实地、追求卓越，建纬律师虽各有千秋，但上至主任、下至律师助理，每个人面对每一项工作，都是兢兢业业、力求做到最好。

4. 优质，做全国最好的专业律师事务所。力争拥有胜任市场需求的、理论联系实际的、能够参与到研究立法课题的高素质专业律师队伍。

建纬已成为中国律师事务所中的知名品牌，获得的社会认可不计其数。而人才的培养和协作，始终是建纬所看重的。律师事务所的竞争最终要归结到人才的竞争。是否拥有一支人数众多、德才兼备的专业律师队伍，是决定律师事务所能否实现规模化发展的因素。

建纬律师大多毕业于国内外知名大学，具有法律、建设工程、金融、外语等复合专业背景。部分律师还同时具有造价工程师、监理工程师、注册会计师、高级工程师、专利代理人、国家实验室评审委员会注册评审员等专业技术资格或职称。部分律师具有在大型房地产开发企业、建筑施工企业、建筑设计院的供职经验。部分律师还担任中国贸仲，北京、上海、武汉、厦门等多地仲裁委员会仲裁员。

除了加大吸收律师人才的加入外，建纬所注重务实的、解决操作问题的理论研究，在所内营造了一种法学理论和服务实践紧密结合的学术风气。建纬始终重视所内的业务学习和交流，通过定期业务学习制度，对律师进行法律思维的培训；通过重大疑难案件讨论制度集思广益，解决问题。加强律师职业道德和执业纪律教育。通过资深律师带动青年律师的方式，进一步完善律师的责任感培养，维护事务所的形象。全所律师的业务能力和专业服务的水平不断提高，培养和锻炼了胜任市场需求的、理论联系实际的、能够参与到研究立法课题的专业律师队伍。

为加强建纬律师参与立法的能力和积极性，我们每接受一个课题，都在总分所全体资深律师中深入动员，每每能动员几十人积极参与。例如，为起草制作《房屋建筑和工程总承包管理办法》，我在住建部接受任务的当晚在总分所一动员，立即引来57位具有中级以上专业技术职称的律师报名参加。建纬律师积极参与立法课题工作，明显提高了自身的基本素质和法律实务能力。

建纬的“超前、务实、至诚、优质”八字所训，正是我们能够顺利完成住建部《房屋建筑和市政基础设施项目工程总承包管理办法》的专业动力。

二、结合建筑产业转型升级需求参与立法的市场魅力

建筑业作为我国国民经济支柱产业，是社会主义市场经济的重要组成部分，

在国民经济中有举足轻重的地位。新中国成立70多年来,建筑业持续快速发展,全国建筑业总产值以及占国内生产总值的比例不断快速增长。但建筑业至今还没有完全摆脱粗放型的发展方式以及“大而不强”的传统模式和观念。

(一)我们正处在建筑产业转型升级的关键阶段,面临着相关法律不完善的现状,正需要通过立法完善各项配套的法律法规来促进和保障产业升级

针对我国建筑业存在的监管体制机制不健全、工程建设组织方式落后、建筑设计水平有待提高、质量安全事故时有发生、市场违法违规行为较多、企业核心竞争力不强、工人技能素质偏低等严重阻碍建筑业持续健康发展的问题,2016年2月6日,中共中央、国务院印发《关于进一步加强城市规划建设管理工作的若干意见》,从强化城市规划工作、塑造城市特色风貌、提升城市建筑水平、推进节能城市建设、完善城市公共服务、营造城市宜居环境、创新城市治理方式七个方面提出了加强城市规划建设管理工作的重点任务,同时提出了大力发展工程总承包的要求。2017年2月21日,国务院办公厅为落实上述意见,发布《关于促进建筑业持续健康发展的意见》,进一步提出坚持以推进供给侧结构性改革为主线,按照适用、经济、安全、绿色、美观的要求,深化建筑业“放管服”改革,完善监管体制机制,优化市场环境,提升工程质量安全水平,强化队伍建设,增强企业核心竞争力,促进建筑业持续健康发展。并具体提出优化资质资格管理、完善招标投标制度、加快推行工程总承包、培育全过程工程咨询、严格落实工程质量责任、加强安全生产管理、全面提高监管水平、建立统一开放市场、加强承包履约管理、规范工程价款结算、加快培养建筑人才、改革建筑用工制度、保护工人合法权益、推广智能和装配式建筑、提升建筑设计水平、加强技术研发应用、完善工程建设标准、加强中外标准衔接、提高对外承包能力、加大政策扶持力度的20条措施。作为今后一段时间内建筑业改革发展的纲领性文件,要求我国建筑业的改革将以加快建筑业产业升级为核心。然而,在建筑业升级转型的同时,立法滞后是一个明显的短板。

2016年5月20日,住建部印发《关于进一步推进工程总承包发展的若干意见》(建市〔2016〕93号),业内称为“93号文”,提出要“大力推进工程总承包”“完善工程总承包管理制度”“提升企业工程总承包能力和水平”“加强推进工程总承包发展的组织和实施”。这是住建部在中共中央、国务院《关于进一步加强城市规划建设管理工作的若干意见》明确提出“深化建设项目组织实施方式改革,推广工程总承包制”之后,针对我国工程总承包事业发展做出的专门性政策规范以及对工程总承包的明确要求。

距离住建部发出“93 号文”仅时隔6个月,2016年11月24日早晨7时40分许,采取EPC方式发包的江西丰城发电厂三期扩建工程发生冷却塔施工平台整体坍塌的特别重大事故。73名正在平台施工作业的农民工转瞬之间均命丧工程总承包项下的分包施工过程中,另致地面施工人员两人受伤,事故直接经济损失高达10,197.2万元。随后的事故调查报告最后一部分给出七条“事故防范措施建议”,其中有两条直指工程总承包,分别为“应进一步健全法规制度,明确工程总承包模式中各方主体的安全职责”与“夯实企业安全生产基础,提高工程总承包安全管理水平”。对这次的特别重大安全事故,调查报告处理结果包括:建议追究各参建方及有关政府监管部门负责人刑事责任计31人;责令工程总承包商中南电力设计院工程总承包停业整顿一年、吊销安全生产许可证、罚款2000万元;吊销施工单位河北亿能公司建筑工程施工总承包一级资质、吊销安全生产许可证、罚款2000万元等。问题在于:事故调查组的处理建议需要国务院批准,追究本次事故相关企业责任人的刑事责任、作出企业停业整顿、吊销施工总承包资质及安全生产许可证等具有国家法律和国务院相关条例的法律、法规依据,而对工程总承包企业作出工程总承包停业整顿一年的行政处罚,以及罚款2000万元,其法律依据又是什么呢?当出了事故需要追究责任的时候,我们自然地遇到了工程总承包立法滞后的明显困惑和亟待立法的强烈要求。然而,自1984年9月18日国务院印发《关于改革建筑业和基本建设管理体制若干问题的暂行规定》(现已失效)首提工程总承包模式至今的33年间,我们可曾有过专门的工程总承包立法?显然,工程总承包的立法现状与工程总承包的实践发展需求严重脱节。

2013年1月,习近平总书记首次提出“建设法治中国”的宏伟目标,党的十八届四中全会发出“为建设法治中国而奋斗”的重要号召,党的十九大进一步对法治中国建设作出战略部署,我国正开启全面依法治国新时代。加强法治首要考量的因素便是“有法可依”,如果相关法律法规不健全,就无法指导和约束行业健康发展。按照国务院办公厅《关于促进建筑业持续健康发展的意见》的要求:“加快推动修订建筑法、招标投标法等法律,完善相关法律法规。”我国亟须通过立法工作,尽快完善各项配套的法律法规来促进和保障建筑产业转型升级。

(二)有能力的专业律师应该积极参与有关部门的专业立法工作,这既有助于我国法制建设,提高立法质量,同时,也利于律师不断提升自己和所在律师事务所的专业地位和核心竞争力

专业律师应该是“天然的立法者”。因为专业律师既熟知相关法律,又在司法实践的第一线,应该最了解市场对法律的需求。

1. 建筑业转型升级的过程中,立法工作任务重、时间紧,正需要律师承担起社会责任,发挥专业优势,积极参与有关部门的专业立法工作。

全国律协会长王俊峰在2012年全国政协十一届五次会议上就提交过一份关于“充分发挥律师专业优势,积极推动律师参与立法”的提案。他提出,“律师从事法律实践工作,是维护法律正确实施的专业力量。由于律师法律服务遍及社会的各个行业和各个领域,社会实践丰富,如果律师更多地参与到立法过程当中,一定会在提高立法质量、促进各方利益平衡、推进立法专业化进程方面发挥重要作用。”律师能够参加到国家立法工作中,将会对推动法治建设起到积极的推动作用,原因在于:

(1)律师是法律的实践者,广泛接触相应司法实践,了解实际情况。专业律师在专业服务领域具有丰富实践经验,对行业实际情况真实了解,对专业法律理解透彻,也更容易发现法律的不足之处。专业律师能够将实务中积累的专业知识、实践经验以及对专业问题的研究成果融入立法工作中,能更切合实际地提出立法建议,促进和强化立法的实践性和可操作性。

(2)律师参与立法,更符合民主立法的要求。法治国家中,公权力与私权利需要获得平衡,才能构建和谐社会。而律师接受当事人的委托为当事人提供法律服务,为当事人发表意见。且律师在执业中,能够广泛、深入地接触社会各个层面,了解民生疾苦。因此,律师参与立法能够表达人民的需求。

(3)律师一般都具有系统的法律教育背景,有扎实的法学理论基础。律师须通过法律职业资格考试并依法取得律师执业证书方可执业,保证了律师具备较高程度的文化素质和职业技能。律师在日常法律事务中,逐渐培养和锻炼出良好的文书写作能力,并具有法律思维方式,使其在立法工作中,能够制作出逻辑严谨的高质量的文书稿件。

律师的使命就是通过学术研究和司法实践，努力发出法治声音，增添法治要素。党的十八届四中全会从建设中国特色社会主义法治体系、建设社会主义法治国家的高度，要求加强法律服务队伍建设，提出为加强宪法实施、提高立法质量，需要律师发挥自身优势，推动提高科学立法、民主立法水平。律师作为社会主义法治建设的重要力量，法律职业共同体的重要组成部分，应当承担起更多的社会责任，在公民参与立法领域发挥更大的作用。

2. 依法治国对律师行业提出的新要求，也是新的发展机遇。律师积极参与立法活动的同时，相对的，将提升自己和所在律师事务所的专业地位和核心竞争力。

建纬律师事务所自成立以来，我们以“超前、务实、至诚、优质”八字所训为执业理念，在从事建设领域专业法律服务的同时，一直注重专业立法工作，坚持大力研究前沿课题，积极参与立法活动，并将为政府提供法律服务作为事务所工作的重要内容。而这项工作事实上推进了事务所的专业法律服务，而作为相关法律法规制定的参与者，无疑让客户倍感信赖，提升了事务所的核心竞争力。

2018 年 6 月 11 日，建纬所成功中标中国铁路设计集团有限公司常年法律顾问，以及该集团承接的投资 160 亿元的江苏盐城至南通高铁和投资 229 亿元的浙江杭州至绍兴至台州的高铁设计、采购、施工总承包项目的专项法律服务。这是建纬所首次在中国铁路建设领域为工程总承包模式提供专项法律服务，成为高铁项目工程总承包法律服务供应商。而之所以能够顺利中标中国铁路建设工程总承包“开先河”的法律服务项目，确实与前面所介绍的建纬所站在制定工程总承包新法律的前沿直接相关。参与立法工作既可以提高专业能力，也可以给事务所带来重大业务。

2019 年 4 月 14 日，国务院颁布《政府投资条例》（国务院令第 712 号），自 2019 年 7 月 1 日起施行。为加快该条例配套制度建设，确保条例顺利贯彻实施，国家发展和改革委员会固定资产投资司启动了 2019 年政府投资管理重大问题课题研究工作，于 2019 年 6 月 11 日在官网向社会公开征集课题研究单位。我所根据公告要求选择“政府投资项目事中事后监管制度研究”课题并向国家发改委投资司提交了《2019 年政府投资管理研究课题申报书》。2019 年 8 月 15 日，国家发改委投资司经严格评审后在官网发布了《2019 年政府投资管理研究课题入选公告》,明确我所为“政府投资项目事中事后监管制度研究”课题的承担单位,我为课题负责人。我所已参与过的大量立法相关课题是本次入选的重要基础之一。正是由于长时间、大范围、多维度地参与各种类型的立法课题研究,使得我所能够入选“政府投资项目事中事后监管制度研究”课题,成为唯一入选的律师事务所。目前,我作为课题负责人,已安排组建了三个分课题组,包括:文本起草分课题组,由副主任曹珊律师任分课题组组长,成员主要由总分所的专业律师组成;立法调研分课题组,由副主任邵万权律师任分课题组组长,成员同样主要由总分所的专业律师组成;研究论证分课题组,邀请中国宏观经济研究院投资研究所投资体制研究室主任吴亚平任组长,由广东中量工程咨询有限公司总裁、正高工何丹怡和中华全国律师协会建设工程和房地产专业委员会主任、北京大成律师事务所高级合伙人袁华之任副组长。为确保2020年能够完成课题研究的任务,相关工作也在紧锣密鼓地展开。

2015年11月,我荣获2015ENR/建筑时报“中国工程法律建设杰出贡献奖”。在主办方总结我获奖的理由时,说到主要有三项,包括:(1)长期服务于建筑行业。曾服务于一家大型建筑施工企业28年。成立全国首家建筑房地产专业律师事务所后,一直以其所拥有的机会、平台、影响力,为推进中国建筑行业的法制建设尽心尽职努力奋斗。(2)为企业提供高质量的专业法律服务。为众多建筑企业提供了高质量的专业法律服务,其归纳总结的案例足以为行业内上下游企业提供宝贵的借鉴经验。(3)推动整个建筑行业的进步与发展。多次应邀参加住建部、上海市政府立法课题研究和专项立法听证,为立法部门提供专家意见,为推进建筑行业的法治建设发挥了积极作用。当年,全球最权威的专业法律评级机构钱伯斯(Chambers)公布了2015年中国地区律师事务所和律师排名,我被列为当年仅有的两位“律政之星”之首,这是我继2011年获得钱伯斯中国法律卓越奖“终身成就奖”后获得的又一殊荣,也使我成为先后荣获钱伯斯两项顶级荣誉的唯一一位中国律师。

而建纬所逐渐成为专业化、规模化、规范化的专业律师事务所,成为中国律师事务所中的知名品牌,并多次获得社会各界的认可和荣誉,例如:全国优秀律师事务所,司法部部级文明律师事务所,上海市文明单位,上海市司法行政系统集体二等功,Asia Pacific Legal 500“中国知名律师事务所”,《亚洲商业》“中国最佳建筑律师事务所”,“2015 中国 PPP 项目十佳律师事务所”,建筑时报和美国工程新闻实录(ENR)2011 年度、2013 年度、2015 年度、2017 年度“中国最值得推荐的工程法律律师事务所”等;蝉联 2016—2019 年钱伯斯建筑工程领域最佳律所,我本人蝉联钱伯斯“律政之星”;荣膺 2017、2018 年度亚洲法律概况(Asialaw Profiles)建设工程 & 房地产领域荣膺“杰出律所”的最高排名;被中国采购与招标网、中国名企排行网联合授予“2016 年度中国 PPP 项目十佳律师事务所”称号……也与我们长期大力研究前沿课题、积极参与立法活动、承担社会责任有直接关联,因为这是获得了来自于政府和行业的认可,而逐渐夯实了我们建纬律师事务所今天的专业地位。

三、提升律师能够成为“天然立法者”的专业能力

当然,律师要参与立法工作,应具备突出的专业水平和专业能力,只有这样才符合科学立法的目的,才能真正提高立法质量。2016 年 6 月 2 日,中共中央办公厅印发了《关于从律师和法学专家中公开选拔立法工作者、法官、检察官办法》,其中第 6 条对选拔优秀的律师作为立法工作者提出了具体要求:“参加公开选拔的律师应当具备公务员法、法官法、检察官法规定的任职基本条件,并符合以下要求:(一)拥护党的领导,忠于宪法法律;(二)具有坚定的社会主义法治信仰、良好的职业操守;(三)具有独立办案能力,执业经验丰富,或者通晓境外法律制度并具有成功处理国际法律事务的经验,或者精通某些特殊专业领域的法律实务;(四)实际执业不少于五年,从业声誉良好。”从中我们了解到政府需要具备怎样的专业能力的律师,或者是通晓境外法律制度并具有成功处理国际法律事务的经验,或者是精通某些特殊专业领域的法律实务。因为律师越专注于某一特定专业领域,其在该领域的知识储备、专业技术越能深入,对具体法律问题研究越深,就越有专业发言权,能够提高立法的质量。

近年来,随着全球经济一体化的步伐逐渐加快,大量中国企业“走出去”到海外进行投资和并购,随之而来的跨国纠纷案件和法律事务也呈明显上升趋势。2009 年 9 月,波兰 A2 高速公路开始招标,中国海外工程有限公司(以下简称中海外),与国内四家公司组成的联合体以 4.4 亿美元的价格中标 A、C 两个标段(约

49公里),几乎比其他公司的报价低一半,连波兰政府预算的28亿兹罗提(约合10亿美元)的一半都不到。中海外在没有事先仔细勘探地形及研究当地法律、经济、政治环境的情况下,就与波兰公路管理局签下总价锁死的合约,以致成本上升、工程变更及工期延误都无法从业主方获得补偿,加之管理失控、沟通不畅及联合体内部矛盾重重,最终不得不撂荒走人。为此,波兰公路管理局对中海外及其联合体的索赔估算为7.41亿兹罗提(约合17.51亿元人民币),同时禁止联合体四家公司三年内参与波兰市场的公开招标。一方面,中海外对东道国的国情及法律状况不够了解,对东道国市场的研究亦不完善;另一方面,国际工程承包的项目投标、管理、建设等是一个系统的法律工程,项目的任何内容都要靠严密的合同体系来界定与保障。中海外忽视了合同的重要性,没有利用合同来规避风险和护自己的权利的意识,最终导致了巨大的损失。为更好地服务国家整体经济和社会发展战略,维护中国企业和公民"走出去"时的合法权益,正需要具有国际视野、熟悉境外法律制度、熟练掌握外语和精通相关领域的复合型高素质专业律师,而这类律师仍然是紧缺人才。

律师要参与到立法工作中去,是需要不断提升自己成为"天然立法者"专业能力的,我的体会是:

1. 律师首先要定位专业,结合专业法律服务经验和专业优势,持之以恒加强专业业务学习、研究,形成个人的专业特色和优势。

律师作为研读法律的智者、答疑解惑的师者,应当汲取业精于勤,术有专攻,"工欲善其事,必先利其器"等古人总结的经验,成为熟悉某一专业领域法律的"名医""名师",成为擅长于解决相应领域法律问题的专家。这与政府希望精通某些特殊专业领域的法律实务的律师参与到立法工作的需求是一致的。

首先,定位专业。律师的专业化定位需要考虑诸多主客观因素,如自身原有专业法律知识基础;具备的其他专业知识和经验基础;原有法律实践经验,等等。

其次,定位专业之后怎么办?选择好专业,就要先把这个专业的东西学得特别熟才行。所谓"学无止境,术有专攻"。持之以恒加强专业业务学习、研究,形成个人的专业特色和优势。律师个人一定要强化执业过程的深化学习,结合专业业务的实际,对新的法律问题和专业业务要加强学习、交流和沟通。更为重要的是,需要一份坚持。能不能够专一、专注地坚持走下去,这是决胜的关键,坚持走下去，才会成功。我从一个普通的建筑工地上的木工，成为建工局第一名兼职律师，继而又成为一名专职律师，并已逐步形成自己鲜明的专业特色，期间经历了二十多年的漫长岁月。我深知“木受绳则直，金就砺则利”的道理，只有不停地学习，不断地积累，不倦地追求，才能将我塑造成一名律师。

2. 注重在实务操作中积累经验，不断实践，不断研究，不断总结，成为精通某些特殊专业领域的法律实务的专业律师。

律师参与立法的积极意义在于专业律师在其专业服务领域具有丰富实践经验，在司法实践操作过程中对法律的不足之处能更敏锐地发现，并运用其专业能力从司法实践需要和解决问题的角度出发，提出更切合实际的立法建议。

我在为《墨斗匠心定经纬——建设工程疑难案件办案思路与执业技巧》一书所作的前言——《界定专业律师的内涵标志以及司法实践中需要律师不断提升的三种能力》中说道：所谓专业律师，应当是律师主要从事某一领域法律服务，同时具备熟悉行业实际情况、熟知相关法律规定、熟练解决专业问题三种能力即具有综合能力的律师。司法实践中需要律师不断提升这三种能力。我一直发挥熟悉行业实际情况和熟知相关法律规定的长处，提升为熟练解决专业法律问题的实务能力，在承办一大批疑难复杂专业案件的司法实践中积累了专业律师的综合能力，在建设工程和房地产领域不断探索专业法律服务的深度和广度。

3. 提升律师事务所的专业能力和水平，适应政府需要律师参与立法的新需求。

从律师行业的发展方向和趋势来看，律师仅依靠个人单兵作战或通过松散的、临时的联合方式抢占大量市场的时代，已经一去不复返了。接受立法委托，要完成一整套调研、起草、论证并最终出具严谨缜密的成果，涉及一系列专业法律问题，还要求律师熟悉行业内的各种专门知识，具有很强的专业性，涉及面广而深，需要复杂的步骤流程，还有时间上的要求，任务重、工作量大，仅依靠律师个人或个别几个律师，是非常困难的。因此，需要提升律师事务所的专业能力和水平。律师事务所要考虑引进具有行业背景的专业人才，和专业律师组成服务团队。事务所组建研发中心，研发中心要加强组织领导，充分发挥律师研究业务的积极性，结合业务的实际和市场需求加强法律服务和具体的专业问题的实务课题研究，使律师真正成为实务专家，从而占领并扩大政府法律服务的市场份额。律师事务所对专业律师团队要加强管理并统筹安排，有目的地设定并调整事务所的人才结构；对参与立法工作中遇到的具体问题组织攻关，切实解决有关立法事项的新要求。

同时，我们建纬律师事务所还注重培养年轻力量。事务所坚持业务学习制度，要求律师对新的法律问题和专业业务要加强学习、交流和沟通。长期以来，建纬每两周开展一次所内培训的定期业务学习制度。请的老师均是所内的资深律师及行业大咖，日常在外要听到这类的讲座，培训费动辄就要上千。能够形成这一良性机制，得益于建纬大而精的律师团队，汇集了行业内最优秀的一批律师业界领军人物，也要感谢每一位“得道律师”，愿意付出时间与精力，为同行和后辈传授最有用的执业经验，毫无保留。建纬所的律师们正是在这样浓厚的学术风气和深入探讨专业法律问题的氛围中，逐步地锻炼了队伍，提高了素质。丰富的实践在理论研究中得到总结提高；而深入的理论研究和探索，又指导了操作实践。建纬所一批胜任专业法律服务，能够逐渐加入到事务所参与的立法工作中去的律师，正是在这样的锻炼下成长起来的。

我们承担《完善工程发包模式研究》课题研究，积极参与《房屋建筑和市政基础设施项目工程总承包管理办法》起草制订的专业动力，来自建设领域专业律师自身发展结合建筑产业转型升级的需求参与立法的市场魅力，而通过立法实践提升律师能够成为“天然立法者”的专业能力，又是建设领域专业律师不断发展的永恒主题。“改革尚未成功，同志仍需努力”，建纬律师将不断进取，不负众望，为建设领域法治建设的不断完善而不懈努力。

上篇
实务交流

综述:建筑产业要转型升级,行业律师须与时俱进

和很多律师不一样,我可以说是生在工程领域,长在建筑行业。我从十六周岁进入上海建工,干了十年木工,当了十年干部,又从1979年开始当教师。1986年改行从事法律工作,从事的是工程方面的法律服务,在三十多年的律师生涯里,我处理了数以千计的工程案件,接触到了工程行业方方面面的争议。可以说,对于工程行业,从建设单位、勘察单位到设计单位、施工单位再到监理单位,从工人、技术人员到管理层再到企业领导,他们的需求、想法、目标我都是熟悉的,也了解他们的痛点、难点。

律师从业之初,我就立志当一个专业律师,将工程专业知识、工程专业经验与法律知识、司法实践结合起来,逐渐培养律师专业化的三种能力:(1)了解行业实际情况的能力;(2)熟悉行业法律规定的能力;(3)将两者结合解决专业法律问题的能力。专业律师运用自身的专业能力根据客户的需求,努力实现客户的想法,达到客户的目标。司法实践让我逐渐发现,成为一个专业律师还不够,因为上述三个能力的核心目标是解决问题,但解决问题的前提是问题已经发生,治的是"已病","已病"即使"治疗"好了,也难免存在时间、经济、机会上的损失。那么,专业律师能否再进一步,从治"已病"到治"未病",将"病情"消灭在襁褓之中,更加完善地维护整个建筑业的利益?答案是肯定的。我认为专业律师还要再进一步,从专业律师再次提升为行业律师。

作为"行业律师",我认为也要满足三种能力:(1)了解行业发展方向及需求的能力;(2)为行业发展制定切实可行的解决方案的能力;(3)将解决方案在行业内推广,切实解决行业需求的能力。因此,在我律师职业的后期,我不仅向各个企业提供专业的法律服务,解决企业面临的具体实际问题;同时也将我遇到的具体

问题，归纳总结抽象出行业共有的难题及需求，并提出普适性的方案、建议，通过授课的方式将我的经验向行业内各大企业传播，我每年在行业进行的授课活动高达数十场，甚至数百场，目的就在于传道、授业、解惑，用自己的绵薄之力为行业的发展贡献一份心力。对于重大的、具有核心影响力的方案与建议，我也多次利用各种机会向有关部门、领导反映，将相关方案、建议进行研讨，制定、修改相关的法律法规及其他规范性文件，以期通过法律规范体系的修正，引导、促进行业的发展。

要成为行业律师，参与国家立法和法律制度的顶层设计是最重要的法律实践，由此也可以获得解读专业法律最重要的话语权。我先后参与《建筑法》《合同法》《物权法》《建设工程质量管理条例》《最高人民法院关于建设工程施工合同纠纷案件适用法律问题的解释》等法律、法规、司法解释的修改或提供专业修改意见，先后承担住建部的若干课题研究工作。

上述工作既是我的工作成果，也是我的学习过程，我深刻意识到行业律师服务于行业，又引领着行业，最终行业又反哺律师形成良性循环。律师与行业互相学习，互相促进，互相引导，共同进步，这正是行业律师成长的必由之路，也是律师行业前所未有的新机遇。

2019 年 12 月 31 日，《总承包管理办法》正式发布成为建筑产业转型升级新的里程碑，及时宣贯解读该《总承包管理办法》随之成为我义不容辞的责任。本书上篇来自我在《总承包管理办法》发布以后宣贯活动的第一站中国国家铁路集团有限公司下属的唯一勘察设计企业——中国铁路设计集团有限公司所做的专项宣贯演讲。《总承包管理办法》颁布仅 7 天，我就在这家集团公司结合工程总承包企业的实际需求演讲了整整一天，这正是由于我参与立法获得的解读权和话语权所致。

一、从江西丰城电厂严重事故看工程总承包模式的发展需求

该次宣贯，我首先以江西丰城电厂“11 · 24”坍塌特别重大事故为切入点，从工程总承包的负面案例层层肢解分析工程总承包活动进行过程中的难点以及由此反映出的工程总承包市场的需求。

该事故是近几年来我国工程建设行业最大的工程事故，事故发生后，习近平主席、李克强总理均作出专项批示，要求做好救援救治、善后处置等工作，尽快查明原因，深刻汲取教训，严肃追究责任。国务院迅速组织专项调查小组，对该次事故发生进行调查。

事故调查组经详细调查后发现，我国工程总承包模式存在制度性缺陷是造成本次事故的根本性原因之一。事故调查组最终给出的七条“事故防范措施建议”中有两条直指工程总承包：“应进一步健全法规制度，明确工程总承包模式中各方主体的安全职责”和“夯实企业安全生产基础，提高工程总承包安全管理水平”。

该事故的发生说明虽然我国出现工程总承包模式的时间并不短，但工程总承包制度的发展并未跟上市场需要。我国工程总承包制度早在1984年《关于改革建筑业和基本建设管理体制若干问题的暂行规定》（现已失效）便已明文确立，《建筑法》第24条、第29条、第55条，《合同法》第272条，《招标投标法实施条例》第29条等法律、行政法规中也均有涉及，但仅有这寥寥数条，既不全面，也没有成体系，无法适应工程总承包市场的需要。

从2014年起，国家对于工程总承包模式的发展开始大力推动，住建部《关于推进建筑业发展和改革的若干意见》，中共中央办公厅、国务院办公厅《关于进一步加强城市规划建设管理工作的若干意见》、国务院办公厅《关于促进建筑业持续健康发展的意见》等一系列重要的政策文件的发布标志着工程总承包模式的发展进入了一个高速增长的阶段。市场逐渐发现，工程总承包模式的推广中还存在很多矛盾、难题，急需国家立法解决。除了法律制度的缺失外，市场还缺乏对工程总承包的合理认识，对于工程总承包发包、承包、项目管理、财务管理、人员管理、资质管理、风险管理方面缺乏经验，急需得到指导。丰城电厂“11·24”事故正是工程总承包模式发展过程中部分困难的缩影。

因此，工程总承包市场急需一部具体、切实、可行的工程总承包管理规范，以对市场的发展予以指导。

二、从上海一中院在审工程总承包案看司法实践中工程总承包模式合同效力、定价依据、司法鉴定的复杂性及其对工程总承包立法的需求

除了江西丰城电厂“11·24”事故，我还结合了由我承办的一起在上海一中院审理的工程总承包案的审理过程，分析工程总承包现行法律法规在司法实践中的适用难点及履约风险。

由于工程总承包立法不够完善，司法实践中对于承包资质要求、分包资质及允许分包的范围、再分包模式的合法性等核心问题认识不清，导致合同效力难以判断；工程总承包模式下由“按图施工”向“按约施工”的转变导致设计变更的认定标准发生变化，固定总价的范围相对于施工总承包模式更为模糊；目前的国家工程定额体系是基于施工总承包体系所设立，并不适用于工程总承包模式，导致工程结算的依据缺乏具有公信力的参考指标；当前司法鉴定单位也缺乏工程总承包的鉴定经验，不论是鉴定结果的准确性还是鉴定时长的可控性都存在较大的问题。

因此，工程总承包企业在从事工程总承包活动时除了要考虑工程履约时的管理和风险控制，还应当考虑司法实践中的诉讼风险和诉讼负担。

三、逐章讲解《总承包管理办法》，解决行业发展的疑难

基于市场和司法实践的实际需要，国家主管部门启动了工程总承包的立法工作，目的在于提高工程总承包立法层级，梳理各级政府、地方既有的工程总承包政策及规章，统一认识，化解矛盾，为我国工程总承包活动提供切实有效的法律支持。2017 年 7 月 25 日，住建部建筑市场监管司设计处委托中国石油和化工勘察设计协会召开了“关于进一步推进房屋建筑、市政行业工程总承包专题研究启动会”，会议确定由建纬所负责《房屋建筑和市政基础设施项目工程总承包管理办法（草案）》的起草工作，由我担任课题组副组长。2019 年 12 月 23 日，经过建纬律师和受邀参与立法工作的领导、专家、学者两年多时间的不懈努力，《总承包管理办法》最终由住建部和国家发改委联合发布，课题组的工作完美收官。

宣贯授课的第二阶段，我逐章讲解《总承包管理办法》的条文要旨、立法背景和立法考量，为企业理解工程总承包的国家政策方向提供助益。《总承包管理办法》共计4章28条，除规定了生效时间的第4章“附则”之外，其余3章分别从工程总承包的原则、缔约、实施三个方面给予了工程总承包活动全面指导。

第1章“总则”共计5条，界定了工程总承包模式的制定目的、依据、适用范围、工程总承包的定义、基本原则、监督管理部门，是整个管理办法提纲挈领的部分，是工程总承包单位开展业务和管理部门进行监管的基础，也是推广工程总承包模式的前提；尤其需要注意的是勘察阶段原则上不纳入工程总承包的承包范围，以及工程总承包模式最主要的监督管理部门除了住建主管部门，还有发展改革部门。

第2章“工程总承包项目的发包和承包”共计11条，主要针对工程总承包模式的适用项目、发包阶段、条件、方式、招标投标活动的相关要求、工程总承包单位条件、分包单位的要求、合同价格形式及风险承担进行规定。其中需要重点关注以下问题：(1)工程总承包模式合同价格及发包基础均在于价格及风险是否具有合理预见性；(2)工程总承包的发包、承包及招投标活动均需在理解《工程总承包合同(示范文本)》的基础上进行；(3)适合采取用工程总承包模式的前提和条件；(4)《总承包管理办法》和最高人民法院《关于审理建设工程施工合同纠纷案件适用法律若干问题的解释(二)》的合理衔接；(5)工程总承包单位的资质及管理能力的构建，尤其需要注意最新出台的资质互认制度的实务操作。

第3章“工程总承包项目实施”同样是11条，主要针对工程总承包单位的组织架构、专业管理能力、应当承担的质量、工期、安全、造价的责任及相应的法律责任进行规定；应当重点理解工程总承包双资质仅是从事工程总承包的形式要求，构建与双资质相匹配的双管理制度、能力才是从事工程总承包的实质要件，工程总承包单位对项目的全面负责不仅是质量、工期、安全、造价的民事责任，也包括相应的刑事、行政责任，应当引起工程总承包单位的重视。

四、结合设计行业特点，针对设计企业牵头工程总承包项目逐项解析12个重点问题

《总承包管理办法》的宣贯既要关注行业共性，也要关注企业个性，除了《总承包管理办法》规定本身的总体性宣贯，我还重点针对设计企业从事工程总承包活动应当注意的12个问题进行专项解析。

（一）《总承包管理办法》"总则"部分设计单位应当注意工程总承包项目原则上不应包括勘察阶段的承包及相关主管部门的管理权限

设计单位应当关注的第1个问题是"《总承包管理办法》总则关于工程总承包的内容中未包含勘察阶段体现了工程总承包模式的基本原则——工程内容不明确、工程价款及风险无法充分预见的项目不宜采用工程总承包模式"。传统DBB模式下，勘察、设计常常不分家，但在工程总承包模式下，原则上采用的是固定总价合同，如果工程总承包单位承揽勘察阶段，将导致工程内容实质上不明确，工程变更风险极大，最终损害自身利益。

第2个问题是"关于发展改革部门的监督管理权限应当引起工程总承包单位的关注"。随着《政府投资条例》的新近发布，政府投资项目的监管日益严格，而在工程建设领域，政府投资项目的比例极大，对于法律赋予发展改革部门的监督管理权限，工程总承包单位应当加深了解，合理协调处理。

（二）《总承包管理办法》"工程总承包项目的发包和承包"部分设计单位应当注意资质准入及禁止准入的条件、项目的审批要求及风险承担

第3个问题是"工程总承包项目应当在建设项目完成项目审批、核准、备案后进行发包，即工程总承包项目的发包应当根据项目性质的不同在完成初步设计或可行性研究后进行发包"。通过分析政府投资项目及企业投资项目审批、核准和备案的制度差异，并从制度差异的形式要求分析发包阶段的实质要求。

第4个问题是"承包人需同时具有与项目规模相适应的设计与施工双资质或联合体才能承包工程总承包项目；特、一级施工企业与相对应专业的设计甲级资

质互认应注意构建相应的管理体系”。主要阐述了工程总承包单位的资质要求及资质互认制度实务操作中应当注意的业绩问题、资质衔接问题及实质管理能力的构建问题。

第5个问题是“代建单位、项目管理单位、监理单位、造价咨询单位、招标代理单位不得作为工程总承包单位；项目建议书、可行性研究报告、初步设计文件编制单位及其评估单位有条件地的可以作为工程总承包单位”。相比于施工单位，设计单位往往更多地担任工程项目的前期单位、咨询单位以及相关管理、代理单位，哪些情况下存在直接利益冲突关系而不得从事工程总承包活动，哪些情况下可以有条件地从事工程总承包活动，值得设计单位关注。

第6个问题是“超出约定幅度的市场涨价、法律法规政策变化、不可预见的地质条件及发包人原因导致的费用、工期变化风险由发包人承担；其他风险原则上由承包人承担，但双方可以另行约定”。第7个问题是“工程总承包原则上应当采用固定总价方式，除合同约定的调整条件外，合同价格不应变更”。第6个问题和第7个问题实质上“一体两面”，正是因为工程总承包模式原则上不调整工程总价，因此风险范围作为可调内容，是平衡双方权益的核心内容，应当重点分析、把握。

(三)《总承包管理办法》“工程总承包项目实施”部分应当注意项目经理的任职条件、示范文本的适用、低价中标和垫资施工的禁止及项目分包的要求

第8个问题是“工程总承包项目经理的任职条件”。第9个问题是“工程总承包项目经理存在违法违规行为的，按照法律法规关于设计、施工的相关规定进行处罚。工程总承包项目经理是工程总承包项目的主管者及实际执行者，其对工程总承包项目的履行效果起着决定性的作用”。不可否认的是，在目前的市场实践中，设计单位对于工程管理的能力相对施工单位更加薄弱，转型更加困难，一大原因就是缺乏具有相应管理能力的工程总承包项目经理，因此如何培养或选任工程总承包项目经理、了解项目经理应当承担的责任内容是设计单位转型不得不研究的内容。

第10个问题是“对于必须招投标项目，建议参考住建部工程总承包合同示范文本完善合同文本；对于非必须招投标项目，建议直接采用住建部工程总承包合

同示范文本作为合同条款使用”。对于必须招投标的项目而言，由发展改革部门制定的合同示范文本具有强制使用的效力，但原国家发展改革委、工业和信息化部、财政部、住房和城乡建设部、交通运输部、铁道部、水利部、广电总局、中国民用航空局等九部委联合发布的《简明标准施工招标文件》和《标准设计施工总承包招标文件》已然发布了9年多，过于久远，难以适应当前的需要，而《总承包管理办法》中明确推荐适用国家住建部门及发展改革部门联合发布的示范文本，因此新的示范文本和原九部委颁布的标准招标文件之间的条款衔接就是进行工程招投标活动需要严格注意的要点内容。

第11个问题是“工程总承包模式下禁止低价中标和垫资施工，异常低价可以认定为低于成本价，合同无效；政府投资项目中，发包人要求垫资施工的，应当承担相应法律责任”。随着《政府投资条例》的发布，政府投资项目中异常低价和垫资施工明文禁止，但这种禁止是否能影响合同效力，工程总承包单位是否可以高枕无忧，尤其是资金能力相对较弱的设计单位是否可以放弃相关管理，值得深思。

第12个问题是“工程总承包单位必须自行完成承包项目的设计、施工义务中的主体工程部分，不能将主体工程部分进行分包”。双资质对应双义务，虽然《总承包管理办法》本身没有直接规定主体工程的分包问题，但其他法律法规已经规定得非常清楚，工程总承包单位不得将自身承包的主体工程设计、施工义务进行分包。在这一点上，设计单位转型的工程总承包单位相对于施工单位转型的工程总承包单位尤为弱势，但设计单位应当迎难而上，通过自身能力的重组架构补足短板，抢占工程总承包市场。

五、专项解析，将重点难点问题化作专题论文，供行业人员参考学习共同进步

授课的时间毕竟短暂，只能抓大放小。但某些重要问题失之毫厘则谬以千里，不详细体会其中的内容，往往陷入误区，因此在授课活动的结尾，我将自己撰写并发表于《建筑时报》的4篇专项论文《对73个亡灵的沉重告慰——从江西丰城电厂“11·24”坍塌事故处理看工程总承包的立法缺陷及其强化法律规制》《全面加强管控能力建设形成企业核心竞争优势——从两个热电厂建设纠纷看工程

总承包的全面管控能力及其负总责要求》《从一起诉讼案件看工程总承包项下施工分包单位专业分包的合法性》《从误用工程总承包施工分包合同欠款请求被驳回的教训,看制订统一的工程总承包系列合同示范文本的极端重要性》及5篇专评文章《脱胎换骨的猛药,转型升级的良方——设立我国工程总承包"双资质"制度的重大变革和现实意义》《临战的特别动员,切实的能力提升——培训工程总承包项目经理综合素质的新式"特战"集训》《责任的明确划定,风险的合理分担——〈管理办法〉对工程总承包提出合规和风控管理的新课题》《发包已资质双控分包须同步管控——工程总承包项下设计和施工的主体部分依法不得分包》《企业之间的法律,是非判断的依据——工程总承包合同示范文本并轨使用的新调整和新规定》,还有《总承包管理办法》的两次征求意见稿与正式发布版本的条文变化汇总作为宣贯授课PPT的附件发放给所有参加的学习人员,便于他们吸收巩固。

可见,作为行业律师,不能局限于专业律师解决专业问题的范畴,而要更进一步,透过现象看本质,通过专业问题的解决,看到问题的共性,明晰行业的需求,通过自身专业能力、学术水平提出解决方案,通过举办有影响力的授课活动,将自己的思维、经验,传递给行业,引领行业的发展,如果还有余力,可以通过推进立法进程,从根本上解决行业需要,这是一个律师在行业发展中能够取得的最高成就。

《房屋建筑和市政基础设施项目工程总承包管理办法》的主要内容以及设计单位应注意的12个操作问题*

第一部分 江西丰城电厂“11·24”坍塌特别重大事故及当前工程总承包制度存在的缺陷

我们都知道,2016年11月24日早晨7时40分,在建的江西省丰城电厂发生了一起特别重大的安全事故,造成73名施工工人瞬间死亡,而发生这个事故的项目正是以工程总承包方式发包的。

一、江西丰城电厂“11·24”坍塌特别重大事故基本情况

由江西省赣能股份集团公司投资建设的丰城电厂三期(以下简称“丰电三期”)扩建工程,位于江西省丰城市西石上村铜鼓山,总投资76.7亿元,拟建2台100万千瓦超临界燃煤机组,两台机组按原计划应于2017年年底、2018年年初分别投产发电。整个项目采用了工程总承包方式发包,经过招标投标,由中南电力设计院有限公司中标担任工程总承包单位。

丰电三期扩建工程中包含新建两座高168米、直径135米的双曲线型自然通风冷却塔。2016年6月18日,项目建设由土建施工进入安装阶段。2016年11月24日早晨7时40分许,项目现场发生了冷却塔施工钢平台在混凝土未达强度而启动操作、造成整体坍塌的特别重大事故。73名正在平台施工作业的劳务工人,

---

* 根据2020年1月7日在中国铁路设计集团有限公司的讲稿整理而成。

最小 23 岁、最大 53 岁，转瞬之间均命丧工程总承包项下的分包施工过程中，事故另致地面施工人员 2 人受伤，直接经济损失高达 10,197.2 万元。

2017 年 9 月 15 日，国家安监总局官网全文发布了江西丰城发电厂“11·24”冷却塔施工平台坍塌特别重大事故调查报告。调查组在报告中指出本项目工程总承包单位中南电力设计院有限公司存在下列问题：

第一，管理层安全生产意识薄弱，安全生产管理机制不健全；未设置独立安全生产管理机构和安全总监岗位。

第二，对分包施工单位缺乏有效管控；履行总承包施工管理职责缺位，未按规定要求施工单位项目部将筒壁工程作为危险性较大的分部分项工程进行管理。

第三，项目现场管理制度流于形式，未对施工现场的安全、施工等各项管理义务进行有效管理。

第四，部分管理人员无证上岗，不履行岗位职责。

对于本项目工程总承包单位中南电力设计院有限公司，事故调查组建议责令停业整顿一年、吊销安全生产许可证，给予 2000 万元罚款的处罚；其主要责任人员中，最终有 3 人负刑事责任，党纪处分 11 人，行政处罚 2 人。

对于本项目施工单位河北亿能烟塔工程有限公司，事故调查组建议吊销建筑工程施工总承包一级资质、吊销安全生产许可证，给予 2000 万元罚款的处罚。

对于本项目监理单位上海斯耐迪工程咨询有限公司，建议降低工程监理电力工程专业甲级资质，给予 1000 万元罚款的处罚。

上述处罚不可谓不严厉，教训不可谓不惨痛。

事故调查组对参建各方和人员的处理建议须经国务院主管部门批准，追究本次事故相关企业责任人的相应责任、作出企业停业整顿、吊销施工总承包资质及安全生产许可证等，都有国家法律和国务院相关条例的明确依据，而对工程总承包企业、施工分包企业以及监理单位共罚款 5000 万元，其法律依据又是什么呢？可以说，当出了事故需要追究责任的时候，我们自然地遇到了工程总承包立法滞后的明显困惑和亟待立法的强烈紧迫感。

对此，调查组在报告最后部分给出 7 条“事故防范措施建议”，其中有两条涉及工程总承包，分别为“应进一步健全法规制度，明确工程总承包模式中各方主体的安全职责”和“夯实企业安全生产基础，提高工程总承包安全管理水平”。这两条都直指当前的工程总承包法规制度尚存在缺陷,不适应相关承包模式迅猛发展的趋势,亟待制定和修订。日后回头再看,处理江西丰城电厂"11·24"坍塌特别重大事故暴露出来的一系列立法方面的问题,肯定会成为我国工程总承包法规制度日臻完善过程中的重要事件。

二、当前工程总承包法规制度存在缺陷的具体表现

按照事故发生时我国主管部门的相关规定,这个规定具体是指当时的建设部于2003年2月13日发布实施、现仍有效的《关于培育发展工程总承包和工程项目管理企业的指导意见》(建市〔2003〕30号,以下简称《30号文件》)。按该文件的第2条规定,工程总承包是指从事工程总承包的企业受业主委托,按照合同约定对工程项目的勘察、设计、采购、施工、试运行(竣工验收)等实行全过程或若干阶段的承包。因此,所谓工程总承包,是指承包人接受建设单位委托,按照合同约定对工程项目建设的设计、设备采购、工程施工、项目试运行等实行全过程或者若干阶段承包,并对承包的工程质量、安全、造价和工期负总责的一种工程发承包方式。实践中,工程总承包模式主要包括DB模式(设计—施工总承包)、EPC模式(设计—采购—施工总承包),以及由EPC模式发展来的变种——EPCM模式(设计—采购—施工管理总承包)、EPCS模式(设计—采购—施工监理总承包)、EPCA模式(设计—采购—施工咨询总承包)、EPC+O(设计—采购—施工—运营管理总承包),其中最有代表性的就是EPC模式。我们正在讨论的丰电三期项目,总承包单位中南电力设计院有限公司签订的合同即是《江西丰城发电厂三期扩建工程项目EPC总承包合同》。

工程总承包模式具有精简招标程序、减少管理层级、统一权利责任、提升推进效率等优点,因此获得了工程建设各方的青睐和管理部门的支持。但是由于我国有较长一段时间建设工程的设计、施工、采购、安装等环节分别由相关专业单位分别实施,导致了相关立法也长期停留于实际的模式,造成了在推进工程总承包模式的时候面临法律制度缺失的尴尬局面,具体表现为:

（一）国家层面缺乏高层级的统一的工程总承包法律规范

在法律层面，我国关于工程总承包的规定主要是《建筑法》第24条以及《合同法》第272条。《建筑法》第24条规定："提倡对建筑工程实行总承包，禁止将建筑工程肢解发包。建筑工程的发包单位可以将建筑工程的勘察、设计、施工、设备采购一并发包给一个工程总承包单位，也可以将建筑工程勘察、设计、施工、设备采购的一项或者多项发包给一个工程总承包单位；但是，不得将应当由一个承包单位完成的建筑工程肢解成若干部分发包给几个承包单位。"《合同法》第272条规定："发包人可以与总承包人订立建设工程合同，也可以分别与勘察人、设计人、施工人订立勘察、设计、施工承包合同。发包人不得将应当由一个承包人完成的建设工程肢解成若干部分发包给几个承包人。总承包人或者勘察、设计、施工承包人经发包人同意，可以将自己承包的部分工作交由第三人完成。第三人就其完成的工作成果与总承包人或者勘察、设计、施工承包人向发包人承担连带责任。承包人不得将其承包的全部建设工程转包给第三人或者将其承包的全部建设工程肢解以后以分包的名义分别转包给第三人。禁止承包人将工程分包给不具备相应资质条件的单位。禁止分包单位将其承包的工程再分包。建设工程主体结构的施工必须由承包人自行完成。"

在行政法规层面，主要是《招标投标法实施条例》第29条以及《建设工程质量管理条例》第26条的规定。《招标投标法实施条例》第29条规定："招标人可以依法对工程以及与工程建设有关的货物、服务全部或者部分实行总承包招标。以暂估价形式包括在总承包范围内的工程、货物、服务属于依法必须进行招标的项目范围且达到国家规定规模标准的，应当依法进行招标。前款所称暂估价，是指总承包招标时不能确定价格而由招标人在招标文件中暂时估定的工程、货物、服务的金额。"《建设工程质量管理条例》第26条第3款规定："建设工程实行总承包的，总承包单位应当对全部建设工程质量负责；建设工程勘察、设计、施工、设备采购的一项或者多项实行总承包的，总承包单位应当对其承包的建设工程或者采购的设备的质量负责。"

在部门规章层面，仅有交通运输部《公路工程设计施工总承包管理办法》的规定。但该规定又仅仅适用于公路新建、改建、扩建工程和独立桥梁、隧道的设计施工总承包，既不针对除公路工程以外的其他专业领域，也不包括设计—采购—施工总承包、设计—采购总承包和采购—施工总承包等其他工程总承包模式；且在具体内容上，仅主要包括“总承包单位选择及合同要求”与“总承包管理”两部分，未能就工程总承包进行系统性、体系化的规范。

由于以上法律、行政法规和规章的相关规定均仅是原则上的一般性规定，并没有对工程总承包的发包、再发包、专业分包、合同备案与施工许可管理、合同履约、监督管理、法律责任等问题作出系统的、详细的规定，因此工程总承包在法律层面上严重缺乏可操作性。除了上述少数法律、行政法规与部门规章中零星个别规定以外，其他均为政策性文件规定。目前最主要的政策性文件包括：原建设部发布的上述《30 号文件》、住建部于 2016 年 5 月 20 日发布的《关于进一步推进工程总承包发展的若干意见》（建市〔2016〕93 号，以下简称《工程总承包发展意见》）和国务院办公厅于 2017 年 2 月 21 日发布的《关于促进建筑业持续健康发展的意见》（国办发〔2017〕19 号）。但是政策性文件大多是从宏观角度进行一种愿景式的倡导或者立法的前瞻性引导，缺乏可操作性，难以对实践进行有力的规制，尤其是在发生事故需要追究法律责任时，不能作为依法处理的依据。

（二）国家与地方关于工程总承包的政策性规定存在矛盾冲突

因各地对工程总承包的理解不一，导致国家与地方、地方与地方之间的政策性规定之间存在矛盾冲突。具体而言，当前有关工程总承包的各项政策性规定较为突出的矛盾冲突主要体现在以下八个方面：

（1）工程总承包发包阶段相关规定冲突；

（2）工程总承包单位资质要求相关规定冲突；

（3）工程总承包联合体投标相关规定冲突；

（4）工程总承包项目计价方式相关规定冲突；

（5）关于前期设计服务企业是否可以参加工程总承包招标的相关规定冲突；

（6）工程总承包的再发包的相关规定冲突；

（7）建设单位与工程总承包单位风险分配原则相关规定冲突；

（8）工程总承包项目固定总价的审价与审计相关规定冲突。

（三）缺乏专门的针对工程总承包违法行为的处罚措施

如前所述，我国目前尚没有一部全面的、统一的、具体的规范和管理工程总承包的法律规范，因此缺乏对工程总承包安全生产、质量、工期、造价、试运行等环节的相应规制，缺乏对工程总承包模式中各方主体责任的具体要求，缺乏强有力的针对各种工程总承包违法活动的处罚措施。

根据国务院江西丰城发电厂“11·24”冷却塔施工平台坍塌特别重大事故调查组的事故调查报告，该事故中的工程总承包单位中南电力设计院有限公司作为以勘察设计为主业的企业，在经营业务延伸到工程总承包后，存在“对工程总承包安全生产管理的重要性认识不足，安全生产管理机制不完善，安全生产考核制度有效性不强”和“履行总承包施工管理职责缺位”等重要问题。显然，没有具体的工程总承包安全生产管理规范的规制，没有明确的工程总承包中各方主体的安全职责的划分，是造成73条人命惨剧的主要“诱因”。值得重视的是，由于事故发生后没有专门的工程总承包法律责任和处罚措施可作依据，因此仅能依据《建筑法》中针对传统施工企业的相关处罚规则进行处罚，既无法实现对工程总承包违法活动的专门性规制处罚，也无法期待对将来可能发生的同类恶性事故进行预防性规制。

综上，我们在谈到法治时常常会说四句话：“有法可依，有法必依，执法必严，违法必究。”可以发现，后三句能够成立的前提在于第一句，即“有法可依”。江西丰城电厂“11·24”坍塌特别重大事故暴露了在推进工程总承包过程中法律制度尚存在缺失的窘境，这也必然会促进相关立法进程的加快。

（四）由于和PPP模式的高度契合以及“走出去”的现实需要，工程总承包已日益成为建筑行业发展的新模式

在政策的激励下，国内工程总承包市场已然引起各方高度关注。根据中国勘察设计协会项目管理与工程总承包分会公布的数据显示，2017年我国企业完成工程总承包合同总额高达3716亿元。其中，中国电力工程顾问集团有限公司、中国寰球工程有限公司、中国石油工程建设有限公司、中国中材国际工程股份有限公司、中国核电工程有限公司等五家企业完成工程总承包合同额更是突破百亿元，成绩喜人。

国内市场方面，不得不提目前在国内基础设施建设领域如火如荼的“PPP + EPC”模式。PPP 模式是将部分政府责任以特许经营权方式转移给社会主体（企业），政府与社会主体建立起“利益共享、风险共担、全程合作”的共同体关系，从而形成了政府财政负担减轻、社会主体投资风险减小的新型模式。近年来，我国政府基础设施建设模式正大规模地由传统的 BT、BOT、TOT 等融资模式大规模地向 PPP 模式发展。

在国家力推 PPP 模式的背景下，很多没有工程背景的公司，尤其是金融公司涌入基础设施建设领域。这些金融公司在资本募集方面相对于工程建设企业拥有更强的优势，然而在工程建设方面经验的欠缺使得这些金融企业必须与工程建设企业进行合作，以便在与政府进行协商洽谈的过程中更加全面地掌控整个项目的进程与风险。对这些进入工程市场的金融公司来说，EPC 模式有着传统模式难以比拟的优点：

（1）社会资本方仅需与工程总承包单位签订合同，减少了其合同管理的难度；

（2）由于工程总承包通常采用固定总价模式，降低了社会资本方工程建设的风险；

（3）由于工程总承包单位具有良好的工程经验，可以更好地保证工程质量；

（4）工程总承包模式可以通过设计、施工、采购的联合管理有效缩短工期，因而无工程建设能力的 PPP 社会资本方对 EPC 模式存在庞大的需求。

而如果由具有工程建设能力的社会资本方参与的 PPP 项目，由于《招标投标法实施条例》允许具有工程建设能力的社会资本方直接进行项目建设，项目资本方既是工程业主也是工程建设方，EPC 模式可以通过建设全过程的整合联动，两标并一标，降低工程招标成本、优化工程投资、减少工程工期、有利于工程建设与运营的衔接。可以说，EPC 建设模式与 PPP 融资模式最为契合，随着 PPP 的发展，EPC 也必将水涨船高。

国际市场方面，“一带一路”战略计划逐渐成形，以中国为中心，东连亚太经济圈，西牵欧盟经济圈的最长“经济走廊”将成为我国建筑企业“走出去”的最佳舞台。据亚洲开发银行数据，2010 年至 2020 年间，仅亚洲地区基础设施建设资金需求即高达约 8.22 万亿美元，相应的投资来源往往是政府组织或亚投行等大型金融机构，而相关国际工程承发包亦多采取 EPC 工程总承包模式。工程总承包作为国际工程企业项目管理的主流模式，根据美国设计建筑学会（AIA协会）的统计，其比例已从1995年的25%上升到了2005年的45%。国际复兴开发银行（世界银行）、亚洲开发银行、欧洲重建和开发银行、泛美开发银行、非洲开发银行、黑海贸易和开发银行、加勒比开发银行、伊斯兰开发银行、北欧发展基金等国际主要开发银行都推荐使用工程总承包模式。目前中国企业承接的国际工程项目中，EPC项目约占60%以上。国内建筑企业要响应"走出去"的号召，开辟国际市场，做大做强，就必须熟悉掌握工程总承包模式。

三、"11·24"坍塌特别重大事故反映当事人对工程总承包模式存在认知障碍

无论是国内还是国际市场，建筑企业熟练掌握并运用工程总承包模式是未来建筑业企业竞争力的核心，但由于工程总承包模式在国内刚刚兴起，建筑市场中大部分建筑企业对其并无足够的了解，还存在认知障碍，在实践中常常难以准确运用，不仅难以从工程总承包模式中收益，甚至出现严重错误，造成难以弥补的后果，直接制约着工程总承包模式的发展。

上述"11·24"坍塌特别重大事故是我国推行工程总承包模式以来发生的最大的事故，其核心原因就是工程总承包单位中南电力设计院的工程管理思维认知还停留在以往设计、施工、采购、咨询"各司其职、各行其是"的传统模式，并未履行工程总承包单位应当履行的对工程施工过程的管理义务，最终造成不可挽回的后果。这说明虽然我国正在大力推行工程总承包模式，但目前在工程总承包模式的实践中，建设工程的各个参与主体对工程总承包模式还存在较大的认知障碍，这种认知障碍影响、阻碍了工程总承包模式的发展，也对自身参与工程总承包造成了巨大的风险。

（一）工程总承包单位的认知障碍

工程总承包单位作为工程总承包项目最主要的参与主体之一，也是施工总承包模式向工程总承包模式转型中受影响最大的主体，其在转型过程中也会遇到许多问题。

1. 工程总承包单位未建立起负总责的意识，未形成相适应的管理能力与管理

体系。

我国建设工程传统的工程承包模式采用的是各个建设阶段相互分离的模式，从工程策划、立项、可行性研究、工程设计、工程采购及施工、工程运营等阶段分别由不同的承包商进行承包，各个承包商只负责其各自工程阶段各自承包范围内的工程任务，对其他工程阶段及其他承包商范围内的工程任务不负责任。各个承包商各司其职、各行其是。

但工程总承包模式则不然，不论是何种形式的工程总承包，工程总承包单位必然承担着不少于两个工程建设阶段的义务，甚至是所有工程建设阶段的义务，对其承包的所有工程阶段的合同义务，工程总承包单位均应负总责。《建筑法》第29条规定："建筑工程总承包单位按照总承包合同的约定对建设单位负责；分包单位按照分包合同的约定对总承包单位负责。总承包单位和分包单位就分包工程对建设单位承担连带责任。"《建设工程质量管理条例》第27条规定，总承包单位与分包单位对分包工程的质量承担连带责任。《建设工程安全生产管理条例》第24条规定，总承包单位和分包单位对分包工程的安全生产承担连带责任。刚发布的《总承包管理办法》也沿袭了相关立法精神，第22条规定："建设单位不得迫使工程总承包单位以低于成本的价格竞标，不得明示或者暗示工程总承包单位违反工程建设强制性标准、降低建设工程质量，不得明示或者暗示工程总承包单位使用不合格的建筑材料、建筑构配件和设备。工程总承包单位应当对其承包的全部建设工程质量负责，分包单位对其分包工程的质量负责，分包不免除工程总承包单位对其承包的全部建设工程所负的质量责任。工程总承包单位、工程总承包项目经理依法承担质量终身责任。"第23条规定："建设单位不得对工程总承包单位提出不符合建设工程安全生产法律、法规和强制性标准规定的要求，不得明示或者暗示工程总承包单位购买、租赁、使用不符合安全施工要求的安全防护用具、机械设备、施工机具及配件、消防设施和器材。工程总承包单位对承包范围内工程的安全生产负总责。分包单位应当服从工程总承包单位的安全生产管理，分包单位不服从管理导致生产安全事故的，由分包单位承担主要责任，分包不免除工程总承包单位的安全责任。"第24条规定："建设单位不得设置不合理工期，不得任意压缩合理工期。工程总承包单位应当依据合同对工期全面负责，对项目总进度和各阶段的进度进行控制管理，确保工程按期竣工。"可以看出，工程总承包单位需对工程项目的质量、安全、工期、造价进行全面负责。

很多工程总承包企业是原先从事设计或者施工业务的企业转型而来，但其并没有意识到上述责任承担的区别导致管理责任的重大变化，依然仅仅着眼于自己原先业务范围的管理，导致工程管理失控。上篇所述的丰城三期项目总承包单位中南电力设计院就是典型例子，其作为工程总承包单位，依然停留在传统设计承包商的思维，对工程施工方案的编制、现场的施工管理、安全管理基本上不予理会，连大型模板拆除这种涉及重大结构质量及施工安全的项目，也未尽到管理及审查的义务，最终导致悲剧的发生。

因此，工程总承包单位必须破除旧的思维观念，牢固树立自身负总责的意识，推进承包范围内的工程管理工作。

2. 工程总承包单位并未意识到总承包模式下其风险责任的加重。

工程总承包模式下，总承包单位承担了更高的风险责任。《总承包管理办法》第15条规定，建设单位主要承担以下五类风险：(1)主要工程材料、设备、人工价格与招标时基期价相比，波动幅度超过合同约定幅度的部分；(2)因国家法律法规政策变化引起的合同价格的变化；(3)不可预见的地质条件造成的工程费用和工期的变化；(4)因建设单位原因产生的工程费用和工期的变化；(5)不可抗力造成的工程费用和工期的变化。

其他风险原则上由总承包单位承担。

而在国际工程中工程总承包单位的风险义务更甚，例如国际工程总承包中常常采用的FIDIC银皮书合同中约定业主仅承担"(a)战争、敌对行动(不论宣战与否)、入侵、外敌行动；(b)工程所在国内的叛乱、恐怖主义、革命、暴动、军事政变或篡夺政权、或内战；(c)承包商人员、及承包商和分包商的其他雇员以外的人员在工程所在国内的骚动、喧闹、或混乱；(d) 工程所在国内的战争军火、爆炸物资、电离辐射或放射性引起的污染，但可能由承包商使用此类军火、炸药、辐射或放射性引起的除外；(e)由音速或超音速飞行的飞机或飞机装置所产生的压力波"等五类风险。除此之外的所有风险均由承包商承担。

因而，工程总承包模式的风险承担与传统模式完全不同，如果总承包单位在承揽项目前不能清晰地意识到这一点，往往未能建立与其风险相适应的风险处理体系，当风险发生时将导致重大失误。

3. 工程总承包单位并未意识到管理责任和风险的加重是工程造价的对价。

国际工程中,工程总承包模式的报价往往高于传统模式,根据中国国际工程咨询协会的统计数据表明,与传统的施工总承包项目3% ~5%的利润率相比,EPC项目可谓是“无法抗拒的诱惑”——其利润率通常在10%以上,有些甚至高达30%。工程总承包模式高利润的核心原因就是工程总承包单位承担了更多原本由建设单位承担的管理任务及工程风险,管理责任和风险均是造价的对价,因此其价格更高。但我国国内的工程总承包单位往往不能意识到这一点,报价时还是采用既有的报价策略及报价指标,忽略了工程总承包模式下管理责任和风险的加重,致使工程项目难以取得应有的利润。

(二)建设单位对工程总承包模式的认知障碍

目前,我国工程项目建设单位普遍缺乏总承包意识,大多数项目建设单位仍然习惯于传统的设计、施工分别招标,这为工程总承包的开展增设了障碍。由于传统观念的影响,我国建设单位在工程中都希望管得很细、很具体,并且由于投资主体和管理体制问题,国内建设单位缺少工程总承包的内在动力。具体而言,建设单位对于总承包模式的不认可主要表现在以下几个方面:

1. 工程总承包模式下,建设单位对工程项目的掌控能力下降,导致建设单位缺乏安全感。

工程总承包模式下,由总承包商进行总体管理,缺少了传统模式下多个阶段多个单位的层层把控,使得建设单位对工程的掌控力下降,建设单位对总承包单位缺乏信任,对工程投资效果缺乏安全感,因此对工程总承包模式较为抗拒。尤其是政府或国有企业作为建设单位的项目,还可能存在官本位思想,认为增加工程总承包单位将大大削弱其对项目的控制力,因而频繁地在总承包合同中增加建设单位的管理性条款,甚至在采用固定总价模式时依然约定了审计价作为结算依据的条款,严重影响了总承包单位的管理积极性。

2. 现行法律的不明确导致建设单位对总承包单位的合法性存在认知障碍。

由于现行法律对工程总承包的规定不够清晰,建设单位常常怀疑工程总承包的合法性,这在设计院为主体的工程总承包模式中尤为常见。总承包模式中,若总承包方为设计单位,其可以将全部的施工部分分包给有资质的施工企业。然而实践中，有的建设单位会认为如此操作违反《招标投标法》第59条的规定："中标人应当按照合同约定履行义务，完成中标项目。中标人不得向他人转让中标项目，也不得将中标项目肢解后分别向他人转让。中标人按照合同约定或者经招标人同意，可以将中标项目的部分非主体、非关键性工作分包给他人完成。接受分包的人应当具备相应的资格条件，并不得再次分包。"因而以拒绝采纳工程总承包发包模式的方式规避所谓"法律风险"，排斥工程总承包模式。

3. 当前阶段，建设单位对设计或者施工企业进行跨专业管理的能力不信任。

许多建设单位对设计院的施工管理能力持怀疑态度，认为设计院的优势在于设计创新技术，施工技术与管理则仅是施工单位的强项。尤其是"11·24"事故发生后，许多建设单位认为即使是中南电力设计院这样的大院也表现出对于施工过程中最基本的混凝土强度的管理如此疏失，更不放心将工程的管理权利交付给设计牵头的工程总承包方。同样的，施工牵头的工程总承包，建设单位对其设计方案的合理性也难以充分认同。最终导致目前许多建设单位对于工程总承包模式采取观望的态度。

4. 建设单位也不能理解风险与管理均是造价的对价，对工程总承包模式的较高价格难以接受。

建设单位与传统施工承包单位存在一个同样的思维误区，即无法充分意识到管理与风险同样是造价的对价，对于同一个项目采用工程总承包模式的价格比传统模式更高难以理解，本能地排斥采用工程总承包模式进行发包。

（三）工程咨询企业没有认识到工程总承包模式下自身地位的变化

传统模式下，建设单位通过自身对建设过程的全程介入管理，以参与各个建设过程、参建单位之间的层层审批、层层制约，达到对工程总体目标的有效把控。工程咨询方的定位正如其名称所言，主要是一个咨询人的角色，提供的是技术服务，通常并不直接介入工程的建设管理。因此建设单位、承包单位及咨询单位的关系是三足鼎立，建设单位、承包单位之间互相制约，而咨询单位更具中立性，负责提供相对中立客观的合理性建议，三者协同完成工程的建设目标。

但在工程总承包模式下，原来三足鼎立的局面被破坏。由于总承包单位对于工程的掌控能力大大加强，建设单位在工程技术和管理上相对于具有丰富工程经验的总承包单位来说往往偏于薄弱，难以对总承包单位形成有效制约，总承包单位过于放大的权利对工程目标的实现并非一定是好事，需要构建新的权利平衡，协助建设单位强化对总承包单位的制约，该项新的平衡的建立有赖于咨询企业定位的转变。工程咨询企业不再是中立的咨询人，其定位正在向建设单位的管理代理人角色转变。

工程总承包模式不再单纯需要监理、造价咨询、招投标代理等传统咨询行业，而是需要一个与工程总承包相匹配的高度整合的工程全过程咨询企业，完成一个工程项目从策划到竣工甚至是运营的全过程服务，与工程总承包单位相互制约、相互促进，共同完成工程项目的预定目标，这已经对工程咨询行业形成了新的要求和挑战。

综上，虽然我国的工程总承包模式在短时间内已经取得了长足的进步，但由于目前还有相当数量的建设单位、设计单位、施工单位、工程咨询单位的思维止步于传统模式，并未深刻意识到自身的定位转变，难以符合目前工程总承包模式推广的核心需求。因此只有首先破除认知障碍，工程总承包模式才能实质性地推进整个建设工程行业的发展。

四、工程总承包案件的复杂性反映其履约风险

工程总承包模式近年来在我国政策大力扶持及市场庞大需求的驱动下，正如火如荼地展开。一个新模式的发展伴随着的是巨大的蓝海市场及先手红利。但相应的，新的工程发承包的合同模式同样缺乏成熟有效的法律法规予以约束，履约风险随之层出不穷，该模式发展过程中市场不规范运作导致相应的更大的法律风险。对于工程总承包模式履约风险所产生的相应的法律风险，很多投身新模式试水的设计施工企业并不重视。在操作实践中，有的仍以施工总承包的单一模式思维应对工程总承包的复杂性，没有建立工程总承包对项目的设计、采购和施工全过程负总责和对项目建设的工期、质量、造价和交付使用负总责的认知和管理体系；对工程总承包的认知障碍产生的另一种错误观念，认为工程总承包模式本质上是设计、施工、采购的一体化，其法律法规的适用直接根据设计、施工、采购的相关法律法规分别适用即可。此种观念在法律分析和风险防范上也是完全错误

的，设计、施工、采购三种法律关系叠加的综合后果并非简单的法律关系的分别适用，而是产生了完全不同的法律逻辑。相对于传统施工总承包而言，工程总承包的法律关系更加复杂，法律责任更加集中，这就要求广大正在投身工程总承包领域的当事人，需要深入研究工程总承包模式发展过程中的合同关系的复杂性和法律风险的严重性。只有充分知晓工程总承包法律关系的复杂性、法律责任的集约性，在严加防范法律风险的前提下，加强对工程总承包过程中相应风险合理评估，合理规避，才能抢占先机。

工程总承包的法律风险并不是一个单纯的理论问题，而是一个在市场运作实践中非常严峻的实务操作问题。我在此分析一起工程总承包纠纷的诉讼案件，对司法实践中反映出来的有关工程总承包的法律规制、合同条款以及风险防控等一系列复杂的法律问题，进行有针对性的解析探讨。

（一）从两家日资企业历时五年未能完成的工程总承包模式下的建设工程案件看司法实践中的法律适用难点

日本建筑市场的工程总承包模式发展较早，项目建设采取工程总承包模式也较普遍，市场已形成一批经验比较丰富的专事工程总承包的大型承包商。然而，比较有经验的日本承发包商在我国采取工程总承包模式建设项目发生纠纷后，会遇到什么法律难题呢？

2013年8月，日资某油脂厂作为建设单位（以下简称发包人）与另一日资建筑企业作为工程总承包单位（以下简称总承包商）签订《项目总承包合同书》及一系列的分项合同，将发包人投资位于上海金山区某一工业项目的建设任务全部发包给该总承包商。承包范围包括该项目的各项建筑设计、设备采购及安装和施工等，项目总投资金额约2.5亿元人民币。2015年5月，在工程量完成90%以上时，金山区建设工程质量安全监督站在检查活动中认定总承包商存在超资质范围承揽工程的问题，发包人遂认为由于总承包商的过错导致合同无效并且工程无法继续建设，故要求总承包商退场并赔偿相应损失。发包人作为原告起诉至上海市第一中级人民法院（以下简称上海一中院）。发包人请求法院：(1)认定总承包商不具有本项目需要的承包和施工资质，合同无效；(2)要求总承包商拆除无法通过政府主管部门验收的生产设备安装工程；(3)要求返还已支付生产设备安装工程款

7387 万元;(4)支付工程保证金 900 万元;(5)赔偿所有损失 10,038.05 万元。

总承包商委托律师提起反诉,反诉请求为:(1)要求发包人支付已完工程价款 5889 万元;(2)支付变更及索赔价款 4137 万元;(3)支付逾期付款违约金 94 万元;(4)支付违约解除合同损失赔偿 2200 万元(以司法鉴定意见为准);(5)请求在应得工程价款范围内对已完工程价款享有优先受偿权。

法院经过审理后认为本案争议焦点为:(1)资质及合同效力问题:总承包商是否具备承担整个工程或其他各分项工程的资质,合同整体及各分项合同是否有效?如果有效,发包人或总承包商是否有权解除?(2)项目建筑设计是否合格?(3)工程施工质量是否合格?(4)价款应如何结算?(5)损失金额及责任如何确认?

为明确上述争议焦点,法院启动了下述 5 项鉴定:(1)土建工程造价鉴定,用以明确已完工程价值;(2)土建工程质量鉴定,用以明确总承包商的施工质量是否满足合同约定;(3)成套设备设计质量鉴定,用以明确设计分包商所作设计是否满足合同要求;(4)成套设备施工质量鉴定,用以明确总承包商的设备安装施工质量是否满足合同约定;(5)成套设备造价鉴定,用以明确总承包商已安装及已采购设备的价值。

本案起诉至今已逾 4 年,但上述 5 项司法鉴定没有取得实质性进展,其中第 4、5 项关于项目设备的鉴定,更是因为难以选定鉴定单位而至今尚未启动。

本案件鉴定工作进度如此缓慢、案件审理旷日持久、法官不断申请延长审限的原因,在于本案工程总承包合同约定适用中国法律,而我国法律法规对工程总承包尚无明确规定。案件涉及工程设计、设备采购和建筑施工的三大承包范围互相交叉的复杂性,又由于当前司法实践中没有明确的适用标准导致合同效力难以明确、质量标准难以明晰、价款结算方式难以确定,致使本案的审理陷入迟滞。

本案中,不论是发、承包双方,法院还是鉴定机构,均无现成的处理经验,都处于摸着石头过河的状态,需要深入分析研究应对对策。本案对于有志于发展工程总承包业务的发、承包单位和代理律师,具有值得分析、总结的价值,通过分析本案工程总承包模式下的司法审理实践,对于推进工程总承包模式的发展具有重要的现实意义。

（二）结合本案争议焦点看工程总承包模式中的司法争议

本案鉴定工作陷入困境的核心原因就是法律争议焦点问题没有定论，处于法律空白和模糊的区间，致使工程鉴定工作没有合理、有效、明确的鉴定依据，导致鉴定工作进度缓慢。而本案的法律争议焦点均极具代表性，充分反映出工程总承包一旦引起纠纷的法律风险，可以说是工程总承包案件的基础争议，每一个工程总承包案件均有可能涉及，具有分析的价值与必要。本案反映出的法律难题主要有：

1. 合同效力判断难题。

有别于其他民事案件，建设工程案件中承包商资质是否符合要求是判断合同效力的重要依据。

我国《建筑法》及现行工程资质体系均是在 1984 年“鲁布革冲击”事件之后，借鉴德日工程管理经验所构建而来。其体系的基础就是 DBB 模式，即设计—招标—建造模式，其基本特点就是设计、施工、采购相分离，因此，目前工程资质的法律设计从基础而言就与工程总承包模式格格不入，导致大量的司法适用难题。

（1）工程总承包模式下总承包单位资质要求不明。

目前我国国家层面仅设有施工总承包资质，并无工程总承包资质，而部分地区或部门虽对总承包单位承揽工程总承包业务的资质要求进行了规定，但其层级较低，且各自为政，并无统一的标准，导致工程总承包的资质要求在实践中存在较大争议。例如，《上海市工程总承包试点项目管理办法》第 7 条【承包人资格】规定：“工程总承包企业应当具备与发包工程规模相适应的工程设计资质（工程设计专项资质和事务所资质除外）或施工总承包资质，且具有相应的组织机构、项目管理体系、项目管理专业人员和工程业绩。”而《公路工程设计施工总承包管理办法》第 6 条则规定：“总承包单位应当具备以下要求：（一）同时具备与招标工程相适应的勘察设计和施工资质，或者由具备相应资质的勘察设计和施工单位组成联合体……”

可见，上述两个文件对于工程案件总承包单位的资质要求完全不同，而这样的类似冲突在各地方、各部门文件均不少见，因此，工程总承包单位的资质要求没有定论，法律适用困难，司法实践中存在较大争议。本案例中，工程总承包单位仅具有设备设计及生产资格,并不具有建设工程施工及设计资质,其作为工程总承包单位所签订的合同是否有效,自然成为本案的首要争议焦点。

(2)工程总承包模式下施工或设计总体分包行为效力不明。

根据《建筑法》《建设工程勘察设计管理条例》(以下简称《勘察设计条例》)的规定,勘察设计的主体部分、施工主体结构部分都不得进行分包,应当由承包方自行完成。在工程总承包模式下,如果总承包单位仅具有设计或施工资质,则就需要将其不具有资质的设计或施工部分承包业务总体上分包给另外一家具有相应资质的单位。此种行为是否属于合法分包,或是构成转包,根据现行法律,事实上并无定论,亦构成常见争议。

本案中,工程总承包单位不具有相应的设计和施工资质,其将设计工作及施工工作均进行了分包,其分包行为是否有效亦成为核心争议。

(3)工程总承包模式下"二次分包"行为效力不明。

根据《建筑法》第29条:"建筑工程总承包单位可以将承包工程中的部分工程发包给具有相应资质条件的分包单位……禁止总承包单位将工程分包给不具备相应资质条件的单位。禁止分包单位将其承包的工程再分包。"因此,当工程总承包单位仅具有施工或设计资质之一时,其需要将其不具有资质的施工或设计业务全部分包给另一家施工总承包单位或设计总承包单位;而施工总承包单位或设计总承包单位将其承揽业务中的非主体结构部分再分包的行为是否属于《建筑法》第29条所禁止的"二次分包"行为,则存在争议。

例如,新疆克拉玛依中级人民法院作出的(2017)新02民终291号判决书中认定工程总承包模式下,施工业务总体分包给施工总承包单位的行为合法有效,而施工总承包单位将专业工程分包给专业分包单位的行为属于"二次分包",违反《建筑法》第29条而无效。

而甘肃省酒泉市肃州区人民法院作出的(2014)酒肃法民二初字178号判决书中则认定此类行为不属于"二次分包",不违反法律规定,应属有效;且该案件此项认定已由甘肃省高级人民法院作出(2015)甘民申字第432号裁定予以认可。可见,在司法实践中,上述"二次分包"行为效力并无定论。本案中施工分包商亦将其施工范围内的非主体结构工程进行了专业分包,则此种分包行为是否有效亦影响双方权益。

综上,合同效力是私法领域裁判的基础,合同效力不明则司法裁判方向不具有可期待性,而工程承包的资质要求及分包的合法性是每个工程类案件均需涉及的基础性问题,但工程总承包案件在此等基础性问题上亦未形成一致意见,可见其诉讼的复杂性。

2. 质量违约责任界定难题。

相较于传统的施工总承包模式,工程总承包模式的违约责任标准有所区别且更难以界定。施工总承包单位的质量责任要求可以概括为"按图施工",而工程总承包单位的质量责任要求则是"按约施工",两者质量责任要求并不一致。施工总承包条件下,施工图纸各项参数均明确具体,双方当事人均可以对工程质量有较为明确的预期,违约责任也易于界定;反之,工程总承包条件下,由于工程总承包单位介入时往往仅有建设单位意向性的要求作为参考,其标准较为模糊,质量违约责任难以界定。

本案中,涉案项目部分主梁根据施工图设计应当采用C50混凝土,但实际施工采用的是C40混凝土,经鉴定单位验算,采用C40混凝土亦可以满足使用要求,此等情况下是否构成违约,需要法官对施工总承包的"按图施工"与工程总承包的"按约施工"具有深刻认识才能合理界定。

3. 工程价款结算难题。

建设工程价款如果双方当事人难以达成一致,最终往往需要采用司法鉴定进行界定,而工程总承包的司法鉴定,也存在与传统施工总承包模式的巨大差异。工程总承包模式常常采用的是固定总价合同,参考《最高人民法院关于审理建设工程施工合同纠纷案件适用法律问题的解释》[以下简称《建设工程司法解释(一)》]第16条规定:"当事人对建设工程的计价标准或者计价方法有约定的,按照约定结算工程价款。因设计变更导致建设工程的工程量或者质量标准发生变化,当事人对该部分工程价款不能协商一致的,可以参照签订建设工程施工合同时当地建设行政主管部门发布的计价方法或者计价标准结算工程价款。"原则上,固定价合同范围内的工程量应依据固定价结算,但因设计变更引起的合同价款变化除外。

工程总承包模式下,固定价结算采用上述原则结算时存在四大难点:

(1)固定总价的范围难以确定。

如前所述，当采用施工总承包模式时，发承包方签约时存在明确的施工图纸，因此施工总承包合同中的固定价可以根据图纸计算出明确的工程量范围，该范围之内的工程量应当采用合同约定的固定价格进行结算。反之，工程总承包模式下，双方缔约时，通常仅具有概念图、方案图或初步设计图，尤其在国际项目中，有些国际项目招标时连图纸都不具备，仅有工程项目要求文件，其工程量范围及标准均难以明确具体地界定，因此固定总价究竟对应何等的工程量是难以明确的，必然成为司法诉讼中的争议焦点。

(2)可计价的变更范围难以确定。

工程总承包模式下，由于设计施工的一体化承包，传统模式下“设计变更”这个概念在工程总承包模式下已经发生变化。工程总承包模式下，设计单位是工程总承包单位的内部机构或下属机构，其所发出的设计变更属于其内部行为，其单方法律效力不及于外部，故单纯的由设计单位发出的设计变更，不再对固定总价范围造成影响，不再成为固定总价合同可突破的事由。取而代之的是一个新的概念——“雇主要求”。FIDIC 2017 版银皮书合同中第 13.1 款【变更权】:“在颁发工程接收证书前的任何时间，雇主可通过发布指示或要求承包商提交建议书的方式，提出变更。变更不应包括准备交他人进行的任何工作的删减。”可见，在工程总承包模式下，变更权完全基于雇主的要求而产生，故仅有基于雇主要求而产生的变更，才会导致原合同固定总价范围的变化，此时，才可要求对变更部分增加合同价款。

在此基础上，企业还要继续深化研究，是否所有雇主所发的关于施工要求的“建议书”均属于本条款所称“雇主要求”，均可以构成足以影响总价范围的变更?答案是否定的。此处的“建议书”在实践中需进一步区分，如果该建议书的内容仅是原缔约时“雇主要求”的细化、完善，则其不构成变更，依然应当按照固定价格进行结算;仅当该等建议超出了原缔约时“雇主要求”的范围，才构成变更，其相应价款应当予以相应增减。

上述区分方式看似简单，实践中却极难界定。例如我国国际工程著名案例之一——中铁建沙特轻轨项目中，轻轨站体空调变更争议就是该问题的典型案例。该项目采用的就是工程总承包模式，在该项目的合同文件中明确轻轨站体需要设置空调，但并未明确空调的具体参数，后来双方因此产生争议。中铁建方的施工图设计中采用适用于外温 36℃的空调，而沙特方要求改用适用于外温 43℃的空调，双方对沙特方的要求是否构成足以变更总价价款的“雇主要求”产生争议，目前还在争议中。可见，施工总承包传统模式下“设计变更”的含义是明确具体的，仅需程序性的比对，即可确定是否可以提出鉴定。但工程总承包模式下的“雇主要求”是模糊的，需要进行实质性的评价，才能进一步判断是否构成超出合同约定的项目需求外的变更，进而决定是否可以提出变更价款，这对当事人代理律师、企业法务、法官、鉴定机构的专业水平要求将更为严格。

可见，固定总价范围与雇主要求范围是一个一体两面的问题，需要综合判断，相互联系，才能综合评价。具体到本案中，总承包单位提起了 4137 万元人民币的设计变更及索赔请求，在本项诉请的相关诉讼过程中，首先就必须明确该项请求中哪些设计变更超出了原合同的项目需求范围，对于未超出项目需求范围的，应当采用固定价格结算；对于超出项目需求范围的，应当另行结算价款。但该项内容言时容易做时难，如何界定项目需求范围，双方正在激烈争论，本案该项鉴定的推进也比较困难。

(3) 工程总承包模式下，目前国内所有的定价体系均难以在鉴定活动中直接适用。

传统模式下，所有的定额体系均是基于设计、施工、采购三者分离的基础上进行确定。但工程总承包模式下，由于承包范围是设计、施工、采购三者的混合，既有的定额体系将全部难以适用。原因在于工程总承包模式是全过程承包，故其管理责任、风险责任及商业让利水平均与既有定额体系完全不同，两者是基于完全不同的商业模型基础上的结果，而管理责任、风险责任及商业让利均是造价的对价，故直接适用既有定额体系不具有合理性基础，忽视了以上种种对造价产生影响的因素，无法衡平发、承包双方的权利义务关系。因此，工程总承包模式价款鉴定过程中直接适用既有定额事实上是不正确的。该问题在我国目前的市场环境下难以获得解决，要想解决此问题，需要重新构建工程总承包模式下的大数据体系，基于数据分析结果，建立新的工程价格评价体系，或也可称为“工程总承包定额体系”。

在无足够参考指标的基础上，如何计算双方固定价款以外的变更价款的费用，是本案诉讼工作的又一难点。只能通过鉴定单位的专业能力进行较为主观的费用计算，但这既使得鉴定工程进度缓慢，其结果的公平合理也难以保证。因此，在目前的市场条件下，承包单位应当尽可能收集自身工程总承包业务的相关数据，备以在纠纷中提供给鉴定单位参考；也可以依据自身行业影响力，推进“工程总承包定额体系”的构建，既可以在鉴定证据方面占得先机，也有利于抢占新兴市场。

(4)风险范围界定模糊。

固定总价的突破除了“雇主要求”之外，发生非由承包人承担的风险事件时，亦可以突破固定总价的拘束，请求支付风险事件引起的相关支出。工程建设过程中的相关风险分配，属于当事人可以自由约定的范围，没有强制性的法律规定，但从工程惯例的角度而言，工程总承包模式下，工程总承包单位承担了更高的风险责任。

司法实践中关于风险责任承担存在两大难题：(1)如何确定风险范围。风险范围即使有明文约定，在工程实践中也难以区分。例如，双方当事人约定法律变化的风险由建设单位承担，而材料费用上涨的风险由承包人承担，现发生由于国家环保法律调整导致的材料价格上升的风险究竟属于法律变化的风险还是材料费用上涨的风险，则存在争议；(2)如何确定风险的实际支出。例如，双方当事人约定发现不可预见的地质条件导致的额外支出属于建设单位承担；但工程总承包模式下，由于设计也属于承包人的承包范围，事实上导致整个工程设计中因地质情况难以预见的额外支出是难以从工程总体设计中剥离的。

综上，从本案司法实践中可见，合同效力、质量标准、价款结算三大基本问题在施工总承包模式下是有比较清晰的裁量原则及裁量标准的，但在工程总承包模式下，由于基本法律关系的差异，及实际履约模式的差异，其司法裁判并非设计、施工、采购的相关法律法规分别适用，而是由于三者的复合导致了极其复杂的变化，仅仅上述三大基本法律问题，就已产生如此多的区别，而实际案件处理中所涉及的问题必然更加复杂。正是由于该模式的新兴，目前可参考的司法实践案例及工程实践样本均稀缺，难以综合分析，亦难有极其准确的司法预期。

这对于广大欲投身工程总承包市场的企业而言既是风险也是机会，在工程总承包模式刚刚推行的当下，任何一分优势均可以帮助企业扩大一分市场份额，并且形成优势积累，最终形成行业优势地位，因此，施工企业必须下大力气研究工程总承包模式合同关系的复杂性和法律风险的严重性，充分知晓工程总承包法律关系的复杂性、法律责任的集约性,才能识别并规避风险,有效解决其司法实践中的争议,在未来市场的变化中赢得主动。

第二部分　对工程总承包进行专门立法是推进建筑业发展的必然要求

——国家住建部和发改委《房屋建筑和市政基础设施项目工程总承包管理办法》解读

第一部分内容结合江西丰城电厂三期"11·24"事故在内的有关工程总承包的典型案例,介绍工程总承包这一模式的历史渊源、国外情况、发展现状和未来趋势,其焦点在于工程总承包模式在实践过程中所遇到的包括法规制定、企业管理、合同拟制、细节落实、争议处理等一系列问题。大家能够发现,这些案例与施工合同纠纷争议的案例大相径庭。在施工合同纠纷争议中,双方当事人的争议很多情况下都属于细节之争,会涉及会议纪要的签到情况、索赔文件的送达日期、施工现场的签证记录,这些细节都可能对案件进程产生重大影响,甚至有从垃圾堆中找出"翻盘"证据的实际案例。但在工程总承包争议纠纷中,争议的往往都是大原则、大方向,比如合同是否属于工程总承包模式,工程项目安全、质量责任的分配,工程总承包项下施工单位分包的合法性,等等。之所以会出现如此鲜明的对比,很大程度上是由于我国有关工程施工的法规制度已经较为完善,当事人对于大原则、大方向是难以置喙的,维护权益的行为往往落实在一个个细节的攻防上。但是对于工程总承包而言却恰恰相反,因为法规制度尚不完善,细节规定尚不明晰,当事人的争议点常着眼于大原则、大方向,这既给纠纷争议的解决增加了难度,又给双方当事人增加了不可控的风险。可以说,相关法规制度的缺乏已经日益成为制约工程总承包发展的瓶颈,要推动建筑业的深化改革和持续发展,加快工程总承包专门进行立法已经成为必然要求。

在"11·24"事故发生一年后,2017 年 12 月 26 日,住房和城乡建设部建筑市场监管司发布了《房屋建筑和市政基础设施项目工程总承包管理办法》(征求意见稿),向各省和自治区住房城乡建设厅、直辖市建委、北京市规划国土委、有关行业协会征求意见,这掀开了我国工程总承包立法的新篇章。正如征求意见函中所讲的,起草征求意见稿的目的在于"加快推进工程总承包,完善工程总承包管理制度,提升工程建设质量和效益",包括工程界、法律界在内的社会各界对此也表示了热烈的欢迎;在广泛征求意见后,2019 年 5 月 10 日,住房和城乡建设部办公厅、国家发展改革委办公厅又发布了新的《房屋建筑和市政基础设施项目工程总承包管理办法》(征求意见稿);2019 年 12 月 23 日,住房和城乡建设部、国家发展改革委联合发布了《关于印发房屋建筑和市政基础设施项目工程总承包管理办法的通知》(建市规〔2019〕12 号),通知明确《总承包管理办法》于 2020 年 3 月 1 日正式施行。

一、《总承包管理办法》出台的来龙去脉及其重要意义

《总承包管理办法》是我国对工程总承包长期立法的阶段性成果。

(一)工程总承包模式在我国虽早已确立理念,但迟迟未能进入成熟的规范化发展阶段

早在 1984 年,国务院就在《关于改革建筑业和基本建设管理体制若干问题的暂行规定》(国发〔1984〕123 号,现已失效)中指出,要建立起一种这样的工程承包公司:"接受建设项目主管部门(或建设单位)的委托,或投标中标,对项目建设的可行性研究、勘察设计、设备选购、材料订货、工程施工、生产准备直到竣工投产实行全过程的总承包,或部分承包。"从当时的规定中可以清晰地发现我国已经开始重视推广与规范的工程总承包模式的基本特征——集设计、采购、建设、安装、调试全过程于一体。不过彼时的工程总承包仍然仅仅属于工程承包的一种描述方式,而非相对独立的承揽模式。在随后的由原国家计委、城乡建设环境保护部印发的《工程承包公司暂行办法》(计施〔1984〕2301 号)中也沿用了此定义,将工程总承包与其他承包形式进行了合并规定:"工程承包公司的主要任务是,在国家计划指导下,接受建设项目主管部门或建设单位的委托,对建设项目的可行性研究、勘察设计、设备询价与选购、材料订货、工程施工和竣工投产,实行全过程的总承包或部分承包。"

到了1987年，工程总承包模式已经开始获得相对独立的法律地位。是年，由当时的国家计委、财政部、中国人民建设银行、国家物资局联合发布了《关于设计单位进行工程建设总承包试点有关问题的通知》（计设〔1987〕619号），两年后的1989年，当时的建设部、国家计委、财政部、建设银行、物资部又联合发布了《关于扩大设计单位进行工程总承包试点及有关问题的补充通知》（〔1989〕建设字第122号），在这两个通知中已经开始直接使用"工程总承包"的概念来对工程总承包进行规范化指引。

从上述规定不难看出，工程总承包模式在我国不但确立较早，而且在其产生之初便走上了设计主导的发展道路。但时至今日，工程总承包却仍未在我国进入成熟规范化发展的阶段。在1984年《关于改革建筑业和基本建设管理体制若干问题的暂行规定》（现已失效）中所明确的两种工程承包公司类型中，仅"部分承包"的模式得以蓬勃发展，法律、法规的规范也相对全面而细致。而工程总承包的运作实际处于一种无章可循的状态：法律、法规层面工程总承包的规定仅包括《建筑法》第24条、第29条、第55条，《合同法》第272条，《招标投标法实施条例》第29条等寥寥数条，主要为原则性阐述，缺乏系统性规定；部门规章层级建设部曾经推行过工程总承包资质制度后又予以废弃，剩余则以指导性的规范性文件为主，例如当时建设部于2003年2月13日发布实施、现行有效的《关于培育发展工程总承包和工程项目管理企业的指导意见》（建市〔2003〕30号）。实践中市场主体则主要根据《建设项目工程总承包管理规范》、2011年11月1日住建部发布的《建设项目工程总承包合同示范文本（试行）》和国家发改委等九部委于2012年1月12日发布的《标准设计施工总承包招标文件》进行操作。

（二）近年来，中共中央、国务院各部委和各地密集出台有关工程总承包的文件，但由于缺乏统一的规范性、强制性的法律法规，各类文件之间的矛盾比比皆是

近年来，随着2014年7月1日住建部《关于推进建筑业发展和改革的若干意见》（建市〔2014〕92号）和2017年2月21日国务院办公厅《关于促进建筑业持续健康发展的意见》（国办发〔2017〕19号）的出台，国家层面对于工程总承包的推广予以了重视，各类规范性文件呈现出了密集制定和颁布的态势。但目前除了交通运输部发布的部门规章——《公路工程设计施工总承包管理办法》（交通运输部令

2015 年第 10 号)外,中共中央、国务院各部委有关工程总承包的规定均以政策性规范性文件为主。具体情况详见表 1:

表 1　中共中央、国务院各部委规范性文件

发布日期	发文机关	文　　号	名　　称
1992 年	建设部	建施字第 189 号	关于印发《工程总承包企业资质管理暂行规定(试行)》的通知
1992 年	建设部	建设〔1992〕805 号	设计单位进行工程总承包资格管理的有关规定(现已失效)
1999 年	建设部	建设〔1999〕218 号	关于推进大型工程设计单位创建国际型工程公司的指导意见
2003 年	建设部	建市〔2003〕30 号	关于培育发展工程总承包和工程项目管理企业的指导意见
2003 年	住建部建筑市场监管司	建市函〔2003〕161 号	关于工程总承包市场准入问题说明的函(现已失效)
2003 年	住建部建筑市场监管司	建办市函〔2003〕573 号	关于工程总承包市场准入问题的复函
2006 年	铁道部	铁建设〔2006〕221 号	关于印发《铁路建设项目工程总承包办法》的通知
2006 年	交通部	交公路发〔2006〕702 号	关于开展公路工程项目设计施工总承包试点工作的通知
2014 年	住房和城乡建设部	建市〔2014〕92 号	关于推进建筑业发展和改革的若干意见
2016 年	中共中央、国务院	中发〔2016〕6 号	关于进一步加强城市规划建设管理工作的若干意见
2016 年	住房和城乡建设部	建市〔2016〕93 号	关于进一步推进工程总承包发展的若干意见
2017 年	国务院办公厅	国办发〔2017〕19 号	关于促进建筑业持续健康发展的意见
2017 年	住房和城乡建设部	建办市〔2017〕46 号	关于工程总承包项目和政府采购工程建设项目办理施工许可手续有关事项的通知
2017 年	住房和城乡建设部	建市综函〔2017〕12 号	关于印发住房城乡建设部建筑市场监管司 2017 年工作要点的通知

各地政府部门关于工程总承包的规定同样也以政策性规范性文件为主，主要是根据中央的有关政策文件制定。具体情况详见表2、表3：

表2 省级政府部门规范性文件

发布日期	发文机关	文 号	名 称
2007年7月	河北省建设厅	冀建市〔2007〕350号	关于政府性投资工程实行工程总承包方式有关问题的通知
2014年10月	浙江省住房和城乡建设厅	浙建建〔2014〕116号	关于印发《浙江省政府投资项目工程总承包试点工作方案》的通知
2016年3月	浙江省住房和城乡建设厅	浙建〔2016〕5号	关于深化建设工程实施方式改革积极推进工程总承包发展的指导意见
2016年6月	广西壮族自治区住房城乡建设厅	桂建管〔2016〕41号	关于印发《广西壮族自治区房屋建筑和市政基础设施工程总承包试点工作方案》的通知
2016年8月	四川省住房城乡建设厅	川建勘设科发〔2016〕644号	关于印发《四川省政府投资项目工程总承包试点工作方案》的通知
2016年8月	浙江省人民政府办公厅	浙政办发〔2016〕111号	关于推进绿色建筑和建筑工业化发展的实施意见
2016年11月	湖北省住房城乡建设厅	鄂建〔2016〕9号	关于推进房屋建筑和市政公用工程总承包发展的实施意见（试行）
2016年12月	广西壮族自治区住房城乡建设厅、财政厅	桂建管〔2016〕117号	关于印发推进广西房屋建筑和市政基础设施工程总承包试点发展指导意见的通知
2016年12月	上海市住房和城乡建设管理委员会	沪建建管〔2016〕1151号	关于发布《上海市工程总承包试点项目管理办法》的通知
2016年12月	吉林省住房和城乡建设厅	吉建管〔2016〕50号	关于加快推进工程总承包发展的实施意见
2016年12月	福建省住房和城乡建设厅	闽建筑〔2016〕41号	关于印发《福建省政府投资的房屋建筑和市政基础设施工程开展工程总承包试点工作方案》的通知
2017年1月	吉林省人民政府办公厅	吉政办发〔2017〕12号	关于推进木结构建筑产业化发展的指导意见
2017年5月	广东省人民政府办公厅	粤府办〔2017〕28号	关于大力发展装配式建筑的实施意见

续表

发布日期	发文机关	文　　号	名　　称
2017 年 5 月	湖南省人民政府办公厅	湘政办发〔2017〕28 号	关于加快推进装配式建筑发展的实施意见
2017 年 5 月	湖南省住房和城乡建设厅	湘建监督〔2017〕76 号	关于印发《湖南省房屋建筑和市政基础设施工程总承包招标投标活动管理暂行规定》的通知
2017 年 5 月	上海市住房和城乡建设管理委员会	沪建建管〔2017〕433 号	关于印发《上海市工程总承包试点项目管理办法实施要点》的通知
2017 年 6 月	陕西省人民政府办公厅	陕政办发〔2017〕52 号	关于促进建筑业持续健康发展的实施意见
2017 年 6 月	四川省人民政府办公厅	川办发〔2017〕56 号	关于大力发展装配式建筑的实施意见
2017 年 6 月	山西省人民政府办公厅	晋政办发〔2017〕62 号	关于大力发展装配式建筑的实施意见
2017 年 7 月	山东省住房和城乡建设厅	鲁政办发〔2017〕57 号	关于贯彻国办发〔2017〕19 号文件促进建筑业改革发展的实施意见
2017 年 7 月	天津市人民政府办公厅	津政办函〔2017〕66 号	关于大力发展装配式建筑实施方案的通知
2017 年 8 月	云南省人民政府办公厅	云政办发〔2017〕85 号	关于促进建筑业持续健康发展的实施意见
2017 年 8 月	甘肃省人民政府办公厅	甘政办发〔2017〕132 号	关于大力发展装配式建筑的实施意见
2017 年 8 月	浙江省人民政府办公厅	浙政办发〔2017〕89 号	关于加快建筑业改革与发展的实施意见
2017 年 8 月	吉林省住房和城乡建设厅	吉建办〔2017〕50 号	关于进一步明确工程总承包管理有关事项的通知

表3　市级政府部门规范性文件

发布日期	发文机关	文　号	名　称
2009年10月	昆明市人民政府办公厅	昆政办〔2009〕132号	关于在基础设施BT模式建设项目中推行工程总承包建设模式的通知
2012年8月	海口市人民政府	海府〔2012〕104号	市政府投资项目工程总承包建设管理暂行办法
2013年5月	宝鸡市人民政府办公室	宝政办发〔2013〕59号	关于加强外地房屋建筑工程总承包企业进宝备案管理工作意见的通知
2014年5月	蚌埠市人民政府办公厅	蚌政秘〔2014〕84号	关于印发蚌埠市政府投资项目工程总承包招标投标管理办法（试行）的通知
2015年1月	绍兴市建筑业管理局	绍市建管发〔2015〕14号	关于印发绍兴市推进工程总承包试点工作方案的通知
2015年2月	宁波市住房和城乡建设委员会	甬建发〔2015〕26号	关于印发《宁波市国有资金（政府）投资建设项目开展工程总承包试点工作实施方案》的通知
2016年5月	深圳市住房和建设局	深建市场〔2016〕16号	关于印发《EPC工程总承包招标工作指导规则（试行）》的通知
2017年3月	宁波市人民政府办公厅	甬政办发〔2017〕30号	关于进一步加快装配式建筑发展的通知

由于法律、法规及规章的欠缺，各地在制订工程总承包规范性文件时不尽相同，特别是对于工程总承包的发包阶段、工程总承包的发包方式、工程总承包单位的资质要求、工程总承包项目的计价方式、前期咨询服务企业是否可以参加工程总承包的招标、工程总承包的再发包、工程总承包项目再发包后的专业分包、工程总承包的转包和违法分包认定、发包人与工程总承包单位的风险分配原则、工程总承包项目固定总价的审价与审计等一系列问题，各地均未能统一标准。而有能力承接工程总承包项目的企业多是各大设计研究总院或大型施工企业集团，业务遍布全国各地。各地的立法差异导致即使本身经验丰富的企业也难免出现无所适从的窘境，这也成了推动工程总承包立法的一大主因。

（三）建纬所承担《总承包管理办法》的起草工作，为我国工程总承包立法工作贡献了力量

作为全国建筑业的行业主管部门，住建部一直以来高度重视工程总承包的立法工作。2017 年 7 月 25 日，住建部建筑市场监管司设计处委托中国石油和化工勘察设计协会召开了“关于进一步推进房屋建筑、市政行业工程总承包专题研究启动会”，我作为市场司的法律顾问、上海市建纬律师事务所的主任，和总所韩如波主任助理应邀参会。会议确定由建纬所负责《房屋建筑和市政基础设施项目工程总承包管理办法（草案）》的起草工作，并要求 2017 年 9 月 5 日前提交初稿。

2017 年 7 月 26 日，建纬所即组建了《总承包管理办法》的起草课题组，由我担任组长、副主任曹珊和主任助理韩如波任副组长，建纬总所部分高级合伙人和当时的 13 家分所的相关具有工程专业资格和背景的合伙人或资深律师共 57 人参加。起草课题组分八个小组，组长分别由总所主任、副主任、主任助理和有关分所主任担任。课题组同时成立了立法调研小组，对工程总承包目前国内法律、法规、政策性文件的规定及制订工程总承包统一立法的必要性进行了初步立法调研。该立法调研报告最后和住建部建筑市场监管司设计处、中国石油和化工勘察设计协会在 7 月 25 日启动会上确定的相关设计院、工程公司起草的行业研究报告被一并采用。7 月 27 日，课题组召开了首次工作会议，拟定了《总承包管理办法》起草的框架体例和各小组起草分工的部署。当日，建纬所将《总承包管理办法》体例和课题组名单上报住建部市场监督管理司设计处和中国石油和化工勘察设计协会。

8 月 5 日，课题组召开了第二次工作会议，由各小组负责人和主要人员汇报所负责章节初步的条款编写情况，并进行逐条讨论。8 月 6 日，课题组根据讨论情况进一步完善了《总承包管理办法》体例，优化了各章节之间的衔接，并汇总了讨论的意见和建议，要求各小组完善。8 月 22 日，各小组提交了《总承包管理办法》条款、理由和依据。8 月 23 日，课题组组长、副组长开始进行全稿的初步审核、修订。9 月 4 日，课题组初步完成《总承包管理办法》草案的初步起草工作，形成了包括工作报告、条款、释义、依据等合计约 11.8 万多字的材料上报住建部建筑市场监督管理司设计处、中国石油和化工勘察设计协会。

2017 年 12 月,住房和城乡建设部建筑市场监管司公开发布了《总承包管理办法》(征求意见稿)。

2019 年 5 月 10 日,住建部和国家发展改革委联合发出《房屋建筑和市政基础设施项目工程总承包管理办法》(征求意见稿),这是继 2017 年年底发布首次征求意见稿之后的第二次征求意见。其最大的不同在于,2017 版是住建部独立发文,而 2019 版是与发改委联合发文,与《关于推进全过程工程咨询服务发展的指导意见》的做法似曾相识,住建部先发文后发改委再参与进来二次征求意见。发改委的参与将使得对工程总承包的管理上升到一个新高度。

对于住建部和国家发改委联合发布的新征求意见稿,课题组积极响应,由我牵头,立即组织建纬总所以及北京、郑州、杭州、成都、福州、长沙、武汉、深圳、太原、南昌等十家分所,共提出 110 条修订意见,经过收集整理、仔细研究、小组讨论、集中筛选、审查归纳,最终从 53 条意见中提炼出 10 条修订意见,上报住建部市场监管司。

两次公开征求意见后,住建部和国家发改委于 2019 年 12 月 23 日联合发布了《关于印发〈房屋建筑和市政基础设施项目工程总承包管理办法〉的通知》(建市规〔2019〕12 号)。经过建纬律师两年多时间的不懈努力,课题组的工作完美收官。

正式出台的《管理办法》共 28 条,其主要内容如下:

第一章　总则

第一条(制定目的、依据)

第二条(适用范围)

第三条(工程总承包的定义)

第四条(基本原则)

第五条(监督管理部门)

第二章　工程总承包项目的发包和承包

第六条(工程总承包方式的适用项目)

第七条(发包阶段和条件)

第八条(发包方式)

第九条(招标文件编制)

第十条(工程总承包单位条件一)

第十一条(工程总承包单位条件二)

第十二条(鼓励取得相应类别施工、设计资质)

第十三条(投标文件编制期限)

第十四条(评标委员会组成)

第十五条(发承包的风险分担)

第十六条(合同价格形式)

第三章　工程总承包项目实施

第十七条(建设单位的项目管理)

第十八条(工程总承包单位的组织机构)

第十九条(工程总承包单位的管理)

第二十条(工程总承包项目经理条件)

第二十一条(工程总承包单位的分包方式)

第二十二条(质量责任)

第二十三条(安全责任)

第二十四条(工期责任)

第二十五条(保修责任)

第二十六条(按要求实施项目建设)

第二十七条(法律责任)

第四章　附则

第二十八条(实施日期)

(四)《总承包管理办法》掀开了我国工程总承包立法的新篇章,对于建筑业的深化改革和持续发展具有重要的现实意义

工程总承包是国际通行的工程发包模式,强调设计、施工、采购等多方面的深度融合,对于工程承包单位提出了较高的要求。当前,我国大力推行工程总承包模式,则是希望以其作为抓手,破解国内建筑业大而不强的问题,进一步深化建筑业改革,为“一带一路”服务,提高国际市场的竞争力,提升制定标准话语权的能

力。因此,《总承包管理办法》的发布,其重要的现实意义主要有:

1. 有利于解决国家和地方的工程总承包规定的矛盾和冲突。

如前所述,虽然关于工程总承包缺乏国家层面的法律规范,但是在地方层面上,各省市根据中央层面的政策性规范文件纷纷制定了省级、地市级的规范性文件。因为目前尚无一部具体规范和管理工程总承包项目的法律法规,中央及地方的各规范性文件之间存在相互矛盾冲突之处。这严重阻碍工程总承包活动在全国范围内的统一市场培育,更难以培养具有国际视野,懂得国际规则,具有国际竞争力的工程总承包单位。因此,进行统一的工程总承包立法,有利于解决工程总承包现有立法相互矛盾冲突的问题,有利于确保工程总承包规范的一致性、先进性、国际性。

2. 改变了工程总承包立法欠缺且缺乏可操作性的现状。

关于工程总承包,我国法律、行政法规目前仅作原则上的一般性规定,没有对工程总承包的发包、分包、合同履约、监督管理、法律责任等问题进行系统的、详细的规定,缺乏可操作性。而交通运输部的部门规章又仅仅只适用于公路新建、改建、扩建工程和独立桥梁、隧道的设计施工总承包,不包括设计—采购—施工总承包、设计—采购总承包和采购—施工总承包等其他工程总承包模式。但是,目前工程总承包的实践发展需求,已远远超过现行已有的立法规范体系之实际,存在无法可依、无章可循的尴尬现状。《总承包管理办法》针对实务操作内容进行了较为详尽的规定,回应了包括工程总承包单位在内的各参建方的关切。

3. 符合建筑业改革发展需要和"一带一路"倡议的根本需求。

当前我国国内的建筑业改革,要求由传统的设计、施工等环节分开承包的制度,向集约型的工程总承包制度进行转变,已经呼声日高,尤其是新型装配式建筑、政府投资工程顺应改革之需,正积极采用工程总承包模式。因此,制定专门的工程总承包法规,符合国内自身建筑业改革的发展需要。此外,"一带一路"倡议所涉及的基础设施工程建设,大部分都涉及与国际工程建设相接轨的工程总承包模式,并大量使用国际工程总承包合同文本。因此,在当前国际工程总承包项目建设发展需求迅猛的情形下,加快我国国内自身的工程总承包立法,以培育工程总承包市场,培养优秀的工程总承包企业,符合我国"一带一路"倡议的根本需求。

二、熟知《总承包管理办法》是落实管理和开展业务的前提

《总承包管理办法》分为四章，包括第 1 章“总则”、第 2 章“工程总承包项目的发包和承包”、第 3 章“工程总承包项目实施”和第 4 章“附则”。我将逐章选择重要条款进行解析。

（一）《总承包管理办法》第一章要熟知的重点内容

在多年的法律实务工作中，我所接触到的很多做工程的专业人士虽然很重视法律规定，但却常常有一个习惯，就是只盯着法规总则之后的各个涉及细节的条款看，总则却往往有意无意地跳过，这其实会影响我们正确地理解法律法规。因为总则部分确立了制定法律法规的出发点和方向，不仅是要读，还要精读，只有这样才能对其他细节条款不错解、不误解，也只有这样才能最终对整个法律法规形成宏观的概念。

《总承包管理办法》第 1 章“总则”共 5 条，与其他法律、法规和部门规章的总则类似，包括了制定目的、依据，适用范围，工程总承包的定义，基本原则和监督管理部门等内容，特别是明确了工程总承包的定义，定义的明确在整个规定中起到了提纲挈领的作用，是工程总承包单位开展业务和管理部门进行监管的基础，也是推广工程总承包模式的前提。与施工合同纠纷常落到细节之争不同，工程总承包纠纷案件有相当的数量都是争议大原则、大方向，例如是否属于工程总承包模式、工程项目安全质量责任应如何承担，这就体现了《总承包管理办法》“总则”中有关工程总承包定义的重要性，也是我们在学习《总承包管理办法》各章具体内容的第一步。以下重点解读 3 个具体问题。

1. 以京津高速公路（北京段 S15、天津段 S30）发生重大设计变更、造成工程价款大幅增加的典型案例为例，意在说明勘察阶段的深度对于工程总价影响较大，不宜将勘察纳入工程总承包范围。

京津高速公路，是直通北京和天津的第二条高速公路，是交通运输部规划的连接京津两市南、北、中三条高速公路中的北通道，是国家高速公路网的组成部分、首都放射干线公路之一。北京段编号 S15，天津段编号 S30。采取 BOT 方式

建设的京津高速公路,起点为北京朝阳区五环路化工桥(西直河),终点位于天津市滨海新区东疆港,全长147公里,主干道设计为双向八车道,其路宽在城际高速公路中极为少见。京津高速公路由北京和天津两市共同建设,是交通运输部规划的国家重点工程,也是2008年北京奥运会的重点工程,全线于2008年7月16日开通。

由于2008北京奥运配套工程、新京津高速投资建设周期紧,交付使用期间关门,在项目前期勘察不到位、勘探点跨度大、高速公路建设的地质情况并不清楚的情况下便发包工程,工程开工后发生了重大的设计变更。按BOT投融资方式发包的本工程项目,合同计价采取固定总价方式。施工单位按原设计要求,该高速公路的路基须挖深1米,在硬土上开始做路基。但在实际施工过程中,竟遇有5.4公里长度的古河道,挖至深1米时地下仍是淤泥。施工单位无法按原设计要求继续施工,设计单位指示继续挖至硬土层,结果挖深至5米才挖到了硬土,如是,施工过程中的土方量大大超出原设计土方量。并且,设计单位针对事先并不了解的地质情况,继续要求施工单位购买符合要求的新土,按设计要求的比例与干石灰现场搅拌后分层填入到设计要求的标高,设计单位为确保工程质量的变更要求本身当然是正确的。设计单位的设计发生如此重大变更,其原因是发包人未切实完成前期工程勘察,勘察文件未显示本路段地下有古河道。由于工程发生重大设计变更,施工单位在继续施工的同时提出高达5000多万元变更增加的工程价款。由于合同并未对发生重大设计变更时如何计价作出约定,双方遂引发重大争议。

工程总承包模式的一大优势在于总价确定。一般而言,除了政策性因素或发包人要求变更引起的费用调整外,其他情况一律不得调整合同额。这对于建设单位控制投资额度、规避资金风险是非常有利的,对于鼓励总包单位优化设计环节、加强施工管理的激励作用也是十分明显的。但项目能够总价固定有一个基本的前提,即项目的基本情况是明晰的,其中当然也包括了地质、地理、水文等勘察阶段工作应当了解到的情况,如果勘察工作未能依法依规进行或者后续设计、施工工作缺乏勘察成果作为依据,在施工阶段才发现滑坡、滑移、崩塌、塌陷、泥石流、采空区等不良地质条件的情况下,将对固定总价形成较大冲击,在发包人和总包人之间产生纠纷争议几乎是必然。由于工程总承包模式常应用于公路、港口、电站、交通枢纽等大型基础设施项目,此类项目或占地面积巨大,或为线性工程,地质、地理、水文情况变化较多，存在地质灾害隐患的情况也较一般的工业和民用建筑大大增加，勘察阶段工作更显重要，稍有不慎则可能突破固定总价，上述京津高速公路即为一个典型案例。

由此，只有完成相应阶段的勘察工作才能计算较为合理的固定总价，进而明确采用工程总承包的模式。如果直接将勘察阶段纳入工程总承包的范围，在对项目地质、地理、水文条件完全"两眼一抹黑"的情况下，工程总价如何计算？总价计算都没有确凿的依据，后续自然埋下了纠纷争议的隐患。所以，细心的读者可能早就发现了在《总承包管理办法》中对工程总承包的定义并未纳入勘察阶段。《总承包管理办法》第1条"制定目的、依据"规定："为规范房屋建筑和市政基础设施项目工程总承包活动，提升工程建设质量和效益，根据相关法律、法规，制定本办法。"《总承包管理办法》第3条【工程总承包的定义】规定："本办法所称工程总承包，是指承包单位按照与建设单位签订的合同，对工程设计、采购、施工或者设计、施工等阶段实行总承包，并对工程的质量、安全、工期和造价等全面负责的工程建设组织实施方式"，按照该定义，工程总承包涵盖了设计、采购、施工等阶段，同样也不包括勘察阶段。作为制定《总承包管理办法》的亲历者和参与者，我认为是否包括"勘察"，这一词之差，是参与制定《总承包管理办法》的各方，针对工程总承包的特点、立足于实践情况，经过多方面审慎考虑的结果。

2.《总承包管理办法》总则对工程总承包的定义中并未包含勘察阶段，对此应当进行多角度的解读。

根据国务院《建设工程勘察设计管理条例》第2条规定，勘察是指"根据建设工程的要求，查明、分析、评价建设场地的地质地理环境特征和岩土工程条件，编制建设工程勘察文件的活动"。勘察单位是建设工程五方责任主体之一，勘察是建设工程基本程序中不可或缺的工作阶段之一，是后续设计、施工工作开展的基础。其实，在工程总承包的实施过程中，将勘察阶段纳入工程总承包模式是一个不争的事实。早在1984年，国务院就在《关于改革建筑业和基本建设管理体制若干问题的暂行规定》(国发〔1984〕123号)中指出，要建立这样一种工程承包公司："接受建设项目主管部门(或建设单位)的委托，或投标中标，对项目建设的可行性研究、勘察设计、设备选购、材料订货、工程施工、生产准备直到竣工投产实行全过程的总承包，或部分承包。"从当时的规定中可以清晰地发现，工程总承包模式是包括勘察阶段的。《建筑法》第24条第2款也规定,“建筑工程的发包单位可以将建筑工程的勘察、设计、施工、设备采购一并发包给一个工程总承包单位,也可以将建筑工程勘察、设计、施工、设备采购的一项或者多项发包给一个工程总承包单位”,可见,《建筑法》中同样涵盖勘察阶段。基于上述文件精神和法律规定,各地涉及工程总承包的规定中,也有包括勘察阶段的。以上海市为例,《上海市工程总承包试点项目管理办法》第2条即规定,本办法所称工程总承包,是指从事工程总承包的企业(以下简称工程总承包企业)按照与建设单位签订的合同,对工程项目的勘察、设计、采购、施工等实行全过程的承包,并对工程的质量、安全、工期和造价等全面负责的承包方式。

但是,在《总承包管理办法》的制订过程中,经过审慎考虑,最终未将勘察阶段纳入到工程总承包的范围之内,这一制订原则除了明确规定于总则第3条【工程总承包的定义】之外,也体现在其他章节规定具体实务操作的条款中,比如第9条【招标文件编制】第1款规定:“建设单位应当根据招标项目的特点和需要编制工程总承包项目招标文件,主要包括以下内容……(五)建设单位提供的资料和条件,包括发包前完成的水文地质、工程地质、地形等勘察资料,以及可行性研究报告、方案设计文件或者初步设计文件……”法规制订过程中“法规的总则”决定“法规整体大方向”的原则在此得到了充分的体现。

由于勘察阶段工作的必要性和前置性,未将其纳入工程总承包的范围兹事体大,除了上文提到的未经勘察难以对工程总价进行固定并进行发包的原因外,我们还可以结合《总承包管理办法》第4条进一步地多角度解读。《总承包管理办法》第4条【基本原则】规定:“工程总承包活动应当遵循合法、公平、诚实守信的原则,合理分担风险,保证工程质量和安全,节约能源,保护生态环境,不得损害社会公共利益和他人的合法权益。”可能读者觉得这都是正确的“废话”,又有什么好解读的呢?其实不然,这个“基本原则”的规定结合了工程总承包的范围,大有深意。

未将勘察阶段纳入工程总承包的范围,体现了《总承包管理办法》总则第4条【基本原则】中的“合理分担风险”原则。谈到工程总承包模式,有些人会有一个误区,就是这一模式的风险基本是由总包人和分包人来承担的,发包人其实是没什么风险的。而且这在《总承包管理办法》中就有依据,《总承包管理办法》第3条已经将工程总承包定义为承包单位对工程的质量、安全、工期和造价等全面负责的工程建设组织实施方式，既然需要对工程的质量、安全、工期和造价等全面负责，总承包单位自然就承担了项目的绝大多数风险，那么《总承包管理办法》第4条的【合理分担风险】原则也就成了一纸空谈。

这种逻辑乍一看很有道理，但实际上却是断章取义，经不起推敲的。根据《总承包管理办法》第3条，总承包单位是对工程项目设计、采购、施工或者设计、施工等阶段实行总承包，这也就是说总承包单位对工程的质量、安全、工期和造价等全面负责是阶段性的，可能是设计、采购、施工阶段，也可能是设计、施工阶段，但却都不包含勘察阶段。勘察阶段由发包人另行委托实施的，提供包括发包前完成的水文地质、工程地质、地形等勘察资料是发包人进行工程总承包发包的前提之一。由于勘察阶段未包含在工程总承包的范围之内，总包人面临的不合理风险、不确定风险大幅度降低。

一方面，发包人提供勘察资料是发包的前提，降低了固定总价难以确定的风险。无论是发包人、总包人还是分包人，在进行工程造价计算的时候有了科学的定量依据，从而有利于避免上述京津高速公路案例在工程施工过程中发现未明地质情况从而导致突破总价的情况，总包人的资金风险得以降低。

另一方面，勘察阶段导致的风险更多地由发包人承担，合理地降低了承包人的不可预见风险。基于勘察工作本身的局限性及工作人员可能导致的疏漏，在施工过程中发现勘察阶段未勘明的情况并不罕见，正是因为对应阶段的勘察成果由发包人提供，错勘、漏勘所导致的工期延误和造价增加也将由发包人承担。对此，《总承包管理办法》在总则之外的条款同样进行了呼应，其第15条【发承包的风险分担】第2款规定："建设单位承担的风险主要包括……（三）不可预见的地质条件造成的工程费用和工期的变化……"

由此可见，工程总承包的定义明确不包含"勘察阶段"，正体现了《总承包管理办法》总则第4条【基本原则】中的"合理分担风险"原则。

未将勘察阶段纳入工程总承包的范围也体现了《总承包管理办法》总则第4条【基本原则】中的"保证工程质量和安全"原则。当前，在我国的工程建设过程中"抢工期"的意识根深蒂固，这对工程的质量和安全造成了极大的隐患。以我们反复提及的"11·24"丰城电厂三期工程特别重大坍塌事故为例，2016年9月13日，丰电三期工程曾举行"协力奋战100天"动员大会，工程负责人在会上表示，要强化施工现场工作调度,施工单位要增加人员、设备投入,抢抓晴好天气,加快施工进度。2016 年 11 月 24 日早晨 7 时 40 分许,项目现场即发生冷却塔施工平台整体坍塌的特别重大事故。事故发生后,国务院组织了相关调查,调查结果显示事故发生的直接原因是该项目野蛮施工,盲目追求施工速度,把 212 天工期缩短为 108 天。“抢工期”的危害之大由此显而易见。现实当中,不光是施工阶段,勘察阶段也成了抢工期的对象,主要表现形式包括:

(1)不进行勘察工作。设计、施工等后续工作环节中以历史资料、临近地块情况、所谓的“工作经验”等代替实际勘察成果。

(2)只进行部分阶段的勘察工作。未依法依规分阶段进行勘察,以前一阶段勘察成果代替后一阶段勘察成果进行设计和施工。

(3)只进行部分位置的勘察工作。只对主要建(构)筑物所处位置进行勘察,影响范围内其余部分不勘察或未按要求勘察。

(4)“边勘察、边设计、边施工”。本应依法依规分阶段进行的工作环节“齐头并进”。

需要说明的是,上述行为都是违反法律法规强制性规定和国家标准强制性约束的。《建设工程质量管理条例》第 5 条规定:“从事建设工程活动,必须严格执行基本建设程序,坚持先勘察、后设计、再施工的原则。”《建设工程勘察设计管理条例》第 5 条规定:“从事建设工程勘察、设计活动,应当坚持先勘察、后设计、再施工的原则。”《岩土工程勘察规范(GB 50021 - 2001)》(2009 年局部修订版)第 1.0.3 项也规定:“各项建设工程在设计和施工之前,必须按基本建设程序进行岩土工程勘察。”然而,如果将勘察阶段纳入工程总承包的范围,在工期压力下,总承包人难免会出现不进行勘察工作、只进行部分阶段勘察工作、只进行部分位置勘察工作就开始施工,出现“边勘察、边设计、边施工”等违法违规的行为。

因此,工程总承包模式未将勘察阶段纳入也是基于《总承包管理办法》总则第 4 条【基本原则】中的“保证工程质量和安全”原则,这既保护了发包人、总包人和分包人的权益,也维护了整个社会的公共利益。

3.《总承包管理办法》总则部分不仅明确了工程总承包的定义和基本原则,为工程企业开展业务明确了大方向,还规定了办法的适用范围和监督管理部门,使得对工程总承包的行政管理有法可依。

为什么把这部文件叫做“管理办法”而不叫“实施办法”“开展办法”或者其他名称呢？这是因为从立法的初衷来看，是相关管理部门要对工程总承包的实施活动进行监督管理，保证工程的质量安全以及投资的合法合规，所以这部办法很大程度上是从管理者的角度来看工程总承包模式的，是要对工程总承包活动进行监督管理的，因此被命名为“管理办法”而不是其他名称。仅仅命名就有这么多讲究，大家可以想见制定一部法律需要考虑的细节之多。其实不仅是名称，在《总承包管理办法》总则部分同样也体现了对工程总承包活动进行管理的内容，具体包括：

(1)《总承包管理办法》总则第 2 条【适用范围】明确了对房屋建筑和市政基础设施项目的工程总承包活动进行监督管理，这是根据规章制定部门住建部和国家发改委的主要管理职责范围确定的。

《总承包管理办法》的发布部门为住建部和国家发改委。根据国务院办公厅《关于印发〈住房和城乡建设部主要职责内设机构和人员编制规定〉的通知》(国办发〔2008〕74 号)，住建部的主要职责包括：“……(六)监督管理建筑市场、规范市场各方主体行为。指导全国建筑活动，组织实施房屋和市政工程项目招投标活动的监督执法，拟订勘察设计、施工、建设监理的法规和规章并监督和指导实施，拟订工程建设、建筑业、勘察设计的行业发展战略、中长期规划、改革方案、产业政策、规章制度并监督执行，拟订规范建筑市场各方主体行为的规章制度并监督执行，组织协调建筑企业参与国际工程承包、建筑劳务合作。”

总则第 2 条明确规定：“从事房屋建筑和市政基础设施项目工程总承包活动，实施对房屋建筑和市政基础设施项目工程总承包活动的监督管理，适用本办法。”《总承包管理办法》并未规定房屋建筑、市政基础设施两个词的定义，但我们可以从住建部的其他规章中明确二者的具体内容。根据《房屋建筑和市政基础设施工程施工招标投标管理办法》第 2 条，房屋建筑工程是指“各类房屋建筑及其附属设施和与其配套的线路、管道、设备安装工程及室内外装修工程”；市政基础设施工程是指“城市道路、公共交通、供水、排水、燃气、热力、园林、环卫、污水处理、垃圾处理、防洪、地下公共设施及附属设施的土建、管道、设备安装工程”。上述规定可供我们在理解《总承包管理办法》时参考。

(2)工程总承包投资管理，须由国务院发展改革部门即国家发改委依据固定资产投资建设管理的相关法律法规，履行相应的管理职责。《总承包管理办法》总则第5条【监督管理部门】对此予以明确。

我们在看工程总承包项目的争议纠纷时，可以很明显地发现有关工程价款的争议纠纷占很大的比例，其中又有相当数量是突破固定总价的情况，这反映了对于工程总承包项目的投资控制尚需加强，特别是国有资金投资的工程总承包项目，发展改革部门有相应的严格规定。国家发展和改革委员会《关于印发〈中央预算内直接投资项目概算管理暂行办法〉的通知》（发改投资〔2015〕482号）第13条规定："项目初步设计及概算批复核定后，应当严格执行，不得擅自增加建设内容、扩大建设规模、提高建设标准或改变设计方案。确需调整且将会突破投资概算的，必须事前向国家发展改革委正式申报；未经批准的，不得擅自调整实施。"第24条又规定："因代建方、工程咨询单位、评估单位、招标代理单位、勘察单位、施工单位、监理单位、设备材料供应商等参建单位过错造成超概算的，项目单位可以根据法律法规和合同约定向有关参建单位追偿；国家发展改革委商请资质管理部门建立不良信用记录，纳入国家统一的信用信息共享交换平台，作为相关部门资质评级、延续的重要参考。"

由于工程总承包项目中国有资金投资的项目占比较多且工程总价固定，因此有必要加强估算、概算等阶段的投资计算、审核及报批工作，政府投资主管部门对工程总承包活动投资事项进行监管也是大势所趋。《总承包管理办法》总则第5条【监督管理部门】对此进行了明确规定："国务院发展改革部门依据固定资产投资建设管理的相关法律法规履行相应的管理职责。"

谈到对法条的理解，笔者常常讲到的一句话是"于细微处见真章"，这当然适用于对《总承包管理办法》第一部分总则的解读。这一部分共5条，所言常常只有寥寥数语，但每个词、每句话都经过逐一推敲、反复斟酌。总则明确了工程总承包的定义，是行政部门落实管理和相关企业开展业务的前提，是整个《总承包管理办法》的纲，以总则为纲才能纲举目张，相信通过这一部分的解读，我们将更好、更透彻地理解《总承包管理办法》总则之后各章节的具体规定。

以上是《总承包管理办法》第1章总则部分的相关内容和重点解析，目的在于通过对《总承包管理办法》提纲挈领的解析，让广大有志于发展、承接工程总承包业务的建设单位、总承包单位了解工程总承包模式的定义、原则及管理部门的规定，通过对总则的学习加深对整个工程承包模式的总体认识，做到纲举目张，以总则规定为舵，把握业务发展方向，健康、有序地发展工程总承包。

（二）《总承包管理办法》第二章要熟知的重点内容

《总承包管理办法》第 2 章是关于“工程总承包项目的发包和承包”的规定，共计 11 条，分别是第 6 条【工程总承包方式的适用项目】、第 7 条【发包阶段和条件】、第 8 条【发包方式】、第 9 条【招标文件编制】、第 10 条【工程总承包单位条件一】、第 11 条【工程总承包单位条件二】、第 12 条【鼓励取得相应类别施工、设计资质】、第 13 条【投标文件编制期限】、第 14 条【评标委员会组成】、第 15 条【发承包的风险分担】、第 16 条【合同价格形式】。第 2 章笔者重点解读 7 个具体问题。

工程总承包项目的发包和承包是工程总承包过程中承发包关系建立的开始，对于发承包人，尤其是总承包单位而言，如何承揽一个优质项目，如何对一个工程项目进行合理的缔约前评估，当然是重中之重。第 2 章内容对于发承包人而言，必然属于重点关注的对象。但国内现有的大部分发承包人都缺乏对工程总承包模式大方向、大概念的把控，导致对法律条文、合同文本产生了错误的理解，最终给工程实施带来了风险，也导致了自身利益受损。为了解决这个问题，笔者将结合工程总承包的定义、概念及政策方向，重点解析工程总承包模式与传统施工总承包模式在合同发包阶段的差异，以期给广大总承包单位在工程承揽过程中，对拟投标工程及招标文件的分析提供部分有利的建议，促进工程总承包模式合理、有序地发展。

1. 工程项目是否采用工程总承包模式的标准在于价款及风险是否具有合理预见性。

《总承包管理办法》第 6 条【工程总承包方式的适用项目】规定：“建设单位应当根据项目情况和自身管理能力等，合理选择工程建设组织实施方式。建设内容明确、技术方案成熟的项目，适宜采用工程总承包方式。”

这个条款属于政策引导性条款，但制定的本意并非在于单纯地倡导采用工程总承包模式，而是在于要求建设单位选择建设项目组织实施方式时应当结合项目特点和自身管理能力“合理选择”适合的方式，不要盲目跟风。建设项目组织实施模式包括了传统的 DBB 模式，以及本次《总承包管理办法》推荐的工程总承包；而工程总承包模式根据承包范围的变化还需进一步分为 EPC（设计—施工—采购）、

DB(设计—施工)、PC(施工—采购)模式等,并且还存在诸多进一步细化的变种,例如 EPC + O(设计—施工—采购 + 运营)、EPC + PPP(政府与社会资本合作模式下的工程总承包)、EPC + F(设计—施工—采购 + 融资)等。这些模式并无优劣之分,我们应当根据项目的特点及建设单位的需求合理选用。而是否有必要选用工程总承包模式的核心标准就在于工程价款和风险范围是否可以合理预见。

我们一提到工程总承包模式,往往跟着就会提到固定总价,固定总价的意义并不仅仅是工程价款固定,还包括了固定质量及固定工期,也就是说,工程总承包人必须在固定的时间交付固定质量的标的物才能取得固定的价款。因此,建设项目是否能够做到“三固定”,决定了其是否能够采用工程总承包模式。很明显,如果一个工程项目的风险范围无法预见,就不具有“三固定”的可能,也就无法采用工程总承包模式。以福州地铁一号线工程为例,这个项目就属于典型的因为地下不可见因素过多导致风险范围无法预计的项目。福州市区属于闽江冲积平原,又属于沿海丘陵,还临近台湾海峡地震带,地质情况十分复杂,各种特殊情况相互交错、互相影响,几乎不可能在施工前作出准确勘察。这个项目可行性研究方案预计工程总投资 280 亿元左右,建设期 5 年;但工程通车时,实际花了超过 400 亿元,建设期 8 年有余。这个项目虽然是政府投资的,但采用的是传统的 DBB 模式,原因就在于项目特点决定着并不适合采用工程总承包。可以想象,如果当时项目没有选择 DBB 模式,一窝蜂地直接采用工程总承包模式,这么大的投资和工期差异,总承包单位肯定亏大了。

笔者认为,工程总承包模式作为国内产业升级的排头兵,是推进产业整合产业联动的必然趋势,但可不是“揽在盘子里就是菜”,还是要根据项目的特点和发包人的需求进行合理选择。装配式建筑具有模式化建造、造价易明确等特点,而政府投资项目前期工作通常比较完善充足,适宜采用工程总承包模式,因此《总承包管理办法》进行了推荐,但我们不能想当然,认为装配式建筑及政府工程项目都可以采用工程总承包模式,还是要把风险能不能合理预见作为前提,只有都摸清楚了、看明白了、想透彻了,才能使用。

2. 发、承包人均应在理解总承包合同示范文本的基础上进行工程招投标工作。

以国内现状而言,市政基础设施项目几乎均是属于政府投资项目,往往投资额较大,通常属于应当依法招投标的项目,且由于工程总承包模式在房屋建筑及基础设施领域属于新兴模式,各发包人也通常希望通过工程招投标的形式选取合适的总承包单位。因此,了解工程总承包模式的招投标规定具有其必要性。

《总承包管理办法》第 9 条【招标文件编制】规定:“建设单位应当根据招标项目的特点和需要编制工程总承包项目招标文件,主要包括以下内容:(一)投标人须知;(二)评标办法和标准;(三)拟签订合同的主要条款;(四)发包人要求,列明项目的目标、范围、设计和其他技术标准,包括对项目的内容、范围、规模、标准、功能、质量、安全、节约能源、生态环境保护、工期、验收等的明确要求;(五)建设单位提供的资料和条件,包括发包前完成的水文地质、工程地质、地形等勘察资料,以及可行性研究报告、方案设计文件或者初步设计文件等;(六)投标文件格式;(七)要求投标人提交的其他材料。建设单位可以在招标文件中提出对履约担保的要求,依法要求投标文件载明拟分包的内容;对于设有最高投标限价的,应当明确最高投标限价或者最高投标限价的计算方法。推荐使用由住房和城乡建设部会同有关部门制定的工程总承包合同示范文本。”

这个规定乍看之下和施工总承包模式没什么区别,但我们要注意到一项非常重要的内容,住建部推荐采用工程总承包合同示范文本作为工程招标文件的必要附件。住建部作出这个规定的原因在于目前在国家政策的推进下,房屋建筑和市政基础设施领域的工程总承包业务正如火如荼地展开,但广大发承包人的思维理念却跟不上商业模式的更新,往往将施工总承包的理念套用在工程总承包领域。而事实上,由于工程总承包模式定义及基础概念的不同,相似的合同文本描述在两种模式下却会有几乎完全不同的法律后果,广大发承包人并不能很好地理解这一点,尤其是对于总承包人而言,由于工程总承包的核心理念是责任由更专业的人承受,因此,如果总承包人不能很好地了解工程总承包与施工总承包概念的差异,不能在细节上把握两者的区别,往往导致合同履行和合同预期出现巨大差异,致使自身利益受损。为解决上述难题,住建部于 2018 年年初组建了《完善工程组织实施方式研究》课题组,笔者担任这个课题组的负责人,主要任务:一是梳理目前建筑业改革有关工程总承包规范性法律文件和各地关于开展和实施工程总承包的可操作性规定,进一步修改完善《房屋建筑和市政基础设施项目工程总承包管理办法(征求意见稿)》,形成报审稿;二是结合当前国内建筑业开展工程总承包的实践，借鉴 FIDIC 国际惯例，依据法律法规和工程总承包相应规范性法律文件，编写《建设项目工程总承包合同示范文本》。为配合该示范文本的顺利实施，建纬所还继续接受住建部的委托，编制工程总承包模式下的分包合同范本，包括：设计分包、设备采购分包、施工分包合同示范文本。通过上述文本的梳理及在招投标过程中的适用，为发承包人构建权利义务框架，避免双方权益失衡，促进工程总承包合理、有序发展。目前，上述文本已经完成初稿制定，正在进一步修正、审议。

尽可能早地了解正在起草制作的示范文本的起草原则和核心内容，是更好地开展工程总承包招投标的前提。

（1）了解 EPC 和 DB 合同示范文本的起草原则。

我们在完成上述合同示范文本制定完善过程中遵循以下原则。

①符合建筑业改革需要的原则。

参照国务院办公厅《关于促进建筑业持续健康发展的意见》（国办发〔2017〕19 号）、住房和城乡建设部《关于进一步推进工程总承包发展的若干意见》（建市〔2016〕93 号）、《总承包管理办法》，将有关管理举措的核心要旨融入《示范文本》的修订内容中。

②结合中国工程实践经验的原则。

结合近两年房屋建筑和市政基础设施工程总承包市场的发展实践，并借鉴水利、化工、电力等行业多年来发展工程总承包管理经验，对合同双方的权利义务、风险分配、发包人管理、计价、索赔、结算等条款进行规范性引导，对有关条款进行完善和细化。

③借鉴国际惯例和成功经验的原则。

在国内相关合同示范文本的基础上，继续吸收 1999 版 FIDIC 合同条件适用过程中的先进成熟经验以及 2017 版 FIDIC 合同文本的新趋势，根据国内发展现状谨慎进行论证并有针对性的选择借鉴。

④符合国家相关政策的原则。

例如，根据财政部、国家税务总局《关于全面推开营业税改征增值税试点的通知》（财税〔2016〕36 号）规定，考虑建筑业“营改增”后对工程总承包合同计价、税收的影响，并反映到合同条件中。

（2）了解正在起草的 EPC 和 DB 合同示范文本的核心内容。

正在完善过程中的这两个合同文本的核心内容主要有：

①引入发包人的咨询人概念并明确其地位和作用。

因为工程总承包模式下，设计权、施工权、采购权、管理权均大量移交给工程总承包单位行使，该种模式虽然减轻了发包人的管理难度及管理责任，但相应地也就削弱了发包人对工程进行有效的控制，传统的监理人对于设计过程也无法进行监理。为此，示范文本引入了国际惯例中的咨询人的概念，通过一个第三方专业单位，对工程总承包的全过程进行把控。国家也相应推行全过程工程咨询，包括鼓励建设单位聘请全过程工程咨询单位对工程总承包项目进行管理，赋予咨询人更明确的职权，使其在合同履行中发挥更大的作用。

②完善对承包人项目经理和人员的要求和规定。

项目经理承担了工程总承包项目的组织、协调、管理等核心工作，项目经理的资质和能力直接影响工程的实施。但显然，在当前工程实践中，工程总承包项目属于新兴项目，大部分项目经理并不具有管理设计及采购的能力，管理人才缺乏。如何在保证管理质量的基础上兼顾市场人才贫乏的实际，也是《总承包管理办法》和示范文本编制的难点。

③借鉴 FIDIC 合同条件并适用国内项目实际情况对等平衡地分配风险和责任。

工程总承包模式下，总承包人对工程管理的责任进一步加强，这样相应的风险和责任也进一步强化。但总承包人不是工程的最终受益人，从国内的工程实践中看来，也做不到国际惯例中的工程总承包人对项目完整的前期审核，因此需要贴合我国的法律、监管和工程营商环境进行风险分配，除了对等性原则之外，还要注意对承包商进行一定的保护。

④完善联合体和分包的相关条款。

我国工程总承包市场仍在发展之中，设计施工还未全面融合，目前采用联合体或分包形式开展工程总承包的情况较为普遍，有必要借鉴 FIDIC 合同关于联合体和分包的最新内容进一步完善示范文本中的相关条款，包括增加“联合体”条款，以及扩充目前分包条款的内容等。

⑤完善与项目管理有关的条款提升项目管理能级。

项目管理工作一直是国内企业的项目实施过程中的弱项，项目管理意识、能力、能级不强。目前,我国的工程总承包市场处在快速发展阶段,尤其是房建领域之前工程总承包项目数量较少,相关具体政策还未出台,业界对于如何就工程总承包项目有效实施和管理还在不断探索。因此,进一步完善出台示范文本,对于业界具有较强的借鉴和指导意义。

⑥借鉴 FIDIC 成熟经验引入争议评审机制。

以国内目前的司法现状而言,如果争议解决全部交给司法裁判进行,不仅费时费力,而且成本极高,因此示范文本借鉴 FIDIC 成熟经验引入争议评审机制。通过准仲裁机构的居中调处,探寻更合理的解决争议的方式。

示范文本的核心内容与《总承包管理办法》的规定如出一辙,事实上也确实如此,两者一体两面,《总承包管理办法》是示范文本的骨架,示范文本是《总承包管理办法》的细化。《总承包管理办法》和示范文本的核心目的均是梳理发承包人对工程总承包模式的认识,并通过认识的梳理强化,指导发承包人权利义务的合理确定。

3. 了解合同价格形式及风险承担是理解工程总承包的基础。

《总承包管理办法》第 15 条、第 16 条规定的是发承包人间的风险分担原则及工程总承包的价格模式。上述两个条款虽规定于本章节最后两条,但我认为,上述两条款是理解工程总承包模式这一商业模式建立、发展、实施的核心线索,也是从思维上彻底理解工程总承包模式制度设计的"尖刀",只有彻底了解工程总承包模式的价格模式及风险分担,才能抽丝剥茧,进而理解整个《总承包管理办法》的立法本意和立法逻辑,才能进一步在此基础上进行延伸,将工程总承包模式真正地贯彻到商业实践中去。因此,笔者详细解析第 15 条、第 16 条的相关规定。

(1)总价固定是发包人采用工程总承包模式的驱动力,也是总承包人的盈利核心。

《总承包管理办法》第 16 条【合同价格形式】规定:"企业投资项目的工程总承包宜采用总价合同,政府投资项目的工程总承包应当合理确定合同价格形式。采用总价合同的,除合同约定可以调整的情形外,合同总价一般不予调整。建设单位和工程总承包单位可以在合同中约定工程总承包计量规则和计价方法。依法必须进行招标的项目,合同价格应当在充分竞争的基础上合理确定。"工程总承包模式作为一种新型的商业模式,想发展壮大,必须要有商业利益上的驱动力,即让发承包人愿意选择该模式作为履约模式的需求。而固定总价模式即双方当事人愿意采用工程总承包模式的核心需求之一。发包人选择工程总承包模式的利益需求在于通过将项目发包给有能力进行工程总承包服务的承包单位承包,借助工程总承包单位的工程技术及经验,减少发包人因自身实力不足导致的管理成本支出,尤其是工程管理出现错误导致的工程成本的无谓增加;缩短工程工期,降低工程总体成本。因此,越是缺乏工程管理能力的发包人,越是对工程总承包模式具有迫切的需求。但正因为采用工程总承包模式的发包人大多缺乏相应的工程管理能力,而工程设计权完全掌握在总承包单位手中,如果不采用固定总价合同,意味着总承包单位事实上掌握了工程的定价权,可以在很大幅度内随意控制工程造价,这对发包人而言是不可接受的商业风险,故发包人在享受工程总承包模式带来的便利时,必须通过固定总价限制总承包单位对价款的控制力,以实现成本控制。

而总承包单位亦需要通过固定总价实现溢价利润。传统模式中,无论设计单位与施工单位的盈利均基于单纯的工程数量的增加,故各方主体均无降低工程数量的积极性,致使工程成本无端浪费,无法发挥优秀企业的技术优势。但采用固定总价后,总承包单位对工程的每一次优化,其降低的成本均直接转化为其自身的利润,因此总承包人会有极大的积极性推动工程设计优化,降低工程成本,且设计与施工的深度融合也可以促进设计方案、施工方案的一体化制定,进一步增加工程成本降低的可能,从而争取到更多的技术溢价利润,有利于优秀企业将技术优势转化为工程溢价。工程利润的提升可以使得总承包单位有更大的议价空间,可以进一步降低工程报价,亦可使发包人工程建设成本进一步降低。

综上,工程总承包模式采用固定总价模式是一种必然需求。如果工程总承包模式不采用固定总价,则发包人对工程成本将完全失控,而承包人无法取得技术溢价,亦无动力优化工程设计。因此只有彻底了解固定总价这一价格形式对于发承包人的意义,才能在合同谈判及项目分析中找准定位,正确实施工程总承包。

当然,世事无绝对,某些项目具有特殊要求,例如抢险、救灾工程,来不及进行详细的计划和商谈,即需要交由某一工程总承包单位来负责该工程项目的勘察、设计、采购、施工等,以达到缩短工期、迅速投入使用的目的,则难以采用固定总价模式,可以考虑采用成本加酬金的方式进行发包,故《总承包管理办法》对于合同价格形式没有采用强制性规定的方式,而是采用了“宜采用总价合同”的表述,在进行正确的政策引导的基础上,保留应有的市场自由,这是具有极高政策考量的优秀立法。

(2)风险合理分担是工程总承包模式与传统模式最大的差异。

工程总承包合同往往采用固定总价模式,工程风险与工程价款是对价关系,如果风险条款不能与工程价款达成平衡,甚至忽略了风险条款,则意味着必然存在一方利益受损,不利于合同的顺利履行,亦不利于市场健康发展。要理解如何制定合理的风险条款,我们需要首先对国内外工程总承包模式对于风险分担的差异进行比较。《总承包管理办法》第 15 条对发包人原则上应承担的风险规定如下:“建设单位和工程总承包单位应当加强风险管理,合理分担风险。建设单位承担的风险主要包括:(一)主要工程材料、设备、人工价格与招标时基期价相比,波动幅度超过合同约定幅度的部分;(二)因国家法律法规政策变化引起的合同价格的变化;(三)不可预见的地质条件造成的工程费用和工期的变化;(四)因建设单位原因产生的工程费用和工期的变化;(五)不可抗力造成的工程费用和工期的变化。具体风险分担内容由双方在合同中约定。鼓励建设单位和工程总承包单位运用保险手段增强防范风险能力。”国际工程总承包模式的风险分担条款以国际通行的 FIDIC 文本为例。根据合同的性质,FIDIC 合同范本主要包括两大类:一类是工程合同范本,即用于业主与承包商之间以及承包商与分包商之间的合同范本。另一类是工程咨询服务合同范本,主要用于咨询公司与业主之间以及咨询公司之间等签订的咨询服务协议或合作协议。FIDIC 最早在 1957 年发布了第一版《土木工程施工合同条件》,由于题目较长,又因其封面为红色,被广泛称为红皮书。而我们的企业“走出去”承揽工程总承包项目,最需要了解的是《生产设备和设计—施工合同条件》(Conditions of Contract for Plant and Design – Build)和《设计采购施工(EPC)/交钥匙工程合同条件》(Conditions of Contract for EPC/Turnkey Projects),也就是我们俗称的黄皮书和银皮书。2017 版银皮书第 17.3 款【雇主的风险】:“下述第 17.4 款谈到的风险是指:(a)战争、敌对行动(不论宣战与否)、入侵、外敌行动;(b)工程所在国内的叛乱、恐怖主义、革命、暴动、军事政变或篡夺政权、或内战;(c)承包商人员、及承包商和分包商的其他雇员以外的人员在工程所在国内的骚动、喧闹、或混乱;(d) 工程所在国内的战争军火、爆炸物资、电离辐射或放射性引起的污染,但可能由承包商使用此类军火、炸药、辐射或放射性引起的除外;(e)由音速或超音速飞行的飞机或飞机装置所产生的压力波。”

国际工程总承包模式中，发包人需要承担的风险远远小于国内的规定。为何两者会出现如此巨大的差异？这是因为两者制定的基础不同。银皮书在其合同适用条件中注明了下述三类情形不适用银皮书条件：第一类，投标人没有足够的时间或充足的信息及资料以仔细审查和核查业主要求，或开展设计、风险评估以及费用估算工作；第二类，工程涉及相当数量的地下工程，或投标人无法对未来工程所在区域开展调查，除非在专用合同条件中对不可预见的各类条件予以说明；第三类，业主想要密切监督或控制承包单位的工作，或审核承包商的大部分图纸的情形。

由此可见，银皮书的风险条款的缔约基础是通过给予总承包单位足够长时间的工程了解及议标时间，让总承包单位有能力全面了解工程风险，并最终报出合理价格。但从国内的工程实践中来看，我国目前的工程招标工作中，发包人很难提供足以让承包人对工程具有准确了解的工程资料，同时也很难实行总承包单位现场复核的制度，尤其是我国现行《招标投标法》严格限定招标人与投标人的标前接触行为，也进一步限制了承包人在缔约之前对工程进行足够的了解。据此，如果总承包人对工程项目在缔约时缺乏足够的了解，不能全方位评价工程成本及不可预见因素，将项目履约风险过多地分配给总承包单位是不公平的，也不利于合同的稳定履行，因此，《总承包管理办法》制定时，该风险分担的规定并未参考国际惯例，而是结合我国实际情况，作出了切合国内实际的规定。

以上立法考虑的逻辑就是发承包人风险条款约定时应当遵循的缔约原则。风险条款中关于风险的分配应当基于总承包单位在缔约时对工程项目的了解可能性之上，总承包单位对工程项目的了解的可能性越高，承包单位的风险责任越大；反之，总承包单位就不应该分配过多的风险责任；如果总承包单位对工程风险不具有可以了解的可能，该项目原则上就不适合采用工程总承包模式，发包人应当进一步深化工程基础资料或重新讨论发包模式。总承包人单位分配的风险范围越大，其应取得的风险对价相应应当更高。

综上，风险分担条款是工程总承包模式中最易产生履约风险的条款之一，也是工程总承包价款确定的核心考量因素，值得各个企业重点关注。

4. 适合采用工程总承包模式的前提和条件。

前述讲到，《总承包管理办法》第 6 条明确只有建设内容明确、技术方案成熟的项目，适宜采用工程总承包方式。这也是笔者为什么一定要将固定总价和风险的概念和理解提到前面来讲的原因。原因就在于建设内容不明确、技术方案不成熟的项目，发承包人都无法确定工程风险，风险无法确定，则无法做到价格固定、工期固定、质量固定的“三固定”的要求，即工程总承包合同做不到“固定总价”的实质前提要求，固定总价合同这一形式必然导致双方当事人利益失衡，因此《总承包管理办法》第 6 条对工程总承包模式的适宜条件作出了要求。

接下来我们将继续沿着这一思路对《总承包管理办法》第 2 章第 7 条有关工程总承包发包阶段和条件的选择进行具体分析。

除此之外，笔者还将逐一介绍《总承包管理办法》第 2 章有关工程总承包发包方式、工程总承包单位的形式条件及实质条件要求、投标文件编制期限及评标委员会的组成等条款。

工程总承包发包阶段和条件的选择依然是基于工程价款及风险的可预见性。建设工程合同在合同的法律性质分类中属于承揽合同的一种特殊模式，承揽合同的定义是承揽人以完成定作人要求的工作并交付工作成果为标的的合同。发包人的需求是否明确、具体、固定，决定着承包人是否可以对该项目作出合理的估价、明确的履约预期及充分的风险评估。只有在这个基础上，双方当事人对自己应当承担的权利义务才有合理预期；双方所商定的固定总价及风险分配才有合理性基础，才有按约履行的可能，才可以采用工程总承包模式。

《总承包管理办法》第 7 条规定了三类项目的发包要求：企业投资项目、一般的政府投资项目及简化程序的政府投资项目，分别具有不同的发包要求。从文义解释本身来看，本条款只规定了三类项目的发包的审批节点要求，但实质上，本条对工程的发包阶段也作出了指引。

(1)一般政府投资项目要在初步设计审批完成后进行工程总承包的发包。

一般政府投资项目的审批要求源自《政府投资条例》第 11 条的规定：“投资主管部门或者其他有关部门应当根据国民经济和社会发展规划、相关领域专项规划、产业政策等，从下列方面对政府投资项目进行审查，作出是否批准的决定……(三)初步设计及其提出的投资概算是否符合可行性研究报告批复以及国家有关标准和规范的要求……”由于上位法明确规定政府投资项目应当完成初步设计审批，采用工程总承包项目发包的政府投资项目自然也应受上位法规制，应当在完成初步设计审批后发包。因此一般政府投资项目的发包阶段要求相对明确。

(2)简化投资审批程序的政府投资项目和企业投资项目至少应当在可行性研究报告完成后发包。

简化投资审批程序的政府投资项目和企业投资项目应在可行性研究、方案设计或初步设计完成后发包。原因还是在于发包人前期工作要达到风险可预见即建设内容明确的实质要求才可发包。

前期工作的三个阶段具有各自不同的深度和用处。根据项目特点的不同,不同阶段价款及风险的确定程度也不同。可行性研究是指在项目建议书被批准后,通过市场分析、技术分析、财务分析和国民经济分析对项目的技术可行性与经济合理性进行的综合评价。在可行性研究阶段,发包人要求及项目实际情况并不明晰,无法明确工程价款及风险的可预见范围,容易导致履约过程超出预期,导致工程履约争议,最终对工程建设造成不利影响。目前,部分地区允许在可研批复后进行工程总承包发包,但均设置了较为严苛的条件。例如《上海市工程总承包试点项目管理办法》(2017 年 1 月 1 日起施行)规定,只有重点产业项目、标准明确的一般工业项目、采用装配式或者 BIM 建造技术的中、小型房屋建筑项目等七种项目且工程项目的建设规模、设计方案、功能需求、技术标准、工艺路线、投资限额及主要设备规格等均已确定的情况下,才可以在项目审批、核准或者备案手续完成阶段进行工程总承包的发包。因此,可研阶段的工程总承包发包条件要求较为苛刻,只有部分具有特殊需求或工艺简单在可研阶段即可明确各项指标的项目才可在此阶段进行工程总承包的发包,与此相对,在此阶段发包的项目具有较大的不确定性,工程总承包单位承接此类项目应当优先考虑足够的风险预留款项,避免利益受损。

方案设计阶段是指在项目实施之前,在确认的建设边界范围内系统性地对项目的整体布局、平面组合、空间形体、功能布置、建筑材料、主体结构等内容进行设计,是设计工作的最初阶段,为初步设计、施工图设计奠定基础。在该阶段,一些小型、简易或高度可控的项目,已经可以明确工程价款及工程风险,例如地质条件较好的宿舍、小型安置房、简易公路、小型管线工程等,上述类型的特点是建设单位要求通常非常明确、少有争议,外部其他因素影响较小,方案阶段即可明确价款及风险范围,因此可以选择在方案阶段即进行工程总承包的发包工作。

一些大型项目或技术复杂、影响较大的项目，则仍然需要进一步的扩大设计或深化设计，才能基本确定项目指标，对这种规模较大、技术较复杂、不确定因素过多的项目就不适宜在方案设计完成后进行发包，应当进一步深化设计后，在初步设计阶段进行工程总承包的发包。初步设计阶段建设项目各项要求、技术经济指标已经较为详细明确，且具有较为详细的地质初勘报告作为参考，其价款范围可控，风险范围可以预计，符合工程总承包发包的评价标准。

所以一个工程项目选择哪个阶段进行工程总承包的发包是要结合项目特点，分析具体到哪个阶段可以确保工程总承包人对工程价款及风险范围具有合理预见的可能，才可以选择这个阶段进行发包；但可以预见，至少是应当完成可行性研究报告阶段才可进行工程总承包的发包。

5. 工程总承包发包方式应当考虑《建设工程司法解释(二)》的相关规定，合理设计发包方式；采用招投标方式缔约的，应当按照招投标文件履行合同，避免签订黑合同。

《总承包管理办法》第 8 条是对发包人发包方式的规定："建设单位依法采用招标或者直接发包等方式选择工程总承包单位。工程总承包项目范围内的设计、采购或者施工中，有任一项属于依法必须进行招标的项目范围且达到国家规定规模标准的，应当采用招标的方式选择工程总承包单位。"该条款从文义理解上来说，较为简单，从字面理解即可。但依然需要着重注意以下两点：

(1)设计、采购或者施工中有任一项属于依法必须招标的，应当通过招标方式选择工程总承包单位。

目前，国内关于强制招标项目范围的规定是 2018 年 6 月 1 日起施行调整后的《必须招标的工程项目规定》(国家发展和改革委员会令第 16 号)。该规定对于应当强制招投标的工程项目的规定还是基于传统的设计、采购、施工相分离的模式制定的，并没有直接对工程总承包项目的强制性招标范围作出单独的规定。因此，《总承包管理办法》第 8 条对此作了衔接性规定，要求工程总承包项目中只要设计、采购、施工中有一项属于必须招投标的范围，则该工程必须进行工程招投标。作出这样规定的原因是《总承包管理办法》不能与上位法《招标投标法》相违背。《招标投标法》第 3 条第 1 款规定："在中华人民共和国境内进行下列工程建设项目包括项目的勘察、设计、施工、监理以及与工程建设有关的重要设备、材料等的采购，必须进行招标：（一）大型基础设施、公用事业等关系社会公共利益、公众安全的项目；（二）全部或者部分使用国有资金投资或者国家融资的项目；（三）使用国际组织或者外国政府贷款、援助资金的项目。"因此，《总承包管理办法》第8条要求工程总承包项目中只要设计、采购、施工中有一项属于必须招投标的范围，则该工程必须进行工程招投标。

（2）不需要强制招标的项目一旦采用了工程招投标方式，则应当以中标合同作为双方的结算依据，并不得再行签订黑合同。

《总承包管理办法》第8条的规定对于非必须招投标的工程项目赋予了发包人选择权，发包人可以自由选择采用招投标或其他方式订立合同。但发包人如果选择了招投标方式订立合同，则应当受招投标相关法律法规拘束。《建设工程司法解释（二）》第1条规定："招标人和中标人另行签订的建设工程施工合同约定的工程范围、建设工期、工程质量、工程价款等实质性内容，与中标合同不一致，一方当事人请求按照中标合同确定权利义务的，人民法院应予支持。"第9条规定："发包人将依法不属于必须招标的建设工程进行招标后，与承包人另行订立的建设工程施工合同背离中标合同的实质性内容，当事人请求以中标合同作为结算建设工程价款依据的，人民法院应予支持，但发包人与承包人因客观情况发生了在招标投标时难以预见的变化而另行订立建设工程施工合同的除外。"

从上述规定可以看出，对于非必须招投标的工程项目，发包人如果选择了招投标的方式订立合同，那么与必须招标的项目一样适用招标投标法相关规定，在工程项目客观情况没有发生在招标投标时难以预见的变化的情形下，发承包人不能对工程范围、建设工期、工程质量、工程价款等实质性内容进行变更；应当按照双方中标合同的实质性内容进行履行。这是对双方当事人合同变更权的限制，因此双方当事人，尤其是发包人在选择发包方式时，应当慎重考虑上述规定。而承包人在采用招标投标方式订立的建设工程合同的履约过程中，如果发包人利用优势地位，要求变更实质性条款，承包人就可以援引上述条款予以拒绝，避免签订黑合同，保护自身合法权益。

6. 工程总承包单位的形式条件及实质条件要求。

《总承包管理办法》第10条、第11条是对工程总承包单位主体要求的形式条件及实质条件的规定，并且进一步规定了限制条件及该限制条件的但书。第10

条规定:“工程总承包单位应当同时具有与工程规模相适应的工程设计资质和施工资质,或者由具有相应资质的设计单位和施工单位组成联合体。工程总承包单位应当具有相应的项目管理体系和项目管理能力、财务和风险承担能力,以及与发包工程相类似的设计、施工或者工程总承包业绩。设计单位和施工单位组成联合体的,应当根据项目的特点和复杂程度,合理确定牵头单位,并在联合体协议中明确联合体成员单位的责任和权利。联合体各方应当共同与建设单位签订工程总承包合同,就工程总承包项目承担连带责任。”

第 11 条规定:“工程总承包单位不得是工程总承包项目的代建单位、项目管理单位、监理单位、造价咨询单位、招标代理单位。政府投资项目的项目建议书、可行性研究报告、初步设计文件编制单位及其评估单位,一般不得成为该项目的工程总承包单位。政府投资项目招标人公开已经完成的项目建议书、可行性研究报告、初步设计文件的,上述单位可以参与该工程总承包项目的投标,经依法评标、定标,成为工程总承包单位。”

上述规定的确定经过了复杂的讨论过程。2017 年 12 月 26 日住建部公布的第一稿对这个问题是这样规定的:“第 11 条【工程总承包单位条件】　工程总承包单位应当具有与工程规模相适应的工程设计资质(仅具有建筑工程设计事务所资质除外)或者施工总承包资质,相应的财务、风险承担能力,同时具有相应的组织机构、项目管理体系、项目管理专业人员,以及与发包工程相类似的工程业绩。工程总承包单位不得是工程总承包项目的代建单位、项目管理单位、监理单位、造价咨询单位、招标代理单位,也不得是与上述单位有利害关系的关联单位。招标人公开发包前完成的可行性研究报告、勘察设计文件的,发包前的可行性研究报告编制单位、勘察设计文件编制单位可以参与工程总承包项目的投标。”

对此,2019 年 12 月 23 日由住建部和发改委共同公布的正式版本进行了修改。准确理解工程总承包单位的形式条件和实质条件及这个规定的变化,需要掌握两个问题。

首先,具有与工程规模相适应的工程设计和施工资质是总承包人必须具备的形式条件也是基本条件。

我国建筑工程采用的是资质准入制度,只有取得了相应的资质证书才可以承揽相应工程。但我国现行的资质制度完全是按照勘察、设计、施工、采购各个阶段、各个主体独立的基础设计的，并没有专门的工程总承包资质。那么，工程总承包到底需要什么资质？实务中争议非常大。例如，原建设部《关于培育发展工程总承包和工程项目管理企业的指导意见》第4条第1款规定具有与工程规模相适应的勘察、设计、施工单位可以承揽工程总承包业务；《上海市工程总承包试点项目管理办法》第7条规定具有相应的设计、施工总承包资质的企业可以承揽工程总承包业务；深圳市《EPC工程总承包招标工作指导规则（试行）》第2条第1款规定具有相应的设计、施工资质及其他项目管理公司可以进行工程总承包业务的承揽。可以看出，上述规定完全不同。经我们调研，实务中关于工程总承包承揽资质的主要疑问在于：是否需要同时具有设计、施工资质才能承揽工程总承包项目，还是只要具有两者之一即可？除了设计单位、施工单位以外的勘察单位、造价咨询单位、监理单位等工程项目咨询管理公司是否可以承揽工程总承包业务？

《总承包管理办法》对此予以了统一和明确，具有与工程规模相适应的工程设计和施工资质双资质的主体，可以进行工程总承包业务的承揽。当然，由于目前国内双资质企业并不足以支撑庞大的工程总承包市场，为了优化竞争，促进市场活力，目前允许设计和施工企业采用联合体的方式进行承包，但可以预见，这种方式仅是一种过渡手段，构建自身真正强有力的双资质和双能力才是进行工程总承包的实质要求。

其次，具有与工程规定相适应的项目管理体系和能力，以及财务风险承担能力是工程总承包人承揽工程的实质性条件。

工程资质只是一家企业是否具有相应能力的外在表现形式，该企业是否能够真真正正具有工程总承包项目履约的能力，才是工程总承包人承揽工程的实质性条件。《总承包管理办法》将工程总承包项目履约的能力归纳为两类，项目管理能力与财务能力，具体表现为：

第一，资历及信誉应符合要求。资历及信誉内容包括：有独立法人资格、注册资本或净资产、年营业收入等。尽管《公司法》将注册资本改为认缴制，但注册资本仍能在一定程度上反映企业的经济能力、技术能力、履约能力和承担风险的能力。同时，净资产、年营业收入等硬性指标，更是能直接体现企业的实力，保证工程建设的管理及质量。

第二，专业技术人员的要求。建筑工作是技术性、专业性很强的工作，涉及生命和财产安全。从事建筑工作的人员，不管是设计类还是施工类，均要求有法定的执业资格。对企业申领资质，有从业人员资格的资格类别要求，也有数量要求。

第三，技术装备及管理水平要求。专业设备是顺利开展建筑活动必不可少的工具，工程设计资质中，有明确的技术装备和固定场所的要求。

第四，财务能力及风险承担能力的要求。实务中，需要投标人提供经会计事务所审核出具的财务报告、参与本项目的管理人员及拟组建的项目部情况、投标人施工的相类似工程的合同及履约情况等文件予以证明。

第五，组织机构、管理班子的组织模式、管理成员的素质要求。例如，对项目经理的要求就有别于传统的施工经理或现场经理，工程总承包模式下，项目经理必须要熟悉工程设计、工程施工管理、工程采购管理、工程的综合协调管理，这些综合知识的要求远高于普通的设计项目或者施工项目管理。

上面说的这些要求，除了财务报表、人员名单这些可以书面看出来的内容，其他要求光看书面文件是没有办法量化的，只能通过既往业绩予以了解，因此《总承包管理办法》要求具有与发包工程相类似的设计、施工或者工程总承包业绩也是承揽工程的必要条件。

此外，《总承包管理办法》对工程总承包项目的其他参与者作了适当限制，这也涉及之前说的工程总承包投标主体的限制。

《招标投标法》及《招标投标法实施条例》都明确规定，与招标人存在利害关系可能影响招标公正性的法人、其他组织或者个人，不得参加投标。《招标投标法实施条例》还规定，单位负责人为同一人或者存在控股、管理关系的不同单位，不得参加同一标段投标或者未划分标段的同一招标项目投标。在采用工程总承包的项目中，在发包之前可能参与项目的主体包括代建单位、项目管理单位、监理单位、招标代理单位、项目咨询单位、设计文件编制的单位、勘察单位等。这些单位作为项目的参与方，在参与项目过程中，不可避免地具备一定程度的信息优势、资源优势。这些单位如果参与投标，必然会影响到招标的公正性，所以依据上位法，依法排除这些单位的投标资格。

这里涉及一个重要问题，即是做工程总承包可行性研究和初步设计的前期单位是否可以参与工程总承包后期投标的问题？答案不是绝对否定的。在讨论最后定稿时，还是充分考虑在第二次征求意见时的各方意见，最后决定改为在一定条件下，做前期的单位还是可以参与后期投标的，即第 11 条第 2 款规定的："政府投资项目招标人公开已经完成的项目建议书、可行性研究报告、初步设计文件的，上述单位可以参与该工程总承包项目的投标，经依法评标、定标，成为工程总承包单位。"如果建设单位在招标时完全公开了招标前的可行性研究报告、初步设计等前期资料，那么招标前的可行性研究报告、初步设计等文件的编制单位就不再具有领先于其他投标人的信息及资源优势，不会影响招投标的公平竞争，所以本条明确，此种情形下，前期可研、初设等单位可以参与后期工程总承包的投标。

7. 投标文件编制期限及评标委员会的组成。

《总承包管理办法》第 13 条和第 14 条分别规定了投标文件编制期限及评标委员会的组成要求，这两条规定属于管理性规定，不属于强制性规定。理解这两条规定要掌握两个具体问题。

第一，投标文件编制期限的确定可以在既有施工总承包期限相关规定的基础上适当延长。《总承包管理办法》第 13 条规定："建设单位应当依法确定投标人编制工程总承包项目投标文件所需要的合理时间。"投标文件编制期限确定的根本目的在于给工程总承包单位足够的时间了解这个项目的各项实际情况，包括建设单位的需求及项目现场实际情况，然后评估工程价款及工程风险，最后以评估结果作为依据编制投标文件，完成投标工作。所以这个期限的长短如何确定还是要回到前述固定总价的确定和工程风险的分担上来。工程招投标过程看起来很复杂，其实本质上就两件事情：一是钱怎么算？二是风险怎么分？所有看起来复杂的文件无非是如何确定这两个问题的延伸而已。所以投标文件编制期限的确定原则是让总承包单位具有足够的时间评估工程价款和风险。从实际操作来说，目前没有可以直接依据的标准，但还是有几个相关规定可以参考。《招标投标法》第 24 条规定，依法必须进行招标的项目，自招标文件开始发出之日起至投标人提交投标文件截止之日止，最短不得少于 20 日。《政府采购法》第 35 条规定："货物和服务项目实行招标方式采购的，自招标文件开始发出之日起至投标人提交投标文件截止之日止，不得少于二十日。"《工程建设项目勘察设计招标投标办法》第 19 条规定，依法必须进行勘察设计招标的项目，自招标文件开始发出之日起至投标人提交投标文件截止之日止，最短不得少于 20 日。《工程建设项目货物招标投标办法》第 30 条规定："招标人应当确定投标人编制投标文件所需的合理时间。依法必须进行招标的货物，自招标文件开始发出之日起至投标人提交投标文件截止之日止，最短不得少于二十日。”《建筑工程设计招标投标管理办法》第13条规定：“招标人应当确定投标人编制投标文件所需要的合理时间，自招标文件开始发出之日起至投标人提交投标文件截止之日止，时限最短不少于20日。”

工程总承包投标人至少承包设计、采购、施工中的两个阶段。根据上述这几个规定中对项目设计、采购和施工任一阶段投标人编制投标文件的最短要求来说，一个阶段最短时间是20天，所以每增加一个阶段，原则上应当增加至少20天的基本期限。考虑到国家重大建设项目和对工艺有特殊要求的项目，编制投标文件更难，所以还要在上述基础上根据项目特点再次予以延长为佳。充足的投标文件的编制时间，能确保投标结果准确合理，保证履约的稳定性。

第二，关于评标委员会的组成。《总承包管理办法》第14条规定：“评标委员会应当依照法律规定和项目特点，由建设单位代表，具有工程总承包项目管理经验的专家，以及从事设计、施工、造价等方面的专家组成。”《招标投标法》第37条规定：“……评标委员会由招标人代表以及有关技术、经济等方面的专家组成，成员人数应为五人以上单数，其中技术、经济等方面的专家不得少于成员总数的三分之二……”这是与施工技术、经济等方面的专业需求相适应的评标专家要求。但是，工程总承包的招标不仅有施工技术、经济等方面的专家需求，还存在勘察、设计、采购、试运行等专业的专家需求，显然，工程总承包在评标专家专业、人数上的需求更大。另外，《公路工程设计施工总承包管理办法》规定评标委员会成员人数不少于9人，房屋建筑与市政基础设施工程的设计施工复杂程度一般大于公路工程，部分地方性规定例如《上海市工程总承包试点项目管理办法》也规定的是不少于9人。因此，关于评标委员会应当原则上采用9人以上单数，即使实在有特殊困难，无法采用9人，至少也不能低于5人。

综上，整个《总承包管理办法》第2章是对工程总承包项目的发包和承包的相关规定。发包与承包阶段，从合同法角度叫做缔约过程，合同的缔约过程的核心就是双方当事人确定各自权利、义务、责任及争议解决方式并达成一致的过程。具体到工程总承包模式中，主要就是依据建设单位要求确定工程价款的过程，且为了履约过程的稳定，还需要明确项目风险，以及发承包双方风险如何分担、责任如何分担、分担不明如何解决的问题。因此，《总承包管理办法》第2章对于项目缔约过程的制度设计的立法核心就是尽可能在缔约阶段合理、公平地确认工程价款及分配工程风险，所以所有条款的理解及实务操作均要向着明确价款和风险合理分配的方向进行，否则将会误解立法本意，损害自身利益。

（三）《总承包管理办法》第三章要熟知的重点内容

如何把工程总承包法律法规和现实的项目推进联系起来，解决实务中已经出现或者可能出现的问题，进而改进企业的组织架构、提高企业的管理水平，使我们的企业能够在激烈的市场竞争中脱颖而出？很显然，《总承包管理办法》在起草、修订的过程中也已经考虑到了这样的现实需求，《总承包管理办法》一共 28 条，第 3 章“工程总承包项目实施”就有 11 条，超过了条款总数的 1/3，可见《总承包管理办法》在制定过程中就已经充分考虑到了发包人、总包人和分包人在参与工程总承包项目过程中，特别是实施过程中的现实需要。

虽然第 3 章有 11 条，但是如果我们仔细分析，会发现除了第 17 条【建设单位的项目管理】专门针对建设单位之外，其他都是和工程总承包单位加强管理、开展业务有直接联系的，并且还可以再具体细分为四个部分：第一部分包括第 18 条【工程总承包单位的组织机构】、第 19 条【工程总承包单位的管理】、第 20 条【工程总承包项目经理条件】，这是讲工程总承包单位需要什么样的机构设置和管理水平，管理人员需要什么样的技术能力；第二部分为第 21 条【工程总承包单位的分包方式】，这是讲工程总承包单位应当如何处理项目分包这一重要事务的；第三部分包括第 22 条【质量责任】、第 23 条【安全责任】、第 24 条【工期责任】第 25 条【保修责任】、第 26 条【按要求实施项目建设】、第 27 条【法律责任】，这是讲在工程实施过程中总承包单位必须把控的关键要素，每一个条款背后其实都有实践中深刻的教训。经过分析梳理后，读者会发现第 3 章的内容虽然多，但从准备到分包到实施再到收尾，层层递进，环环相扣。可以说，如果我们的工程总承包企业能够按照第 3 章的思路一路做下来，项目不成功是没有道理的。接下来，笔者就将根据上述思路对第 3 章的 11 个条款分 3 个重点问题进行详细解析。

1. 建立完善的组织架构是工程总承包企业提升管理能力、保证项目顺利实施的前提，同时也是当前总承包企业管理的薄弱环节。

第 3 章从第 18 条【工程总承包单位的组织机构】到第 20 条【工程总承包项目

经理条件】讲的都是工程总承包的企业管理和人员配置，其中哪一条是工程总承包企业最需要重视的呢？在参与了很多有关工程总承包的争议纠纷解决后，笔者认为是第18条【工程总承包单位的组织机构】，该条规定："工程总承包单位应当建立与工程总承包相适应的组织机构和管理制度，形成项目设计、采购、施工、试运行管理以及质量、安全、工期、造价、节约能源和生态环境保护管理等工程总承包综合管理能力。"为什么要这么规定呢？主要是基于以下三个方面的考虑：

（1）国家有关规定要求工程总承包企业建立完善的组织机构和管理体制，以满足开展工程总承包业务的实际需要。

《建筑法》第55条规定："建筑工程实行总承包的，工程质量由工程总承包单位负责，总承包单位将建筑工程分包给其他单位的，应当对分包工程的质量与分包单位承担连带责任。分包单位应当接受总承包单位的质量管理。"可见，工程总承包单位既要对工程质量负全责，又要对分包单位进行管理，如果没有相对应的完善的组织机构，就难以承担质量责任和管理职责。

对此，住房和城乡建设部《工程总承包发展意见》又进行了进一步明确，其第3条第15项规定："完善工程总承包企业组织机构。工程总承包企业要根据开展工程总承包业务的实际需要，及时调整和完善企业组织机构、专业设置和人员结构，形成集设计、采购和施工各阶段项目管理于一体，技术与管理密切结合，具有工程总承包能力的组织体系。"第17项规定："加强工程总承包项目管理体系建设。工程总承包企业要不断建立完善包括技术标准、管理标准、质量管理体系、职业健康安全和环境管理体系在内的工程总承包项目管理标准体系。加强对分包企业的跟踪、评估和管理，充分利用市场优质资源，保证项目的有效实施。积极推广应用先进实用的项目管理软件，建立与工程总承包管理相适应的信息网络平台，完善相关数据库，提高数据统计、分析和管控水平。"

因而我们有必要根据上述规定在《总承包管理办法》中对此内容予以规定。相比较《工程总承包发展意见》，《总承包管理办法》第16条更加具体、详细，这是由于前者是对整个行业的指导性意见，而后者则是部门规范性文件，两者制定的出发点有所不同。

（2）现实当中已经发生的有关工程总承包的各种争议、纠纷和事故，说明组织机构和管理体制的缺失会使工程总承包企业遭受重大损失的可能性大大增加。

完善的组织机构和管理体制对所有的企业来说都是需要的，对于工程总承包企业更是特别重要，这是因为我国的工程总承包法规制度还在持续的完善过程中，也是因为工程总承包项目本身投资往往较大、风险因素往往较多、社会关注度往往较高。以“11·24”江西丰城电厂事故为例，国务院事故调查组的调查报告在谈及总承包单位中南电力设计院的责任时指出，管理层安全生产意识薄弱，安全生产管理机制不健全，对分包施工单位缺乏有效管控。这归根结底都是总承包单位组织机构和管理体制方面存在的问题。

我们的工程总承包企业，很多都是有着多年专业经验、技术力量很强的设计单位或者施工单位，让它们单独做设计或者做施工，肯定数一数二，但是一遇到工程总承包，就往往有点力不从心的感觉。前面讲的中南电力设计院，和一南一北两家电厂的总承包单位，不论哪个，都是本行业叫得上名号的企业，却都吃了大亏。为什么呢？根子还在思想意识上，还没有从原来的工作惯性中跳出来。怎么才能改变原来的旧的工作惯性？从组织机构和管理制度先改起来。组织机构和管理制度怎么改？第18条【工程总承包单位的组织机构】已经给出了办法：一是建立全阶段的组织机构。无论是总承包单位还是具体管理总承包项目的项目部，都需要有与总承包各阶段相对应的管理部门，具体而言，就是第18条讲到的设计、采购、施工、试运行，而不能只管理原来自己的专业领域，设计企业只管设计，施工企业只管施工，其他的阶段就通过分包一甩了之，因为甩得了事务，却甩不了责任。既然是总包，就是要承担总包的责任，每个阶段都要有相对应的组织机构，实际负起管理的责任。二是建立全要素的管理体制。工程总承包企业有了全阶段的组织机构，具体应该怎么管呢？《总承包管理办法》作为规范性文件，是法律体系的一部分，不可能事无巨细地进行列举阐述。所以采用了笔者称之为“要素”的提法，工程项目具体要管的事项总结起来有哪些要素呢？质量、安全、工期、造价和环境保护，只要能够在设计、采购、施工、试运行各个阶段落实了这些要素的管理，工程总承包企业的组织机构和管理体制可以说是合格的了，能够把纠纷、争议和事故发生的可能性降到最低，避免项目实施过程中的绝大部分风险。

(3)只有完善的组织机构和管理体制，才能把工程总承包模式合理控制工程造价和工期的优势发挥出来。

《总承包管理办法》第12条【鼓励取得相应类别施工、设计资质】规定：“鼓励设计单位申请取得施工资质，已取得工程设计综合资质、行业甲级资质、建筑工程专业甲级资质的单位，可以直接申请相应类别施工总承包一级资质。鼓励施工单位申请取得工程设计资质，具有一级及以上施工总承包资质的单位可以直接申请相应类别的工程设计甲级资质。完成的相应规模工程总承包业绩可以作为设计、施工业绩申报。”在此之前，《工程总承包发展意见》也在第 1 条【大力推进工程总承包】第 1 款【充分认识推进工程总承包的意义】中强调了深度融合的作用，具体内容为：“工程总承包是国际通行的建设项目组织实施方式。大力推进工程总承包，有利于提升项目可行性研究和初步设计深度，实现设计、采购、施工等各阶段工作的深度融合，提高工程建设水平；有利于发挥工程总承包企业的技术和管理优势，促进企业做优做强，推动产业转型升级，服务于‘一带一路’战略实施。”

对于总承包单位来说，设计和施工深度融合所带来的效益是十分明显的，其中很重要的一个就是可以更好地控制项目的造价和工期，给企业带来更高的利润。现实中，很多的总承包单位并不同时具备设计和施工两类资质。这种情况下，其实我们同样可以实现设计和施工的深度融合，关键在于涵盖了设计和施工阶段的组织机构和管理机制，只有避免了分包之后的一甩了之，将设计和施工事项放在一起计划和管理，才有可能把工程总承包的优势发挥出来。

2. 工程总承包分包是项目实施过程中必不可少的环节，《总承包管理办法》第 3 章对此进行了明确的规制，使分包事项的管理有章可循。

工程总承包企业的组织机构形成了，管理机构也落实了，接下来我们就要实施具体的项目了，在真正动手之前，还有一个很关键的事情，那就是项目的分包。这里涉及我们实务操作的重点，要进行详细解析。

《总承包管理办法》第 21 条【工程总承包单位的分包方式】规定：“工程总承包单位可以采用直接发包的方式进行分包。但以暂估价形式包括在总承包范围内的工程、货物、服务分包时，属于依法必须进行招标的项目范围且达到国家规定规模标准的，应当依法招标。”

工程总承包项目分包时，由于项目整体在发包时已经进行过法定的发包程序，因此分包时可以招标发包也可以直接发包，但以暂估价形式包含在总承包内容中的部分，如果属于必须招标项目并且达到必须招标标准的，仍然应当按照招标投标相关法律规定进行招标，暂估价、工程的招标人以及招标相关的权利义务等主要内容应当在工程总承包招标文件中明确，招标人可以为建设单位、工程总承包企业或者其他合法的主体。

2018年3月27日，经国务院批复（国函〔2018〕56号），国家发展和改革委员会公布了《必须招标的工程项目规定》，自2018年6月1日起施行，已施行近20年的《工程建设项目招标范围和规模标准规定》废止。2018年6月6日，国家发展和改革委员会又发布了《关于印发〈必须招标的基础设施和公用事业项目范围规定〉的通知》，进一步明确了必须招标的大型基础设施和公用事业项目的范围。这使得我们工程总承包企业分包时进行招投标工作有了新的依据，在这里，笔者把新规定的具体变化梳理如下：

（1）缩小了必须招标项目的范围。

从使用资金性质看，将《招标投标法》第3条中规定的“全部或者部分使用国有资金或者国家融资的项目”，明确为使用预算资金200万元人民币以上，并且该资金占投资额10%以上的项目，以及使用国有企事业单位资金，并且该资金占控股或者主导地位的项目。从具体项目范围看，授权国务院发展改革部门会同国务院有关部门按照确有必要、严格限定的原则，制订必须招标的大型基础设施、公用事业等关系社会公共利益、公众安全的项目的具体范围，报国务院批准。《关于印发〈必须招标的基础设施和公用事业项目范围规定〉的通知》将必须招标的大型基础设施、公用事业等关系社会公共利益、公众安全的项目的具体范围确定为：①煤炭、石油、天然气、电力、新能源等能源基础设施项目；②铁路、公路、管理、水运，以及公共航空和A1级通用机场等交通运输基础设施项目；③电信枢纽、通信信息网络等通信基础设施项目；④防洪、灌溉、排涝、引（供）水等水利基础设施项目；⑤城市轨道交通等城建项目。

（2）提高了必须招标的项目的规模标准。

施工单项合同估算价由200万元提高到400万元，重要设备、材料等货物的采购，单项合同估算价由100万元提高到200万元，勘察、设计、监理等服务的采购，单项合同估算价由50万元提高到100万元，明确了“同一项目中可以合并进行的勘察、设计、施工、监理以及与工程建设有关的重要设备、材料等的采购，合同估算价合计达到前款规定标准的，必须招标”，取消了《工程建设项目招标范围和规模标准规定》“单项合同估算价低于第（一）、（二）、（三）项规定的标准，但项目总投资额在3000万元人民币以上”的规定。

(3)明确了全国执行统一的规模标准。

《总承包管理办法》删除了《规模标准工程建设项目招标范围和规模标准规定》“省、自治区、直辖市人民政府根据实际情况,可以规定本地区必须进行招标的具体范围和规模标准,但不得缩小本规定确定的必须进行招标的范围”的规定,明确全国适用统一规则,各地不得另行调整。

第三部分 设计单位牵头工程总承包应当关注的12个法律问题

《总承包管理办法》正式发布之前,由于上位法缺乏,各地方探索性的政策规定均仅在各地区范围内具有相应的效力。工程总承包企业如果到该地区承揽业务,就要遵照该地区的管理规定执行,否则将有可能遭受处罚。可是,不同地方的不同做法,严重阻碍了全国范围内统一市场的培育,更遑论培养具有综合竞争力的工程总承包单位。显然,《总承包管理办法》发布和正式施行后,房屋建筑和市政基础设施领域有了统一的工程总承包立法,规则的一致性、先进性终于有了保证,这对于在全国范围内承揽项目的大型企业是重大利好,也完全符合我国工程总承包事业发展的内在需要。具体而言,《总承包管理办法》正式施行后设计单位承揽工程总承包项目应注意以下12个操作问题:

一、《总承包管理办法》总则关于工程总承包的内容中未包含勘察阶段,体现了工程总承包模式的基本原则

在办法制定过程中,课题组经过审慎考虑,未将勘察阶段纳入到工程总承包的范围之内,这一原则最终在正式的《总承包管理办法》中得到了明确的体现,除了第3条【工程总承包的定义】外,还体现在其他章节规定具体实务操作的条款中,比如第9条【招标文件编制】第1款规定:“建设单位应当根据招标项目的特点和需要编制工程总承包项目招标文件,主要包括以下内容……(五)建设单位提供

的资料和条件，包括发包前完成的水文地质、工程地质、地形等勘察资料，以及可行性研究报告、方案设计文件或者初步设计文件……”法规制定过程中“法规的总则”决定“法规整体大方向”的原则在此得到了充分的体现。

勘察阶段工作的必要性和前置性众所周知，未将其纳入工程总承包的定义兹事体大，我们可以结合《总承包管理办法》第 4 条、第 6 条进行多角度解读。

（一）体现了《总承包管理办法》总则第 4 条【基本原则】中的“合理分担风险”原则

勘察阶段工作成果对于项目可行性和工程造价具有决定性的影响，可以说是“牵一发而动全身”。由于勘察阶段未包含在工程总承包的范围之内，总包人面临的不合理风险、不确定风险大幅度降低。

一方面，发包人提供勘察资料是发包的前提，降低了固定总价难以确定的风险。无论是发包人、总包人还是分包人，在进行工程造价计算的时候有了科学的定量依据，从而有利于避免上述京津高速公路案例在工程施工过程中发现未明地质情况从而导致突破总价的情况，总包人的资金风险得以降低。

另一方面，勘察阶段导致的风险更多地由发包人承担，合理地降低了承包人的不可预见风险。基于勘察工作本身的局限及工作人员的可能疏漏，在施工过程中发现勘察阶段未勘明的情况并不罕见，正是因为对应阶段的勘察成果由发包人提供，错勘、漏勘所导致的工期延误和造价增加也将由发包人承担。对此，《总承包管理办法》在总则之外的条款同样进行了呼应，其第 15 条【发承包的风险分担】第 2 款规定：“建设单位承担的风险主要包括……（三）不可预见的地质条件造成的工程费用和工期的变化……”

由此可见，工程总承包定义明确不包含勘察阶段，正体现了《总承包管理办法》总则第 4 条【基本原则】中的“合理分担风险”原则。

（二）体现了《总承包管理办法》总则第 4 条【基本原则】中的“保证工程质量和安全”原则

当前，在我国的工程建设过程中“抢工期”的意识根深蒂固，这对工程的质量和安全造成了极大的隐患。以我们之前提到的“11 · 24”丰城电厂三期工程特别重大坍塌事故为例,2016 年 9 月 13 日,丰电三期工程曾举行“协力奋战 100 天”动员大会,工程负责人在会上表示,要强化施工现场工作调度,施工单位要增加人员、设备投入,抢抓晴好天气,加快施工进度。2016 年 11 月 24 日早晨 7 时 40 分许,项目现场即发生冷却塔施工平台整体坍塌的特别重大事故。事故发生后,国务院组织了相关调查,调查结果显示事故发生的直接原因是该项目野蛮施工,盲目追求施工速度,把 212 天工期缩短为 108 天。“抢工期”的危害之大由此显而易见。

现实当中,不光是施工阶段,勘察阶段也成了抢工期的对象,这都是违反法律法规强制性规定和国家标准强制性条文的。《建设工程质量管理条例》第 5 条规定:“从事建设工程活动,必须严格执行基本建设程序,坚持先勘察、后设计、再施工的原则……”《勘察设计条例》第 4 条规定:“从事建设工程勘察、设计活动,应当坚持先勘察、后设计、再施工的原则。”《岩土工程勘察规范》(GB 50021 - 2001)(2009 年局部修订版)第 1.0.3 项也规定,各项建设工程在设计和施工之前,必须按基本建设程序进行岩土工程勘察。然而,如果将勘察阶段纳入工程总承包的范围,在工期压力下难免总包人会出现不进行勘查工作、只进行部分阶段勘察工作、只进行部分位置勘察工作、“边勘察、边设计、边施工”等违法违规的行为。

因此,工程总承包模式未将勘察阶段纳入也是基于《总承包管理办法》总则第 4 条“基本原则”中的“保证工程质量和安全”原则,这既保护了发包人、总包人和分包人的权益,也维护了整个社会的公共利益。

二、《总承包管理办法》第 5 条关于发展改革部门的监督管理权限应当引起工程总承包单位的关注

如果对涉及工程总承包的争议纠纷进行梳理,可以很明显地发现有关工程价款的争议纠纷占很大的比例,其中又有相当数量是突破总价的情况,这反映了对于工程总承包项目的投资控制尚需加强,特别是国有资金投资的工程总承包项目,政府投资主管部门有相应的严格规定。

工程总承包项目中的国有资金投资的项目占比较多且采用总价合同,因此有必要加强估算、概算等阶段的投资计算、审核及报批工作,政府投资主管部门对工程总承包活动投资事项进行监管也是大势所趋。对此,《总承包管理办法》总则第

5条【监督管理部门】中对此进行了明确规定："国务院发展改革部门依据固定资产投资建设管理的相关法律法规履行相应的管理职责。""县级以上地方人民政府发展改革部门依据固定资产投资建设管理的相关法律法规在本行政区域内履行相应的管理职责。"关于发展改革部门对工程总承包项目的管理职责，工程总承包单位可以从以下两点进行关注：

（一）发展改革部门对工程总承包项目进行管理的法律法规依据和相关行政审批事项

当前，国务院发展改革部门履行其相应监督管理职责主要表现为以审批、核准、备案等形式对工程总承包项目的立项和实施进行监督。根据《国务院关于投资体制改革的决定》《预算法》《政府投资条例》《中央预算内直接投资项目管理办法》《国家发展改革委关于印发审批地方政府投资项目有关规定（暂行）的通知》等规定，目前对于政府投资的工程总承包项目由各级发展改革部门实行审批制。根据《企业投资项目核准和备案管理条例》《企业投资项目核准和备案管理办法》等规定，对于企业不使用政府投资建设的工程总承包项目，区别不同情况由各级发展改革部门实行核准制和备案制，并根据《企业投资项目事中事后监管办法》进行事中事后监督管理。

根据《国家发展和改革委员会公布行政审批事项目录》，工程总承包项目中涉及的须经国家发展改革委审批的事项包括：中央投资项目招标代理机构资格认定，工程咨询单位资格认定，固定资产投资项目节能评估和审查，企业、事业单位、社会团体等投资建设的固定资产投资项目核准，政府出资的投资项目审批，重要行业、重要领域、重大项目、重点地区和基本建立现代企业制度特大型企业集团（不含外商投资企业）的发展建设规划、专项发展建设规划审批等。《政府核准的投资项目目录（2016年本）》亦规定了应由国家发展改革委核准与备案的建设项目范围。

（二）《总承包管理办法》所涉及的"企业投资项目""政府投资项目"的具体定义

《总承包管理办法》直接涉及企业投资项目的条文包括第7条【发包阶段和条件】、第16条【合同价格形式】；直接涉及政府投资项目的条文包括第7条【发包阶段和条件】、第 11 条【工程总承包单位条件二】、第 16 条【合同价格形式】、第 26 条【按要求实施项目建设】。可以发现，相较企业投资项目，《总承包管理办法》明显对政府投资项目规制更多。但是对于这两种项目类型，《总承包管理办法》均未给出明确的定义。鉴于工程总承包项目的主要投资类型包括企业投资和政府投资，总承包单位完全有必要了解企业投资项目和政府投资项目的定义。

对于企业投资项目，《企业投资项目核准和备案管理条例》第 2 条将其定义为"企业在中国境内投资建设的固定资产投资项目"。

对于政府投资项目，《政府投资条例》第 9 条将其定义为"政府采取直接投资方式、资本金注入方式投资的项目"。在此需要强调对于政府投资项目定义可能产生的误区。《政府投资条例》第 6 条规定："政府投资资金按项目安排，以直接投资方式为主；对确需支持的经营性项目，主要采取资本金注入方式，也可以适当采取投资补助、贷款贴息等方式。"这会产生一个误区：政府投资项目的资金来源既包括了政府直接投资、资本金注入的方式，也包括了投资补助、贷款贴息等方式。其实，按照《政府投资条例》第 9 条规定，政府投资项目的资金来源仅包括政府直接投资和资本金注入，采用投资补助、贷款贴息方式的项目属于使用政府投资资金的项目，但不是政府投资项目，这是总承包单位需要注意厘清的。

三、工程总承包项目应当在建设项目完成项目审批、核准、备案后进行发包，即工程总承包项目的发包应当根据项目性质的不同在完成初步设计或可行性研究后进行发包

《总承包管理办法》规定了三类项目的发包要求，即企业投资项目、一般的政府投资项目及简化程序的政府投资项目，并分别规定了不同的发包要求。

（一）企业投资项目形式上应当在完成核准或者备案后进行发包，实质上至少应当完成可行性研究后发包

1. 企业投资项目形式上应当在完成核准或者备案后进行发包。

《国务院关于投资体制改革的决定》（国发〔2004〕20 号）确定了审批、核准、备案相区别的项目投资审批制度。

《企业投资项目核准和备案管理条例》第 18 条规定:“实行核准管理的项目,企业未依照本条例规定办理核准手续开工建设或者未按照核准的建设地点、建设规模、建设内容等进行建设的,由核准机关责令停止建设或者责令停产,对企业处项目总投资额 1‰以上 5‰以下的罚款;对直接负责的主管人员和其他直接责任人员处 2 万元以上 5 万元以下的罚款,属于国家工作人员的,依法给予处分。”第 19 条规定:“实行备案管理的项目,企业未依照本条例规定将项目信息或者已备案项目的信息变更情况告知备案机关,或者向备案机关提供虚假信息的,由备案机关责令限期改正;逾期不改正的,处 2 万元以上 5 万元以下的罚款。”根据上述规定,企业投资项目应核准而未核准的,将面临停止建设、责令停产、罚款的处罚;应备案而未备案则应当承担责令整改和罚款的处罚。

因此,企业投资项目应当完成核准和备案后发包属于行政管理上的强制规定,未完成相应程序,则将面临相应行政处罚。

2. 企业投资项目实质上应当在完成可行性研究的基础上进行工程总承包的发包。

《总承包管理办法》第 7 条本身没有规定企业投资项目发包时应当完成的设计阶段。但依然可以推知,至少应当在完成可行性研究的基础上发包工程项目。

工程总承包与施工总承包的主要区别有二:(1)合同目的的不确定性;(2)固定总价模式下的风险分配。

在施工总承包模式下,承包人只要完成图纸所示的建筑即完成合同主要义务,权利义务相对明确。而在工程总承包模式下,承包人需要根据发包人要求自行设计,但建设工程项目是极其复杂的,在没有完整的施工图纸的前提下,很难保证发包人要求和承包人的理解保持一致,这就导致了合同目的的不确定性,对于双方当事人的合同履约造成风险。显然,可行性研究、方案设计、初步设计等设计阶段,越接近后期则发包人要求越明确,双方当事人对于合同履行目的的认识也就更明确,风险与争议就更小。可行性研究报告阶段的目的在于明确工程项目建设范围、建设规模、建设标准、功能要求、技术方案等项目基本条件,未完成可行性研究则实质上无法达到《总承包管理办法》第 6 条第 2 款规定的“建设内容明确、技术方案成熟”的要求;发、承包人之间对于合同目的是无法明确的,更何谈合同履行。因此,即使是企业投资,原则上也应完成可行性研究报告后再行发包。

另外,如果未完成可行性研究报告,则项目基本条件不明确,双方当事人也无法预见履行合同过程中将面临的履约风险，更无法做到合理分配风险，导致合同履行过程中产生各项争议。

因此，《工程总承包发展意见》也明确规定："（四）……建设单位可以根据项目特点，在可行性研究、方案设计或者初步设计完成后，按照确定的建设规模、建设标准、投资限额、工程质量和进度要求等进行工程总承包项目发包。"

（二）一般政府投资项目应当在初步设计完成后进行发包，简化程序的政府投资项目应当在简化审批程序完成后发包，简化审批程序目前暂无详细规定，但可以预见，原则上也至少应当完成可行性研究后发包

《政府投资条例》第 11 条规定："投资主管部门或者其他有关部门应当根据国民经济和社会发展规划、相关领域专项规划、产业政策等，从下列方面对政府投资项目进行审查，作出是否批准的决定……（三）初步设计及其提出的投资概算是否符合可行性研究报告批复以及国家有关标准和规范的要求……"由于上位法明确规定政府投资项目应当完成初步设计审批，采用工程总承包项目发包的政府投资项目自然也应受上位法规制，应当在完成初步设计审批后发包。

《政府投资条例》第 13 条规定的简化审批项目目前没有明确的范围，也没有明确的简化审批流程。但可以预见，依然至少应当完成可行性研究阶段才可发包。原因在于，不论政府投资项目手续如何简化，建设范围、建设规模、建设标准、功能要求、技术方案等项目基本条件都是必须要审查的范围，这就意味着原则上即使未来简化审批的相关规定出台，可行性研究报告也是审批不可或缺的内容，因此简化审批项目也应当至少完成可行性研究阶段才可发包。且与企业投资项目相类似，工程总承包项目均具有明确项目基本条件的实质要求，才能明确合同目的，合理分配风险，从这个意义上说，亦要求完成可行性研究才能发包相应工程。

四、承包人需同时具有与项目规模相适应的设计与施工双资质或联合体才能承包工程总承包项目；特、一级施工企业与相对应专业的设计甲级资质互认应注意构建相应的管理体系

《总承包管理办法》第 10 条、第 12 条规定了工程总承包单位需具有双资质或

采用联合体承包，并且明确一级以上施工企业或甲级设计企业可以申请同类别的甲级设计资质或一级施工资质。

上述两条规定是本次《总承包管理办法》变化最大且影响最大的两个条款，明确了工程总承包单位的资质要求及资质互认制度。

（一）工程总承包单位的资质以双资质为基本要求，以联合体为过渡手段，以资质互认为促进方式

工程总承包单位应当具有何种资质在《总承包管理办法》起草过程中一直存在争议，主要的观点有两个：(1)工程总承包单位需同时具有设计及施工双资质；(2)工程总承包单位仅需具有设计或施工资质之一即可。

观点1的优势在于：工程总承包单位同时具有双资质，可以实现设计、施工深度融合，更易发挥行业上下游联动效应，发挥整合优势，有利于实现工程总承包的目标。劣势在于：我国工程总承包市场还处于发展阶段，同时具有设计施工资质的单位并不多，而采用工程总承包模式的项目又往往规模较大，同时具有相适应的设计、施工资质的企业较少，如果要求工程总承包单位同时具有双资质，极易造成工程总承包市场的寡头化，少数企业占领了大量资源，不利于工程总承包市场的整体发展。

观点2正好相反，优势在于：有利于实现工程总承包行业发展初期的平稳过渡，逐渐培养一批符合工程总承包要求的承包企业。劣势在于：设计与施工本质上分离，融合度不足，难以重分发挥整合优势。

两种观点均有合理性，并无明显的高低差异，原征求意见稿采用的是观点2；但现正式稿采用的并非观点1，而是两个观点的融合，以深度融合作为基本要求，并合理考虑行业发展；即以双资质为基本要求，体现工程总承包设计施工深度融合的基调，同时允许联合体承包且配合资质互认制度，作为目前工程总承包市场初步阶段的过渡手段，使得目前单资质企业亦可以有条件地参与工程总承包，保证充分的市场竞争及行业有序发展。

（二）联合体承包是工程总承包市场初步阶段的过渡手段，并非实现工程总承包的主要方式

联合体承包可以在短时间内实现设计、施工一体化，但其弊端在于，设计、施工

依然由两家企业完成，信息沟通及项目管理必然还存在一定隔阂，且两家单位虽然对外一体，但对内依然存在竞争关系，如存在工期的扯皮、工程量的调配、工程价款的分配等根本矛盾，无法彻底融合为一体，无法彻底发挥工程总承包行业联动的优势。

因此，联合体承包仅是为了加快工程总承包的发展，基于目前市场环境体制下的过渡手段，方便单资质企业进入工程总承包市场，但绝不是工程总承包模式的理想状态，工程总承包模式依然要求企业自身具备真正的双资、双能力。企业应当在过渡过程中注重培养自身真正的设计、施工双能力，不能止步于联合体承包。

（三）资质互认制度是促进单资质企业取得双资质的促进方式，但单资质企业应当在取得资质的基础上，补足自身实质短板

《总承包管理办法》的资质互认制度是在原《建设工程勘察设计资质管理规定实施意见》、住房城乡建设部《关于印发〈建筑业企业资质管理规定和资质标准实施意见〉的通知》基础上的进一步扩充。

《建设工程勘察设计资质管理规定实施意见》（建市〔2007〕202 号）（以下简称《勘察设计实施意见》）规定："（七）具有一级及以上施工总承包资质的企业可直接申请同类别或相近类别的工程设计甲级资质。具有一级及以上施工总承包资质的企业申请不同类别的工程设计资质的，应从乙级资质开始申请（不设乙级的除外）。"

住房城乡建设部《关于印发〈建筑业企业资质管理规定和资质标准实施意见〉的通知》（建市〔2015〕20 号）第 1 条规定："……已取得工程设计综合资质、行业甲级资质，但未取得建筑业企业资质的企业，可以直接申请相应类别施工总承包一级资质，企业完成的相应规模工程总承包业绩可以作为其工程业绩申报。工程设计资质与施工总承包资质类别对照表见附件 4 – 1……"

《总承包管理办法》第 12 条在原《勘察设计实施意见》的基础上变化如下：

（1）除施工企业可以申请设计资质外，设计企业也可申请申请相应类别的施工资质。

（2）工程总承包业绩可以作为施工、设计业绩申报。

理解本条需注意以下3点：

1. 资质互认时业绩要求暂未明确。

《总承包管理办法》第12条仅明确了单资质企业可“申请”相对应的自身缺失资质，但没有明确申请的其他要求及细则。

参考原《勘察设计实施意见》的规定：“（十六）已具备施工资质的企业首次申请同类别或相近类别的工程勘察、工程设计资质的，其申报材料除应提供首次申请所列全部材料外，申请甲级勘察设计资质的，还应提供相应规模的工程勘察、设计业绩或工程总承包业绩证明材料。”

目前《勘察设计实施意见》并未废止，对于资质互认的申请材料要求也无新的规定，因此在住建主管部门修订或颁布新的规定前，上述规定原则上有效。

可见，资质互认制度虽然免除了资质申请需要从低到高逐级晋升的要求，但依然需要提供相应业绩。这也是为何《总承包管理办法》第12条最后一句要强调工程总承包业绩可以作为设计、施工业绩使用的原因。换言之，单资质企业可先通过联合体承包取得相应业绩后，直接申请相应的设计或施工资质。

2. 施工企业依然可以申请相近类别的设计资质乙级资质，扩张自身竞争优势。

《总承包管理办法》第12条仅规定了同类别的资质互认，但原《勘察设计实施意见》中还规定了一级以上施工企业可以直接申请相近类别的设计资质，以及对于不同类别的设计资质可以直接从乙级进行申请。该《勘察设计实施意见》并未废除，施工企业应当充分利用，扩张自身竞争优势。

3. 资质条件属于形式要件，企业应当构建自身设计、施工双能力的实质要件。

资质制度是一种准入制度，是形式要求，具备资质不代表必然具有相应的管理能力，尤其单资质企业通过资质互认制度取得双资质，其相对应的设计或施工能力并不完全具备，并不能具有全面、有效的工程总承包管理能力，不符合《总承包管理办法》第10条第1款“……工程总承包单位应当具有相应的项目管理体系和项目管理能力、财务和风险承担能力，以及与发包工程相类似的设计、施工或者工程总承包业绩”规定的实质管理能力要求。

因此，主管部门虽然放宽了资质要求，但企业应当加强自身实质管理能力建设，确保真真正正做到深度融合。

五、代建单位、项目管理单位、监理单位、造价咨询单位、招标代理单位不得作为工程总承包单位；项目建议书、可行性研究报告、初步设计文件编制单位及其评估单位有条件的可以作为工程总承包单位

《总承包管理办法》第 11 条将工程总承包单位的禁止性条件分为两类，作出了区别性的禁止性规定：对于存在直接利益冲突的单位禁止其成为工程总承包单位；对于存在间接利益冲突的单位有条件的允许其成为工程总承包单位。

（一）直接利益冲突单位禁止成为工程总承包单位

代建单位、项目管理单位、监理单位、造价咨询单位是建设工程监督管理单位，负有对项目质量、工期、造价、安全的监督责任，如果其同时成为工程总承包单位，显然会陷入既当球员又当裁判的情形中，导致工程建设全面失控。

招标代理单位对工程招投标活动具有极大影响力，如果允许其担任工程总承包单位，显然会破坏招投标活动的公平公正。

因此，上述单位均属于直接利益冲突单位，不应成为工程总承包单位。

（二）间接利益冲突单位有条件的允许成为工程总承包单位

项目建议书、可行性研究报告、初步设计文件编制单位及其评估单位成为工程总承包单位的弊端：

1. 前期咨询单位具有信息优势，允许其参与工程投标将破坏工程招投标市场的公平性。

工程前期咨询单位自工程立项决策阶段就已介入工程项目，掌握大量基础资料，并且对业主需求、当前方案的优劣、项目风险、项目可得利润等重要信息都具有其他投标单位所不具有的信息优势。如果允许前期咨询单位进行工程投标，就违反了招投标活动必须具备的公平竞争的基本原则，破坏了公平竞争的市场环境。

2. 存在道德风险。

由于存在信息优势，前期单位的中标概率明显大于一般投标人，随之而来的就是虚高标的额的道德风险，很可能会发生前期单位为了得到更多的后期承包利

益，通过不适宜的工程方案制定或其他手段，抬高工程总造价，借此取得不正当利益。政府投资项目采用的是预算资金，代表的是国家、社会利益，虚高造价将会对国家、社会利益造成损害。基于上述考虑，持反对观点的意见认为应当禁止前期单位参与投标。

因此，前期咨询单位成为工程总承包单位存在间接利益冲突，但这种利益冲突可以通过公开前期文件来消弭。如果公开了前期文件，就消除了前期单位的信息优势，使得所有投标人处于同一起跑线，招投标市场的公平就可以得到保证；而且即使前期单位虚增造价，在其他投标单位掌握足够信息的前提下，也可以通过技术分析与市场竞争，使虚高的造价回到正常水平。故《总承包管理办法》允许前期咨询单位以公开前期文件为前提，参与工程总承包活动。

（三）企业投资项目同等参照适用《总承包管理办法》第 11 条的规定

虽然《总承包管理办法》第 11 条仅明确政府投资项目中如果前期文件已公开的，前期咨询单位可以担任工程总承包单位，但举重以明轻，既然管理更加严格的政府投资项目可以有条件地允许前期单位作为工程总承包单位，那么管理上更为宽松的企业投资项目自然也可以采用同等方式，允许前期咨询单位担任工程总承包单位。

六、超出约定幅度的市场涨价、法律法规政策变化、不可预见的地质条件及发包人原因导致的费用、工期变化风险由发包人承担；其他风险原则上由承包人承担，但双方可以另行约定

《总承包管理办法》第 15 条规定了工程总承包模式下发承包人一般的风险承担，对此，应当注意以下两个方面：

（一）发承包人的风险承担约定原则上不应突破《总承包管理办法》的限制

风险的分配应当基于总承包人在缔约时对工程项目了解可能性之上，总承包人对工程项目了解的可能性越高，承包商的风险责任越大；反之，承包商就不应该被分配过多的风险责任。

从国内的工程实践中来看，目前的工程招标工作中，发包人很难提供足以让

承包人对工程具有准确了解的工程资料，同时也很难实行承包人现场复核的制度，尤其是我国现行《招标投标法》严格限定招标人与投标人的标前接触行为，也进一步限制了承包人在缔约之前对工程进行足够的了解。据此，如果总承包人对工程项目在缔约时缺乏足够的了解，不能全方位评价工程成本及不可预见因素，将项目履约风险过多地分配给总承包人是不公平的，也不利于合同的稳定履行，因此，《总承包管理办法》结合我国实际情况，作出了切合国内实际的规定。

（二）《总承包管理办法》规定的风险承担并非必然不可改变，但应当支付相应对价

《总承包管理办法》第 15 条第 2 款规定的风险分担可以通过合同约定分配，但这种分配必须附加前提条件，即发包人应当支付足够的风险对价。

《合同法》的基本原则是等价有偿，如果发包人将自身应当承担的风险通过合同转嫁给承包人，那么其应当支付相应对价；否则就破坏了等价有偿的基本原则，破坏了市场公平，如果发包人强制要求承包人承担过多的风险，则可能涉嫌显失公平。依据《合同法》第 54 条“下列合同，当事人一方有权请求人民法院或者仲裁机构变更或者撤销：……（二）在订立合同时显失公平的……”第 55 条“有下列情形之一的，撤销权消灭：（一）具有撤销权的当事人自知道或者应当知道撤销事由之日起一年内没有行使撤销权……”的规定，承包人有权在一年之内主张撤销合同。

七、工程总承包原则上应当采用固定总价方式，除合同约定的调整条件外，合同价格不应变更

（一）工程总承包原则上采用固定总价合同

《总承包管理办法》第 16 条规定，工程总承包原则上采用总价合同。原因在于，工程总承包模式中，承包人掌握了设计权，这实质上相当于发包人将工程规模的控制权过渡给了承包人，如果不对承包人的设计权加以限制，极易导致工程造价的全面失控，因此原则上工程总承包模式需要采用总价合同，以限制承包人的设计权。

（二）合同价格的调整通常包括风险条件的发生及发包人要求的变化

双方当事人可以在合同中约定合同价格调整的条件，通常包括以下三类：风

险条件的发生、不可抗力及发包人要求的变化。

1. 在合同约定的由发包人承担的风险发生或不可抗力发生时，由此引起的费用和工期的增加，双方当事人可以按照合同约定的价格调整的方式自行调整合同价格。

2. 应当对设计变更进行进一步区分，仅涉及发包人要求变化的变更可以调整合同价格；反之，则不予调整。

在施工总承包模式下，根据《建设工程司法解释（一）》第 16 条第 2 款“因设计变更导致建设工程的工程量或者质量标准发生变化，当事人对该部分工程价款不能协商一致的，可以参照签订建设工程施工合同时当地建设行政主管部门发布的计价方法或者计价标准结算工程价款”的规定，当发生设计变更时，合同价款可以调整自无疑义。

但在工程总承包模式下，需要对设计变更进一步进行区分。在施工总承包模式下，承包人的义务是完成施工图纸设计的建筑，如施工图纸因设计变更发生变化，则合同义务发生变化，合同价款自然可得以调整；在工程总承包模式下，承包人的义务是实现合同中的发包人要求，如果发包人提出的变更仅仅是认为承包人的设计不符合合同中发包人要求应当调整，则此类型的变更并未变更合同义务，合同价款不应调整；反之，如果发包人提出的变更已经实质上改变了合同中的发包人要求，那么合同义务已经发生变化，应当调整合同价款。

八、工程总承包项目经理的任职条件

《总承包管理办法》第 20 条规定了工程总承包项目经理应当具备下列条件：

1. 取得相应工程建设类注册执业资格，包括注册建筑师、勘察设计注册工程师、注册建造师或者注册监理工程师等；未实施注册执业资格的，取得高级专业技术职称；

2. 担任过与拟建项目相类似的工程总承包项目经理、设计项目负责人、施工项目负责人或者项目总监理工程师；

3. 熟悉工程技术和工程总承包项目管理知识以及相关法律法规、标准规范；

4. 具有较强的组织协调能力和良好的职业道德。

并规定了工程总承包项目经理不得同时在两个或者两个以上工程项目担任工程总承包项目经理、施工项目负责人。

对该条款的理解需要注意以下三点：

1. 上述四项要求属于强制标准，不满足上述要求的人员不能担任工程总承包项目经理。

2. 工程总承包项目经理仅能在一个项目上任职。

3. 上述要求导致短期内工程总承包项目经理将成为稀缺资源。

虽然符合工程总承包的设计或施工相应资质条件的企业，本身都有数量不少的项目经理，有不少还是具有相当经验的项目经理，他们在设计或施工领域都具有现成的管理经验。从《总承包管理办法》规定本身而言可以担任工程总承包项目的项目经理。但《总承包管理办法》的规定是项目经理的最低要求，这些项目经理一旦担任工程总承包项目经理，也就要求他们同时具有“双资质”前提下设计和施工的相应管理、控制能力，也即既懂设计要求又懂施工管理的双重能力，这对当下绝大部分转岗担任工程总承包的项目经理而言，无疑是一个跨界、跨行业的新挑战、新考验和新要求。

因此短时间内，企业如何尽快培养一批切实具有管理工程总承包项目能力的项目经理，将成为抢占工程总承包市场的关键之一。

九、工程总承包项目经理存在违法违规行为的，按照法律法规关于设计、施工的相关规定进行处罚

《总承包管理办法》第27条规定工程总承包单位和工程总承包项目经理存在违法违规行为的，按照法律法规关于设计、施工的相关规定进行处罚。

本条款的制定，很大程度上是因为江西丰城电厂“11·24”事故发生后所暴露出来的工程总承包立法方面的缺陷。我国此前尚没有一部全面的、统一的、具体的规范和管理工程总承包的法律规范，因此缺乏对工程总承包安全生产、质量、工期、造价、试运行等的相关规制，缺乏对工程总承包中各方主体责任的具体要求，缺乏强有力针对各种工程总承包违法活动的处罚措施。根据国务院江西丰城发电厂“11·24”事故调查组的事故调查报告，该事故中的工程总承包单位中南电力设计院作为以勘察设计为主业的企业，在经营业务延伸到工程总承包后，存在“对工程总承包安全生产管理的重要性认识不足，安全生产管理机制不完善，安全生

产考核制度有效性不强”和“履行总承包施工管理职责缺位”等重要问题。显然，没有具体的工程总承包安全生产管理规范的规制，没有明确的工程总承包中各方主体的安全职责的划分，是造成这起惨痛事故的主要“诱因”。值得重视的是，由于事故发生后没有专门的工程总承包法律责任和处罚措施可作依据，因此仅能依据《建筑法》中针对传统施工企业的相关处罚规则进行处罚，既无法实现对工程总承包违法活动的专门性规制处罚，也无法期待对将来可能发生的同类恶性事故进行预防性规制。

所以，本次《总承包管理办法》设立专项条款强调了总承包单位及项目经理的责任。

十、对于必须招投标的项目，建议参考住建部工程总承包合同示范文本完善合同文本；对于非必须招标项目，建议直接采用住建部工程总承包合同示范文本作为合同条款使用

（一）利用工程总承包合同示范文本对于行业发展的规范作用

由国家主管部门制定的示范合同文本的法律性质属于行业交易习惯。所谓行业交易习惯，根据最高人民法院《关于适用〈中华人民共和国合同法〉若干问题的解释（二）》［以下简称《合同法司法解释（二）》］第7条的规定，交易习惯是指在交易行为当地或者某一领域、某一行业通常采用并为交易对方订立合同时所知道或者应当知道的做法；或者指当事人双方经常使用的习惯做法。

由国家主管部门制定的示范合同文本属于行业交易习惯，这已成为建设领域和法律界的共识；在法律、法规没有规定时，行业交易习惯可以作为判案根据，这既是《合同法》的明确规定，也是各级人民法院审理相关案件时的通行裁量方法。在建筑业，示范合同文本对于行业发展的规范作用是非常明显的。

（二）目前我国通行的工程总承包示范文本的类型

目前我国通行的工程总承包示范文本的类型有两套。

一套是2011年9月7日，由住建部、工商行政管理总局联合发布的《关于印

发〈建设项目工程总承包合同示范文本(试行)〉的通知》(建市〔2011〕139 号,以下简称《总承包合同示范文本》)。按照主管部门的管理范围,与施工总承包合同示范文本一样,该示范文本主要适用于市场投资的工程总承包承发包。文本明确了工程总承包是指承包人受发包人委托,按照合同约定对工程建设项目的设计、采购、施工(含竣工试验)、试运行等实施阶段,实行全过程或若干阶段的工程承包。目前,该示范文本正由本所接受住建部委托进行修订,即将推出新的工程总承包合同示范文本。

另一套是 2011 年 12 月 20 日,国家发展改革委、工业和信息化部、财政部、住房和城乡建设部、交通运输部、铁道部、水利部、广电总局、中国民用航空局等九部委联合发布的《关于印发〈简明标准施工招标文件〉和〈标准设计施工总承包招标文件〉的通知》(发改法规〔2011〕3018 号,以下简称《标准文件》)。

(三)现有示范文本已经试行较久,有必要拟制新的工程总承包合同示范文本

1. 国家鼓励和推进工程总承包模式的政策文件层出不穷,完全有必要通过新的工程总承包合同示范文本来体现和落实。

近年来,国家层面对于工程总承包的推广予以高度重视,各类文件呈现出密集制定和颁布的态势。这一系列政策文件提出了新的经济形势下工程总承包发展的新思路和新要求,有必要通过拟制新的工程总承包合同示范文本来体现和落实。而且之前颁布的示范文本都属于试行,试行了 8 年左右的时间,也确实需要根据新的规定和在试行过程中发现的情况和问题进行更新。

2. 工程总承包管理办法的出台强调了对工程总承包合同示范文本的使用。

《总承包管理办法》第 9 条【招标文件编制】规定:“建设单位应当根据招标项目的特点和需要编制工程总承包项目招标文件……推荐使用由住房和城乡建设部会同有关部门制定的工程总承包合同示范文本。”然而,由于之前的《总承包合同示范文本》拟制时间大大早于《总承包管理办法》,无法完全体现出《总承包管理办法》的最新条款规定,因此制定新的合同文本也是题中之意。

3. 国内企业“走出去”的过程和“一带一路”倡议的推行,客观上也要求确定新的工程总承包合同示范文本。

国内建筑业企业“走出去”参与国际竞争已是大势所趋,工程总承包合同文本也

应当注意参考借鉴国际主流模式，从而推动国内企业“走出去”后也能够适应国外市场的环境和竞争。而本次本所接受住建部委托对工程总承包合同示范文本进行的修订工作，参考了国际通用的FIDIC合同文本，更好地体现了与国家工程接轨的要求。

（四）新的工程总承包合同示范文本起草情况

笔者受住建部建筑市场监管司委托，担任《完善工程承发包模式研究》课题组负责人，受托范围除了起草《总承包管理办法》外，还包括修订与之配套的工程总承包合同示范文本（以下简称《新合同示范文本》）。

我们拟制新的工程总承包示范文本，不拘泥于仅仅对原来的《总承包合同示范文本》的修改，而是参考国际通行的FIDIC黄皮书和银皮书的规定，从而对应不同的项目特点和业主需求，满足企业的迫切需要。

1. 以我国法律法规政策文件为依据。

依据《建筑法》《合同法》等法律的规定，参照国务院办公厅《关于促进建筑业持续健康发展的意见》（国办发〔2017〕19号）、《工程总承包发展意见》以及《总承包管理办法》，将有关工程总承包的核心要旨融入起草内容之中。

2. 结合国内外工程总承包实践经验。

结合近两年房屋建筑和市政基础设施工程总承包市场的发展实践，并借鉴水利、化工、电力等行业多年来发展工程总承包的管理经验及国外经验，对合同双方的权利义务、风险分配、发包人管理、计价、索赔、结算等条款进行规范性引导，设置相关条款内容。

3. 借鉴FIDIC2017版黄皮书/银皮书。

在我国法律体系下，结合工程领域实践，重点借鉴国际咨询工程师联合会（Fédération lnternationale Des lngénieurs Conseils，法文缩写FIDIC）2017版黄皮书和银皮书。

4. 以2017版建设工程施工合同为蓝本。

以住建部2017版《建设工程施工合同示范文本（GF－2017－0201）》（以下简称《2017版施工合同》）为蓝本，《2017版施工合同》亦是重点借鉴FIDIC合同条件编写，以《2017版施工合同》为蓝本意在与FIDIC合同保持一致，同时符合我国工程领域的实践。

5. 以其他相关工程总承包合同为辅助。

以住建部《建设项目工程总承包合同示范文本(试行)(GF－2011－0216)》和国家发展改革委等九部委《标准设计施工总承包招标文件》为辅助参考。

(五)在必须招标的项目中,《标准文件》具有强制使用的效力,但依然可以利用《新示范文本》的内容对其进行完善

《招标投标法实施条例》第15条第4款规定:“编制依法必须进行招标的项目的资格预审文件和招标文件,应当使用国务院发展改革部门会同有关行政监督部门制定的标准文本。”

根据九部委的通知,《标准文件》中的“投标人须知”(投标人须知前附表和其他附表除外)、“评标办法”(评标办法前附表除外)、“通用合同条款”部分,应当不加修改地引用,这其实也是强制适用性的体现。不过在现实当中,还是存在一些招标人片面进行修改的情况,这当然是违背了《标准文件》制定和发布的初衷以及相关部门的明确要求。通知中也明确,发承包人可以根据实际需要,在专用条款中对通用条款进行补充、细化,但不能与通用条款相抵触,否则抵触的内容无效。

因此,虽然《标准文件》通用条款不可更改,发承包人依然可以参考《新合同示范文本》中有利于项目实施的内容,予以吸收,完善并补充专用条款。

十一、工程总承包模式下禁止低价中标和垫资施工,异常低价可以认定为低于成本价,合同无效;政府投资项目中,发包人要求垫资施工的,应当承担相应法律责任

(一)承包人不得以异常低价进行投标,发包人亦不得主动要求承包人以异常低价进行投标,否则合同无效

《总承包管理办法》第22条规定建设单位不得迫使工程总承包单位以低于成本的价格竞标。

《招标投标法》第41条第2款规定:“中标人的投标应当能够满足招标文件的实质性要求,并且经评审的投标价格最低;但是投标价格低于成本的除外。”该规

定属于法律强制性规定，因此低于成本价中标的合同是无效的。

但如何界定"成本价"一直是个缺乏明确标准的难题。2019 年 12 月 3 日，发改委公布了《招标投标法（修订草案征求意见稿）》。该草案第 39 条、第 45 条、第 46 条引入了一个新的概念——"可能影响合同履行的异常低价"，取代了现行的"低于成本价"，并于第 45 条引入了澄清制度，评标委员会认为某价格属于异常低价的，应当要求投标人进行澄清并提供必要材料，无法提供必要材料进行澄清的，应认定为异常低价而否决。

澄清制度为司法实践中界定"低于成本价"或"异常低价"提供了有益探索。如果某项合同中，合同价格显著低于市场价，发承包双方又无法提供必要的材料证明该价格的合理性的，就可以认为该价格属于"低于成本价"或"异常低价"，从而判定合同无效。该制度相对于现行《招标投标法》中单纯的"低于成本价"的表述而言更具有实操性。但该草案还未成为正式立法，司法实践中亦未开始适用。因此目前，这种制度属于一种有利的争议解决的期待，实践中还是应当由企业自身合理把控风险，拒绝投低价标，才是根本的解决之道。

（二）政府投资项目中，发包人要求垫资施工的，发包人应当承担相应的行政处罚，但合同原则上应当有效，承包人依然应当按约承担垫资风险；非政府投资项目中，承包人更应合理评估垫资风险

《政府投资条例》第 22 条第 2 款规定："政府投资项目不得由施工单位垫资建设。"第 34 条规定："项目单位有下列情形之一的，责令改正，根据具体情况，暂停、停止拨付资金或者收回已拨付的资金，暂停或者停止建设活动，对负有责任的领导人员和直接责任人员依法给予处分……（五）要求施工单位对政府投资项目垫资建设……"《总承包管理办法》第 26 条也明确，政府投资项目不得由工程总承包单位或者分包单位垫资建设。

因此对于政府投资项目而言，发包人要求垫资施工的，应当承担相应行政处罚自无疑义，但垫资条款是否有效存在争议。

有观点认为，由于《政府投资条例》属于行政法规，因此垫资条款违反行政法规强制性规定，故垫资条款无效。但此种观点有待商榷。第一，《政府投资条例》的适用范围是政府的投资行为，并不直接适用于民事合同领域，直接采用《政府投

资条例》判定民事合同无效,存在法律逻辑上的缺陷;第二,《合同法司法解释(二)》第14条规定:"合同法第五十二条第(五)项规定的'强制性规定',是指效力性强制性规定。"最高人民法院《关于当前形势下审理民商事合同纠纷案件若干问题的指导意见》(以下简称《民商事合同纠纷案件指导意见》)中则明确,所谓效力性强制性规定是指某项强制性规定规制的合同行为发生即绝对地损害国家利益或者社会公共利益的规定。而工程总承包合同中的垫资条款通常仅影响合同当事人双方的权益,并不直接且绝对影响国家或社会利益,因此也难以认定为效力性强制规定。据此,我倾向性地认为垫资条款依然有效,承包人依然应当按约履行。

对于非政府投资类项目,目前并无法律、行政法规基本的规定限制垫资条款,因此,垫资约定有效。

综上所述,对于垫资条款,承包人还是应当充分评估风险及资金承受能力后审慎投标为宜。

十二、工程总承包单位必须自行完成承包项目的设计、施工义务中的主体工程部分,不能将主体工程部分进行分包

(一)从立法行文变化可知,主管部门的立法本意在于要求工程总承包单位自行完成设计、施工义务中的主体工程部分

《工程总承包发展意见》中规定:"(九)工程总承包项目的分包。工程总承包企业可以在其资质证书许可的工程项目范围内自行实施设计和施工,也可以根据合同约定或者经建设单位同意,直接将工程项目的设计或者施工业务择优分包给具有相应资质的企业。……(十)工程总承包项目严禁转包和违法分包。工程总承包企业应当加强对分包的管理,不得将工程总承包项目转包,也不得将工程总承包项目中设计和施工业务一并或者分别分包给其他单位……"

2019年5月10日发布的《房屋建筑和市政基础设施项目工程总承包管理办法(征求意见稿)》第20条【工程总承包单位的分包一】规定:"工程总承包单位根据合同约定或者经建设单位同意,可以将工程总承包项目中的设计或者施工业务分包给具有相应资质的单位,但不得将工程总承包项目中设计和施工全部业务一

并或者分别分包给其他单位。”第21条【工程总承包单位的分包二】规定:“工程总承包单位仅具有相应设计资质的,应当将工程总承包项目中的施工业务分包给具有相应施工资质的单位;仅具有相应施工资质的,应当将工程总承包项目中的设计业务分包给具有相应设计资质的单位。”

但2019年12月23日发布的《总承包管理办法》删除了2019年5月10日征求意见稿的上述规定。这说明经研讨,主管部门认为允许设计、施工整体分包的这一规定并不适宜,因此予以删除。

(二)从现行法律的立法本意来看,总承包单位(包括工程总承包、施工总承包、设计总承包)应当完成其承包范围内的主体工程的承揽义务,不得分包

我国《建筑法》第28条规定:“禁止承包单位将其承包的全部建筑工程转包给他人,禁止承包单位将其承包的全部建筑工程肢解以后以分包的名义分别转包给他人。”第29条规定:“建筑工程总承包单位可以将承包工程中的部分工程发包给具有相应资质条件的分包单位;但是,除总承包合同中约定的分包外,必须经建设单位认可。施工总承包的,建筑工程主体结构的施工必须由总承包单位自行完成。建筑工程总承包单位按照总承包合同的约定对建设单位负责;分包单位按照分包合同的约定对总承包单位负责。总承包单位和分包单位就分包工程对建设单位承担连带责任。禁止总承包单位将工程分包给不具备相应资质条件的单位。禁止分包单位将其承包的工程再分包。”《合同法》第272条规定:“发包人可以与总承包人订立建设工程合同,也可以分别与勘察人、设计人、施工人订立勘察、设计、施工承包合同。发包人不得将应当由一个承包人完成的建设工程肢解成若干部分发包给几个承包人。总承包人或者勘察、设计、施工承包人经发包人同意,可以将自己承包的部分工作交由第三人完成。第三人就其完成的工作成果与总承包人或者勘察、设计、施工承包人向发包人承担连带责任。承包人不得将其承包的全部建设工程转包给第三人或者将其承包的全部建设工程肢解以后以分包的名义分别转包给第三人。禁止承包人将工程分包给不具备相应资质条件的单位。禁止分包单位将其承包的工程再分包。建设工程主体结构的施工必须由承包人自行完成。”《招标投标法》第48条第2款规定:“中标人按照合同约定或者经招标人同意,可以将中标项目的部分非主体、非关键性工作分包给他人完成。接受分

包的人应当具备相应的资格条件，并不得再次分包。”国务院《勘察设计条例》第19条规定：“除建设工程主体部分的勘察、设计外，经发包方书面同意，承包方可以将建设工程其他部分的勘察、设计再分包给其他具有相应资质等级的建设工程勘察、设计单位。”

虽然上述法律法规的条文中并没有直接注明工程总承包单位不能将设计或施工业务中的主体部分进行分包，但联合上述法律法规的立法本意分析，工程主体部分的设计、施工应由总承包单位负责，或者说直接承包单位负责，禁止将主体部分转分包，目的就在于通过强制要求技术能力最强、管理能力最强、风险承担能力最强的总承包单位承担对于工程建设最关键的主体部分的设计、施工，确保工程质量及效果达到预定目标，也便于在工程发生问题的情况下，发包人可以直接向总承包单位主张责任。在这一点上，施工总承包、设计总承包还是工程总承包并无区别。工程总承包单位承揽了设计、施工业务，则在该项目中设计、施工的关键义务应当由工程总承包单位承担。

（三）工程总承包的“双资质”要求必须匹配主体结构的设计、施工义务不能转包

2019年5月10日发布的征求意见稿对于工程总承包单位的资质要求是具有与项目规模相适应的设计或施工资质，因此其所对应的分包要求是可以将自身不具备资质的设计或施工业务进行整体分包，避免单资质企业对自身没有资质的业务进行直接管理。而正式发布的《总承包管理办法》将工程总承包单位的资质要求变更为同时需要设计和施工两项资质。既然工程总承包企业具有双资质，那么工程总承包企业已无分包设计或施工业务的必要性。且推进工程总承包模式的原因就在于促进设计施工的深度融合，也正是在这个目的的指引下，正式发布的《总承包管理办法》将工程总承包单位的资质要求从单资质变成了双资质，要求工程总承包单位具有对设计、施工业务同时管理的能力；如果还是允许设计、施工的业务可以整体分包，那么工程总承包单位就没有对设计、施工业务进行统一管理，则双资质的要求就形同虚设。

因此，在工程总承包模式下，双资质对应的是设计和施工两部分的双义务，工程总承包企业不得将设计或施工义务整体或主体部分进行转分包。

中篇
实务问答

综述:实操问题将层出不穷,答疑解惑遇重大考验

工程总承包模式具有精简招标程序、减少管理层级、化解项目风险、统一权利责任、提升推进效率、降低工程造价、缩短建设工期、保证工程质量等一系列优点,也是国际通行的工程建设模式,有着广泛的适用性,因而跨国承包工程获得了工程建设各方的青睐和管理部门的支持。目前,国家和各地方已经出台了一系列政策,大力推行工程总承包模式。当然,由于工程总承包与我国传统的设计和施工相分离的市场主体和发包模式存在较大的区别,在推广和实践的过程中,不可避免地产生一系列操作中的问题。近年来,笔者受邀到全国各地授课或演讲关于工程总承包的相关主题,听讲对象包括政府部门、设计院、施工单位、研究机构、大专院校和律师协会等单位,在和听众交流的过程中,大家所提的问题各式各样,关系到工程总承包所涉及的工程造价、工期、安全、质量和法律风险防控、企业制度建立、争议纠纷解决等方方面面。有的问题角度很独特,一个问题能够引出一系列问题,这与工程总承包模式的推广和发展情况是相符合的。根据住房和城乡建设部《2018 年全国工程勘察设计统计公报》,工程总承包新签合同额合计 41,585.9 亿元,与上年相比增加 21.4%;其中,房屋建筑工程总承包新签合同额 15,530.9 亿元,市政工程总承包新签合同额 5442.6 亿元。如此迅猛的发展,也伴随着争议纠纷的急速增加和法律服务的迫切需求,根据中国裁判文书网的统计数据,涉及工程总承包案件的裁判文书从 2013 年的 561 件上升到 2019 年的 9361 件(2020 年 1 月 1 日数据),达到惊人的 15 倍以上,这足以引起工程行业和法律行业专业人士的共同重视。

有鉴于此,从 2019 年 1 月 7 日开始,笔者在《建纬律师》每周一的微信公众号上就工程总承包连载了一系列文章,包括《从中南电力设计院丰城电厂“11 · 24”

事故看设计单位牵头工程总承包的责任范围及防范法律风险的对策》7篇、《住建部国家发改委〈房屋建筑和市政基础设施项目工程总承包管理办法〉解读》7篇、《设计单位牵头工程总承包项目应当重点关注的十个法律问题》5篇，系列文章获得了行业内外的持续关注，也引起了广大读者的热情追读。在连载的过程中，微信公众号的每篇留言常有几十条甚至上百条，除了表达对我工作的肯定和赞许之外，更多的是在文章的启发下提出了很多问题。收集微信公众号中读者提的问题、演讲授课过程遇到的问题并经挑选归纳后，我又在微信公众号连续发表了《工程总承包实务问答》20期共120个问答，为大家答疑解惑，和大家切磋交流，其中前100个问答对工程总承包的定义、基本原则、适用范围、发包和承包、实施要点、监督和管理等主要方面进行了涵盖，后20个问答又解读分析了与工程总承包相配套的全过程工程咨询的问题。这120个问答可以说是对文章读者和演讲授课听众所提的问题的回应，之前大家关于工程总承包的提问在这里能找到相应的答案。我在梳理这些问题及草拟相应答案的时候主要遵循了以下原则：

一、在“一问一答”的过程中阐述我国工程总承包立法的脉络沿革，使大家能够加深对相关规定的理解和应用

工程总承包在我国并非一个新鲜事物。早在1984年，国务院就在《关于改革建筑业和基本建设管理体制若干问题的暂行规定》中提出了“全过程总承包”的概念。但之后的很长一段时间，由于建筑市场发展的客观规律以及五方责任主体的初步确立，工程总承包立法一度处于事实上的停滞状态。

近年来，国家开放力度日益加大，中国企业走出去，国外经验走进来，在国内外交流交往日益密切的同时，行业内外都发现了工程总承包模式的通行性和管理、经济方面的优势，国家政策和地方规定也如雨后春笋般出台。作为行业主管部门，住建部一直以来高度重视工程总承包的立法工作。2017年7月25日，国务院住房城乡建设部市场监督管理司设计处委托中国石油和化工勘察设计协会召开了“关于进一步推进房屋建筑、市政行业工程总承包专题研究启动会”，我作为住建部建筑市场监管司的法律顾问、上海市建纬律师事务所的主任参会，领取了课题任务。之后，《总承包管理办法》两度征求意见，直至2019年年底由住建部和

国家发改委联合发布，定于2020年3月1日正式施行，建纬律师事务所和我都是全过程的参与者。因此，我对国家工程总承包立法的脉络沿革是比较了解的，对为什么最终会作某个规定、为什么最终不采纳某种意见是知道原因的，这些情况都反映在我对一个个问题的解答中，使广大的听众和读者能够对于工程总承包法规的相关条款“既知其然又知其所以然”。

比如，《合同法》第272条规定：“发包人可以与总承包人订立建设工程合同，也可以分别与勘察人、设计人、施工人订立勘察、设计、施工承包合同。”《总承包管理办法》第3条则规定：“本办法所称工程总承包，是指承包单位按照与建设单位签订的合同，对工程设计、采购、施工或者设计、施工等阶段实行总承包，并对工程的质量、安全、工期和造价等全面负责的工程建设组织实施方式。”工程总承包的适用范围并未明确包含勘察阶段；又比如，住建部《工程总承包发展意见》第7条【工程总承包企业的基本条件】规定：“工程总承包企业应当具有与工程规模相适应的工程设计资质或者施工资质，相应的财务、风险承担能力，同时具有相应的组织机构、项目管理体系、项目管理专业人员和工程业绩。”而《总承包管理办法》第10条第1款则规定：“工程总承包单位应当同时具有与工程规模相适应的工程设计资质和施工资质，或者由具有相应资质的设计单位和施工单位组成联合体。工程总承包单位应当具有相应的项目管理体系和项目管理能力、财务和风险承担能力，以及与发包工程相类似的设计、施工或者工程总承包业绩。”工程总承包企业的资质要求从设计或施工资质转变为设计和施工资质。以上这些立法过程中的脉络沿革，常会被有意无意地忽略掉，但实际对行业实践和争议解决的影响又极大，能够了解到这些情况，将使得我们对工程总承包相关规定的理解和应用豁然开朗。

二、在“一问一答”的过程中解析与工程总承包密切相关的最新法规政策，使大家对这些规定能够触类旁通、融会贯通

这段时间，我在全国各地作了很多次工程总承包的专题讲座，答疑的时候很多听众会问到有关其他最新法律法规的问题，这些问题又恰恰与工程总承包有关系。这一方面反映了听众水平的日益提高，另一方面也体现了国家对于工程行业的立法工作在不断加强：2019年1月3日，最高人民法院正式发布《建设工程司法

解释(二)》,这是相隔十五年后最高院再次出台专门针对建设工程施工合同的司法解释;2019 年 3 月 15 日,国家发展改革委、住房城乡建设部联合印发《关于推进全过程工程咨询服务发展的指导意见》(以下简称《工程咨询指导意见》),提出在房屋建筑和市政基础设施领域推进全过程工程咨询服务发展;2019 年 7 月 1 日,《政府投资条例》正式施行,该条例作为我国政府投资领域第一部行政法规,把政府固定资产投资决策、管理和监督等行为纳入法治化、规范化轨道。

我在和听众交流的过程中,发现有的时候大家在对法律法规进行理解的时候会陷入一个误区,那就是"只见树木,不见森林",只盯着特定的规定甚至于特定的条款,这其实很容易造成误解。各个法律法规之间并不是割裂开的,而是一个有机的整体,互相之间是有联系、互相影响的。因此,我们在理解、应用法律法规时,要结合其他的政策法规,才能得出全面的、正确的理解。就《总承包管理办法》而言,就应当结合刚刚提到的几部最新的政策法规来进行解读。

例如,《总承包管理办法》明确了工程总承包单位要对工期负责,第 24 条第 2 款规定:"工程总承包单位应当依据合同对工期全面负责,对项目总进度和各阶段的进度进行控制管理,确保工程按期竣工。"与此同时,工程工期特别是施工阶段的工期一直是纠纷争议的多发点,合同双方都有必要明确工期如何计算。对此,《建设工程司法解释(二)》第 5 条【实际开工日期的认定】、第六条【工期顺延的认定】有相应的详细规定,可供我们的建设单位和工程总承包单位在合同洽商和争议解决时借鉴。

又如,《总承包管理办法》肯定了建设单位可委托项目管理单位进行管理,第 17 条规定:"建设单位根据自身资源和能力,可以自行对工程总承包项目进行管理,也可以委托勘察设计单位、代建单位等项目管理单位,赋予相应权利,依照合同对工程总承包项目进行管理。"至于建设单位可以赋予项目管理单位的权利,我们可以参考《工程咨询指导意见》第 1 条【充分认识推进全过程工程咨询服务发展的意义】:"……重点培育发展投资决策综合性咨询和工程建设全过程咨询,为固定资产投资及工程建设活动提供高质量智力技术服务,全面提升投资效益、工程建设质量和运营效率,推动高质量发展。"由此,项目管理单位除了传统的工程建设管理,还可以参与整个项目的投资决策管理,这无疑会使我国的全过程工程咨询模式又向前迈进一步。

再如,《总承包管理办法》对工程行业长期存在的“垫资”这一痛点进行了规制,第 26 条第 2 款规定:“政府投资项目所需资金应当按照国家有关规定确保落实到位,不得由工程总承包单位或者分包单位垫资建设。政府投资项目建设投资原则上不得超过经核定的投资概算。”那么,如果现实当中发生了建设单位要求工程总承包单位或者分包单位垫资建设的情况,单位和相关负责人应当承担什么样的责任呢?《政府投资条例》就有相应的明确规制,其第 34 条规定:“项目单位有下列情形之一的,责令改正,根据具体情况,暂停、停止拨付资金或者收回已拨付的资金,暂停或者停止建设活动,对负有责任的领导人员和直接责任人员依法给予处分……(五)要求施工单位对政府投资项目垫资建设……”

通过举这些例子,读者们已然能够发现,只有结合整个行业的规定特别是新规定来理解工程总承包的相关法规,我们才能触类旁通、融会贯通。因此,我在中篇问题的答案撰写和整理过程中,特别注意不仅仅就工程总承包而讲工程总承包,而是从工程行业的大视角出发,只有这样,我们对这一模式的认识和理解才能更加深入。

三、在“一问一答”的过程中紧密结合当前工程总承包实施和推广所遇到的热点、难点,使大家面对问题时能够应对得法、游刃有余

从多年的演讲和授课经历来讲,我个人十分喜欢、也十分推崇现场答疑这个环节。“独学而无友,则孤陋而寡闻”,如果只是一个人在台上讲,讲好就结束,很容易会陷入这样的情况。这是因为工程行业是不断变化、不断发展的,新概念、新方法、新事物、新问题层出不穷,只有通过不断地交流,才能持续地进行了解。事实上也是如此,在演讲和授课的答疑环节,每每能遇到新颖的问题,或角度刁钻,或立意超前,或假设大胆,或案例独特,互动的过程活跃了现场气氛,激发了听众热情,也让我的工作更加体现出了价值,可谓一举多得。这些问题,都被我一一收录到了这 120 个问答当中。

在本篇综述的第一点和第二点中,我较多地讲到了《总承包管理办法》,但其实工程行业的实际情况是十分复杂的,法律法规囿于其本身篇幅和制定目的,并不能包罗万象地直接解决我们所要解决的各种问题,但现实又需要我们迅速地进行化解,这也是现场答疑问题当中出现得最多的问题类型,即直接涉及实践操作

的问题,例如:

“背靠背”协议的问题。在有偿合同中,约定负有付款义务的一方,以获得在其他合同中某个第三方的款项作为支付本合同款项前提条件的条款,简单来说就是“我先收款,后付你款”。具体到工程总承包项目中,也就是发包人给了总包人款项,总包人才给分包人款项,后者以前者作为前提。很多企业面对“背靠背”协议常常表示束手无策。

“保护伞”协议的问题。采购方与供货方指定一个采购名录,明确名录中所有采购的材料设备的各项要求及对应价格,采购方承诺只要是名录中的材料设备就必须向该供货商采购,不得向其他供货商采购;而相对应的,供货商同样必须承诺只要是名录内的材料设备,则必须按照名录中的要求及价格进行供应。“保护伞”协议的两大核心是确定性与排他性。“保护伞”协议压缩了企业的利润空间和管理权限,也是企业迫切需要解答的问题。

“联合体”协议的问题。这个问题《总承包管理办法》第 10 条第 2 款有所涉及:“设计单位和施工单位组成联合体的,应当根据项目的特点和复杂程度,合理确定牵头单位,并在联合体协议中明确联合体成员单位的责任和权利。联合体各方应当共同与建设单位签订工程总承包合同,就工程总承包项目承担连带责任。”但是,如何合理确定牵头单位,如何在“联合体”协议中明确联合体成员单位的权责,从法律和实务角度同样有一大篇文章可做。

这一系列实践操作的问题,都是现场答疑环节的热点、难点问题,也是照本宣科、按图索骥无法直接解决的问题,我在现场做了详细解答,同时也深感同样的问题很多企业、法务人员和工程技术人员都会遇到,完全有必要放到这 120 个问题中和大家分享。这也和我写这本书的目的相契合,我希望这本书能够成为大家面对现实疑难问题的工具书,而不是一个特定法规的阅读理解,这样才能对大家的工作、为工程总承包的发展起到更大的作用。

四、在“一问一答”的过程中普及国际工程总承包的业务知识,使大家能够更有底气地“走出去”参与海外竞争

在答疑解惑的过程中,除了能够与听众互动、帮助解决问题,我还能深刻地感

受到行业关注的焦点所在。前些年,大家提出的问题主要围绕施工合同,这一段时间,工程总承包的问题迅速增长,有关海外项目的问题也逐渐变多,这其实与整个行业的发展趋势是密切联系的。

目前,随着"一带一路"的不断拓展,我国工程企业参与海外工程项目的情况越来越常见。在这一过程中,既有攻城略地的酣畅淋漓,也有"走麦城"的惨痛教训。这其中的原因是复杂多样的,其中很重要的一点在于我国的企业往往对国际上通用的FIDIC合同条款并不熟悉,在签合同的时候就出现了失误,合同管理和项目索赔的关键点掌握不好,还会因为工期延误被发包方处以巨额罚款。这些情况都要求我们尽快普及国际工程总承包的业务知识,普及FIDIC合同的知识要点,以适应"一带一路"工程建设国际惯例,适应广大工程企业"走出去"的迫切需要。

黄皮书适用于电气、机械设备供货,房屋建筑或土木工程的设计和实施。就计价方式而言,总体上采用可调价总价合同,但在个别情况下可以采用单价合同。就风险分担而言,对承包商较为友好,风险分担较为均衡。在该合同范本中承包商的工作不仅包括施工、设备供货,同时也包括设计。

银皮书的适用范围主要是EPC + F、BOT、PPP等类似的融资项目,交钥匙工程模式是包含设计、采购、建造、安装、试运行等过程在内的全过程承包方式,承包商"交钥匙"时提供的是一套配套完整的可以运行的设施。工程项目采用总价合同,对于部分工程可以采用单价合同,项目的最终价格具有确定性。承包商承担项目的绝大多数风险,对项目的实施几乎承担全部责任。相比传统类型的承包项目,融资类项目能够给承包商更多话语权,也需要承担更多的风险。

黄皮书和银皮书的体例和条款较多内容一致,风险分担不同是两者最显著的一个区别。黄皮书按单价模式设计条款,即便有总价,也是根据预估工程量暂定的,最终按照实际工程量结算。而银皮书作为交钥匙合同范本,是按照总价模式设计,除了变更情形外,价格固定不能调整。从这个角度来说,采用黄皮书,承包商可以避免一些不可预见的成本风险,比如不利地质条件导致工程量增加等。

此外,黄皮书中有工程师承担监理的角色,而银皮书则没有专门规定业主工程师,而仅规定了业主代表,监理工程师的角色往往比业主代表更客观。2017版黄皮书加强和拓展了工程师的地位和作用,同时强调了工程师的中立性。

通过以上介绍,我们可以很清晰地发现黄皮书和银皮书的适用范围是有很明显的区别的,然而现实当中却有不少企业对此不加区分,稀里糊涂地签了合同,最终付出了昂贵代价,这时候向我提问其实已是亡羊补牢。所以,我在本书中篇“一问一答”的过程中也关注了 FIDIC 国际合同知识的普及,以期为广大企业的海外打拼提供助力。

宋代的《渑水燕谈录》记录了一则读书的故事:“宋太宗日阅《御览》三卷,因事有缺,暇日追补之。尝曰:‘开卷有益,朕不以为劳也。’”这个故事留下了“开卷有益”的成语,意思是只要是读书,总归是有益处的。作为这几年现场问答工作的总结,我希望本书中篇的这 120 个问答,大家在阅读之后能够对企业发展、对工作开展有更多的益处。

一、关 于 总 则

1. EPC 是设计—采购—施工总承包,PC 是采购—施工总承包,施工总承包合同也含有材料采购的合同条款,EPC 的采购和施工总承包的采购有什么不同?为什么要把采购提高到和设计、施工并列的高度?

答:这个问题问得很好,学员能够问出这个问题,说明他对工程总承包已经进行了深入思考,注意到 EPC 和施工总承包在采购问题上的异同,非常值得肯定。

EPC 是一个源于美国工程界的固定短语,它是工程(engineering)、采购(procurement)、施工(construction)的英文缩写。procurement 指较为正式的购买行为,通常用于企业或者政府机关进行的正式的采买程序。因此从文义角度来说,工程总承包模式的采购与施工总承包的采购并无区别,均是指工程建造过程中必要的材料、设备的购置。但如果仅从文义解释的角度理解“P”这个概念,显然只流于表面,无法回答深层的问题。例如,PC 模式与施工总承包都包含采购,两者如何区分?EPC 模式和 DB 模式均包括一定数量的采购,那么两者的区别又是什么?因此,procurement 在工程总承包语境下,还需要进一步分析其概念。

工程管理或者工程惯例中所称的“P”,当然包括一般的材料或者设备采购,但是更重要的是针对大宗材料、设备,尤其是指特种设备、定制设备的采购管理。这才是 procurement 作为一个管理要点需要进行强调的核心原因。2017 版银皮书第 8.3 款【进度计划】第 C 项规定："承包商计划实施工程的顺序，包括设计的每个阶段的预期时点，编制和提交承包商文件、采购、制造、检验、货物运达现场、施工、安装（大型设备）、安装以及任何指定分包商的工作（如第 4.5 款【指定分包商】所定义的）、试验、调试和试运行。"该条款中所列举的工程总承包单位应当进行的全过程管理目标中的"采购"要求，尤其是与特种、定制设备的"采购"直接相关或间接相关的内容就包括采购、制造、检验、货物运达现场、施工、安装（大型设备）、安装、试验、调试和试运行。几乎涵盖了承包人计划的全过程。

可见，大型、特种、定制材料、设备采购并不仅仅是单纯的买卖合同关系，与普通建材或非定制设备的采购管理有着极大的不同。此类型设备是按需定制，涉及设备的设计；一般价值较高，体型和重量一般也偏大，包含运输风险、运输难度、运输费用也需要专项管理；为保证设备质量，还常常需要监造、变更、修订设计；为保证过程风险，还涉及设备保险；而且往往技术复杂，安装调试均具有较大难度，因此还需要构建专项的技术服务架构等等，在各类履约管理中还掺杂着知识产权、国际货物买卖、国际货运、融资租赁、技术保护与技术引进等可能的特种管理体系。因此在某些项目中，采购的管理难度甚至要高于"设计""施工"，对此，当然有必要将"采购"作为和"设计""施工"并列的管理重点进行管理。对此，国际咨询工程师联合会为应对以特种、定制设备的设计、生产、安装为核心的工程项目，专门编写了黄皮书，以适用于该类型项目的管理。

因此，理解工程总承包中"采购"的定义与施工总承包合同的采购存在明显的区别，应当从大型、特种、定制材料、设备的采购入手，大家应当理解这里的"P"是涵盖了设备设计、建造、运输、保险、安装、调试乃至营运、保修等全过程阶段的联合管理，具有不弱于"E"（设计）、"C"（施工）的重要管理地位。

2. 朱老师刚才的解答使我茅塞顿开，那我继续追问一个问题。既然设备供应问题如此复杂，在这种前提下，又该怎么理解工程总承包人对设备供应的管控机制？

答：这个问题也是一个很好的问题，我的答案是，用做 EPC 的理念来做 EPC

的设备管控。这句话听起来有点拗口，我需要进一步解释一下。

刚才我们提到过的2017版银皮书第8.3款【进度计划】第C项中列举的工程总承包商的管理要点包括："编制和提交承包商文件、采购、制造、检验、货物运达现场、施工、安装（大型设备）、安装以及任何指定分包商的工作、试验、调试和试运行。"这里为大家再归纳一下大型、特种设备采购的管理中的相关要点，通常包括：采购相关文件、采购合同的签订、设备的制造、检验、货物运达现场、施工、安装（大型设备）、试验、调试和试运行。比较一下，是不是很容易发现，两者相似性极高？那么为什么会产生如此高的相似性？原因在于：特种、定制设备的采购中是包括专项设计的，涵盖了设计的内容；此类型设备的安装通常也是施工过程的重中之重，涵盖了大量施工相关内容，因此特种、定制设备的采购本身就是一种涵盖了采购、设计、施工的"小型EPC"。

工程总承包单位要拿出构建工程总承包全过程管控机制的态度与认知，才能做好工程总承包管控机制。这需要工程总承包单位建立有设备采购的完善的管理机制和与之相适应的体制，从企业管理的部门设置、制度配套和专有人员三个方面逐步建立、健全，才能适应工程总承包合同"采购"的市场需求。

3. 朱老师，您好。住建部和国家发改委共同发布了正式的《总承包管理办法》，按照《总承包管理办法》的定义，是否意味着仅同时包含施工、设计的模式才能称为工程总承包？其他模式均不能称为工程总承包？

答：这位学员的这个问题非常关键也非常重要。这个问题也是《总承包管理办法》制定过程中讨论比较激烈的问题。

《总承包管理办法》第3条的表述是："本办法所称工程总承包……"而并不是表述为"工程总承包是指……"，从文义理解的角度来说，《总承包管理办法》第3条只是对该办法自身管理的范围作出了规定，即《总承包管理办法》适用于同时包含设计、施工两阶段的工程总承包模式，并不能从本条款的表述中得出其他工程总承包模式如采购—施工、设计—采购、施工—运营等不能称之为工程总承包的结论。

实际上,这种表述是一种很常见的立法技术。日常语言中许多词语的含义都过于宽泛,在立法时就需要通过单独的限定表述明确这个词语在某个法律中具体的含义,才能明确法律的适用范围。比如,设计这个词大家都很熟悉,口语上设计这个词包括了我们建筑业的设计、美术设计、股权架构设计、交易模式设计等,但我们工程法律界所说的"设计"明显不能囊括这么多内容,因此在很多法律立法时需要对这个词语的范围进行限缩,如《勘察设计条例》第 2 条规定:"……本条例所称建设工程设计,是指根据建设工程的要求,对建设工程所需的技术、经济、资源、环境等条件进行综合分析、论证,编制建设工程设计文件的活动。"这就是一个典型例子,该条款就限定了《勘察设计条例》中"设计"这个概念的范围,但不能反过来依据这个条款认为其他类型的"设计"不能称之为设计。道理是一样的。

《建筑法》第 24 条第 2 款规定:"建筑工程的发包单位可以将建筑工程的勘察、设计、施工、设备采购一并发包给一个工程总承包单位,也可以将建筑工程勘察、设计、施工、设备采购的一项或者多项发包给一个工程总承包单位;但是,不得将应当由一个承包单位完成的建筑工程肢解成若干部分发包给几个承包单位。"

《30 号文件》第 2 条规定,工程总承包的主要模式包括设计采购施工(EPC)、交钥匙总承包(TK)、设计—施工总承包(DB)、设计—采购总承包(EP)、采购—施工总承包(PC)。

《工程总承包发展意见》第 1 条第 2 款中规定:"工程总承包,是指从事工程总承包的企业按照与建设单位签订的合同,对工程项目的设计、采购、施工等实行全过程的承包,并对工程的质量、安全、工期和造价等全面负责的承包方式。工程总承包一般采用设计—采购—施工总承包或者设计—施工总承包模式……"

《建设项目工程总承包管理规范(GB/T 50358－2017)》第 2.0.1 款中对工程总承包的定义是:"依据合同约定对建设项目的设计、采购、施工和试运行实施全过程或若干阶段的承包。"

地方规定如《上海市工程总承包试点项目管理办法》第 2 条第 1 款规定:"本办法所称工程总承包,是指从事工程总承包的企业(以下简称工程总承包企业)按照与建设单位签订的合同,对工程项目的勘察、设计、采购、施工等实行全过程的承包,并对工程的质量、安全、工期和造价等全面负责的承包方式。"

可见,在《总承包管理办法》出台之前,业界对于工程总承包的概念实际上是具有一定争议的,例如:工程总承包模式中是否包含试运行?是否包含运营?等等。也有部分学者和专家提出,工程管理亦应该纳入广义的工程总承包的概念之内,例如:E + PMC 模式(设计 + 项目管理承包)、CM + E 模式(设计 + 阶段管理承包)。另外,从行业惯例上来说,业界也普遍认可勘察、设计、施工、采购四个阶段的自由组合均可以称之为工程总承包,并不一定要求工程总承包必须同时包含设计与施工,如 EP 模式、PC 模式等。

因此,从行业习惯和商业发展的角度而言,认为其他模式不属于工程总承包的理解不符合现行的行业观念;最重要的是《建筑法》第 24 条第 4 款中也并未要求工程总承包必须包含施工与设计,《总承包管理办法》作为下位法,也不宜对上位法的定义作出限制。

可见,《总承包管理办法》第 3 条并不是说工程总承包模式仅指同时包括设计与施工的模式,其本意是《总承包管理办法》适用于同时包括设计与施工的工程总承包模式。

4. 我想顺着刚才那个问题继续请教。《总承包管理办法》将规制范围限定为仅同时包含设计、施工的工程总承包模式的原因是什么?是否意味着其他模式不适用《总承包管理办法》?

答:《总承包管理办法》作出如此规定的原因主要包括以下三个方面:

第一,鼓励设计与施工的深度融合。

制定《总承包管理办法》的目的首先在于引导工程总承包市场的发展。国务院办公厅《关于促进建筑业持续健康发展的意见》(国办发〔2017〕19 号)、《工程总承包发展意见》提出,推进工程总承包模式建设的根本目的在于通过建筑业上下游产业链的整合,发挥行业联动效应、优化工程管理结构,最终达到提高工程质量及效率的核心目的。显然,工程设计与施工是行业整合的重中之重,如果设计与施工没有进行整合,那么行业整合的意义显然无法达到预期效果。因此《总承包管理办法》必须强调设计与施工的融合。

第二,《总承包管理办法》的部分规定不适用于不同时包含设计、施工的其他模式。

《总承包管理办法》制定的一大目的是为工程总承包模式的发展及实施清除部分行政管理上的障碍。例如,明确工程总承包模式的资质问题、边设计边施工的问题。但上述规定并不适用于所有的工程总承包模式。

例如,《总承包管理办法》第 10 条规定,工程总承包项目必须具有与工程项目规模相适应的设计和施工资质。该条款如果适用于 PC 模式显然就不合理。我刚才也解析过,工程总承包语境下的采购主要是指大型、特种、定制材料设备的采购,但这只是工程管理概念上的差异,在工程实务中,很难具体、明确地区分 PC 模式与普通施工总承包模式的差异。如果 PC 模式也适用《总承包管理办法》第 10 条,实际上工程项目本身又不需要设计资质,这会导致现行资质制度运行的混乱。

第三,工程总承包模式发展迅猛,不适宜"一刀切"。

法律具有滞后性,但是商业模式却充满了变化,日新月异。随着工程总承包模式的发展,市场上除了传统的 EPC、DB、PC、EP 等模式外,还出现了 EPC + O、EPC + M、EPC + F、EPC + PPP 等新型模式,也还有大量新的模式还根本没有名字。这些模式具有各自的特点和需求,很难采用一个固定的模式去衡量,"一刀切"的管理模式并不利于培育国内的工程总承包市场。

目前国家的行政管理的改革方向是"放管服",尽量减少不必要的行政管理。同样的,《总承包管理办法》的制定也贯彻了这个改革理念,以"简政放权、优化服务"为中心思想,主要解决的是设计、施工这两个行政管理最为严格的工程阶段联合承包时会遇到的最为紧迫的问题。例如,准入资质问题、发包阶段和条件等,目的不是管制市场而是放开市场;同时也强调"放管结合",对于工程总承包单位应当承担工期、质量、安全等基本责任,予以了规制。因此,《总承包管理办法》强调同时承包设计、施工的工程总承包模式,对于其他模式,暂时交给市场自行调节,未来是否有必要把某些模式也纳入《总承包管理办法》的规制范围,需要交给时间和市场来决定。

5.《总承包管理办法》第5条增加了一款规定:“国务院发展改革部门依据固定资产投资建设管理的相关法律法规履行相应的管理职责。”这是否要求工程总承包项目都要去发改部门审批?

答:这种理解是有误差的。

发展改革部门对于工程总承包项目进行管理最重要的一点体现在根据项目性质不同,对项目进行审批、核准或者备案,而审批、核准、备案的相关法律法规是有其特殊的意义及历史渊源的。2004年国务院发布的《关于投资体制改革的决定》(国发〔2004〕20号)是我国建筑业发展史上非常重要的一个文件,奠定了整个建筑业市场化发展的路线,制定了政府投资项目采用审批制,列入《政府核准的投资项目目录》的企业投资采用核准制,其他企业投资项目采用备案制的建设工程投资审查制度。在该文件的基础上,主管部门进一步制定了《政府投资条例》《企业投资项目核准和备案管理条例》《企业投资项目核准和备案管理办法》《政府核准的投资项目目录》等法规、规章,对投资审批、核准、备案制度进行了深化、细化的规定。因此,《总承包管理办法》第5条中规定的“依据固定资产投资建设管理的相关法律法规”主要就是指这一系列法律、行政法规和部门规章。所以这不是一个新的规定,不是对工程总承包项目制定了新的要求,是对既有制度的强调,强调工程总承包项目也需要按照国家关于投资审批、核准、备案的规定向有关部门报批。

之所以要对此制度进行强调,原因是配合国家政策对工程总承包的鼓励与推进。国务院办公厅《关于促进建筑业持续健康发展的意见》(国办发〔2017〕19号)第3条第4款提出:“……政府投资工程应带头推行全过程工程咨询,鼓励非政府投资工程委托全过程工程咨询服务……”《工程总承包发展意见》第1条第3款提出:“优先采用工程总承包模式。建设单位在选择建设项目组织实施方式时,应当本着质量可靠、效率优先的原则,优先采用工程总承包模式。政府投资项目和装配式建筑应当积极采用工程总承包模式。”可见,国家的政策方向是推进工程总承包模式作为政府投资的建设工程项目的主流建设模式,而投资主管部门作为政府投资的主管部门,对工程总承包模式的监管当然是重中之重,理应深入、具体地同住建部门一道进行工程总承包的管理工作,共同规范工程总承包模式的发展。这也进一步体现了工程总承包模式的重要性及《总承包管理办法》的重要性。

6. 我是专业从事铁路工程的。《总承包管理办法》第2条将适用范围规范为“从事房屋建筑和市政基础设施项目工程总承包活动，实施对房屋建筑和市政基础设施项目工程总承包活动的监督管理，适用本办法”。由于其中并未提及“其他行业参照执行”，请问铁路项目的工程总承包项目是否受该规定的约束？

答：对此，我们可以回顾一下《总承包管理办法》征求意见的过程。《总承包管理办法》的征求意见稿一共发布过两次，第一次是2017年12月26日，由住建部建筑市场监管司发布；第二次是2019年5月10日，由住建部办公厅、国家发展和改革委员会办公厅共同发布。如果我们仔细阅读一下第二次发布征求意见稿的通知，也就是《住房和城乡建设部办公厅、国家发展改革委办公厅关于征求〈房屋建筑和市政基础设施项目工程总承包管理办法（征求意见稿）〉意见的函》，可以发现这个文件的落款虽然是国务院两个组成部门的办公厅，但是文件正文有一句“现送你单位征求意见，请各省级住房和城乡建设主管部门、发展改革部门于2019年5月31日前，分别将意见函告住房和城乡建设部建筑市场监管司、国家发展改革委投资司，并请发送电子版”。也就是说，住房和城乡建设部建筑市场监管司仍然是第二次征求意见稿实际上的主办业务司局之一。最终，《总承包管理办法》是由住建部和国家发改委这两个部委联合发布，文号是建市规〔2019〕12号。

这就解释了为什么《总承包管理办法》的开头是“房屋建筑和市政基础设施项目”，为什么两次征求意见稿都在总则第2条明确适用范围是“房屋建筑和市政基础设施项目工程总承包活动”，这是由住房和城乡建设部建筑市场监管司的部门职能所明确的。

根据国务院办公厅关于印发《住房和城乡建设部主要职责内设机构和人员编制规定》的通知（国办发〔2008〕74号），住房和城乡建设部的主要职责包括：“（六）监督管理建筑市场、规范市场各方主体行为。指导全国建筑活动，组织实施房屋和市政工程项目招投标活动的监督执法，拟订勘察设计、施工、建设监理的法规和规章并监督和指导实施，拟订工程建设、建筑业、勘察设计的行业发展战略、中长期规划、改革方案、产业政策、规章制度并监督执行，拟订规范建筑市场各方主体行为的规章制度并监督执行，组织协调建筑企业参与国际工程承包、建筑劳务合作。”

其中，住建部建筑市场监管司的职责为：“拟订规范建筑市场各方主体行为、房屋和市政工程项目招标投标、施工许可、建设监理、合同管理、工程风险管理的规章制度并监督执行；拟订工程建设、建筑业、勘察设计的行业发展政策、规章制度并监督执行；拟订建筑施工企业、建筑安装企业、建筑装饰装修企业、建筑制品企业、建设监理单位、勘察设计咨询单位资质标准并监督执行；认定从事各类工程建设项目招标代理业务的招标代理机构的资格。”

细心的听众可能已经发现了建筑市场监管司的职责包括“房屋和市政工程项目招标投标、施工许可、建设监理、合同管理、工程风险管理的规章制度并监督执行”，因此，由住建部建筑市场监管司制定发布的《总承包管理办法》适用范围为“房屋建筑和市政基础设施项目工程总承包活动”是应有之义。《总承包管理办法》第 2 条即明确规定：“从事房屋建筑和市政基础设施项目工程总承包活动，实施对房屋建筑和市政基础设施项目工程总承包活动的监督管理，适用本办法。”

《总承包管理办法》并未规定房屋建筑、市政基础设施两个词的定义，但我们可以从住建部的其他规章中明确二者的具体内容。根据《房屋建筑和市政基础设施工程施工招标投标管理办法》第 2 条之规定，房屋建筑工程是指“各类房屋建筑及其附属设施和与其配套的线路、管道、设备安装工程及室内外装修工程”，市政基础设施工程是指“城市道路、公共交通、供水、排水、燃气、热力、园林、环卫、污水处理、垃圾处理、防洪、地下公共设施及附属设施的土建、管道、设备安装工程”。上述规定可供我们在理解具体条款时作为参考。

至于铁路项目的工程总承包，是有相关的专门规定的。2006 年 12 月 10 日，原铁道部发布了《关于印发〈铁路建设项目工程总承包办法〉的通知》（铁建设〔2006〕221 号）。目前，这个办法仍然是现行有效的，其第 3 条规定了适用范围：“本办法适用于采用成熟技术的铁路大中型建设项目。能够在工程总承包合同中明确技术标准、质量标准、交验标准，合理确定工程投资的其他铁路建设项目可参照执行。”这个办法为我们承揽铁路工程的工程总承包项目指明了方向。

7. 朱老师您好,我想问的问题是:《总承包管理办法》中有好几个条款涉及“政府投资项目”,请问政府投资项目如何界定?铁路总公司独资项目、铁总和地方政府合资项目怎么判断是否为政府投资?国有资金投资是否会参照执行?

答:2019年4月14日,国务院公布了《政府投资条例》(国务院令第712号),自2019年7月1日起施行,这是《总承包管理办法》专门针对“政府投资项目”进行规定的出发点。

对于什么是政府投资,《政府投资条例》第9条中给出了明确的定义:“政府采取直接投资方式、资本金注入方式投资的项目(以下统称政府投资项目)”,如果工程项目的投资方式符合这个定义,我们就可以称之为政府投资项目。

同样根据这个定义,要判断铁路总公司独资项目、铁总和地方政府合资项目是不是政府投资项目,关键也在于项目是不是使用了预算安排的采用直接投资或者资本金注入方式的资金。什么叫使用了预算安排的资金?可能作为工程专业人员,这个概念比较难以理解,我在这里帮大家消化一下,这个概念也可以理解为具体工程项目的资金是由政府财政的预算支出来承担的。对此,国务院《预算法实施条例》分别按照“中央预算支出”和“地方预算支出”的概念进行了具体规定,其中“中央预算支出”是指按照分税制财政管理体制,由中央财政承担并列入中央预算的支出,包括中央本级支出和中央返还或者补助地方的支出;“地方预算支出”是指按照分税制财政管理体制,由地方财政承担并列入地方预算的支出,包括地方本级支出和地方按照规定上缴中央的支出。实际操作中,大家对照着看工程项目的项目建议书、可研报告批复或者初设批复中关于项目资金来源的内容,就可以初步判断是不是政府投资项目了。其实这种方法不仅适用于判断铁路总公司独资项目、铁总和地方政府合资项目是否属于政府投资项目,对于判断其他类型的项目是否属于政府投资项目也同样是可行的。

《政府投资条例》中除了对国防科技工业领域政府投资的管理办法作了例外规定之外,并未明确国有资金是否会参照执行的问题,也未明确各部门、各地方可以参照本条例进行变通的规定,因此就目前来看,尚未发现国有资金会参照执行的趋势。

8. 朱老师，您好！我来自一家建设单位，《总承包管理办法》第3条【工程总承包的定义】规定："本办法所称工程总承包，是指承包单位按照与建设单位签订的合同，对工程设计、采购、施工或者设计、施工等阶段实行总承包，并对工程的质量、安全、工期和造价等全面负责的工程建设组织实施方式。"既然承包单位全面负责，是否意味着在质量、安全、工期、造价等方面，建设单位自己就不用承担责任了呢？

答：您的这个观点在建设单位的管理人员当中并不少见，在很多的工程总承包项目中，不少建设单位的管理人员都认为，既然采取了工程总承包模式，那就等于"一包了之"，所有的责任都是由总承包单位来承担，所有的问题都是由总承包单位来解决，质量、安全、工期、造价等方面当然也都包括在内，发包人只要坐等总承包单位"交钥匙"即可。其实，这种观点不仅是错误的，也是非常危险的。

江西丰城发电厂"11·24"冷却塔施工平台坍塌特别重大事故就是一个非常典型的例子。该项目的法定建设单位是江西赣能股份有限公司丰城三期发电厂，江西赣能股份有限公司是这家建设单位的母公司，江西省投资集团公司则是江西赣能股份有限公司的控股股东。事故发生后，建设单位的有关工作人员和建设单位的母公司及其控股股东的有关工作人员，根据违法违规情节的轻重，有的被给予党纪政纪处分、诫勉谈话、通报、批评教育，有的被移送司法机关追究刑事责任，教训不可谓不深刻。因此，对于在工程总承包项目中承、发包双方应当承担的责任，建设单位以及建设单位工作人员都应当有一个清晰的认识，主要包括：

第一，总承包单位全面负责并不是对工程项目的所有事项负全责，而是对其承揽的工作范围全面负责。

大家在日常工作中经常讲总承包单位负全责，但却往往忽略了这个负全责是有范围的全面负责。对此，刚才问问题的听众所提到的《总承包管理办法》第3条对工程总承包的定义其实已经作出了明确的规定："……对工程设计、采购、施工或者设计、施工等阶段实行总承包，并对工程的质量、安全、工期和造价等全面负责的工程建设组织实施方式。”也就是说,总承包单位是对所承揽的设计、采购、施工等阶段工作的质量、安全、工期和造价等对发包人全面负责,而对于不属于法定或者合同约定范围内的工作,如前期策划、勘察、运营维护等,就不需要负责,更不要说全面负责了。

第二,强调总承包单位全面负责的立法目的主要在于防止总承包单位和分包人之间可能出现的推诿扯皮,从而维护发包人和社会公众的利益。

现实当中,总承包单位和分包人因为工程质量、安全、工期和造价等问题互相推诿扯皮的情况时有发生,这当然会影响发包人和社会公众的利益。为了明确总承包单位和分包人对发包人的责任,《建筑法》第 29 条第 2 款即规定:“建筑工程总承包单位按照总承包合同的约定对建设单位负责;分包单位按照分包合同的约定对总承包单位负责。总承包单位和分包单位就分包工程对建设单位承担连带责任。”从这一条规定中我们可以看出,《总承包管理办法》强调总承包单位负全责并不是意味着建设单位就不用负责,而是总承包单位要对建设单位负责,不能因为有的工作分包出去了就推诿塞责。

第三,法律法规对于建设单位应当承担的质量、安全、工期和造价等责任有明确的规定。

对于建设单位所应当承担的责任,《建筑法》《安全生产法》《建设工程质量管理条例》《建设工程安全生产管理条例》《安全生产许可证条例》等法律和行政法规作出了明确的规定,不仅有应当做什么、不能做什么的条款,还有违反了之后怎样追究责任、进行什么处罚的条款。此外,各地方在国家法规的基础上,还制定了本地的规定。

第四,《总承包管理办法》也对建设单位需要承担的责任进行了规制,而且比法律和行政法规的相关条款更加详细。

《总承包管理办法》第 15 条明确规定:“建设单位和工程总承包单位应当加强风险管理,合理分担风险。建设单位承担的风险主要包括:(一)主要工程材料、设备、人工价格与招标时基期价相比,波动幅度超过合同约定幅度的部分;(二)因国家法律法规政策变化引起的合同价格的变化;(三)不可预见的地质条件造成的工程费用和工期的变化;(四)因建设单位原因产生的工程费用和工期的变化;(五)不可抗力造成的工程费用和工期的变化。具体风险分担内容由双方在合同中约定。鼓励建设单位和工程总承包单位运用保险手段增强防范风险能力。”《总承包管理办法》的相关条款除了强调工程总承包单位要对承揽的设计、施工等阶段工作的质量、安全、工期和造价等全面负责外，也对建设单位需要承担的责任进行了规制，主要包括：

(1)完成项目审批、核准或备案程序的责任(第7条【发包阶段和条件】)；

(2)项目发包的责任(第8条【发包方式】)；

(3)提供项目前期资料的责任(第9条【招标文件编制】)；

(4)分担风险的责任(第15条【发承包的风险分担】)；

(5)按时支付工程款的责任(第16条【合同价格形式】)；

(6)项目管理的责任(第17条【建设单位的项目管理】)；

(7)项目质量、安全和工期的责任(第22条【质量责任】、第23条【安全责任】、第24条【工期责任】)。

所以说，总承包单位全面负责是有相应范围的，总承包单位全面负责肯定不代表建设单位不用担责。建设单位和建设单位的工作人员，都要对在工程建设过程中所要承担的责任作全面、深入的了解，这也是风险防控工作的重要组成部分。

9.《总承包管理办法》第5条明确了发展改革部门的管理职责，具体包括“国务院发展改革部门依据固定资产投资建设管理的相关法律法规履行相应的管理职责”，以及“县级以上地方人民政府发展改革部门依据固定资产投资建设管理的相关法律法规在本行政区域内履行相应的管理职责”。我们工程总承包单位以往和住建部门打交道比较多，和发展改革部门打交道比较少，请问发展改革部门履行管理职责的依据包括哪些规定？

答：如果对涉及工程总承包的争议纠纷进行梳理，可以很明显地发现有关工程价款的争议纠纷占很大的比例，其中又有相当数量是突破合同总价的情况，这反映了对于工程总承包项目的投资控制尚需加强，特别是国有资金投资的工程总承包项目,政府投资主管部门有相应的严格规定。由于工程总承包项目中的国有资金投资项目占比较多且一般采用总价合同,因此有必要加强估算、概算等阶段的投资计算、审核及报批工作,政府投资主管部门对工程总承包活动投资事项进行监管也是大势所趋。因此,《总承包管理办法》第5条对此进行了明确规定。至于发展改革部门对工程总承包项目履行管理职责的相关依据,总包人可以从以下三点进行关注:

第一,发展改革部门对工程总承包项目进行管理的法律法规依据。

当前,国务院发展改革部门履行其相应监督管理职责主要表现为以审批、核准、备案等形式对工程总承包项目的立项和实施进行监督。根据《国务院关于投资体制改革的决定》《预算法》《政府投资条例》《中央预算内直接投资项目管理办法》《国家发展改革委关于印发审批地方政府投资项目有关规定(暂行)的通知》等规定,目前对于政府投资的工程总承包项目由各级发展改革部门实行审批制。根据《企业投资项目核准和备案管理条例》《企业投资项目核准和备案管理办法》等规定,对于企业不使用政府投资建设的工程总承包项目,区别不同情况由各级发展改革部门实行核准制和备案制,并根据《企业投资项目事中事后监管办法》进行事中事后监督管理。

第二,发展改革部门对工程总承包项目进行管理的相关行政审批事项。

根据《国家发展和改革委员会公布行政审批事项目录》,工程总承包项目中涉及的须经国家发展改革委审批的事项包括:中央投资项目招标代理机构资格认定;工程咨询单位资格认定;固定资产投资项目节能评估和审查;企业、事业单位、社会团体等投资建设的固定资产投资项目核准;政府出资的投资项目审批;重要行业、重要领域、重大项目、重点地区和基本建立现代企业制度特大型企业集团(不含外商投资企业)的发展建设规划、专项发展建设规划审批等。

第三,发展改革部门对工程总承包项目核准与备案的建设项目范围。

《政府核准的投资项目目录(2016年本)》规定了应由国家发展改革委核准与备案的建设项目范围。该目录第1条明确规定:"企业投资建设本目录内的固定资产投资项目,须按照规定报送有关项目核准机关核准。企业投资建设本目录外的项目,实行备案管理。事业单位、社会团体等投资建设的项目,按照本目录执行。"对于城建项目,该目录第9条规定:"城市快速轨道交通项目:由省级政府按照国家批准的相关规划核准。城市道路桥梁、隧道：跨10万吨级及以上航道海域、跨大江大河(现状或规划为一级及以上通航段)的项目由省级政府核准。其他城建项目：由地方政府自行确定实行核准或者备案。”对于其他类型的项目，也都有相应的规定。

如果工程总承包单位能够对我刚才所提到的三方面的规定都有所了解，那么对于在工程总承包项目管理中发展改革部门的职责就能有一个比较清晰的认识。

二、关于工程总承包项目的发包和承包

10. 在什么情况、什么前提下才可以发包工程总承包项目？

答：这个问题目前是法律法规没有明确规定的，需要从强制性规定和规范性规定两个层次分别讨论。就强制性规定层面而言，工程总承包模式的发包没有前提要求，发包人可以自主发包；就规范性规定层面而言，工程总承包应当在可行性研究、方案设计或者初步设计完成后才可发包。

民事法律的基本原则之一是“法无禁止均可为”，只要法律法规没有明文禁止的，均是“可以”的。最高人民法院《关于适用〈中华人民共和国合同法〉若干问题的解释(一)》第4条规定：“合同法实施以后，人民法院确认合同无效，应当以全国人大及其常委会制定的法律和国务院制定的行政法规为依据，不得以地方性法规、行政规章为依据。”国内目前已有的法律、行政法规中，并没有专门针对工程总承包项目的发包前提、发包阶段、发包范围作出强制性规定，因此从强制性规定的层面而言，原则上任何情况、任何前提下均可以发包工程总承包项目，合同也是合法有效的，应当依约履行。事实上，目前市场中的工程总承包模式的外延与边界正在逐步发展、逐步扩大。PPP + EPC(政府和社会资本合作 + 设计、采购、施工总承包)、EPC + O(设计、采购、施工 + 运营总承包)、EPC + F(设计、采购、施工 + 融资投资总承包)等范围更广、适用面更大的模式正不断出现、发展。这些模式在国家没有进一步强制性的法律、行政法规进行禁止前，也都是有效的。

目前工程总承包模式还属于新兴模式，各方面都还不够完善，需要进行一定

程度的引导，规范这一类模式的发展，平衡发承包人之间的风险承担，减少可能发生的争议。《工程总承包发展意见》第4条规定："建设单位可以根据项目特点，在可行性研究、方案设计或者初步设计完成后，按照确定的建设规模、建设标准、投资限额、工程质量和进度要求等进行工程总承包项目发包。"《总承包管理办法》第6条【工程总承包方式的适用项目】规定："建设单位应当根据项目情况和自身管理能力等，合理选择工程建设组织实施方式。建设内容明确、技术方案成熟的项目，适宜采用工程总承包方式。"第7条【发包阶段和条件】规定："建设单位应当在发包前完成项目审批、核准或者备案程序。采用工程总承包方式的企业投资项目，应当在核准或者备案后进行工程总承包项目发包。采用工程总承包方式的政府投资项目，原则上应当在初步设计审批完成后进行工程总承包项目发包；其中，按照国家有关规定简化报批文件和审批程序的政府投资项目，应当在完成相应的投资决策审批后进行工程总承包项目发包。"从上述条款可以明确工程总承包项目的发包应满足两个条件：(1)项目必须前期条件明确；(2)该项目至少应该完成可行性研究后才可进行工程总承包的发包工作，具体看项目本身的性质。

《工程总承包发展意见》和《总承包管理办法》是住建部正式发行的政策文件，尤其是《总承包管理办法》，我和我们建纬所在起草该文件草稿时已收集了较多全国各地的地方性规定作为参考，在各地规定的基础上取长补短，具有更高的效力、更优的科学性、更实际的可执行性。承包人在发包人未达到发包工程项目条件时，可以援引上述两份文件，与发包人进行合理协商，合理确定双方权利义务。

11.《总承包管理办法》第6条【工程总承包方式的适用项目】共有两款，第1款为"建设单位应当根据项目情况和自身管理能力等，合理选择工程建设组织实施方式"，第2款为"建设内容明确、技术方案成熟的项目，适宜采用工程总承包方式"。但这两款都没有提到工程总承包方式适用于哪一个具体类型的项目，请问您对此如何理解？

答：这个问题可以分成两个层次来回答，第一个层次是对《总承包管理办法》

第6条【工程总承包方式的适用项目】两款内容的理解：

《总承包管理办法》第6条第1款的制定目的在于，明确赋予了建设单位自主决定是否采用工程总承包模式的权利，并且给出了建设单位决定是否采用工程总承包模式的参考范围，即根据项目情况和建设单位自身的管理能力决定。本条未对特定类型项目强制性要求必须采用工程总承包的模式，将是否采用工程总承包模式交由建设单位决定，交由市场决定并提示建设单位结合项目情况和管理能力“合理”选择实施方式，避免不问项目情况、不结合实际盲目推进工程总承包模式。

《总承包管理办法》第6条第2款对于工程总承包的发包条件从建设内容、技术方案两个基本方面作出了规定。《总承包管理办法》所规范的工程总承包模式相对于传统的施工总承包模式，承包范围包含了设计阶段，承包范围向前延伸，而且参照国际惯例通常采取固定总价。因为发包阶段相对前延，发包时没有传统模式下的标准工程量清单，因此为了避免过程中因承包范围、计价及结算发生争议，本款要求发包人发包时应建设内容明确、技术方案成熟，这有助于双方风险管理，减少过程中产生变更及争议。

讲完对本条两个条款的理解，第二个层次才能谈到工程总承包方式适合哪种具体类型的项目。虽然《总承包管理办法》第6条并未建议特定类型项目原则上或者优先使用工程总承包模式，但是建设单位仍可以结合以下政策性文件，根据项目情况和自身管理能力等综合进行考虑是否采用工程总承包方式：

(1)国务院办公厅《关于促进建筑业持续健康发展的意见》(国办发〔2017〕19号)第3条第3项规定：“装配式建筑原则上应采用工程总承包模式。政府投资工程应完善建设管理模式，带头推行工程总承包……”第16条规定：“……加快推进建筑信息模型(BIM)技术在规划、勘察、设计、施工和运营维护全过程的集成应用，实现工程建设项目全生命周期数据共享和信息化管理，为项目方案优化和科学决策提供依据，促进建筑业提质增效。”

(2)国务院办公厅《关于大力发展装配式建筑的指导意见》(国办发〔2016〕71号)第10条规定：“装配式建筑原则上应采用工程总承包模式，可按照技术复杂类工程项目招投标……”

(3)《工程总承包发展意见》第1条第3款规定：“建设单位在选择建设项目组织实施方式时，应当本着质量可靠、效率优先的原则，优先采用工程总承包模式。政府投资项目和装配式建筑应当积极采用工程总承包模式。”

在此,我要强调的是,不管工程总承包发包处于何种阶段,也不管其后续采用哪种发包方式(直接发包或招标发包),建设工程的建设内容、技术方案等条件均对工程总承包合同中的主要条款有巨大影响,只有建设内容明确、技术方案成熟的项目,发承包双方才有可能对合同标的有较为客观的认识,发包人才可以根据项目的基本情况制作相应的发包文件或招标文件,承包人也可以经过充分踏勘现场,核对发包文件中的基础资料和相应数据、风险、自身成本等之后,进行充分报价。这样发包方可以获得有竞争力的价格,承包方也能在优化设计之后获得预期利润,使双方的权利义务更加明确,风险范围更加清晰,交易处于比较稳定的状态。若上述发包条件不具备,容易导致后期对图纸、投标报价、责任承担、价格调整等一系列履约问题产生争议。因此,发包方在实际操作过程中应当严格遵守本条对于发包条件的规定,以便减少双方后期争议,控制履约风险。

12.《总承包管理办法》第 8 条第 1 款规定:“建设单位依法采用招标或者直接发包等方式选择工程总承包单位。”请问哪些项目必须招标？哪些项目可以直接发包？

答:这个问题确实很重要。只有明确区分依法必须招标的范围,发包人才能正确采用发包方式,确保工程总承包发包行为的合法性。

《招标投标法》第 3 条规定:“在中华人民共和国境内进行下列工程建设项目包括项目的勘察、设计、施工、监理以及与工程建设有关的重要设备、材料等的采购,必须进行招标:(一)大型基础设施、公用事业等关系社会公共利益、公众安全的项目;(二)全部或者部分使用国有资金投资或者国家融资的项目;(三)使用国际组织或者外国政府贷款、援助资金的项目。前款所列项目的具体范围和规模标准,由国务院发展计划部门会同国务院有关部门制订,报国务院批准。法律或者国务院对必须进行招标的其他项目的范围有规定的,依照其规定。”

《必须招标的工程项目规定》(发改委〔2018〕16 号令)相比《工程建设项目招标范围和规模标准规定》(已失效)缩小了必须招标的范围,主要体现在:

首先，从资金使用性质上看，《必须招标的工程项目规定》将《招标投标法》第3条中规定的“全部或者部分使用国有资金或者国家融资的项目”，明确为使用预算资金200万元人民币以上，并且该资金占投资额10%以上的项目，以及使用国有企事业单位资金，并且该资金占控股或者主导地位的项目。

其次，从“关系社会公共利益、公众安全”的项目范围上来看，2018年6月6日发布并即日实施的《必须招标的基础设施和公用事业项目范围规定》第2条规定：“不属于《必须招标的工程项目规定》第二条、第三条规定情形的大型基础设施、公用事业等关系社会公共利益、公众安全的项目，必须招标的具体范围包括：（一）煤炭、石油、天然气、电力、新能源等能源基础设施项目；（二）铁路、公路、管道、水运，以及公共航空和A1级通用机场等交通运输基础设施项目；（三）电信枢纽、通信信息网络等通信基础设施项目；（四）防洪、灌溉、排涝、引（供）水等水利基础设施项目；（五）城市轨道交通等城建项目。”

上述规定删除了民间资本投资较多的商品住宅项目、科教文卫体和旅游项目、市政工程项目、生态环境保护项目，且删除了原国计委3号令《工程建设项目招标范围和规模标准规定》中“其他基础设施项目”和“其他公用事业项目”的兜底条款，避免这一范围在执行中被任意扩大。此外，针对水利和城建项目必须招标的范围也有所缩减。

最后，从必须招标项目的规模标准来看，《必须招标的工程项目规定》对依法必须招标项目的规模标准比原规定相比提高了一倍，《必须招标的工程项目规定》第5条规定：“本规定第二条至第四条规定范围内的项目，其勘察、设计、施工、监理以及与工程建设有关的重要设备、材料等的采购达到下列标准之一的，必须招标：（一）施工单项合同估算价在400万元人民币以上；（二）重要设备、材料等货物的采购，单项合同估算价在200万元人民币以上；（三）勘察、设计、监理等服务的采购，单项合同估算价在100万元人民币以上。同一项目中可以合并进行的勘察、设计、施工、监理以及与工程建设有关的重要设备、材料等的采购，合同估算价合计达到前款规定标准的，必须招标。”

结合前述规定，目前只有当工程总承包项目的类型属于《招标投标法》第3条并属于发改委16号令所规定的项目范围，且同时满足发改委16号令第5条所规定的规模标准的，才属于依法必须招标项目，除此之外的项目属于非依法必须招标项目，可由发包人按照《总承包管理办法》第8条第1款的规定直接发包。

此外，对于一些特殊的建设项目，招标投标法律法规也已明确将其排除在“必须招标的建设项目”范围之外。如《招标投标法》第66条规定，“涉及国家安全、国家秘密、抢险救灾或者属于利用扶贫资金实行以工代赈、需要使用农民工等特殊情况，不适宜进行招标的项目，按照国家有关规定可以不进行招标”。《招标投标法实施条例》第9条规定：“除招标投标法第六十六条规定的可以不进行招标的特殊情况外，有下列情形之一的，可以不进行招标：（一）需要采用不可替代的专利或者专有技术；（二）采购人依法能够自行建设、生产或者提供；（三）已通过招标方式选定的特许经营项目投资人依法能够自行建设、生产或者提供；（四）需要向原中标人采购工程、货物或者服务，否则将影响施工或者功能配套要求；（五）国家规定的其他特殊情形……”《勘察设计条例》第16条规定：“下列建设工程的勘察、设计，经有关主管部门批准，可以直接发包：（一）采用特定的专利或者专有技术的；（二）建筑艺术造型有特殊要求的；（三）国务院规定的其他建设工程的勘察、设计。”符合上述条件的工程总承包项目同样可以直接发包。

13.《总承包管理办法》中多次涉及“政府投资项目”“企业投资项目”，但是《总承包管理办法》并未对“政府投资项目”“企业投资项目”给出明确的定义，请问什么是“政府投资项目”？什么是“企业投资项目”？

答：《总承包管理办法》直接涉及企业投资项目的条文包括：第7条【发包阶段和条件】、第16条【合同价格形式】；直接涉及政府投资项目的条文包括第7条【发包阶段和条件】、第11条【工程总承包单位条件二】、第16条【合同价格形式】、第26条【按要求实施项目建设】。可以发现，相较于企业投资项目，《总承包管理办法》对政府投资项目的规制明显更多。但是对于这两种项目类型，《总承包管理办法》均未给出明确的定义。鉴于工程总承包项目的主要投资类型包括企业投资和政府投资，因此，总承包单位完全有必要了解企业投资项目和政府投资项目的定义。

对于企业投资项目,《企业投资项目核准和备案管理条例》第 2 条对其定义为“企业在中国境内投资建设的固定资产投资项目”。

对于政府投资项目,《政府投资条例》第 9 条对其定义为“政府采取直接投资方式、资本金注入方式投资的项目”。在此需要强调对于政府投资项目定义可能产生的误区。《政府投资条例》第 6 条第 1 款规定:“政府投资资金按项目安排,以直接投资方式为主;对确需支持的经营性项目,主要采取资本金注入方式,也可以适当采取投资补助、贷款贴息等方式。”这会产生一个误区:政府投资项目的资金来源既包括政府直接投资、资本金注入的方式,也包括投资补助、贷款贴息等方式。其实,按照《政府投资条例》第 9 条之规定,政府投资项目的资金来源仅包括政府直接投资和资本金注入,采用投资补助、贷款贴息方式的项目属于使用政府投资资金的项目,但不是政府投资项目,这是总承包单位需要注意厘清的。

14. 我们在项目实施过程中,有好多地方都要求勘探也包括在总承包范围内,甚至政府投资项目也如此要求。由于我们中标时地勘、物勘都情况不明,现在项目实施困难重重。工程总承包的范围可以包含勘探吗?

答:这个问题是上一个问题没有解决好的必然后果,可以预见这一类的矛盾和争议将有可能越来越多地暴露。工程总承包的发包范围当然是可以包含勘探的,但这并不意味着所有的勘探工作都由承包人来完成。发包人还是应当根据发包阶段提供必要的前期勘探资料,承包人也不能为了中标而不顾合同能否正常履行。

2019 年 7 月正式施行的国务院《政府投资条例》第 9 条规定:“政府采取直接投资方式、资本金注入方式投资的项目(以下统称政府投资项目),项目单位应当编制项目建议书、可行性研究报告、初步设计,按照政府投资管理权限和规定的程序,报投资主管部门或者其他有关部门审批。项目单位应当加强政府投资项目的前期工作,保证前期工作的深度达到规定的要求,并对项目建议书、可行性研究报告、初步设计以及依法应当附具的其他文件的真实性负责。”《建筑工程设计文件编制深度规定》(建质函〔2016〕247 号)第 1.0.4 款规定:“建筑工程一般应分为方案设计、初步设计和施工图设计三个阶段;对于技术要求相对简单的民用建筑工程,当有关主管部门在初步设计阶段没有审查要求,且合同中没有做初步设计的约定时,可在方案设计审批后直接进入施工图设计。”

《岩土工程勘察规范》(GB－5002－2001)第4.1.2款规定:“建筑物的岩土工程勘察宜分阶段进行,可行性研究勘察应符合选择场址方案的要求;初步勘察应符合初步设计的要求;详细勘察应符合施工图设计的要求;场地条件复杂或有特殊要求的工程,宜进行施工勘察。场地较小且无特殊要求的工程可合并勘察阶段。当建筑物平面布置已经确定,且场地或其附近已有岩土工程资料时,可根据实际情况,直接进行详细勘察。”

根据这些规定,工程项目的前期程序包括项目建议书、工程可行性研究、方案设计、初步设计、施工图设计,其中方案设计和初步设计视工程需求可以合并。场址方案的选择需要在可行性研究阶段明确,因此可行性研究阶段应当进行可行性研究勘察;初步设计阶段应当完成初步勘察;施工图设计阶段应当完成详细勘察;方案设计目前没有明确应当进行的勘察阶段,但方案设计阶段应当明确各主要专业工程主要的工艺类型、建筑结构、设备选型等内容,参考《岩土工程勘察规范》第4.1.4.7目的规定:“高层建筑初步勘察时,应对可能采取的地基基础类型、基坑开挖与支护、工程降水方案进行初步分析评价。”可以推知,方案设计也应当在初步勘察完成的基础上才可进行,否则地基基础类型、基坑开挖与支护、工程降水方案等对工程造价有重要影响的工程方案均无法明确。

因此,从理论上说,工程总承包项目发包时,不应包含发包阶段及其前期应当完成的勘察,但可以包括该阶段之后的勘察。例如,工程总承包项目在可行性研究阶段完成后发包的,工程总承包的范围中不应当包含可行性研究勘察,但可以包括初步勘察、详细勘察、施工勘察、补充勘察等后期勘察的内容。关键是承包人具有完成这些勘察工作的实际能力,承包人千万不能在自身并无相应能力的情况下就盲目把这些勘察业务包含在合同的工程范围中。

刚才这个问题中还着重提到了政府项目。对于政府投资项目,大家还要特别注意我刚才提到过的《政府投资条例》第9条以及第11条。第11条规定:“投资主管部门或者其他有关部门应当根据国民经济和社会发展规划、相关领域专项规划、产业政策等,从下列方面对政府投资项目进行审查,作出是否批准的决定:

(一)项目建议书提出的项目建设的必要性;(二)可行性研究报告分析的项目的技术经济可行性、社会效益以及项目资金等主要建设条件的落实情况;(三)初步设计及其提出的投资概算是否符合可行性研究报告批复以及国家有关标准和规范的要求;(四)依照法律、行政法规和国家有关规定应当审查的其他事项。投资主管部门或者其他有关部门对政府投资项目不予批准的,应当书面通知项目单位并说明理由。对经济社会发展、社会公众利益有重大影响或者投资规模较大的政府投资项目,投资主管部门或者其他有关部门应当在中介服务机构评估、公众参与、专家评议、风险评估的基础上作出是否批准的决定。"从上述条文可以看出,政府投资项目原则上均要进行项目立项、可行性研究报告、初步设计三次审查,取得初步设计批复后,政府才可以对该项目进行投资。那么,政府投资的工程总承包项目是否需要作出进一步的限制,要求必须完成初步设计之后才可以发包,值得进一步研究和探讨。如果政府投资的工程总承包限制为必须完成初步设计才可发包,那么工程总承包范围中就不该包含可行性研究勘察和初步勘察。

15. 我顺着刚才那位听众的提问还有问题。我们在山东有个项目情况也是这样,当初总承包范围包括勘探,而且合同总价包死,现在工程实施了不到一半,由于地下基础工程大大超过我们自己的预算,按总价款眼看无法完成工程。我们应该如何应对?

答:对这个问题首先要明确基础工程超出预算的原因。基础工程的造价与工程地质情况直接相关,基础工程超出预计的主要原因一般有两类:(1)发包人提供的前期工程地质资料有误;(2)出现不可预见的工程地质情况。如果是前期地质资料有误,贵司可以向发包人主张由其承担相应的费用;如果是不可预见的工程地质变化属于不可抗力,应当由发包人承担由此引发的费用增加。

如果基础工程超过预算的原因是发包人提供的地质资料有误,这种情况下属于发包人过错,应当承担相应的民事责任。参考 2017 版银皮书第 5.1 款【设计义务的一般要求】:"雇主应对雇主要求中的下列部分,以及由(或代表)雇主提供的下列数据和资料的正确性负责:(a)在合同中规定的由雇主负责的、或不可变的部分、数据和资料;(b)对工程或其任何部分的预期目的的说明;(c)竣工工程的试验和性能的标准;(d)除合同另有说明外,承包商不能核实的部分、数据和资料。”虽然在工程总承包模式下,发包人可以在可行性研究、方案设计或者初步设计等前期阶段发包工程,但这些前期阶段中也包含相应的勘察义务。提供完整、准确的前期勘察资料是发包人的必要义务,如果该资料有误,则属于发包人违约,应当承担相应的违约责任。还有一种情况是发包人明知地勘有误或不真实而恶意提供,这种情况就属于根本性违约,也具有欺诈之嫌。依据《合同法》第 54 条“一方以欺诈、胁迫的手段或者乘人之危,使对方在违背真实意思的情况下订立的合同,受损害方有权请求人民法院或者仲裁机构变更或者撤销”的规定,承包人可以主张发包人欺诈而主张撤销合同,并要求发包人赔偿损失。

如果基础工程超过预算的原因是出现了不可预见的工程地质情况。那么这属于不可抗力,应当根据合同约定的不可抗力条款进行处理。如果合同没有约定,则可以参考《总承包管理办法》第 15 条的规定:“建设单位和工程总承包单位应当加强风险管理,合理分担风险。建设单位承担的风险主要包括……(三)不可预见的地质条件造成的工程费用和工期的变化……具体风险分担内容由双方在合同中约定。鼓励建设单位和工程总承包单位运用保险手段增强防范风险能力。”此类型的风险导致的工程费用增加的工期变化原则上由发包人承担,承包人应尽早主张权利,进行索赔。

16. 请问老师:我们承担的一个工程总承包项目,承包范围虽然不包括勘探,业主也提供了勘探成果,但合同约定由总承包方负责勘探不到位或探点不够时的补勘。请问什么是补勘?补勘的费用应该由哪一方来承担?

答:我先来谈一下补充勘察的概念。《岩土工程勘察规范》(GB 50021-2001)(2009 年局部修订版)中虽然并没有明确规定补充勘察的定义,但是仍然有涉及的条款,包括规范正文第 5.1.2.4 目:“施工勘察应针对某一地段或尚待查明的专门问题进行补充勘察。当采用大直径嵌岩桩时,尚应进行专门的桩基勘察。”

也包括条文说明第4.10.1项:“进行地基补充处理时应有足够的地质资料,当资料不全时,应进行必要的补充勘察。”以及第5.1.2.2目:“强调施工阶段补充勘察的必要性;岩溶土洞是一种形态奇特、分布复杂的自然现象,宏观上虽有发育规律,但在具体场地上,其分布和形态则是无常的;因此,进行施工勘察非常必要。”由此,我们可以归纳出来,补充勘察是针对建设工程项目的某些地段、某个专门问题或者某种特殊情况等所做的专门的勘察工作。

再结合你所提问题中的具体情况,发包人已经提供了勘察成果,《总承包管理办法》第9条规定:“建设单位应当根据招标项目的特点和需要编制工程总承包项目招标文件,主要包括以下内容……(五)建设单位提供的资料和条件,包括发包前完成的水文地质、工程地质、地形等勘察资料,以及可行性研究报告、方案设计文件或者初步设计文件……”这个勘察资料可能是指可行性研究勘察成果,也有可能是初步勘察成果,但是对于承包人来说,要进行后续的施工图设计以及施工工作,不论是详细勘察,还是专门针对某些地段、某个专门问题、某种特殊情况进行的补充勘察,都是相应工作的前置条件。因此,发包人在合同中约定由总承包方负责勘探不到位或探点不够时的补勘,是合法的也是合理的。

同时,如果发承包双方约定了由总包人承担项目的补充勘察等工作,根据合同的等价有偿原则,相关的费用自然是应当由发包人来承担。如果补充勘察工作并不包含在总包合同所约定的工作内容当中,总包人应当向发包人要求就此达成相应的补充协议;如果补充勘察工作包含在总包合同中,却没有对应的价款,总包人应当及时要求发包人对此进行澄清,也有权要求发包人承担相应的费用。

对这个问题,还有涉及招投标的一个问题我也需要特别强调。《总承包管理办法》第10条第1款规定:“工程总承包单位应当同时具有与工程规模相适应的工程设计资质和施工资质,或者由具有相应资质的设计单位和施工单位组成联合体。工程总承包单位应当具有相应的项目管理体系和项目管理能力、财务和风险承担能力,以及与发包工程相类似的设计、施工或者工程总承包业绩。”由此,目前的工程总承包单位主要还是设计单位和施工单位,很多并没有勘察资质,如果要进行项目的补充勘察等工作,肯定要把这部分给分包出去,分包的工作要符合《招标投标法》等招投标法律法规的要求,不能想当然地直接分包,进而违反相关的规定。特别是近期,又有了新法规的出台:2018年3月27日,国家发改委公布了《必须招标的工程项目规定》,自 2018 年 6 月 1 日起施行;2018 年 6 月 6 日,国家发改委印发了《必须招标的基础设施和公用事业项目范围规定》,印发当日即施行。特别是《必须招标的工程项目规定》第 5 条规定:“本规定第二条至第四条规定范围内的项目,其勘察、设计、施工、监理以及与工程建设有关的重要设备、材料等的采购达到下列标准之一的,必须招标……(三)勘察、设计、监理等服务的采购,单项合同估算价在 100 万元人民币以上。同一项目中可以合并进行的勘察、设计、施工、监理以及与工程建设有关的重要设备、材料等的采购,合同估算价合计达到前款规定标准的,必须招标。”对此,我们的工程总承包企业应予以高度关注。

17. 接着刚才的问题,我还想再提一个有关的问题,现在这个项目因为补勘发现地下有暗河需要处理,整个项目增加的费用预计高达 7000 多万元。这可以要求业主承担吗?

答:如果发现了发包人提供的勘察成果中未包含的特殊地质、水文情况,相关的处理费用,可以要求由发包人承担。

住建部发布的《建设项目工程总承包合同示范文本(试行)》(GF - 2011 - 0216)通用条款第 5.2.1 款【发包人的义务】约定:“发包人未能按约定时间提供项目基础资料及其补充资料或提供的资料不真实、不准确、不齐全或发包人计划变更,造成承包人设计停工、返工或修改的,发包人应按承包人额外增加的设计工作量赔偿其损失。造成工程关键路径延误的,竣工日期相应顺延。”

《总承包管理办法》第 15 条第 2 款也规定:“建设单位承担的风险主要包括……(三)不可预见的地质条件造成的工程费用和工期的变化……”

由此,如果工程总承包单位在详细勘察或补充勘察等工作中发现了发包人提供的勘察成果中未包含的特殊地质、水文情况,所造成的影响属于不可预见的地质条件造成的工程费用和工期的变化,相关的风险和处理费用应由发包人承担。

在现实操作中,如果由于补勘发现的新情况需要增加费用或者延长工期,我们一般都需要按照合同履行相应的变更签证手续。对此,《建设项目工程总承包合同示范文本(试行)》(GF - 2011 - 0216)采用了“向发包人提交书面建议报告”

的途径,其通用条款第 13.3 款【变更程序】约定:"如承包人接受发包人变更通知中的变更时,建议报告中应包括:支持此项变更的理由、实施此项变更的工作内容、设备、材料、人力、机具、周转材料、消耗材料等资源消耗,以及相关管理费用和合理利润的估算。相关管理费用和合理利润的百分比,应在专用条款约定。此项变更引起竣工日期延长时,应在报告中说明理由,并提交与此项变更有关的进度计划。"国家发改委等九部委发布的《标准设计施工总承包招标文件》则将这样的变更情况纳入"承包人的合理化建议",该文件第 15.2.1 项规定:"在履行合同过程中,承包人对发包人要求的合理化建议,均应以书面形式提交监理人。合理化建议书的内容应包括建议工作的详细说明、进度计划和效益以及与其他工作的协调等,并附必要的设计文件。监理人应与发包人协商是否采纳建议。建议被采纳并构成变更的,应按第15.3款约定向承包人发出变更指示。"如果发包人对总包人提出的关于补勘发现意外情况的合理化建议不予采纳,我们就要及时提出索赔。《标准设计施工总承包招标文件》第 23.1 款规定:"承包人应在知道或应当知道索赔事件发生后 28 天内,向监理人递交索赔意向通知书,并说明发生索赔事件的事由。承包人未在前述 28 天内发出索赔意向通知书的,工期不予顺延,且承包人无权获得追加付款。"由此可以看出,在补勘发现意外情况后,我们作为总包人,应当尽快依法依约及时进行变更签证或者索赔的手续。

18. 现在有好多地方的文件规定工程总承包的发包范围可以包含勘探的工作内容,这些地方规定符合国家规定吗?如果不符合,我们已经签订的这样的合同怎么处理?

答:我先明确地说一下这个问题的答案,地方的文件规定工程总承包的发包范围可以包含勘察阶段的工作内容,这是符合国家规定的。有关这个问题的相关法律依据有:

早在 1984 年,国务院就在《关于改革建筑业和基本建设管理体制若干问题的暂行规定》(国发〔1984〕123 号)中指出,要建立这样的一种工程承包公司:"接受建设项目主管部门(或建设单位)的委托,或投标中标,对项目建设的可行性研究、勘察设计、设备选购、材料订货、工程施工、生产准备直到竣工投产实行全过程的总承包，或部分承包。”从当时的规定中可以清晰地发现，对于工程总承包模式的认识是可以包括勘察阶段的。

《建筑法》第 24 条第 2 款也规定：“建筑工程的发包单位可以将建筑工程的勘察、设计、施工、设备采购一并发包给一个工程总承包单位，也可以将建筑工程勘察、设计、施工、设备采购的一项或者多项发包给一个工程总承包单位……”可见，《建筑法》同样认可工程总承包的发包可以包含勘察阶段。

住房和城乡建设部《工程总承包发展意见》第 1 条第 2 款规定：“工程总承包的主要模式。工程总承包是指从事工程总承包的企业按照与建设单位签订的合同，对工程项目的设计、采购、施工等实行全过程的承包，并对工程的质量、安全、工期和造价等全面负责的承包方式。工程总承包一般采用设计—采购—施工总承包或者设计—施工总承包模式。建设单位也可以根据项目特点和实际需要，按照风险合理分担原则和承包工作内容采用其他工程总承包模式。”虽然该条款并没有明确地将勘察阶段纳入一般采用的设计—采购—施工总承包或者设计—施工总承包模式中，但是我们可以发现，该条款也强调了发包人可以“按照风险合理分担原则和承包工作内容采用其他工程总承包模式”，实际上与《建筑法》第 24 条第 2 款的规定是相符的，可以选择将勘察阶段纳入工程总承包的发包范围。

所以，地方文件规定工程总承包发包范围可以包含勘察阶段的工作内容，这是符合国家规定的。如果已经签订了这样的合同，相关费用已包括在合同价款内，应由总承包人自行承担；如果相关费用未包括在合同价款内，则可以按前一个问题的答案处理。当然，总承包人在投标时要慎重对待，不可大包大揽。

19. 作为工程总承包的投标人，因勘探问题的约定不明确，中标时往往已经吃了“药”，即便经办人已经看到里面有“药”去问领导，领导一般都会说先投了再说。请问，如果中标了，作为项目实施负责人，我该怎么说？说什么？

答：你这个问题确实是反映出了当前建筑市场“僧多粥少”、竞争激烈的现实情况。作为项目实施的负责人,我认为你完全有必要聘一个专业的项目律师,针对类似的问题可以由律师出面说。说什么?怎样说?都听律师的,并且让律师留下证据。在说什么、怎样说的问题上可以从以下三个方面来落实领导的要求:

第一,勘察问题的约定不明确,会产生项目本身到底可不可行的问题。

根据《勘察设计条例》第2条的规定,勘察是指"根据建设工程的要求,查明、分析、评价建设场地的地质地理环境特征和岩土工程条件,编制建设工程勘察文件的活动"。可以理解为,勘察阶段有一项很重要的工作就是通过查明、分析、评价地质地理环境特征和岩土工程条件,来判断建设场地是否满足工程项目的要求,也就是解决项目场地实际可不可行的问题。这项工作一般都是在可行性研究勘察阶段完成,属于整个项目的可行性研究工作的一部分。

如果发包人对于勘察问题的约定不明确,很多情况都是连最开始的可行性研究勘察都没有进行过,对于地底下到底有什么可以说是"两眼一抹黑"。我们可能会遇到经过勘察后,发现发包人所确定的建设场地并不符合工程要求的情况,最终项目还没有正式进入设计阶段就无法按正常的节奏进行下去,发承包双方陷入纠纷争议。

第二,勘察问题的约定不明确,会造成勘察阶段的费用到底由哪一方来承担的问题。

在具体谈第二个方面前,我先念两组数据。根据住建部官方网站的《2017年全国工程勘察设计统计公报》,2017年工程勘察新签合同额合计1150.7亿元,工程设计新签合同额合计5512.6亿元,工程总承包新签合同额合计34,258.3亿元,勘察、设计、工程总承包合同额之比为1:4.8:29.8;2017年全国工程勘察设计企业工程勘察收入837.3亿元,工程设计收入4013亿元,工程总承包收入20807亿元,勘察、设计、工程总承包收入之比为1:4.8:24.9。可以发现,相较于设计和工程总承包,勘察阶段的合同额及收入都是明显较少的,但是,勘察阶段的费用影响却是非常大的。我们都知道,目前做工程利润都是非常薄的,如果发包人把设计、施工等阶段都发包给了总包人,却没有提供勘察成果,也就是要总包人先进行勘查工作,这时候,相关的费用很容易带来风险,引起争议纠纷。勘察阶段的费用如果实际上由总包人来承担,原来略有盈利的项目可能最后就是保本,原来保本的项目最后就是亏损,这还是没有考虑其他风险的情况。所以说,勘察约定的不明确,意味着项目从开始进行时就有了很大的不确定因素。

第三，勘察问题的约定不明确，会产生项目的地质、水文等未知因素所造成的费用、工期等风险由哪一方承担的问题。

我们做项目时经常担心的一件事就是未知的风险，其中很重要的一项就是地质、水文等情况。有时候，即便已经进行了详细勘察，在施工过程中还是会遇到勘察报告当中没有发现的情况，如暗河、软弱土层等需要进行处理的情况，如文物、化石等需要进行挖掘保护后才能继续施工的情况，这就会使得费用增加、工期延长。工程总承包模式得到发包人青睐的一大优势在于其费用和工期的相对稳定，而勘察问题，特别是勘察风险承担的事项一旦不明，费用和工期很可能会突破，这时候发承包双方几乎肯定会因为多出的处理费用、延长的工期以及违约金发生争执，发包人当然会要求按照原来的固定总价和工期来主张权益，即使按照相关规定承包人最终避免了承担主要责任，也要付出很多的经济资源和时间成本，可以说是得不偿失。

我相信，只要把这三方面说清楚了，你的领导如果日后面对发包人勘察条件约定不明确所造成的损失，就不能再要求项目负责人承担责任了。

20. 朱老师，您好！我是青岛建工集团的。咨询一个问题，关于业主EPC工程招标，在设置同类工程业绩时对设计的同类工程业绩和施工的同类工程业绩能否同时要求具备？如果可以，我们投标人应如何应对？

答：我理解你想问的是，招标人在进行工程总承包招标时是否可以要求投标人同时提供设计和施工的同类工程业绩？答案是可以的。

因为《招标投标法》第18条第1款规定："招标人可以根据招标项目本身的要求，在招标公告或者投标邀请书中，要求潜在投标人提供有关资质证明文件和业绩情况，并对潜在投标人进行资格审查；国家对投标人的资格条件有规定的，依照其规定。"这是招标人对投标人提出业绩要求的法律基础。具体到工程总承包项目的招投标而言，《总承包管理办法》第10条第1款规定："工程总承包单位应当同时具有与工程规模相适应的工程设计资质和施工资质，或者由具有相应资质的设计单位和施工单位组成联合体。工程总承包单位应当具有相应的项目管理体系和项目管理能力、财务和风险承担能力,以及与发包工程相类似的设计、施工或者工程总承包业绩。”这条规定已经很明确了。

招标人设置这样的投标要求也不构成以不合理的条件限制或者排斥潜在投标人。《招标投标法实施条例》第 32 条规定:“招标人不得以不合理的条件限制、排斥潜在投标人或者投标人。招标人有下列行为之一的,属于以不合理条件限制、排斥潜在投标人或者投标人:(一)就同一招标项目向潜在投标人或者投标人提供有差别的项目信息;(二)设定的资格、技术、商务条件与招标项目的具体特点和实际需要不相适应或者与合同履行无关;(三)依法必须进行招标的项目以特定行政区域或者特定行业的业绩、奖项作为加分条件或者中标条件;(四)对潜在投标人或者投标人采取不同的资格审查或者评标标准;(五)限定或者指定特定的专利、商标、品牌、原产地或者供应商;(六)依法必须进行招标的项目非法限定潜在投标人或者投标人的所有制形式或者组织形式;(七)以其他不合理条件限制、排斥潜在投标人或者投标人。”根据这个规定,招标人要求投标人同时具备设计和施工同类工程业绩与法不悖。因此,招标人要求投标人同时具备设计和施工同类工程的业绩是可以的,这其实是招标人一种在法律法规允许范围内确定合适工程总承包单位的方法。

对市场出现的新要求,工程总承包企业应引起高度重视,尽快实现设计能力和业绩及施工能力与业绩的及时整合和高度融合。面对上述情形,投标人的应对策略有:第一,如果投标人本身具有双重资质和业绩,就一家企业投标;第二,如果投标人不同时具备双重资质和业绩,可以组成联合体投标。根据现行法律法规,由分别具有相应设计资质和业绩的一方与现有相应施工资质和业绩的另一方组成联合体,这也是投标人在法律法规允许范围内的一种投标方法或策略,其不违法也并无不当。

21. 您讲课介绍的内蒙古某热电厂工程总承包纠纷,是由于设备供应商牵头工程总承包,因不能确保工程设计标准和质量而引起质量纠纷。请问设备供应商可以牵头实施工程总承包吗?

答:牵头工程总承包的单位需要有相应的设计资质或者施工资质,如果设备供应商本身具有相应资质当然可以,如果供应商本身不具有与工程项目规模相适应的设计、施工资质，则不能牵头实施工程总承包。这也是这个案件的教训。

我国建筑市场实现的是资质准入制度。《建筑法》第13条规定：“从事建筑活动的建筑施工企业、勘察单位、设计单位和工程监理单位，按照其拥有的注册资本、专业技术人员、技术装备和已完成的建筑工程业绩等资质条件，划分为不同的资质等级，经资质审查合格，取得相应等级的资质证书后，方可在其资质等级许可的范围内从事建筑活动。”《建设工程质量管理条例》《建设工程司法解释（二）》等法律法规部门规定也均明确规定没有相应资质从事工程承包工作是被禁止的，也是无效的。

我国建筑企业资质按照《建筑法》第13条的规定，主要包括施工资质、勘察资质、设计资质和监理资质，并没有设备资质。之前我解析《总承包管理办法》时也明确，目前工程总承包的承包资质要求是“具有与工程规模相适应的工程设计资质和施工资质。”如果设备供应商没有与工程规模相适应的工程设计资质和施工资质，当然不得从事工程总承包业务。

反之，具有与工程项目规模相适应的设计、施工资质的设备供应商可以牵头实施工程总承包。

刚才我也解析过，在市政基础设施领域有很多工程是以设备作为工程主体的，而且我们跳出《总承包管理办法》所规定的“房屋建筑”和“市政基础设施项目”两大领域来看，在建筑业的其他领域，如机电、石化、核电、冶金、矿山等，设备作为主体的工程项目十分常见。这种类型的项目，如果设备供应商本身具有相应的设计和施工资质，当然更有利于推进全过程、全产业链的深度融合，可以依据设备性能需求制定更合理的土建设计、施工方案，有利于提升工程质量。事实上，在国际工程中，这样的设备供应商并不鲜见，如松下、日立、西门子等国际知名企业本身就具有完整的设计、施工、设备供应等完整的产业链条，值得国内设备供应商学习和推广。

22. 接着上一个问题，我还想问：如果确实是因为建设单位对设备供应有特殊的要求，最终确定由设备供应商牵头工程总承包，设备供应商作为总包人应当如何确保工程设计和施工的质量和进度？

答：在上一个问题中，我已经很明确地讲了我国建筑工程市场实行的是资质准入制度。《建筑法》《建设工程质量管理条例》《建设工程司法解释(一)》等法律、法规和司法解释也都明确规定了没有工程资质从事工程承包工作是被禁止的,相应的合同也是无效的。因此,在工程总承包项目实施过程中,即使建设单位对设备供应有特殊的要求,按照上述法律、法规的规定,也不能由不具备设计和施工资质的设备供应商担任工程总承包人。

为了让在座的各位加深对这个问题的理解,我们再来看看《总承包管理办法》第10条第1款的规定:“工程总承包单位应当同时具有与工程规模相适应的工程设计资质和施工资质,或者由具有相应资质的设计单位和施工单位组成联合体。工程总承包单位应当具有相应的项目管理体系和项目管理能力、财务和风险承担能力,以及与发包工程相类似的设计、施工或者工程总承包业绩。”从该条款的规定可以明显地看出,不具备设计和施工资质的设备供应商是不能作为总包人牵头工程总承包项目的。

我之前在青岛建工被提问时已回答过,如果设备供应商要成为工程总承包项目的总包人,同样只有两种主要途径:

第一种,设备供应商牵头总承包人本身具备建设工程的设计和施工资质。这种情况下设备供应商作为总包人,不仅要承担设备供应的工作,也要同时进行设计、施工的主要工作,具有这样资质的单位进行工程总承包的管理难度不大,因为工程总承包涵盖的三个主要阶段是设计、采购和施工,自己能对三个阶段的主要工作亲力亲为,其他需要管理、协调的工作应该也并不陌生。

第二种,本身不具备设计和施工资质,就需要和具有设计、施工相应资质的单位组成联合体进行投标。联合体作为总包人,联合体项下的每一个单位都要对工程项目的造价、工期、质量和安全负全责,也就是承担连带责任。由于设备供应商本身不具备设计、施工资质,工程管理的技术力量和经验积累都相对薄弱,在组成联合体的前提下,除了通过合规方式明确联合体内部的权利、义务和责任关系,我在这里向有志于工程总承包项目的设备承包商推荐一个全新的可选思路:在充分考虑项目特点和自身情况的前提下,聘请有实力的项目管理单位协助管理。《总承包管理办法》第17条规定:“建设单位根据自身资源和能力,可以自行对工程总承包项目进行管理,也可以委托勘察设计单位、代建单位等项目管理单位,赋予相应权利,依照合同对工程总承包项目进行管理。”为什么要规定建设单位可以委托项目管理单位？这当然是因为建设单位自身能力存在不足，也因为项目管理单位更专业，那么，既然建设单位能委托项目管理单位，设备供应商为什么就不能委托呢？我看是完全可行的。这个思路也可以供想参与工程总承包项目、想牵头做总包人的其他类型单位参考。

23. 现在有的施工企业为拓展工程总承包业务，往往采取收购设计单位的方法，请问施工企业收购设计单位要注意什么问题？

答：这也是一个非常现实同时非常重要的问题。目前施工企业收购设计单位，主要有两种可采用的方式：第一种是企业的吸收合并。具体讲就是一个企业吸收另一个企业，被吸收企业要办理工商注销登记并提出资质证书注销的申请，吸收的企业将申请被吸收企业的相应资质；第二种是企业的合并新设。具体讲就是有资质的几家企业，合并重组为一个新企业，原有企业要办理工商注销登记并提出资质证书注销的申请，新企业申请承继原有企业资质的情况。这两种形式都是现实中具有实际可操作性的，从我接触到的案例来看，施工企业更加倾向于第一种，就是以吸收合并的形式来收购设计单位。为什么呢？就在于有志于工程总承包项目的施工企业一般都具有比较深厚的行业积淀和比较强的专业技术力量，企业本身的口碑和品牌已经得到了社会和甲方的认可，如果是以企业新设合并的形式获取设计资质，原来已经积累的口碑和品牌优势很可能就会流失。因此施工企业为了获得设计资质，一般都会采用企业吸收合并的形式，这也和大家的思维习惯中对施工企业收购设计单位的认知相符合。

施工企业收购设计单位既有与其他类型企业之间收购的相同点，也有自身以获取资质为主要目的所表现出来的特点。我们讲施工企业收购设计单位应当要注意什么问题时，可以从相同点和特点出发进行梳理。具体而言，主要是抓住以下四点：

第一，施工企业对拟收购设计单位要切实开展尽职调查。

可以委托专业律师进行专题的尽职调查，主要是要核查拟收购的设计单位是否存在未清偿债务，是否有正在进行的诉讼或者仲裁案件，是否存在股权争议等。

因为收购意味着整体转让,这之后所有的原企业债务和纠纷都要一起转过来。如果在收购的时候没有调查清楚,收购过来很可能就是一个包袱和一堆麻烦事。我想没有哪个施工企业愿意做这样的“接盘侠”。因此在收购之前一定要对拟收购企业的债务、涉诉等情况调查清楚。

第二,施工企业对拟收购设计单位的资质情况要进行全面调查和考量。

除了对企业的债务、涉诉情况要调查清楚,对资质的情况也要进行详细的了解。这是相较其他类型的企业收购,收购设计单位要特别关注的重点。主要是核查各类注册人员,聘用有效期多久,是否存在通过“挂靠”方式获取资质的情况。现在住建部门在严查各类注册人员的“挂靠”现象,如果拟收购的设计单位相关资质是建立在“挂靠”的基础上,要不要收购就要慎重考虑,因为这违反国家的强制性法律规定,企业会存在重大的风险。同时,要对资质有效期进行调查,资质有效期自然是越长越好;如果时限较短,不久之后收购的施工企业就要面临资质延期,这会产生时间和费用的成本。

第三,施工企业在收购设计单位后要抓紧办理注销登记手续。

目前,我国对于工程行业资质的管理属于强监管的范畴,行政审批较为严格。具体到收购企业后获取资质的情况,住建部《关于建设工程企业发生重组、合并、分立等情况资质核定有关问题的通知》第 1 条中规定:“企业合并(吸收合并及新设合并),被吸收企业或原企业短期内无法办理工商注销登记的,在提出资质注销申请后,合并后企业可取得有效期 1 年的资质证书。有效期内完成工商注销登记的,可按规定换发有效期 5 年的资质证书;逾期未提出申请的,其资质证书作废,企业相关资质按有关规定重新核定……”根据这个规定,施工企业在收购设计单位后,如果短期内无法办理注销登记手续,可以取得有效期 1 年的资质证书,如果在这 1 年有效期内无法完成注销登记手续,资质证书作废,还要重新申请进行核定。因此,施工企业在收购设计单位前,一定要对影响企业注销的情况进行调查并制定对应的处理办法,如果预判不能在 1 年的时间内完成注销,应当考虑不进行收购;在收购设计单位后,则要抓紧时间办理企业注销登记手续。

第四,施工企业对于跨省收购设计单位的费用和时间成本一定要进行充分考虑。

对于跨省收购设计单位后资质的办理,住建部《关于建设工程企业发生重组、合并、分立等情况资质核定有关问题的通知》第1条中规定："企业跨省变更，即企业申请办理工商注册地跨省变更的，可简化审批手续，发放有效期1年的证书。企业应在有效期内将有关人员变更到位，并按规定申请重新核定。在重组、合并、分立等过程中，所涉企业如果注册在两个或以上省（自治区、直辖市）的，经资质转出企业所在省级住房城乡建设行政主管部门同意后，由资质转入企业所在省级住房城乡建设行政主管部门负责初审。"可以发现，即使是采用简化审批手续，跨省收购设计单位后，施工企业在办理资质手续时仍然要付出更加多的费用和时间成本，包括将有关人员跨省变更到位、申请重新核定、取得两省主管部门同意等具体环节。因此，除非本省缺乏可以收购的设计单位或者需要的资质确实较为特殊，我建议施工企业应当尽量考虑收购本省的设计单位。

以上就是施工企业收购设计单位应当重点关注的问题。对于涉及资质审批的具体细节，各位可以通过住建部《关于建设工程企业发生重组、合并、分立等情况资质核定有关问题的通知》以及原建设部《关于建设部批准的建设工程企业办理资质证书变更和增补有关事项的通知》来进行更加深入的了解。

24. 老师好，我想咨询有关工程总承包的招投标问题。某地出台了关于建筑业改革发展的政策，其中有一项内容是"国有企业投资的建设工程项目，其控股或被控股的企业依法能够提供设计、施工、材料设备和咨询服务的，可以将项目设计、施工、材料设备和咨询服务直接发包给控股企业或被控股的企业"。请问：这是否和现行的招投标法律法规相违背？

答：国有企业违反必须招标的工程项目规定直接发包，属于违法发包。因此这个地方文件的内容违背了现行的招投标法律法规。

对于全部或者部分使用国有资金投资或者国家融资的项目，国家发展和改革委员会《必须招标的工程项目规定》第5条规定："……其勘察、设计、施工、监理以及与工程建设有关的重要设备、材料等的采购达到下列标准之一的，必须招标：（一）施工单项合同估算价在400万元人民币以上；（二）重要设备、材料等货物的采购,单项合同估算价在200万元人民币以上;(三)勘察、设计、监理等服务的采购,单项合同估算价在100万元人民币以上。同一项目中可以合并进行的勘察、设计、施工、监理以及与工程建设有关的重要设备、材料等的采购,合同估算价合计达到前款规定标准的,必须招标。"

因此,该地方出台的政策当中"国有企业投资的建设工程项目可以直接发包"的内容显然违背了以上规定,如果国有企业按照这个地方政府文件,违反必须招标工程项目的规定直接发包,就属于违法发包。

25. 老师好,我也想问有关工程总承包招投标中的问题,但是问题可能比较具体。我发现很多工程总承包项目的招投标文件中会列明总承包服务费,费率标准一般是3%~5%,请问这个费率有没有法律或者规范的依据?

答:这个问题要分两点来回答,第一点是可不可以收总承包服务费;第二点是如果能收取,可以收多少总承包服务费。

第一个问题是可不可以收?答案是可以收。

住建部颁发的《建设工程工程量清单计价规范》(GB 50500-2013)第2.0.21项对总承包服务费进行了定义,总承包服务费即总承包人为配合协调发包人进行的专业工程发包,对发包人自行采购的材料、工程设备等进行保管以及施工现场管理、竣工资料汇总整理等服务所需的费用。在此定义中,并未区分工程总承包人(EPC总承包人)和施工总承包人,鉴于无论是工程总承包人抑或施工总承包人,均会在建设活动中进行总承包管理,所以我认为这个定义中的总承包人应当包括工程总承包人在内。

总承包服务费在《建设工程工程量清单计价规范》(GB 50500-2013)中,被列为"其他项目清单"中的第5项。根据《建设工程工程量清单计价规范》第4.4.5项、第5.2.5项、第11.2.4项的相关规定可知:

(1)在工程量清单中,总承包服务费应列出服务项目及其内容等;

(2)在招标控制价编制时,总承包服务费应根据招标工程量清单列出的内容和要求估算；

(3)在投标价编制时，总承包服务费应根据招标工程量清单中列出的内容和提出的要求自主确定；

(4)在竣工结算时，总承包服务费应依据已标价工程量清单金额计算；发生调整的，应以发承包双方确认调整的金额计算。

由以上规定可知，总承包服务费，其本质是因总承包方为在工程中协调承发包方之间的关系、总包与分包单位之间的关系、分包单位之间的关系，以及其他一系列工程管理活动而进行的劳动所获得的对价。总承包服务费属于“分部分项工程费、措施项目费、其他项目费、规费和税金”中的“其他项目费”。所以说总承包服务费的计取是有相应规定的。

第二个问题是可以收多少？目前可以由双方在合同中具体约定。

总承包方在进行总承包服务时，由于工程的所在地不同、工程的难易度不同、总承包方自身的组织架构、管理能力、人员设备技术水平不同，导致产生的相应成本也不尽相同，因此全国性的规范并未对费率进行强制性的规定，发承包双方是可以在友好协商的基础上进行具体约定的。至于具体的计费费率，我建议你可以参考住建部办公厅《关于征求〈建设项目总投资费用项目组成〉〈建设项目工程总承包费用项目组成〉意见的函》(建办标函〔2017〕621号)，其中的《建设项目工程总承包费用项目组成》(征求意见稿)虽然没有“总承包服务费”的列项，但是有关于“总承包项目建设管理费”的列项，具体定义为“建设单位按照合同约定支付给总承包单位用于项目建设期间发生的管理性质的费用。包括：工作人员工资及相关费用、办公费、办公场地租用费、差旅交通费、劳动保护费、工具用具使用费、固定资产使用费、招募生产工人费、技术图书资料费(含软件)、业务招待费、施工现场津贴、竣工验收费和其他管理性质的费用”。对于具体的计费费率，这个文件采用的是阶梯式的计费方式，详见表4：

表4　总承包项目建设管理费计费

工程总概率	费率(%)	算例　　单位:万元	
		工程总概算	项目建设管理费
1000 以下	2	1000	1000×2% =20
1001—5000	1.5	5000	20+(5000-1000)×1.5% =80
5001—10000	1.2	10000	80+(10000-5000)×1.2% =140
10001—50000	1	50000	140+(50000-10000)×1% =540
50001—100000	0.8	100000	540+(100000-50000)×0.8% =940
1000000 以上	0.4	200000	940+(200000-100000)×0.4% =1340

上述《建设项目总投资费用项目组成》《建设项目工程总承包费用项目组成》,具体都是由中国建设工程造价管理协会先行编制、起草的,作为该协会的常务理事兼专家委员会副主任,我事先也参与过论证、完善工作。从上述规定可以发现,有关计费比您刚才所说的费率要低。当然,《建设项目工程总承包费用项目组成》目前还处在征求意见的阶段,一旦正式定稿施行,将会对后续工程总承包服务费的计取产生较大的影响。

26.《总承包管理办法》要求政府投资项目应当在初步设计完成之后才可发包,是否意味着企业投资的工程总承包项目不再有前期工作深度的要求?

答:这种理解也不够准确,遗漏了两处重要的规定。

第一,企业投资项目前期工作深度至少要满足项目核准和备案的要求。

《总承包管理办法》第7条规定:“……采用工程总承包方式的企业投资项目,应当在核准或者备案后进行工程总承包项目发包……”这本身就是一种前期工作深度的明确要求。

《企业投资项目核准和备案管理条例》第3条规定:“对关系国家安全、涉及全国重大生产力布局、战略性资源开发和重大公共利益等项目,实行核准管理……对前款规定以外的项目,实行备案管理……”第6条规定:“企业办理项目核准手续,应当向核准机关提交项目申请书;由国务院核准的项目,向国务院投资主管部门提交项目申请书。项目申请书应当包括下列内容:(一)企业基本情况;(二)项目情况,包括项目名称、建设地点、建设规模、建设内容等;(三)项目利用资源情况分析以及对生态环境的影响分析;(四)项目对经济和社会的影响分析。企业应当对项目申请书内容的真实性负责。”第13条规定:“实行备案管理的项目,企业应当在开工建设前通过在线平台将下列信息告知备案机关:(一)企业基本情况;(二)项目名称、建设地点、建设规模、建设内容;(三)项目总投资额;(四)项目符合产业政策的声明。企业应当对备案项目信息的真实性负责……”

从这些规定可以看出,发包人至少应当将前期工作做到足以完成项目申请书及备案信息要求的程度,这是企业投资项目前期工作深度的一般要求。

第二,企业投资前期工作深度要达到明确前期条件的要求。

《总承包管理办法》第6条规定:“建设单位应当根据项目情况和自身管理能力等,合理选择工程建设组织实施方式。建设内容明确、技术方案成熟的项目,适宜采用工程总承包方式。”什么叫做“建设内容明确、技术方案成熟”?合同双方均能对工程价款及工程风险作出合理化预见,才能叫做“建设内容明确、技术方案成熟”,在这样的前提下,才能进行工程总承包的发包。

因此,“建设内容明确、技术方案成熟”是企业投资项目前期工作的实质要求,企业投资项目的发包人也必须把前期工作做到达到“建设内容明确、技术方案成熟”的要求,才可以进行工程总承包模式的发包。

在此,我要特别提醒诸位,目前建筑市场中有两种非常错误的习惯,应当改正。

一种是承包人为了中标,根本不深入了解项目的建设内容和技术方案,胡乱承接项目。我国承包人“中标了之后再说”这一“优良传统”真的是由来已久,很多承包人在投标、签约时对工程项目情况毫无了解,根本不知道自己承接的这个项目要花多少成本,不管三七二十一,承包了再说。承包之后才发现工程价款过低,根本不足以完成项目,继续施工意味着巨额亏损,解约又面临高额违约金,陷入两难的境地,最终严重亏损。

另一种是发包人往往前期工作做得并不充分就开始发包工程,并且利用发包人的优势地位,要求承包人作出固定总价、包一切风险、包一切变更等不合理的承诺,认为这样就是对自己最有利的方式,觉得这样既简单,又便宜,有利于自身。

这种理解是错误的，忽略了两个重要的问题——现金流及收益预期。前期工作深度不足，工程预算就不准确，工程项目资金压力往往巨大，一旦在施工过程中才发现工程预算不足，往往导致发包人资金链紧缩甚至断裂，引起项目烂尾，这种情况引起的后果远远不是发包人在工程发包时占的那点便宜可以弥补的，可谓因小失大。对于经营类项目来说，很多时候工期的重要性并不弱于工程造价本身，前期工作深度不足容易引起大量变更、发承包人争议，严重影响工期，甚至承包人做不下去退场导致工程工期大幅延误，引起的经营损失也常常超过不合理的合同为发包人争取的“利益”。

因此，要达到“建设内容明确、技术方案成熟”的要求，这并不仅仅是承包人的需求，也是发包人的需求，不做好前期工作，影响的是双方的利益。双方均要全面、完整地基于必要的前期条件评估工程项目，确保前期条件明确，双方对于自身利益具有明确预期，才能发包、承包工程总承包项目。这也是《总承包管理办法》明确指出“建设内容明确、技术方案成熟”的项目适宜采用工程总承包模式的根本所在。

27. 朱老师，我想问的问题也和政府投资项目有关，《总承包管理办法》第7条对不同项目进行了区分，规定“建设单位应当在发包前完成项目审批、核准或者备案程序。采用工程总承包方式的企业投资项目，应当在核准或者备案后进行工程总承包项目发包。采用工程总承包方式的政府投资项目，原则上应当在初步设计审批完成后进行工程总承包项目发包；其中，按照国家有关规定简化报批文件和审批程序的政府投资项目，应当在完成相应的投资决策审批后进行工程总承包项目发包”。请问这样规定是基于什么样的考虑？

答：《总承包管理办法》之所以对于政府投资项目的发包阶段和条件要求更为严格，我认为主要是基于以下三点考虑：

第一，《政府投资条例》对于政府投资项目进行了全面的规制，《总承包管理办法》当然有必要根据该条例作出对应的调整。

《政府投资条例》于2019年4月14日发布，《总承包管理办法》于2019年12

月 31 日发布。《政府投资条例》效力层级更高,发布时间更早,《总承包管理办法》在相关条款的修改、拟制过程中显然对此进行了充分的考虑。

《政府投资条例》第 9 条第 1 款规定:"政府采取直接投资方式、资本金注入方式投资的项目(以下统称政府投资项目),项目单位应当编制项目建议书、可行性研究报告、初步设计,按照政府投资管理权限和规定的程序,报投资主管部门或者其他有关部门审批。"由此可见,政府投资项目的项目建议书、可行性研究报告、初步设计审批程序是环环相扣、缺一不可的。

更为重要的是,初步设计审批将决定项目的投资概算。《政府投资条例》第 11 条规定:"投资主管部门或者其他有关部门应当根据国民经济和社会发展规划、相关领域专项规划、产业政策等,从下列方面对政府投资项目进行审查,作出是否批准的决定……(三)初步设计及其提出的投资概算是否符合可行性研究报告批复以及国家有关标准和规范的要求……"第 12 条又进一步强调:"经投资主管部门或者其他有关部门核定的投资概算是控制政府投资项目总投资的依据。初步设计提出的投资概算超过经批准的可行性研究报告提出的投资估算 10% 的,项目单位应当向投资主管部门或者其他有关部门报告,投资主管部门或者其他有关部门可以要求项目单位重新报送可行性研究报告。"我们都知道,实践中工程总承包模式一般是采取固定总价合同,这也是该模式的一大优势之一,有利于建设单位控制投资、节约成本。《政府投资条例》上述条款明确规定了由初步设计审批程序来确认项目的投资概算,通过投资概算来控制政府投资项目的总投资。如果在初步设计通过审批前即进行政府投资项目的工程总承包发包,将面临总投资尚未确定的窘境,工程总承包模式的固定总价优势根本无从谈起,发包人和承包人的费用和时间风险都会大大增加。

第二,《总承包管理办法》也考虑到了其他部门有关工程总承包模式发包阶段和条件的规定。

《政府投资条例》第 3 条第 1 款规定:"政府投资资金应当投向市场不能有效配置资源的社会公益服务、公共基础设施、农业农村、生态环境保护、重大科技进步、社会管理、国家安全等公共领域的项目,以非经营性项目为主。"该条款所规定的资金流向不仅涵盖了《总承包管理办法》所规制的房屋建筑和市政基础设施项目,也涵盖了公路、铁路等项目。而且很巧的是,公路、铁路作为政府投资资金的重要投入项目，常采用工程总承包模式进行发包和管理，有关公路、铁路工程总承包的规定也就成了《总承包管理办法》涉及政府投资项目发包阶段和条件的参考之一。

对于公路项目，交通运输部《公路工程设计施工总承包管理办法》（交通运输部令2015年第10号）第2条第2款规定："本办法所称设计施工总承包（以下简称总承包），是指将公路工程的施工图勘察设计、工程施工等工程内容由总承包单位统一实施的承发包方式。"第5条第3款规定："公路工程总承包招标应当在初步设计文件获得批准并落实建设资金后进行。"第78条规定："总承包招标应当向投标人提供初步设计文件和相应的勘察资料，以及项目有关批复文件和前期咨询意见。"

对于铁路项目，原铁道部《铁路建设项目工程总承包办法》（铁建设〔2006〕221号）第2条规定："本办法所称铁路建设项目工程总承包，是指建设单位（或业主，下同）通过招标将建设项目的施工图设计、采购和施工委托给具有相应资质的工程总承包单位（或联合体，下同），工程总承包单位按照合同约定，对施工图设计、物资设备采购、工程实施实行全过程承包，对工程的质量、安全、工期、投资、环保负责的建设组织方式。"第5条规定："建设项目必须按规定完成初步设计，初步设计文件达到要求并按初步设计批复修改、补充后，方可进行工程总承包招标。"

可见，作为政府投资资金投入的重点，无论是公路还是铁路的工程总承包招标，都将初步设计获批作为项目工程总承包招标的前提之一，这当然也纳入了《总承包管理办法》的参考范围之内。

第三，政府投资项目原则上应当在初步设计审批完成后进行工程总承包发包，这不光有投资方面的考虑，还有技术方面的考虑。

《总承包管理办法》第6条第2款明确规定了"建设内容明确、技术方案成熟的项目，适宜采用工程总承包方式"。由此，对于政府投资项目而言，在初步设计审批完成之前，建设范围、建设规模、建设标准、功能要求等主要的技术条件还没有得到最终的确定。结合我刚刚说的第一点和第二点，大家可以认识到，政府投资项目采用工程总承包模式进行发包的条件，包括技术、投资等多方面的条件，要在初步设计行政审批完成后才能成熟。

所以说，《总承包管理办法》关于"采用工程总承包方式的政府投资项目，原则上应当在初步设计审批完成后进行工程总承包项目发包"的规定是经过深思熟虑、多方考量之后的结果。

28. 朱老师您好，刚才的问题涉及《总承包管理办法》第 7 条关于发包阶段和条件，我的问题同样和这条内容有关，这条第 1 款规定“……按照国家有关规定简化报批文件和审批程序的政府投资项目，应当在完成相应的投资决策审批后进行工程总承包项目发包”。我想问，什么样的政府投资项目可以按照国家有关规定简化报批文件和审批程序？

答：和刚才提问的听众一样，您也具有“打破砂锅问到底”的精神。对于您的问题，《政府投资条例》第 13 条已经作了明确的规定。该条规定：“对下列政府投资项目，可以按照国家有关规定简化需要报批的文件和审批程序：(一)相关规划中已经明确的项目；(二)部分扩建、改建项目；(三)建设内容单一、投资规模较小、技术方案简单的项目；(四)为应对自然灾害、事故灾难、公共卫生事件、社会安全事件等突发事件需要紧急建设的项目。前款第三项所列项目的具体范围，由国务院投资主管部门会同国务院其他有关部门规定。”我们在实际做项目时，可以根据这个条款来确认是否可以简化报批文件和审批程序。

29. 朱老师您好，我的问题是关于工程总承包项目审计的问题。这个问题其实也和政府投资项目有关，因为按照《审计法》，政府投资项目最后都是要过审计的。住建部第一次对《总承包管理办法》征求意见时，在第 17 条【合同价格形式】第 3 款对项目审计就有规定：“除双方合同明确约定外，建设单位不得将工程总承包项目的审计结论作为结算依据。”我的问题是：最终出台的《总承包管理办法》取消了“除双方合同明确约定外，建设单位不得将工程总承包项目的审计结论作为结算依据”的内容，这应该如何解读？

答：对于政府投资项目而言，审计问题一直是承包单位比较关心的问题。最高人民法院《关于建设工程承包合同案件中双方当事人已确认的工程决算价款与审计部门审计的工程决算价款不一致时如何适用法律问题的电话答复意见》

(2001年4月2日,〔2001〕民一他字第2号)规定:"……审计是国家对建设单位的一种行政监督,不影响建设单位与承建单位的合同效力。建设工程承包合同案件应以当事人的约定作为法院判决的依据。只有在合同明确约定以审计结论作为结算依据或者合同约定不明确、合同约定无效的情况下,才能将审计结论作为判决的依据。"这是住建部第一次征求意见稿第17条第3款规定"除双方合同明确约定外,建设单位不得将工程总承包项目的审计结论作为结算依据"的主要依据。

第一次征求意见稿第17条第3款制定的目的在于澄清结算审价与财政审计审价属于不同的法律关系,统一造价审核原则,进一步减少实践中审计部门习惯推翻原来合同价格重新审核的做法,进一步减少出现竣工结算审价与审计审价不一致的现象。同时,考虑到审计和审价分属不同的法律关系,在当事人没有明确约定以行政审计作为双方工程总承包项目结算依据的情况下,不以审计作为双方工程结算的依据,在实践操作中可以更好地维护承包人的合法权益。

至于正式的《总承包管理办法》取消了第一次征求意见稿该条款的规定,一定程度上是因为考虑到了《政府投资条例》的相关规定。《政府投资条例》规制在中国境内使用预算安排的资金进行的固定资产投资建设活动,投向市场不能有效配置资源的社会公益服务、公共基础设施、农业农村、生态环境保护、重大科技进步、社会管理、国家安全等公共领域的项目,以非经营性项目为主。按照《审计法》第2条第2款"国务院各部门和地方各级人民政府及其各部门的财政收支,国有的金融机构和企业事业组织的财务收支,以及其他依照本法规定应当接受审计的财政收支、财务收支,依照本法规定接受审计监督"的规定,政府投资项目肯定属于接受审计监督的范围。因此,对于政府投资项目而言,接受审计监督属于题中之意,对于其他项目而言,如果发承包双方因审计问题发生纠纷争议,最高人民法院的文件可以作为明文依据,因此在正式的《总承包管理办法》中未再次强调。

答到这里,大家肯定发现了这一次的提问都是围绕政府投资的工程总承包项目展开的,我们之间的互动已经可以说是专题研讨会了,也说明了大家对最近新出台规定的关注度日益高涨,我相信这对工程总承包模式的推广和发展是大有裨益的。

30. 您刚才已经分析了《总承包管理办法》第 7 条的规定，政府投资项目应当在初步设计完成后发包是为了衔接《政府投资条例》的相关规定，那么如果我们在《政府投资条例》施行前已经承接了一个项目，这个项目是初步设计还没完成的政府投资的工程总承包项目，请问《总承包管理办法》或者《政府投资条例》对此类合同是否有影响，是否会导致合同无效？

答：《政府投资条例》的出台原则上对签订在先的合同没有影响，也不会导致合同无效。

《立法法》第 93 条规定："法律、行政法规、地方性法规、自治条例和单行条例、规章不溯及既往，但为了更好地保护公民、法人和其他组织的权利和利益而作的特别规定除外。"该条规定就是俗称的"法不溯及既往"原则。《政府投资条例》第 39 条规定："本条例自 2019 年 7 月 1 日起施行。"因此，《政府投资条例》适用于 2019 年 7 月 1 日之后新审批或正在审批的项目，2019 年 7 月 1 日之前已审批并已签约的项目，不属于《政府投资条例》的管辖范围，原则上不产生影响，《总承包管理办法》的相关规定是基于《政府投资条例》的相关条款进行的规定，当然也不造成实际影响。

但从工程实践中来说，可能事实上存在影响。法律是最后的底线，但不是一切，法律规定并不能囊括所有的工程实践。在实践中，政府部门签订合同时，往往更注重行政关系而不是民事关系。《政府投资条例》作为预算资金支用的核心法律规定，它的正式出台对政府各个项目的资金审批不可能不产生直接影响。从实践中来看，新旧法交替时，各级部委、地方政府往往会出台一些衔接性的规定、政策、会议纪要，明确相关具体问题的实际处理方式。如国家税务总局《关于全面实施新个人所得税法若干征管衔接问题的公告》和商务部办公厅、海关总署办公厅、质检总局办公厅《关于做好对外承包工程资格审批取消后有关政策衔接工作的通知》等，此种类型的文件就是为了解决新旧法衔接时一些实际事务难以"一刀切"的平衡性规定，往往不是刻板地遵守"法不溯及既往"的原则，而是在新旧规定中作出了一定取舍，尽量平衡过渡新旧规定，兼顾各方平衡。政府投资的工程项目中，业主往往具有优势地位，业主基于某些内部文件要求修改合同的情形在实务中并不罕见,而且承包人事实上很难拒绝。因此,实践中是存在业主依据《政府投资条例》要求修改合同的可能性的,如果业主提出的修改要求公平、合理,承包人当然可以接受;如果不公平、不合理,承包人可以以合同签订在先、应当依据合同执行为由拒绝变更合同。

因此,实务中如果出现业主要求变更合同,承包人不能盲目接受也不能随意拒绝,要明确自身底线、合理评估合同变更对自身合法利益的影响并最终决定接受或者拒绝。

31. 刚才这位听众提到的问题,您认为合同签订于《政府投资条例》正式施行以前,合同原则上不受影响;如果是在《政府投资条例》正式施行后某工程总承包项目未完成初步设计审批而发包,是否会导致合同无效?

答:这个问题在目前《政府投资条例》刚刚施行的当下,实际上没有明确的规定和司法实践通说,但我倾向认为,合同依然有效。

《政府投资条例》第9条规定:"政府采取直接投资方式、资本金注入方式投资的项目(以下统称政府投资项目),项目单位应当编制项目建议书、可行性研究报告、初步设计,按照政府投资管理权限和规定的程序,报投资主管部门或者其他有关部门审批。"这里的用词是"应当",说明这一条款是义务性或责任性规定。而《合同法》第52条规定:"有下列情形之一的,合同无效……(五)违反法律、行政法规的强制性规定。"单纯从文义解释的角度,在《政府投资条例》施行后签订的初步设计未经审批的工程总承包合同,确实可能涉嫌违反行政法规的义务性或责任性规定,但不一定会导致合同无效。

对这个问题的理解不能停留在表面的文义理解,并不是只要是违反义务性或责任性规定都会导致合同无效:

(1)平等民事主体的缔约行为不直接受《政府投资条例》规制,不能直接依据《政府投资条例》确定合同无效。

法律是具有适用范围的,对《政府投资条例》而言,其第1条规定:"为了充分发挥政府投资作用，提高政府投资效益，规范政府投资行为，激发社会投资活力，制定本条例。”这个条款明确该条例规制的是政府投资时自身的内部审批程序，并没有对合同签订作出要求，并不能直接介入平等的民事合同法律关系，因此直接以该条例认定合同无效，缺乏法理逻辑上的合理性。

（2）只有违反效力性强制性规定时，才可以认定合同无效，工程初步设计应当经过审批不属于效力性强制性规定。

《合同法》第 52 条所称的强制性规定，仅指效力性强制性规定，不能扩张为所有强制性规定，维护合同稳定性是现在整个司法裁判的大方向，应该尽可能维护合同效力。《合同法司法解释（二）》第 14 条规定：“合同法第五十二条第（五）项规定的‘强制性规定’，是指效力性强制性规定。”2009 年印发的《民商事合同纠纷案件指导意见》第 5 条强调：“……人民法院应当注意根据《合同法解释（二）》第十四条之规定，注意区分效力性强制规定和管理性强制规定。违反效力性强制规定的，人民法院应当认定合同无效；违反管理性强制规定的，人民法院应当根据具体情形认定其效力。”2016 年最高人民法院《关于依法审理和执行民事商事案件保障民间投资健康发展的通知》第 3 条中继续强调：“要正确理解、识别和适用合同法第五十二条第（五）项中的‘违反法律、行政法规的强制性规定’，注意区分效力性强制规定和管理性强制规定，严格限制认定无效的范围。”因此，需要进一步评价《政府投资条例》第 9 条是否属于效力性强制规定，才能明确合同的效力。

关于效力性强制规定和管理性强制规定目前并没有严格、明确的法律规定予以区分，仅有一定程度的概念指引。《民商事合同纠纷案件指导意见》第 5 条规定：“人民法院应当综合法律法规的意旨，权衡相互冲突的权益，诸如权益的种类、交易安全以及其所规制的对象等，综合认定强制性规定的类型。如果强制性规范规制的是合同行为本身即只要该合同行为发生即绝对地损害国家利益或者社会公共利益的，人民法院应当认定合同无效。如果强制性规定规制的是当事人的‘市场准入’资格而非某种类型的合同行为，或者规制的是某种合同的履行行为而非某类合同行为，人民法院对于此类合同效力的认定，应当慎重把握，必要时应当征求相关立法部门的意见或者请示上级人民法院。”该段表述非常学术化，简单归纳，这段话的意思是，如果一个强制性规范所禁止的是合同履行的结果，即该合同履行的结果必然损害国家利益或社会利益，则这种合同行为就被禁止，相关合同无效，这种强制性规范便是效力性强制性规定；如果一个强制性规范所限制的仅仅是合同履行的过程，即要求合同履行的方式必须符合某种规范，但合同履行最终的结果并不必然损害国家利益或社会利益，则这种强制性规范就是管理性强制性规定。效力性强制性规定和管理性强制性规定的区分目前还不是非常明晰，无论是最高人民法院的意见还是我的归纳，都只是便于大家理解这个概念，不能直接适用。至于某个规范究竟属于哪一种强制性规定，还需要结合某个具体实例进一步判断。

《政府投资条例》之所以规定应当完成初步设计才可以进行工程发包，原因在于如果没有完成初步设计，工程前期条件就不够明确，工程造价还处于一个不十分明确的状态，如果在这种情形下发包，发包价格可能过高也可能过低。由于政府投资的资金来源是预算安排的资金，如果发包价格过高显然对国家利益不利，而且容易产生权力寻租的问题，不利于国有资金的优化配置；如果过低则不利于承包人利益，也不能很好地保护人民的利益。据此，条例要求只有在初步设计完成，造价较为明确之后进行发包，才能兼顾发承包双方利益，推进社会市场公平、公正、稳定发展。因此，《政府投资条例》规定的必须完成初步设计，规制的并不是工程总承包合同的履行结果即工程的建造，而是发包人发包时必须要履行的审批规范，未完成初步设计审批而发包并不必然损害国家或社会利益，因此不属于效力性强制性规定，不应影响合同效力。

所以我倾向认为，即使在《政府投资条例》出台以后签订未完成初步设计审批的工程总承包项目合同，也并不构成合同无效，但依据该条例第 32 条，政府部门的相关领导人员和直接责任人员可能要因此承担相应的行政责任。

32.《总承包管理办法》第 10 条第 2 款规定："设计单位和施工单位组成联合体的，应当根据项目的特点和复杂程度，合理确定牵头单位，并在联合体协议中明确联合体成员单位的责任和权利。联合体各方应当共同与建设单位签订工程总承包合同，就工程总承包项目承担连带责任。"请问对该条款应如何解读？

答：联合体承包是工程总承包市场初步阶段的过渡手段，并非实现工程总承包的主要方式。联合体承包可以在短时间内实现设计、施工一体化,但其弊端在于,设计、施工依然由两家企业完成,信息沟通及项目管理必然还存在一定隔阂,且两家单位虽然对外一体,对内依然存在竞争关系,如工期的扯皮、工程量的调配、工程价款的分配等根本矛盾,无法彻底融合为一体,无法彻底发挥工程总承包行业联动的优势。

因此,联合体承包仅是为了加快工程总承包的发展,基于目前市场环境体制下的过渡手段,便于单资质企业进入工程总承包市场,但绝不是工程总承包模式的理想状态,工程总承包模式依然要求企业自身具备真正的双资质、双能力。企业应当在过渡过程中注重培养自身真正的设计、施工双能力,不能止步于联合体承包。

33. 实践中,EPC 群体项目的合同条文,工程支付节点会约定"单位工程完工支付""竣工后支付""工程备案""工程决算完支付""工程竣工结算经审计完"等,请问这几个节点的准确含义以及它们之间有什么区别?

答:提问的人真是把我当成合同专家了,提出这么复杂的问题。我认为:

"单位工程完工支付"是指单位工程通过单位工程验收后进行支付。住建部《建筑工程施工质量验收统一标准》(以下简称《验收规范》)第 4.0.2 项规定:"单位工程应按下列原则划分:1. 具备独立施工条件并能形成独立使用功能的建筑物或构筑物为一个单位工程。"第 5.0.4 项规定:"单位工程质量验收合格应符合下列规定:1. 所含分部工程的质量均应验收合格;2. 质量控制资料应完整 ;3. 所含分部工程中有关安全、节能、环境保护和主要使用功能的检验资料应完整;4. 主要使用功能的抽查结果应符合相关专业验收规范的规定;5. 观感质量应符合要求。"第 6.0.5 项规定:"单位工程完工后,施工单位应组织有关人员进行自检。总监理工程师应组织各专业监理工程师对工程质量进行竣工预验收。存在施工质量问题时,应由施工单位整改。整改完毕后,由施工单位向建设单位提交工程竣工报告,申请工程竣工验收。"因此,单位工程完工是指单位工程满足《验收规范》

第5.0.4项规定的单位工程验收条件，并由监理单位组织单位工程完工验收通过。故单位工程完工支付是指单位工程通过完工验收后支付。

"竣工后支付"是指经过竣工验收程序，并且竣工验收合格之后的支付。《合同法》第279条规定："建设工程竣工后，发包人应当根据施工图纸及说明书、国家颁发的施工验收规范和质量检验标准及时进行验收。验收合格的，发包人应当按照约定支付价款，并接收该建设工程……"住建部《房屋建筑工程和市政基础设施工程竣工验收暂行规定》第5条规定了竣工验收应当具备的条件，第6条规定了竣工验收应当履行的程序。另外也可以参考《2017版施工合同》第13.2款【竣工验收】的相关条文，里面也明确地对竣工验收的定义、条件及程序进行了阐释，相关内容较多，简单点归纳就是竣工验收是指承包人完成了工程总承包合同项下所有竣工验收前应当完成的合同义务，经自检合格后向发包人提出竣工验收申请，由发包人、监理人及其他有关单位部门共同依据合同、法律的相关约定及规定对工程质量是否符合法律及合同的约定进行评价的行为。故竣工后支付是指承包人的工程质量在竣工验收过程中被评价为合格后可以要求的支付。

"工程备案完支付"是指工程相关资料材料完成工程备案手续后的支付。《城乡规划法》第45条规定："……建设单位应当在竣工验收后六个月内向城乡规划主管部门报送有关竣工验收资料。"第67条规定："建设单位未在建设工程竣工验收后六个月内向城乡规划主管部门报送有关竣工验收资料的，由所在地城市、县人民政府城乡规划主管部门责令限期补报；逾期不补报的，处一万元以上五万元以下的罚款。"《建设工程质量管理条例》第17条规定："建设单位应当严格按照国家有关档案管理的规定，及时收集、整理建设项目各环节的文件资料，建立、健全建设项目档案，并在建设工程竣工验收后，及时向建设行政主管部门或者其他有关部门移交建设项目档案。"住建部规章《城市建设档案管理规定》《房屋建筑和市政基础设施工程竣工验收规定》《房屋建筑工程和市政基础设施工程竣工验收备案管理暂行办法》及住建部规定的国家规范《建设工程文件归档整理规范》（GB/T 50328－2014）、《建设电子文件与电子档案管理规范》（CJJ/T 117－2007）等文件均有类似规定，就不再逐字逐句念了。故工程备案完支付是指建设单位依据上述规定完成相关备案手续后的支付。

“工程决算完支付”是指建设单位依据上述规定编制竣工财务决算文件，报送财政部门和项目主管部门审核批复后进行的支付。工程结算与工程决算是非常容易混淆的概念。工程结算是指发承包双方依据合同约定的付款条件对当前时点应当支付的合同价款进行确认的过程。而工程决算是指建设单位在工程竣工验收后对所完成的工程进行的最后经济审核，包括从项目策划到竣工投产全过程的全部实际费用。它的范围不仅仅包括工程合同价款，还包括过程中的融资成本、资产价值、折旧费用、结余资金等，是一种工程投资效果的全面评价。财政部《基本建设项目竣工财务决算管理暂行办法》第 2 条规定：“基本建设项目(以下简称项目)完工可投入使用或者试运行合格后，应当在 3 个月内编报竣工财务决算，特殊情况确需延长的，中小型项目不得超过 2 个月，大型项目不得超过 6 个月。”第 13 条规定：“财政部门和项目主管部门对项目竣工财务决算实行先审核、后批复的办法，可以委托预算评审机构或者有专业能力的社会中介机构进行审核。”故工程决算完支付是指建设单位依据上述规定编制竣工财务决算文件，报送财政部门和项目主管部门审核批复后进行的支付。

“工程竣工结算经审计完后支付”其实和“审计完成后支付”是一个意思，是指采用财政资金的工程项目应当依照《审计法》相关的法律规定，对财政资金进行财政审计，完成财政审计后进行的支付。《审计法》第 2 条规定：“国家实行审计监督制度。国务院和县级以上地方人民政府设立审计机关。国务院各部门和地方各级人民政府及其各部门的财政收支，国有的金融机构和企业事业组织的财务收支，以及其他依照本法规定应当接受审计的财政收支、财务收支，依照本法规定接受审计监督。审计机关对前款所列财政收支或者财务收支的真实、合法和效益，依法进行审计监督。”《审计法实施条例》第 3 条规定：“审计法所称财政收支，是指依照《中华人民共和国预算法》和国家其他有关规定，纳入预算管理的收入和支出，以及下列财政资金中未纳入预算管理的收入和支出：(一)行政事业性收费；(二)国有资源、国有资产收入；(三)应当上缴的国有资本经营收益；(四)政府举借债务筹措的资金；(五)其他未纳入预算管理的财政资金。”因此，审计完成后支付是指审计机构依法对采用财政资金的项目的收支情况进行财政审计后作为时点进行的支付。

34.《总承包管理办法》第 11 条中规定:“政府投资项目的项目建议书、可行性研究报告、初步设计文件编制单位及其评估单位,一般不得成为该项目的工程总承包单位。”请问,这里的“编制单位及其评估单位”具体是指哪些单位?是否仅指相关的设计单位?

答:这个问题涉及前期工程咨询服务的范围和编制咨询文件的有关单位。前期工程咨询服务一般是指直接编制或评估项目建议书、可行性研究报告、初步设计文件等,编制或评估单位包括设计企业、造价咨询企业、工程咨询企业,不是仅指设计企业。

之前,2017 年 11 月 6 日国家发改委颁布的《工程咨询行业管理办法》(以下简称《咨询管理办法》)第 8 条规定:“工程咨询服务范围包括:(一)规划咨询:含总体规划、专项规划、区域规划及行业规划的编制;(二)项目咨询:含项目投资机会研究、投融资策划,项目建议书(预可行性研究)、项目可行性研究报告、项目申请报告、资金申请报告的编制,政府和社会资本合作(PPP)项目咨询等;(三)评估咨询:各级政府及有关部门委托的对规划、项目建议书、可行性研究报告、项目申请报告、资金申请报告、PPP 项目实施方案、初步设计的评估,规划和项目中期评价、后评价,项目概预决算审查,及其他履行投资管理职能所需的专业技术服务;(四)全过程工程咨询:采用多种服务方式组合,为项目决策、实施和运营持续提供局部或整体解决方案以及管理服务。有关工程设计、工程造价、工程监理等资格,由国务院有关主管部门认定。”根据这个规定,工程咨询企业的服务范围已扩大到国家发改委主管的项目立项、审批的前期,可以编制项目建议书、可行性研究报告,可以进行初步设计的评估,咨询内容涉及工程设计、工程造价、工程监理等内容的,应当取得相应资格。因此,工程咨询企业受《总承包管理办法》第 11 条的规制。

2017 年 9 月 22 日,国务院发布《国务院关于取消一批行政许可事项的决定》(国发〔2017〕46 号),取消工程咨询单位资格认定,但这并不意味着对工程咨询行业从业范围的禁止。该《决定》的制定目的是取消行政许可、扩大市场准入,因此这个《决定》取消工程咨询单位资格认定不是对工程咨询单位从业范围的限缩,而是扩大。国家发改委及住建部《工程咨询指导意见》提出要进一步发展从项目决策到项目运营的全过程咨询模式,这也更印证了工程咨询单位从业范围的发展方向是扩大,而非限缩。因此,工程咨询单位依然可以编制项目建议书、可行性研究报告,可以进行初步设计的评估,当然也就属于《总承包管理办法》第 11 条的规制范围。

于 2006 年 7 月 1 日发布、2016 年 9 月 20 日修订的《工程造价咨询企业管理办法》第 20 条规定:"工程造价咨询业务范围包括:(一)建设项目建议书及可行性研究投资估算、项目经济评价报告的编制和审核;(二)建设项目概预算的编制与审核,并配合设计方案比选、优化设计、限额设计等工作进行工程造价分析与控制……"根据这个规定,造价咨询企业可以进行项目建议书的编制及审核、可行性研究报告中投资估算及项目经济评价部分的编制和审核、初步设计阶段中概算部分的编制及审核,因此造价咨询单位参与上述业务的,应当受《总承包管理办法》第 11 条的限制。

住建部《工程设计资质标准》【承担业务范围】规定:"承担资质证书许可范围内的工程设计业务,承担与资质证书许可范围相适应的建设工程总承包、工程项目管理和相关的技术咨询和管理服务业务……"可见,工程设计企业可以从事工程设计业务即完成初步设计文件的编制;也可以直接从事工程咨询的相关业务,即可以编制项目建议书及可行性研究报告,因此显然设计单位应当受《总承包管理办法》第 11 条的限制。

35.《总承包管理办法》第 11 条中规定"政府投资项目的项目建议书、可行性研究报告、初步设计文件编制单位及其评估单位,一般不得成为该项目的工程总承包单位"的原因是什么?如此规定是否对介入前期工作的单位尤其是目前正在全行业大力推进工程总承包业务的设计单位不公平?

答:《总承包管理办法》第 11 条的这个规定其实不是一个新规定,在此前的有关主管部门和相关工程实践已经多有探讨,只是没有达成共识。

九部委的设计施工招标文件《标准设计施工总承包招标文件》第 1.4.3 项规定:"投标人不得存在下列情形之一……(2)为招标项目前期工作提供咨询服务

的……"

交通部《公路工程设计施工总承包管理办法》第6条规定："总承包单位应当具备以下要求……（四）总承包单位（包括总承包联合体成员单位，下同）不得是总承包项目的初步设计单位、代建单位、监理单位或以上单位的附属单位。"

《上海市工程总承包试点项目管理办法》规定："对于在方案设计或初步设计批复后进行工程总承包招标的，工程总承包企业不得是项目的初步设计文件或者总体设计文件的设计单位或者与其有控股或者被控股关系的机构或单位。"

浙江省《关于深化建设工程实施方式改革积极推进工程总承包发展的指导意见》规定："承担工程项目方案设计（或初步设计）的企业，可以依法参与该项目的工程总承包投标。"

湖南省《房屋建筑和市政基础设施工程总承包招标投标活动管理暂行规定》第10条规定："编制项目申请书、项目建议书和可行性研究报告，以及初步设计文件或方案设计的工程咨询服务单位或其附属机构参与投标的，在购买招标文件的同时，将与该招标工程相关的图纸及技术资料（含电子文件）等提交招标人公布，供所有潜在投标人参考。"

吉林省住房和城乡建设厅《关于进一步明确工程总承包管理有关事项的通知》规定："承担工程项目方案设计或初步设计的企业，在全面公开方案设计或初步设计资料的前提下，可以参与该项目的工程总承包投标。"

从这些规定可见，对于前期咨询单位能否参与该项目的工程总承包项目投标，中央及各地方存在明显矛盾的规定。

持反对意见的观点主要认为：(1)前期咨询单位具有信息优势，允许其参与工程投标将破坏工程招投标市场的公平性。工程前期咨询单位自工程立项决策阶段就已介入工程项目，掌握大量基础资料，并且对业主需求、当前方案的优劣、项目风险、项目可得利润等重要信息都具有其他投标单位所不具有的信息优势。如果允许前期咨询单位进行工程投标，就会违反招投标活动必须具备的公平竞争的基本原则，破坏公平竞争的市场环境。(2)存在道德风险。由于存在信息优势，前期单位的中标概率明显大于一般投标人，随之而来的就是虚高标的额的道德风险，很可能会发生前期单位为了得到更多的后期承包利益，通过不适宜的工程方案制定或其他手段，抬高工程总造价，借此取得不正当利益。政府投资项目采用的是预算资金，代表的是国家、社会利益，虚高造价将会对国家、社会利益造成损害。基于上述考虑，持反对观点的意见认为应当禁止前期单位参与投标。

我个人倾向于认为还是应当由支持提供工程总承包前期咨询的服务单位参与工程总承包投标，《总承包管理办法》其实在第11条也开了口子，规定："政府投资项目招标人公开已经完成的项目建议书、可行性研究报告、初步设计文件的，上述单位可以参与该工程总承包项目的投标，经依法评标、定标，成为工程总承包单位。"这主要是基于以下考虑：

(1)全面禁止前期单位参与工程总承包投标与工程建设发承包的改革模式的实际需要背道而驰。

从事工程总承包业务可得的利润显然高于从事工程前期咨询服务，如果直接全面禁止前期单位参与工程总承包投标，可以预见的是，大量真正具有工程总承包管理能力的工程总承包单位将会选择放弃工程前期咨询业务以换取进行工程总承包投标的机会；从事工程总承包咨询的单位将会是仅具有工程咨询或工程设计能力的单位。换而言之，制定工程总承包投资建设总体方案的前期单位的技术、管理实力是要低于工程总承包单位的技术、管理实力的。在座的各位都是工程行业出身的翘楚，大家都明白，一个项目可行性研究阶段、初步设计阶段所制定的工程投资建设总体方案对一个项目的成败是至关重要的，如果一个工程项目的方案出现问题，那么后期进行修正的可能性、难度及工程费用都是难以想象的。因此，从工程建设的实际需要而言，前期单位的技术实力的要求其实应该高于后期承建单位；直接全面禁止前期单位参与工程总承包投标，显然与工程的实际需要是背道而驰的。而且如果前期单位不具有真正的工程总承包管理能力，它所制定出来的工程方案就很难真正地切合工程总承包模式的需要，对工程建设也会产生不利影响。

据我所知，这一规定在征求意见稿中一经披露，立即在工程总承包招投标市场产生了重大影响，许多招标单位立即在招标文件中引用此规定，已经给工程总承包市场造成了一定的混乱。

(2)全面禁止前期单位参与工程总承包投标不利于工程设计企业转型工程总承包。

就目前的工程实践而言，工程前期咨询服务通常都是由工程设计企业提供的，而且工程总承包项目往往是同类型项目中规模较大、技术含量较高的项目，有资格、有能力进行工程前期咨询的设计单位本身技术能力较强，数量较少，往往是行业中的翘楚，而这些设计单位正是转型工程总承包企业的主力军。直接全面禁止前期单位参与工程总承包投标事实上就阻碍了这些设计单位转型从事工程总承包，积累工程总承包经验，发展工程总承包业务的机会。这与国家大力发展工程总承包的政策目标相左。

（3）前期单位参与工程总承包投标的相应缺陷可以通过必要的信息披露程序予以克服。

所谓"是药三分毒"，允许前期单位参与工程总承包投标确实存在破坏招投标市场公平和增加道德风险的缺点，但我认为可以通过完善公开前期资料的程序和方式来克服这些缺陷。

如果公开前期资料，就消除了前期单位的信息优势，使所有投标人处于同一起跑线，招投标市场的公平就可以得到保证；而且即使前期单位虚增造价，在其他投标单位掌握足够信息的前提下，也可以通过技术分析与市场竞争，使虚高的造价回到正常水平。

因此，前期单位参与投标的风险与不利是可以通过公开前期资料的方式消弭的，而全面禁止前期单位参与工程总承包投标不利于工程建设，不利于工程总承包市场的发展。

36. 既然《总承包管理办法》第11条开了口子，允许在满足一定条件的情况下，政府投资项目的前期单位可以参与工程总承包项目的投标，请问对于公开的资料应当如何解读？

答：《总承包管理办法》第11条规定："工程总承包单位不得是工程总承包项目的代建单位、项目管理单位、监理单位、造价咨询单位、招标代理单位。政府投资项目招标人公开已经完成的项目建议书、可行性研究报告、初步设计文件的，上述单位可以参与该工程总承包项目的投标，经依法评标、定标，成为工程总承包单位。"

项目建议书、可行性研究报告、初步设计文件是政府投资项目立项及正式审批时必须提供的文件，也是前期单位工作内容最完善的总结和最终成果。通过这些文件，投标单位才能对业主要求、总体方案、总体投资、项目可行性、经济性、社会影响评价及主管部门审核的重点等内容具有充分的理解，因此要求披露这些文件显然是必要且顺理成章的。除此之外，为了确保公平，建设单位在进行招标时还可以依法依规进一步公布其他前期资料：

(1)勘察成果文件。

工程水文、地质、气象资料对工程建设的影响，在座的各位作为工程专业人员，我想也不需要我再强调了。可以说没有工程勘察资料作为基础资料，那么其他所有工程资料将没有分析的基础，其他投标单位将无法对工程总承包项目的合理性作出全面的分析及评价，所有的资料都会变成空中楼阁，没有意义，无法消弭前期单位的信息优势。因此，招标之前已完成的勘察成果文件也应当作为必须披露的工程资料之一。

(2)根据工程特点，应当披露的其他材料内容。

项目建议书、可行性研究报告、初步设计文件及工程勘察文件如果全部披露，是否意味着前期单位的信息优势完全消弭？答案也不尽然。实践中的工程项目既具有一般性，也具有特殊性。一般情况下，提供完整的上述四类文件已经足以令其他投标人对工程项目具有足够了解，但某些高、精、尖、奇、怪、难的项目，仅仅提供上述四类文件就未必能够完全体现必要的项目信息，在这种情况下，前期单位的信息优势就不能完全打破，此时就需要招标人或招标代理人发挥自身工程管理能力，补充公开必要的工程资料，以维护市场的公平竞争。同样的，如果投标人认为招标人公开的项目资料还不能让投标人公平、全面地了解工程必要信息，应当充分利用答疑制度，要求招标人进一步补充资料或进一步补充说明，以缩小或消弭自身与前期单位的信息差，争取更大的中标机会。

综上，除了《总承包管理办法》第11条规定的应当披露的前期资料，在某个具体项目的招标中，招标人或招标代理人还可以根据项目情况，增补其他必要的资料，以保证所有投标人所掌握的信息都是同等的，以维护招投标市场的公平，避免道德风险。

37. 根据《总承包管理办法》第 11 条的规定，假如我们从事工程前期工作，业主明确表示不公开项目建议书、可行性研究报告、初步设计文件及工程勘察文件等前期文件，我们是否可以通过主动公开前期文件的方式取得竞标资格？

答：这个问题目前没有法律条文的明确规定，但按一般的权利义务相一致的法律基本原则，如果发包人不同意公开，由此引起的后果或负面影响也应由发包人承担。我倾向于认为，前期单位不可以通过主动公开前期文件的方式取得竞标资格。原因在于：

（1）前期单位自行公开可能导致违约或侵权责任。

参考《建设工程设计合同示范文本（房屋建筑工程）（GF－2015－0209）》第1.8 款【保密】的规定："除法律规定或合同另有约定外，未经发包人同意，设计人不得将发包人提供的图纸、文件以及声明需要保密的资料信息等商业秘密泄露给第三方。除法律规定或合同另有约定外，未经设计人同意，发包人不得将设计人提供的技术文件、技术成果、技术秘密及声明需要保密的资料信息等商业秘密泄露给第三方……"

前期单位对完成的前期文件具有保密义务，在未取得建设单位许可的前提下是不能对外自行公开的，否则将承担违约责任。

且即使合同中没有明确约定，就工程招投标实践而言，招投标活动不仅仅是投标人之间的博弈，也是投标人与招标人之间的博弈。前期单位未经招标人同意擅自公开前期文件，容易暴露招标人在投标时不愿意泄露的信息，如招标人对工程造价的预期等，从而造成招标人损失而导致侵权责任；且对于《总承包管理办法》第 11 条规定的政府项目而言，还存在涉密的可能，更不应当随意自行公开。

（2）前期单位自行公开前期文件，难以达到同招标人公开一样的效果。

招标人公开前期文件的方式是非常简便的，只要将前期文件连同招标邀请、招标公告或招标文件一起发出或发售即可确保每一个投标人均取得相同的工程招标信息。

但前期单位自行公开却完全达不到相同的效果。前期单位自行公开通常可能有两种方式：一种方式是自行将前期文件送达所有的投标单位。采用这种方式，招标人或评标委员会难以全面核查所有投标人所收到的前期文件是否都完全一致，所有投标人是否具有充足的消化前期文件的时间，且前期单位提供的前期文件的深度是否足以消弭其自身的信息优势也不确定，可见这种方式在实践中其实是达不到预期效果的。另一种方式是前期单位通过某种公开渠道自行全部公开，如第三方网站，但是这种方式不能保证所有投标人均适时地取得了必要信息，也不能保证其公开的信息足以消弭前期单位的信息优势。

因此，前期单位自行公开是不能满足消弭前期单位信息优势的实质要求的，从这个意义上来说，前期单位也不能通过自行公开前期文件取得投标资格。

(3)从法理逻辑角度而言，前期单位主动公开前期文件不能影响招投标的主体资格要求。

《招标投标法》第19条第1款规定："招标人应当根据招标项目的特点和需要编制招标文件。招标文件应当包括招标项目的技术要求、对投标人资格审查的标准、投标报价要求和评标标准等所有实质性要求和条件以及拟签订合同的主要条款。"据此，提供招标项目必要信息的义务人是招标人，并非投标人，更非前期单位。前期单位是否公开某项信息的行为不属于招投标相关法律法规所涉及的任何法律行为，在招投标法律领域不具有法律意义。一个不属于某个法律领域的行为，却在该法律领域产生法律效力，这种逻辑是不具有合理性的。因此，前期单位自行公开前期文件的行为，不能产生取得投标资格的法律后果。

(4)从实践角度而言，这种情况往往也实际意味着招标人并不愿意前期单位承揽工程建设，前期单位也不适宜投标该工程。

实践中，如果前期单位想承揽项目的工程总承包工作，往往会直接和建设单位即招标人协商，请求公开前期文件以取得投标资格。如果在前期单位已经明确表达意愿的前提下，招标人还是不愿意公开前期资料，那么常见的原因有两个：

一种是根据该项目特点，前期文件不宜公开，如存在涉密问题等，在这种情况下，不论招标人公开还是前期单位自行公开，显然都是不适宜的，应当被禁止。

另一种可能是招标人根本就不希望前期单位承揽该项目，在这种情形下，前期单位原则上也不适宜投标该项目。因为建设工程合同是承揽合同的一种特殊形式，而承揽合同也是一类非常讲究合同当事人之间互相信任的合同。《合同法》

第268条规定:“定作人可以随时解除承揽合同,造成承揽人损失的,应当赔偿损失。”第287条规定:“本章没有规定的,适用承揽合同的有关规定。”这项规定的立法本意就在于承揽合同的信任基础,如果发包人、定作人对承包人、承揽人失去信任,有权随时解除合同。那么同样的,如果招标人已经表现出了明确的不希望前期单位承揽该项目的意愿,前期单位即使强行取得承包人资格,工程项目的履约过程也可以预见是极其困难的,这必然会提高交易成本,也不利于前期单位自身的商业利益。

因此,前期单位通过自行公开前期文件的方式取得投标资格,从最终的商业结果来看,也往往不尽人意。

综上所述,我倾向于认为前期单位是不可以通过主动公开前期文件的方式取得竞标资格的,且也没有必要采用此种方式竞标。

38. 我们还注意到《总承包管理办法》第11条第1款规定:“工程总承包单位不得是工程总承包项目的代建单位、项目管理单位、监理单位、造价咨询单位、招标代理单位。”请问对其应当如何解读?

答:《招标投标法实施条例》规定,与招标人存在利害关系可能影响招标公正性的法人、其他组织或者个人,不得参加投标。该条例同时规定,单位负责人为同一人或者存在控股、管理关系的不同单位,不得参加同一标段投标或者未划分标段的同一招标项目投标。在采用工程总承包的项目中,除了工程总承包企业外,在发包之前可能参与项目的主体还有代建单位、项目管理单位、监理单位、造价咨询单位、招标代理单位、项目咨询单位、设计单位、勘察单位等。这些单位作为项目的参与方,在参与项目过程中,不可避免地具备一定程度的信息优势、资源优势,如果其参与投标,必然会影响招标的公正性。除此之外,代建单位、项目管理单位、监理单位等在工程总承包项目实施建设中还具有对于工程总承包单位进行监督管理等职责,如果允许其同时作为工程总承包单位,将产生严重的利益冲突,不可避免地损害到招标人的利益。

因此,本条文限制了代建单位、项目管理单位、监理单位、造价咨询单位、招标代理单位作为工程总承包单位的资格。同时，考虑到其他项目参与单位在项目中的参与度有较大区别，在特定情况下，部分单位如咨询单位、勘察单位及方案设计文件的编制单位，发包前的可行性研究报告编制单位等参与投标并不必然影响招标的公正性，本条对工程发包前参与编制可行性研究报告、勘察设计文件等咨询文件的单位参与投标没有进行“一刀切”的限制，但为了避免其利用编制咨询文件的信息优势，对于招标公正性产生影响，故本条规定这些单位参与投标的前提是建设单位对潜在投标人公开其编制的文件。

39. 朱老师，您好！住建部之前颁发的《工程总承包发展意见》第4点【工程总承包项目的发包阶段】规定：“建设单位可以根据项目特点，在可行性研究、方案设计或者初步设计完成后，按照确定的建设规模、建设标准、投资限额、工程质量和进度要求等进行工程总承包项目发包。”这条规定并未涉及进行工程总承包发包是否需要以建设工程规划许可证作为前提，请问实际上工程总承包项目发包时是否需要办理建设工程规划许可证？

答：您问的这个问题很长，在座的有些听众可能听得不是很明白，我来归纳一下您问的问题：工程总承包项目进行发包的前提是不是包括已办理建设工程规划许可证？这个问题的答案是不包括。

具体的原因您在问这个问题时就已经提到了一点。住建部《工程总承包发展意见》第4点规定：“建设单位可以根据项目特点，在可行性研究、方案设计或者初步设计完成后，按照确定的建设规模、建设标准、投资限额、工程质量和进度要求等进行工程总承包项目发包。”这当中并未涉及建设工程规划许可证办理。

《总承包管理办法》第7条也规定：“建设单位应当在发包前完成项目审批、核准或者备案程序。采用工程总承包方式的企业投资项目，应当在核准或者备案后进行工程总承包项目发包。采用工程总承包方式的政府投资项目，原则上应当在初步设计审批完成后进行工程总承包项目发包；其中，按照国家有关规定简化报批文件和审批程序的政府投资项目，应当在完成相应的投资决策审批后进行工程总承包项目发包。"这一规定对于企业投资项目和政府投资项目的发包阶段和条件进行了区分,但也没有把办理建设工程规划许可证作为工程总承包发包的前提。

我们再来看看目前各地方正在施行的规定。北京市住建委和规土委《关于在本市装配式建筑工程中实行工程总承包招投标的若干规定(试行)》(京建法〔2017〕29 号)第 4 条规定:"装配式建筑工程总承包发包,可以采用以下方式实施:(一)项目审批、核准或者备案手续完成,其中政府投资项目的工程可行性研究报告已获得批准,进行工程总承包发包;(二)方案设计或者初步设计完成,进行工程总承包发包。采用第(一)项情形发包的,工程项目的建设规模、建设标准、功能需求、技术标准、工艺路线、投资限额及主要设备规格等均应确定。"浙江省住建厅《关于深化建设工程实施方式改革积极推进工程总承包发展的指导意见》在第 4 点【优化工程发包制度】规定:"建设单位可以依据经审批同意的方案设计(或初步设计),以工程估算(或工程概算)为经济控制指标,以限额设计为控制手段,以相关技术规范、标准和确定的建设规模、建设标准、功能需求及工程质量、工期进度要求为标的,开展工程总承包的招标工作。"其他地方也有类似的规定,同样不以办理建设工程规划许可证作为工程总承包的发包条件。

所以说,发包人进行工程总承包项目发包的前提是完成可行性研究、方案设计或者初步设计,实际操作中,也就是可行性研究报告、方案设计或者初步设计获批后,就可以进行发包,办理建设工程规划许可证并不包括在工程总承包项目进行发包的前提范围之内。

40. 朱老师,您好!我想接着刚才的问题提问:既然办理建设工程规划许可证并不包括在工程总承包项目进行发包的前提范围之内,那么工程总承包项目发包时客观上是否应当具备办理建设工程规划许可证的条件?

答:上一个问题问的是"需不需要"办,这个问题问的是"能不能"办。相对而言,这个问题我要回答的内容更多一些,因为实际情况更复杂一些。

《城乡规划法》第 40 条第 2 款规定:"申请办理建设工程规划许可证,应当提交使用土地的有关证明文件、建设工程设计方案等材料……”但是其并没有对“设计方案”所对应的具体内容作出进一步详细规定，也没有明确有关文件所对应的建设工程设计阶段和设计深度。

有一个文件我们可以拿来参考，建设部《关于统一实行建设用地规划许可证和建设工程规划许可证的通知》规定：“二、建设工程规划许可证　（一）申请建设工程规划许可证的一般程序……3. 城市规划行政主管部门征求并综合协调有关行政主管部门对建设工程设计方案的意见，审定建设工程初步设计方案；4. 城市规划行政主管部门审核建设单位或个人提供的工程施工图后，核发建设工程规划许可证。”有的地方的规划条例也有类似规定，要求办理建设工程规划许可证时需要提交建设工程施工图设计文件。但也有部分地方延续了《城乡规划法》的表述，仅提到申请办理建设工程规划许可证应当提交“设计方案”等材料。归纳一下各方面的规定，《城乡规划法》中规定申请办理建设工程规划许可证应当提交的“设计方案”在实践中基本可分为两种情况：

第一种情况，《城乡规划法》中规定的“设计方案”对应建设工程设计文件编制深度相关规定的“方案设计”或者“初步设计”。

比如，《北京市城乡规划条例》第 32 条规定：“重大城乡基础设施的建设单位应当在建设工程设计方案的基础上组织编制建设工程扩大初步设计方案。市规划自然资源主管部门和市发展改革主管部门应当组织有关部门对重大城乡基础设施建设工程的扩大初步设计方案共同进行审查。”第 38 条规定：“建设单位进行城镇建设工程建设的，应当向规划自然资源主管部门申请建设工程规划许可证。符合规划综合实施方案要求的，规划自然资源主管部门应当在 7 日内核发建设工程规划许可证。重大城乡基础设施项目，建设单位应当提交经过审查的建设工程扩大初步设计方案……”由此，北京市重大城乡基础设施项目办理建设工程规划许可证应提交扩大初步设计成果，其余应提供扩大初步设计阶段之前的建设工程设计方案。

第二种情况，《城乡规划法》中规定的“设计方案”包括施工图设计文件，审定的施工图设计文件是申领建设工程规划许可证的前提条件。

例如，《上海市城乡规划条例》第 35 条规定：“建设单位或者个人应当根据经审定的建设工程设计方案编制建设项目施工图设计文件，并在建设工程设计方案审定后六个月内，将施工图设计文件的规划部分提交规划行政管理部门。符合经审定的建设工程设计方案的，规划行政管理部门应当在收到施工图设计文件规划部分后的二十个工作日内，核发建设工程规划许可证……”

又如，《江苏省城乡规划条例》第 39 条规定：“申请办理建设工程规划许可证应当提交下列材料：（一）使用土地的有关证明文件；（二）建设工程设计方案；（三）建设工程施工图设计文件；（四）法律、法规规定的其他材料……”

综上所述，如果是第一种“建设工程规划许可证在前，施工图设计在后”的情况，如已经完成方案设计或者初步设计，客观上就具备了办理建设工程规划许可证的条件；如果是第二种“施工图设计在前，建设工程规划许可证在后”的情况，客观上就不具备办理建设工程规划许可证的条件，因为工程总承包项目发包时最多也就进行到初步设计阶段。所以说在具体项目中到底应该怎么办，还是要看各地的专门规定。

41. 朱老师，您好！我是来自业主方的工作人员，建设工程规划许可证这么重要，工程总承包合同是否会因为没有办理建设工程规划许可证而被认定为无效？

答：《城乡规划法》所规定的建设工程规划许可制度在司法审判实践中通常作为效力性强制性规定。《建设工程司法解释（二）》从司法审判实务层面对此进一步进行了确认，其第 2 条第 1 款规定：“当事人以发包人未取得建设工程规划许可证等规划审批手续为由，请求确认建设工程施工合同无效的，人民法院应予支持，但发包人在起诉前取得建设工程规划许可证等规划审批手续的除外。”

不过我们应当注意到，司法解释的这一条款针对的是建设工程施工合同，并不是对工程总承包合同争议纠纷处理的专门规定。对于办理建设工程规划许可证与工程总承包合同效力之间的关系，应注意以下三点：

第一，工程总承包项目在建设前取得建设工程规划许可证不影响工程总承包合同的效力。

在上一个问题中，我已经说明了各地对于《城乡规划法》第 40 条“建设工程设计方案”有不同的规定，对应“方案设计”“初步设计”“施工图设计”等不同的阶段，那是不是代表以上阶段完成后就必须立即申请领取建设工程规划许可证，如果不立即申领就可能因为违反效力性的强制性规定从而影响工程总承包合同的效力呢？我们来看看《城乡规划法》第 64 条的规定："未取得建设工程规划许可证或者未按照建设工程规划许可证的规定进行建设的，由县级以上地方人民政府城乡规划主管部门责令停止建设；尚可采取改正措施消除对规划实施的影响的，限期改正，处建设工程造价百分之五以上百分之十以下的罚款；无法采取改正措施消除影响的，限期拆除，不能拆除的，没收实物或者违法收入，可以并处建设工程造价百分之十以下的罚款。"由此，在项目进行建设前取得建设工程规划许可证就是合法的，我们不必纠结于工程总承包发包阶段是否可以申领建设工程规划许可证，是否必须申领建设工程规划许可证，只要在项目进行建设前取得，就不违反效力性的强制性规定，就不影响合同效力。

第二，《城乡规划法》第 64 条的"进行建设前"实际上就是指"施工前"。

有的听众听到这里，可能有点疑惑。《城乡规划法》第 64 条的"进行建设前"在实践中对应哪个时间节点呢？对此，住建部《关于印发〈关于规范城乡规划行政处罚裁量权的指导意见〉的通知》第 5 条规定："对尚可采取改正措施消除对规划实施影响的情形，按以下规定处理：（一）以书面形式责令停止建设；不停止建设的，依法查封施工现场；（二）以书面形式责令限期改正；对尚未取得建设工程规划许可证即开工建设的，同时责令其及时取得建设工程规划许可证……"很明显，《城乡规划法》第 64 条的"进行建设前"实际上就是指"施工前"。

第三，发包人如果在起诉前取得建设工程规划许可证，人民法院不会对相应的合同无效的主张予以支持。

类似的规定除了刚刚提到的《建设工程司法解释（二）》第 2 条，还包括以下规定：最高人民法院《关于审理商品房买卖合同纠纷案件适用法律若干问题的解释》第 2 条规定："出卖人未取得商品房预售许可证明，与买受人订立的商品房预售合同，应当认定无效，但是在起诉前取得商品房预售许可证明的，可以认定有效。"最高人民法院《关于审理国有土地使用权纠纷案件适用法律问题的解释》第 16 条规定："土地使用权人未经有批准权的人民政府批准，以划拨土地使用权作为投资与他人订立合同合作开发房地产的，应当认定合同无效。但起诉前已经办理批准手续的，应当认定合同有效。"由此，我个人认为，发包人如果在起诉前取得建设工程规划许可证,人民法院不会对相应的工程总承包合同无效的主张予以支持。

综上所述,从发包人的角度而言,应在工程总承包项目施工前取得建设工程规划许可证,才能有效地避免在争议纠纷中被主张工程总承包合同无效,因为什么时候起诉的主动权很有可能并不掌握在己方手中,寄希望于起诉前取得许可既违反了法律规定,要受到行政处罚,又包含很大的诉讼风险。

42. 朱老师,您好! 您刚才讲了关于建设工程规划许可证的相关规定,我想问一个关于施工许可证的问题,没有办理施工许可证会不会影响工程总承包合同的效力?

答:什么情形会导致合同无效是一个非常重要的法律问题。我国《合同法》第52条规定:"有下列情形之一的,合同无效:(一)一方以欺诈、胁迫的手段订立合同,损害国家利益;(二)恶意串通,损害国家、集体或者第三人利益;(三)以合法形式掩盖非法目的;(四)损害社会公共利益;(五)违反法律、行政法规的强制性规定。"

讲到这里,可能有的听众就会想当然地认为:《建筑法》第7条规定:"建筑工程开工前,建设单位应当按照国家有关规定向工程所在地县级以上人民政府建设行政主管部门申请领取施工许可证;但是,国务院建设行政主管部门确定的限额以下的小型工程除外。"第64条又规定:"违反本法规定,未取得施工许可证或者开工报告未经批准擅自施工的,责令改正,对不符合开工条件的责令停止施工,可以处以罚款。"工程总承包项目不可能是限额以下的小型工程,不办理施工许可证肯定违反了《建筑法》的规定,那就符合《合同法》第52条第5项的情形,从而导致了工程总承包合同的无效。

实际情况并非那么简单,我在此要特别强调的是,上述条款所指的"强制性规定"是有特定含义的:

1. 仅指依据全国人大及其常委会制定的法律和国务院制定的行政法规,而不包括地方性法规和行政规章;

2. 仅指法律和行政法规的强制性规定，不包括义务性规定等其他规定；

3. 仅指强制性规定中的效力性规定，不包括强制性规定中的管理性规定。

因此，根据我国《合同法》保护交易安全的立法本意和相关规定，判断合同是否有效的关键是看交易行为是否违背法律和行政法规的强制性规定，而且这种强制性规定仅指涉及效力性的强制性规定，并不包括管理性的强制性规定。最高人民法院已施行的两个建设工程施工合同的司法解释所罗列和明确的无效合同的情形，并不包括未办理施工许可证。

那么，虽然最高人民法院并没有相关规定，在司法实践中各地人民法院对于未办理施工许可证是否违反效力性的强制性规定、是否会导致合同无效具体又是如何认定的呢？司法实践可以分成以下两种情况：

第一种情况，直接认定办理施工许可证属于管理性的强制性规范，并不影响合同效力。

例如，重庆市高级人民法院《关于当前民事审判若干法律问题的指导意见》(2007 年 11 月 22 日市高级人民法院审委会第 564 次会议通过)第 10 点规定："施工许可证对合同效力的影响。有关施工许可证的规范属于管理性规范，不是影响合同效力性的规范，是否取得施工许可证不影响合同的效力。"

又如，2011 年山东省高级人民法院《关于审理建筑工程案件工作会议纪要的通知》(2011 年 11 月 30 日　鲁高法〔2011〕297 号)第 1 点【关于施工许可证对合同效力的影响问题】认为："在建设工程正式施工前发放施工许可证应是建设行政主管部门对建设工程项目加强监管的一种行政手段，主要目的是审查建设单位或者承包单位是否具备法律规定的建设或者施工条件，具有行政管理的性质，如果建设单位或者施工单位违反该管理规定，应当受到相应的行政处理。因此施工许可证应属于管理性规范，非影响合同效力性的规范，而且领取施工许可证时，施工合同已经签订，因此，施工许可证不是建设工程施工合同的有效要件，是否取得施工许可证不影响合同的效力。"

此外，最高人民法院(2013)民申字第 1615 号民事裁定书也认为："对于案涉合同效力及其与工程款结算的关系，本院认为，首先，《中华人民共和国建筑法》第七条虽然规定建设单位在开工前应当向有关主管部门申请领取施工许可证，但该规范系管理性强制性规定，因此，案涉工程是否办理建筑工程施工许可证并不影响案涉合同的效力。”

第二种情况，未认定办理施工许可证属于哪种强制性规范，但同样认为不影响合同效力。

比如，北京市高级人民法院《审理建设工程施工合同纠纷案件若干疑难问题的解答》(2012年8月6日　京高法发〔2012〕245号)规定：“1.未取得建设审批手续的施工合同的效力如何认定？发包人就尚未取得建设用地规划许可证、建设工程规划许可证等行政审批手续的工程，与承包人签订的建设工程施工合同无效。但在一审法庭辩论终结前发包人取得相应审批手续或者经主管部门批准建设的，应当认定合同有效。发包人未取得建筑工程施工许可证的，不影响施工合同的效力。”

深圳市中级人民法院《关于审理建设工程施工合同纠纷案件的指导意见》(2007年1月1日起试行　2010年3月9日深圳市中级人民法院审判委员会第6次会议修订)规定：“2.人民法院受理的建设工程施工合同纠纷，在审理过程中，一方当事人以涉案工程无合法土地使用权或建设用地规划许可证、建设工程规划许可证而主张合同无效的，在开庭前发包人仍未取得合法土地使用权及上述许可的，应认定施工合同无效；开庭前已经取得土地使用权及上述许可，但未取得施工许可的，应认定施工合同有效。”

虽然这两个法院文件都谈的是有关施工许可证和施工合同的关系，但也可以很明显地看出仅是未办理施工许可证，对于合同效力并不存在影响。

所以，综合目前的司法审判实践情况，我个人认为没有办理施工许可证不会影响工程总承包合同的效力。

43. 朱老师，您好！我是来自设计单位牵头工程总承包单位的工作人员，目前我们承揽的一个项目的业主方要求由我们来办理施工许可证。既然是办理施工许可证，我们可不可以要求施工分包人去直接办理？

答：您问的问题法律法规有明确的规定。《建筑法》第7条规定：“建筑工程开工前，建设单位应当按照国家有关规定向工程所在地县级以上人民政府建设行政主管部门申请领取施工许可证;但是,国务院建设行政主管部门确定的限额以下的小型工程除外。”根据该条款,在工程总承包项目中应当由建设单位申请领取施工许可证。虽然法律已经明确是由建设单位申请领取施工许可证,但是这并不代表实际工作中就与总承包单位和分包单位无关。对于施工许可证的办理,应注意以下三点:

第一,总承包单位应履行法定或约定的配合义务。

《建筑法》第8条规定:“申请领取施工许可证,应当具备下列条件:(一)已经办理该建筑工程用地批准手续;(二)依法应当办理建设工程规划许可证的,已经取得建设工程规划许可证;(三)需要拆迁的,其拆迁进度符合施工要求;(四)已经确定建筑施工企业;(五)有满足施工需要的资金安排、施工图纸及技术资料。建设行政主管部门应当自收到申请之日起七日内,对符合条件的申请颁发施工许可证。”我们可以发现,建设单位申请领取施工许可证的六个条件,与总承包人和施工分包人直接相关的条件至少有四个,分别是:“(二)依法应当办理建设工程规划许可证的,已经取得建设工程规划许可证”“(四)已经确定建筑施工企业”“(五)有满足施工需要的资金安排、施工图纸及技术资料”“(六)有保证工程质量和安全的具体措施”。因此,当建设单位需要申请领取施工许可证的时候,总承包人和分包人应当予以配合。

对于承包人的配合义务,《建设项目工程总承包合同示范文本(试行)》(GF-2011-0216)通用条款第7.2.5项【协助发包人办理开工等批准手续】则约定为:“承包人应在工程开工20日前,通知发包人向有关部门办理须由发包人办理的开工批准或施工许可证、工程质量监督手续及其它许可、证件、批件等。发包人需要时,承包人有义务提供协助……”

第二,如果建设单位要求由总承包人代为办理,这是双方发生了委托关系,总承包人应与其签订委托合同。

虽然《建筑法》第7条规定由建设单位申领施工许可证,但并不代表凡事就一定要建设单位亲力亲为。《合同法》第396条规定:“委托合同是委托人和受托人约定,由受托人处理委托人事务的合同。”第397条规定:“委托人可以特别委托受托人处理一项或者数项事务,也可以概括委托受托人处理一切事务。”第399条规定:“受托人应当按照委托人的指示处理委托事务……”据此,建设单位可以与总承包人签订委托合同，由总承包人代为办理申领施工许可证的具体事务。《建设项目工程总承包合同示范文本（试行）》（GF－2011－0216）通用条款第7.2.5项【协助发包人办理开工等批准手续】也约定：“发包人委托承包人代办并被承包人接受时，双方可另行签订协议，作为本合同的附件。”如果实际工作中建设单位要求由总承包人代为办理施工许可证，总承包人应与其签订书面合同，该合同的性质属于委托合同，由总承包人作为受托人以建设单位的名义代为办理施工许可证，并由发包人承担法律责任。

第三，如果总承包人转委托由施工分包人代为办理，应取得建设单位书面同意。

刚才问问题的听众提到了建设单位要求总承包人办理施工许可证，总承包人又要求由施工分包人办理，这就涉及转委托。《合同法》第400条规定：“受托人应当亲自处理委托事务。经委托人同意，受托人可以转委托。转委托经同意的，委托人可以就委托事务直接指示转委托的第三人，受托人仅就第三人的选任及其对第三人的指示承担责任。转委托未经同意的，受托人应当对转委托的第三人的行为承担责任，但在紧急情况下受托人为维护委托人的利益需要转委托的除外。”所以，总承包人作为受托人，在实际转委托时应取得建设单位的书面同意。

归根结底，在申请领取施工许可证的过程中，无论是建设单位，还是总承包人、分包人，都需要依据法律和合同依据履行相关义务。

44. 朱老师，您好！《总承包管理办法》第9条规定推荐使用国家推荐的示范合同文本。之前有关部门已推出过相应的合同示范文本，对工程总承包已经有了较为详细的条款约定，现在还有必要拟制新的工程总承包合同示范文本吗？

答：您提的问题很有意义，我在全国各地演讲授课和答疑解惑时，不止一位听众提过类似的问题。在此，我先要和各位听众讲一讲建设工程领域示范合同文本的性质和重要作用。

由国家主管部门制定的示范合同文本的法律性质属于行业交易习惯。所谓行业交易习惯，根据《合同法司法解释(二)》第7条规定，交易习惯是指在交易行为当地或者某一领域、某一行业通常采用并为交易对方订立合同时所知道或者应当知道的做法；或者指当事人双方经常使用的习惯做法。我国《合同法》第61条规定："合同生效后，当事人就质量、价款或者报酬、履行地点等内容没有约定或者约定不明确的，可以协议补充；不能达成补充协议的，按照合同有关条款或者交易习惯确定。"第125条规定："当事人对合同条款的理解有争议的，应当按照合同所使用的词句、合同的有关条款、合同的目的、交易习惯以及诚实信用原则，确定该条款的真实意思。"很显然，按我国《合同法》及其司法解释的相关规定，交易习惯是当事人对合同条款有争议时或者当事人未能达成补充协议时，各级法院认定当事人真实意思表示的法定依据。

由国家主管部门制定的示范合同文本属于行业交易习惯，这已成为建设领域和法律界的共识。在法律、法规没有规定时，行业交易习惯可以作为判案根据，这既是《合同法》的明确规定，也是各级人民法院审理相关案件时的通行裁量方法。2005年1月1日施行的《建设工程司法解释(一)》在制订过程中，对于司法实践中没有相关法律、法规规定的具体问题的处理，经反复研究，决定采纳1999版《建设工程施工合同示范文本》设定的行业交易习惯作为依法处理的依据。示范合同文本在解决争议纠纷中的重要作用由此可见一斑。

至于是否有必要拟制新的工程总承包合同示范文本，我认为这完全有必要。主要理由包括以下三点：

第一，国家鼓励和推进工程总承包模式的政策文件层出不穷，完全有必要通过新的工程总承包合同示范文本来体现和落实。

近年来，随着2014年7月1日住房和城乡建设部《关于推进建筑业发展和改革的若干意见》(建市〔2014〕92号)与2017年2月21日国务院办公厅《关于促进建筑业持续健康发展的意见》(国办发〔2017〕19号)的出台，国家层面对于工程总承包的推广予以了高度重视，各类文件呈现出密集制定和颁布的态势。这一系列政策文件提出了新的经济形势下工程总承包发展的新思路和新要求，有必要通过拟制新的工程总承包合同示范文本来体现和落实。而且之前颁布的相关示范文本都属于试行，试行了8年左右的时间，也确实需要根据新的规定和在试行过程中发现的情况和问题进行更新。

第二,《总承包管理办法》强调了对工程总承包合同示范文本的使用。

《总承包管理办法》第9条规定:"……推荐使用由住房和城乡建设部会同有关部门制定的工程总承包合同示范文本。"这体现了国家管理部门层面对于工程总承包合同示范文本的重视,然而由于之前的《示范文本》拟制时间大大早于《总承包管理办法》,无法完全体现出《总承包管理办法》的最新条款规定,因此制定新的合同文本也是题中之意。

第三,国内企业"走出去"的过程和"一带一路"倡议的推行,客观上也要求制订新的工程总承包合同示范文本。

国内建筑业企业"走出去"参与国际竞争已是大势所趋,工程总承包合同文本也应当注意向国际主流模式参考借鉴。我在之前的回答中提到了 FIDIC 银皮书,其实在国际工程项目中,除了 FIDIC 银皮书,FIDIC 黄皮书的使用也是相当普遍的。FIDIC 黄皮书推荐用于电气和(或)机械设备供货和建筑或工程的设计与施工,通常由承包商按照雇主要求设计和提供生产设备和(或)其他工程。FIDIC 银皮书推荐用于以交钥匙方式提供加工或动力的工厂,也可用于由一个实体承担全部设计和实施职责的、涉及很少或没有地下工程的私人融资的基础设施项目,通常由该实体进行全部设计、采购和施工(EPC),提供一个配备完善的设施,"转动钥匙"即可运行。

我受住建部建筑市场监管司委托,担任《完善工程承发包模式研究》课题组负责人,我的受托范围除了起草《总承包管理办法》外,还包括了修订与之配套的工程总承包合同示范文本。我们拟制新的工程总承包示范文本,不会拘泥于仅仅对原来的《示范文本》的修改,而是尽可能参考 FIDIC 黄皮书和银皮书,分别拟制《建设项目设计施工总承包合同示范文本》和《建设项目设计采购施工总承包/交钥匙工程合同示范文本》,从而对应不同的项目特点和业主需求,满足企业的迫切需要。

相信听了我所说的三个理由之后,您现在也会认为确实有必要拟制新的工程总承包合同示范文本,如果您对此有什么意见和建议,也欢迎随时和我联系,大家一起沟通交流。

45. 我来自一家施工总承包单位，我们单位有志于成为一家有市场竞争力的工程总承包商。国家住建部门和工商行政管理部门有一系列的施工合同供我们在实际业务中采用，那么对于工程总承包，主管部门是否也有示范文本供我们参考使用呢？

答：你说的没错。除了施工总承包合同示范文本，国家有关部门对工程总承包同样制定有示范文本。2011 年 9 月 7 日，住建部、工商行政管理总局就联合发布《总承包合同示范文本》。

按照主管部门的管理范围，如施工总承包合同示范文本一样，《总承包合同示范文本》主要适用于市场投资的工程总承包的承包和发包。《总承包合同示范文本》明确，工程总承包是指承包人受发包人委托，按照合同约定对工程建设项目的设计、采购、施工（含竣工试验）、试运行等实施阶段，实行全过程或若干阶段的工程承包。为此，在《总承包合同示范文本》的条款设置中，将“技术与设计、工程物资、施工、竣工试验、工程接收、竣工后试验”等工程建设实施阶段的相关工作内容皆分别作为一条独立条款，发包人可根据发包建设项目实施阶段的具体内容和要求，确定对相关建设实施阶段和工作内容的取舍。《总承包合同示范文本》借鉴当时的 FIDIC 合同文本和国内的实践，主要内容分为以下三个部分：

第一部分是合同协议书。

根据《合同法》的规定，合同协议书是双方当事人对合同基本权利、义务的集中表述，主要包括建设项目的功能、规模、标准和工期的要求、合同价格及支付方式等内容。合同协议书的其他内容，一般还包括合同当事人要求提供的主要技术条件的附件及合同协议书生效条件等。

第二部分是通用条款。

通用条款是合同双方当事人根据《建筑法》《合同法》以及有关行政法规的规定，就工程建设的实施阶段及其相关事项，双方的权利、义务作出的原则性约定。通用条款共 20 条，其分类的主要条款包括：

（1）核心条款。这部分条款是确保建设项目功能、规模、标准和工期等要求得以实现的实施阶段的条款，共 8 条：第 1 条【一般规定】、第 4 条【进度计划、延误和暂停】、第 5 条【技术与设计】、第 6 条【工程物资】、第 7 条【施工】、第 8 条【竣工试验】、第 9 条【工程接收】和第 10 条【竣工后试验】。

(2)保障条款。这部分条款是保障核心条款顺利实施的条款,共 4 条:第 11 条【质量保修责任】、第 13 条【变更和合同价格调整】、第 14 条【合同总价和付款】、第 15 条【保险】。

(3)合同执行阶段的干系人条款。这部分条款是根据建设项目实施阶段的具体情况,依法约定了发包人、承包人的权利和义务,共 3 条:第 2 条【发包人】、第 3 条【承包人】和第 12 条【工程竣工验收】。

(4)违约、索赔和争议条款。这部分条款是约定若合同当事人发生违约行为,或合同履行过程中出现工程物资、施工、竣工试验等质量问题及出现工期延误、索赔等争议,如何通过友好协商、调解、仲裁或诉讼程序解决争议的条款,即第 16 条【违约、索赔和争议】。

(5)不可抗力条款。第 17 条【不可抗力】约定了不可抗力发生时的双方当事人的义务和不可抗力的后果。

(6)合同解除条款。第 18 条【合同解除】分别对由发包人解除合同、由承包人解除合同的情形作出了约定。

(7)合同生效与合同终止条款。第 19 条【合同生效与合同终止】对合同生效的日期、合同的份数以及合同义务完成后合同终止等内容作出了约定。

(8)补充条款。合同双方当事人需对通用条款细化、完善、补充、修改或另行约定的,也可将具体约定写在专用条款内,即第 20 条【补充条款】。

第三部分是专用条款。

专用条款是合同双方当事人根据不同建设项目合同执行过程中可能出现的具体情况,通过谈判、协商对相应通用条款的原则性约定细化、完善、补充、修改或另行约定的条款。

《总承包合同示范文本》试行已近 10 年,在国内工程建设行业逐渐运用,实践中已取得初步成效。在我国工程总承包立法不健全、相关规定滞后且缺乏可操作性的客观情况下,作为行业交易习惯的《建设项目工程总承包合同示范文本(试行)》,对规范市场和当事人行为发挥了明显的、独特的重要作用。

46. 朱老师，您刚才回答问题都提到了住房和城乡建设部、国家工商行政管理总局共同发布的《总承包合同示范文本》，除了这版《总承包合同示范文本》，国家发改委也公布过类似的文件，这两个文件之间有什么区别？

答：是的。你所说的应该是《标准设计施工总承包招标文件》，适用于政府投资项目并且具有强制性。2011 年 12 月 20 日，国家发展改革委、工业和信息化部、财政部、住房和城乡建设部、交通运输部、铁道部、水利部、广电总局、中国民用航空局九部委联合发布了《标准文件》，第 1 条【适应范围】即明确“设计施工一体化的总承包项目，其招标文件应当根据《标准设计施工总承包招标文件》编制”。

在实践操作中，招标文件在项目中标后即成为双方签订工程总承包合同的重要依据之一，《招标投标法》第 19 条规定：“招标人应当根据招标项目的特点和需要编制招标文件。招标文件应当包括招标项目的技术要求、对投标人资格审查的标准、投标报价要求和评标标准等所有实质性要求和条件以及拟签订合同的主要条款。”所以你才会提出这个问题。对于《标准文件》和《总承包合同示范文本》之间的区别，我要强调以下三点：

第一，《标准文件》在法律地位上具有强制适用性，而《总承包合同示范文本》并没有强制适用性。

《招标投标法》第 3 条规定：“在中华人民共和国境内进行下列工程建设项目包括项目的勘察、设计、施工、监理以及与工程建设有关的重要设备、材料等的采购，必须进行招标……（二）全部或者部分使用国有资金投资或者国家融资的项目……”《招标投标法实施条例》第 15 条第 4 款规定：“编制依法必须进行招标的项目的资格预审文件和招标文件，应当使用国务院发展改革部门会同有关行政监督部门制定的标准文本。”因此，《标准文件》在法律地位上具有强制适用性。作为对比，《总承包合同示范文本》至今仍处于试行的状态，《总承包合同示范文本》的开篇说明中即强调“为非强制性使用文本。合同双方当事人可依照《总承包示范文本》订立合同，并按法律规定和合同约定承担相应的法律责任”。

第二,《标准文件》被要求不加修改地引用,而《总承包合同示范文本》的应用形式则更加灵活。

《标准文件》中的“投标人须知”(投标人须知前附表和其他附表除外)、“评标办法”(评标办法前附表除外)、“通用合同条款”,应当不加修改地引用,这其实也是其强制适用性的体现。不过在现实当中,还是存在一些招标人部分进行修改的情况,这当然违背了《标准文件》制定和发布的初衷以及相关部门的明确要求。对于《总承包合同示范文本》则没有这样的要求,实践中应用形式更加灵活,包括了直接使用、应用或者参考借鉴等多种方式。

第三,《标准文件》要求专用合同条款不得与通用合同条款抵触,而《总承包合同示范文本》专用合同条款则可以对通用合同条款的原则性约定进行修改或另行约定。

《标准文件》合同条款包括通用合同条款与专用合同条款,专用合同条款是对通用合同条款的补充、细化。《标准文件》合同条款与其他类格式合同的显著区别是专用合同条款并未将需要进行补充细化的条款与通用条款一一对应列出,而是由当事人根据具体建设工程情况签订。对此,《标准文件》特别要求,专用合同条款可对通用合同条款进行补充、细化,但除通用合同条款明确规定可以作出不同约定的外,专用合同条款的补充和细化内容不得与通用条款的内容相抵触,否则抵触内容无效。作为对比,《总承包合同示范文本》的开篇说明第 1 条第 3 项规定:“专用条款是合同双方当事人根据不同建设项目合同执行过程中可能出现的具体情况,通过谈判、协商对相应通用条款的原则性约定细化、完善、补充、修改或另行约定的条款……”

通过对比,我们可以很明显地发现,《标准文件》相比较《总承包合同示范文本》有更强的刚性。但是,由住建部和国家发改委联合发布的《总承包管理办法》第 9 条第 3 款规定:“推荐使用由住房和城乡建设部会同有关部门制定的工程总承包合同示范文本。”既然国家发改委同样推荐住建部会同有关部门制定的《总承包合同示范文本》,可以理解为今后的发展趋势为,《标准文件》的刚性将有所弱化。

47. 朱老师,您好！您刚才给我们介绍了国内的两个相关示范文本,也对《总承包合同示范文本》通用合同条款进行了分类,让我们对两个示范文本加深了理解。据我所知,国际通用工程总承包合同主要是银皮书。请问,对于我们国内的总承包商而言,国际通用的2017版银皮书与《总承包合同示范文本》之间有哪些不同点应予以高度重视?

答:您在问题中所说的银皮书官方名称叫做《设计采购施工(EPC)/交钥匙工程合同条件(Conditions of Contract for EPC/Turnkey Projects)》,在国际上应用很广泛。银皮书与《总承包合同示范文本》之间的区别表现在各个方面,我个人认为,对于有志于拓展国际业务的国内总承包单位而言,以下不同点应予以高度重视,因为这直接关系到总承包单位的核心利益:

第一是设计条款。

银皮书中有关设计的条款内容对承包商是极其不利的,要求承包商不仅要对自己设计部分的内容负责,还要对雇主对设计的要求及提供的现场数据资料的准确性、充分性和完整性负责,业主对其提供的资料的准确性、完整性不负责任,整体上承包商在设计阶段承担较大的风险。《总承包合同示范文本》中关于设计方面的内容对双方的责权利是相对公平的,要求业主对其提供的材料的准确性、完整性负责,这大大减少了承包商的风险。通过设计方面的对比可知,国内外的区别在于业主是否对所提供资料的准确性、完整性负责,为了解决这个问题,承包商只能从自身出发,加强自身实力。国外市场对承包商的设计能力要求较高,国内的承包商要想在国际市场立足,需要有较强的设计能力。

第二是施工条款。

2017版银皮书关于施工部分的条款为第4条,规定承包商进驻现场的前提是雇主需要收到承包商提供的履约担保。另外,承包商需要办理相关许可、执照或批准,雇主只对承包商提供合理的协助,这大大加大了承包商的风险和责任。银皮书第4.12款规定承包商需要承担由于不可预见的困难造成的损失。第4.13款及第4.15款规定承包商需要对所需要的进场道路的通行权及附加设施、进场路线负责,即承包商需要自担风险和费用,雇主概不负责。《总承包合同示范文本》关于施工的部分为第7条,在《总承包合同示范文本》第7.1.3款中双方在专用条款约定进场条件和进场日期,并没有提到承包商需要在提交履约担保的前提下才能进场,并且进场的相关道路都由发包人负责,这与银皮书相比对承包商而言是较有利的。在第7.1.5款、第7.1.6款、第7.2.8款中涉及的相关许可及执照都需要发包人进行办理,大大减轻了承包商的工作负担。第17.2款中规定了不可抗力造成的损失由双方各自承担,这对双方而言相对比较公平。从施工条款的对比可知,银皮书中规定的承包商的责任义务相对要多一些,其承担的风险相对较大。

第三是采购条款。

关于采购部分的内容,银皮书中允许雇主提供设备材料采购商名单,总承包商只需要从其中选择合适的设备采购商即可,这大大节省了承包商对采购进行招投标的费用。但是在《总承包合同示范文本》中强调对于依法应招投标的项目,承包商需要采用招投标的方式选择供应商,不允许发包人指定供应商,这与银皮书的规定截然不同。

第四是索赔条款。

EPC模式下总承包商承担的风险较大,为了能够在以业主为主导地位的工程领域中合理地保护自身的权益,有必要研究合同文本中的索赔条款。通过对比发现,银皮书中承包商可以用于索赔的条款较少,这证实了银皮书是典型的亲雇主模式这一观点。《总承包合同示范文本》中承包商可以用于索赔的条款较多,承包商在承担相对较大风险的同时,只要认真研究合同条款还是可以通过索赔获得相应的收益。就具体细节而言,银皮书中承包商发出索赔通知、提交索赔报告的时间较短,即给予承包商较短的反应索赔事件的时间,对业主较有利;银皮书模式下按月提交中间索赔报告,比《总承包合同示范文本》模式下按周提交频率要慢,这增加了索赔的期限;《总承包合同示范文本》中发包人在规定的时间内没有处理承包商的索赔报告视为认可索赔,但是在银皮书下却没有类似的规定,这无法保证承包商的合法权益。

综上,从设计、采购、施工、索赔等方面进行对比后可以发现,银皮书和《总承包合同示范文本》这两个工程总承包合同文本的结构设置类似,但是在设计、施工、采购、索赔部分条款内容差别较大。从差异之处也验证了银皮书更有利于发包方。因此，国内承包商进入国际市场后，面对银皮书将要承担较大的风险，这对国内企业的综合管理能力和技术水平其实提出了更高的要求。

48. 朱老师好。我还有一个问题，既然我们在制订国内新的工程总承包合同示范文本时会参考黄皮书和银皮书，那是否代表国内工程总承包项目可以直接全部采用黄皮书或银皮书？

答：这样处理值得商榷。国内的工程总承包项目并不宜直接全部采用黄皮书或银皮书，不宜直接采用的部分主要包括：

第一，黄皮书或银皮书有部分条款不符合我国现行法律制度和政策规定。

以指定分包为例。2017 版黄皮书/银皮书第4.5 款【指定的分包商】明确了可指定分包的情形、承包商反对指定分包的合理情形、雇主直接支付指定分包商的条件，并允许雇主通过对指定分包商的责任提供保障，在承包商反对的情况下继续使用指定分包商。

但是我国《建筑法》禁止将建筑工程肢解发包，现行的监管体系不允许发包人直接指定分包，因此黄皮书或银皮书中允许发包人指定分包的内容不符合我国国情，不能直接采用。

第二，黄皮书或银皮书部分规定不符合我国建设工程领域操作实践。

以"工程师/雇主代表"为例。2017 版黄皮书中工程师虽然代表雇主对工程进行管理，但是工程师的地位相对独立并应根据合同作出公正的决定；2017 版银皮书第 3.5 款【商定或确定】赋予雇主代表作为非业主代理履行商定和确定的职责，第 3.5 款下的雇主代表相当于黄皮书中工程师的地位，在第 3.5 款中雇主代表不代表雇主的利益，而是以中间人的身份公正地对发承包双方间的合同履行事宜进行商定或确定，包括商定或确定发承包之间的索赔。国内实践中发包人授予监理人/咨询人的管理职权和其中立性都比较有限，其所作决定一般需经发包人签认，而不是像黄皮书或银皮书合同下的工程师/雇主代表具有中立的决定职权。我国雇主代表（发包人代表）通常是发包人的员工，发包人代表几乎不太可能不代表发包人利益，而以一个中间人的身份处理发承包人之间的合同履行事宜，尤其是不可能以中间人的身份处理索赔过程中双方发生的纠纷。因此，黄皮书或银皮书中关于工程师/雇主代表的规定不符合我国的工程实践。

第三，源自英美法系的细化程序不适合于我国的合同体系。

2017版黄皮书/银皮书大量细化了程序性规定，对沟通和通知作了更详细明确的规定，但是有些烦琐的程序更适用于英美法系，因为英文法系主要是案例法，在成文法相对较少、案例又无法援引的情况下，很多程序和细节性的规定均在合同中一一列明，非常详尽。但是，这种详尽的程序性规定不适合我国现有的合同体系，也不符合我国对合同的使用习惯。以索赔程序为例。2017版黄皮书/银皮书较1999版进一步细化了索赔程序，包括：(1)索赔通知；(2)初始响应；(3)同期记录；(4)充分详细的索赔；(5)索赔的商定或确定；(6)有连续影响的索赔；(7)一般要求。而且这七个程序中的每一个环节又进一步规定了更细的程序。其中，【充分详细的索赔】需提交的文件包括4项规定，提交的期间包括2项规定；【索赔的商定或确定】包括3段规定，其中第1段中又包括2项规定，第2段中包括3项规定，第3段中包括5项规定；【有连续影响的索赔】又包括4项规定。

第四，有关国际工程的具体规定不都适用于国内工程。

FIDIC黄皮书/银皮书是国际工程合同，适用于发包人和承包人系分属于不同国家的实体，其中关于适用何种货币和何种语言、适用所在国的技术规范和法规、所在国当局造成的延误、国际货物运输、跨国人员安排、合同解除后承包人如何撤离所在国等，这些是国际工程特有的内容，不适用于国内工程。

综上，对于国内的工程总承包项目而言，不宜直接生搬硬套FIDIC黄皮书或银皮书，而是应当结合法律法规和项目实际情况有所取舍，我个人推荐使用我国制定的《总承包合同示范文本》。

49. 朱老师，刚才您提到在银皮书合同条件中要求必须保证“每项生产设备和材料都应无抵押和其他阻碍地成为雇主的财产”。我们是从事净水厂施工的单位，有的时候设备价格很高，我们采购设备的时候也是采用分期付款的形式，那么如果我们运抵现场的时候，还没有付清设备价款，是否构成银皮书中所述的“其他阻碍”导致违约？

答：如果工程总承包单位和设备供应商之间仅仅存在欠付设备款的问题，但对所有权没有其他约定，则不构成对发包人的违约。这个问题其实对于非法学人士理解起来具有较大的难度，涉及法律上物权概念和债权概念的差异。

刚才说过，2017 版银皮书第 7.7 款规定：“每项生产设备和材料都应无抵押和其他阻碍的成为雇主的财产。”这里的“其他阻碍”指的是雇主（国内称发包人）将这个设备变成自身财产的阻碍，即发包人取得所有权的阻碍，这是一种物权取得的障碍。设备价款是否支付完成属于债权上的瑕疵，但在设备采购合同对物权所有权没有特殊约定的情况下，债权瑕疵不构成物权障碍。

在法律上，债权的存在往往是物权变动的原因，但债权的履行并不必然影响物权变动。工程总承包单位和设备供应商签订采购合同，设备供应商向工程总承包单位交付设备时，因为动产交付行为的完成，工程总承包单位已经合法取得设备所有权，设备供应商有权向工程总承包单位主张欠付设备款的债权，但无权主张返还设备；而工程总承包单位对于设备的所有权合法有效，自然也就可以合法有效地向发包人转移所有权。因此，虽然工程总承包单位对设备供应商负有债务，但发包人可以合法有效地取得所有权，该设备成为发包人的财产并没有障碍，因此不构成违约。

50. 我注意到您刚才在解释“其他障碍”的时候特别强调“对所有权没有其他约定”，在设备采购中最常见的是保留所有权的约定，那么这种情况下是否构成“其他障碍”？

答：构成其他障碍，但在大多数情况下，保留所有权的约定往往导致工程总承包单位向设备供应商承担违约责任，而非向发包人承担责任。这个结论大家是否觉得有点有悖常理，但我解释一下相关规定，大家就会觉得非常合理。

所谓保留所有权的约定，是指在移转财产所有权的商品交易中，根据法律的规定或者当事人的约定，财产所有权人移转标的物的占有与对方当事人，但仍保留其对该财产的所有权，待对方当事人支付部分或全部价款，或完成特定条件时，该财产的所有权才发生移转的一种法律制度。因此，如果工程总承包单位没有支付合同约定的价款，其虽然取得了设备，但其不具有该设备的所有权，既然其不具有该设备所有权，自然无法向发包人转移所有权，自然构成对发包人的违约。

但我为什么说大多数情况下是工程总承包单位向设备供应商承担违约责任，而非向发包人承担责任？这涉及物权法上一个重要制度——“善意取得”。《物权法》第 106 条规定：“无处分权人将不动产或者动产转让给受让人的，所有权人有权追回；除法律另有规定外，符合下列情形的，受让人取得该不动产或者动产的所有权：(一)受让人受让该不动产或者动产时是善意的；(二)以合理的价格转让；(三)转让的不动产或者动产依照法律规定应当登记的已经登记，不需要登记的已经交付给受让人。受让人依照前款规定取得不动产或者动产的所有权的，原所有权人有权向无处分权人请求赔偿损失。当事人善意取得其他物权的，参照前两款规定。”根据该规定，在工程实践中，发包人往往对设备是否已经付清全部价款是不知情的，发包人又已经向工程总承包单位支付工程价款并取得设备，符合善意取得的构成要件，因此发包人善意取得设备所有权。在这种情况下，虽然物权的移转存在瑕疵，但由于善意取得制度，发包人还是合法有效取得物权，工程总承包单位无须向发包人承担违约责任；但工程总承包商要基于采购合同约定及《物权法》第 106 条的规定向设备采购商承担违约或损害赔偿责任。反之，如果发包人对工程总承包单位及设备供应商之间的合同约定及价款付款情况均明知，则不能适用善意取得，发包人不能取得所有权，此种情形下，应由工程总承包单位向发包人承担违约责任。

在保留所有权买卖的情形下，还有一种情形需要特别注意。设备在建造过程中，其性质可能由动产转化为不动产。最高人民法院《关于审理买卖合同纠纷案件适用法律问题的解释》第 34 条规定：“买卖合同当事人主张合同法第一百三十四条关于标的物所有权保留的规定适用于不动产的，人民法院不予支持。”因此，虽然设备采购合同中约定了设备供应商保留所有权,但由于设备物划入不动产中,导致保留所有权的约定事实上已无法履行,设备供应商仅能享有债权。

综上,在建设工程领域,保留所有权这一方式对于设备供应商来说存在较大的风险,建议改换方式,采用抵押、第三方担保、保函等方式对自身权益进行更全面的保障。

51. 我们在建筑市场洽谈 EPC 项目时已逐渐遇到了“保护伞协议”,EPC 中的“保护伞协议”具体指什么? 它是怎么来的?

答:这个问题非常新颖。目前在国内,“保护伞协议”还是一个非常罕见的内容,但是在国际 EPC 工程采购中,“保护伞协议”是一个常见的采购模式,随着我国 EPC 市场的发展及建筑企业“走出去”越来越多,对于“保护伞协议”,大家还是有必要进行一个基本的了解。

首先,“保护伞协议”不是一个非常严格的法律概念,是一类交易模式的统称。“保护伞协议”(umbrella agreement)是美国法学者卡尔·卢埃林(Karl Lewellyn)于 1931 年提出的一种契约形式。哈佛法学院的 KATIESHONK 对此的定义是指为将来的更具体的买卖合同设定一种普遍适用的原则性协议。“保护伞协议”是一种零值协议,并不直接为某特定的一次交易而缔约,而是为了合同期内会发生的不定次数的交易缔结的原则性协议,包括固定的型号、技术规范等的产品目录及相对应的价格条款。同时,“保护伞协议”一般也通过排他性条款的约定,使交易方能够获得交易相对方全部的产品/订单。

这些表述非常学术化,非常难懂,我简单点解释,就是采购方与供货方指定一个采购名录,明确名录中所有采购的材料设备的各项要求及对应价格,采购方承诺只要是名录中的材料设备就必须向该供货商采购,不得向其他供货商采购;而相对应的,供货商同样必须承诺只要是名录内的材料设备,则必须按照名录中的要求及价格进行供应。

可见,“保护伞协议”的两大核心是确定性与排他性。所谓确定性,是指双方必须确定明确的采购名录,明确采购材料设备的各类要求及价格,一旦名录确定,双方均不得随意变更;所谓排他性,是指一旦名录确定,就名录范围内的材料设备,协议供货商具有排除其他供货商竞争的权利,采购方只能向协议供货商采购,无权向其他供货商采购。

因此,“保护伞协议”本质上是采购方通过放弃未来向其他采购商的自由议价权,换取名录内材料设备的稳定、低价供应。“保护伞协议”的优点在于通过一次商业谈判或招投标,即可使买受方获得充足、可靠、优质且相对廉价的供货源,使出卖方能够获得可期的持续稳定的订单,无须每次采购都要重新谈判,减少管理成本。通过设计合理的采购目录,使采购流程标准化,减少采购同类、同种或互相关联的商品之间的兼容性问题,对设计、采购、安装、调试、维护等一系列后续工作都有裨益,能有效减少采购时需要面对的交易相对方的数量,节约采购方和供应商的管理人力;还能在减少备品备件的库存和种类的同时保证供应的稳定,使工期不会因采购过程繁复导致产品不及时到位而发生延误,产生损失。“保护伞协议”虽然在国内尚未广泛使用,但在国际上已经成为一种十分常见的交易方式。

“保护伞协议”根据采购供货主体的不同,可以分为两种,一种是直接采购,另一种是间接采购。所谓直接采购,是指“保护伞协议”中一方直接向另一方进行采购;所谓间接采购,是指“保护伞协议”的一方并不直接向相对方进行采购,而是保证第三方向协议相对方进行采购,这里的第三方通常是指该单位的发包项目的承包商、分包商或子公司等,第三方可以就采购的具体约定与供货商进行进一步谈判,但如果谈判无法达成一致,则应以“保护伞协议”的约定为准。

52. 我们中标了一个 EPC 项目,业主要求大宗材料、设备及构配件以甲方确认的“保护伞协议”确定的供货商短名单来选择供货商。请问,这种“保护伞协议”和“甲指乙供”是同一概念吗?这种模式是否合法有效?是否应该按照名单进行采购?

答:第一,如果供货商仅是短名单,则不能称之为“保护伞协议”。

我刚才在介绍“保护伞协议”的时候说过,“保护伞协议”需要具有确定性。

“保护伞协议”中的采购名录并不仅仅是一个单纯的名录，而是包含材料设备名称、类别、规格、交付等各项采购要求及明确的价格条款。即使是采用间接采购模式，即业主要求承包商向“保护伞协议”约定的供货商进行采购，也应当向承包商提供明确的采购名录及“保护伞协议”本身，否则“保护伞协议”的约定就难以延伸到采购合同中去，“保护伞协议”也就没有了意义，所以只提供短名单，并非真正的“保护伞协议”。

第二，间接采购模式的“保护伞协议”与“甲指乙供”的区别。

间接采购模式的“保护伞协议”从表面上来看，确实和国内俗称的“甲指乙供”模式非常相似，但两者还是存在差异的。

“甲指乙供”模式中，业主仅提出指示但没有实际的权利义务；但“保护伞协议”中，业主受“保护伞协议”的拘束并附有管理义务。

“甲指乙供”模式中，业主通常是向承包商作出指示，要求承包商必须向某些特定的供货商采购。这种指示在实务中可能采用合同条款、附件、签证乃至口头的形式作出，但这种指示是一种单方的要求，并不是一种具有对价的合同义务，是基于业主的强势地位强加给承包商的义务，业主对此不承担合同义务，也不对供货商进行任何管理。“甲指乙供”模式中，仅存在一个与采购相关的合同关系，即承包商与供货商之间的合同关系，因此“甲指乙供”是一种业主方利用自身强势地位提出的不合理要求，有害市场公平。

“保护伞协议”中，业主首先负有选择优秀的供货商并且拟定合适的采购价格及其他采购条件的管理义务；在“保护伞协议”签订后，业主方必须受协议中排他性采购条款及相应采购条件条款的义务限制，不得随意突破。业主在选择承包商时，必须将“保护伞协议”作为承包合同内容进行签订。承包商签订了承包合同，就意味着接受“保护伞协议”，也同时受“保护伞协议”中排他性采购条款及相应采购条件条款的义务限制。因此，在“保护伞协议”的履行中，存在三个与采购相关的合同关系，业主与供货商间的“保护伞协议”，承包商与业主之间的附带保护伞条款的承包合同关系，以及承包商与供货商之间正式的采购合同。三个合同独立但互相关联，业主、承包商、供货商各自承担各自的合同义务，地位平等，各自取得相应的合同对价，是一种公平的社会交易模式。

因此“保护伞协议”与“甲指乙供”虽然很相似，但业主应当尽到足够的管理义务并履行相应的合同义务，故此“保护伞协议”与我们国内工程惯例中所称的“甲指乙供”是不同的，“保护伞协议”更加合理公平。

第三，“保护伞协议”是否合法有效、依约履行需要辩证讨论，不能一概而论。

“保护伞协议”在我国目前的工程实践中极其少见，并没有针对这种模式的直接规定，只能通过相关的法律法规进行法理推演，因此需要辩证地探讨，没有标准答案。

首先，业主指定供应商的模式为我国法律所禁止。

《建筑法》第25条规定：“按照合同约定，建筑材料、建筑构配件和设备由工程承包单位采购的，发包单位不得指定承包单位购入用于工程的建筑材料、建筑构配件和设备或者指定生产厂、供应商。”

《招标投标法实施条例》第32条规定：“招标人不得以不合理的条件限制、排斥潜在投标人或者投标人。招标人有下列行为之一的，属于以不合理条件限制、排斥潜在投标人或者投标人……（五）限定或者指定特定的专利、商标、品牌、原产地或者供应商……”

所以在我国的法律体系下，业主方指定承包商向特定供货商采购的模式是不合法的，虽然上述法律法规的立法本意是限制不合理的“甲指乙供”模式，并非针对“保护伞协议”，但“保护伞协议”依然属于以上法律法规所规定的业主指定了供货商，因此在相关法律法规没有结合“保护伞协议”的合理性进行修正的前提下，“保护伞协议”在我国依然存在合法性上的障碍。

其次，业主指定供货商应当承担质量责任。

《建设工程司法解释（一）》第12条规定：“发包人具有下列情形之一，造成建设工程质量缺陷，应当承担过错责任……（二）提供或者指定购买的建筑材料、建筑构配件、设备不符合强制性标准……”

根据上述规定，如果业主指定供货商的，应当对供货商的材料设备质量承担相应责任。

再次，如果工程项目采用招投标形式，业主方采用“保护伞协议”的，应当在招标文件中列明，否则该项约定无效。

《建设工程司法解释（二）》第1条规定：“招标人和中标人另行签订的建设工程施工合同约定的工程范围、建设工期、工程质量、工程价款等实质性内容，与中标合同不一致，一方当事人请求按照中标合同确定权利义务的，人民法院应予支持。招标人和中标人在中标合同之外就明显高于市场价格购买承建房产、无偿建设住房配套设施、让利、向建设单位捐赠财物等另行签订合同，变相降低工程价款，一方当事人以该合同背离中标合同实质性内容为由请求确认无效的，人民法院应予支持。”第 9 条规定：“发包人将依法不属于必须招标的建设工程进行招标后，与承包人另行订立的建设工程施工合同背离中标合同的实质性内容，当事人请求以中标合同作为结算建设工程价款依据的，人民法院应予支持，但发包人与承包人因客观情况发生了在招标投标时难以预见的变化而另行订立建设工程施工合同的除外。”

根据上述规定，不论是否属于必须招投标的项目，只要采用了招投标的方式，那么如果业主希望采用“保护伞协议”，那么必须将相应的“保护伞协议”纳入招标文件范围，如果业主没有将“保护伞协议”纳入招标文件范围，而是在招投标结束之后要求添加“保护伞协议”，就属于实质性变更工程范围及价款，相关约定无效。

最后，如果招投标文件中已明确保护伞协议的内容，或未采用招投标形式的非必须招标项目中约定了“保护伞协议”的内容，那么原则上应当依约履行，但如果是政府投资类的项目，其效力值得探讨。

如果招投标文件中已明确“保护伞协议”的内容，或未采用招投标形式的非必须招标项目合同中约定了“保护伞协议”的内容，那么这样的约定是原则上有效的。《建设工程司法解释（一）》第 12 条所规定的“甲指乙供”的后果是业主承担质量过错责任，但并未规定合同无效，根据举重以明轻的法律原则，“保护伞协议”也可以类推此项立法本意，原则上合同约定有效。

但在政府投资类项目中，我觉得还有值得进一步探讨，这既是对既有法律问题的思考，也是对国内引进“保护伞协议”这种模式的探究。

《招标投标法》第 3 条规定：“在中华人民共和国境内进行下列工程建设项目包括项目的勘察、设计、施工、监理以及与工程建设有关的重要设备、材料等的采购，必须进行招标：（一）大型基础设施、公用事业等关系社会公共利益、公众安全的项目；（二）全部或者部分使用国有资金投资或者国家融资的项目；（三）使用国际组织或者外国政府贷款、援助资金的项目。前款所列项目的具体范围和规模标准,由国务院发展计划部门会同国务院有关部门制订,报国务院批准。法律或者国务院对必须进行招标的其他项目的范围有规定的,依照其规定。”

根据上述规定,政府投资类项目的材料设备采购应当依法招投标,如果允许政府投资类的项目采用“保护伞协议”,那么事实上就绕过了《招标投标法》的限制,使工程材料设备可以不经招投标而实质上指定了供货商,这种情形显然是不合理的。虽然我国目前的法律法规中对此等情形并未直接规定为无效,但政府投资类项目的资金来源与项目用途都与社会利益直接相关,因此直接引用“保护伞协议”模式容易产生法律上的空白及“权力寻租”问题,直接影响合同约定效力的判断,需要根据具体的项目及履约模式进一步判断是否存在损害公共利益而致无效的问题。这也是未来我国工程市场引进“保护伞模式”必须考虑的一个重要问题。

三、关于工程总承包项目实施

53. 我们在广东的一个项目,明明是投了一个施工总承包的标,业主提供的合同文本却采用负总责的工程总承包模式,而且包括勘探的责任。现在因地质勘探不到位以及填土超厚引起基础不均匀沉降,发生的整改费用高达5000多万元。发包人要求我方依约承担费用,而填土根本不在我们的施工范围内,我们该怎么办?

答:贵司应当在履行过程中就向发包人主张合同工程范围超出原招标范围,应当按照施工总承包招投标文件的工程范围履行,并向发包人主张填土超厚引起的沉降整改费用。

《建设工程司法解释(二)》第10条规定:“当事人签订的建设工程施工合同与招标文件、投标文件、中标通知书载明的工程范围、建设工期、工程质量、工程价款不一致,一方当事人请求将招标文件、投标文件、中标通知书作为结算工程价款的依据的,人民法院应予支持。”现在招的是施工总承包的标,签订的却是工程总承包合同,显然合同工程范围与招投标文件不一致,按照该司法解释规定,应当按照招投标文件确定工程范围,贵司可以依据该司法解释要求发包人按照招投标文件的约定履行。

填土并不是一个独立的专业工程，只是地基工程或主体结构工程施工过程中一个常见的工序。贵司作为施工总承包单位，填土一般会纳入贵司的承包范围，但贵司刚才又说填土不在贵司施工范围内，实际上也不是承包人完成的，那么此种情况下属于发包人另行分包，如果该分包商也不受贵司管理，《建设工程司法解释（一）》第12条规定："发包人具有下列情形之一，造成建设工程质量缺陷，应当承担过错责任：……（三）直接指定分包人分包专业工程。承包人有过错的，也应当承担相应的过错责任。"甲方指定分包单位施工问题导致的工程整改费用应当由发包人承担。

54.《总承包管理办法》第18条规定："工程总承包单位应当建立与工程总承包相适应的组织机构和管理制度，形成项目设计、采购、施工、试运行管理以及质量、安全、工期、造价、节约能源和生态环境保护管理等工程总承包综合管理能力。"对工程总承包提出了很多要求，感觉内涵很丰富，请问对这条内容您如何解读？

答：这一条对工程总承包单位提出了一系列要求，主要包括了四个层次的含义：第一个层次，工程总承包企业应完善工程总承包企业组织机构；第二个层次，工程总承包企业应加强工程总承包项目管理体系建设；第三个层次，工程总承包单位应形成工程总承包综合管理能力；第四个层次，工程总承包单位应对工程总承包项目的质量、安全、工期、造价、环境保护负总责，并且就分包工程承担连带责任。现在我分别进行解读：

第一，工程总承包企业应完善工程总承包企业组织机构。

住房城乡建设部《工程总承包发展意见》第15点规定："完善工程总承包企业组织机构。工程总承包企业要根据开展工程总承包业务的实际需要，及时调整和完善企业组织机构、专业设置和人员结构，形成集设计、采购和施工各阶段项目管理于一体，技术与管理密切结合，具有工程总承包能力的组织体系。"

工程总承包企业之所以要完善工程总承包企业组织机构，是由工程总承包的内涵和工程总承包的方式所决定的。按照《总承包管理办法》第 3 条的规定，工程总承包是指承包单位按照与建设单位签订的合同，对工程设计、采购、施工或者设计、施工等阶段实行总承包，并对工程的质量、安全、工期和造价等全面负责的工程建设组织实施方式。鉴于此，工程总承包包含了设计、采购、施工等多个阶段的承包，传统的以单一业务为主的设计单位或施工单位的组织管理机构已经难以满足开展工程总承包业务的实际需要，工程总承包企业应逐渐完善组织机构，以工程项目总承包管理为中心建立融合设计、采购、施工等业务的工程总承包业务部门，并在此基础上设置相关的专业岗位，配置相应的专业人员，协调与整合设计、采购、施工各个阶段的管理，形成具有工程总承包能力的组织体系。

第二，工程总承包企业应加强工程总承包项目管理体系建设。

住房城乡建设部《工程总承包发展意见》第 17 点规定："加强工程总承包项目管理体系建设。工程总承包企业要不断建立完善包括技术标准、管理标准、质量管理体系、职业健康安全和环境管理体系在内的工程总承包项目管理标准体系。加强对分包企业的跟踪、评估和管理，充分利用市场优质资源，保证项目的有效实施。积极推广应用先进实用的项目管理软件，建立与工程总承包管理相适应的信息网络平台，完善相关数据库，提高数据统计、分析和管控水平。"

根据该规定，工程总承包项目管理体系建设主要包括以下三个方面：一是建立项目管理标准体系，该标准体系包括技术、管理、质量、职业健康安全、环境五个方面；具体的管理标准包括对管理制度的制定、管理岗位的设置、管理人员的设置，以及各个管理标准体系之间的衔接。二是建立对分包单位的管理体系，包括对分包单位监督、评估和管理，将对分包企业的管理纳入工程总承包企业自身的管理体系之中。三是建立电子管理体系，包括应用项目管理软件、建立信息网络管理平台、完善管理数据库、实现电子管理体系与传统管理体系的过渡与结合。

第三，工程总承包单位应形成工程总承包综合管理能力。

之所以强调工程总承包单位应具备综合管理能力，是源于工程总承包的本质，即不同于传统的设计、施工分离的工程承包方式的多种承包内容的结合。传统的单一施工承包，承包单位仅需具备施工管理能力即可；单一的设计承包，承包单位仅需具备设计管理能力即可。但是，工程总承包，包括设计—采购—施工

(EPC)模式、设计—施工(DB)模式等,需要承包单位同时具备设计管理能力、采购管理能力和施工管理能力。如果承包单位目前只具备其中一种管理能力,而不具备其他两项管理能力,则需要通过引用、培养等方式聘请相应专业管理人员对项目的设计、采购、施工进行管理,或者委托具有其他两项管理能力的项目管理单位代其管理,否则将面临因缺乏相应的管理能力而导致损失的情况。

第四,工程总承包单位应对工程总承包项目的质量、安全、工期、造价、环境保护负总责,并且就分包工程承担连带责任。

住房和城乡建设部《工程总承包发展意见》第1点和建设部《关于培育发展工程总承包和工程项目管理企业的指导意见》都规定了工程承包单位应对所承包工程的质量、安全、工期、造价、环境保护全面负责。

对此,住房和城乡建设部《工程总承包发展意见》第十一点作出了更加详细的说明,具体规定为:“工程总承包企业的义务和责任。工程总承包企业应当加强对工程总承包项目的管理,根据合同约定和项目特点,制定项目管理计划和项目实施计划,建立工程管理与协调制度,加强设计、采购与施工的协调,完善和优化设计,改进施工方案,合理调配设计、采购和施工力量,实现对工程总承包项目的有效控制。工程总承包企业对工程总承包项目的质量和安全全面负责。工程总承包企业按照合同约定对建设单位负责,分包企业按照分包合同的约定对工程总承包企业负责。工程分包不能免除工程总承包企业的合同义务和法律责任,工程总承包企业和分包企业就分包工程对建设单位承担连带责任。”

因此,工程总承包单位建立的与工程总承包相适应的组织机构和管理制度越健全,其形成项目设计管理、采购管理、施工管理、试运行以及质量、安全、工期、造价、环境保护等工程总承包综合管理能力越全面,其在承包工程总承包项目时越易于发现、管理和解决其中的风险和问题,承担责任的概率就越小,反之亦然。

55. 设计或施工单位牵头工程总承包时,面对市场对“采购”的需求,应该如何建立与之相适应的管控机制?

答:这个问题问得有点大,是一个系统性问题,涉及复杂的工程管理实践,今天时间有限,很难全面具体地完全解析采购管控问题。我只能针对大多数工程总承包单位在采购管控机制建立过程中的可能遇到的几点疑难问题简要建议。

第一,纠正观念,构建采购全过程管理的思维。

采购是买卖没错,但工程总承包管理语境下的采购管理不仅仅是买卖。传统的施工总承包语境下的采购通常较为简单,强调的就是按时供料、按时提供设备,主要的管理要点是进度组织与费用管理,但这种理念不适用于工程总承包。作为工程总承包的采购,需要构建从设备设计、制造、运输、安装乃至保险、融资等一整套的管理体系,才能适应新时代工程总承包模式的新要求。

第二,提高采购部门地位,应将其列为项目部核心职能部门之一,构建采购、设计、施工等多部门沟通的顺畅渠道。

合理的组织架构是工程管理的基础之一。传统模式下,采购部门的工作通常是保障施工供料顺畅,因此往往属于施工部门的下属机构,部分项目甚至没有采购部门,仅有为数不多甚至是兼职的材料员负责工程采购,这明显不符合工程总承包模式的需求。

真正意义上的工程总承包模式下的采购部门首先需要根据设计的要求,寻找合格的供应商;然后对接设计部门,明确材料设备的具体参数要求,并同设计部门一道进行相关材料设备的过程监造;再对接施工部门,明确供应时点和供应顺序;最后组织供应商、施工部门、设计单位制定安装、运行、维护方案等工作。可见,在工程总承包模式下,采购单位的重要性随着相关材料设备复杂性的上升而上升,需要从项目设计一直管理到项目维护,并且全程涉及多部门的沟通、协调。因此有必要提高采购部门的地位,其应与设计、施工部门并重,并且推进三大部门的沟通、协调、共同讨论机制的建立,确保设计、施工、采购的配合联动及工程进度。

第三,工程进度计划应当包括采购计划。

施工总承包模式下,由于工程设计是明确的,因此工程采购目标也是明确的,工程采购进度计划是根据工程施工进度分配采购的进度目标,因此采购进度计划一般是作为施工进度计划的附属或组成部分;但在工程总承包模式下,大家往往就容易忽视采购进度计划的特殊性和重要程度。

实际上,工程总承包模式下的采购计划应当与设计计划、施工计划统筹考虑,合理制定衔接计划，既要考虑阶段性的采购目标的实现，更要注意总体采购目标的流水线安排，做到设计、采购、施工无缝衔接。

第四，工程总承包的采购应当通过合同明确总承包商监造权利。

大型、特种、定制的材料、设备与普通的材料、设备不同，此类型的材料设备的设计往往是工程总承包商的设计部门与供应商的设计部门结合工程项目实际配合设计完成，因此就算是同一类型的材料设备，在细节上也会有较多不同，即使供应商是专业的制造商，但对于这些不同的细节而言，依然属于不熟悉的领域，有必要通过工程总承包商的监造程序，共同管理、监督设计方案的真正落实。

《总承包管理办法》的适用范围是房建工程与市政基础设施工程，房建工程中，特殊材料设备较少，但市政基础设施中有大量以工程设备为主体的工程项目，如污水厂、净水厂、中水厂、热力厂等项目，是以设备性能及其安装要求为主体；土建工程、装修工程等其他工程均是为了设备的安装运行而服务，设备的质量与性能是工程的核心。而大型、特种、定制的材料、设备也存在大量类似土建工程中"隐蔽工程"的内容，仅从外观检查是无法判断其质量与性能的，一旦设备制造完成、安装、运行之后才发现质量问题，对工程的影响往往是致命的。因此，从此意义而言，也有必要通过监造程序对采购的材料、设备进行全过程监造，以把控材料、设备的质量。监造程序在国内并不是很成熟的商业惯例，且因材料、设备的不同，监造程序往往也具有相当大的差异，因此工程总承包商有必要在采购之前结合项目特点，设计合理的监造程序，并通过采购合同落实自身此项权利。

第五，采购中的变更应当结合工程总承包项目的特点设立相应合同条款。

变更程序在工程总承包模式下，一旦涉及大型、特种、定制设备，其将带来多么复杂的问题?!

设备相较于土建，整体性更强。对于土建工程而言，大部分变更可以通过局部整改的方式完成；但设备不同，大部分的设备事实上很难局部修改，尤其是关键部位或者关键参数，一旦修改，往往意味着设备已制造部分的废弃或是设备性能发生难以预料的变化。因此，设备的变更成本、风险远高于土建工程。

当前行业中的变更程序通常参考《2017 版施工合同》的变更程序规定加以修改而成，但《2017 版施工合同》本身是基于一般房建工程的特点而编写的，对于设备占比很高的项目并不非常适合。例如，《2017 版施工合同》第 10.1 项【变更的范围】约定:“除专用合同条款另有约定外,合同履行过程中发生以下情形的,应按照本条约定进行变更:(1)增加或减少合同中任何工作,或追加额外的工作;(2)取消合同中任何工作,但转由他人实施的工作除外;(3)改变合同中任何工作的质量标准或其他特性;(4)改变工程的基线、标高、位置和尺寸;(5)改变工程的时间安排或实施顺序。”该条款适用于设备制造时,会产生诸多问题,例如,变更质量标准可能导致设备供应商没有相应技术或生产线而事实上完全无法履约;增加或减少部分工作可能导致设备供应商失去部分核心部件尤其是具有高技术含量的高利润部件;还有部分类型设备的生产线是必须一次性生产的,一旦中断,所有半成品均会报废,因此改变工程时间安排或实施顺序在设备制造时是需要全面评估的。

为了解决设备制造的变更的特殊性,北京建纬律师事务所已配合住建部编制了工程总承包合同示范文本及其配套分包合同文本,其中就包括了采购合同文本,致力于解决设备制造变更的特殊性问题,但目前该文本还在拟制过程中,在该文本出台之前,各位在工程总承包设备采购过程中还是要自行对此问题进行深入分析,精研相关问题,避免自身权益受到损失。

今天时间有限,我就讲这么几点大家在工程采购中经常忽略的问题,供大家参考,更加详细的解决模式,请大家期待工程总承包合同示范文本中采购分包文本的正式出台。

56. 我是施工单位的,请问,如果由施工单位牵头工程总承包,施工单位应当建立什么样的管控机制来确保工程设计和设备采购的质量和进度?

答:这个问题很有普遍性,我在到各地讲课答疑的时候,已经有好几个人提过类似的问题,可见施工单位对于工程总承包市场的高度关注和对提高自身管理水平的急切需求。工程总承包实施过程中,施工单位的情况各不相同,工程项目的情况更是千差万别,应当建立什么样的管控机制来保证设计和采购阶段的质量和进度呢?我认为应当先从具有普遍性的管理入手,具体包括以下四个方面：

第一是建立项目经理的选任机制。

我们常说："千军易得，一将难求。"工程总承包项目的项目经理就是这个"将"。《总承包管理办法》第20条规定："工程总承包项目经理应当具备下列条件：（一）取得相应工程建设类注册执业资格，包括注册建筑师、勘察设计注册工程师、注册建造师或者注册监理工程师等；未实施注册执业资格的，取得高级专业技术职称；（二）担任过与拟建项目相类似的工程总承包项目经理、设计项目负责人、施工项目负责人或者项目总监理工程师；（三）熟悉工程技术和工程总承包项目管理知识以及相关法律法规、标准规范；（四）具有较强的组织协调能力和良好的职业道德。工程总承包项目经理不得同时在两个或者两个以上工程项目担任工程总承包项目经理、施工项目负责人。"由此可见，工程总承包模式对于项目经理的要求是相当高的。对于施工企业的项目经理而言，施工方面的事务自然是轻车熟路的，但是否能够把设计、采购阶段的工作协调好、管理好呢？能否与设计单位一起对工程实施的过程进行优化呢？这对于施工企业以及项目经理本人而言都是很大的挑战，因为工程总承包模式所需要的项目经理不仅要精通本部门的业务，对于其他工作阶段的业务也要有同等的理解。所以，施工企业作为工程总承包人想要把项目做好，项目经理的选任非常关键。不能按传统观点把工程总承包项目经理等同于施工总承包项目管理单一负责人，而是要把这个人作为整个项目管理的"总统"。

第二是建立合作伙伴的选择机制。

现实中几乎没有施工企业对工程总承包是全知全能的，在加强工程总承包项目管控时面对这个现实尤为重要。既然目前施工企业的项目经理并不能包办一切，那就要选择、搭配适当的合作伙伴建立工程总承包有效的管理机制。对于施工企业而言，合作伙伴的来源有两种，一种是组成联合体的其他合作方，另一种就是分包人。无论是哪一种，施工企业都切忌随意选择，因为这可能不符合发包人的要求、可能会违反国家和地方有关招投标的强制性规定，更加重要的是，工程总承包的联合体各方或者总包人、分包人之间"有福可能不会同享，有难却是几乎必然同当"。我之前所讲的内蒙古某热电厂项目，设备承包商牵头后选择了资质不符合要求的设计单位，最终导致了工程不符合国家关于抗震的强制性标准。对于本案总包人来说，撇开设备承包商是否可以牵头工程总承包项目这个问题，没有谨慎地选择合作伙伴是工程出现严重质量问题的根本原因之一。对于这个教训，施工单位同样要吸取，无论是对于联合体的其他合作方，还是分包人，在具体选择合作伙伴时都要遵循招投标法律法规和发包人的要求，都要紧密结合自身的管理水平和技术实力，建立切实可行的管理制度，绝不能仅凭个人好恶或者仅考虑投入效益，“划拉到盘子里都是菜”。

第三是建立配套的合同履约签证管理的审核及跟踪管理机制。

与传统的施工工作不同，施工单位一旦牵头工程总承包项目，作为总包人就要对设计、采购等阶段的工作负全责，相应的合同的种类和数量大为增加，履约过程中要处理的签证种类和数量也相应大大增加。仅以合同种类而言，一般包括工程总承包合同、工程总承包项下的勘察合同、设计合同、采购合同、审价合同、工程保险合同、施工总承包合同、分包合同（包括指定分包、专业分包及劳务分包）等。施工企业面对这么多的合同以及相对应的签证工作，显然有必要建立起完善的审核及跟踪管理机制。要不然，管控设计、采购同步符合施工进度、质量等要求显然都会沦为一纸空谈。

第四是和设计单位、采购单位共同建立与建设单位的沟通协调机制。

施工单位作为工程总承包项目的牵头单位，需要和设计单位、采购单位等分包人一起，共同建立起与建设单位的沟通协调机制，顺畅的沟通协调机制将使总包人的工作事半功倍。现实当中，除了作为总包人的施工单位，建设单位对于设计、采购等分包工作的质量和进度也往往会提出自己的要求，很多情况下并不是向总包人提出，往往直接告知相应分包人，这很容易造成管理的混乱。因此，施工单位有必要和设计单位、采购单位一道建立起沟通协调的机制，尽可能地避免建设单位绕过总包人对分包人提出质量、进度等方面的要求。

以上讲的四点就是我认为施工单位牵头工程总承包项目应当给予普遍性关注的要点。当然，由于项目本身的特点以及项目所在地、建设单位的特殊情况，我们在具体项目的开展过程中还要有针对性地采取措施。通常情况下如果能做到以上四点，我相信施工单位对工程总承包项目的进度和质量就能做到切实管控。

57.《总承包管理办法》第 20 条第 1 款规定："工程总承包项目经理应当具备下列条件：(一)取得相应工程建设类注册执业资格，包括注册建筑师、勘察设计注册工程师、注册建造师或者注册监理工程师等；未实施注册执业资格的，取得高级专业技术职称；(二)担任过与拟建项目相类似的工程总承包项目经理、设计项目负责人、施工项目负责人或者项目总监理工程师；(三)熟悉工程技术和工程总承包项目管理知识以及相关法律法规、标准规范；(四)具有较强的组织协调能力和良好的职业道德。"这对工程总承包项目经理提出了很高的要求，同时《总承包管理办法》第 20 条第 2 款又规定："工程总承包项目经理不得同时在两个或者两个以上工程项目担任工程总承包项目经理、施工项目负责人。"严格限制项目经理跨项目任职，这会不会造成工程总承包项目经理短缺，影响工程总承包模式的推广和发展？

答：其实，您的这个担心是多余的。工程总承包项目经理的选任是否合适是影响项目能否正常实施的重要因素之一，对于项目经理跨项目任职的严格限制也是基于确保项目合法合规的考虑。具体而言，主要有以下三点理由：

第一，国家法律法规的相关规定禁止项目经理跨项目从事管理工作。

《建设工程项目管理试行办法》第 10 条第 2 款规定："工程项目管理实行项目经理责任制。项目经理不得同时在两个及以上工程项目中从事项目管理工作。"住房和城乡建设部《关于印发〈建筑施工项目经理质量安全责任十项规定(试行)〉的通知》(建质〔2014〕123 号)规定："一、建筑施工项目经理(下称项目经理)必须按规定取得相应执业资格和安全生产考核合格证书；合同约定的项目经理必须在岗履职，不得违反规定同时在两个及两个以上的工程项目担任项目经理。二、项目经理必须对工程项目施工质量安全负全责，负责建立质量安全管理体系，负责配备专职质量、安全等施工现场管理人员，负责落实质量安全责任制、质量安全管理规章制度和操作规程。"

第二，项目经理本身职责的特点不允许跨项目任职开展工作。

项目经理作为工程总承包项目的核心管理人员，需要承担质量、安全、费用、进度管理控制、联络和组织协调、合同管理等大量重要的组织管理工作。一方面，这要求项目经理随时了解项目的实际情况，以推进工作和及时进行相应调整；另一方面，工程总承包项目管理工作繁重复杂更多地体现在其需要对相关各方的工作进行协调，项目经理要保证足够的时间和精力来履行其职责。这些都要求项目经理要专注于其所负责的工程总承包项目。因此本条明确规定，工程总承包项目经理一般不得同时在两个或者两个以上工程项目上担任工程总承包项目经理、施工项目经理这两个重要职位，并未禁止工程总承包项目经理在其他项目中担任其他职位，如设计负责人。但实践中对于项目经理是否可以在其他项目上任职，工程总承包单位还应当特别关注具体项目所在地、建设单位具体的监管要求等，并需符合发包人在工程总承包合同中对此进行的特别要求。

第三，遵守《总承包管理办法》的规定也应考虑到了我国建设工程市场的现实情况。

首先，为从源头上防止挂靠、转包或违法分包的情况出现，保证工程质量和安全，项目经理应是工程总承包单位正式聘用的员工，两者存在劳动关系，即工程总承包单位与项目经理签订了合法有效的劳动合同，且为其缴纳了社会保险，并存在工资支付关系。其次，鉴于工程总承包的特征和承包范围，即便未要求工程总承包项目经理常驻现场，但这并不意味着工程总承包的项目经理无须对现场进行管理，为保证项目经理对现场的管理，发包人可以在合同中约定项目经理履行现场管理的职责和具体管理方式，包括施工阶段在现场的时间要求等。最后，如项目经理因辞职、生病等合理原因不能有效履行合同约定，不能对项目质量、安全、进度等进行有效管理，必须进行更换的，应根据合同约定的程序事先取得发包人的书面同意，并提供符合招标文件及合同约定条件的替代人员的相应信息资料。需要注意的是，《总承包管理办法》并未对项目经理的更换情形和程序、条件进行规定，实践中可以参照施工总承包项目经理的更换情形、程序的规定，按照项目招标文件、合同中的约定执行。

讲了这三点，您就会发现，其实对于工程总承包跨项目任职的严格限制不仅不会影响工程总承包的推广和发展，反而有利于促进企业加快人才培养，从而促进工程总承包再上一个台阶。

58.《总承包管理办法》第21条规定："工程总承包单位可以采用直接发包的方式进行分包。但以暂估价形式包括在总承包范围内的工程、货物、服务分包时，属于依法必须进行招标的项目范围且达到国家规定规模标准的，应当依法招标。"整个《总承包管理办法》中专门对分包进行规制的仅有这一条，而且是寥寥数语，但是实际项目涉及分包的具体事务又是较为复杂、烦琐的，请问对于工程总承包的分包问题，您会根据《总承包管理办法》的规定再提出哪些具体意见和建议？

答：您提的这个问题想必也是很多建设单位和工程总承包单位所关心的问题，确实也是容易引发风险和争议的问题。对此，结合我多年为工程总承包项目提供诉讼和非诉讼法律服务的经验，以下五点意见和建议应当引起关注：

第一，工程总承包单位自愿采用招标方式分包的，应受到招标投标相关法律规定的约束。

如果工程总承包单位自愿进行招标，例如工程总承包单位是国有企业，按照国资管理相关规定或企业内部管理制度选择采用招标方式分包的，按照《招标投标法》第2条"在中华人民共和国境内进行招标投标活动，适用本法"的规定，应当受到《招标投标法》及其实施条例的约束，因此工程总承包单位采用招标分包时，其有关的招标、投标、开标、评标、定标等相关流程，尤其涉及投标文件编制、招标答疑、异议等时间期限等，均应当严格按照招标投标相关法律规定进行，以维护招投标程序所确立的"公平、公正、公开"原则，否则招投标程序可能由于违反法律的强制性规定而存在效力瑕疵，或者引发未中标的投标人对招投标流程的异议、投诉等，反过来大大增加了工程总承包单位进行分包的交易成本。

第二，工程总承包的发包人在进行工程总承包发包时，建议考虑到其中所包含的暂估价工程分包未来的招标主体，并在工程总承包招标文件中予以明确。

由于招标投标相关法律、行政法规未对暂估价招标的程序细化，由此导致实践中暂估价部分应该由谁来招标、如何进行招标、暂估价分包合同如何签订、暂估价分包如何管理等一系列问题纷争不断。本条款未对暂估价招标的招标主体作出限制,实践中发承包双方应注意对暂估价招标的相关问题作出提前安排,尤其是建设单位希望未来可以参与到暂估价工程的招标程序或者为避免工程总承包单位单独对暂估价招标可能损害到建设单位利益时,应在工程总承包的招标阶段明确与工程总承包单位联合作为暂估价工程分包的招标人,或者允许工程总承包单位作为暂估价的招标人但要求工程总承包单位编制的招标文件、合同条件及确定分包人时应取得建设单位批准,或者共同确定暂估价工程分包的中标单位,否则将可能引发与工程总承包单位之间争议。

第三,建议在工程总承包招投标阶段明确暂估价招标评标方式及暂估价工程主要合同条件。

暂估价工程、货物或服务部分的价款在工程总承包招标时尚未确定,但该部分属于未来确定发生的内容,且属于工程总承包单位的承包范围,需要纳入工程总承包管理之内。实践中,大量存在建设单位单独进行暂估价分包招标确定中标分包单位后,由工程总承包单位与暂估价分包单位签订合同。该种情形下,工程总承包单位对暂估价分包没有选择权、决定权,对建设单位所设置的投标资格条件、评标定标过程、合同主要条款等关键内容一无所知,却需要据此与暂估价分包签订分包合同,承担建设单位在招投标过程确定的权利义务,这违反了意思自治的民事法律基本原则,影响了工程总承包单位对其工作范围内如何进行分包管理的自主权利,如因此发生争议,也将不利于整个工程的推进。因此,建议在工程总承包的招标阶段,尤其是暂估价部分未来将由建设单位单独进行招标的情况下,对于暂估价招标方式、投标人资质资格、评标定标方式、总包管理费比例、合同主要条款等提前进行约定,以保障未来暂估价分包能够合情合理的纳入工程总承包的管理之中。

第四,工程总承包单位和分包单位就分包工程对建设单位承担连带责任。

《建筑法》第 29 条第 2 款规定:"……总承包单位和分包单位就分包工程对建设单位承担连带责任。"《合同法》第 272 条第 2 款规定:"总承包人或者勘察、设计、施工承包人经发包人同意,可以将自己承包的部分工作交由第三人完成。第三人就其完成的工作成果与总承包人或者勘察、设计、施工承包人向发包人承担连带责任……"工程总承包单位应当就其包含暂估价分包在内的分包工程的质量、安全、进度等向建设单位负连带责任。但如果暂估价工程的分包单位确定构成指定分包的，指定分包单位造成的质量缺陷，承包人可以按《建设工程司法解释（一）》第 12 条第 1 款“发包人具有下列情形之一，造成建设工程质量缺陷，应当承担过错责任……指定分包人分包专业工程……”的规定主张发包人承担过错责任。

第五，建设单位应注意可能存在的指定工程总承包分包商的风险。

指定分包无论在国内还是在国际工程总承包范围内都普遍存在，2017 版银皮书第 4.5 款中“指定的分包商”系指雇主根据第 13 条【变更和调整】的规定，指示承包商雇用的分包商。此前根据《工程建设项目施工招标投标办法》《房屋建筑和市政基础设施工程施工分包管理办法》等相关规定，建设单位指定分包商的行为在我国存在一定的法律风险，存在涉嫌违法发包的可能性。直至 2019 年 1 月 1 日实施的《建筑工程施工发包与承包违法行为认定查处管理办法》删除了指定分包的违法情形，与国际接轨。同时根据《建设工程司法解释（一）》第 12 条的规定，发包人指定分包人分包专业工程造成质量担陷的，发包人应承担过错责任。工程总承包模式下暂估价招标由建设单位作为招标人，可能涉嫌变相的指定分包，工程总承包单位对该指定分包商的管理可能失控，或导致工程总承包单位管理成本超出其原投标报价金额，从而影响到工程设计、采购、施工环节之间的交叉工作，或将导致总工期的延误。因此，为了避免后续一系列争议，有关工程总承包的分包，尤其是暂估价的分包，建议在工程总承包招标时予以通盘考虑，此后无论建设单位还是工程总承包单位，都应当依法、按约实施工程总承包的分包。

总之，《总承包管理办法》第 21 条对工程总承包暂估价的招标依据是《招标投标法》及《招标投标法实施条例》的规定，对于暂估价部分的招标主体，在目前上位法并未进行明确的情形下，未作具体的限制，尊重招投标双方交易过程中的市场行为。这也就要求建设单位和总承包单位在合同洽商过程中做好充分准备，协商出双方都能接受且合法合规的条款，从而避免后续的争议纠纷。

59. 我们是施工单位，有一个项目主体基本完工以后，发包人破产了。这个项目中，我们采购了一批设备，包括电梯、中水处理设备等，安装了一小部分，现在我们和破产管理人就该部分设备的所有权产生纠纷，请问该如何解决？

答：这个问题很有意思，学术难度较大，可以展开讨论。

第一，解决物权所有权争议的前提是厘清设备属于动产还是不动产，尤其是已安装好的设备的动产、不动产性质争议。

法律上区分动产与不动产的原因在于不动产相对于动产而言价值通常较高，对当事人的权利影响较大；且动产一般为融通物（如牲畜、家具、钢材），不动产一般为限制融通物或禁止融通物（如房产、土地），故法律上给予了不动产物权更加严格的限定。

《物权法》第 2 条规定："因物的归属和利用而产生的民事关系，适用本法。本法所称物，包括不动产和动产……"但《物权法》本身没有对不动产和动产作进一步的定义。《担保法》第 92 条规定："本法所称不动产是指土地以及房屋、林木等地上定着物。本法所称动产是指不动产以外的物。"最高人民法院《关于贯彻执行〈中华人民共和国民法通则〉若干问题的意见（试行）》第 186 条规定："土地、附着于土地的建筑物及其他定着物、建筑物的固定附属设备为不动产……"结合学理上的解释，我们认为不动产指依照其物理性质不能移动或者移动将严重损害其经济价值的有体物。

上述定义看似清晰，但实际应用中还存在疑难。许多工程设备事实上很难按照上述定义进行清晰的界定，或者说按照上述定义界定的结果并不符合立法本意。例如，热电厂的机组很大一部分从物理性质上而言，属于可拆卸可更换的设备，如果从上述定义来看，其更符合动产的定义，但由于其体积和价值均较大，且从融通属性来看，其又更接近不动产；又如，数控机床的体积与价值远低于热电机组，但为了保证其切割的精密度，某些品种的数控机床需要与基础进行联合浇筑，从物理状态上而言，其符合不动产的定义，但显然，从对当事人权利的影响及融通属性来看，其更接近动产。因此，从目前的法律规定本身而言，有不少类型工程设备在实务中究竟应该定性为动产还是不动产存在争议。

但在你刚才说的这个项目中我觉得争议并不大,已采购的设备还未完成安装的,必然属于动产,没有争议;已安装的电梯、中水设备与建筑物是整体浇筑,一旦安装完成再行拆离会严重贬损其价值,显然属于不动产。

第二,通过动产、不动产的所有权移转规定分析所有权归属问题。

我国关于动产、不动产所有权移转的规定不同。

《物权法》第9条规定:"不动产物权的设立、变更、转让和消灭,经依法登记,发生效力;未经登记,不发生效力,但法律另有规定的除外。"第30条规定:"因合法建造、拆除房屋等事实行为设立或者消灭物权的,自事实行为成就时发生效力。"不动产采用的是公示原则,又称登记原则,不动产的所有权人为不动产登记簿上所记载的所有权人。在建工程属于法律具有特殊规定的情形,建设单位具有土地的使用权,其作为建设单位合法建造的房屋自事实行为即建造行为完成时取得房屋所有权。因此,在建工程的所有权属于建设单位,则可推知,已构成建筑物一部分的电梯、中水处理设备等设备已从动产转化为不动产,应当由建设单位享有所有权。

《物权法》第23条规定:"动产物权的设立和转让,自交付时发生效力,但法律另有规定的除外。"《合同法》第133条规定:"标的物的所有权自标的物交付时起转移,但法律另有规定或者当事人另有约定的除外。"动产采用的交付原则,动产完成交付,则所有权发生转移。双方当事人可以约定交付的时间、地点、方式、条件。当双方约定的交付时间、地点、方式、条件成就时,则动产所有权发生移转。例如,《建设项目工程总承包合同示范文本(试行)》(GF-2011-0216)第6.1.4项【工程物资所有权】规定:"承包人根据6.1.2款约定提供的工程物资,在运抵现场的交货地点并支付了采购进度款,其所有权转为发包人所有。在发包人接收工程前,承包人有义务对工程物资进行保管、维护和保养,未经发包人批准不得运出现场。"2017版银皮书第7.7款【生产设备和材料的所有权】规定:"从下列二者中较早的时间起,在符合工程所在国法律规定范围内,每项生产设备和材料都应无抵押和其他阻碍的成为雇主的财产。(a)当上述生产设备、材料运至现场时;(b)当根据第8.10款【暂停时对生产设备和材料的支付】的规定,承包商有权得到按生产设备和材料价值的付款时。"可见,国内工程总承包关于设备动产所有权的行业惯例与国际惯例不同，国内惯例设备所有权自相应设备价款支付时所有权转移；国际惯例则是支付价款或运抵现场两个条件中较早成就的时候所有权转移。因此，如果合同中明确约定了设备的所有权转移方式，自然也无争议。

但如果合同中对此并无约定，则设备所有权存在争议。有观点认为，由于设备进场需要取得监理工程师、发包人代表的认可、签收，因此视为监理工程师、发包人代表接受发包人授权接收工程设备，因此工程设备已交付。在合同无特殊约定的前提下，根据《物权法》动产交付原则，发包人取得工程设备的物权。这种观点有待商榷，工程总承包模式下设备运抵现场，也还是处于工程总承包商的控制之下，并没有发生占有状态的改变，认定为发包人取得占有没有客观事实上的依据；仅仅通过一种思维拟制，认为完成了交付行为，似乎过于牵强。进而有观点认为，监理工程师代发包人取得工程设备所有权后，同意由工程总承包单位继续占有，属于占有改定，但占有改定需要有双方当事人的明确约定，这种观点也较难成立。反之，另有观点认为，由于设备自始处于工程总承包的控制之下，占有未移转，则工程总承包人享有相应所有权。我本人倾向于这个观点。

因此，在工程总承包合同并无约定的前提下，工程设备运抵现场时的物权归属事实上存在争议，对此建议双方当事人通过合同明确物权转移的条件，避免发生争议。

60. 朱老师，我想问的是有关垫资方面的问题。《政府投资条例》第22条规定："政府投资项目所需资金应当按照国家有关规定确保落实到位。政府投资项目不得由施工单位垫资建设。"第34条规定："项目单位有下列情形之一的，责令改正，根据具体情况，暂停、停止拨付资金或者收回已拨付的资金，暂停或者停止建设活动，对负有责任的领导人员和直接责任人员依法给予处分……（五）要求施工单位对政府投资项目垫资建设……"请问，上述规定对于工程总承包项目管理会产生什么样的影响？

答：其实您已经把《政府投资条例》涉及垫资的规定摘出来了，这些规定讲得也已经非常明确,对于政府投资项目的项目单位而言,不能再要求施工单位对政府投资项目垫资建设;对于政府投资项目的总包人来说,如果总包人是施工单位,本身就不可以垫资施工,如果总包人是设计单位,也不能要求分包的施工单位垫资施工。

不过,现实当中的项目情况千差万别,无论是建设单位,还是设计单位、施工单位,不可能仅仅只面对政府投资项目。既然您提到了垫资这个在实际操作中并不罕见且争议较大的现象,我就在这里对这个现象所涉及的法律问题系统地讲解一下,希望能让大家对此有个比较全面的了解。

第一,从《建筑法》最近的修订以及司法实践来看,对于垫资并未全面否定。

2011 年修正的《建筑法》第 8 条第 1 款规定:"申请领取施工许可证,应当具备下列条件……(七)建设资金已经落实……"2019 年修正后,第 8 条第 1 款的规定变为:"申请领取施工许可证,应当具备下列条件……(五)有满足施工需要的资金安排、施工图纸及技术资料……"从"建设资金已经落实"到"有满足施工需要的资金安排",《建筑法》对于工程项目申领施工许可证的资金要求更加宽松了,而且很明显对垫资并未禁止。

《建设工程司法解释(一)》第 6 条则规定:"当事人对垫资和垫资利息有约定,承包人请求按照约定返还垫资及其利息的,应予支持,但是约定的利息计算标准高于中国人民银行发布的同期同类贷款利率的部分除外。当事人对垫资没有约定的,按照工程欠款处理。当事人对垫资利息没有约定,承包人请求支付利息的,不予支持。"这就表明在司法实践中,如果建设资金由承包人垫资的话,那么原则上是按有效处理的。

第二,应当注意区分工程总承包项目中投资和垫资之间的区别。

《政府投资条例》第 6 条第 1 款规定:"政府投资资金按项目安排,以直接投资方式为主;对确需支持的经营性项目,主要采取资本金注入方式,也可以适当采取投资补助、贷款贴息等方式。"也就是说,政府投资资金还是可以进入经营性项目的,这种情况下,如果社会资本也进入了,就构成了 PPP 项目,如果再采用工程总承包模式,那就是近期以来非常普遍的 PPP + EPC 项目。

《招标投标法实施条例》第 9 条第 1 款规定:"除招标投标法第六十六条规定

的可以不进行招标的特殊情况外,有下列情形之一的,可以不进行招标……(三)已通过招标方式选定的特许经营项目投资人依法能够自行建设、生产或者提供……”这是目前 PPP + EPC 项目“两招并一招”的主要法律依据之一。通过“两招并一招”,有资质、有资金的施工单位可以首先通过招投标的方式成为特许经营项目投资人,然后不需要招投标即参与项目建设。这种情况下,施工单位又是特许经营项目投资人,最终不是以发包人支付工程款的方式获取利润,而是通过特许经营权带来的收益来获取利润,所以这个资金的投入就不该定性为垫资,而应是对项目的投资。

归根结底,现实情况是很复杂的。我们的建设单位和施工单位在参与工程总承包项目时要严格遵守法律,对于政府投资项目,应当坚决杜绝施工单位垫资。但是对于其他类型项目的垫资,对于 PPP + EPC 等形式政府投资项目的投资,我们可以在遵规守法的前提下,尽可能维护和争取自身的权益。

61.《总承包管理办法》第 21 条明确工程总承包模式下可以进行分包,但没有明确分包的范围,且没有禁止性条款,是否可以理解为项目管理的主要工作可以分包?

答:这一条规定确实没有明确规定项目管理不得分包,但这不能理解为项目管理可以分包或者鼓励项目管理分包。我认为,虽然法条没有禁止项目管理的分包,但对于工程总承包人的项目管理而言,项目管理的主要工作不宜分包出去。

首先,总承包人被要求具备相应的管理体系、管理能力、管理机构并实现有效管控,既然有这个要求,从立法意图来看就是要求总承包人承担相应的项目管理主要工作。

《总承包管理办法》第 18 条规定:“工程总承包单位应当建立与工程总承包相适应的组织机构和管理制度,形成项目设计、采购、施工、试运行管理以及质量、安全、工期、造价、节约能源和生态环境保护管理等工程总承包综合管理能力。”第 19 条规定:“工程总承包单位应当设立项目管理机构,设置项目经理,配备相应管理人员，加强设计、采购与施工的协调，完善和优化设计，改进施工方案，实现对工程总承包项目的有效管理控制。”

既然管理办法要求总包人具备工程总承包项目的管理体系、管理能力和管理机构，并且要实现对工程总承包项目的有效管理控制，从立法意图上来讲，就是要总包人承担项目的主要管理工作。

其次，总包人被要求对具体项目的质量、安全、工期等关键事项负责并进行管理，这就实际承担了项目的主要管理工作。

《总承包管理办法》第22条规定：“建设单位不得迫使工程总承包单位以低于成本的价格竞标，不得明示或者暗示工程总承包单位违反工程建设强制性标准、降低建设工程质量，不得明示或者暗示工程总承包单位使用不合格的建筑材料、建筑构配件和设备。工程总承包单位应当对其承包的全部建设工程质量负责，分包单位对其分包工程的质量负责，分包不免除工程总承包单位对其承包的全部建设工程所负的质量责任。工程总承包单位、工程总承包项目经理依法承担质量终身责任。”第23条规定：“建设单位不得对工程总承包单位提出不符合建设工程安全生产法律、法规和强制性标准规定的要求，不得明示或者暗示工程总承包单位购买、租赁、使用不符合安全施工要求的安全防护用具、机械设备、施工机具及配件、消防设施和器材。工程总承包单位对承包范围内工程的安全生产负总责。分包单位应当服从工程总承包单位的安全生产管理，分包单位不服从管理导致生产安全事故的，由分包单位承担主要责任，分包不免除工程总承包单位的安全责任。”第24条规定：“建设单位不得设置不合理工期，不得任意压缩合理工期。工程总承包单位应当依据合同对工期全面负责，对项目总进度和各阶段的进度进行控制管理，确保工程按期竣工。”

在对《总承包管理办法》的相关规定作了层层层梳理后，我认为：总包人既然要对项目的质量、安全、工期等事项全面负责并进行管理，把这些工作分包出去显然是不合适的，也不利于对工程总承包实施统一管理。即使真的有分包出去的想法，在总包人要全面负责的前提下，这就意味着要把整个项目的管理权拱手让人，却将所有的责任和风险一肩承担，我相信，没有哪个承包商从理性上愿意这样选择。

62. 朱老师，您好！我接着刚才的问题继续问一个有关工程总承包分包的问题。《房屋建筑和市政基础设施项目工程总承包管理办法（征求意见稿）》第21条强调工程总承包单位自行实施设计的，不得将工程主体部分的设计分包给其他单位；自行实施施工的，不得将工程主体结构的施工分包给其他单位。正式发布的《总承包管理办法》仅明确了可以进行分包，那么在《总承包管理办法》发布以后，设计和施工是否可以分包？如果可以分包，那么设计和施工义务的主体部分和主体结构是否可以分包？在工程总承包模式下，主体部分和主体结构应当如何理解？

答：您问的问题很有意思，也很关键。

首先，设计和施工义务可以在法律规定范围内进行分包，但分包之后不得再分包。虽然《总承包管理办法》本身删除了关于设计和施工分包的规定，但并非完全无据可依，需要我们梳理现有法律规定。我国《建筑法》第24条规定：“提倡对建筑工程实行总承包，禁止将建筑工程肢解发包。建筑工程的发包单位可以将建筑工程的勘察、设计、施工、设备采购一并发包给一个工程总承包单位，也可以将建筑工程勘察、设计、施工、设备采购的一项或者多项发包给一个工程总承包单位；但是，不得将应当由一个承包单位完成的建筑工程肢解成若干部分发包给几个承包单位。”第28条规定：“禁止承包单位将其承包的全部建筑工程转包给他人，禁止承包单位将其承包的全部建筑工程肢解以后以分包的名义分别转包给他人。”《合同法》第272条规定：“发包人可以与总承包人订立建设工程合同，也可以分别与勘察人、设计人、施工人订立勘察、设计、施工承包合同。发包人不得将应当由一个承包人完成的建设工程肢解成若干部分发包给几个承包人。总承包人或者勘察、设计、施工承包人经发包人同意，可以将自己承包的部分工作交由第三人完成。第三人就其完成的工作成果与总承包人或者勘察、设计、施工承包人向发包人承担连带责任。承包人不得将其承包的全部建设工程转包给第三人或者将其承包的全部建设工程肢解以后以分包的名义分别转包给第三人。禁止承包人将工程分包给不具备相应资质条件的单位。禁止分包单位将其承包的工程再分包。建设工程主体结构的施工必须由承包人自行完成。"《招标投标法》第48条第1款规定:"中标人应当按照合同约定履行义务,完成中标项目。中标人不得向他人转让中标项目,也不得将中标项目肢解后分别向他人转让。"《建设工程质量管理条例》第78条第3款规定:"本条例所称转包,是指承包单位承包建设工程后,不履行合同约定的责任和义务,将其承包的全部建设工程转给他人或者将其承包的全部建设工程肢解以后以分包的名义分别转给其他单位承包的行为。"《勘察设计条例》第20条规定:"建设工程勘察、设计单位不得将所承揽的建设工程勘察、设计转包。"

其次,设计和施工义务的主体结构和主体部分应当由工程总承包商完成。《建筑法》第29条第1款规定,施工总承包的,建筑工程主体结构的施工必须由总承包单位自行完成。《合同法》第272条第3款规定:"……建设工程主体结构的施工必须由承包人自行完成。"《勘察设计条例》第19条规定:"除建设工程主体部分的勘察、设计外,经发包方书面同意,承包方可以将建设工程其他部分的勘察、设计再分包给其他具有相应资质等级的建设工程勘察、设计单位。"《建设工程质量管理条例》第40条、第78条也有关于主体结构的规定。这是法律法规的明确规定,因此,设计和施工义务的主体结构和主体部分只能由工程总承包商或直接分包设计、施工业务之一的分包商承揽,不得分包给其他单位。

设计和施工义务的主体结构和主体部分的划分相对模糊,准确界定需要有较高的工程行业知识,在司法实践中许多当事人和律师对这个问题也是不甚了了。而确定工程项目主体结构和主体部分的范围,对于工程总承包项目的分包工作以及后续管理都有着十分重要的作用和现实意义。在这里,我将通过梳理相关的法律、法规、规范和合同示范文本等材料来和大家共同厘清主体结构和主体部分的范围,加深对工程总承包项目分包工作的理解。

第一,法律法规对此的规定不具体也不明确,相关条款有涉及主体结构和主体部分的条款,但是并未给出相应的定义。

如刚才提到的《建筑法》《合同法》《建设工程质量管理条例》《勘察设计条例》相关条款毫无例外地都没有对主体结构和主体部分进行定义。我认为,这虽然是立法的缺憾,但主要也是由于工程项目以及施工和设计工作本身的复杂性和专业性所决定的,不管是不是专门针对工程建设的法律法规,都很难在有限的法条篇幅内对这些技术性的问题作详尽的规定。更何况,工程行业仍然在不断发展更新,有关主体结构和主要部分的范围也可能会变化,不宜在稳定性较高的法律法规中进行罗列。所以,我们还要通过其他的途径来明确主体结构和主体部分的范围。

第二,对于主体结构的范围,有关建筑工程的国家标准从技术角度作了规定。

2013 年 11 月 1 日,住房和城乡建设部发布了《关于发布国家标准〈建筑工程施工质量验收统一标准〉的公告》(公告第 193 号),《验收规范》为国家标准(GB 50300 - 2013),自 2014 年6 月 1 日起实施。该标准附录 B《建筑工程的分部工程、分项工程划分》将建筑工程分为地基与基础、主体结构、建筑装饰装修、屋面、建筑给水排水及供暖、通风与空调、建筑电气、智能建筑、建筑节能、电梯 10 项分部工程,主体结构又分为混凝土结构、砌体结构、钢结构、钢管混凝土结构、型钢混凝土结构、铝合金结构、木结构等子分部工程。这是目前国家标准中对于建筑工程主体结构范围较为详细的规定。

我经常在案件涉及这一类问题时解释为:根据《验收规范》所确定的主体结构范围,可以从技术角度把主体结构简练地概括为,基于地基基础之上,接受、承担和传递所有上部载荷,决定上部结构整体性、稳定性和安全性的有机联系的承重体系。这个概括不仅适用于建筑工程,也适用于包括桥梁、码头等在内的其他类型的工程项目。

第三,对于主体部分的范围,可以把设计合同示范文本和相关法规结合起来理解。

《建设工程设计合同示范文本(房屋建筑工程)》(GF - 2015 - 0209)和《建设工程设计合同示范文本(专业建设工程)》(GF - 2015 - 0210)通用合同条款第 3.4.1 款【设计分包的一般约定】规定了相同的内容:“设计人不得将工程主体结构、关键性工作及专用合同条款中禁止分包的工程设计分包给第三人”,通过这一内容,我们可以理解为设计工作的主体部分不仅有工程主体结构,还包括其他关键性工作。

什么是其他关键性工作呢?我们可以结合《建设工程质量管理条例》第 40 条来理解,该条第 1 ~2 款规定:“在正常使用条件下,建设工程的最低保修期限为:(一)基础设施工程、房屋建筑的地基基础工程和主体结构工程,为设计文件规定的该工程的合理使用年限;(二)屋面防水工程、有防水要求的卫生间、房间和外墙面的防渗漏,为5年;(三)供热与供冷系统,为2个采暖期、供冷期;(四)电气管线、给排水管道、设备安装和装修工程,为2年。其他项目的保修期限由发包方与承包方约定。”可以发现,相比较屋面防水工程、供热与供冷系统、电气管线、给排水管道、设备安装和装修工程以及其他项目,地基基础工程和主体结构工程的保修期更长,为工程的合理使用年限。为什么要规定这么长的保修期?因为这直接关系到整个工程的整体性、稳定性和安全性。由此,我们可以理解为,设计工作主体部分的范围,除了主体结构,还包括了基础在内的决定整个工程整体性、稳定性和安全性的其他关键性工作。

第四,施工单位作为总包人自行实施施工的,不能误认为除了工程主体结构以外的其他部分都可以合法地进行分包。

结合我刚刚提到的《验收规范》,确实是从技术角度将地基与基础、主体结构分为不同的分部工程,现实当中有些施工单位作为总包人往往仅从字面理解,会出现这样的想法:既然不得将主体结构分包,是不是意味着其他部分都可以任意分包呢?其实,这个想法是错误的,我们来看《招标投标法》的相关规定。

《招标投标法》第48条第2款规定:“中标人按照合同约定或者经招标人同意,可以将中标项目的部分非主体、非关键性工作分包给他人完成。接受分包的人应当具备相应的资格条件,并不得再次分包。”第58条规定:“中标人……违反本法规定将中标项目的部分主体、关键性工作分包给他人的……处转让、分包项目金额千分之五以上千分之十以下的罚款;有违法所得的,并处没收违法所得;可以责令停业整顿;情节严重的,由工商行政管理机关吊销营业执照。”

很显然,决定工程整体性、稳定性和安全性的不仅包括了主体结构,还包括了基础工程等部分,这些都属于《招标投标法》上述规定中的主体、关键性工作。因此,我们不能误认为施工单位作为总包人自行实施施工的,除了工程主体结构以外的其他部分都可以合法地进行分包。实际上,只要是主体、关键性工作,都不可以进行施工分包。

经过对相关法律、法规、规范和合同示范文本等材料进行梳理后,我们可以发现,各类法律法规有的时候用的是“主体结构”,有时用的是“主体工程”或“主体部分”,看似不同,但其实都是指相关工作的主体和关键部分,这与我们的现实认知和实践操作也是相符的。在具体的工程总承包项目中,我们不应拘泥于字面的表述,而应结合实际,对各种资料综合进行考虑,避免把应当自行实施的主体性、关键性工作分包出去。以上就是我对您的问题的回答,您可能也没有想到这个问题的解答会这么长,其实这正体现了工程总承包模式的复杂性和工程法律的专业性。

63. 朱老师,您好!我是来自总承包单位的工作人员,您刚才对工程总承包项目分包工作的两个问题的回答让我深受启发,我也想再问一个有关的问题。目前我们在实施项目时,就经常遇到建设单位直接指定分包商的情况。请问面对这样的情况,我们作为总承包单位应当如何应对?《总承包管理办法》对于这种情况是否有相关的规定?

答:《总承包管理办法》对于建设单位指定分包商的情况是有相关规定的,而且对于总包人在实际工作中如何正确处理具体事项很有启发。

第一,对于必须招标的分包工作,建设单位不可以直接指定分包商。

《总承包管理办法》第 21 条【工程总承包单位的分包方式】规定:"……以暂估价形式包括在总承包范围内的工程、货物、服务分包时,属于依法必须进行招标的项目范围且达到国家规定规模标准的,应当依法招标。"由此,再结合招标投标相关法律法规,凡是符合规定必须进行招标的暂估价项目的工程分包,建设单位不能任意指定分包。

第二,对于必须招标的分包工作,虽然建设单位不可以指定分包商,但可以参与确定分包人的相关事务。

讲了第一点之后,可能有的人会以为必须招标的分包工作是不是就由总承包单位包办了,这其实是一种误解,建设单位还是可以参加分包相关事务的。

首先,分包工作范围的确定本身就需要建设单位的同意。《总承包管理办法》第 9 条第 2 款规定:"建设单位可以在招标文件中提出对履约担保的要求,依法要求投标文件载明拟分包的内容……"根据该规定,分包工作的范围并不是单独哪一方决定的,而是在依法依规的前提下双方达成合意确定的。

其次,工程分包项目的招投标,建设单位也是可以参与的。国家发改委等九部委发布的《中华人民共和国标准设计施工总承包招标文件》(2012 年版)第15.6.1款规定:“发包人在价格清单中给定暂估价的专业服务、材料、工程设备和专业工程属于依法必须招标的范围并达到规定的规模标准的,由发包人和承包人以招标的方式选择供应商或分包人……”因此,建设单位作为发包人,虽然不能直接指定必须招标分包工作的分包商,但可以合法地参加暂估价部分分包工作的招投标。

第三,对于不必须招标的分包工作,如果建设单位指定分包商,总承包单位不宜简单地直接否定,而应尽可能通过合同约定来维护自身权益。

相较于工程总承包,行政部门对于施工活动分包行为的规制更为详细。国家发改委《工程建设项目施工招标投标办法》第 66 条规定:“招标人不得直接指定分包人。”原建设部《房屋建筑和市政基础设施工程施工分包管理办法》第 7 条也规定:“建设单位不得直接指定分包工程承包人。任何单位和个人不得对依法实施的分包活动进行干预。”不过,我们还应注意到一个现象,2014 年,住建部发布的《建筑工程施工转包违法分包等违法行为认定查处管理办法(试行)》[①]第 5 条所规定的违法发包的情形包括了“建设单位将施工合同范围内的单位工程或分部分项工程又另行发包”及“建设单位违反施工合同约定,通过各种形式要求承包单位选择其指定分包单位”两种情形。但是在住建部 2019 年新发布的《建筑工程施工发包与承包违法行为认定查处管理办法》(住建部〔2019〕1 号)中,这两种情形并未出现。我个人认为这主要是基于这两点理由:

首先,这两种情形如果不构成肢解发包的行为,应属于双方施工合同调整范畴或者一方的违约行为,不能作为行政管理违法行为查处。

其次,对于技术性要求较高的专业工程,建设单位指定或限定专业施工单位,有利于工程质量保证和提高建设效率,禁止指定分包无明确上位法依据;结合国际惯例 FIDIC 合同体系规定,指定分包在国际工程中并不禁止,为了与国际接轨,适应“一带一路”战略需要,不宜将指定分包纳入违法处理。这可由住建部〔2019〕1 号文件印证。

---

① 该办法已被住建部《关于印发建筑工程施工发包与承包违法行为认定查处管理办法的通知》(建市规〔2019〕1 号)宣布失效,下同。

工程总承包模式虽然与传统的施工模式不同,但这两个理由对于我们工程总包人处理分包事务时也是同样适用的。在相关规定没有明确的情况下,对于建设单位指定分包商的情况,我们作为总包人不宜直接否定,而应尽可能通过合同来维护自身的合法权益,包括是否允许指定分包、允许指定分包的范围、相关违约责任等,都需要在具体的条款中进行约定。

目前,我国有关工程总承包的立法还处于起步阶段,相信在工程总承包推广、探索和实践的过程中,也将会和施工活动一样,主管部门会根据市场运作的实际情况,相应制定专门规定进一步规范工程总承包的分包工作,这还需要我们的共同努力。

64. 朱老师,您好!刚刚两位听众问的都是有关分包的问题,我想问一个和转包有关的问题。现在有这样一种现象,先由一个实力很强的总公司拿下总承包项目,然后具体实施的却是下边的一个子公司,总公司并不具体参与,请问这属不属于转包呢?

答:我先把答案明确告诉您,您所说的这种情况属于转包。我们首先来看一下法律和行政法规的相关规定。我们在修订 2014 年 10 月 1 日施行的《建筑工程施工转包违法分包等违法行为的认定查处管理办法(试行)》时,全国人大常委会法制工作委员会于 2017 年 9 月 4 日下发了《对建筑施工企业母公司承接工程后交由子公司实施是否属于转包以及行政处罚两年追溯期认定法律适用问题的意见》(法工办发〔2017〕223 号)明确规定:"一、关于母公司承接建筑工程后将所承接工程交由其子公司实施的行为是否属于转包的问题。建筑法第二十八条规定,禁止承包单位将其承包的全部建筑工程转包给他人,禁止承包单位将其承包的全部建筑工程肢解以后以分包的名义分别转包给他人。合同法第二百七十二条规定,发包人不得将应当由一个承包人完成的建设工程肢解成若干部分发包给几个承包人。承包人不得将其承包的全部建设工程转包给第三人或者将其承包的全部建设工程肢解以后以分包的名义分别转包给第三人。禁止承包人将工程分包给不具备相应资质条件的单位。禁止分包单位将其承包的工程再分包。建设工程主体结构的施工必须由承包人自行完成。招标投标法第四十八条规定，中标人不得向他人转让中标项目，也不得将中标项目肢解后分别向他人转让。中标人按照合同约定或者经招标人同意，可以将中标项目的部分非主体、非关键性工作分包给他人完成。接受分包的人应当具备相应的资格条件，并不得再次分包。上述法律对建设工程转包的规定是明确的，这一问题是属于法律执行问题，应当根据实际情况依法认定、处理。”该立法解释，对相关法律法规的规定作了有执行效力的明确解释。

由此，《建筑工程施工发包与承包违法行为认定查处管理办法》第 8 条规定：“存在下列情形之一的，应当认定为转包，但有证据证明属于挂靠或者其他违法行为的除外：(一)承包单位将其承包的全部工程转给其他单位(包括母公司承接建筑工程后将所承接工程交由具有独立法人资格的子公司施工的情形)或个人施工的……”

您所提问题中的总公司，从法律上来说就是母公司。接下来，我们来看看子公司相对于母公司，是不是属于上述法规中的“他人”“第三人”“其他单位”。《公司法》第 14 条第 2 款规定：“公司可以设立子公司，子公司具有法人资格，依法独立承担民事责任。”因而就转包关系的认定而言，子公司和其他依法独立承担民事责任的主体一样，相对于母公司都是“他人”“第三人”“其他单位”。

所以说，母公司承揽工程总承包项目后转给子公司是一种立法明确规定的转包行为。

---

65. 朱老师，您好！我也想问一个和转包有关的问题。《房屋建筑和市政基础设施项目工程总承包管理办法〈征求意见稿〉》第 23 条【禁止工程总承包单位转包】第 2 款规定：“采用联合体方式承包工程的，在联合体分工协议中约定或者在项目实际实施过程中，联合体一方既不按照其资质实施设计或者施工业务，也不对工程实施组织管理，且向联合体其他成员收取管理费或者其他类似费用的，视为联合体一方将承包的工程转包。”但是《总承包管理办法》把这一款删除了，请问从禁止转包的角度来看，应当如何解读？

答：《总承包管理办法》把这一条款删除，并不意味着这一行为将不再视为联

合体一方将承包的工程转包。对此,我们可以参考《建筑工程施工发包与承包违法行为认定查处管理办法》第 8 条第 2 款的规定:“两个以上的单位组成联合体承包工程,在联合体分工协议中约定或者在项目实际实施过程中,联合体一方不进行施工也未对施工活动进行组织管理的,并且向联合体其他方收取管理费或者其他类似费用的,视为联合体一方将承包的工程转包给联合体其他方。”因此,企业在成立联合体承揽工程总承包项目时,还是要避免这一行为。

但是为什么《总承包管理办法》要把这一条款删除呢?我认为,主要是基于以下两点原因:

第一,《总承包管理办法》的制定目的是全面规范工程总承包活动,而不是仅针对违法分包、转包等违法行为进行规制。

正如《总承包管理办法》第 1 条【制定目的、依据】所规定的:“为规范房屋建筑和市政基础设施项目工程总承包活动,提升工程建设质量和效益,根据相关法律法规,制定本办法。”国家有关部门制定这个管理办法的目的在于对工程总承包进行全面的规范,因此对于违法分包、转包等行为肯定会作出规定,但如果相关条款罗列过细,可能就会过分侧重于对违法行为的认定和查处,这将偏离本《总承包管理办法》全面规范的目的。

第二,现实当中的转包行为表现形式各异,不宜在《总承包管理办法》相关条款中只表述某一特定种类。

如果《总承包管理办法》仅说明联合体成员一方不履行义务视为转包,可能会把大家的注意力都吸引到这方面来,使大家产生一种其他情形不构成转包的错觉。但其实实践中我们所能遇到的转包行为是有很多种表现形式的,比如在上一个问题当中提到的母公司转包给子公司,就是很典型的一种。对于具体的转包情况,则可以在后续专门的认定查处管理办法中进行规定。

这一次,大家根据《总承包管理办法》并结合自己的实际情况,问了有关工程总承包的分包和转包的问题,可以发现,我的回答引用了法律、行政法规、部门规章、合同示范文本、规范标准等各类资料,这说明了对于现实当中的情况,不能只强调某一点或者只从某个角度出发,而是要综合地考虑,才能得到全面的答案。

66. 朱老师，您好！您在之前的回答中提到了总承包单位的全面负责是对所承揽的设计、施工等阶段工作的全面负责，那么我是否可以理解为原来五方单位模式中的设计单位、施工单位然后再加上采购单位的职责叠加起来就是总承包单位的职责了？

答：目前，我国工程总承包模式推行的时间还不是很长，您的这种看法在行业内还是存在模糊认识的，那就是总包人其实只是把原来五方单位当中设计单位、施工单位的事情简单地叠加起来做了一遍，承担的责任也就是这两家的叠加。其实，这种看法是片面的。如果仅仅是设计、施工两家单位的简单叠加，我们推行工程总承包的目的在哪里呢？实际上，总包人所要履行的职责要比原来五方模式中设计单位、施工单位的职责更加具有综合性，这主要体现在两个方面：

一方面是管理的职责。在五方责任主体模式中，勘察单位、设计单位、施工单位、监理单位这四方是分别对建设单位负责的，对于工程项目建设的具体事项各负其责，打个通俗的比方就是"铁路警察，各管一段"，而建设单位则处于绝对的中心位置。但是到了工程总承包模式，就变成了工程总承包单位按照总承包合同的约定对建设单位负责，分包单位按照分包合同的约定对总承包单位负责，这种情况下，五方模式中一部分本来由建设单位承担的项目管理职责就变成了由总承包单位来承担，相对于分包单位，总承包单位就是"小业主"。这种管理责任是五方责任单位当中设计单位和施工单位所不需要承担的。

另一方面是优化的职责。推行工程总承包模式，很大程度上是基于其相较于传统模式所具备的优势，包括了化解项目风险、统一权利责任、提升推进效率、降低工程造价、缩短建设工期、保证工程质量等，而这些优势得以发挥的条件是总承包单位从项目初期就对工程进行全面设计优化、统筹安排，充分发挥设计、采购、施工等各阶段的合理交叉和协调，通过不断调整找出最优方案，从而确保实现合同目标。因此，总承包单位的实际工作中有很大一部分应该是对整个项目流程和技术的整合、协调等优化工作，这也恰恰是传统五方单位模式中设计和施工单位之间所缺乏的。

所以说，总承包单位所担负的职责不仅仅止于原来五方单位中设计单位和施工单位的责任，还包括了综合性的项目管理和流程、技术优化责任。

67. 朱老师，您好！《总承包管理办法》第22条第3款规定："工程总承包单位、工程总承包项目经理依法承担质量终身责任。"请问其中的"质量终身责任"应当如何理解？

答：2014年8月25日，住建部印发了《建筑工程五方责任主体项目负责人质量终身责任追究暂行办法》（建质〔2014〕124号），该办法第3条规定："建筑工程五方责任主体项目负责人质量终身责任，是指参与新建、扩建、改建的建筑工程项目负责人按照国家法律法规和有关规定，在工程设计使用年限内对工程质量承担相应责任。"由此，我们可以知道"质量终身责任"就是"在工程设计使用年限内对工程质量承担相应责任"。至于具体的工程设计使用年限，相关的国家标准有对应的规定（见表5、表6）。

表5 《民用建筑设计通则》（GB 50352－2005）对于民用建筑设计使用年限的规定

类别	设计使用年限（年）	示　例
1	5	临时性建筑
2	25	易于替换结构构建的建筑
3	50	普通建筑和构筑物
4	100	纪念性建筑和特别重要的建筑

表6 《建筑结构可靠性设计统一标准》（GB 50068－2018）对建筑结构设计使用年限的规定

类　别	设计使用年限（年）
临时性建筑结构	5
易于替换的结构构件	25
普通房屋和构筑物	50
标志性建筑和特别重要的建筑结构	100

结合上述规定，我们就可以理解《总承包管理办法》第22条中工程总承包单位、工程总承包项目经理依法承担的质量终身责任。

68. 朱老师，您好！您刚才提到工程总承包单位要对自己承揽的工作全面负责，如果工程项目在总承包阶段出现了违法违规的情况，包括工程总承包单位和项目经理在内的总包方都要被追究责任。我想问的问题是：由于工程总承包涵盖了设计、施工等工作阶段，那是否可以理解为在对违法违规行为进行责任追究时，总包方的法律责任就是设计方、施工方等各方法律责任的累加？

答：您对总承包单位责任追究的理解有偏差，接下来，我要对此进行详细的分析。

我们都知道，由于总承包单位需要对所承揽的设计、施工、采购等阶段的质量、安全、工期和造价等全面负责，如果项目在工程总承包阶段有违法违规的情况，总承包单位就需要承担责任，但具体是如何承担责任的，要分两种具体情况来进行考虑。

第一种情况，就是总承包单位自行实施的部分出现了违法违规的情况。

如果总承包单位自行实施设计和施工部分都出现了违法违规的情况，那么就按照设计和施工各自的标准来追究责任。大家可以很明显地看出来，总承包单位自行实施的部分出现了违法违规的情况，那么对总承包单位的责任追究与传统的对设计单位、施工单位的责任追究是一样的。这也体现在《总承包管理办法》第27条的规定中，具体规定内容为"工程总承包单位和工程总承包项目经理在设计、施工活动中有转包违法分包等违法违规行为或者造成工程质量安全事故的，按照法律法规对设计、施工单位及其项目负责人相同违法违规行为的规定追究责任"。

第二种情况，就是分包单位具体实施的部分出现了违法违规的情况。

这种情况是我们要关注的重点。如果总承包人分包后的设计分包单位或者施工分包单位出现了违法违规的行为，总承包单位也是要被追究责任的，那具体追究什么样的责任呢？是不是和分包单位相同的责任呢？我们先来看看国务院事故调查组对于"11·24"江西丰城电厂事故中总承包单位和分包单位存在的主要问题与违法违规情况的认定。

河北亿能公司作为施工分包单位,存在的主要问题包括:(1)安全生产管理机制不健全;(2)对项目部管理不力;(3)现场施工管理混乱;(4)安全技术措施存在严重漏洞;(5)拆模等关键工序管理失控。其违反的规定包括:(1)《建设工程安全生产管理条例》(国务院令第393号)第23条;(2)《建筑施工企业安全生产管理机构设置及专职安全生产管理人员配备办法》(建质〔2008〕91号)第8条;(3)国家安全监管总局《关于印发企业安全生产责任体系五落实五到位规定的通知》(安监总办〔2015〕27号);(4)《电力建设安全工作规程》(DL—5009.1-2014)第4.10.2条;(5)《建筑施工组织设计规范》(GB/T 50502-2009)第6.2.3条、第6.5.4条;(6)《双曲线冷却塔施工与质量验收规范》(GB 50573-2010)第6.3.15条、第12.0.4条。

中南电力设计院作为总承包单位,存在的主要问题包括:(1)管理层安全生产意识薄弱,安全生产管理机制不健全;(2)对分包施工单位缺乏有效管控;(3)项目现场管理制度流于形式;(4)部分管理人员无证上岗,不履行岗位职责。其违反的规定包括:(1)《建设工程安全生产管理条例》(国务院令第393号)第23条、第36条;(2)《中国电力工程顾问集团有限公司安全生产管理规定》(电顾工程〔2016〕485号)第12条、第14条。

由此,我们可以看出,如果是分包单位直接实施的部分出现了违法违规情况,就要按照法律法规的相关条款,结合总承包单位和分包单位各自的具体情况分别追究责任。在这里,我还要专门讲一下总承包单位民事责任的特殊之处。相比较行政责任、刑事责任是严格按照违法违规行为来确定责任,民事责任当中还包括了"加重民事责任"的情况,也就是即使行为人本身并不存在过错,也有可能要承担民事责任。在建设工程领域,总承包方需要特别注意以下两种法律有明确规定的情况:

第一种是建筑物、构筑物或者其他设施及其搁置物、悬挂物发生脱落、坠落造成他人损害的情况。

《民法通则》第126条规定:"建筑物或者其他设施以及建筑物上的搁置物、悬挂物发生倒塌、脱落、坠落造成他人损害的,它的所有人或者管理人应当承担民事责任,但能够证明自己没有过错的除外。"《侵权责任法》第85条也规定:"建筑物、构筑物或者其他设施及其搁置物、悬挂物发生脱落、坠落造成他人损害,所有人、管理人或者使用人不能证明自己没有过错的，应当承担侵权责任。所有人、管理人或者使用人赔偿后，有其他责任人的，有权向其他责任人追偿。”

由此，项目在实施过程中发生搁置物、悬挂物脱落或坠落造成他人损害的，如果总承包单位不能证明自己没有过错的，就需要依法承担相应的民事责任，这是一种过错推定责任，或者说是加重的民事责任。实践中，由于总承包单位负有项目施工阶段的管理责任，在造成他人损害后，要证明自己不存在过错是比较困难的，只有能够在有相应证据证明当事人没有过错的情况下才能免除责任。

第二种是建筑物、构筑物或者其他设施倒塌造成他人损害的情况。

《侵权责任法》第86条规定：“建筑物、构筑物或者其他设施倒塌造成他人损害的，由建设单位与施工单位承担连带责任。建设单位、施工单位赔偿后，有其他责任人的，有权向其他责任人追偿。因其他责任人的原因，建筑物、构筑物或者其他设施倒塌造成他人损害的，由其他责任人承担侵权责任。”

由此，如果发生了建筑物、构筑物或者其他设施倒塌造成他人损害的情况，是由建设单位与施工单位承担连带责任，具体到工程总承包项目中，由于总承包单位也具体参与施工管理，所以是包括建设单位、总承包单位和施工分包单位一起承担连带责任，这是一种共同侵权责任。另外，假如有其他责任人，建设单位、总承包单位和施工分包单位有权追偿，假如是其他责任人的原因，则由其他责任人承担侵权责任。《侵权责任法》在本条中并未明确其他责任人的范围，实际上主要包括了三种：(1)勘察、设计单位；(2)监理单位；(3)勘察、设计、监理单位以外的责任人。

所以说，包括项目经理在内的总承包单位被追究责任，具体应当如何定责是一个实践性和可操作性非常强的问题。我们不能把总承包单位的法律责任与某一方或者某几方的法律责任简单地画等号，而是要根据法律法规规定以及具体的违法违规情况来确定、追究责任，这个原则同样适用于对分包单位责任的追究。

69. 朱老师,您好!我是一名来自设计单位的工作人员,也想问一个有关总包方法律责任追究的问题。《总承包管理办法》第27条规定:“工程总承包单位和工程总承包项目经理在设计、施工活动中有转包违法分包等违法违规行为或者造成工程质量安全事故的,按照法律法规对设计、施工单位及其项目负责人相同违法违规行为的规定追究责任。”如果一家工程总承包单位承揽工程总承包项目后要把施工部分进行分包,自身仅从事设计业务,如果施工阶段出现了违法违规的行为,应该如何对工程总承包单位进行惩罚?总不能按照对设计单位的处罚规定来对施工阶段的违法违规行为进行处罚吧?

答:您问的问题很好,这正是制定《总承包管理办法》的原因之一:明确对总包方违法违规行为进行处罚的依据。根据《总承包管理办法》第27条的规定,如果设计单位及其项目负责人作为总包方在施工阶段出现违法违规行为,那么就按照对施工单位及其项目负责人的处罚规定来进行处罚;同样的,如果施工单位及其项目负责人作为总包方在设计阶段出现违法违规行为,那么就按照设计单位及其项目负责人的处罚规定来处罚。

这种处理方式在《总承包管理办法》施行前就已有先例。我们再来把对江西丰城电厂“11·24”坍塌特别重大事故的处理作为例子。这起事故中,中南电力设计院作为工程总承包单位,河北亿能公司作为施工分包单位,在施工阶段发生违法违规情况后,对于中南电力设计院并不是按照设计单位的处罚规定来进行处罚,而是按照施工单位的处罚规定来进行处罚。国务院事故调查组的处理建议是“建议责令工程总承包停业整顿一年、吊销安全生产许可证处罚;建议给予2000万元罚款”。

其中,对于“责令工程总承包停业整顿一年”的处罚依据是《建筑法》第71条“建筑施工企业违反本法规定,对建筑安全事故隐患不采取措施予以消除的,责令改正,可以处以罚款;情节严重的,责令停业整顿,降低资质等级或者吊销资质证书”及第74条“建筑施工企业在施工中……或者有其他不按照工程设计图纸或者施工技术标准施工的行为的,责令改正,处以罚款;情节严重的,责令停业整顿,降低资质等级或者吊销资质证书……”

可以发现，虽然中南电力设计院作为设计单位承揽了工程总承包项目，但是在施工阶段发生违法违规情况后并不是按照设计单位的处罚规定来进行处罚的，而是按照建筑施工企业的处罚规定来进行处罚。所以说，虽然当时《总承包管理办法》还未出台，但是国务院事故调查组的处理意见采取的是同一思路，这对我们准确理解《总承包管理办法》第 27 条具有极高的参考价值，且对现实当中行政管理部门查处工程总承包项目的违法违规行为具有很高的指导和示范意义，当然也值得我们的总包方，包括总承包单位和项目负责人予以高度关注。

70. 建设单位具备设计、施工资质的情况下，是否可以自行实施自己投资建设项目（设计、施工）工程总承包？在这个设问所列情况被允许的情况下，能否再次将工程总承包中施工部分自行分包给其他具有资质的施工总承包单位？

答：回答这个问题有一定的难度。建设单位可以自行实施自用（自有）项目（设计、施工）工程总承包，如果项目属于非必须招投标项目，建设单位可以自行发包施工业务给其他有资质的施工单位。如果项目属于必须招投标项目，我倾向于认为建设单位直接担任工程总承包单位时，可以自行分包施工业务；如果建设单位不直接担任工程总承包单位，则还是应当通过招投标进行施工业务的发包。

第一，非必须招投标的项目，具有自建资质能力的建设单位可以自行设计施工，也可以自行委托给具有相应资质能力施工单位。

对于非必须招投标的项目而言，国家法律法规对于工程发包方式并无强制性规定，只要建设单位具有相应的设计、施工资质，当然可以自行建设；同样的，非必须招投标的项目的施工业务的发包，只要不涉及肢解发包、转包、违法分包等其他问题，建设单位也有权自行委托具有相应资质能力的施工总承包单位进行建设，这种情况下，答案是较为简单的。

第二，对于必须招投标的项目，具有设计、施工自建资质能力的建设单位可以自行设计施工。

《招标投标法实施条例》第 9 条规定："除招标投标法第六十六条规定的可以不进行招标的特殊情况外，有下列情形之一的，可以不进行招标……（二）采购人依法能够自行建设、生产或者提供……"

由国家发改委、住建部、财政部、工信部等九部委联合发布、修订的《工程建设项目施工招标投标办法》（以下简称《施工招标投标办法》）第 12 条规定："依法必须进行施工招标的工程建设项目有下列情形之一的，可以不进行施工招标……（四）采购人依法能够自行建设……"

根据上述规定，如果建设单位具有相适应的设计、施工能力，依法可以对自建自用项目自行进行设计、施工。

第三，对于必须招投标的项目，具有自建资质能力的建设单位是否可以自行分包施工业务取决于建设单位是否担任工程总承包单位。

如果建设单位具有相应的设计、施工能力，建设单位是否可以直接自行发包自建自用工程的施工业务，目前法律法规中并无明确规定。我倾向于认为，如果建设单位自身担任工程总承包单位的，可以自行发包工程施工业务；但如果建设单位并不担任工程总承包单位的，工程施工还是应当采用招投标的方式发包。

首先，从法律法规文义理解的角度进行分析。

建设单位具有自建自用项目相对应的设计、施工资质能力，就满足《招标投标法实施条例》第 9 条的除外规定，可以合法合规地直接自行担任该项目的工程总承包单位。当建设单位兼任工程总承包单位时，根据《工程总承包发展意见》第 9 条的规定，工程总承包单位具有自行分包施工或设计业务的权限，因此，我认为在这种情况下，建设单位可以依法自行分包工程施工业务。

反之，如果建设单位不担任工程总承包单位，那么虽然建设单位可以自由选择自行进行设计或施工业务，但它向第三方发包施工业务时，它的身份还是建设单位，两者之间的关系还是施工总承包法律关系而不是工程总承包项下的分包法律关系，不适用工程总承包的相关规定，依然应当适用施工总承包模式下，建设单位应当进行招标的规定，采用招标的方式进行发包，而不能自行委托。

其次，从立法原理的角度进行分析。

《招标投标法》第 3 条之所以规定部分项目必须采用招投标的方式进行招标，原因在于这些项目涉及国家利益、社会公共利益及公共安全，因此国家通过规定对这些项目进行强制招投标，确保相关项目的承建单位具有最优的能力、最优的价格。

而《招标投标法实施条例》第9条、《施工招标投标办法》第12条之所以允许具有相应资质能力的建设单位对于自建自用的项目无须招标，是由于建设单位是项目的直接受益人也是直接负责人，建设单位对于项目质量的把控、费用的控制相对于一般的工程承包人当然更加严格，因此如果建设单位具有相应的资质能力并自行建设，那么可以避免招投标的费用支出，也可以使工程项目得到更好的管理。

同理，如果建设单位同时具有设计、施工能力，那么由它直接担任工程总承包单位，可以对设计、施工过程都进行全面管理与负责，建设单位担任工程总承包单位无须招标是合理的。而根据《总承包管理办法》第3条，工程总承包单位对工程设计、施工等阶段全面管理，对工程的质量、安全、工期和造价等全面负责。因此，即使建设单位将相关业务分包给其他单位，建设单位依然要对分包业务进行直接管理、直接负责，确保工程质量和投资效益，所以在这种情况下，工程总承包单位直接分包施工业务与相关法律法规的立法原理并不违背，是合理可行的。

反之，如果建设单位同时具有设计、施工能力，但它不作为工程总承包单位而发包施工业务。这种情况下，建设单位对于施工业务并没有直接进行管理，也不直接负责，建设单位和施工单位之间的工程管理模式及法律关系本质上还是传统的施工总承包模式，建设单位可能对工程设计和施工均进行了更高程度的管理，但这种管理依然是间接的，建设单位的资质与能力并不能全面、充分地贯彻到工程设计、施工过程中，无法直接保证工程质量和投资效益，此种情况下还是应当通过招投标活动通过公平的市场竞争选择合格的设计、施工企业，确保工程质量。

这个问题法律规定不够明确，通过法律的体系解释和实质解释，我倾向于认为对于必须招投标的项目，具有自建资质能力的建设单位是否可以自行分包施工业务取决于其是否担任工程总承包单位。

71. EPC 合同中，关于材料价格调整的风险，如何控制范围有两种说法：(1)以当地当期信息价为准，材料价格调差范围 ±3%，某一材料价格超出调差范围后，材料价格调整 ±3% 以外部分。(2)以当地当期信息价为准，材料价格调差范围 ±5%，某一材料价格超出调差范围后，材料价格按实调整。以上两种说法，有无相关明确规定？

答：这个问题有点复杂，涉及的内容较多。虽然这些说法涉及具体的计价规定，但是有相关规范规定。

第一，规范类规定。

住建部《建设工程工程量清单计价规范》(GB 50500—2013)第 9.8.1 款规定："合同履行期间，因人工、材料、工程设备、机械台班价格波动影响合同价款时，应根据合同约定，按本规范附录 A 的方法之一调整合同价款。"第 9.8.2 款规定："承包人采购材料和工程设备的，应在合同中约定主要材料、工程设备价格变化的范围或幅度；当没有约定，且材料、工程设备单价变化超过 5% 时，超过部分的价格应按照本规范附录 A 的方法计算调整材料、工程设备费。"

第二，国务院部委核定发布的示范文本类规定。

《2017 版施工合同》第 11.1 款【市场价格波动引起的调整】第 2 种方式【采用造价信息进行价格调整】规定：

"合同履行期间，因人工、材料、工程设备和机械台班价格波动影响合同价格时，人工、机械使用费按照国家或省、自治区、直辖市建设行政管理部门、行业建设管理部门或其授权的工程造价管理机构发布的人工、机械使用系数进行调整；需要进行价格调整的材料，其单价和采购数量应由发包人审批，发包人确认需调整的材料单价及数量，作为调整合同价格的依据。

(1)人工单价发生变化且符合省级或行业建设主管部门发布的人工费调整规定，合同当事人应按省级或行业建设主管部门或其授权的工程造价管理机构发布的人工费等文件调整合同价格，但承包人对人工费或人工单价的报价高于发布价格的除外。

(2)材料、工程设备价格变化的价款调整按照发包人提供的基准价格，按以下风险范围规定执行：

①承包人在已标价工程量清单或预算书中载明材料单价低于基准价格的：除专用合同条款另有约定外，合同履行期间材料单价涨幅以基准价格为基础超过5%时，或材料单价跌幅以在已标价工程量清单或预算书中载明材料单价为基础超过5%时，其超过部分据实调整。

②承包人在已标价工程量清单或预算书中载明材料单价高于基准价格的：除专用合同条款另有约定外，合同履行期间材料单价跌幅以基准价格为基础超过5%时，材料单价涨幅以在已标价工程量清单或预算书中载明材料单价为基础超过5%时，其超过部分据实调整。

③承包人在已标价工程量清单或预算书中载明材料单价等于基准价格的：除专用合同条款另有约定外，合同履行期间材料单价涨跌幅以基准价格为基础超过±5%时，其超过部分据实调整。

④承包人应在采购材料前将采购数量和新的材料单价报发包人核对，发包人确认用于工程时，发包人应确认采购材料的数量和单价。发包人在收到承包人报送的确认资料后5天内不予答复的视为认可，作为调整合同价格的依据。未经发包人事先核对，承包人自行采购材料的，发包人有权不予调整合同价格。发包人同意的，可以调整合同价格……"

《建设项目工程总承包合同示范文本（试行）》（GF－2011－0216）第13.7款【合同价格调整】规定："在下述情况发生后30日内，合同双方均有权将调整合同价格的原因及调整金额，以书面形式通知对方或监理人。经发包人确认的合理金额，作为合同价格的调整金额，并在支付当期工程进度款时支付或扣减调整的金额。一方收到另一方通知后15日内不予确认，也未能提出修改意见的，视为已经同意该项价格的调整。合同价格调整包括以下情况：(1)合同签订后，因法律、国家政策和需遵守的行业规定发生变化，影响到合同价格增减的；(2)合同执行过程中，工程造价管理部门公布的价格调整，涉及承包人投入成本增减的……"

发改委、住建部等九部委联合发布的《标准设计施工总承包招标文件》第16条【价格调整】规定：

"16.1　物价波动引起的调整(A)

除专用合同条款另有约定外，因物价波动引起的价格调整按照本款约定处理。

16.1.1 采用价格指数调整价格差额(适用于投标函附录约定了价格指数和权重的)

16.1.1.1 价格调整公式

因人工、材料和设备等价格波动影响合同价格时,根据投标函附录中的价格指数和权重表约定的数据,按以下公式计算差额并调整合同价格。

$$\Delta P = P_0\left[A + \left\{B_1 \times \frac{F_{t1}}{F_{01}} + B_2 \times \frac{F_{t2}}{F_{02}} + B_3 \times \frac{F_{t3}}{F_{03}} + \cdots + B_n \times \frac{F_{tn}}{F_{01}}\right\} - 1\right]$$

式中:△P——需调整的价格差额。

P_0——第 17.3.4 项、第 17.5.2 项和第 17.6.2 项约定的付款证书中承包人应得到的已完成工作量的金额。此项金额应不包括价格调整、不计质量保证金的扣留和支付、预付款的支付和扣回。第 15 条约定的变更及其他金额已按当期价格计价的,也不计在内。

A——定值权重(不调部分的权重)。

B_1;B_2;B_3……B_n——各可调因子的变值权重(可调部分的权重)为各可调因子在投标函投标总报价中所占的比例。

F_{t1};F_{t2};F_{t3}……F_{tn}——各可调因子的当期价格指数,指第 17.3.3 项、第17.5.2 项和第 17.6.2 项约定的付款证书相关周期最后一天的前 42 天的各可调因子的价格指数。

F_{01};F_{02};F_{03}……F_{0n}——各可调因子的基本价格指数,指基准日期的各可调因子的价格指数。

以上价格调整公式中的各可调因子、定值和变值权重,以及基本价格指数及其来源在投标函附录价格指数和权重表中约定。价格指数应首先采用投标函附录中载明的有关部门提供的价格指数,缺乏上述价格指数时,可采用有关部门提供的价格代替。

…………

16.1.1.4 承包人引起的工期延误后的价格调整

由于承包人原因未在约定的工期内竣工的,则对原约定竣工日期后继续施工的工程,在使用第 16.1.1.1 目价格调整公式时,应采用原约定竣工日期与实际竣工日期的两个价格指数中较低的一个作为当期价格指数。

16.1.1.5　发包人引起的工期延误后的价格调整

由于发包人原因未在约定的工期内竣工的，则对原约定竣工日期后继续施工的工程，在使用第16.1.1.1目价格调整公式时，应采用原约定竣工日期与实际竣工日期的两个价格指数中较高的一个作为当期价格指数。

16.1.2　采用造价信息调整价格差额（适用于投标函附录没有约定价格指数和权重的）

合同工期内，因人工、材料、设备和机械台班价格波动影响合同价格时，人工、机械使用费按照国家或省、自治区、直辖市建设行政管理部门、行业建设管理部门或其授权的工程造价管理机构发布的人工成本信息、机械台班单价或机械使用费系数进行调整；需要进行价格调整的材料，其单价和采购数应由监理人复核，监理人确认需调整的材料单价及数量，作为调整合同价格差额的依据。"

第三，地方政策或部门规章类规定。

不少地方政府的相关文件都有规定，例如，济南市城乡建设委员会《关于加强工程建设材料价格风险控制有关事项的通知》（济建标字〔2018〕2号）第3条第2款规定："2.主要材料价格发生波动时，波动幅度在±5%以内（含5%）的材料价差不进行调整；波动幅度超出5%的，按照超出部分调整材料价差。"

又如，珠海市住房和城乡规划建设局《关于加强我市建设工程材料价格风险管控的实施意见的通知》（珠规建建〔2018〕95号）第3条第4项规定："（四）在工程实施阶段，工程用砂、碎石、水泥、混凝土及混凝土制品、砂浆等材料价格波动异常的，可参照《建设工程工程量清单计价规范》（GB 50500－2013）第9.8.2条原则重新协商合同价款调整方法，具体合同价款可参照如下方式调整……"

再如，吉林省住房和城乡建设厅《关于调整建设工程材料价格指导性意见的通知》（吉建造〔2017〕13号）第3条："三、发承包双方应按照工程造价管理的相关规定，就材料价差调整等问题及时签订补充合同或协议。承包人采购材料和工程设备，合同中对材料和工程设备价格未明确风险范围和超出风险范围未明确调整办法的，其主要材料和工程设备，价差在5%以内（含5%）的，由施工单位承担；超过5%以上部分的价差，由建设单位承担。"

但是需要注意，上述文件仅是行业规范或是地方部门规章、政策性文件效力不高。最高人民法院《关于适用〈中华人民共和国合同法〉若干问题的解释(一)》第4条规定:“合同法实施以后,人民法院确认合同无效,应当以全国人大及其常委会制定的法律和国务院制定的行政法规为依据,不得以地方性法规、行政规章为依据。”上述文件均不是法律或行政规章,不能否定合同效力,合同另有约定的,以合同为准。

因此,大家在签订工程总承包合同时,应当加强合同风险管理,将调差条款具体明确地约定在合同中,避免承担过大的市场风险。

72. 朱老师您好！我是一名施工单位的工作人员。目前我们单位承揽到了一个工程总承包项目的施工分包工作,总承包单位在和我们进行合同洽商时提出要有“背靠背”条款,并且说“背靠背”条款现在在实践中普遍存在。请问,什么是工程总承包市场中的“背靠背”条款?

答:“背靠背”条款本身并非专业的法律术语,而是在长期的建设工程实践中逐渐形成的一种约定俗成的行业用语,其含义和性质根据具体的工程领域、项目情况、承发包关系而有所区别,不能一概而论。一般而言,“背靠背”条款是指在有偿合同中,约定负有付款义务的一方,以获得在其他合同中某个第三方的款项作为支付本合同款项前提条件的条款,简单地说就是“我先收款,后付你款”。

“背靠背”条款并非我国特有,在国际工程市场“背靠背”条款也多有涉及,随着建设工程活动的不断开展,逐渐演化出两种不同的付款条件,即“Pay - if - paid”和“Pay - when - paid”,一般而言前者比后者的付款条件更为苛刻。典型的“Pay - if - paid”条款约定总承包人向分包人的付款以发包人的付款为前提,发包人未支付相关款项的,分包人无权请求总承包人付款。此类约定把总承包人的收款风险转移给了既不能预测又无法控制发包人支付风险的分包人,因此合理性存在着很多争议,如在美国有些州此类条款就被视为不合法。相对的,“Pay - when - paid”条款主要表述的是总承包人应在收到发包人付款后的一段合理时间内向分包人进行支付,但该合理时间一旦到期,无论总承包人是否取得发包人的付款,都应向分包人进行支付。因此，一般认为“Pay – when – paid”条款只表述总承包人向其分包人支付的时间，而发包人的付款并不构成总承包人向分包人支付的必要条件，因此相比较而言，“Pay – when – paid”条款比“Pay – if – paid”条款对分包人有利。

我国相关法律法规和行业惯例并未如美国那样对“Pay – if – paid”与“Pay – when – paid”条款进行详细区分，而是在实践中统一称之为“背靠背”条款。建设工程具有资金投入大、建设周期长的特点，履约过程中会存在着大量不确定的风险。尤其是在工程总承包模式下，总承包人对工程项目设计、采购、施工等阶段实行总承包，并对工程的质量、安全、工期和造价等全面负责，上述风险更为突出。除此之外，总承包人相比发包人往往对于财务风险的抵抗能力要弱一些，尤其是当设计单位作为工程总承包人时更为明显。为了避免因发包人拖延支付工程进度款、拒付变更索赔款项等原因带来的财务风险，总承包人往往会利用订立合同时的优势地位，在与分包人签订的合同中设置“背靠背”条款。“背靠背”条款的设置可以使总承包人通过合同安排将总承包合同中的风险、义务和责任等相关内容转移分散到各个分包合同中，由各分包单位部分或全部承担，借此减少总承包人的相关风险、义务和责任。所以在工程总承包模式推进的过程中，“背靠背”条款的应用在实践中也屡见不鲜。

73. 朱老师您好！刚才您讲了“背靠背”条款的定义，我们并不了解这其中的来龙去脉，也不知道国际市场也有此类情况，还区分为两种不同的约定条款。请问，“背靠背”条款的法律性质是什么？

答：“背靠背”条款的定义是什么，目前在理论和实务上基本不存在争议。但是对于“背靠背”条款的法律性质，主要有三种不同的观点：

第一种观点是附条件说。理由是“背靠背”条款的关键在于将总承包人获得发包人价款支付作为付款的前提条件，法律依据为《合同法》第45条和《民法总则》第158条、第159条。

第二种观点是附期限说。这种观点认为“背靠背”条款应当属于附期限条款。

主要理由在于分包人与总承包人签订分包合同时,其真实意思表示应是将“获得发包人付款”视为未来发生的确定的事实,若非如此,按照常理,分包人是不会愿意与总承包人签订分包合同的。也就是说,在工程质量合格的前提下,发包人支付工程款仅是付款期限长短的问题。法律依据为《合同法》第46条和《民法总则》第160条。

第三种观点认为“背靠背”条款仅仅是对付款环节的约定。《合同法》第45条规定:“当事人对合同的效力可以约定附条件。附生效条件的合同,自条件成就时生效。附解除条件的合同,自条件成就时失效。”第46条规定:“当事人对合同的效力可以约定附期限。附生效期限的合同,自期限届至时生效。附终止期限的合同,自期限届满时失效。”可以发现,无论是附条件还是附期限,都决定了合同的生效或失效。类似的,在《民法总则》第158~160条中,附条件和附期限则决定了整个民事法律行为的生效或失效。而“背靠背”条款显然不能决定分包合同或者整个民事法律行为的生效或失效,只是合同当中关于付款环节的约定,因此无论是附条件说,还是附期限说,其实都是对《合同法》《民法总则》相关规定的误解。

以上三种观点中,我个人倾向于第三种观点,即“背靠背”条款仅仅涉及付款环节的约定,而并不能决定合同或者整个民事法律行为的生效或者失效,不应直接对应到《合同法》《民法总则》相关条款中的“附条件”或者“附期限”。

74. 我们签订了一个非政府投资EPC项目的施工分包合同,总承包人在招投标时为了中标,在投标文件中承诺垫资3亿元的工程款。现在他们在招标分包时同样要求我们签订“背靠背”条款,分包也要按比例垫资。垫资不是违法的吗?我们可以不同意垫资吗?

答:您的问题将“背靠背”条款和垫资联系了起来,那么我就结合目前在我国工程行业普遍存在的垫资现象来分析工程总承包项目分包合同中的“背靠背”条款。

第一,现实中垫资的表现形式是多种多样的,分包合同的“背靠背”条款符合

“间接垫资”的特征。

由于工程行业的专业性以及各地情况的差异性，现实中的垫资形式多种多样，行业内一般会将其分为两种主要形式：一种是“直接垫资”或者“硬垫资”，表现为发、承包双方在合同中直接明确约定由承包人垫付资金即“带资承包”。另一种是“间接垫资”或者“软垫资”，表现为发包人以“无预付款”“高额保证金”“宽限进度款支付时间”“以较低比例支付进度款”“约定承包人未经发包人同意不得擅自停工”等各种方式不按时按量支付工程款。对照之后我们可以发现，“背靠背”条款符合“间接垫资”或者“软垫资”的特征，即不是直接明确约定由分包人垫付资金，而是通过不按时按量支付工程款来转移资金压力和风险。

第二，对于政府投资项目，法律法规有明确的不得垫资施工的禁止性条款及处罚规定。

我国对于垫资行为的规制由来已久，早在1996年，建设部、国家计委和财政部曾联合发布《关于严格禁止在工程建设中带资承包的通知》（建设〔1996〕第347号，已废止）。十年之后的2006年，建设部、国家发展和改革委员会、财政部、中国人民银行又联合发布了《关于严禁政府投资项目使用带资承包方式进行建设的通知》（建市〔2006〕6号），其中第1条强调：“政府投资项目一律不得以建筑业企业带资承包的方式进行建设，不得将建筑业企业带资承包作为招投标条件；严禁将此类内容写入工程承包合同及补充条款……”

《政府投资条例》同样对政府投资项目的垫资施工作出了禁止性规定，第22条规定：“政府投资项目所需资金应当按照国家有关规定确保落实到位。政府投资项目不得由施工单位垫资建设。”第34条规定：“项目单位有下列情形之一的，责令改正，根据具体情况，暂停、停止拨付资金或者收回已拨付的资金，暂停或者停止建设活动，对负有责任的领导人员和直接责任人员依法给予处分……（五）要求施工单位对政府投资项目垫资建设……”这两条规定已经非常明确了。

第三，对于非政府投资项目的垫资，虽然目前法律法规没有明确的禁止性规定，但是行政管理部门对此也并不提倡。

我国现行的《建设工程施工专业分包合同（示范文本）》（GF-2003-0213）第19.5款规定：“分包合同价款与总包合同相应部分价款无任何连带关系。”2014年

6月17日,住建部建筑市场监管司发布了《关于征求〈建设工程施工专业分包合同(示范文本)〉〈建设工程施工劳务分包合同(示范文本)〉(征求意见稿)意见的函》(建市施函〔2014〕74号),在该征求意见稿的修订说明中也提到了"以业主支付为前提的工程款支付问题是困扰总包与分包企业合同支付的主要难题。为解决该问题,正在修订的2014版分包合同没有将业主支付设置为承包人向分包人支付分包合同价款的条件,保持了分包工程款价款结算和支付的独立性"。由此可见,我国在行政监督管理的导向上强调分包工程价款结算与支付的独立性,并不支持"背靠背"条款的适用,以更好地保护处于相对弱势地位的分包人以及基层建筑工人的合法权益。虽然这讲是的施工专业分包,而我们现在讨论的是工程总承包的分包,但其实也能看到行政管理部门对此的态度,那就是即使不是政府投资项目,也不提倡垫资。

第四,在司法实践领域,最高人民法院的相关司法解释对于垫资行为并没有直接的否定。

《建设工程司法解释(一)》第6条规定:"当事人对垫资和垫资利息有约定,承包人请求按照约定返还垫资及其利息的,应予支持,但是约定的利息计算标准高于中国人民银行发布的同期同类贷款利率的部分除外。当事人对垫资没有约定的,按照工程欠款处理。当事人对垫资利息没有约定,承包人请求支付利息的,不予支持。"该条确立了垫资既不同于拆借资金,又不同于一般工程欠款的处理原则。对于"背靠背"条款而言,合同中并未直接明确约定由分包人垫付资金,但如果发包人长时间未能支付工程款,那么实际上就产生了分包人垫资的行为。对此,《最高人民法院建设工程施工合同司法解释的理解与适用》一书认为,"如果虽有垫资的行为,但合同中没有关于垫资的约定,则发生纠纷后,已经发生的垫资按照一般的工程欠款处理"。

所以说,如果是非政府投资的工程总承包项目,其分包合同的"背靠背"条款并不能被认定为违法行为,施工分包人可以在合同洽商时即争取约定不能按期支付工程款的利息,如果实际上发生了垫资行为,也可以根据《建设工程司法解释(一)》及合同约定维护自身权益。

75. 朱老师您好！我们公司在签订一个 EPC 的施工分包合同时，合同中对工程款的支付约定了“背靠背”条款，说只有总承包人收到了发包人支付的工程款，才向我们施工单位支付相应的分包工程款。我们能主张该条款无效吗？如何主张才能得到法院的支持？

答：根据《合同法》的规定，合同自依法成立时生效，但存在无效事由或存在可撤销事由并被撤销的，自始没有法律约束力。因此即使合同双方已经协商一致订立“背靠背”条款，依然存在约定无效的可能。对于“背靠背”条款是否有效，司法实践领域中有两种观点：

一种观点是支持该条款：双方自愿在分包合同中设置以发包人支付为前提的“背靠背”条款具有一定的合理性和合法性，在没有无效事由的情况下该约定合法有效。如北京市高级人民法院《关于审理建设工程施工合同纠纷案件若干疑难问题的解答》第 22 条规定：“分包合同中约定待总包人与发包人进行结算且发包人支付工程款后，总包人再向分包人支付工程款的，该约定有效。因总包人拖延结算或怠于行使其到期债权致使分包人不能及时取得工程款，分包人要求总包人支付欠付工程款的，应予支持。总包人对于其与发包人之间的结算情况以及发包人支付工程款的事实负有举证责任。”这一规定即肯定了“背靠背”条款约定的有效，但总承包人应证明其不存在阻止支付条件成就的行为。

另一种观点是不支持该条款：如在（2014）青民一终字第 42 号判决书中，法院认为虽然合同约定发包人不及时支付，总承包人即没有支付工程款的义务，但发包人在合同上未签字盖章，此约定对发包人没有约束力，因此发包人是否付款不应成为总承包单位给付分包人工程款的前提条件。而在（2014）一中民终字第 01260 号判决书中，法院则认为承包人在对付款条件的约定上将第三人付款的风险转移给施工单位，而第三人何时付款、付款比例的大小、第三人拒绝付款或者违反约定延迟付款等均会影响到施工单位的利益，该约定明显有违公平原则。

可以发现，对于分包人而言，否定“背靠背”条款的请求是否能够得到法院的支持存在很大的不确定性。一般情况下，需要证明总承包人故意拖延结算、怠于行使其到期债权致使施工单位不能及时取得工程款或者“背靠背”条款明显违背公平原则，分包人的主张才有可能得到法院的支持。

76. 朱老师您好！我们单位目前有志于往工程总承包的方向发展，也开始在当总承包人。我也想问一个有关于“背靠背”条款的问题，“背靠背”条款主要是在总承包人分包工程时适用，请问总承包人如果需要“背靠背”条款，在实际适用时需要注意哪些问题？

答：我在刚刚的回答中已经讲到，通过在工程总承包相关合同中约定“背靠背”条款，总承包人可以有效转移发包人的支付风险。然而在具体条款的设立上，为了能最大限度地发挥“背靠背”条款的效用，确保合法有效并且可履行，总承包人需要注意以下几个方面：

第一，并不是每项分包工作都适宜采用“背靠背”条款，总承包人要结合工作的具体情况和分包人的要求来进行综合考虑。

工程总承包模式下，总承包人对工程项目设计、采购、施工等阶段实行总承包，因此其分包合同的类型也多种多样，包括设计分包、采购分包、施工分包、专业分包以及劳务分包等。而不同类型分包合同的法律关系和行业领域具有较大差异，设置“背靠背”条款时需进行谨慎考虑。

总的来说，施工类的分包合同，如施工分包和专业分包，设置“背靠背”条款的情况较为多见。此类合同的实施期限较长，支付风险较大，总承包人事实上也存在这样的需求。对于设计类的分包合同，尽管也可设置“背靠背”条款，但其付款节点较施工类的分包合同要少，支付流程也较为简单，重点主要在对于相关设计成果的确认和支付条件的达成方面。此外，从国际实践情况来看，设计咨询类的分包工作设置“背靠背”条款也并非行业惯例。如银皮书的《咨询分包协议》(2017 年第 2 版)中，就没有设置“背靠背”条款。而对于采购类的分包合同，其性质为买卖合同，一般货物交付后采购分包人即完成合同义务，无论货物是否马上用于工程建设总承包人都应尽快付款，因此采购分包人多不愿接受“背靠背”条款，用于工程的设备材料一般装运或到场后即会要求获得支付，甚至还要求先行支付预付款，待其形成永久工程后再扣减该金额。因此，总承包人对于分包不是都要设置“背靠背”条款，而要结合分包工作的具体情况以及分包人的要求来确定是否使用。

第二，总承包人应注意“背靠背”条款付款条件和节点的约定与总承包合同之间的对应关系。

在建设工程实务中，有一些总承包人由于对合同条款不够重视，会将“背靠背”条款约定得较为简单直接，如概括地约定为“以发包人结算为准”或“在发包人支付后方才支付”等。此类表述易被法院认定为约定不明或显失公平，致使“背靠背”条款无法发生效力，总承包人分散风险的目的无法达到。如在（2008）浙民一终字第192号案中，案涉分包合同对具体的付款时间没有明确约定，但在第4条约定“涉及相关结算按甲方（总承包单位）与丙方（发包人）签订的合同条款和结算依据为准”。总承包人据此主张付款时间应当在其与发包人结算之后，目前付款条件尚不具备。法院认为本案情形属于合同双方对付款时间没有明确约定或者约定不明，因此施工单位有权在工程竣工验收后，在合理期限内要求支付工程价款。总承包人提出“案涉工程价款支付条件尚未成就”的主张有违公平原则，法院不予采纳。

因此，总承包人需特别注意“背靠背”条款约定的明确详细。尤其是在工程总承包模式下，总承包合同与分包合同在承包范围、工作类型、价格确定、支付方式、风险分担等方面均有较大区别，分包合同与总承包合同的付款条件和节点很可能不能完全对应。例如，工程总承包合同一般为总价合同，以形象进度或里程碑为付款节点，除合同约定由发包人承担的风险，其他风险一般都是由总承包人来承担；而施工分包合同多为单价合同，按照工程量进行计价和支付。因此，发包人在总承包合同下支付的工程款很可能无法与总承包人对分包人的支付直接对应；而分包人在分包合同下可以索赔的事项很可能在总承包合同下不能索赔，如以发包人的支付为索赔前提将使分包人难以获得索赔。面对这种情况，什么是“背靠背”条款中所指的“相应工程款”就将产生争议，而“背靠背”条款也可能因约定不明或有违公平原则而丧失效力。因此总承包人在设计“背靠背”条款时，应做到明确详细，尽可能将发包人与总承包人以及总承包人与分包人之间的付款条件和节点进行对应。

第三，总承包人在合同履约过程中也要按照“背靠背”条款的约定落实自身的证据管理。

有的总承包人拟制了比较完善的条款,最后却仍然在发生纠纷时处于被动地位。为什么呢? 主要的原因就在于忽视了履约过程中的证据管理。合同写得再漂亮,实际工作中却不遵照执行,相关证据的不完善最终造成了自身权益的白白损失,这是值得引起重视的。

比如,在“背靠背”条款中约定了发包人支付工程款后按照合同约定的折算比例付给分包人时,应该要求分包人在每一次申请付款时制作该笔付款对应的“付款申请表”或类似文书,其中要明确体现“背靠背”条款中对应的请款、付款内容。又如,总承包人在业主方迟延支付进度款的情况下,必须要积极向发包人主张权利,最重要的是保留每一次的往来文件如催款单、请款函,作为书面证据。以免在将来发生纠纷时,总承包人因怠于行使权利,被法院认定为以不作为的形式阻止履行条件的成就,视为履行条件已成就,从而丧失了“背靠背”条款分散风险的功能。这些都可以归结为履约过程中的证据管理工作,也往往是总承包人会忽略的,如果是这样,“背靠背”条款写得再好作用也会大打折扣,甚至起不到作用。

归根结底,对于“背靠背”条款,总承包人要解决三个重点问题:是不是需要“背靠背”条款? 怎样设置“背靠背”条款? 怎样进行“背靠背”条款履行过程中的证据管理? 只有这三个问题解决了,“背靠背”条款才能真正发挥总包方预期的作用。

77. 根据我国《合同法》第 286 条的规定,工程总承包合同项下的承包人对其承包的建设工程施工合同的价款依法享有优先受偿权,那么工程总承包项下的承包人对合同中的勘察设计费用是否也享有优先受偿权?

答:对这个问题目前相关法律和司法解释都没有明确规定,但我倾向于认为工程总承包模式下承包人可以就工程勘察设计费用享有优先受偿权。

由于这个问题没有明确规定,我们需要对传统模式下设计费用的优先受偿权问题进行梳理,由此及彼,通过旧问题的分析来推断新问题的执行。

第一，传统模式下，设计人不享有工程优先受偿权的原因。

实际上，在法律法规、司法解释层面，并没有规定设计费用不享有优先受偿权。

优先受偿权的上位法规定来自于《合同法》。《合同法》第286条规定："发包人未按照约定支付价款的，承包人可以催告发包人在合理期限内支付价款。发包人逾期不支付的，除按照建设工程的性质不宜折价、拍卖的以外，承包人可以与发包人协议将该工程折价，也可以申请人民法院将该工程依法拍卖。建设工程的价款就该工程折价或者拍卖的价款优先受偿。"第269条规定："建设工程合同是承包人进行工程建设，发包人支付价款的合同。建设工程合同包括工程勘察、设计、施工合同。"从上述法律规定可以看出，《合同法》第286条规定建设工程合同的承包人享有建设工程优先受偿权，而建设工程合同包括了勘察设计合同，因此从《合同法》的文义解释角度，难以得出勘察设计费用不能主张优先受偿权的结论。

最高人民法院《关于建设工程价款优先受偿权问题的批复》（以下简称《优先受偿权批复》）第3条规定："建筑工程价款包括承包人为建设工程应当支付的工作人员报酬、材料款等实际支出的费用，不包括承包人因发包人违约所造成的损失。"

《建设工程司法解释（二）》第17条规定："与发包人订立建设工程施工合同的承包人，根据合同法第二百八十六条规定请求其承建工程的价款就工程折价或者拍卖的价款优先受偿的，人民法院应予支持。"

有观点认为上述两项规定都明确施工合同当事人享有优先受偿权，没有规定设计合同当事人享有优先受偿权，因此设计合同当事人不享有优先受偿权。但这种逻辑显然经不起推敲，如我刚才所述，从《合同法》文义解释的角度来看，设计合同的当事人原则上应当享有优先受偿权，《优先受偿权批复》《建设工程司法解释（二）》只是明确施工合同当事人享有优先受偿权，但并未规定设计合同当事人不享有优先受偿权，不能得出设计合同当事人不享有优先受偿权的结论。

但是部分地方性规定中明确规定合同当事人不享有优先受偿权。例如，《浙江省高级人民法院执行局执行中处理建设工程价款优先受偿权有关问题的解答》第6条规定："六、装饰装修工程承包人、工程勘察人或设计人是否享有优先受偿权？……工程勘察人或设计人就工程勘察或设计费主张优先受偿权的，不予支持。”安徽省高级人民法院《关于审理建设工程施工合同纠纷案件适用法律问题的指导意见(2018)》第16点规定:“……工程勘察人或设计人就工程勘察或设计费主张优先受偿权,不予支持。”由此,部分司法实践评判意见认为设计费用不能支持优先受偿权的观点有二:(1)建设工程的优先受偿权是为了保护劳动者的物化价值及生存利益,设计人的劳动没有物化入建筑物中,不能主张优先受偿权;(2)传统模式下,设计在前施工在后,设计完成时连工程建筑都不存在,主张优先受偿权不具有实际可能性。但这两种观点只是部分法院的裁判意见,并不代表司法实践的主流意见,也未形成规范性文件。

第二,在工程总承包模式下,设计价款主张优先受偿权的法理障碍不复存在。

在工程总承包模式下,设计与施工都由同一主体完成,而设计是施工工作不可分割的一部分,因此设计相关人员的劳动一样直接物化入建筑物中,因此享有优先受偿权;其次,工程总承包模式通常是边设计边施工,只要工程部分完成,就已完工程部分,设计的物化价值便已存在。因此,在设计施工由同一主体完成的前提下,我刚才说的在传统模式下设计费用无法主张优先权的法理障碍便不复存在,设计费用可以主张优先受偿权。

有观点认为,设计人员的劳动并没有直接物化到工程建筑中去,而是间接体现,优先受偿权仅保护直接施工的,具有直接物化价值的农民工的生存权益。这种观点显然欠妥,就传统模式下,施工单位可行使优先受偿权的范围是所有直接支出的工程价款,其中显然不仅仅包括农民工工资,还包括管理人员的管理费用。管理人员的管理费用显然也是间接物化入工程建筑中的费用,既然该费用可以支持优先受偿权,显然以直接物化和间接物化来区分是否支持优先受偿权的观点是不正确的。因此,设计人员的设计价值也物化入建筑中,应当予以支持。对此,《赤峰光大光伏农业发展有限公司、山东电力建设第三工程公司建设工程施工合同纠纷二审民事判决书》[(2017)最高法民终894号]、《中国电力工程顾问集团东北电力设计院有限公司与牡丹江佳日热电有限公司建设工程施工合同纠纷一案一审民事判决书》[(2012)黑民初字第3号]两个与工程总承包相关的案件中就没有区分设计费用与施工费用,而是统一支持了所有的工程欠款的工程优先受偿权,包括设计费用在内。

因此,我倾向于认为工程总承包模式下设计费用应当享有优先受偿权。当然，由于传统模式下不支持设计费用的优先受偿权，而工程总承包属于新兴模式，整个司法界的研究及惯例的形成都需要时间，现阶段，这个问题的实际裁判还具有很大的不确定性，值得所有的法官、律师及工程从业人员合力研究，进一步明确并推进。

78. 目前法律层面对工程总承包合同效力的规定相对较少，但由于《建设工程司法解释（一）》《建设工程司法解释（二）》对施工合同效力作出一系列的规定，主要是资质和招投标的违法行为造成合同的无效，如果这种情形导致工程总承包合同也无效，那么承包人是否具有优先受偿权？

答：这个问题也没有标准答案，但我倾向于认为无效的工程总承包合同依然具有优先受偿权。

第一，从司法解释条文沿革来看，无效的工程总承包合同的承包人具有优先受偿权。

合同效力是否影响优先受偿权的行使一直是司法实践中颇有争议的内容，支持或不支持司法判例都存在，并没有形成统一意见。因此在《建设工程司法解释（二）》的制定过程中，最高人民法院打算统一该裁判尺度。

《建设工程司法解释（二）》征求意见稿中第29条有两个方案，方案1："符合下列条件，承包人就其承建的工程主张工程价款优先受偿权，人民法院应当支持：（一）建设工程施工合同有效；（二）建设工程经竣工验收合格；（三）建设工程不属于不宜折价、拍卖范围；（四）承包人在约定或者法定期限内主张优先受偿权。"方案2："不以建设工程合同有效为限。实践中因资质、招投标法律规定，大量无效合同出现。作此规定，不利于无效合同中承包人权利保护。"该条款正式发布时，调整为第19条："建设工程质量合格，承包人请求其承建工程的价款就工程折价或者拍卖的价款优先受偿的，人民法院应予支持。"可见，本条款最终采用了方案2的观点，建设工程优先受偿权不以合同是否有效为前提，对此，最高人民法院编写的《建设工程施工合同司法解释（二）理解与适用》一书在对第19条的解析中也明确,最高人民法院制定本条款时采纳了多数意见,工程优先受偿权不以合同是否有效为前提。同理,工程总承包合同当事人的工程优先受偿权也不宜以合同效力为前提。

第二,从工程优先受偿权的立法本意来看,也不适宜将合同效力作为前提。

通说认为,工程优先受偿权的立法本意是保护建设工程的劳动者的劳动价值及基本的生存权利,因此通过赋予承包人优先受偿权的方式保护劳动者的工资求偿权。而不论合同是否有效,建筑物中凝结的都是劳动者无差别的劳动,其物化价值是一样的;合同是否有效与劳动者本身并无关联性,合同无效的过错也不能归结于劳动者,因此以合同无效剥夺优先受偿权,损害的是无过错的劳动者的权利,这是不合理的。因此,从这个意义上说,优先受偿权的行使也不该以合同效力为前提。

刚才提到的《赤峰光大光伏农业发展有限公司、山东电力建设第三工程公司建设工程施工合同纠纷二审民事判决书》[(2017)最高法民终894号]中所涉及的工程总承包合同就是一个无效合同,但最终最高人民法院依然支持了优先受偿权,这也可以作为参考。

所以,虽然目前没有明确规定,但我倾向性认为无效的工程总承包合同依然具有优先受偿权。

79.《建设工程司法解释(二)》第22条规定优先受偿权的行使期限自应当给付工程款之日起算。我们承接了一个采用EPC模式的BOT项目,约定以运营收入抵偿工程价款,因此不存在给付工程款之日,那么我们是否享有工程优先受偿权?如果享有,优先受偿权的期限应当如何起算?

答:这个问题颇为新颖。目前确实是个疑难问题,对此我倾向于认为享有优先受偿权。如果合同在建设期内解除,则优先受偿权的起算可以参考如下顺序:(1)建设工程已实际交付的,为交付之日;(2)建设工程没有交付的,为提交竣工结算文件之日;(3)建设工程未交付,工程价款也未结算的,为当事人起诉之日。

如果合同在运营期内解除，则优先受偿权的起算点可以为建设工程竣工之日或者建设工程合同约定的竣工之日。

第一，EPC 模式的 BOT 项目合同也应当享有优先受偿权。

讨论 EPC 模式的 BOT 项目合同的优先受偿权当然应当先讨论其是否属于建设工程合同。《合同法》第 269 条规定："建设工程合同是承包人进行工程建设，发包人支付价款的合同。建设工程合同包括工程勘察、设计、施工合同。"EPC 模式本身就是建设工程合同的一种，这一点自无疑义，因此 EPC 模式不影响工程优先受偿权的成立。但需要进一步讨论 BOT 合同的影响。BOT 合同的基本履约模式是建造—运营—移交，仅就建造阶段而言，承包人进行工程建设的义务和一般的建设工程合同没有任何本质上的区别；BOT 合同与一般建设工程合同最大的区别在于发包人工程价款的支付方式，一般建设工程合同的工程价款是直接支付，而 BOT 合同是采用运营收入代替直接支付，但不论是直接支付还是采用运营收入支付，本质上依然还是发包人支付价款的方式，只是具体方式上的差异，没有改变发包人支付价款的本质。因此 BOT 合同也符合《合同法》第 269 条规定的建设工程合同的基本特点，属于建设工程合同，承包人享有建设工程优先受偿权。

而且我在前一个问题的回答中也提到过工程优先受偿权的立法本意是保护建设工程劳动者的劳动价值及基本的生存权利，在 BOT 合同的建设阶段，建筑物的建设凝集的也是劳动者无差别的劳动价值，因此劳动者的利益当然应该得到同等保护，因此我倾向于支持承包人享有建设工程优先受偿权。

第二，优先受偿权的期限起算点确定。

采用 EPC 模式的 BOT 项目合同由于采用运营收入抵偿工程价款及相应利润，因此通常不存在工程价款支付之日的约定，也就难以直接适用《建设工程司法解释(二)》第 22 条的规定，那么还是需要从法理层面进行推理。

BOT 项目如果运营期满，那么通常相当于发包人主要义务已经履行完毕，不存在欠付问题，自然无须讨论优先受偿权。因此，优先受偿权的问题必然是以合同中途解除为成立前提的。

一种观点认为，由于采用运营收入抵偿工程价款，因此相当于一个长时间的分期付款协议，运营期满之日等同于工程价款清偿完成之日，因此合同中途解除的，承包人有权在运营期的任意时间主张优先受偿权。此种说法在法律逻辑上存在一定基础,但过于机巧,忽略了合理性和平衡性。优先受偿权是一项重大的权利,其优先于抵押权、一般债权等其他权利,因此此项权利并不仅仅是发、承包人之间的问题,而是影响到所有债权人的利益。因此认为承包人有权在运营期的任意时间主张优先受偿权的观点将导致优先受偿权的范围无限扩张,损害其他债权人利益,不具有合理性,也不符合法律利益平衡的原则,涉嫌权利滥用。司法解释规定了优先受偿权 6 个月的行使期限,本身就是为了抑制这种权利的扩张,因此如此理解有违立法本意。而且运营收入并不完全等同于工程价款,还包括了承包人在运营期间内的管理费用、税费、融资费用、运营利润等内容,这些内容并不属于工程价款优先受偿权的范围,从这个角度来说,认为运营期内可以无限制主张优先受偿权的观点也不合理。

另一种观点认为,合同一旦中途解除,根据合同解除的法理效果,合同未履行部分不再履行,因此之后的合同价款清偿可以视为没有约定,可以参照对工程价款应支付之日没有约定的建设工程合同处理。我认为这种处理方式更加合理,在保护承包人的基础上兼顾了各方的利益。而对没有约定工程价款应支付之日的建设工程合同,目前也没有明确的工程优先权起算期限。但最高人民法院在《建设工程施工合同司法解释(二)理解与适用》一书中对此有倾向性观点,可以适用《建设工程司法解释(一)》第 18 条的规定作为没有约定情况下应支付工程款支付之日的处理原则:"利息从应付工程价款之日计付。当事人对付款时间没有约定或者约定不明的,下列时间视为应付款时间:(一)建设工程已实际交付的,为交付之日;(二)建设工程没有交付的,为提交竣工结算文件之日;(三)建设工程未交付,工程价款也未结算的,为当事人起诉之日。"结合该观点,采用 EPC 模式的 BOT 项目合同如果在建设过程中解除合同的,那么适用上述观点不仅具有合理性,也兼顾了各方利益,是合理的。但如果合同是在运营过程中解除的,由于 BOT 合同是在项目运营结束才进行交付,依然会产生优先受偿权行使期限过长的问题。这种情况下,我倾向于认为采用最高人民法院《关于建设工程价款优先受偿权问题的批复》第 4 条"建设工程承包人行使优先权的期限为六个月,自建设工程竣工之日或者建设工程合同约定的竣工之日起计算"规定处理方式更能平衡各方利益。

总结一下,如果合同在建设期内解除,则优先受偿权的起算可以参考《建设工程司法解释(一)》第18条的规定。如果合同在运营期内解除,则优先受偿权的起算点可以为建设工程竣工之日或者建设工程合同约定的竣工之日。

80. 我们是一家为工程建设提供必要担保的财务公司,请问我们为设备垫付资金时以设备设立抵押存在哪些风险?

答:这个问题有点大,时间有限,我仅提示两点主要的风险。

第一点是发包人的工程设备设立抵押应当注意登记问题。

动产抵押与不动产抵押的生效条件不同。《物权法》第180条规定:"债务人或者第三人有权处分的下列财产可以抵押:(一)建筑物和其他土地附着物;(二)建设用地使用权;(三)以招标、拍卖、公开协商等方式取得的荒地等土地承包经营权;(四)生产设备、原材料、半成品、产品;(五)正在建造的建筑物、船舶、航空器;(六)交通运输工具;(七)法律、行政法规未禁止抵押的其他财产。抵押人可以将前款所列财产一并抵押。"第187条规定:"以本法第一百八十条第一款第一项至第三项规定的财产或者第五项规定的正在建造的建筑物抵押的,应当办理抵押登记。抵押权自登记时设立。"第188条规定:"以本法第一百八十条第一款第四项、第六项规定的财产或者第五项规定的正在建造的船舶、航空器抵押的,抵押权自抵押合同生效时设立;未经登记,不得对抗善意第三人。"可见,动产抵押自抵押合同生效时成立,不动产抵押自完成抵押登记时成立,两者截然不同。如果双方当事人对抵押合同没有进行登记,且又对于某一设备是否属于不动产产生争议,显然将对抵押权是否生效产生重大影响。而工程设备往往涉及大量资金,如果抵押权未能生效,显然会严重损害债权人的相关权益。

对此,为保证当事人抵押权的合法性,建议在抵押合同中列出抵押清单,明确设立抵押的抵押物范围,严格分析工程设备的不动产、动产属性,对于可能存在争议的工程设备,应将抵押合同分别在不动产登记中心及工商行政管理部门进行不动产抵押登记及动产抵押登记,避免未能取得应得的抵押权导致出现争议。

第二点是工程总承包单位的设备设立抵押要注意抵押权的灭失问题。

由于很多工程设备的价值较大,工程总承包单位有时也需要融资流转。财务公司或者银行等其他融资单位为工程总承包单位设立设备融资抵押时需要注意设备在建造过程中可能由动产直接转化为不动产，不论各方对设备所有权如何约定，不动产的所有权原则上均自其转化为建筑物一部分时自动转为发包人所有。工程总承包商的设备所有权消灭，而抵押权作为从权利，自主权利消灭之日起消灭，融资单位无法对发包人所有的物行使抵押权，这一风险往往容易忽略，值得大家重点关注。

81. 我们是建设单位，我们的一个工程总承包项目中工程总承包单位提供的履约担保比较特别，是由该单位的母公司提供一个商业地产抵押作为履约担保，但该母公司没有进行抵押登记，后该工程总承包单位提出解除合同，我们是否还可以主张抵押权？

答：无法主张抵押权，但还有救济空间，可以要求担保单位继续履行抵押登记，或者要求担保单位直接承担连带责任。

第一，不动产抵押以登记为抵押权生效要件，没有完成抵押权登记，债权人不享有抵押权。因此，由于没有完成抵押登记，贵司确实是不能享有抵押权的。

第二，贵司依然有权要求该母公司承担抵押权登记的义务。

虽然抵押权因为没有进行登记而无效，但抵押担保合同依然合法有效，该母公司依然负有按照合同约定履行抵押登记的义务，贵司可以要求该母公司履行。

第三，贵司可以直接要求该母公司承担连带责任。

最高人民法院《关于适用〈中华人民共和国担保法〉若干问题的解释》第7条规定："主合同有效而担保合同无效，债权人无过错的，担保人与债务人对主合同债权人的经济损失，承担连带赔偿责任；债权人、担保人有过错的，担保人承担民事责任的部分，不应超过债务人不能清偿部分的二分之一。"

参考该规定，因该母公司没有完成抵押登记导致抵押权无效，该工程总承包单位又无端解除合同，显然过错均属于担保人及债务人，因此贵司可以直接依据上述条款要求主张担保人承包连带责任。

82. 我们作为工程总承包单位，与发包人之间的工程总承包合同中并未约定我们负有采购义务，但在履约过程中，发包人委托我们采购物料、设备，我们大概采购了接近1000万元的物料、设备，发包人仅支付了400余万元后就开始拖欠工程款及采购款。现供应商们要求我们支付采购款，请问我们是否要承担相应的付款义务？

答：这个问题需要从实体和程序两个方面进行分析。

第一，从实体角度而言，贵司存在免责的可能。

《合同法》第402条规定："受托人以自己名义，在委托人的授权范围内与第三人订立的合同，第三人在订立合同时知道受托人与委托人之间的代理关系的，该合同直接约束委托人和第三人，但有确切证据证明该合同只约束受托人和第三人的除外。"本条规定在法学领域被称为显名代理，即如果供应商明知贵司是受发包人委托进行采购，那么依据法律规定，合同直接约束的是发包人和供应商，贵司无须承担付款义务。

但还有一种情况，根据《合同法》第403条的规定，"受托人以自己的名义与第三人订立合同时，第三人不知道受托人与委托人之间的代理关系的，受托人因第三人的原因对委托人不履行义务，受托人应当向委托人披露第三人，委托人因此可以行使受托人对第三人的权利，但第三人与受托人订立合同时如果知道该委托人就不会订立合同的除外。受托人因委托人的原因对第三人不履行义务，受托人应当向第三人披露委托人，第三人因此可以选择受托人或者委托人作为相对人主张其权利，但第三人不得变更选定的相对人。委托人行使受托人对第三人的权利的，第三人可以向委托人主张其对受托人的抗辩。第三人选定委托人作为其相对人的，委托人可以向第三人主张其对受托人的抗辩以及受托人对第三人的抗辩"。本条规定在法学领域被称为隐名代理，即供应商不知道贵司是受发包人委托进行采购的情况下，贵司可以向供应商披露发包人委托贵司采购的实情，由供应商自行选择向贵司或者向发包人主张付款义务。如果供应商选择了发包人作为付款主体，则贵司可以免责。

第二，就程序法意义而言，司法实践中往往存在举证难度。

首先,贵司需要举证已经取得发包人的委托,这一点通常存在合同、协议书、会议纪要、备忘录等文件可以证明,但也常常出现发包人口头要求工程总承包单位采购,无任何证据的情形,如果出现这种情况,只能说工程总承包单位的证据管理能力存在重大缺陷,风险意识不足,往往面临直接败诉的风险。

其次,在已证明取得发包人授权的前提下,如果是隐名代理,由于选择权在供应商,争议不大;但如果是显名代理,则往往发生供应商明知发包人缺乏付款能力却故作不知代理存在而要求承包人支付的情形,争议由此产生。此种情形下,如果采购合同中注明是受发包人委托的,则显名代理自然成立,并无疑议;但实践中,合同中往往并无约定,此时常见的举证思路就包括证明是发包人直接付款、采购款发票的抬头是发包人的名称、发包人的代表以发包人的名义参与过采购谈判及过程履行的相关文件等间接证据证明供应商对于委托关系明知、应知。

83. 我公司作为工程总承包单位承揽了一个热电厂,采购了部分电机设备,价值较高,设备运抵现场后,安装过程中由于发包人欠付巨额工程款,我公司想解除合同,对于已运抵现场但还未完成安装的这部分设备,我公司能否主张优先受偿权?

答:这个问题看似简单,其实层层递进,相当有趣。

首先,必须先分析已运抵现场的设备的所有权的归属,设备所有权归属的分析方法我刚才已经讲过;如果所有权还没有转移给发包人,则贵司是设备的所有权人,运走设备另行出卖、变卖即可,无须讨论优先受偿权的问题。

其次,所有权已转移给发包人,则贵司无权主张优先受偿权。《合同法》第286条规定:"发包人未按照约定支付价款的,承包人可以催告发包人在合理期限内支付价款。发包人逾期不支付的,除按照建设工程的性质不宜折价、拍卖的以外,承包人可以与发包人协议将该工程折价,也可以申请人民法院将该工程依法拍卖。建设工程的价款就该工程折价或者拍卖的价款优先受偿。"优先受偿权的行使客体是承包人完成的建筑物,而未安装的设备不属于建筑物的一部分,不能对未安装的设备行使优先受偿权。

最后,未安装设备可以主张留置权,但要保证其一直处于工程总承包单位的占有之下。《物权法》第 230 条第 1 款规定:"债务人不履行到期债务,债权人可以留置已经合法占有的债务人的动产,并有权就该动产优先受偿。"第 231 条规定:"债权人留置的动产,应当与债权属于同一法律关系,但企业之间留置的除外。"第 236 条规定:"留置权人与债务人应当约定留置财产后的债务履行期间;没有约定或者约定不明确的,留置权人应当给债务人两个月以上履行债务的期间,但鲜活易腐等不易保管的动产除外。债务人逾期未履行的,留置权人可以与债务人协议以留置财产折价,也可以就拍卖、变卖留置财产所得的价款优先受偿。"第 240 条规定:"留置权人对留置财产丧失占有或者留置权人接受债务人另行提供担保的,留置权消灭。"根据上述规定及法理通说,留置权的构成要件包括:(1)债权人合法占有债务人之动产;(2)债权已届清偿期,但债权人能够证明债务人无支付能力的除外;(3)动产之占有与债权属同一法律关系,但企业之间留置不受同一法律关系之限制。因此对于未安装设备,如果符合留置权的行使条件,贵司可以对其行使留置权,优先受偿。但要注意,在未实现债权之前,贵司要保持对设备的占有,否则留置权将消灭。

84. 我们是一家工程总承包单位,我们将一个工程总承包项目中的设计业务分包给一家设计单位,后来由于设计单位进度完全不符合要求,我们就解除了设计分包合同。解除合同时,建筑外形设计已经完成,所以我们沿用了这个设计,由下一家设计单位进行结构及后期其他设计。但现在原设计单位突然向我们主张对设计图纸的著作权,禁止我们使用,请问这合理吗?

答:合同有约定的情形下,著作权的归属按合同约定执行;没有约定的情形下,原设计单位享有著作权,但禁止使用不合理。

第一,委托作品的著作权有约定的,按约定确定归属。

《著作权法》第 17 条规定:"受委托创作的作品,著作权的归属由委托人和受托人通过合同约定。合同未作明确约定或者没有订立合同的,著作权属于受托人。”

据此，图纸的著作权首先应当以合同约定为准。《标准设计施工总承包招标文件》第1.11.1项规定：“除专用合同条款另有约定外，承包人完成的设计工作成果和建造完成的建筑物，除署名权以外的著作权以及建筑物形象使用收益等其他知识产权均归发包人享有。”《2017版施工合同》第1.11.2项规定：“除专用合同条款另有约定外，承包人为实施工程所编制的文件，除署名权以外的著作权属于发包人……”2017版银皮书第1.10款【雇主使用承包商文件】规定：“由承包商（或以其名义）编制的承包商文件及其他设计文件，就当事双方而言，其版权和其他知识产权应归承包商所有。”可见，各种示范文本中，对于著作权的归属约定可能存在差异，但均是合法有效的。

因此，贵司需要复核合同约定，以合同约定确定著作权归属。

第二，委托作品的著作权没有规定的，属于受托人所有，但委托人有权在委托范围内使用。

最高人民法院《关于审理著作权民事纠纷案件适用法律若干问题的解释》第12条规定：“按照著作权法第十七条规定委托作品著作权属于受托人的情形，委托人在约定的使用范围内享有使用作品的权利；双方没有约定使用作品范围的，委托人可以在委托创作的特定目的范围内免费使用该作品。”根据该规定，贵司此前委托原设计单位进行设计，也支付了相应对价，完成的设计图纸的使用范围显然是用于该项目的建设，因此，即使合同对著作权没有约定，或约定著作权属于设计单位的前提下，贵司也有权在设计分包合同所约定的工程建设过程中使用该图纸。因此，原设计单位的要求不合理。

85. 我们承接的一个项目的工程总承包合同中约定，承包人所有文件的著作权归发包人所有，履约过程中我们发明了一个专利，现在发包人和我方就专利权归属起了争议，请问是否按照合同约定，这个专利就属于发包人所有了？有没有挽救的空间？

答：目前你的问题的题设还不足以推出结论。首先应当明确合同约定中究竟写的是“著作权”还是“知识产权”；其次，要明确知识产权的合同约定范围。

“著作权”属于《著作权法》的规制范围。《著作权法》第2条第2款规定：“中国公民、法人或者其他组织的作品，不论是否发表，依照本法享有著作权。”第3条规定：“本法所称的作品，包括以下列形式创作的文学、艺术和自然科学、社会科学、工程技术等作品……（七）工程设计图、产品设计图、地图、示意图等图形作品和模型作品……”第10条第1款规定：“著作权包括下列人身权和财产权：（一）发表权，即决定作品是否公之于众的权利；（二）署名权，即表明作者身份，在作品上署名的权利；（三）修改权，即修改或者授权他人修改作品的权利；（四）保护作品完整权，即保护作品不受歪曲、篡改的权利；（五）复制权，即以印刷、复印、拓印、录音、录像、翻录、翻拍等方式将作品制作一份或者多份的权利；（六）发行权，即以出售或者赠与方式向公众提供作品的原件或者复制件的权利；（七）出租权，即有偿许可他人临时使用电影作品和以类似摄制电影的方法创作的作品、计算机软件的权利，计算机软件不是出租的主要标的的除外；（八）展览权，即公开陈列美术作品、摄影作品的原件或者复制件的权利；（九）表演权，即公开表演作品，以及用各种手段公开播送作品的表演的权利；（十）放映权，即通过放映机、幻灯机等技术设备公开再现美术、摄影、电影和以类似摄制电影的方法创作的作品等的权利；（十一）广播权，即以无线方式公开广播或者传播作品，以有线传播或者转播的方式向公众传播广播的作品，以及通过扩音器或者其他传送符号、声音、图像的类似工具向公众传播广播的作品的权利；（十二）信息网络传播权，即以有线或者无线方式向公众提供作品，使公众可以在其个人选定的时间和地点获得作品的权利；（十三）摄制权，即以摄制电影或者以类似摄制电影的方法将作品固定在载体上的权利；（十四）改编权，即改变作品，创作出具有独创性的新作品的权利；（十五）翻译权，即将作品从一种语言文字转换成另一种语言文字的权利；（十六）汇编权，即将作品或者作品的片段通过选择或者编排，汇集成新作品的权利；（十七）应当由著作权人享有的其他权利。”

“专利权”属于《专利法》的规制范围。《专利法》第1条规定：“为了保护专利权人的合法权益，鼓励发明创造，推动发明创造的应用，提高创新能力，促进科学技术进步和经济社会发展，制定本法。”第2条规定：“本法所称的发明创造是指发明、实用新型和外观设计。发明，是指对产品、方法或者其改进所提出的新的技术方案。实用新型，是指对产品的形状、构造或者其结合所提出的适于实用的新的技术方案。外观设计，是指对产品的形状、图案或者其结合以及色彩与形状、图案的结合所作出的富有美感并适于工业应用的新设计。”

根据上述法律规定，“著作权”和“专利权”的权利范围及保护对象完全不同，属于两种完全不一样的权利。而《民法总则》第123条规定：“民事主体依法享有知识产权。知识产权是权利人依法就下列客体享有的专有的权利：（一）作品；（二）发明、实用新型、外观设计……”即“著作权”和“专利权”均属于“知识产权”的范畴。

我为什么要强调这个概念？细心的听众在我对上一个问题的回答中可能就注意到了《标准设计施工总承包招标文件》第1.11.1项中规定著作权及其他知识产权属于发包人所有；《2017版施工合同》第1.11.2项规定著作权归发包人所有，但没有规定其他知识产权；2017版银皮书第1.10款则约定版权（著作权）与其他知识产权归承包人所有。因此合同中的用词究竟是“著作权”还是“知识产权”抑或是“专利权”，对于专利权的归属是决定性的。《专利法》第8条规定：“两个以上单位或者个人合作完成的发明创造、一个单位或者个人接受其他单位或者个人委托所完成的发明创造，除另有协议的以外，申请专利的权利属于完成或者共同完成的单位或者个人；申请被批准后，申请的单位或者个人为专利权人。”如果合同中约定“专利权”或“知识产权”归发包人所有的，则应当依约履行；如果仅约定“著作权”归发包人所有，则事实上对“专利权”没有约定，因此应当按照《专利法》的规定，由工程总承包商享有专利权。

因此，还是建议贵司复核原合同具体的条文，以明确贵司是否享有这个权利。

86. 工程总承包项目履行过程中，工程总承包单位提出需要使用一种特殊的专利技术，请问是否可以变更价款？

答：如果这种专利技术的使用是签订合同前或签订合同时根据发包人需求清单可以预见需要使用的，价款不得变更；反之，如果是发包人需求变化、不可抗力或合同约定由发包人承担的风险发生导致需要采用新专利的，可以变更工程价款。

原因在于,工程总承包合同的合同价款本质上是实现发包人需求清单要求的合同对价,通常采用的是固定总价合同。该固定总价就包括了实现该发包人需求清单要求的所有设计、施工、采购义务,当然也就包括了设计、施工、采购义务中必须采用的专利技术。工程总承包单位不得再主张调整价款。

反之,如果是发包人需求变化、不可抗力或合同约定由发包人承担的风险发生导致需要采用新专利的,属于情势变更。双方的合同对价关系已经超出了原合同固定总价的范围,应予以调整。

对此,《2017 版施工合同》第 1.11.4 项也有类似规定:“除专用合同条款另有约定外,承包人在合同签订前和签订时已确定采用的专利、专有技术、技术秘密的使用费已包含在签约合同价中。”

87.《总承包管理办法》第 26 条第 2 款规定:“政府投资项目建设投资原则上不得超过经核定的投资概算。”我们也注意到新出台的《政府投资条例》第 23 条第 1 款存在相同的规定。现在我们有一个政府投资的工程总承包项目,我们作为承包人,工程施工图完成后,发现工程造价预算超过投标文件中的项目概算的 30%,现业主方以超过概算及新法发布为由,要求解除合同重新招标,请问业主的做法是否有依据?我们应该如何应对?

答:这个问题可以拓展一下,《政府投资条例》并不仅仅规定了投资不能超过概算,第 12 条还规定了概算不能超过估算。而实际上,这类问题在我们工程界有个专有名词叫做“三超”,即决算超预算、预算超概算、概算超估算。你的问题实际上可以拓展为业主是否可以以“三超”为由,依据《政府投资条例》或《总承包管理办法》主张解除合同、重新招标?

对此我认为首先要复核合同约定,如果合同约定“三超”时,合同可以解除的,那么合同可以依约解除;如果没有约定,则业主的主张没有法律依据,你们可以拒绝,要求继续履行原合同。

第一，有约定从约定，如果合同约定“三超”时合同可以解除，那么业主有权依据该条款解除合同。

我国《合同法》规定的合同解除分为约定解除和法定解除。《合同法》第 93 条规定：“当事人协商一致，可以解除合同。当事人可以约定一方解除合同的条件。解除合同的条件成就时，解除权人可以解除合同。”因此，如果双方当事人明确约定发生“三超”时，业主有权解除合同，那么当然可以援引此条款解除合同。

第二，如果合同没有约定，业主不能以《总承包管理办法》或《政府投资条例》施行为由解除合同。

如果合同没有约定“三超”时业主享有解除权，就需要进一步探讨“三超”是否可以满足法定解除权的行使要件。

法定解除权的依据是《合同法》第 94 条的规定：“有下列情形之一的，当事人可以解除合同：（一）因不可抗力致使不能实现合同目的；（二）在履行期限届满之前，当事人一方明确表示或者以自己的行为表明不履行主要债务；（三）当事人一方迟延履行主要债务，经催告后在合理期限内仍未履行；（四）当事人一方迟延履行债务或者有其他违约行为致使不能实现合同目的；（五）法律规定的其他情形。”显然，“三超”情形不涉及该条款第 2 ~ 4 项的规定。那么，“三超”符合第 1 项、第 5 项的规定吗？我认为也不符合。

所谓不可抗力，是指合同订立时不能预见、不能避免并不能克服的客观情况。显然工程概算、估算、预算金额的确定是可以通过技术手段合理预见且通过一定技术手段予以调整的，不符合不可抗力的特点，不能适用《合同法》第 94 条第 1 项的规定。

《政府投资条例》第 12 条第 2 款规定：“初步设计提出的投资概算超过经批准的可行性研究报告提出的投资估算 10% 的，项目单位应当向投资主管部门或者其他有关部门报告，投资主管部门或者其他有关部门可以要求项目单位重新报送可行性研究报告。”第 23 条第 2 款规定：“因国家政策调整、价格上涨、地质条件发生重大变化等原因确需增加投资概算的，项目单位应当提出调整方案及资金来源，按照规定的程序报原初步设计审批部门或者投资概算核定部门核定；涉及预算调整或者调剂的，依照有关预算的法律、行政法规和国家有关规定办理。”可以看出，该条例所规定的“三超”问题的处理方式是重新进行相应报批，并非解除合同。因此，“三超”问题也不属于《合同法》第 94 条第 5 项所规定的情形。

所以，“三超”问题不构成《合同法》第 94 条规定的法定解除权的行使条件，不能据此主张法定解除。

第三，既然合同不能解除，当然不能重新招标。

既然合同不能解除，那么根据《合同法》第 8 条：“依法成立的合同，对当事人具有法律约束力。当事人应当按照约定履行自己的义务，不得擅自变更或者解除合同。依法成立的合同，受法律保护”。双方当事人对于依法成立并生效的合同当然负有继续履行的义务，合同既然还在履行自然不能重新招标。

换个角度思考，重新招标的适用情形也有明确规定。《招标投标法》第 28 条规定，投标人少于三个的，招标人应当依照本法重新招标。第 42 条规定：“依法必须进行招标的项目的所有投标被否决的，招标人应当依照本法重新招标。”第 64 条规定：“依法必须进行招标的项目违反本法规定，中标无效的，应当依照本法规定的中标条件从其余投标人中重新确定中标人或者依照本法重新进行招标。”《招标投标法实施条例》第 19 条第 2 款规定：“通过资格预审的申请人少于 3 个的，应当重新招标。”第 23 条规定：“招标人编制的资格预审文件、招标文件的内容违反法律、行政法规的强制性规定，违反公开、公平、公正和诚实信用原则，影响资格预审结果或者潜在投标人投标的，依法必须进行招标的项目的招标人应当在修改资格预审文件或者招标文件后重新招标。”第 44 条第 2 款规定：“投标人少于 3 个的，不得开标；招标人应当重新招标。”第 55 条规定：“国有资金占控股或者主导地位的依法必须进行招标的项目，招标人应当确定排名第一的中标候选人为中标人。排名第一的中标候选人放弃中标、因不可抗力不能履行合同、不按照招标文件要求提交履约保证金，或者被查实存在影响中标结果的违法行为等情形，不符合中标条件的，招标人可以按照评标委员会提出的中标候选人名单排序依次确定其他中标候选人为中标人，也可以重新招标。”第 81 条规定：“依法必须进行招标的项目的招标投标活动违反招标投标法和本条例的规定，对中标结果造成实质性影响，且不能采取补救措施予以纠正的，招标、投标、中标无效，应当依法重新招标或者评标。”综合上述规定可以发现，“三超”问题并不符合《招标投标法》《招标投标法实施条例》所规定的任何一种可以重新招标的情形，不能以“三超”为理由主张重新招标。

因此,你说的情况只要业主履行重新报批的义务即可,在没有其他瑕疵的情况下,不能仅仅以“三超”为由主张解除合同重新招标。

88.《总承包管理办法》第 27 条规定:“工程总承包单位和工程总承包项目经理在设计、施工活动中有转包违法分包等违法违规行为或者造成工程质量安全事故的,按照法律法规对设计、施工单位及其项目负责人相同违法违规行为的规定追究责任。”请问,应如何解读本条中对工程总承包单位和工程总承包项目经理追究责任的规定?

答:本条款之所以规定总包人及其项目经理需要对设计、施工活动中的违法违规行为承担责任,是因为工程总承包单位需要对承揽项目的设计、采购、施工等阶段全面负责,需要对项目的造价、工期、安全、质量等事项全面负责。因此,即使总承包单位仅自行实施了项目的设计主体部分和施工主体部分,其余部分都依法依约分包出去了,但是如果最终分包出去的设计或者施工工作出现了问题,有违法违规的情况,总承包单位及其项目经理仍然是不能够免责的,需要按照法律法规对设计、施工单位及其项目负责人相同违法违规行为的规定追究责任。

本条款的制定,很大程度上是为弥补江西丰城电厂“11·24”坍塌特别重大事故发生后所暴露出来的工程总承包立法方面的缺陷。我国之前尚没有一部全面的、统一的、具体的规范和管理工程总承包的法律规范,因此缺乏对工程总承包安全生产、质量、工期、造价、试运行等的相关规制,缺乏对工程总承包中各方主体责任的具体要求,缺乏强有力针对各种工程总承包违法活动的处罚措施。根据国务院江西丰城发电厂“11·24”坍塌特别重大事故调查组的事故调查报告,该事故中的工程总承包单位中南电力设计院作为以勘察设计为主业的企业,在经营业务延伸到工程总承包后,存在“对工程总承包安全生产管理的重要性认识不足,安全生产管理机制不完善,安全生产考核制度有效性不强”和“履行总承包施工管理职责缺位”等重要问题。显然,没有具体的工程总承包安全生产管理规范的规制,没有明确的工程总承包中各方主体安全职责的划分,是造成这起惨痛事故的主要“诱因”。值得重视的是,由于事故发生后没有专门的工程总承包法律责任和处罚措施可作依据，因此仅能依据《建筑法》中针对传统施工企业的相关处罚规定进行处罚，既无法实现对工程总承包违法活动的专门性规制处罚，也无法期待对将来可能发生的同类恶性事故进行预防性规制。所以，正式出台的《总承包管理办法》中专门在第27条中强调了总包人及项目经理的责任。

89.《房屋建筑和市政基础设施项目工程总承包管理办法（征求意见稿）》第17条第3款规定："除双方合同明确约定外，建设单位不得将工程总承包项目的审计结论作为结算依据。"而正式出台的《总承包管理办法》删除了该规定，请问删除的原因是什么？是否意味着审计结论可以直接作为结算依据？

答：《房屋建筑和市政基础设施项目工程总承包管理办法（征求意见稿）》第17条规定"除双方合同明确约定外，建设单位不得将工程总承包项目的审计结论作为结算依据"的基础在于三个重要的规定：

第一，最高人民法院《关于建设工程承包合同案件中双方当事人已确认的工程决算价款与审计部门审计的工程决算价款与审计部门审计的工程决算价款不一致时如何适用法律问题的电话答复意见》（以下简称《审计答复意见》）规定："……建设工程承包合同案件应以当事人的约定作为法院判决的依据。只有在合同明确约定以审计结论作为结算依据或者合同约定不明确、合同约定无效的情况下，才能将审计结论作为判决的依据。"

第二，最高人民法院《关于常州证券有限责任公司与常州星港幕墙装饰有限公司工程款纠纷案的复函》（以下简称《最高院审计复函》）规定："……经研究，我们认为，本案中的招投标活动及双方所签订的合同合法有效，且合同已履行完毕，依法应予保护。证券公司主张依审计部门作出的审计结论否定合同约定不能支持。"

第三，全国人民代表大会常务委员会法制工作委员会法规备案审查室《关于对地方性法规中以审计结果作为政府投资建设项目竣工结算依据有关规定提出的审查建议的复函》（法工备函〔2017〕22号，以下简称《法工委审计复函》）提出：

地方性法规中直接以审计结果作为竣工结算依据和应当在招标文件中载明或者在合同中约定以审计结果作为竣工结算依据的规定,限制了民事权利,超越了地方立法权限,应当予以纠正。

《房屋建筑和市政基础设施项目工程总承包管理办法(征求意见稿)》吸收了上述三个文件的精神,作出了第 17 条第 3 款的规定。

《总承包管理办法》对《房屋建筑和市政基础设施项目工程总承包管理办法(征求意见稿)》第 17 条第 3 款进行删除的原因不是因为立法上有了新的考量,而是在征求意见时很多施工单位提出第 17 条第 3 款如果进行如此规定,会产生一个实务操作上的反效果,就是提醒发包人把审计结论作为计算依据明确地写入合同中,反而与本条规定保护承包人,尽可能避免将审计结论作为结算依据的立法本意背道而驰,所以最终决定予以删除。

如果各位遇到审计相关问题,可以直接引用刚才列举的三个文件,那三个文件都是现行有效的,可以作为裁判依据,即如果合同没有明确约定采用审计结论作为结算依据,那么就不能依据审计结论进行结算。

90. 我也有相关的问题。您刚才提到的《法工委审计复函》当时应该是针对施工总承包提出的,那么它能适用于政府投资的工程总承包合同吗?能有效保护工程总承包企业的合法权益吗?

答:我认为用"执行"这个词更加准确。《法工委审计复函》虽然同样适用政府投资的工程总承包合同,但对工程总承包单位的权益保护并没有太大的实际意义。这是因为:

第一,《法工委审计复函》相关内容同样涉及政府投资的工程总承包合同。

《法工委审计复函》的主要内容是明确地方性法规不得直接规定将审计结论作为竣工结算依据。工程总承包合同中同样需要竣工结算,因此,地方性法规中也不得规定将审计结论作为工程总承包项目的结算依据。

第二,《法工委审计复函》规制的是立法行为,但不能直接适用于合同领域。

《法工委审计复函》作出相关规定的立法逻辑是《审计法》第 2 条的规定:"国

家实行审计监督制度。国务院和县级以上地方人民政府设立审计机关。国务院各部门和地方各级人民政府及其各部门的财政收支,国有的金融机构和企业事业组织的财务收支,以及其他依照本法规定应当接受审计的财政收支、财务收支,依照本法规定接受审计监督。审计机关对前款所列财政收支或者财务收支的真实、合法和效益,依法进行审计监督。”审计报告是审计机构对所有政府、国有金融机构及国有企事业组织的财政、财务收支进行审计的最终报告。对于某个具体的政府投资工程总承包项目而言,审计报告是审计机构对建设单位使用国有资金收支情况的一种审核,是一种行政管理关系,原则上不应直接介入民事合同关系中。因此地方性法规、部门规章如果直接规定将审计结论作为结算依据,则突破了上位法律的权限范围,违反了行政部门“法无授权不可为”的基本原则。因此,全国人大常委会法工委对此进行限制,明确禁止地方性法规、部门规章直接规定审计结论作为结算依据。

但是,上述规定仅是立法行为的禁止,该函件效力同样也不能及于合同行为,发包人可以通过招标文件或合同文件直接将审计结论作为结算依据写入合同,这样的约定是有效的,承包人不能以《法工委审计复函》否定该约定的效力。对《房屋建筑和市政基础设施项目工程总承包管理办法(征求意见稿)》第 17 条第 3 款“除双方合同明确约定外,建设单位不得将工程总承包项目的审计结论作为结算依据”这一规定也可以作反向理解。如果双方合同有明确约定,建设单位可以将工程总承包项目的审计结论作为结算依据。因此,《法工委审计复函》对于已经明确约定将审计结论作为结算依据的工程总承包项目的总承包人的权益保护而言,事实上意义并不大。

91. 我是一名企业法务工作人员,我在审查工程总承包合同时常常看到政府投资的工程总承包项目的建设单位要求工程结算以审计结论为准。对工程总承包人而言,这种约定审计有什么法律风险呢?

答:针对政府投资项目而言,业主要求工程结算以审计结论为准(以下简称约定审计)是《审计法》《审计法实施条例》等一系列法律法规规定的正当的行政管理行为，法律上完全合法有效，这也是我认为《法工委审计复函》对保护工程总承包人的合法权益意义不大的原因。政府投资项目的投资人依法须接受审计的约束，他们的合同条款中设定约定审计条款本身并无不当，也能理解，但对工程总承包人而言，如果不因此加强有针对性的管理，则根据“有约从约”原则，存在极大的商业风险。

第一，约定审计本身会影响工程总承包单位加强合同效益管理的积极性。

之前我在解析为什么工程总承包模式推荐采用固定总价模式的时候提到过，工程总承包模式是希望通过工程总承包单位自身优秀的技术管理能力，优化设计、施工、采购的各个流程，降低工程成本，由此取得更高的收益。

但这种收益模式与审计机构的审计习惯不符。审计机构的审计采用的是财会审计，看重的是每笔支出要有明确具体的指向，习惯按量审计，对于风险溢价、技术溢价这种不形成实际资产的内容，往往不予认可。《审计法》第 47 条第 1 款规定：“审计机构在法定职权范围内作出的审计决定，被审计单位应当执行。”因此，如果审计单位作出了审计决定，那么对于建设单位而言，这部分工程价款是无法支出的，意味着工程总承包人为优化工程设计、施工做了大量工作，节约了工程成本，但这一部分工作量是隐性的，不形成资产，难以被审计机构认可，面临着审计核减，不能转化为收益，这显然会影响工程总承包单位优化设计、强化设计与施工高度融合的积极性，与工程总承包模式推进技术优化的思路明显相背悖，应引起重视。

第二，约定审计对工程总承包的专业性认识不足。

审计人员擅长的是财务会计核算，但对工程技术尤其是工程总承包这个新的发、承包模式不熟悉，缺乏相关的工程造价知识。财会行业的职业习惯是投资省钱，或者说过多地考虑政府资金使用本身的数额大小，而不考虑工程技术上的必要性，尤其是对于非实体工程的部分，如措施费、损耗量，并不直接形成工程实体，财会人员对此往往没有直观感受，常常不合理地予以扣减。我曾经经历过一个项目，福建省连江县的某市政工程，该工程采用的是顶管施工工艺，顶管总长长达 6 公里，该项目审计时审计机构就核减了所有膨润泥浆护壁的工程量，理由是该工程顶管段全部处于淤泥地段，土壤硬度低，无须采用泥浆护壁。这个例子就很明显地体现了审计部门工程技术水平的缺失，淤泥质土虽然硬度不大，但摩阻力极大，采用泥浆护壁的主要用途是减少摩阻力而并非克服土壤硬度，因此审计机构核减泥浆护壁工程量显然不合理。类似这样的情况在工程审计中并不鲜见，专业性不足是审计机构不合理审计的一大原因。

第三，造价审计一般以核减额为导向而不是以合理性为导向。

审计机构是政府的机构之一，追求的是政绩，追求的是核减额，有些地方审计机构甚至将核减率作为考核审计人员的指标，已经达到了"有理要核减、无理也要核减"的地步，这与民事合同法律关系所追求的公平、诚信、等价、有偿的原则是不一致的，有些时候已经影响到了合同的正常履行。

例如，在福建省泉州市某市政项目中，审计部门要求核减管沟工程中埋深3～5米的管沟的支护钢板桩，理由是当地的施工习惯是超过5米才进行支护。施工单位提出，该工程位于河道旁，地下水位高，土质为淤泥质土，3米以上即应当设立支护，否则影响施工安全。仅就该问题，审计机构和工程总承包单位争论了3个多月，最后工程总承包单位提出："你们审计单位出张函，写明是你们要求取消支护，出现安全问题由你们承担，我们马上就撤支护。"最后审计单位同意进行支护。可以看出，现在有的审计单位是为审计而审计，并不是基于一个合理的必要进行审计，这不仅影响工程结算的金额，对工程工期、质量、管理、安全亦产生不良影响，这也是工程总承包单位对于约定审计十分警惕的原因。

第四，政府投资项目中审计单位与建设单位往往站在同一立场，并不属于完全独立的第三方，审计结论往往有利于建设单位。

从目前政府投资项目的实际情况来看，政府投资项目的建设单位往往是当地政府的分支机构或当地国资委组建的国企、事业单位。因此，审计单位和建设单位事实上都是同属于本级政府主管的两个单位，尤其是某些大型或重点政府投资项目，常常会委任本级政府高级别人员进行直接管理。因此，从工程实际而言，审计单位和建设单位很难保证完全的独立性，审计结果常常是从建设单位角度出发作出的，难以保证公平公正。

第五，工程总承包单位面对审计单位缺乏议价权。

政府投资项目中，相对于建设单位，工程总承包单位虽然处于弱势，但建设单位是合同相对方，工程建设情况与其利益直接相关，因此建设单位出于合同约定、推进工期、自身过错、现场实际情况及公平合理的基本原则等方方面面的考虑，还是愿意给予一定的议价空间。

但是审计单位则不然，工程合同的履行情况和审计单位本身没有直接的利益关系，审计单位常常仅看重核减额，而对于工期延误、合同难以履行等后果完全不关心，工程总承包单位难以进行与审计单位进行沟通议价。

这些是约定审计常见的商业风险，今天时间有限，就先做这样的简要归纳吧。

92. 我还想再追问一句，您认为《法工委审计复函》对于约定审计项目中承包人的利益保护意义不大，但约定审计实际问题又这么多。政府投资的工程总承包项目，发包人招标文件所提供的合同文本又一般都会明确工程结算以审计报告为准。我们在投标时和履约中应该如何应对？有什么好办法？

答：要解决这个问题，首先要理解发包人为什么要求约定审计？这是因为建设单位有行政利益上的需求。在政府投资项目中，不论合同是否约定以审计结论作为结算依据，建设单位支出的工程款最终都要经过财政审计，如果双方结算金额高于审计金额，对于建设单位就会非常麻烦，可能因为财政不同意足额拨款而承担民事责任，甚至可能涉嫌国有资产流失、行贿受贿等而遭受调查，承担行政甚至刑事责任。因此，越来越多的政府投资的建设单位采用直接让审计单位与工程总承包人进行结算的方式回避上述责任，近几年来，这种方式在政府投资领域呈明显扩大的趋势。所以说，约定审计对于政府投资项目的建设单位而言是一种行政利益上的需求，往往比该项目的商业利益更加重要。

因此，有人提出通过不签订"要求以审计结论作为结算依据"的合同、针对不合理的审计报告提出行政复议或诉讼、针对工程价款提起仲裁或民事诉讼等对抗审计的方式强硬地解决这个问题，这些解决方案暂且不论实际效果如何，但显然不是很符合工程总承包单位商业利益的选择，不可能每个工程总承包项目均采用如此粗暴的方式解决，这种强硬的方式与政府投资项目建设单位行政利益上的需求完全背道而驰，会导致工程总承包单位大面积地失去市场。

我们显然应该选择更柔和、更有可操作性的方式解决这个问题。我认为与其对抗审计,不如推进合理审计,从这个思路切入解决这个问题。这个问题在工程操作中非常复杂,今天时间也有限,我就仅提几点具有普适性的框架性建议:

第一,工程总承包合同中应当约定主要的审计规则,并且如有可能,应当要求审计部门共同签约,或者留取审计部门参与议约并表示同意的证据。

《国家审计准则》第6条规定:"审计机关的主要工作目标是通过监督被审计单位财政收支、财务收支以及有关经济活动的真实性、合法性、效益性,维护国家经济安全,推进民主法治,促进廉政建设,保障国家经济和社会健康发展。真实性是指反映财政收支、财务收支以及有关经济活动的信息与实际情况相符合的程度。合法性是指财政收支、财务收支以及有关经济活动遵守法律、法规或者规章的情况。效益性是指财政收支、财务收支以及有关经济活动实现的经济效益、社会效益和环境效益。"第24条规定:"审计人员执行审计业务时,应当合理运用职业判断,保持职业谨慎,对被审计单位可能存在的重要问题保持警觉,并审慎评价所获取审计证据的适当性和充分性,得出恰当的审计结论。"第65条规定:"审计人员在调查了解被审计单位及其相关情况的过程中,可以选择下列标准作为职业判断的依据:(一)法律、法规、规章和其他规范性文件;(二)国家有关方针和政策;(三)会计准则和会计制度;(四)国家和行业的技术标准;(五)预算、计划和合同;(六)被审计单位的管理制度和绩效目标;(七)被审计单位的历史数据和历史业绩;(八)公认的业务惯例或者良好实务;(九)专业机构或者专家的意见;(十)其他标准。审计人员在审计实施过程中需要持续关注标准的适用性。"

从上述规定可以看出,审计活动具有独立性,审计活动的目的就是核实财政收支的真实性、合法性、效益性,合同仅仅是审计活动的参考而不是必然依据,审计单位有权对合同约定作出合理的职业判断。因此合同约定的结算方式并不必然成为财政审计针对该项目审计时的审计准则,从而导致审计结论与依据合同约定计算的结算结果产生不一致,由此引起争议。所以,有必要在议约时就要求审计单位介入,让审计单位对于工程价款的计算方式尤其是主要计算方式进行认可,如固定总价模式下优化设计降低成本形成的收益的归属与分配、工程总承包模式下可调整总价的工程变更的范围、工程主材价差的调整范围及方式。如果有可能,应当由审计单位对合同进行签章表示认可;但如果审计单位不肯盖章,我们也可以通过就议约过程中主要的价款计算方式的确定形成会议纪要,由审计单位对会议纪要表示认可的方式解决。只要他们认可这份合同或者会议纪要，工程总承包人就可以依据这些文件在审计过程中与审计人员合理沟通，可以有效地减少工程建设过程中审计人员对工程价款计算方式的质疑与否定；一旦发生争议，也有利于工程总承包人在争议解决过程中争取有利的地位。

第二，推进过程审计，避免结果审计。

刚才我说过，财会人员不太了解工程技术，同样的，在座的各位对财会行业习惯也不太了解。财会行业对于固定资产的真实性常常是需要核实的，尤其是有争议的固定资产，在审计时往往需要审计人员进行现场核实。这个行业惯例大家作为工程人员大多不了解，也不在意，但这个行业惯例对于工程审计有很大的影响。

目前工程实践中，审计工作常常采用结果审计的方式进行，也就是说，施工过程中是建设单位进行进度款结算、工程量确认、变更、签证等工作；审计单位只在某几个里程碑节点或工程结束后对工程资料进行审计。这种方式带来一个巨大的问题，审计单位如果对部分工程量表示质疑，很多隐蔽工程根本无法进行核实，容易导致相关工程量被核减。目前的工程实践中，工程变更签证是该问题发生的重灾区，审计单位常常会要求相关单位对结算工程量与原设计图纸不符的问题作出必要解释并进行核实，常常发生无法核实而被核减的情况；此类问题如果发生在工程总承包模式中，显然会更加棘手，由于工程总承包模式中，施工图纸也是由总承包人出具，审计单位可能对整个图纸的真实性均要求核实，这显然是做不到的，尤其是大量的隐蔽工程根本无法进行核实。可见，这种事后审计的方式必然会在实践中引起极大的争议。

因此，要推进过程审计机制，让审计工作进入工程建设的全过程中，同步审计；审计单位有疑问的，同步核实，这样才能最大限度减少争议，尤其是对于临时的突发情况进行的紧急变更，如突发的暴雨、台风或者不可预见的地质情况的紧急处理等，一定要及时通知、报送相关资料给审计单位，避免事后无法核实而遭到核减。

第三，推进审计单位外聘专业的工程造价咨询机构参与审计。

《审计法实施条例》第 11 条规定："审计人员实行审计专业技术资格制度，具体按照国家有关规定执行。审计机构根据工作需要，可以聘请具有与审计事项相关专业知识的人员参加审计工作。"这一规定显然针对的是审计人员的专业缺失。

《审计署聘请外部人员参与审计工作管理办法》第 2 条规定："审计署遇有审

计力量不足、相关专业知识受到限制等情形时，可以从社会中介机构和其他专业机构聘请或者直接聘请外部人员参与审计（含专项审计调查，下同）工作。”

根据上述规定，审计机构并不仅仅只能指派内部审计人员进行审计，还可以外聘专业机构进行审计。实际上，近几年来，由于审计机构人员不足及审计工作专业化的要求，外聘专业机构审计已经越来越普遍。刚才我也说了，审计结论不利于工程总承包人的一大原因就是审计机构专业化水平不足，外聘专业机构正是补足这一短板的重要手段。工程总承包人应当建议、协助、推进审计机构选取具有相应资质、足够的专业能力、良好的沟通能力的工程造价咨询企业作为审计的辅助单位，促进工程审计工作合理、顺利进行。

第四，在合同中约定差额异议权。

在实践中，工程总承包人对于财政审计最头痛的是对审计机构不合理的审计结果缺乏有效的制约能力。

刚才提到的《审计答复意见》《最高院审计复函》《法工委审计复函》《房屋建筑和市政基础设施项目工程总承包管理办法（征求意见稿）》第 17 条第 3 款的规定也可以表述为，如果双方明确约定以审计结论作为结算依据，那么应当按照审计结论结算。

《建设工程司法解释（二）》第 13 条规定：“当事人在诉讼前共同委托有关机构、人员对建设工程造价出具咨询意见，诉讼中一方当事人不认可该咨询意见申请鉴定的，人民法院应予准许，但双方当事人明确表示受该咨询意见约束的除外。”该规定虽然针对的是工程咨询意见，但是法院也可能援引此条款“双方当事人明确表示受该咨询意见约束”的立法精神，认为双方既然明确约定受审计结论约束，则应当以审计结论作为结算依据。

所以在工程实践中，如果工程总承包人对审计结论不满，但审计机构又不接受相关异议的，工程总承包单位是没有办法制约审计机构的，往往只能无奈接受。因此我建议在合同中增加这样的约定：

（1）如果某项工程的审计结果低于工程总承包人报送金额达到一定比例，而双方无法达成一致的，双方应就该部分争议进入争议解决程序（通过第三方鉴定、仲裁或诉讼程序解决）。

（2）建设单位与工程总承包人可以另行委托第三方机构进行造价咨询，如果某项工程咨询结果与审计结果的差额达到一定比例，双方应就该部分争议进入争议解决程序（通过第四方鉴定、仲裁或诉讼程序解决）。

这两种约定都可以在一定程度上平衡发、承包双方的权益，保留工程总承包人一定的异议权利，我认为约定审计的场合，明确上述约定是有必要的，当然工程总承包人可以根据上述约定的逻辑，结合具体的工程实例及谈判情况进行必要的完善、补充、修改。

上述四点意见是我对约定审计这一问题的框架性建议，最重要的是实施过程审计，承包人发生的签证文件应同时送达审计部门，并获得是否同意的证据。就工程实际而言，解决这个问题是很复杂的，难以一言以蔽之。大家可以在我这个基础上进行扩展延伸，围绕推进合理审计、过程审计的中心思想，优化策略及合同，维护自身合法权益。

93. 我们在和发包人签订工程总承包合同时以及在合同履行实践中，也经常和发包人约定工程价款结算甚至过程付款都委托造价咨询公司作为审价单位通过审价确定。这审价和审计是一回事吗？如果不一样，有什么区别呢？

答：所谓审计，是指由审计机关依照法律对国家各级政府及金融机构、企业事业组织的重大项目和财务收支进行事前和事后审查的独立性经济监督活动。所谓审价，是指建设单位委托第三方审价机构对工程总承包人报送的工程价款的真实性、合法性、合理性进行复核的活动。审价和审计不是一回事，对此问题见仁见智、各有千秋。我曾经对此做过专门的研究，我认为两者的主要区别包括：

第一，实施主体不同。

审价主体不特定，从目前工程实践来看，通常是具有相应资质能力的造价咨询公司作为审价主体，只要该造价咨询公司具有相应的资质能力，发包人和工程总承包人均同意委托该公司审价即可。

审计主体特定，审计主体必然是审计机关。

第二，法律基础不同。

审价公司的审价权利来自工程总承包合同双方当事人的授权，审价公司的权利范围、审价方式、审价结果的约束力均可以由工程总承包合同双方当事人自行约定并给予授权。

审计机关的审价权力来自《审计法》《审计法实施条例》等一系列法律法规的规定，属于法定权力。《审计法》第 2 条规定："国家实行审计监督制度。国务院和县级以上地方人民政府设立审计机关。国务院各部门和地方各级人民政府及其各部门的财政收支，国有的金融机构和企业事业组织的财务收支，以及其他依照本法规定应当接受审计的财政收支、财务收支，依照本法规定接受审计监督。审计机关对前款所列财政收支或者财务收支的真实、合法和效益，依法进行审计监督。"第 3 条规定："审计机关依照法律规定的职权和程序，进行审计监督。审计机关依据有关财政收支、财务收支的法律、法规和国家其他有关规定进行审计评价，在法定职权范围内作出审计决定。"因此，审计机关行使的是法定权力，与工程总承包合同双方当事人的合同约定并无直接联系。

第三，审查依据不同。

审价公司审价时的审价依据由双方当事人自行约定，一般情况下，通常将工程总承包合同、补充协议、签证单、变更单等文件作为主要审价依据，结合工程定额、市场价格信息等作为必要的补充。双方当事人如果协商一致，是可以自行决定或变更某种审价依据的，而审价公司对此必须接受并进行相应修正。

审计机关的审计是法定审计，审计依据由相关法律法规规定，不受双方当事人约定的制约。刚才我也提到过，审计活动具有独立性，双方当事人的约定仅仅是审计活动的参考而不是必然依据，审计单位有权依据其他标准对双方当事人的合同约定及结算结果的合理性、合法性、效益性作出独立的职业判断，这种职业判断并不一定与双方当事人的合同约定一致。

第四，价值目的不同。

工程审价是为发包人、承包人的结算提供必要的数据参考。

工程审计的目的如《审计法》第 2 条第 3 款所规定，是核实财务收支的真实、合法和效益，依法进行审计监督。

第五，计算方式不同。

工程审价属于工程造价专业，采用的是工程造价的基本知识；工程审计属于财会专业,采用的是财会计算准则作为计算基础。

第六,法律效果不同。

审价结果视发承包人约定不同,可以作为结算参考也可以作为结算依据。根据《建设工程司法解释(二)》第13条的规定,如果双方当事人仅约定向第三方造价咨询机构进行审价咨询,咨询结果只能作为双方结算的参考;如果双方当事人明确约定受审价结果的拘束,即必须接受该审价结果,则审价结果应当作为结算依据。

审计结果是审计机关对财政收支的监督,是一种行政管理关系,工程总承包合同没有约定时,不能作为计算依据。依据《审计法》第2条的规定,审计是审计机构对所有政府、国有金融机构及国有企事业组织的财政、财务收支进行真实、合法和效益性监督的手段。对于某个具体的政府投资工程总承包项目而言,审计报告是审计机构对建设单位使用国有资金收支情况的一种审核,是一种行政管理关系,原则上不应直接介入民事合同关系中。根据刚才提到的《审计答复意见》《最高院审计复函》、《法工委审计复函》等规定,如果工程总承包合同中没有明确约定将审计结论作为结算依据,那么审计结论是不能作为工程总承包合同双方当事人民事合同结算依据的。

94. 许多地方政府或者地方政府控制的单位如地方城投公司和我们签订工程总承包合同时都规定,工程价款要由政府财政评审单位即财评确定。政府财政评审和审计是一回事吗?如果不是,两者有什么区别呢?对于业主要求结算以财政评审为准,我们该如何应对?

答:审计和财政评审都属于行政范围内的工作方法,都是上下级之间的审查监督管理,当然两者也不是一回事,还是有所区别的。但对于工程总承包人而言,两者对工程价款结算的影响非常相似,几乎是一样的。

第一,财政评审和审计对工程总承包人的影响具有高度的相似性。

(1)两者都是行政机关对于预算资金的行政监督管理行为。

(2)在合同没有明确约定时,两者均不能直接作为结算依据。

刚才提到的《审计答复意见》《最高院审计复函》《法工委审计复函》虽然针对

的是审计结论，但是从立法原理和立法本意上分析，两者均是政府内部对于预算资金的收支的行政管理手段，不能直接介入民事合同关系中，因此合同没有明确约定时，两者均不能直接作为结算依据。

(3)财政评审和审计的审查方式高度相似。

两者都是为了确保预算资金合法、合理、有效的使用，简单来说就是一笔资金需要两个单位交叉进行财务审查。

因此，对于工程总承包人来说，财政评审和审计都是对于预算资金的行政管理行为，主要是审查主体不一致，对于工程总承包履约的影响并没有实质性的差异，没有严格区分的必要。

第二，两者的主要区别包括主体、范围及程序。

(1)主体不同。

《预算法》第88条规定："各级政府财政部门负责监督本级各部门及其所属各单位预算管理有关工作，并向本级政府和上一级政府财政部门报告预算执行情况。"《财政投资评审管理规定》第2条规定："财政投资评审是财政职能的重要组成部分，财政部门通过对财政性资金投资项目预(概)算和竣工决(结)算进行评价与审查，对财政性资金投资项目资金使用情况，以及其他财政专项资金使用情况进行专项核查及追踪问效，是财政资金规范、安全、有效运行的基本保证。财政投资评审业务由财政部门委托其所属财政投资评审机构或经财政部门认可的有资质的社会中介机构(以下简称'财政投资评审机构')进行。其中，社会中介机构按照《政府采购法》及相关规定，通过国内公开招标产生。"因此，财政评审是由财政部门主导的。

而根据《审计法》第2条，工程审计是由审计机关主导的。

(2)范围不同。

根据《财政投资评审管理规定》第2条的规定，财政投资评审的范围是财政性资金或其他财政专项资金；根据《审计法》第2条的规定，审计的范围是国务院各部门和地方各级人民政府及其各部门的财政收支，国有的金融机构和企业事业组织的财务收支。

(3)程序不同。

《预算法》第88条规定："各级政府财政部门负责监督本级各部门及其所属各单位预算管理有关工作，并向本级政府和上一级政府财政部门报告预算执行情况。”第 89 条规定:“县级以上政府审计部门依法对预算执行、决算实行审计监督。对预算执行和其他财政收支的审计工作报告应当向社会公开。”可见,对于政府投资的工程项目,建设单位对该项目的资金收支应当先由财政部门进行预算资金的使用监督,再由审计部门进行审计监督。

讲得通俗一点,政府投资项目的相关资金是由财产部门通过预算列支,对于预算的使用情况,财政部门应当首先进行自审自查,这就是“财政评审”;财政部门的各项资金收支除了自审自查之外还要经过审计机关的审计监督,这个就是我们通常说的“审计”。

因此,对于约定财政评审作为结算依据的应对方式与约定审计其实差异不大,只是把相关部门由审计机关改为财政部门即可,我就不再重复了。

95. 朱老师,您好!您刚才提到了《总承包管理办法》第 27 条,我想问个和这条规定有关的问题。《房屋建筑和市政基础设施项目工程总承包管理办法(征求意见稿)》第 39 条规定:“工程总承包活动中,有违反《中华人民共和国建筑法》《中华人民共和国招标投标法》《建设工程勘察设计管理条例》《建设工程质量管理条例》《建设工程安全生产管理条例》等法律法规的,按照相应处罚规定追究工程总承包单位和工程总承包项目经理的法律责任。”正式出台的《总承包管理办法》第 27 条则规定:“工程总承包单位和工程总承包项目经理在设计、施工活动中有转包违法分包等违法违规行为或者造成工程质量安全事故的,按照法律法规对设计、施工单位及其项目负责人相同违法违规行为的规定追究责任。”可以发现,正式出台的《总承包管理办法》的“法律责任”条款相比《房屋建筑和市政基础设施项目工程总承包管理办法(征求意见稿)》作出了比较明显的修改,请问这应该如何理解?

答:法律责任是法律法规的重要组成部分,但是由于一般都处于整个法律法规比较靠后的位置，大家有时候查阅会有意无意地忽略，您能注意到“法律责任”的条款，而且比较了《房屋建筑和市政基础设施项目工程总承包管理办法（征求意见稿）》与正式出台的《总承包管理办法》在“法律责任”条款之间的区别，确实是很细心。两者的变化主要有两点：

第一，追究法律责任的前提，由《房屋建筑和市政基础设施项目工程总承包管理办法（征求意见稿）》具体罗列违反哪些法规改为了《总承包管理办法》概括性的违法违规，这主要是考虑到了现实工程项目的复杂性。

《房屋建筑和市政基础设施项目工程总承包管理办法（征求意见稿）》对于追究法律责任的前提规定为很具体的“违反《中华人民共和国建筑法》《中华人民共和国招标投标法》《建设工程勘察设计管理条例》《建设工程质量管理条例》《建设工程安全生产管理条例》等法律法规”，但其实除了已经罗列的法律法规，《安全生产法》《安全生产许可证条例》等法律法规也同样是在追究事故责任时所要依据的非常重要的法律法规。此外，由于建设工程项目的多样性、体系性和专业性，法律法规不可能事无巨细地作出规定，详细规定具体技术细节的国家标准同样是确定是否需要追究责任的重要依据。因此，《总承包管理办法》改为了概括性的“违法违规”。

第二，对于应该怎样追究法律责任，由《房屋建筑和市政基础设施项目工程总承包管理办法（征求意见稿）》的“按照相应处罚规定”改为了《总承包管理办法》的“按照法律法规对设计、施工单位及其项目负责人相同违法违规行为的规定”，这主要是考虑到了现实当中进行具体处罚的需要。

自工程总承包模式推行以来，如何对工程总承包单位和项目负责人违法违规行为进行处罚一直是行政执法部门关注的重点，这也是制定专门的工程总承包管理办法的理由之一。因此，对于法律责任条款的拟制需要考虑到现实工作中行政执法机关如何操作的问题，由“按照相应处罚规定”改为“按照法律法规对设计、施工单位及其项目负责人相同违法违规行为的规定”对违法违规的工程总承包单位及其项目经理进行处罚，体现了《总承包管理办法》制定主体的深思熟虑。

在这里还要强调的是，虽然在《总承包管理办法》《房屋建筑和市政基础设施项目工程总承包管理办法（征求意见稿）》中“法律责任”条款都在倒数第二条，但这并不意味着这一条款不重要，恰恰相反，工程总承包单位及项目负责人对此都应当高度重视，因为不违法违规是我们开展相关工作的底线，不能突破。

96. 建设单位具备设计、施工资质情况下，是否可以适用边设计边施工的方式？

答：如果具有资质能力的建设单位自行担任工程总承包单位的，可以适用边设计边施工的方式，但如果建设单位并没有担任工程总承包单位，即使它自行进行设计或施工工作，也不能适用边设计边施工的方式。

边设计边施工的方式目前而言，还属于被禁止的模式。住建部《建筑工程施工许可管理办法》第4条规定："建设单位申请领取施工许可证，应当具备下列条件，并提交相应的证明文件……（五）有满足施工需要的技术资料，施工图设计文件已按规定审查合格……"住建部《房屋建筑和市政基础设施工程施工图设计文件审查管理办法》第11条规定："审查机构应当对施工图审查下列内容：（一）是否符合工程建设强制性标准；（二）地基基础和主体结构的安全性；（三）消防安全性；（四）人防工程（不含人防指挥工程）防护安全性；（五）是否符合民用建筑节能强制性标准，对执行绿色建筑标准的项目，还应当审查是否符合绿色建筑标准；（六）勘察设计企业和注册执业人员以及相关人员是否按规定在施工图上加盖相应的图章和签字；（七）法律、法规、规章规定必须审查的其他内容。"根据上述规定，在现行制度中，必须先完成满足施工需要的施工图并经审查合格后才可以申请施工许可证并进行施工，边设计边施工是不被允许的。

住建部《工程总承包发展意见》第13条规定："工程总承包项目的监管手续。按照法规规定进行施工图设计文件审查的工程总承包项目，可以根据实际情况按照单体工程进行施工图设计文件审查……"可见，在工程总承包模式下，主管部门对边设计边施工的禁止进行了一定程度的突破。允许以单体工程为单位进行边设计边施工。在上述规定的基础上，如果建设单位自行担任工程总承包单位，那么既然项目采用了标准的工程总承包模式，自然可以适用上述规定，边设计边审查边施工。

在建设单位没有担任工程总承包单位的情况下，虽然建设单位本身同时具有与本工程相适应的设计、施工资质能力，相对于没有资质能力的建设单位，对工程设计和施工均进行了更高强度的管理，与工程总承包模式具有一定程度的相似性。但由于这种情况下,建设单位与施工或设计单位之间的法律关系依然只是施工总承包合同关系和设计合同关系并非工程总承包法律关系,不能适用工程总承包模式下的特殊规定;而且这种情况下,设计单位和施工单位也没有深度融合、共同管理,建设单位对设计、施工企业的管理也只是流于表面,并没有对两者的工作过程进行深度管理,全面负责,与工程总承包模式具有实质差别,因此不适宜类推适用,不能边设计边审查边施工。

97. EPC情形下,工程已经完工,但是验收过程中发现所用建筑材料与约定不符,此时如果先行使用该建筑物,是否构成《建设工程司法解释(一)》第13条规定的未经验收擅自使用?

答:我认为这种情况构成《建设工程司法解释(一)》第13条的规定,应认定为"未经验收擅自使用"。但双方当事人可以通过明确的意思表示约定,避免法院适用该条款。

第一,《建设工程司法解释(一)》原则上适用于工程总承包合同,但部分条款在适用时需结合工程总承包合同模式的特点进行重新考量和裁量。

《合同法》第269条第2款规定:"建设工程合同包括工程勘察、设计、施工合同。"第272条第1款规定:"发包人可以与总承包人订立建设工程合同,也可以分别与勘察人、设计人、施工人订立勘察、设计、施工承包合同。发包人不得将应当由一个承包人完成的建设工程肢解成若干部分发包给几个承包人。"

《总承包管理办法》第3条规定:"本办法所称工程总承包,是指承包单位按照与建设单位签订的合同,对工程项目设计、采购、施工或者设计、施工等阶段实行总承包,并对工程的质量、安全、工期和造价等全面负责的工程建设组织实施方式。"

从上述相关规定可以看出,EPC模式属于工程总承包的一种,但仍属于建设工程的范畴,它的合同关系中同时包括设计、施工、采购的合同义务,其中关于施工义务部分可以适用《建设工程司法解释(一)》的相关规定。但正是由于EPC合同并不是单纯的施工合同,因此在具体条款适用时需要进一步结合总体法律关系进行考量，不能机械性适用。

例如，《建设工程司法解释（一）》第12条规定："发包人具有下列情形之一，造成建设工程质量缺陷，应当承担过错责任：（一）提供的设计有缺陷……"在EPC法律关系中，设计义务也是工程总承包单位的合同义务，因此简单机械地适用这个条款，认定设计缺陷义务一概由发包人承担显然是不正确的，应该在本条规定的基础上继续延伸，进一步查明造成设计缺陷的原因在于何方，才能准确地定性归责。

第二，发包人未经竣工擅自使用的行为在EPC模式下与施工合同模式下并无显著差异，因此可以直接适用。

《最高人民法院建设工程施工合同司法解释的理解与适用》一书中写道："第十三条的立法基础是交付工程责任风险的转移。根据《建筑法》的有关规定，施工单位对建筑工程质量承担责任。但是，在建设工程未经过竣工验收或者验收未通过的情况下，发包人违反法律规定，擅自或强行使用，即可视为发包人对建筑工程质量是认可的，或者虽然工程质量不合格其自愿承担质量责任。因为发包人使用未经验收的工程，其应当预见工程质量可能会存在质量问题，而且使用验收不合格的建筑工程就更直接说明发包人对不合格工程予以认可。随着发包人的提前使用，其工程质量责任风险也由施工单位随之转移给发包人，而且工程交付的时间，亦可认定为发包人提前使用的时间。"①

EPC模式下也是发生在施工过程中，与设计、采购等其他合同义务并不直接相关，仅就未经验收擅自使用这一行为，EPC模式与一般的施工合同模式从形式上看并无根本性的区别，亦可以参照上述分析，视为发包人对建筑工程质量是认可的，或者虽然工程质量不合格但其自愿承担质量责任。因此在EPC合同项下，可以适用《建设工程司法解释（一）》第13条的规定。

第三，双方当事人可以通过合同约定的方式，排除《建设工程司法解释（一）》第13条的不利后果。

从上述《建设工程司法解释（一）》第13条的释义大家可以看出，本条款的法

① 最高人民法院民事审判第一庭编著：《最高人民法院建设工程施工合同司法解释的理解与适用》，人民法院出版社2015年版，第108页。

律逻辑是作出了一种意思表示的推定，当发包人未经验收擅自使用时，推定发包人作出了认可工程质量或虽然工程质量不合格但其自愿承担质量责任的意思表示。但推定的意思表示是可以用明确的意思表示排除的。这句话是什么意思？举个例子，某个商业楼采用的是木地板，且发现木地板大量起鼓、干裂；但发包人急于回笼资金，必须马上使用。如果此时直接投入使用，必然由于触及《建设工程司法解释（一）》第13条的规定而不能再对地板质量问题提出异议，给自身利益造成损失。此时正确的处理方式应该是，发包人依然进行正规的竣工验收，但在竣工验收之前应当与承包人签订明确的补充协议，明确底板质量问题的大小、范围及处理方式，通过这种方式，发包人可以在竣工验收之后，依据补充协议要求承包人履行相应义务。这就是用补充协议这一明确的意思表示，排除法院推定发包人自愿接受质量瑕疵的可能。

但发包人应当注意，此种方式的适用前提是质量问题不影响主体结构的安全使用。因为建筑项目不仅仅是当事人的民事权利，它还影响公众的人身财产安全，同时受行政法律和刑事法律规制，如果质量问题涉及主体结构的安全，那么这种质量问题就不属于完全的民事权利范围，当事人不能自由处分，不能通过协议免责，否则将会承担行政或刑事责任。

98.《总承包管理办法》的出台是我国工程总承包立法的里程碑，请问您认为即将施行的《总承包管理办法》对于工程总承包的行政管理部门来说最主要的作用是什么？此外还有哪些方面需要在后续的工作中继续完善？

答：确实如您所说，《总承包管理办法》的出台是我国工程总承包发展的里程碑。无论是对行政管理部门、建设单位，还是对工程总承包单位，都有着十分重要的正面意义。

对于行政监管部门而言，《总承包管理办法》一个很突出的重要作用在于有利于改变之前我国工程总承包立法不足、相互矛盾且缺乏可操作性的现状。关于工程总承包，我国法律、行政法规目前仅作了原则性规定，并没有对发包与承包、项目实施、法律责任等一系列问题进行系统的规定；在地方层面上，各省市根据中央层面的政策性规范文件曾纷纷制定省级、地市级的规范性文件，互相之间以及与中央政策文件之间的矛盾冲突之处并不鲜见，这严重阻碍行政监管部门对于工程总承包活动的监督管理。《总承包管理办法》的发布和正式施行，有利于解决工程总承包现有立法相互矛盾冲突的问题，有利于确保工程总承包行政监管的一致性和公平性。

《总承包管理办法》由住建部和国家发改委联合发布，所适用的范围为房屋建筑和市政基础设施项目。现实中，工程总承包项目类型远不止于此，其他部门也有针对工程总承包模式的规范文件，如原铁道部的《铁路建设项目工程总承包办法》、交通运输部的《公路工程设计施工总承包管理办法》。行政监管的条块分割仍然现实存在，工程总承包如果要取得更进一步的发展，后续更高层级的工程总承包立法势在必行。

对此，从长远来看，我国应制订“工程总承包法”；从近期来看，国务院应尽快制定“工程总承包管理条例”，这是我国工程总承包发展的刚需，也符合依法治国的客观需求。

99. 朱老师，我是来自建设单位的工作人员，您刚才提到《总承包管理办法》对于行政管理部门、建设单位和工程总承包单位都有十分重要的正面意义，那么对于建设单位的主要意义和相应的注意点，您觉得有什么是最需要提示的？

答：相对于行政管理部门和工程总承包单位，建设单位对于工程总承包模式是比较被动的。其实，建设单位也应该多关注工程总承包，关注建设工程市场的最新变化和趋势。

对于建设单位而言，《总承包管理办法》的作用是很明显的，有利于其更加有序地开展工程总承包招标、签约和项目管理工作。之前，由于相关具体规定的缺乏，对于工程总承包方式的适用项目、发包阶段和条件、发包方式、招标文件编制、工程总承包单位条件、投标文件编制期限、评标委员会组成、发承包双方的风险分担、合同价格形式、工程总承包单位的组织机构和项目管理、工程总承包项目经理条件、质量安全工期保修责任、法律责任等一系列问题，建设单位处于摸索的状态，到底什么样的做法合法、什么样的做法不合适，都是要面临、要解决的难题。《总承包管理办法》发布和正式施行后，对上述一系列问题都有了相应的规定，今后建设单位开展招标、签约和管理工作有了切实的依据。

但是，《总承包管理办法》毕竟着眼于大方向，立足于原则性的问题，现实当中的项目千差万别，《总承包管理办法》面对建设单位多种多样的需求，不可能事无巨细全部包办，这就凸显出了合同示范文本和招标标准文件的重要性。早在 2011 年，相关部门就发布了《建设项目工程总承包合同示范文本（试行）》和《标准设计施工总承包招标文件》，使用至今已近十年。工程总承包发展日新月异，新管理办法却对应着旧合同示范文本，这应当引起建设单位，特别是缺乏专业力量的建设单位的注意。如果拿着新办法，却一成不变地使用旧文本，很容易在无形中导致权益的流失。只有对照新办法，利用专用条款等方式对履约关键事项进行约定，才能真的同时发挥出办法和文本的双重作用。

100. 刚刚已经有听众分别问了即将施行的《总承包管理办法》对于行政管理部门和建设单位的最主要意义以及最需要关注的方面，那么《总承包管理办法》对于工程总承包单位的主要利好在哪里？工程总承包单位又有哪些风险点在今后需要特别关注？

答：对于工程总承包单位而言，《总承包管理办法》有利于其维护自身合法权益、保证工程质量安全。由于目前建设工程市场的现实情况，建设单位相对于工程总承包单位处于强势的地位，随意压缩工期、要求垫资施工、干扰正常管理工作等情况造成了工程总承包单位合法权益的流失、争议纠纷的多发甚至重大安全质量事故的发生。对此，《总承包管理办法》进行了一系列规制：

对于项目投标，《总承包管理办法》第 22 条第 1 款规定："建设单位不得迫使工程总承包单位以低于成本的价格竞标……"

对于工程质量，《总承包管理办法》第 22 条第 1 款规定："建设单位……不得明示或者暗示工程总承包单位违反工程建设强制性标准、降低建设工程质量，不得明示或者暗示工程总承包单位使用不合格的建筑材料、建筑构配件和设备。”

对于安全生产，《总承包管理办法》第 23 条第 1 款规定：“建设单位不得对工程总承包单位提出不符合建设工程安全生产法律、法规和强制性标准规定的要求，不得明示或者暗示工程总承包单位购买、租赁、使用不符合安全施工要求的安全防护用具、机械设备、施工机具及配件、消防设施和器材。”

对于工程工期，《总承包管理办法》第 24 条第 1 款规定：“建设单位不得设置不合理工期，不得任意压缩合理工期。”

对于工程款支付，《总承包管理办法》第 26 条第 2 款规定：“政府投资项目所需资金应当按照国家有关规定确保落实到位，不得由工程总承包单位或者分包单位垫资建设。”

可以说，《总承包管理办法》通过对建设单位可能出现的违法违规行为进行一系列限制，凸显了维护工程总承包单位合法权益、保证工程质量安全、培育工程总承包市场的立法目的。

但是，工程总承包单位同时应当意识到，即使《总承包管理办法》通过一系列条款保障其权益，作为市场主体，承担高利润所对应的高风险仍然是题中之意。《总承包管理办法》第 15 条既规定建设单位承担五类风险，包括“（一）主要工程材料、设备、人工价格与招标时基期价相比，波动幅度超过合同约定幅度的部分；（二）因国家法律法规政策变化引起的合同价格的变化；（三）不可预见的地质条件造成的工程费用和工期的变化；（四）因建设单位原因产生的工程费用和工期的变化；（五）不可抗力造成的工程费用和工期的变化”；又强调“具体风险分担内容由双方在合同中约定”。以目前市场竞争的残酷程度，很难保证建设单位不把更多的风险通过合同条款的形式转嫁给总承包单位，这是总承包单位在承揽工程和洽商合同时要反复权衡和考虑的最重要因素之一。

四、关于全过程咨询

101. 朱老师，您好！现在建筑行业除了对于工程总承包模式的推广有很高的热情，还在积极探讨与之配套的全过程工程咨询模式。请问，您可否向我们介绍一下什么是全过程工程咨询？

答：您提的问题很有意义，相比较工程总承包模式，建筑行业内有很多人和很多企业对于全过程工程咨询还是比较陌生的，确实有必要先向大家介绍一下什么是全过程工程咨询模式。

改革开放以来，我国工程咨询服务市场化快速发展，形成了投资咨询、招标代理、勘察、设计、监理、造价、项目管理等专业化的咨询服务业态，建立了执业准入制度，促进了我国工程咨询服务专业化水平提升。但是，目前工程咨询服务行业中的大部分主体仍然处于只提供单项服务或者少数几项服务的状态，呈现出“碎片式”的单兵作战模式，这给提升固定资产投资决策科学化水平带来了很大的阻碍。在深化建筑业改革进程中，为了解决投资方对综合性、跨阶段、一体化的咨询服务需求与现行制度造成的单项服务供给模式之间的矛盾，就需要有新的工程咨询组织模式来实现这个目的。

对此，国务院办公厅《关于促进建筑业持续健康发展的意见》（国办发〔2017〕19 号）提出了两种组织模式：一个是工程总承包；另一个就是全过程工程咨询。该意见第 4 点【培育全过程工程咨询】规定：“鼓励投资咨询、勘察、设计、监理、招标代理、造价等企业采取联合经营、并购重组等方式发展全过程工程咨询，培育一批具有国际水平的全过程工程咨询企业。制定全过程工程咨询服务技术标准和合同范本。政府投资工程应带头推行全过程工程咨询，鼓励非政府投资工程委托全过程工程咨询服务。在民用建筑项目中，充分发挥建筑师的主导作用，鼓励提供全过程工程咨询服务。”根据这项要求，《工程咨询指导意见》提出在房屋建筑和市政基础设施领域推进全过程工程咨询服务发展，提升固定资产投资决策科学化水平，进一步完善工程建设组织模式，推动高质量发展。《工程咨询指导意见》从鼓励发展多种形式全过程工程咨询、重点培育全过程工程咨询模式、优化市场环境、强化保障措施等方面提出一系列政策措施。

根据上述政策文件,结合我国工程咨询行业的实际情况,全过程工程咨询是指,包括规划或规划设计、项目投资机会研究、前期策划、立项咨询、评估咨询、工程勘察、设计优化、工程采购、造价咨询、工程监理、竣工结算、项目后评价、运营管理以及拆除方案咨询等覆盖工程全生命周期的一体化项目管理咨询服务。之所以要推行全过程工程咨询模式,在于该模式存在以下优势:

1. 节约投资成本。采用承包商单次招标的方式,使其合同成本远低于传统模式下设计、造价、监理等参建单位多次发包的合同成本。此外,咨询服务覆盖工程建设全过程,这种高度整合各阶段的服务内容将更有利于实现全过程投资控制,通过限额设计、优化设计和精细化管理等措施提高投资收益,确保项目投资目标的实现。全过程工程咨询企业由于参与到项目的各个阶段,可以发挥综合咨询的整体优势。重视过程中的造价控制,实现真正意义上工程投资的合理控制,为聘用方提供一揽子投资控制方案,从根本上为委托方控制好工程造价。

2. 有效缩短工期。全过程工程咨询模式是一个动态的管理过程,可以全程掌控所有信息,解决项目决策、设计、招标、施工和竣工各阶段存在信息不对称,造价管理人员对于其他阶段的结果不甚了解等问题,且有助于缩短投资项目决算审核的工作周期。一方面,可大幅减少建设单位日常管理工作和人力资源投入,确保信息的准确传达,优化管理界面;另一方面,不再受到传统模式冗长繁多的招标次数和期限的限制,可有效优化项目组织和简化合同关系,有效解决设计、造价、招标、监理等相关单位责任分离等矛盾,有利于加快工程进度,缩短工期。

3. 提高服务质量。全过程工程咨询服务弥补了单一服务模式下可能出现的管理疏漏和缺陷,各专业工程实现无缝连接,从而提高服务质量和项目品质。此外,还有利于激发全过程工程咨询企业的主动性、积极性和创造性,促进新技术、新工艺和新方法的应用。

4. 有效规避风险。全过程工程咨询企业作为项目的主要负责方,将发挥全过程管理优势,通过强化管控,减少安全生产事故,从而有效降低建设单位主体责任风险;同时也可避免因众多管理关系而伴随的腐败风险,有利于规范建筑市场秩序。

5. 提升企业管理。开展全过程工程咨询服务,必须要有完备的管理手段,也自然需要引入新技术来促进工程创新。通过大力开发 BIM[①]、大数据和虚拟现实技术，可提高设计和施工的效率与精细化管理水平，提升工程设施安全性、耐久性、可建造性和维护便利性，降低生命周期运营维护成本，增强投资效益。借助这些先进的技术手段，可为企业高效地完成全过程工程管理工作打下坚实的基础。

由此可见，与工程总承包模式类似，推行全过程工程咨询模式既是完善我国工程建设组织模式的必然要求，也是工程咨询供给侧结构性改革的必然要求，同时还是工程咨询行业在"一带一路"背景下与国际接轨的必然要求。其核心在于解决目前工程咨询服务方式单一化和咨询能力碎片化的问题，这将是我国今后工程咨询行业发展的大趋势。

102. 朱老师，您好！我来自一家工程咨询单位。您刚才向我们介绍了什么是全过程工程咨询，我们对此很感兴趣，请问如果我们想在这一领域拓展业务，具体可以提供哪些全过程工程咨询服务？

答：您的问题是当前工程咨询行业很关心的一个问题。回答这个问题肯定要提到国家发改委、住建部的515号文，也就是《工程咨询指导意见》。《工程咨询指导意见》在第1点【充分认识推进全过程工程咨询服务发展的意义】中就强调："重点培育发展投资决策综合性咨询和工程建设全过程咨询，为固定资产投资及工程建设活动提供高质量智力技术服务，全面提升投资效益、工程建设质量和运营效率，推动高质量发展。"根据这一政策导向，今后工程咨询企业提供的全过程咨询服务将主要围绕投资决策综合性咨询和工程建设全过程咨询两个阶段展开，除此之外，我个人认为还应当包括争议解决的综合性咨询。从时间节点来看，全过程工程咨询服务从发改委监管范围的立项报审等工作开始，截止时点至少应囊括到项目试运营完成或者缺陷责任期届满。咨询企业要提升专业法律事务的处理能力，应该大力培养、发展企业自己的公司律师，以胜任一旦发生纠纷导致合同被解除或引起仲裁、诉讼事务的咨询服务；咨询企业在尚无公司律师的情况下，可

① BIM（Building Information Modeling），建筑信息模型。

以与专业律师合作,提供可能发生仲裁或诉讼阶段的咨询服务。

接下来我将就具体可提供的服务及相应风险点详细分析:

第一,投资决策综合性咨询阶段。

全过程工程咨询企业主要是协助业主完成项目建议书、可行性研究报告和工程概念设计等内容,所承担的服务内容包括构思策划、组织策划、目标策划、财务策划、实施策划、项目经济评价等。其中:

构思策划,是指咨询企业协助业主明确工程项目的性质、用途、基本内容、建设规模、建设水准、总体功能及构成等与项目实施有关的总体性目标。

组织策划,是指咨询企业结合项目特点协助业主决定并构建项目管理组织模式。

目标策划,是指咨询企业利用自己的技术优势和管理经验协助业主确定项目的质量目标、造价目标、进度目标、安全目标和环保目标。

财务策划,是指咨询企业协助业主指定工程融资方案,借助科学的融资方案控制造价并降低风险。

实施策划,是指咨询企业协助业主完成工程实施策划,包括对工程实施任务的分解和组织。

项目经济评价,是指咨询企业采用科学的分析方法,对工程的财务可行性和经济合理性进行分析论证,分析项目在现行财税制度下的盈利能力和清偿能力,计算项目对国民经济的贡献和对社会的影响。

投资决策综合性咨询阶段的工作质量对整个工程项目的影响最大,特别是在财务策划、实施策划和项目经济评价方面,一旦决策有误,项目后续实施过程中将出现种种问题,轻则产生额外的成本,重则导致项目的失败。投资决策综合性咨询阶段的风险常常表现为项目规划与区域未来发展方向不符、项目定位缺乏前瞻性、项目投资估算偏低、项目违规等。决策阶段的风险最为隐蔽,检测度很低,往往在后续建设阶段和运营阶段才表现出来。

第二,工程建设全过程咨询阶段。

工程建设全过程咨询阶段主要包括项目招投标阶段、项目实施阶段和项目运营维护阶段。

项目招投标阶段。项目招投标及发包阶段,咨询企业应依据前期决策的结果及业主的需求来开展工作,保证其选定的监理单位、造价咨询企业、工程总承包单位、分包单位和设备供应商的资质、业绩、技术、服务和能力等符合项目需要。该阶段可能出现招标条件设置不合理、对投标对象审查失败、选用非合格对象、招标失败、招标时间过长延误工期、招标清单重项或漏项等风险。为防范这些风险,全过程工程咨询企业一方面需要在招标之前与业主详细地确定招标要求和评分细则,避免有争议或不合理的事项;另一方面建立招标清单复核机制,安排专门人员对照计价要求对招标清单进行仔细核对,并总结容易重复和容易遗漏的清单。

项目实施阶段。咨询企业依据自身的技术实力和管理经验检查设计标准和设计规范,控制施工进度和施工效果,协调设计、施工、审计等关联关系,及时向业主反馈项目进展和合理化建议,保证工程项目按计划执行。项目实施阶段涉及勘察、设计、物料采购、施工建设等,风险的表现形式比较丰富。比如:勘察方面,主要是勘察质量风险;设计方面,主要是设计变更率过高风险、设计特征描述错误风险;采购方面,主要是物料采购价高质低风险、物料采购延迟风险;工程管理方面,归纳起来就是质量风险、安全风险、进度风险、成本风险、内业管理风险和自然灾害风险。

项目运营维护阶段。建设完工后,咨询企业按照项目特点可能承担运营管理的责任,运营内容不尽相同,有些涉及商业运营,有些涉及公共基础设施的运营维护,有些仅涉及设备和器材的维修保养。相较于项目的决策、招投标和实施阶段,本阶段目前并非全过程工程咨询企业业务的重点。

第三,争议解决全过程咨询阶段。

全过程工程咨询模式推行后,原来监理单位的职能将很大程度上为全过程咨询单位所吸收,而监理单位本身即是包含了很多争议解决的职能。虽然在现实中,此类本来应当发挥出来的作用不常显现,而且为建设单位、施工单位等其他参与方所忽视。但是在全过程工程咨询实施的过程中,这样的职能将得到凸显,也将加强咨询单位在与建设方、承包方三方关系中的话语权。对此,我们先来看一下《建设工程监理规范(GB/T 50319－2013)》的相关规定:

《建设工程监理规范(GB/T 50319－2013)》第3.2.1项规定:“总监理工程师应履行下列职责:1.确定项目监理机构人员及其岗位职责;2.组织编制监理规划,审批监理实施细则;3.根据工程进展及监理工作情况调配监理人员,检查监理人员工作;4.组织召开监理例会;5.组织审核分包单位资格;6.组织审查施工组织设计、(专项)施工方案;7.审查工程开复工报审表,签发工程开工令、暂停令和复工令;8. 组织检查施工单位现场质量、安全生产管理体系的建立及运行情况;9. 组织审核施工单位的付款申请,签发工程款支付证书,组织审核竣工结算;10. 组织审查和处理工程变更;11. 调解建设单位与施工单位的合同争议,处理工程索赔;12. 组织验收分部工程,组织审查单位工程质量检验资料;13. 审查施工单位的竣工申请,组织工程竣工预验收,组织编写工程质量评估报告,参与工程竣工验收;14. 参与或配合工程质量安全事故的调查和处理;15. 组织编写监理月报、监理工作总结,组织整理监理文件资料。"

可以发现,按照规范,总监理工程师的职责第 5 ~ 14 项其实都可能包含了争议解决的工作内容,争议的表现形式不同,可大可小,但已经充分说明了全过程咨询也就是争议解决的全过程。

此外,住建部《建设工程咨询服务合同示范文本(征求意见稿)》则在"通用条件"部分第 5.2.2 项约定:"在客户和第三方之间提供证明、行使决定权或处理权时,不是作为仲裁人,而是作为独立的专业人员,根据自己的专业技能和判断进行工作。"虽然该条款较为含蓄,但根据自己的专业技能和判断进行工作的表述,其实可以理解成为客户的争议解决提供专业服务。鉴于工程的复杂性和法律的专业性,企业在争议解决全过程咨询阶段应和专业律师和法律服务机构进行合作。

综上,无论是投资决策综合性咨询阶段、工程建设全过程咨询阶段还是争议解决全过程咨询阶段,工程咨询企业能提供的服务内容都是繁多的,这也意味着全过程工程咨询企业有很大的业务拓展空间,这正是全过程工程咨询模式能够推广和发展的重要基础之一。

103. 朱老师您刚才讲到国务院办公厅《关于促进建筑业持续健康发展的意见》(国办发〔2017〕19 号)提出了两种组织模式,一种是工程总承包模式,另一种是全过程咨询模式,这其实就对应了工程总承包单位和全过程咨询单位。请问它们之间和它们与业主之间是什么关系?

答:全过程工程咨询其实就是把离散化的工程建设咨询主体尽可能集中,减少合同和管理界面、降低制度性交易成本,由拥有技术优势和项目管理经验的咨询单位,整合内外部资源,为建设方提供一站式、专业化、有机协同的咨询服务,最大限度地释放工程咨询对工程质量、进度和投资的把控能力,进而实现工程建设项目价值的最大化。

国务院办公厅《关于促进建筑业健康发展的意见》提出的两种模式,除了全过程工程咨询,还有工程总承包。根据《总承包管理办法》第 3 条,工程总承包是指"承包单位按照与建设单位签订的合同,对工程设计、采购、施工或者设计、施工等阶段实行总承包,并对工程的质量、安全、工期和造价等全面负责的工程建设组织实施方式"。也就是说,工程总承包单位主要承担了原来五方单位中设计单位和施工单位的工作。

在全过程工程咨询和工程总承包并行的模式下,现有的建设、勘察、设计、施工、监理五方主体责任被集中到建设方、咨询方和承包方三者的身上。"铁三角"的组合将充分展示三角结构的稳定性。咨询方首先是咨询合同的执行人,向建设方对其提供的具体咨询成果负责,同时又是建设方的利益代表,对工程建设全过程进行管理监督,向建设方汇报所有与其利益密切相关的重要信息,以确保专业的品质和建设方的利益。建设方对自身基于咨询方的咨询意见、建议和自身经验作出的最终决策负责。承包方接受咨询方的管理、监督和审查,对其承包的工程实体质量负责。

归根结底,在全过程工程咨询和工程总承包模式的持续推广过程中,咨询人未来会和发包人、总承包人形成"三足鼎立"的市场地位。咨询人作为控制工程造价、工期、质量、安全的关键一环,只有提高了咨询意见的合法性和准确性,才能发挥出全过程工程咨询模式对其赋予的职责。

104. 朱老师,您好!听了您的授课内容,感觉我们在全过程工程咨询领域是大有可为的。既然全过程工程咨询这么重要,那么目前国家在企业资质方面有什么要求吗?是否有专门的单独资质?

答:关于这个问题有一个演变过程。

2005 年 3 月 4 日,国家发展改革委发布了《工程咨询单位资格认定办法》(国家发展和改革委员会令第 29 号),该办法第 7 条规定:"工程咨询单位资格等级分为甲级、乙级、丙级。各级工程咨询单位按照国家有关规定和业主要求依法开展业务。”第 8 ~ 10 条又分别规定了甲级、乙级、丙级工程咨询单位的资格标准，包括基本条件、技术力量、技术水平和技术装备、管理水平。

2017 年 11 月 6 日，国家发展改革委又发布了《工程咨询行业管理办法》（国家发展和改革委员会令第 9 号），自 2017 年 12 月 6 日起施行，《工程咨询单位资格认定办法》同时废止。《工程咨询行业管理办法》不再设置工程咨询单位资格，事实上也就取消了工程咨询单位资格的认定和实施。

目前，对于全过程工程咨询企业的资质要求，最新的政策文件是国家发展改革委和住建部的 515 号文《工程咨询指导意见》，在第 3 点中规定：“促进工程建设全过程咨询服务发展。全过程咨询单位提供勘察、设计、监理或造价咨询服务时，应当具有与工程规模及委托内容相适应的资质条件。全过程咨询服务单位应当自行完成自有资质证书许可范围内的业务，在保证整个工程项目完整性的前提下，按照合同约定或经建设单位同意，可将自有资质证书许可范围外的咨询业务依法依规择优委托给具有相应资质或能力的单位，全过程咨询服务单位应对被委托单位的委托业务负总责。建设单位选择具有相应工程勘察、设计、监理或造价咨询资质的单位开展全过程咨询服务的，除法律法规另有规定外，可不再另行委托勘察、设计、监理或造价咨询单位。”

由此，我们可以知道，对于全过程工程咨询，国家并没有设立专门的资质，但是企业在提供勘察、设计、监理或造价咨询等全过程咨询服务时，应当具有与工程规模及委托内容相适应的资质条件。这其实是鼓励相关行业的企业进入这一业务领域进行探索、提高实务操作能力，这将会对全过程工程咨询的发展起到重要的推动作用。

105. 我们作为有志于从事全过程工程咨询业务的监理单位，有这样一种感觉，因为是全过程咨询服务，业务的范围和种类都扩大了很多，法律风险也相应增加了不少。请问对于全过程工程咨询的法律风险防控，您有什么意见和建议？

答：这确实是很多有志于全过程工程咨询的企业所关心的问题，因为业务过程开展中的法律风险虽然有时候很不起眼，不过一旦产生了纠纷争议，对于企业权益的影响却是很大的。我从事律师工作这么多年，接触了很多工程咨询企业，在为这些企业提供法律服务时，发现主要有以下法律方面的风险：

1. 对合同签订把关不严。部分工程咨询企业从业人员认为合同只是调整合同金额和支付方式，项目本身特点和专用条款的表述不需要过多关注，因此企业内部合同评审制度常常流于形式，未能把好合同风险管理的第一关。

2. 合同交底工作执行不到位。合同签订后，企业应在合同移交至业务部门后开展合同交底工作，每一个项目团队成员都需要参与其中，充分了解委托人意图、合同重点以及技术方案侧重点等关键信息，只有这样才能有效降低履约风险的发生概率。然而，当前很多工程咨询企业的合同管理止步于合同移交工作，合同移交后不召开交底会议，项目团队成员在不完全了解项目的情况下开展业务工作，项目进度和质量得不到有效控制和保障，增加了风险发生的概率。

3. 合同风险管理人才缺乏。合同风险管理绝不局限于合同起草人员或者起草人员所在部门，而是贯穿于企业管理者、合同起草部门和业务执行部门之间。合同风险管理是一种专业性、技术性很强的管理工作，它要求相关人员不仅要懂法律，还要有过硬的业务素质，从合同签订前的筹划准备工作开始直至合同签订以及合同签订后的履约工作，层层做好风险管理工作。然而在实际工作中，咨询企业对于合同风险管理认识不够，合同条款常出现漏洞，出现问题需要索赔时常常找不到合理依据，这使咨询企业处于被动尴尬的状态，不利于企业发展。

4. 阶段性咨询成果未能做到无缝对接。前期阶段的咨询服务涵盖：投资机会的研究、编制或评估项目建议书及可行性研究报告。项目建议书、可行性研究报告对于后续咨询工作起着引领性作用。但现实情况如前文所述，项目前期阶段和后期阶段的咨询工作往往在两个不同的咨询企业中进行。前期阶段咨询企业只重视文本的编制质量，而对实施阶段可行性研究报告的内容是否得到了落实重视不足。管理咨询企业只重视各管理事项的业务落实，而对前期阶段重要的咨询成果即可行性研究报告应发挥的指导作用重视不足。

5. 合同签订后市场政策发生重大变化。按照我国现行项目建设投资管理的有关流程，一个项目在其完成投资前期咨询、取得相关文件批复后，相当一部分项目不能立即进入准备与实施阶段。这其中有很多原因，这种滞后短则一至两年，长则三年以上,而当某些条件成熟,项目准备实施时,这期间作为动态因素的政策与市场均已发生了变化,原本签订的合同对于项目的管控力度受到极大的影响,比如,对变化应对不当将对受托人履行合同带来风险。

6.不同责任主体间的利益诉求不同。通常情况下,一个建设项目应使包括委托方、受托方等在内的相关单位形成经济共同体,共同分享利益与风险。但在工程实践中,不同协作单位间的利益诉求存在着差异,而作为咨询企业,由于其服务职能的角色定位,使其在调解不同利益诉求中难有作为,而且工程咨询企业对于其他参建方无合同管理关系,在对相关参建方管理权与监督权的行使上发挥不足,构成了受托方在履行合同中的风险。

对于这些在提供咨询服务过程中出现的法律风险的防控工作,我认为企业应予以重视,在具体的管理过程中切忌“头痛医头,脚痛医脚”,而是应从管理机制和法律意识入手,进行完善。

第一,理顺机制,树立全局意识。

合同管理不是单靠某一个部门就可以完成的,它需要企业内部不同职能部门或管理团队间共同工作才能够实现既定的工作目标。部门之间需要构建行之有效的沟通机制,除完成自身的职责任务以外更需要有大局意识,以实现管理上的无缝对接,要坚决杜绝信息孤岛现象的发生,使信息流在企业内部间畅通无阻。只有这样才能发挥合同作为管理基础要件的效能。

第二,提前介入,从细节入手。

合同的洽谈和签订是一个较为复杂的过程,在条件允许的情况下应考虑让相关职能部门的具体工作人员适度提前介入,以便对委托人的全部管理诉求及前期工作完成的情况或资料予以全面、准确地掌握。只有这样才能够在合同的编制中通过条款的相互约束达到合作双方的共赢。从管理细节明确职责范围,有效规避风险,保证合同顺利执行。

第三,加强培训,做到全员覆盖。

法律法规要求全过程工程咨询企业对咨询成果质量实行终身负责制。为控制风险,全过程工程咨询企业有必要定期开展全过程工程咨询相关的风险培训,深刻理解决策阶段、招投标阶段、实施阶段和运营(运维)阶段的关键任务,分别针对前期决策、招投标、勘察、设计、采购、施工、运营(运维)工作进行风险识别,在风险识别的基础上进行风险定量分析和风险定性分析,必要的时候模拟极端条件进行情景分析和压力测试。

第四,注重流程,形成全过程监管。

制定并执行现代化的管理流程是全过程工程咨询企业可持续发展的重要保障,企业内部流程主要分为业务流程和管理流程,而流程管理可分为流程设计(流程固化)和流程执行两部分内容。制定科学的业务流程和管理流程,通过流程固化来明确相关人员的操作节点、操作方法、操作权限、审批权限和审批方式,流程固化能够提高具体业务操作的标准性和规范性。流程不可虚设,一旦关键流程制定完毕,全过程工程咨询企业的管理层需要督促整个企业自上而下地按流程执行,还需要通过内部控制等机制来监督流程的实施效果。设计流程并有效执行流程,才能发挥流程在风险控制中的作用。

目前,全过程工程咨询模式正处于推广过程中,企业在参与市场竞争的过程中不仅要重视业务的承揽,也要重视风险的防控,希望我刚刚讲的法律风险的情况及如何防控对您和您的企业有所帮助,也希望您在遇到一些具体的问题时联系我,大家一起沟通交流、解决问题。

106.《工程咨询指导意见》要求全过程咨询项目负责人应当取得工程建设类注册执业资格且具有工程类、工程经济类高级职称。这个条件有点苛刻,请问全过程咨询项目负责人必须具有高级职称吗?

答:我认为应当取得高级职称,这个问题的答案应当依据相关法律法规的规定来考量。

我国《建筑法》第12条规定:“从事建筑活动的建筑施工企业、勘察单位、设计单位和工程监理单位,应当具备下列条件……(二)有与其从事的建筑活动相适应的具有法定执业资格的专业技术人员……”第14条规定:“从事建筑活动的专业技术人员,应当依法取得相应的执业资格证书,并在执业资格证书许可的范围内从事建筑活动。”

国家发改委发布的《工程咨询单位资格认定办法》(现已失效)第8条规定:

“甲级工程咨询单位应当具备以下资格标准……(二)技术力量:1. 专职从事工程咨询业务的技术人员不得少于60人,其中具有高级专业技术、经济职称的人员不得少于30%……”第9条规定:“乙级工程咨询单位应当具备以下资格标准……(二)技术力量:1. 专职从事工程咨询业务的技术人员不得少于30人,其中具有高级专业技术、经济职称的人员不得少于30%……”第10条规定:“丙级工程咨询单位应当具备以下资格标准……(二)专业技术人员不得少于15人,其中具有高级专业技术、经济职称的人员不得少于30%……”

国家发改委发布的《工程咨询行业管理办法》第19条规定:“国家发展改革委和人力资源社会保障部按职责分工负责工程咨询(投资)专业技术人员职业资格制度实施的指导、监督、检查工作。”

《工程咨询指导意见》第3条第4款规定:“明确工程建设全过程咨询服务人员要求。工程建设全过程咨询项目负责人应当取得工程建设类注册执业资格且具有工程类、工程经济类高级职称,并具有类似工程经验。对于工程建设全过程咨询服务中承担工程勘察、设计、监理或造价咨询业务的负责人,应具有法律法规规定的相应执业资格。全过程咨询服务单位应根据项目管理需要配备具有相应执业能力的专业技术人员和管理人员。设计单位在民用建筑中实施全过程咨询的,要充分发挥建筑师的主导作用。”

住建部发布的《建设工程勘察设计资质管理规定》第11条规定:“企业首次申请工程勘察、工程设计资质,应当提供以下材料……(五)企业负责人、技术负责人的身份证明、任职文件、毕业证书、职称证书及相关资质标准要求提供的材料……”

住建部发布的《工程监理企业资质管理规定》第7条规定:“(一)综合资质标准……2. 企业技术负责人应为注册监理工程师,并具有15年以上从事工程建设工作的经历或者具有工程类高级职称……(二)专业资质标准……(2)企业技术负责人应为注册监理工程师,并具有15年以上从事工程建设工作的经历或者具有工程类高级职称。”

住建部发布的《工程造价咨询企业管理办法》第9条规定:“甲级工程造价咨询企业资质标准如下……(三)技术负责人已取得造价工程师注册证书,并具有工程或工程经济类高级专业技术职称,且从事工程造价专业工作15年以上……”第

10 条规定:"乙级工程造价咨询企业资质标准如下……(二)技术负责人已取得造价工程师注册证书,并具有工程或工程经济类高级专业技术职称,且从事工程造价专业工作 10 年以上……"

从上述一系列的规定可知,原《工程咨询单位资格认定办法》已明确规定工程咨询项目负责人应当取得高级职称,该办法虽然已于 2017 年 9 月 22 日由国务院发布的《国务院关于取消一批行政许可事项的决定》所废止,但发改委作为工程咨询行业的资格审核主管部门,联合住建主管部门联合发布的《工程咨询指导意见》明确工程咨询项目负责人应当取得高级职称;且工程勘察、设计、监理、造价咨询均属于工程咨询的一部分,现行有效的关于工程勘察、设计、监理、造价咨询行业的相关项目负责人的要求亦需要取得高级职称,由此可以得出工程全过程咨询项目负责人应当取得高级职称的结论。

另一方面,职称是指专业技术人员的专业技术水平、能力,以及成就的等级称号,是反映专业技术人员的技术水平、工作能力的标志。全过程工程咨询囊括了投资咨询、招标代理、勘察、设计、监理、造价、项目管理等专业化的咨询服务,大家作为工程从业人员都明白,从事上述专业化服务范围内任何一项工作的项目负责人要想达到足以胜任的水平都需要长久的知识积累、经验积累,更何况全过程咨询的项目负责人需要对上述所有专业化服务范围内的所有专业事项均具有足以胜任管理的能力,因此这样的人才当然应具有相对应的高级职称,否则显然不合理。

107.《工程咨询指导意见》规定全过程工程咨询的服务,可按各专项服务费用叠加后再增加相应统筹管理费用的方式计取。请问已收取了专项"项目管理费",还可再计算统筹管理费吗?

答:你这个问题问的不够明确,首先要明确你的问题中所称的"项目管理费"是什么?这个词本身不是一个严格的术语,通常语境下可能的解释包括:(1)工程咨询单位为业主单位进行工程施工项目管理而取得的项目管理费;(2)工程咨询单位为业主单位进行从工程项目筹建到工程建成后评价所有阶段全过程服务的所有工作所取得的工程项目管理费;(3)在各专业服务费的基础上,另行记取综合的项目管理费用;(4)其他可能的解释。

如果是第(1)种情形下的"项目管理费",那么实质上就是工程施工项目管理专项服务的专项服务费,那么当然可以按照《工程咨询指导意见》的要求另行记取统筹管理费;如果是第(2)种情形下的"项目管理费",事实上是工程咨询单位履行全过程咨询服务的所有对价,相当于《工程咨询指导意见》中所称"全过程工程咨询服务酬金可按各专项服务酬金叠加后再增加相应统筹管理费用"的合计,在此情形下,当然不应该重复记取;如果是第(3)种情形下的"项目管理费",这种情形下的"项目管理费"实质上就是《工程咨询指导意见》所称的"统筹管理费用"。

上述分类仅仅是解决了某些语境下"项目管理费"的计取问题,如果需要准确地判断这个费用计取的问题,就需要对全过程咨询服务费用的收费标准进行理解,才能结合各个工程的实际准确适用。

《工程咨询指导意见》第5条第2款规定:"全过程工程咨询服务酬金可按各专项服务酬金叠加后再增加相应统筹管理费用计取,也可按人工成本加酬金方式计取。"本款规定了全过程咨询收费的两种基本模式:(1)专项服务收费+统筹费用模式。这种模式的特点是根据工程全过程咨询单位在其承揽的投资咨询、招标代理、勘察、设计、监理、造价、项目管理等专业咨询范围内,按专业咨询种类的不同逐项计取专业咨询费用,然后在专业咨询费用叠加的基础上另行计取统筹管理费用。(2)人工成本+酬金方式,这种方式顾名思义是人工成本加上一定比例的利润率的收费方式,这种方式的理解较为简单,就不再解释了。从工程实际中来看,成本加酬金的收费方式较为少见,工程咨询收费标准通常采用第1种方式。

咨询单位在理解上述收费标准的时候要注意,上述收费标准仅仅是推荐标准,并非强制标准,合同双方当事人有权自行商议更符合工程实际情况的收费方式。我国自1984年十二届三中全会才正式提出发展市场经济,建筑市场作为关系基础民生的支柱产业,一直处于强化行政管理状态,整个工程行业实际上还不是特别熟悉完全的市场化运营。以勘察设计行业为例,直至2016年1月1日发改委31号令才正式废止了《工程勘察设计收费标准》(2002年修订),标志着勘察设计的收费进入没有政府指导价的时代。但是整个工程界还并不能适应这种没有标准的日子,在定价的时候依然更多地关心有没有收费标准、符不符合收费规定,这种想法是不符合社会发展方向的,也是不正确的。现在的工程咨询收费的标准应当合意为先,只要双方当事人谈妥了,完全可以自行拟定自己的收费标准,并非必然要适用《工程咨询指导意见》制定的两种方式;而且,工程全过程咨询根据工程难度的不同、承包范围的不同,也很难有必然的、通用的、适之万事皆可的标准。例如,港珠澳大桥的这种大型高精尖项目的工程咨询费用收费标准显然不能和普通低层住宅项目采用同样的咨询费率。因此,双方当事人根据项目实际需要制定的收费标准才是最好的标准,是否与《工程咨询指导意见》的规定完全吻合并不重要,应当基于工作难度、咨询水平、咨询收益合理界定收费标准,才能达到一个双方共赢的理想状态。

108. 老师您好,您讲课介绍的案例中提到了全过程咨询过程中对建设资金的监管问题。作为业主能不能让我们去监管?

答:当然可以,但是全过程咨询公司应当首先取得业主的授权,并且应当与业主在工程总承包合同中明确工程咨询单位的资金监管权,这取决于双方合同的约定。

《建筑法》第32条规定:"建筑工程监理应当依照法律、行政法规及有关的技术标准、设计文件和建筑工程承包合同,对承包单位在施工质量、建设工期和建设资金使用等方面,代表建设单位实施监督。"因此在《建筑法》立法时就已明确,监理单位有权对工程资金实行监管,监理专业咨询是工程全过程咨询的一部分,因此全过程咨询企业当然也有权对工程资金进行监管。

全过程咨询公司对工程各类资金进行监管并非一个新的模式,工程实践中早已存在,以最为典型的PM(项目管理服务)或PMC(项目管理承包)模式为例。PM模式是指工程项目管理企业按照合同约定,在工程项目决策阶段,为业主编制可行性研究报告,进行可行性分析和项目策划;在工程项目实施阶段,为业主提供招标代理、设计管理、采购管理、施工管理和试运行(竣工验收)等服务,代表业主对工程项目进行质量、安全、进度、费用、合同、信息等管理和控制。而PMC模式是指项目管理公司在PM模式的基础上,进一步承担初步设计的义务的模式。可以看到，在PM或PMC模式中，业主聘请的项目管理公司均有权对工程项目的费用进行管理和控制，而实际上，在国际工程中，某些项目管理公司不仅仅承担了建设工程中建设工程费用的资金监管义务，甚至还进一步替业主完成投资计划、现金流计划的编制工作，并负责完成工程项目的发股、发债等前期融资工作。因此，全过程咨询公司为业主方提供资金监管服务当然是可行的。

但是，全过程咨询公司在提供资金监管服务时需要注意，合同具有相对性，合同的效力仅及于签订合同的双方当事人，而工程资金监管至少涉及三方主体——业主、工程总承包人及工程全过程咨询公司，因此全过程咨询公司在提供资金监管服务时应当要取得业主对于资金监管的相应授权，并且在工程总承包招投标过程中获得承发包双方的确认，并在合同中明确工程总承包人必须接受工程全过程咨询公司在授权范围内的资金监督，只有这样，才能使全过程咨询公司提供资金监管服务落于实处。

109. 当现场存在质量安全隐患时，按照我国规范我们咨询单位能做的就是下发监理通知单，下发停工令。但是在监理规范中明确规定停工令需业主同意，如果工程总承包的业主不同意，监理怎么发停工令？按照规范要求再向有关部门汇报，那我们汇报的后果是什么？

答：如果发生质量安全隐患，即使业主不同意签发停工令，监理单位也应当马上签发。如果因为监理单位没有依法下令停工，一旦发生重大的安全质量事故，监理单位包括今后的全过程咨询单位就要承担相应的责任包括刑事责任。这方面的教训举不胜举。

从该问题可以看出提问者对监理规范规定的理解不全面、不完备。住建部发布的《建设工程监理规范》（GBT 50319－2013）第5.5.6款规定："项目监理机构在实施监理过程中，发现工程存在安全事故隐患时，应签发监理通知单，要求施工单位整改；情况严重时，应签发工程暂停令，并应及时报告建设单位。施工单位拒不整改或不停止施工时，项目监理机构应及时向有关主管部门报送监理报告。"第6.2.3款规定："总监理工程师签发工程暂停令应征得建设单位同意，在紧急情况下未能事先报告的,应在事后及时向建设单位作出书面报告。”

第6.2.3款针对的是一般情况,一般情况下总监理工程师签发停工令应当取得建设单位的同意;第5.5.6款针对的是特殊情况,即监理人员发现可能造成质量事故的重大隐患或已发生质量事故的,即使建设单位不同意,总监理工程师依然应签发工程暂停令。

我为什么对此作出这样的解读?

首先,从文义解释的角度而言,第6.2.3款情形中明确建设单位同意是签发停工令的必要前提,但第5.5.6款中并未规定需要取得建设单位的同意;且亦可以反向理解,如果第5.5.6款规定还要同第6.2.3款的规定一样需要取得建设单位同意的话,那么第5.5.6款就没有独立规定的必要,第5.5.6款的规定完全可以被第6.2.3款的规定所覆盖,没有存在的意义。

其次,工程咨询中的监理专业咨询与其他专业咨询有个非常大的区别,监理工程咨询同时具有意定性和法定性的双重属性。所谓意定性,指的是监理单位的义务来源于双方合意,即监理合同的约定,这非常好理解,监督单位当然应当依据监理合同的约定对工程质量、安全、工期、造价实行全面监理。所谓法定性,指的是监理单位除了履行合同义务外,还需要履行法定义务,这是监理专业咨询的一大特点。《建筑法》第30条规定:“国家推行建筑工程监理制度。国务院可以规定实行强制监理的建筑工程的范围。”第69条规定:“工程监理单位与建设单位或者建筑施工企业串通,弄虚作假、降低工程质量的,责令改正,处以罚款,降低资质等级或者吊销资质证书;有违法所得的,予以没收;造成损失的,承担连带赔偿责任;构成犯罪的,依法追究刑事责任。”《刑法》第137条规定:“建设单位、设计单位、施工单位、工程监理单位违反国家规定,降低工程质量标准,造成重大安全事故的,对直接责任人员,处五年以下有期徒刑或者拘役,并处罚金;后果特别严重的,处五年以上十年以下有期徒刑,并处罚金。”《建设工程质量管理条例》第74条规定:“建设单位、设计单位、施工单位、工程监理单位违反国家规定,降低工程质量标准,造成重大安全事故,构成犯罪的,对直接责任人员依法追究刑事责任。”《建设工程安全生产管理条例》第7条规定:“建设单位不得对勘察、设计、施工、工程监理等单位提出不符合建设工程安全生产法律、法规和强制性标准规定的要求,不得压缩合同约定的工期。”第14条规定:“工程监理单位在实施监理过程中,发现存在安全事故隐患的,应当要求施工单位整改;情况严重的,应当要求施工单位暂时停止施工,并及时报告建设单位。施工单位拒不整改或者不停止施工的,工程监理单位应当及时向有关主管部门报告。”根据上述规定,工程监理单位对于工程质量标准的监理既是合同义务,也是法定义务,监理单位对于工程质量标准的监理不能完全按照建设单位的要求执行,应当考虑工程安全生产及国家强制性标准,具有独立性;各项法律规定亦进一步明确,监理单位和建设单位降低工程质量的,应当承担相应行政乃至刑事责任,这就进一步强调了工程监理单位在工程质量问题上尤其是安全质量问题上进行监理的独立性,对于工程质量安全,监理单位不能完全听从建设单位的指挥,如果发现可能造成质量事故的重大隐患或已发生质量事故的,即使建设单位不同意,总监理工程师依然应签发工程暂停令,并及时上报有关部门。

监理单位对于可能造成质量事故的重大隐患或已发生质量事故情形下的上报是一种法定责任,即使与业主的指示不符,亦不构成违约责任,不存在法律上的后果;不过从实际角度出发,违反业主的指示很有可能导致双方合作关系的破裂,实质上影响合同履行,但工程质量安全关系人民群众人身财产安全的大事,且直接关系刑事责任,即使影响合同履行,亦应当及时上报,避免承担更为严重的行政乃至刑事责任。

110. 我们在实践中遇到一个案例:某市文体中心工程项目以工程总承包方式发包。总承包单位在结算期间宣布破产,则总包与分包单位应如何与甲方进行结算?全过程咨询单位应如何操控?

答:破产程序是具有一套独立的、完整体系的法律程序,全过程咨询单位应依法操作。这个问题问得有点大,不可能详细解释,只能就全过程咨询单位在破产程序中应当注意的几个重要问题进行梳理。

1. 合同具有相对性,结算仅能是建设单位与总承包单位之间进行,分包单位无权向建设单位提出结算。

合同具有相对性,工程总承包合同的合同相对方是建设单位与总承包单位,因此工程结算当然由建设单位与总承包单位之间进行，分包单位无权进行工程结算，分包单位仅能要求同总包单位结算，总包、分包单位之间的结算不属于全过程咨询单位的服务范围，全过程咨询单位也无须处理分包单位的结算请求。

2. 全过程咨询单位应当及时提醒建设单位与总承包单位的破产管理人明确，是否继续履行合同；双方决定继续履行合同的，应当要求破产管理人提供足额担保。

《企业破产法》第18条规定："人民法院受理破产申请后，管理人对破产申请受理前成立而债务人和对方当事人均未履行完毕的合同有权决定解除或者继续履行，并通知对方当事人。管理人自破产申请受理之日起二个月内未通知对方当事人，或者自收到对方当事人催告之日起三十日内未答复的，视为解除合同。管理人决定继续履行合同的，对方当事人应当履行；但是，对方当事人有权要求管理人提供担保。管理人不提供担保的，视为解除合同。"

这个是不熟悉破产程序的咨询单位极容易忽视的问题。总承包单位破产并不意味着合同必然无法履行或必然解除，即使总承包单位公司已经破产，破产管理人依然可以主张继续履行合同，工程建设全过程咨询单位应当配合建设单位对总承包单位继续履约的能力及继续履约的风险、收益进行全面的评估，并基于评估结果要求破产管理人提供足额担保后继续履行合同。

3. 如果建设单位、破产管理人不愿意继续履行合同或破产管理人无法提供足额担保的，那么应当及时提出合同解除。

全过程咨询单位应当做好已完工程界面划分、验收、退场、结算的相应工作，并应及时选定新的总承包单位；如果条件允许，已完工程界面划分及验收可以要求新的总承包单位共同进行并共同签署相关补充协议。

合同解除之后，全过程咨询单位应当：(1)及时组织建设单位、总包单位对总承包单位已完工程部分进行界面划分，明确已完工程范围；(2)对已完工程进行质量验收，明确工程质量；(3)要求总承包单位移交工程资料，并完成退场；(4)基于已完工程范围、质量、总包资料及全过程咨询单位咨询过程中形成的工程资料完成工程价款的结算；(5)及时协同建设单位选定新的总承包单位完成后续工作。

需注意的是，此种情形下，建设单位与新的总承包单位往往容易对已完工程范围及已完工程质量产生争议，因此如果条件允许，已完工程界面划分及质量验收的程序可以要求新的总承包单位共同进行，并对划分结果及质量结果共同签订确认协议,避免后期双方再起争议。

4. 原总承包单位履行工程质保及保修义务可能也遇到复杂情况,在这种情形下,总承包单位的相应义务可以折价抵扣,并及时就相应的工程质保及保修义务与新的总承包单位达成补充协议。

破产情况下的建设工程施工合同解除与一般情况下的建设工程施工合同解除的区别之一是由于工程总承包单位的主体灭失,工程质保及保修义务不再可能通过任何方式继续履行,因此工程质保及保修义务的对价应当在结算款项中予以相应扣除。

建设工程的使用年限往往高达数十年,工程质保及保修是工程必须的内容,即使由于原承包单位破产,该项义务也应当通过其他方式保留。工程全过程咨询单位应当建议建设单位与新的总承包单位达成补充协议,约定由新的总承包单位承担工程质保及保修的义务,当然,这个义务的承担应当给予相应的对价补偿。

5. 工程结算款不能支付给原总承包单位,应当支付给破产管理人。

《企业破产法》第 17 条规定:"人民法院受理破产申请后,债务人的债务人或者财产持有人应当向管理人清偿债务或者交付财产。债务人的债务人或者财产持有人故意违反前款规定向债务人清偿债务或者交付财产,使债权人受到损失的,不免除其清偿债务或者交付财产的义务。"第 25 条规定:"管理人履行下列职责:(一)接管债务人的财产、印章和账簿、文书等资料;(二)调查债务人财产状况,制作财产状况报告;(三)决定债务人的内部管理事务;(四)决定债务人的日常开支和其他必要开支;(五)在第一次债权人会议召开之前,决定继续或者停止债务人的营业;(六)管理和处分债务人的财产;(七)代表债务人参加诉讼、仲裁或者其他法律程序;(八)提议召开债权人会议;(九)人民法院认为管理人应当履行的其他职责。本法对管理人的职责另有规定的,适用其规定。"

根据上述规定,企业破产之后,破产管理人代表企业处理破产过程中的一切事项,破产管理人是企业破产过程中的代表人,但企业和破产管理人并非同一主体,两者不能等同,破产过程中所有的债权债务关系均应由破产管理人进行处分,企业本身不再具有处分权。因此,当工程全过程咨询单位协同建设单位完成工程结算义务后,应当注意相关价款应当交付给破产管理人,而非原总承包企业,否则可能构成无效给付而产生损失。

111. 我是一家工程造价咨询公司的负责人，我司有志于进入全过程工程咨询的市场。由于公司只有造价方面的资质，请问我们是否可以和具有其他资质的企业组成联合体进行投标？组成联合体时需要注意哪些法律风险呢？

答：您问的问题很有现实性，也很有针对性。目前从事工程咨询服务各阶段工作的大部分市场主体仍然处于只具备单项或者少数几项资质的状态，相应能提供的服务种类也就是单个或者少数几个，这种情况主要是由之前整个工程咨询行业的业态所决定的。在参与全过程工程咨询招投标的时候，很多企业也就面临着不能“一家包办”的问题，因为相应的资质本来就不能覆盖全过程的服务内容。

对此，国家相关管理部门在对全过程工程咨询进行实践和推广的过程中已经进行了有针对性的考虑。住建部《关于推进全过程工程咨询服务发展的指导意见（征求意见稿）》（建市监函〔2018〕9 号）第 5 款【建立全过程工程咨询管理机制】第 1 项【全过程工程咨询服务的组织模式】指出：“全过程工程咨询服务可由一家具有综合能力的工程咨询企业实施，或可由多家具有不同专业特长的工程咨询企业联合实施，也可以根据建设单位的需求，依据全过程工程咨询企业自身的条件和能力，为工程建设全过程中的几个阶段提供不同层面的组织、管理、经济和技术服务。由多家工程咨询企业联合实施全过程工程咨询的，应明确牵头单位，并明确各单位的权利、义务和责任。”《工程咨询指导意见》在第 2 点【以投资决策综合性咨询促进投资决策科学化】和第 3 点【以全过程咨询推动完善工程建设组织模式】中也分别明确了“投资决策综合性咨询服务可由工程咨询单位采取市场合作、委托专业服务等方式牵头提供，或由其会同具备相应资格的服务机构联合提供”和“工程建设全过程咨询服务应当由一家具有综合能力的咨询单位实施，也可由多家具有招标代理、勘察、设计、监理、造价、项目管理等不同能力的咨询单位联合实施”。因此，我们的企业如果仅具备单项或者少数几项资质，又想参与到全过程工程咨询市场的竞争，与其他单位组成联合体是一个可行的路径。

以下重点讲述对于全过程工程咨询领域的联合体风险防范。联合体，顾名思义，它本身就是一个并未组成独立法人的合伙型组织，而法律意义上的合伙型组织各成员之间需要共同出资、共同经营、共享收益、共担风险，并对合伙债务承担无限连带责任。这是我们讨论联合体风险的前提，也是我们企业在组成联合体承揽项目和履行合同中要时时刻刻放在心上的。我记得在讨论工程总承包相关问题时，曾经回答过关于联合体的问题。至于实践中关于全过程咨询的联合体的具体法律风险及防范，我认为企业应主要关注以下情况：

第一，主体资格法律风险及防范。

联合体的组成，必须达到法定资质要求以及建设单位的专门要求，如果有任何一家单位的资质不符合要求，都有可能引起投标无效、承担违约责任、工程质量赔偿责任等风险。所以，当工程咨询企业选择联合体投标的方式来参与全过程工程咨询业务竞争时，应采取相应的措施防范风险：一是了解项目的具体要求，包括技术要求、人员要求、设备要求、资金要求、资质要求等；二是严格审查合作方资质是否达到了法定最低要求、是否能满足建设单位的专门要求。

第二，外部法律风险及防范。

连带责任是法律规定的联合体对外承担责任的方式。联合体成员就整个工程对业主负责，同时，也要对每个成员因完成该项目对外签订的合同承担连带责任。简而概之，就是因他方的过错而增加了己方要承担的责任和风险。防范连带责任风险的主要措施为：一是选择有履约能力、经济能力以及信誉较好的单位作为合作伙伴；二是要在联合体协议中明确内部责任划分，当联合体某一方因其他方的原因对外承担责任后，有权向其他方追偿。

第三，内部法律风险及防范。

联合体协议是项目正常运作的基础，也是联合体内部责任划分的依据，在联合体协议中各方要明确各自的权利义务，对履约过程中内部可能产生的具体问题如何处理进行明确：一是牵头单位对外的行为，哪些对联合体是有效的，哪些是无效的，应予以明确；二是牵头单位对成员方有管理和组织的权利，也承担相应的义务，那么如果因成员方的问题出现安全、质量、工期等问题的时候，管理责任的比例是多少，应约定范围，以规避牵头单位承担过大管理责任的风险；三是在履约过程中，因成员方的过错有可能给其他成员方造成损失，这种情况的责任承担应尽量在协议中细化，约定可以预见的情况，并明确损害责任；四是牵头单位可向联合体各方转移风险，在联合体协议中，可要求各成员方按比例提供履约保函、质保金、其他保留金等，通过增加违约成本来限制各方的行为，降低违约的风险；五是联合体各方是合作关系，工作当中相互交叉，有机会接触到其他方的新技术、新工艺以及商业秘密，存在泄露的风险，各方可签订保密协议书，对各方应当保守的秘密范围和资料、具体保密责任作明确的约定，对于属于己方的新技术、新工艺以及商业秘密也应采取必要的保护措施。

综上，基于我国工程咨询行业发展的现实情况，再加上业主方对工程咨询企业的资质、技术、经济能力要求越来越高，这也就意味着在未来的一段时间，联合体方式将会在全过程工程咨询模式中被广泛采用。只有了解联合体各方的权利、义务和责任，才能更好地防范这种方式下的风险，通过强强联合和专业合作，发挥更大的综合优势。

112. 我们公司也计划向全过程工程咨询领域发展，请问如果我们公司中标了一个项目，作为全过程咨询人是不是可以把相关的专业业务分包出去？

答：您问的问题很有意思，对于全过程工程咨询模式中咨询人能否把承揽到的业务分包出去，需要进行仔细分析。我们首先需要明确一个问题：哪些工作或者业务可以进行分包。

对此，目前相关法律有一些规定。例如，《招标投标法》第 30 条规定："投标人根据招标文件载明的项目实际情况，拟在中标后将中标项目的部分非主体、非关键性工作进行分包的，应当在投标文件中载明。"第 48 条第 2 款规定："中标人按照合同约定或者经招标人同意，可以将中标项目的部分非主体、非关键性工作分包给他人完成。接受分包的人应当具备相应的资格条件，并不得再次分包。"第 58 条规定："中标人将中标项目转让给他人的，将中标项目肢解后分别转让给他人的，违反本法规定将中标项目的部分主体、关键性工作分包给他人的，或者分包人再次分包的，转让、分包无效，处转让、分包项目金额千分之五以上千分之十以下的罚款；有违法所得的，并处没收违法所得；可以责令停业整顿；情节严重的，由工商行政管理机关吊销营业执照。”

上述三条规定中,无论是哪一条,都将分包与非主体、非关键性工作相对应。具体到房屋建筑施工中,就是地基基础和主体结构作为主体和关键性工作,须由中标单位自行完成,而供热、供冷、电气管线、及排水管道等则属于非主体、非关键性工作,中标单位在取得建设单位同意后可以进行分包。但是在全过程工程咨询模式中,发包人一般会将勘察、设计、监理、工程管理、造价咨询等“打包”后进行招标,这种情况下,就不适合把这些工作仅仅分成哪些是主体和关键性的,哪些是非主体和非关键性的来考量,因为这些相关工作都是全过程工程咨询当中不能缺少的工作组成部分。既然不能分出主次,那也就不能用分包来进行规制,对此全过程工程咨询采用了转委托的方式。

所谓转委托,是指受托人把本应由自己亲自处理的委托事务交给他人代为处理的行为。转委托的要件主要包括三点:1. 必须是为了被代理人的利益需要;2. 复代理人的代理权不能超过原代理人的代理权;3. 转委托应事先取得被代理人的同意或者事后由被代理人追认。结合转委托的概念和要件,《工程咨询指导意见》在第3点【以全过程咨询推动完善工程建设组织模式】第3款规定:“……全过程咨询服务单位应当自行完成自有资质证书许可范围内的业务,在保证整个工程项目完整性的前提下,按照合同约定或经建设单位同意,可将自有资质证书许可范围外的咨询业务依法依规择优委托给具有相应资质或能力的单位,全过程咨询服务单位应对被委托单位的委托业务负总责……”该条规定主要有以下三层意思:

第一,对于全过程工程咨询业务,工程咨询企业应当自行完成自有资质证书许可范围内的业务,也就是自有资质证书许可范围内的业务不得转委托给其他企业完成。

第二,在保证整个工程项目完整性的前提下,按照合同约定或经建设单位同意,工程咨询企业可以将约定的部分咨询业务择优转委托给具有相应资质或能力的企业,且转委托不能规避国家有关招投标的强制性规定。

第三,就转委托的业务,转委托和受委托的企业向建设单位承担连带责任。

对应的,住建部下发的《建设工程咨询服务合同示范文本(征求意见稿)》也是采用了转委托而不是分包的概念,其通用条件部分第37.3款约定:“没有客户的书面同意,工程咨询方不得开始实施、更改或终止履行全部或部分服务的任何转委托合同。”第40.2款约定:“工程咨询方及其转委托服务方应被视为其各自服务产品的作者和所有者,并拥有各项法定权利,包括版权。为满足官方监管要求或与项目相关的相似目的而提交或分发服务产品并不减少工程咨询方保留权利。”

所以说,作为全过程工程咨询项目的咨询人,在不违背法律法规强制性规定并取得建设单位同意的前提下,是可以将不在自身资质范围内的业务转委托,而不是您在问题中提的分包。转委托后,咨询人将就转委托的委托业务向建设单位承担连带责任。

113. 我还有一个问题,全过程工程咨询模式既然允许转委托,由于咨询的阶段和任务较多,相应地,可能有较多数量的转委托方,对于这些转委托方应当如何进行法律风险方面的管控?

答:这是一个很重要的问题。在全过程工程咨询模式中,工程咨询企业根据建设单位的要求,需提供项目建设可行性研究、项目实施总体策划、工程规划、工程勘察与设计、项目管理、工程监理、造价咨询及项目运行维护管理等方方面面的服务内容。以目前的市场情况来看,很少有企业具备如此全面的各类型资质,因此,采用联合体或者转委托的方式应该是将来一段时间内较为通行的方式。就转委托方式而言,咨询企业到底如何防范转委托的法律风险肯定是大家都比较关心的一个问题,毕竟是要负连带责任的。对此,我个人认为除了常规的法律风险管控,企业还应根据全过程工程咨询本身的特点,对以下方面予以高度重视:

第一是要加强对各工作环节的衔接管理。

全过程工程咨询的工作阶段可以说是覆盖了整个工程项目的全过程,但是具体到每个工作环节却都是有时间起止点的。比如,项目建设可行性研究就在整个项目周期的最前段,勘察工作在对应的设计工作之前,监理工作与施工同步,等等。由于各个工作环节之间环环相扣,而且在同一个时间段内咨询企业可能要同时开展多个工作环节,因此衔接工作就显得特别重要。因此,咨询人在转委托时一定要在转委托协议中明确服务的开始和完成、服务进度计划、服务进度延误、服务暂停等条款，并且约定相应的违约责任或处罚措施，避免因为各项工作的衔接不到位导致“一步慢，步步慢”，最终导致项目不能如期完成。

第二是对服务成果的要求进行明确的约定。

服务成果是转委托方是否依法依约完成工作的最主要依据，咨询人在转委托时有必要在协议中对服务成果的相关要求进行详尽的约定，具体包括咨询服务转委托的法律与合同依据；服务成果的内容和要求；服务成果应符合的法律、技术标准、现行规范的强制性规定及合同约定；服务成果的交付及审查等。其中最关键的是服务成果的审查，由于咨询人和转委托方一般在资质方面并不重合，咨询人可能对服务成果所涉及的专业知识和实际情况并不完全了解，因此，为了确保服务成果的质量，可以聘请专家并要求需要直接利用服务成果的其他转委托方共同对服务成果进行审查，尽可能避免风险。

第三是强化对服务变更情况的应对处理。

工程建设是一个动态的过程，没有发生过变更事项的项目是少之又少的，对于全过程工程咨询服务也同样如此。变更不仅会对咨询人向建设单位提供服务产生影响，也会对转委托方提供服务产生影响。在实践当中，由于服务种类较多、费用较高，咨询人和建设单位之间的咨询合同对变更往往有较为详尽的约定，但是咨询人和转委托方之间的合同却相对简单，最终常造成争议纠纷，给咨询人带来很大困扰，这种情况是可以避免的。企业在拟制转委托协议时，不能只关注变更本身，更要对由于变更引起的服务费用和进度变化进行相应的约定，从而达到通过合同条款促进履约、避免争议的目的。

综上，全过程工程咨询模式中，咨询人的工作千头万绪，法律风险的防控除了常规工作外，还要根据全过程工程咨询的特点抓住重点，这样才能避免争议纠纷的产生和自身权益的流失。

114. 在全过程工程咨询合同履约过程中，如果甲方提出了违法违规的要求，甚至直接向转委托方提出要求，我们作为咨询人应该怎么办？

答：在全过程工程咨询模式中，理想的状态应该是各个转委托方分别对咨询人负责,咨询人对建设单位负总责,建设单位只要抓住咨询人就可以了。但现实情况往往是十分复杂的,有的建设单位虽然专业技术力量缺乏、管理观念滞后,却在项目实施过程中利用自身作为甲方的强势地位直接提出违法违规的要求,最终引发争议纠纷甚至酿成安全质量事故。一旦真的出了事故,承担责任的不仅仅是建设单位,咨询人及转委托方同样需要各负其责。因此,咨询人应增强风险意识,该说“不”时就要说“不”。

如果建设单位强势地介入到转委托服务的具体事务中,提出不专业的要求,无论是咨询人还是转委托方都将面临左右为难的窘境。建设单位绕过咨询人直接对各阶段工作提出要求,对于咨询人而言,很难做到寸步不让地据理力争,毕竟有求于人的情况还很多,但是出了问题,自己作为咨询人又是第一位需要承担责任的主体,于是“应该怎么负责”就变成了难题。对于转委托方而言,建设单位提出要求,咨询人也相应地提出了实现要求的措施,到底应该听谁的?“应该向谁负责”又成了转委托方的难题。针对现实中很有可能出现的上述情况,工程咨询企业可以从以下几点进行防范:

第一,从合同拟制角度来看,需要明确各方的权利、义务和责任边界。

当前,全过程工程咨询的发展还处于起步的阶段,对于很多单位特别是建设单位还属于新鲜事物,大家对自己的权利、义务和责任边界还不甚了解,这就使合同相关条款的拟制显得特别重要。对此,各地在推行全过程工程咨询模式时已经进行了探索。湖南省《全过程工程咨询合同文件试行文本》通用合同条款第2.3.1项约定:“发包人在法律允许的范围内有权对咨询人的全过程工程咨询服务活动实施监督和检查,并有权制定和调整全过程工程咨询服务的有关管理制度和办法,以规范全过程工程咨询服务活动。”该条强调了发包人要在法律允许的范围内进行管理活动。《全过程工程咨询服务合同(衢州范本)》通用条款第3.7款约定:“委托人应当将授予全过程工程咨询人的管理权利,以及全过程工程咨询机构主要成员的职能分工、管理权限及时书面通知各参建单位。”通过授予管理权利、发出通知到各单位的形式明确了建设单位和咨询人的权限划分。对于以上条款,我们的工程咨询企业在拟制合同条款时都可以进行参考。

第二,从合同履行角度讲,咨询人要加强与各方在工作过程中的沟通。

在合同拟制阶段明确了各方权利、义务和责任的边界后,接下来就是合同履行阶段,真正可能出问题的主要也就是这一阶段。为了能够减少相关争议纠纷的产生,咨询人还需要加强与各方在工作过程中的沟通。大家在讲到沟通的时候可能每个企业或者每个管理人员都有自己的理解,都有自己的方式。但是从法律风险防控的角度来看,真正有效的沟通不是口头的,而应当采取书面的形式,包括单据、公函、会议纪要、电子邮件等。尤其是在建设单位提出违法违规要求的时候,如果是以口头通知的,企业切忌口头交涉甚至直接执行,而是应当采用书面的形式保有痕迹。

第三,必要时咨询人可就相关问题的处理提请专家评估或专家论证。

如果建设单位提出了违法违规的要求并且坚持要求执行,我们作为咨询人也要尽量使双方的关系与合同的履行不陷入僵局,必要时可就相关问题要求进行专家评估或专家论证,以第三方的专业意见来拒绝或者修正建设单位的违法违规要求。作为业内人士,大家肯定对 2010 年发生的上海市静安区“11 · 15”胶州路高层住宅大火并不陌生。事故发生后,上海市人民政府印发关于《进一步规范本市建筑市场加强建设工程质量安全管理若干意见》(沪府发〔2011〕1 号),该意见提出了“建设单位要组织有关单位对工程建设过程中可能存在的质量安全重大风险进行全面评估,并将评估结论作为确定设计和施工方案的重要依据”“建设单位应当根据实际情况对工程充分评估、论证,科学确定合理的施工工期”等要求。企业可以结合这些规定,对于合同履行过程中建设单位提出的不专业要求,提请第三方专家进行评估或论证,从而保证工作质量和自身权益。

综上,全过程工程咨询对于很多建设单位和咨询企业而言都是新鲜事物,在实务当中也确实有需要进行探索和磨合的事项。咨询企业在合同拟制阶段明确权利、义务和责任的条款,在合同履行阶段加强沟通、保留书面证据材料,就可以比较好地规制建设单位可能提出的违法违规要求。

115. 现在工程行业里边拖欠款项的现象还是存在的,对于我们咨询单位来说自然是“防患于未然”最好,那么我们拟制合同时对于费用支付的约定有什么需要注意的?

答:这也是一个很好的问题,因为全过程工程咨询涵盖到的服务种类很多,各服务种类之间的特点不尽相同,有时候还有很大的差别,这种差别也体现在费用支付方面的合同条款中。在回答您的问题之前,其实我已经做过了功课,全过程工程咨询各项服务的支付条款基本上可以分为两类:

一类是勘察设计类。勘察设计类合同的费用计取方式与施工合同类似,常采用固定总价或者固定单价,费用支付也是相似的,一般是将费用支付分为实施前、实施中和实施后三个阶段。以《建设工程设计合同示范文本(房屋建筑工程)》(GF－2015－0209)为例,其通用合同条款第10.3.1项约定:"定金的比例不应超过合同总价款的20%。预付款的比例由发包人与设计人协商确定,一般不低于合同总价款的20%。"

第10.4.1项约定:"发包人应当按照专用合同条款附件6约定的付款条件及时向设计人支付进度款。"

第10.5.1项约定:"对于采取固定总价形式的合同,发包人应当按照专用合同条款附件6的约定及时支付尾款。"

第10.5.2项约定:"对于采取固定单价形式的合同,发包人与设计人应当按照专用合同条款附件6约定的结算方式及时结清工程设计费,并将结清未支付的款项一次性支付给设计人。"

以上就是勘察设计类服务费用支付的一个基本流程。

另一类是咨询监理类。咨询监理类的费用支付则与勘察设计类不同。《建设工程监理合同(示范文本)(GF－2012－0202)》将支付酬金分为正常工作酬金、附加工作酬金、合理化建议奖励金额及费用,费用支付采用依申请支付方式。通用条件第5.2款约定:"监理人应在本合同约定的每次应付款时间的7天前,向委托人提交支付申请书。支付申请书应当说明当期应付款总额,并列出当期应支付的款项及其金额。"

《建设工程造价咨询合同(示范文本)(GF－2015－0212)》同样将支付酬金分为正常工作酬金、附加工作酬金、合理化建议奖励金额及费用,费用支付也采用依申请支付方式,通用条件第5.2款约定:"咨询人应在本合同约定的每次应付款日期前,向委托人提交支付申请书,支付申请书的提交日期由双方在专用条件中约定。支付申请书应当说明当期应付款总额,并列出当期应支付的款项及其金额。"细心的读者会发现,监理和造价咨询的费用支付条款非常相似,连具体的条款编号都一样。

由于全过程工程咨询涵盖不同的服务种类,因此在拟制费用支付条款时要结合项目的实际情况进行考虑,从有利于咨询人的角度来看,当然最好是采取咨询监理类的费用计取方式,支付酬金包括正常工作酬金、附加工作酬金、合理化建议奖励金额及费用,同时还能采用勘察设计类的费用支付方式,咨询单位在实施前、实施后都能获得酬金。不过这是一个理想的状态,实践中还是要和建设单位进行协商,争取能够获得最大的共识。至于费用支付条款的细节,咨询企业应关注以下三点:

第一,关于费用逾期支付的约定。

对此,《建设工程监理合同(示范文本)》(GF-2012-0202)通用条件第4.2.3项约定:"委托人未能按期支付酬金超过28天,应按专用条件约定支付逾期付款利息。"

《建设工程造价咨询合同(示范文本)》(GF-2015-0212)第4.1.3项约定:"委托人未能按期支付酬金超过14天,应按下列方法计算并支付逾期付款利息。逾期付款利息=当期应付款总额×中国人民银行发布的同期贷款基准利率×逾期支付天数(自逾期之日起计算)。双方也可在专用条件中另行约定逾期付款利息的计算及支付方法。"

归纳这两条可以发现,延迟支付约定的关键在于延迟多少天数开始计算逾期利息、逾期利息的计算方式以及计算方法。

第二,关于费用争议部分的约定。

履约过程出现争议是很常见的,争议涉及费用支付的可能性也很高,各合同示范文本也都有相应的条款。相比较而言,勘察设计类的合同示范文本对此约定得更为详尽,通用合同条款包括了和解、调解、争议评审、仲裁或诉讼、争议解决条款效力等。而咨询监理类的合同示范文本规制较为简略,《建设工程监理合同(示范文本)》(GF-2012-0202)仅有协商、调解、仲裁或诉讼三项。具体的合同拟制中都可以结合项目具体情况参考在专用合同条款中进行更加详尽的约定。

第三,关于合同解除后费用计算的约定。

全过程工程咨询合同解除后,服务费用如何计算是一个对咨询人很重要的问题。虽然合同解除的情况较少发生,但是从风险防控的角度来看我们不能不详细考虑。特别是在建设单位违约的情况下,咨询企业应尽量约定有利于己方的条款。我们可以来看一下《建设工程设计合同示范文本(房屋建筑工程)》

(GF－2015－0209)的对应条款,其通用合同条款第14.1.1项约定:“合同生效后,发包人因非设计人原因要求终止或解除合同,设计人未开始设计工作的,不退还发包人已付的定金或发包人按照专用合同条款的约定向设计人支付违约金;已开始设计工作的,发包人应按照设计人已完成的实际工作量计算设计费,完成工作量不足一半时,按该阶段设计费的一半支付设计费;超过一半时,按该阶段设计费的全部支付设计费。”这显然对咨询人非常有利,我们可以加以引用。

费用支付是关系到各方核心权益的条款,由于全过程工程咨询模式还在探索的实践过程中,企业在合同条款洽商和拟制的过程中可以先对相关的合同示范文本加以了解,熟悉服务项目的行业习惯,从而做到心中有数。

116. 关于凡是以工程总承包模式发包工程项目的,都应该适用全过程咨询方式的服务的理解有误吗?如果有误或者不准确,请问哪些项目适用全过程工程咨询服务?

答:这个问题提得非常好,说明提问的同志很冷静,在国家全面推进全过程工程咨询的浪潮中依然能保持独立思考,非常可贵。全过程工程咨询作为工程项目组织实施领域的新兴事物,有其发生和存在的合理性和必然性。但是你的理解不够准确,全过程工程咨询作为一种比较重要的商业服务模式,并不适合所有的工程总承包项目,也不可能适用于所有的项目,且目前我国也没有那么多能够提供全过程咨询的企业。我认为现阶段比较明确的适用全过程工程咨询的项目主要是:

1. 政府投资项目和国有资金占控股或者主导地位的项目适用工程全过程咨询。

国务院办公厅《关于促进建筑业持续健康发展的若干意见》(国办发〔2017〕19号)第3条第3款提出:“政府投资工程应带头推行全过程工程咨询,鼓励非政府投资工程委托全过程工程咨询服务。”

住建部《关于开展全过程工程咨询试点工作的通知》(建市〔2017〕101号)第3条第4款提出:“(四)确保项目落地。试点地区住房城乡建设主管部门要引导政府投资工程带头参加全过程工程咨询试点,鼓励非政府投资工程积极参与全过程工程咨询试点。同时，切实抓好试点项目的工作推进，落地一批具有影响力、有示范作用的试点项目。"

《工程咨询指导意见》第3条第2款指出："要充分发挥政府投资项目和国有企业投资项目的示范引领作用，引导一批有影响力、有示范作用的政府投资项目和国有企业投资项目带头推行工程建设全过程咨询。"

因此，政府投资项目和国有资金占控股或者主导地位的项目较为适用工程全过程咨询。

2. 工程总承包项目适用工程全过程咨询。

工程总承包模式推崇"小业主、大总包"，强调"专业的人做专业的事"，旨在通过专业的工程承包单位发挥自身专业优势，实现业主对项目功能、工期、造价的目标，减轻业主对项目的管理，加大工程总承包的项目管理责任和风险。

但对于业主单位而言，工程总承包也有两大难点：首先是工程总承包模式要求业主在发包时能够明确其建设范围、建设规模、建设标准、功能要求，如相关内容描述不清，则意味着工程总承包合同总价存在较大不确定性，建设单位在工程实施过程中不断变更或补充建设要求，不仅加大了对工程总承包单位管理的干涉，也极易产生价格和工期的不确定性，失去工程总承包这一模式的优势；其次是传统模式下，施工单位相对于业主就具有技术优势及对项目的管理优势，所以业主往往需要联合设计、监理、造价咨询等单位，联合管理、制约施工单位，但是在工程总承包模式下，工程总承包人的地位及对项目的掌控大大加强，且设计单位变成了工程总承包人的一部分，加剧了业主与工程总承包商之间的管理能力差距，容易出现"客大欺店"的现象，导致工程失控。

因此，在工程总承包模式下，业主单位需要全过程工程咨询所提供的覆盖项目投资决策、项目前期策划、前期咨询等明确工程前期条件的咨询服务，以及工程施工期间到竣工后运营阶段的全生命周期专业管理服务，有助于推进工程总承包模式的健康良性发展。

3. 专业技术性较强的项目适用工程全过程咨询。

业主单位可能具有一定的专业能力，但这种专业能力相较于专业的咨询机构显然是有差距的，尤其是在一些专业技术性较强的领域，例如：石油、化工、采矿、冶炼、码头等领域，业主单位的专业能力往往不足以应对项目需要，需要依赖咨询企业提供专业意见，确保项目的顺利实施。

例如，山西省人民政府《关于加快咨询业发展的实施意见》（晋政发〔2018〕20号）提出“按照高质量发展要求，根据我省产业发展的需要，围绕全省开发区建设，重点推进煤炭深加工、煤层气转化等高端项目，传统产业绿色改造项目，通用航空、新能源汽车等新兴产业项目建设，充分发挥工程咨询综合优势和专业特长，开展规划咨询、项目咨询、评估咨询和全过程咨询的工程咨询服务，积极开拓投资机会选择、项目策划、商业模式设计、组织及管理模式设计等服务新内容。”

4. 政府、事业单位等建设主体投资的非经营性项目。

国务院《关于投资体制改革的决定》（国发〔2004〕20 号）规定“对非经营性政府投资项目加快推行‘代建制’，即通过招标等方式，选择专业化的项目管理单位负责建设实施，严格控制项目投资、质量和工期，竣工验收后移交给使用单位”，由此政府投资的非经营性项目常以委托代建的形式实施，但“代建”这一模式在法律上存在诸多模糊地带，委托代建的法律性质不清晰、制度规则不健全、实务操作不统一；尤其是需要考虑到政府非经营项目的业主往往对工程一窍不通，如学校、医院、体育场馆、公园等，这些非经营项目的业主往往是完全不具备任何项目管理能力，加之工程建设本身的复杂性，非政府投资项目采用该模式以“强化管理、弱化风险”的初衷常难实现。随着全过程工程咨询这一模式的推行，政府、事业单位等不具备工程项目管理能力的建设主体，可通过全过程工程咨询的形式，委托专业的咨询机构，以获取专业咨询服务的方式强化项目管理能力、提高建设效率和保障工程质量安全。

上述四类是比较明确的推荐适用工程全过程咨询的项目类型，至于其他项目类型，应当结合项目实际因地制宜，结合项目特点评估是否需要采用工程全过程咨询，例如，万科、保利这些国内顶级开发商，其本身就具有专门的项目管理部门，且具有极强的全过程管理能力，这些项目就不太适合采用工程全过程咨询。因此，工程全过程咨询的适用，还是应当合理选用，而非盲目适用。

117. 我认为目前对全过程工程咨询企业的资质管理要求还是比较原则，要求并不明确。只规定咨询企业应具有设计、招投标、造价、监理等相应的资质，但只具备一项资质不等于能够提供全过程咨询服务。您认为全过程工程咨询企业应具备哪些能力和条件？

答：这个问题目前确实没有明确的答案。我只能说总体上，应当从以下几个方面考虑：

第一，涉及勘察、规划与设计、监理、造价咨询时应具备法律规定的相应资质。

全过程工程咨询的资质问题显然是需要最先考虑的问题，这个问题之前已经讲过，此处不再重复。

第二，全过程工程咨询企业应当具有相应的服务能力。

如果说"资质"是咨询企业承担相应业务的形式要件，那么具备相应的条件或者说服务能力，应为咨询企业承接全过程咨询服务的实质性要件，这是需要重点关注、考察的一项指标。

此处所说的服务能力通常包括以下三个方面的内容：

1. 具有与项目要求相匹配的人员。

全过程咨询是一种智力服务，相对于工程施工这种实际物质的建造工作，更强调以人为本，具有足够多的高水平工程师是工程全过程咨询的基石，否则智力服务没有了"智力"，显然是无法完成咨询服务的。

2. 具有与项目要求相匹配的组织机构。

如果说人员是零件，那么组织机构就是将零件组成汽车，只有具备与项目要求匹配的组织机构，才能令全过程咨询企业稳定奔跑。现代工程及商业模式的复杂性决定了不论个人的能力有多么突出，其均很难以个人能力独立完成工作，那么通过合理的组织机构设计完成工程师之间的衔接合作及项目之间的协调调配显然是现代商业模式的必然要求。

3. 具有与项目要求相匹配的财务管理能力。

全过程咨询的目的在于"碎片化"咨询的整合，工作内容的整合必然带来责任的整合，全过程咨询单位需要对其提供的所有服务承担运营管理成本以及过错赔偿义务，因此财务管理能力亦应当与服务项目规模相匹配。

第三，全过程工程咨询企业应当符合资信要求。

《工程咨询行业管理办法》（国家发展和改革委员会令第9号）第23条规定："工程咨询单位资信评价等级以一定时期内的合同业绩、守法信用记录和专业技术力量为主要指标，分为甲级和乙级两个级别，具体标准由国家发展改革委制定。"该条款确立了工程咨询行业的构建信用评价标准以及相应的信用管理制度。

全过程工程咨询提供的是无形的智力成果，相对于工程实体本身，更难量化，因此服务的质量，往往需要基于"口口相传"，即企业资信。从国际工程惯例中可见，国际工程招投标中往往将企业资信作为重要的招标条件，而且在履约保函、投保保函、保险投保的申请过程中，相关银行、财务公司、保险公司往往将企业资信作为厘定费率的重要指标，换言之，企业资信在国际工程中还直接影响工程成本，而这种情形就是国内工程咨询企业资信重要性的未来。事实上，目前国内市场也开始逐步提高企业资信要求，例如，广东省《建设项目全过程工程咨询服务指引（投资人版）》第4.1.6项规定："投资人不应选择近3年内存在下列情形的单位承担全过程工程咨询业务：1. 发生重大质量或安全责任事故的；2. 因串通投标、转包、以他人名义投标、挂靠、违法指定专业分包人等违法行为受到相关部门行政处罚的；3. 资质证书或安全生产许可证被暂扣或吊销的；4. 因侵犯知识产权构成犯罪或者因为侵犯知识产权受到两次以上行政处罚、拒不执行已经生效的知识产权司法裁判文书或者行政处理决定，以及其他侵犯知识产权造成重大社会影响情形的；5. 承接违法项目咨询的相关业务，受到行政处罚的；6. 无正当理由拒不履行合同，被投资人上报到建设行政主管部门的；7. 经政府纪委监察部门或司法机关认定行贿受贿的；8. 被建设行政主管部门列入建筑市场主体黑名单的。"

因此，工程咨询企业应当早作打算，从目前开始就应该积累企业资信，抢占未来市场。上述要求是工程咨询业企业从事全过程咨询的通用要求，但根据项目特点不同，每个项目有其独特的自身要求，业主及工程咨询业企业都必须慎重分析，选择适合自身的企业及项目。

118. 承接全过程工程咨询业务的企业，如果具有相应的资质和能力，能否同时承担同一项目的施工、材料设备供应业务？

答：这个问题没有明确答案，而且全过程咨询企业承担的业务范围和咨询服务各不相同，应该没有统一的答案。我倾向性地认为，一般而言，承接全过程工程咨询业务的企业不能同时承担同一项目的施工、材料设备供应业务，因为这两项业务本身属于咨询企业需提供咨询服务的范围，其中存在服务主体和利益冲突；但只提供项目前期服务且在建设单位公开了相关前期文件的前提下，可以有条件地承揽同一项目的施工、材料设备供应业务。具体来说：

第一，承接全过程咨询业务的企业不可承揽同一项目的施工。

《总承包管理办法》第3条规定："本办法所称工程总承包，是指承包单位按照与建设单位签订的合同，对工程设计、采购、施工或者设计、施工等阶段实行总承包，并对工程的质量、安全、工期和造价等全面负责的工程建设组织实施方式。"第11条规定："工程总承包单位不得是工程总承包项目的代建单位、项目管理单位、监理单位、造价咨询单位、招标代理单位。政府投资项目的项目建议书、可行性研究报告、初步设计文件编制单位及其评估单位，一般不得成为该项目的工程总承包单位。政府投资项目招标人公开已经完成的项目建议书、可行性研究报告、初步设计文件的，上述单位可以参与该工程总承包项目的投标，经依法评标、定标，成为工程总承包单位。"

参考上述规定，设计业务与施工业务共存于一家单位并无问题；承揽项目管理、监理、造价咨询及招标代理的工程咨询业务的工程咨询企业不得同时承揽施工业务。

第二，承接全过程工程咨询业务的企业不可承揽同一项目的材料设备供应业务。

关于材料设备供应业务的问题与施工业务的问题的答案及理由均几乎一致，即承揽了设计业务的全过程工程咨询业务的企业不得承揽同一项目的材料设备供应业务。

原因在于《建筑法》第57条规定："建筑设计单位对设计文件选用的建筑材

料、建筑构配件和设备，不得指定生产厂、供应商。”而一个承揽了设计业务的咨询单位如果继续承揽材料设备供应业务则事实上掌握了材料设备的指定权，违反《建筑法》的立法精神，因此予以禁止。

至于只承揽了项目建议书、可行性研究报告、初步设计文件编制等前期咨询服务的咨询单位是否可以承揽施工业务存在争议，对此，我倾向性地认为在该咨询单位公开前期文件的条件下，可以允许其承揽施工业务。

总之，对于承揽了建设阶段项目管理、监理、造价咨询及招标代理的工程咨询业务的工程咨询企业原则上不得同时承揽施工业务，也不得同时承揽材料设备供应业务；对于只承揽了投资阶段的项目建议书、可行性研究报告、初步设计文件编制的咨询单位，可以在公开前期文件的基础上承揽施工业务和材料设备供应业务。当然，对这个问题的有关规定并不明确，这只是我个人的意见。

119. 目前，根据国务院的“放管服”的改革精神，工程招投标的管理已出现松动和放开的趋势，那么对于必须招投标的建设项目，全过程咨询服务是否也必须招投标？

答：对于必须进行招投标的建设项目包含勘察、设计、监理的工作内容的全过程咨询，必须进行招投标；对于不包含这些工作内容的全过程咨询，可以直接委托，但还是应当进一步复核项目当地是否存在对全过程咨询招标的细化规定。

《招标投标法》第3条规定：“在中华人民共和国境内进行下列工程建设项目包括项目的勘察、设计、施工、监理以及与工程建设有关的重要设备、材料等的采购，必须进行招标……”

《招标投标法》的上述规定属于强制性规定，因此对于必须招投标的项目中包含勘察、设计、监理的工作内容的全过程咨询，依法应当进行招投标。当然，国家目前在强力推进“放管服”的政策方针，随着“放管服”政策的进一步推进，相关的招投标限制必然会越来越少，但在目前相关法律没有修改以前，还是应当遵守法律的规定。

另外，各地为了推进全过程咨询的发展，对于全过程咨询制定了比较宽松的地方性招投标规定，例如：

《四川省全过程工程咨询试点工作方案》规定："依法应当进行招标的项目，当实行全过程工程咨询服务管理时，只需对勘察设计、工程监理其中一项进行招标即可，其他咨询服务可直接委托给同一家咨询单位，无须再对其他咨询服务内容进行招标；对于不需要依法进行招标的社会投资项目可以直接委托实行全过程工程咨询服务管理。"

《湖南省全过程工程咨询试点工作方案》规定："政府投资或国有投资试点项目应按照《招标投标法》组织全过程工程咨询招投标，不需要进行招标的社会投资试点项目可直接委托全过程工程咨询服务。住房城乡建设主管部门、建设单位、招投标代理企业应简化招标前置条件，在项目立项时即可进行全过程咨询单位招标准备工作。对于已经公开招标委托单项工程咨询服务的项目，在具备条件的情况下，可以补充合同形式将其他工程咨询服务委托给同一企业，开展全过程工程咨询工作。"

吉林省住房和城乡建设厅《关于推进全过程工程咨询服务发展的指导意见》规定："依法应当招标的项目，可通过招标方式委托全过程工程咨询服务；委托内容不包括前期投资咨询的，可在项目立项后由项目法人通过招标方式委托全过程工程咨询服务。依法不需招标的项目，可以直接委托全过程工程咨询服务。"

《江苏省开展全过程工程咨询试点工作方案》规定："采用建筑师负责制的工程项目，监理、招标代理、造价咨询等技术服务可不另行招标。"

陕西省住房和城乡建设厅《关于开展全过程工程咨询试点的通知》规定："依法应当招标的项目，可在计划实施投资时通过招标或竞争性谈判的方式委托全过程工程咨询服务；委托内容不包括前期投资咨询的，可在项目立项后由项目法人通过招标方式委托全过程工程咨询服务。依法不需招标的项目可以直接委托全过程工程咨询服务。"

从上述可以查阅到的地方规定可以看到，很多地方制定了比较宽松招投标规定，需要招投标的全过程咨询服务项目进行招标之后，将其他阶段的咨询项目直接委托，以达到全过程咨询的效果，这种方式方法虽然有地方特色，但确实是在现行法律法规体系下有利于实现全过程咨询的有益探讨，值得大家重视。

120. 朱老师您好,您刚刚提到了必须招投标项目全过程咨询的问题。我突然想到,《工程咨询指导意见》中指出:"从投资决策、工程建设、运营等项目全生命周期角度,开展跨阶段咨询服务组合或同一阶段内不同类型咨询服务组合。"但必须招投标的项目,尤其是政府投资类的必须招投标的项目,是需要可研批复之后才可以进行勘察设计等建设阶段的咨询招标,那么这里的"跨阶段"要如何跨越?

答:能够提出这个问题,说明您对规定看得很仔细,问题本身也非常有趣。我认为需要从两个角度进行探讨。

第一,按照现行法律法规,决策阶段和建设阶段的咨询融合确实存在法律上的障碍,需要主管部门进一步研究衔接方案。

对于必须招投标的项目,按照现行《招标投标法》《政府投资条例》《政府采购法》等相关法律法规,确实如你所说,由于可研批复之后才可以招标勘察、设计、监理,因此在现行制度体系下,确实是做不到将必须招投标项目尤其是政府投资项目的投资决策阶段的工程咨询与工程实施阶段的工程咨询打包招标,做到从决策到实施的真正全过程咨询。

当然,实务中有另外一种情况——程序倒置,行业内也称之为"后补可研",也就是在某些项目中,业主是直接先招标勘察设计等咨询单位,先完成工程设计,然后根据已经完成的工程初步设计或施工图设计,再制作一份"可研"用以完成前期审批。这种做法一定程度上可以做到全过程咨询,但这种做法违反了现行法律法规,违反了国家对于工程建设的程序性规定,属于违法行为,存在大量法律风险,并不可取,更不推荐。

因此,总体而言,必须招投标项目实现跨阶段的工程咨询服务融合存在制度上的障碍,只能退而求其次地实现同一阶段内不同类型咨询服务组合,所以《工程咨询指导意见》在提出跨阶段组合之前,还有一句话:"在项目决策和建设实施两个阶段,着力破除制度性障碍……"这说明主管部门也意识到项目决策和建设实施的咨询融合是存在法规制度上的壁垒,这个壁垒需要结合工程全过程咨询的实际需要进行逐步的修改,难以一蹴而就。

第二，制度难题的破解需要基于市场的实际需要。

法学界上有句谚语："人们要做的不是创造法律，而是发现法律。"同样的，制度壁垒的突破并不是主管部门动动笔、修修文字就能解决的，而是要彻底解决跨阶段融合存在的实际问题，才能最终进行修改。

工程全过程咨询的跨阶段融合面临的第一个问题是道德风险。首先，我国咨询市场目前普遍来说，前期费用低，后期费用高，大多数咨询单位愿意介入前期咨询的原因就是为了后期服务的利润。这就带来跨阶段融合的一大问题，前期咨询的重点在于项目的可行性，那么如何防止全过程咨询单位为了后期利润而将一个不可行的业务论证为可行？其次，目前工程咨询的主流收费方式是按投资额比例收费，那么又如何避免全过程咨询单位虚增造价的道德风险？一个项目需要聘请全过程咨询单位，通常意味着业主方对这个项目缺乏技术管理能力，因此业主方也基本上无法对全过程咨询单位进行有效的审核制约，可能使工程决策陷于失控状态。因此，如果不解决上述问题，业主就难以对跨阶段的工程咨询产生信任，自然无法构建工程全过程跨阶段咨询服务的市场需求，工程全过程跨阶段咨询就难以发展。这个问题是工程全过程跨阶段咨询的根本矛盾，目前难以解决，可行的建议有采用增加前期费用比例、双院制审查、推进成本 + 酬金或按时计费等方式处理相关问题，但该问题属于实务中极难处理的问题，大家还是应当根据实际情况选用处理方式或开发新的处理方式。

工程全过程咨询的跨阶段融合面临的第二个问题是履约不确定性。就像刚才说的，一个项目在前期咨询阶段的核心是是否可行，一旦项目被定性为不可行，就不存在工程项目后期服务。那么除了刚才提到的道德风险之外，还存在合同约定的后期业务无法履行的法律问题。因此，业主单位在招标跨阶段全过程咨询服务时，应当在招标文件中设立附条件生效条款，即工程项目的后期咨询是基于项目可行，如果项目不可行，则合同自动解除。当然，在设定此类型条款时，应当考虑不可行情况下的咨询费用的适当补偿，否则就容易出现刚才所说的咨询单位可能强行作出"可行"结论的道德风险。

工程全过程咨询的跨阶段融合面临的第三个问题是人员专业水平及管理水平缺失的问题。任何一个商业模式的核心推动力都是市场需求，对于建筑市场而言，全过程咨询的核心推动力是业主的需求，业主单位对全过程咨询单位的需求总体来说，无非三种：(1)提供可行的工程设计；(2)提供准确的工程造价预算；(3)确保工程按原定的设计及预算落实，避免超出。仅就当前市场而言，业主的这三项需求分别对应现有的设计单位、造价单位及监理单位(或项目管理单位)，但目前国内的工程市场来说，极少有单位和人员同时具有这三项能力。换言之，即使通过联合体、行业整合等方式形式上整合了行业资源，但实质上短时间内项目实际承办人员也根本不具备全过程服务的能力，本质上依然是碎片化管理，并不能体现全过程咨询的价值，而一个模式无法提供相应的价值，就难以为市场所接受。

因此，跨阶段的全过程咨询存在的不仅仅是制度难题，还存在着制度背后现实的市场难题，所以本次《工程咨询指导意见》非常及时、明确地把建设项目的全过程工程咨询划分成互不统属、互不联系的两部分。即在投资决策阶段，推行投资决策综合性咨询，由发改委归口管理；在项目建设阶段，推行工程建设全过程咨询，由住建部归口管理。这种处理方式循序渐进，先培育分阶段的全过程工程咨询，待市场、人员、制度都具备跨阶段的条件时，才进一步推进“开展跨阶段咨询服务组合”。大家在进行全过程咨询时，一定要体会上述文件精神以及市场难题，量力而行，切忌盲目推进跨阶段的全过程咨询。

下篇

典型案例

综述:成败得失搜热点难点,典型案例析经验教训

作为一个从业三十余年的专业工程律师,我办过不少涉及工程总承包的案件,也为工程总承包项目提供过大量的法律服务。笔者一直认为,针对具体的案例来分析问题能够更加深刻,更加能够满足实际工作和学习的需要,所以在本书的下篇,我将把历年来所办理的工程总承包经典案例及法律问题分析和盘托出,与一直持续关注本系列文章的企业和业内外人士分享办案的心得体会。

精选的经典案例一共12个,通过"建纬律师"公众号从2019年10月7日开始,每周讲一个,一直讲到2019年年底,数字与本书中篇的120个问答也是相互呼应,具体包括:

1. "中国建筑业追欠索赔第一案"——北京新万寿宾馆设备采购—施工总承包即PC诉讼案;

2. 制作国内首例工程总承包(DB)合同——延安东路复线隧道项目——上海市政府和社会资本BOT投融资+EPC工程总承包模式的最早实践;

3. 因拖欠一个月进度款引发19项索赔、标的额为2800万美元的设备采购—施工总承包即PC涉外仲裁案;

4. 江苏常州某热电厂设计、建造与交钥匙即TK模式的工程总承包纠纷伦敦商会仲裁和解案;

5. 印尼某大型电厂TK模式的工程总承包施工分包纠纷调处案;

6. 一起把EPC工程总承包当作施工总承包审判的二审案;

7. 因利比亚战争引发海外EPC项目合作纠纷国内仲裁案;

8. 内蒙古某热电厂设备供应商牵头EPC抗震质量纠纷仲裁案;

9. 某油脂厂外企EPC工程总承包诉讼案;

10. 江西丰城电厂 EPC 项目“11 · 24”事故善后处理非诉讼服务；

11. 涉及真假工程总承包的某建设公司 EPC 纠纷仲裁案；

12. 为铁路项目工程总承包提供风险识别防范的专项服务。

这 12 个案例按照时间先后的顺序进行排列，每一篇有关案例分析的文章在微信公众号发表之后，都能得到读者的实时关注。令我感到非常欣慰和高兴的是，大家不仅仅对案例本身感兴趣，更喜欢案例之后我对错综复杂的法律问题的分析，这是对我多年来辛勤劳动成果的最大肯定。有不少读者问我：为什么会选取这 12 个案例来进行分析？这 12 个案例有什么经典之处？为了给大家一个完整、清晰的答案，我将通过本书第三部分的综述一一道来。

一、从时间跨度上来讲，涵盖了工程总承包模式在我国的尝试应用和大规模推广阶段

其实，工程总承包模式对于我国的建筑行业而言并非一个全新的或者完全陌生的概念，早在 1984 年，国务院就在《关于改革建筑业和基本建设管理体制若干问题的暂行规定》中指出要建立起工程总承包公司，但是由于计划经济的思维惯性仍然存在，这样的理念在较长的一段时间内并未得到广泛的实践。不过，既然要进行市场经济的改革，就要依照法律与合同办事，特别是境外客商对此尤其坚持。在案例部分一开始讲的新万寿宾馆项目和延安东路隧道复线 EPC 项目都是早期的涉外工程总承包项目，通过为这些项目提供法律服务，我也成为中国最早接触到工程总承包模式的专业律师，期间的工作也获得了社会各界的肯定。

第 1 个案例“‘中国建筑业追欠索赔第一案’——北京新万寿宾馆设备采购、施工总承包即 PC 诉讼案”，是我最早代理的工程总承包诉讼案件。由于外商投资的引入，我国建设领域开始出现国际通行的工程总承包模式，本案是总承包人采取设备采购和施工总承包即 PC 的交钥匙总承包模式，先后经过三年的反复协调无果，最后在北京市中级人民法院提起诉讼。我作为原告代理人不仅追回 2000 万元的工程欠款、签证增加款和索赔款，还使被告撤回反诉请求。当时的建设部有关领导评价：“不论是追回工程款和索赔款的数额，还是依法解决工程款的效果和影响，本案都堪称中国建筑业追欠索赔第一案。”我也从此开启了与工程总承包的不解之缘。

第2个案例"制作延安东路复线隧道工程总承包DB合同",是我第一次为工程总承包项目提供非诉讼法律服务。需要说明的是,近年来国内基础设施领域掀起PPP+EPC的热潮,其实早在25年前的1994年,上海市已开始探索政府和社会资本BOT投融资+EPC工程总承包的模式。建纬和我从1993年年底接受委托,负责起草制作上海延安东路隧道工程设计施工总承包合同,以此为契机,我开始接触到国际通行的FIDIC合同,深刻意识到了合同示范文本对于工程行业以及工程法律服务的重要作用。目前,我担任住建部"完善工程组织实施方式研究"课题组组长,负责起草建设工程总承包系列合同示范文本,这些都可以说是以制作延安东路复线隧道工程总承包DB合同为肇始的。

一项诉讼法律服务,一项非诉讼法律服务,打响了建纬和我在工程总承包领域的品牌。此后,又有很多的工程单位和总承包项目慕名来找我,也使我积累了大量的工程总承包实务经验。因此广大读者,特别是作为企业管理者的读者,通过我讲的案例能够对我国工程总承包模式的变化和发展过程有一个直观和全面的了解,这对确定今后企业参与工程总承包的发展方向将大有裨益。

二、从所接触到的当事人来讲,包括了国内外的建设单位、总承包商和分包商

工程总承包模式在国际上的应用是非常普遍的,这样一种主流的工程承揽方式在我国对外开放后,随着国外企业"走进来",我们的企业"走出去"参与国际竞争,都不可避免地"入乡随俗",打破国界。无论是哪种情况,企业都迫切地要深入了解工程总承包的相关知识,如果发生了偏差,伴随而来的就是争议纠纷。我所服务的当事人,不仅有国内的企业,还有多个国外的建设单位、总承包商和分包商。在上述12个案例中,就包括了北京新万寿宾馆设备采购、施工总承包即PC诉讼案,制作延安东路复线隧道工程总承包DB合同,设备采购、施工总承包即PC涉外仲裁案,印尼某大型电厂TK模式工程总承包施工分包纠纷调处案,因利比亚战争引发海外EPC项目合作纠纷国内仲裁案,某油脂厂外企EPC工程总承包诉讼案等,等于至少一半案件的当事人是具有涉外因素的。因此可以说,只要从事工程总承包法律服务,无论是诉讼业务还是非诉讼业务,都要做好涉外的心理准

备和业务准备。就我和国外企业的多年接触经历,有很多企业有着非常丰富的工程管理、法律维权和风险管控意识。例如,第 3 个案例中的法国某工程总承包商的项目合同履行过程控制的经验,就给中国律师和中国企业留下了深刻的印象。

第3 个案例"设备采购、施工总承包即 PC 涉外仲裁案"中,作为发包人的泰国某大型集团仅仅拖欠一个月进度款,作为总包人的法国著名承包商即正式通知发包人根据施工合同的约定解除合同,并提出了 3 个大部分、19 个具体索赔项目、总额 2543.03 万美元的索赔。法国承包商在很短的时间内如此完整、有力的举证令人十分惊讶,几乎做到了步步有资料,事事有证据,这在当时缺乏履约证据管理意识和履约管理能力的国内工程行业是十分罕见的。代理案件过程中,我在与对方律师团队的沟通中了解到,法国的这家承包商在每个项目的履约过程中都有派驻公司律师,合同履行过程中发生的任何签证和索赔事件,都有公司律师随时做好书面法律文件,法律意识、合约意识和证据意识都可称得上一流。

通过上述案件,我们可以观察国外企业是如何开展工程总承包项目建设的,是如何在现实项目中进行企业管理和风险防控的,其中哪些经验要学习,哪些错误要避免,都值得深入总结。"他山之石,可以攻玉",这些经验教训会使我们的企业、我们的管理人员以及我们的律师都迅速地成长起来。

三、从应用范围来讲,涉及房建、市政、铁路、能源、工业等各种常见类型的项目

工程总承包模式之所以在国外通行多年,并且能够在国内大力推广,很重要的一个原因就在于其应用范围的广阔、适用项目类型的繁多。以国内已有的工程总承包的部门级别的规范文件来看,包括了原铁道部发布的《铁路建设项目工程总承包办法》(铁建设〔2006〕221 号)、交通运输部发布的《公路工程设计施工总承包管理办法》以及住建部、国家发改委联合发布的《总承包管理办法》(建市规〔2019〕12 号),这么多部门发布专门针对工程总承包的规范,足见其应用广泛。从本书下篇的 12 个案例所涉工程项目类别分析,涉及房建、市政、铁路、能源、工业等各种常见类型的项目。但是,根据分析的需要,我所选取的案例是有所侧重的,细心的读者可以发现,12 个案例中有 4 个是有关电厂的项目,占总数的三分之

一,这4个案例分别是:

第4个案例“江苏常州某热电厂设计、建造与交钥匙即TK模式的工程总承包纠纷伦敦商会仲裁和解案”,该项目由美国某著名电力集团以BOT投融资模式组建项目公司在江苏省常州市投资建设某热电厂,经招投标后由我国某专业研究所中标担任总承包商。总承包商将汽轮机交由设备分包供应商东北某电站辅机厂加工、制造、安装。由于加工过程存在管理疏漏,经扣盖前检验,无论是汽轮机的设计、制造还是安装都存在质量瑕疵和缺陷,未能达到合同约定的预期设计要求,且造成整个工程工期严重延误,最终引发争议纠纷。

第5个案例“印尼某大型电厂TK模式的工程总承包施工分包纠纷调处案”,该项目首先由中国某进出口总公司作为总承包商与印度尼西亚国家电力局签订印尼北苏风港2×115兆瓦燃煤电站项目的工程总承包合同,合同签订后浙江某电建有限公司根据总承包商的招标文件参与了土建安装工程施工部分的投标报价并成为分包商。由于当地施工劳务成本偏高、材料价格上涨、汇率变化及地质条件恶劣等原因,土建安装部分造价远远高于总承包商与业主合同的约定,分包商垫付巨额费用且索赔困难,矛盾日积月累最终引发分包商向总承包商提起争议评审处理。

第8个案例“内蒙古某热电厂设备供应商牵头EPC抗震质量纠纷仲裁案”,我国北方某民营企业能源集团公司与国有某大型设备公司签订系争热电厂一期工程EPC交钥匙工程总承包合同,由设备供应商作为总承包商全面负责工程的设计、采购、施工、管理、质量监控等内容,承担全面责任。该项目从设计到施工,直至工程完工发包人投入使用,工程质量问题贯穿始终。其中最为严重的,是总承包商将整个工程的设计工作分包给不具备相应资质的单位,工程主体质量的抗震性指标从G3下降为G2,使建成的建筑物应抗8级地震、8度烈度降至只能抗6级地震、6度烈度,最终导致该工程因质量问题未获得建设主管质监部门的验收许可,从而导致发包方提请仲裁。

第10个案例“江西丰城电厂EPC项目‘11·24’事故善后处理非诉讼服务”,本案的情况相信不仅行业内的朋友很熟悉,很多行业外的读者也并不陌生。2016年11月24日早晨7时40分许,采取设计—采购—施工工程总承包即EPC方式发包的江西丰城发电厂三期扩建工程发生冷却塔施工钢平台整体坍塌的特别重大事故,造成73人死亡,直接经济损失10197.2万元。事故的直接原因是建设单位在“大干100天”口号指令下要求冷却塔施工工期缩短102天，施工分包单位河北某建筑公司施工现场管理混乱，未按要求制定拆模作业管理控制措施，对拆模工序管理失控，最终酿成惨祸。

之所以电厂的工程总承包项目会出现这么多的问题，归根结底是因为其本身的复杂性。电厂直接关系到工程所在地的经济社会发展，投资大、工期紧、社会关注度高，并且有着严格的国家标准和行业标准，除了传统的土建安装施工工作，还涉及十分复杂的设备设计、制造、安装、检测、试运行等工作。以火电厂为例，就包括了煤系统、水系统、灰系统、脱硫系统、脱硝（脱氮）系统、锅炉定排系统、锅炉吹灰系统、启动锅炉系统、热网等，其难度由此可见一斑。除了电厂，化工、水利等其他类型的大型基础设施也符合上述特征，很多工程也都是采用交钥匙的EPC模式，同样可能产生旷日持久的巨额纠纷争议。因此，我在12个案例中安排了4个电厂案例，发生问题的情况又完全不同，从而使读者能够对接触不多的大型基础设施工程总承包项目的法律服务和争议解决进行对比思考，有一个全面的了解。

四、从案例所包含的具体情况来讲，覆盖了设计、采购、施工、试运行等各阶段，造价、工期、质量、安全等各要素和特殊突发情况的处理

不同的单位、不同的管理人员对工程总承包模式常常有不同的理解，但是大家对于工程总承包模式的复杂性却有着相同的认识。对此，执业多年的我也是有着同样的感受。一个工程总承包的案子，历时常以年计，证据厚度则以米计，与一般的施工合同争议纠纷相比，其复杂程度完全不可同日而语。对于律师来讲，做工程总承包案件考验着自己的法律功底和专业素质；对于企业来讲，处理工程总承包纠纷考验着自身的管理能力和技术实力。为了使大家能够通过我的文章有所感、有所思、有所得，我所挑选的这12个案件都是较为复杂的案件，包含了工程总承包设计、采购、施工、试运行等各阶段和造价、工期、质量、安全等各要素，使大家能够通过一个案例就了解到多个法律问题，通过12个案例就能对工程总承包法律风险防控和争议纠纷解决有个全面的认识。12个案例中又以第7个案例“因利比亚战争引发海外EPC项目合作纠纷国内仲裁案”和第10个案例“江西丰城电厂EPC项目‘11·24’事故善后处理非诉讼服务”较为特殊，因为这两个案例都

出现了项目因为突发事件无法继续进行的情况。虽然这样的情况相对少见,却也是处理工程总承包复杂法律问题的“必修课”。

第7个案例“因利比亚战争引发海外EPC项目合作纠纷国内仲裁案”,某央企岩土公司作为总承包方与利比亚业主先后就位于利比亚的2000套住宅及配套服务设施工程和多个大学城项目相关工程签订了公共工程合同,合同均由业主以设计—采购—施工(EPC)工程总承包的利比亚模式发包建设。总承包方又与湖北某施工企业就这两个公共项目的EPC工程总承包合同签订合作协议,约定双方组成联合体进行合作。此后,利比亚局势动荡,法、英、美等多国部队发动对利比亚的空袭。战争导致我国在利比亚的全部工程项目因不可抗力无法继续开展,本案总分包双方也由此发生争议,最后通过仲裁解决。

第10个案例“江西丰城电厂EPC项目‘11·24’事故善后处理非诉讼服务”,江西丰城电厂EPC项目“11·24”事故发生后,建设单位面临项目无法继续开展的巨大难题,为此寻求建纬所的专业法律服务。接受委托后,我们深入事故现场踏勘,通过沟通、了解项目发包的招标、签约和合同履行的实际情况,审查了相关的各项文件,经过持续不断的努力工作,出具了7点法律意见,包括:(1)所涉复工问题相关的基础材料;(2)工程各方法律关系及重要事件时间节点;(3)关于本工程因审批手续不齐停建对复工影响;(4)原总承包单位继续履行《EPC总承包合同》存在的风险;(5)与原总承包单位解除合同的法律分析、风险和利弊分析;(6)合同解除后,新的工程总承包单位进场履约的方案设计;(7)关于已完工程结算、工程安全事故损失和停工损失处理的法律意见,专业的意见获得了委托人的高度评价。

在本篇综述中,第10个案例“江西丰城电厂EPC项目‘11·24’事故善后处理非诉讼服务”是唯一一个我提了两次的案例,这是因为“11·24”事故除了本身有很多经验教训值得我们在开展工程总承包项目时学习汲取,还直接暴露了当时我国工程总承包管理的深层次问题,促进了相关立法的加快和监管的升级,是我国工程总承包立法过程中的标志性事件。

五、从司法裁判和仲裁裁决的角度来讲,直指当前工程总承包纠纷案件的争议热点和处理难点

相较于施工合同争议,目前司法裁判机关和仲裁机构对于工程总承包合同争

议的处理还是比较陌生的,这从相关案件的数量也可以得出直观的印象,以中国裁判文书网裁判文书数据为例(截至2020年1月15日数据),施工合同裁判文书数量为2016年118,586件、2017年148,079件、2018年167,106件、2019年154,010件,工程总承包合同裁判文书数量为2016年7709件、2017年8928件、2018年8695件、2019年9460件。工程总承包模式大规模推广较晚,工程总承包项目标的较大、数量较少,种种原因导致一些司法裁判机关和仲裁机构的工作人员对于相关概念并不熟悉。特别是对于施工合同争议纠纷,最高人民法院已经出台了两部专门的司法解释,各地高级人民法院也有相应的专门规定,而针对房屋建筑和市政基础设施的《总承包管理办法》直到2020年3月1日才正式施行,这就形成了目前对什么是工程总承包都存在误区的现象,这个争议点在本书下篇的案例中也有体现。

第6个案例"一起把EPC工程总承包当作施工总承包审判的二审案",发包方某外资化学有限公司因需建设位于太仓港港口开发区一期多功能中试装置工程,与总承包方南京某建设有限公司签订工程总承包合同。后因总承包方要求发包方处理工程余款,发包方以工程未能通过政府相关部门的竣工验收为由拒绝支付,双方发生讼争,历经苏州市中级人民法院和江苏省高级人民法院,两审法院却均按施工总承包合同关系作出判决。

第11个案例"涉及真假工程总承包的某建设公司EPC纠纷仲裁案",案涉EPC工程发包方为某仓储公司,承包方为某建设公司。EPC合同适用的具体条款为1999版FIDIC红皮书《施工合同条件》,但在协议书部分的承包范围却描述为"设计、采购、施工总承包"。案涉工程竣工后在使用过程中,因工程质量瑕疵等矛盾争议,经协商无果后,发包方按合同约定向某仲裁委员会提起仲裁。发包方认为:EPC总承包方应当按照合同约定,就勘察、设计、采购、施工承担全部合同义务;承包方认为:双方按FIDIC红皮书签订的是施工总承包合同,承包方完全按照发包方标准要求施工,在有关勘察、设计工作实际均非承包方实施的情况下,不应由承包方承担质量瑕疵的责任。是否属于工程总承包成为本仲裁案最关键的争议焦点。

由以上案例可知,各方对于什么是工程总承包、工程总承包和施工总承包之间的区分尚存在争议。除此之外,在工程总承包案件裁处过程中,由于大量的专业问题需要通过鉴定来解决,耗费了大量的时间和资源,这也成为司法裁判机关和仲裁机构要面对的难点。

第9个案例“某油脂厂外企EPC工程总承包诉讼案”,在上海成立的某外资(上海)有限公司作为发包方,采用EPC模式与总承包方某外资工程建设(中国)有限公司签订了《项目总承包合同书》及包括设计、采购、施工等阶段在内的分项合同,将其所投资的位于上海市的某油脂厂项目建设工作全部发包给了总承包方。该项目的工程量大部分已经完成,项目所在区建设工程质量安全监督站在监管工作中发现总承包方存在超资质范围承揽工程的问题,发包方认为由于总承包方的过错导致合同无效并且无法继续建设,遂要求总承包方退场、赔偿相应损失,将总承包方诉至上海某中院。为解决上述争议焦点及问题,根据双方的申请,一审法院启动了5项鉴定,包括土建工程造价鉴定、土建工程质量鉴定、成套设备设计质量鉴定、成套设备施工质量鉴定、成套设备造价鉴定。案件受理4年多来,本案的司法鉴定仅有工程设计、土建工程造价和质量争议此3项司法鉴定由鉴定单位出具了鉴定意见,目前案件仍在一审审理中。

虽然我国工程总承包相关概念和理论的研究已经比较深入,但现实当中无论是合同双方当事人,还是司法机关、仲裁机构,仍然存在真假总承包这样的争议点和专业鉴定类型多、时间长、费用大这样的难点。为此,我在列举这些案例后进行了详细的分析,提供了可行的建议,以期为相关工作提供帮助。

六、从提升全面竞争力的方面来讲,努力推动企业加强全方位、成体系的工程总承包管理工作

自国家大力推广工程总承包模式以来,我国工程总承包企业的变化发展是有目共睹的。一方面,这是由于国家相关政策的鼓励;另一方面,也是更重要的一面,则是在于市场的激烈竞争。这种竞争,不光是国内企业的互相竞争,也包括国外有实力的承包商“走进来”想分中国巨大市场的“一杯羹”,还有我们的企业“走出去”参与国际竞争,与国际同行同场竞技。激烈的竞争过程中,固然是有企业交了学费,甚至付出了高昂的代价,但不能否认的是,我国的工程总承包企业在竞争中培养了曾经缺乏的法律意识、合规意识和证据意识,对全面提升企业竞争力、加

强企业全方位成体系管理的渴望从未如此迫切过。这是我们作为工程专业律师应当认识到和为之努力的一个业务“蓝海”,即为我国的工程总承包企业的企业管理与风险管控提供全过程的法律服务,特别是“防患于未然”的提前指导。

第 12 个案例“为铁路项目工程总承包提供风险识别防范的专项服务”,就是律所为工程总承包企业提供全过程法律服务的典型案例。中国铁路设计集团有限公司具有雄厚的实力,一直立足于行业发展前沿,改制后尤其重视工程总承包市场的开拓,并已取得了优异的成果。2017 年年底至 2018 年上半年,中国铁路设计集团有限公司先后中标了由民营企业投资的总额 160.82 亿元的江苏省新建盐城至南通铁路工程总承包项目及 229.22 亿元的浙江省杭州—绍兴—台州的高铁工程总承包项目。为了更好地承接铁路工程总承包项目,中国铁设通过竞争性谈判和比选找到了建纬,为其量身定制转型升级实施工程总承包战略后的企业常年法律顾问服务和法律风险防控的管理指引。

建纬提供的服务内容包含中国铁路设计集团常年法律服务及工程总承包项目专项法律服务,其中最重要的专项服务之一就是为其编制《工程总承包业务普遍性法律风险识别及防范指引》。该指引的编写目的在于为中国铁路设计集团有限公司承接工程总承包项目在合同履行过程中提供法律风险识别与防范,并针对铁路工程总承包项目的规范实施及过程风险管控提供有针对性的法律建议。该指引交付后不久,中国铁路设计集团有限公司又以 332.42 亿元的投标报价中标了杭州至黄山高铁的重要组成部分即从南昌经景德镇至黄山的昌景黄高速铁路工程,该项目也是目前中国高铁最大的 EPC 工程总承包项目。为保障企业相关业务的有序开展,中国铁路设计集团有限公司再次选择了我们建纬担任其下一年度的法律顾问单位并续签了新的常年法律顾问及专项法律服务合同,其中就包含了进一步更新修编该指引的专项法律服务。我相信,今后具有这样前卫的法律意识和管理水平的我国工程总承包企业也会越来越多。

“纸上得来终觉浅,绝知此事要躬行。”对经典案例的抽丝剥茧、寻根问底其实也是法律实践的一种行之有效的方法。这 12 个案例,囊括了行业内外对于工程总承包的关注热点,在分析问题的过程中答疑解惑,如果能够起到帮助专业人士水平提升、促进企业加强管理等些微作用,将是对我多年来不懈努力的最大肯定。

案例1 “中国建筑业追欠索赔第一案”——北京新万寿宾馆设备采购、施工总承包即PC诉讼案

因外商投资引入，我国建设领域开始出现国际通行的工程总承包模式，本案是总承包人采取设备采购和施工总承包即PC的交钥匙总承包模式。先后经三年的反复协调无果，本案在北京市中级人民法院提起诉讼，这也成为我受理的第一例有关工程总承包的诉讼案件。

一、案情简介

本案原告中建一局四公司(以下简称总承包人)1988年承建了北京新万寿宾馆。新万寿宾馆工程是建筑面积36,015平方米的四星级宾馆，被告系一家中外合资企业，工程系我国承办第11届亚运会的配套项目。工程采用以初步设计内容和标准、总价一次包死、合同工期交钥匙的总承包方式，由原告负责设备供应、承建全部建筑安装工程，双方签订了设备供应和土建施工的工程总承包合同。整个工程采取边设计、边施工、边修改的“三边”方式施工。1988年2月开工，1990年竣工交付使用。

因该被告长期拖欠总承包人巨额工程款，原告反复催讨，先后通过中国建筑总公司、北京清欠办公室、北京市建委、国家建设部等上级和政府主管部门协调，终因双方对工程质量和工期问题存在争议而未能解决，总承包人最终在北京市中级人民法院提起诉讼。

我接受委托后，根据案件具体情况，实施先易后难，追欠和索赔分段起诉方案。在案件审理中，协助总承包人向法院提供分类整理的签证、索赔证据，包括施工过程中114次每周例会记录等书面证据高达一米。卓有成效的举证工作使总承包人获得调解成功，不仅追回2000万元的工程欠款、签证增加款和索赔款，还使被告撤回反诉请求。当时的建设部有关领导评价：“不论是追回工程款和索赔款的数额，还是依法解决工程款的效果和影响，本案都堪称中国建筑业追

欠索赔第一案。”

二、案件处理过程

(一)确定起诉策略,并做好证据收集工作

1993 年 4 月,我接受原告总承包人委托后,和原告协助办案人员研究案情和案件材料确定诉讼方案。即采取先易后难,分阶段进行,第一部分拖欠工程款包括已获签证的款项属于给付之诉;第二部分未获签证确认的索赔款则属于确认之诉,需要有足够、完整的证据材料,102 项索赔中每一项索赔项目分初步设计图纸、施工图或设计变更的图纸、建设单位的书面指令、洽商记录和信函文件或每周例会纪要的记录、增加费用或支出的原始合同、单证以及实物照片等五至六个书面证据,用以证明索赔事项的成立。同时,对被告可能提出的反诉请求提前做好答辩证据的准备工作。

由律师出面做诉前最后一次协商努力。我以律师事务所的名义向被告发出要求限期还款的律师公函,后被告发回态度强硬、措辞严厉的复函,本案确定采取起诉方式解决争议。

(二)正式起诉

1993 年 5 月 15 日,总承包人正式向北京市中级人民法院提起诉讼,要求被告支付拖欠工程款 168.28 万美元、106 万元人民币,共计折合人民币约 1461.04 万元。同年 7 月 14 日,总承包人向法院增加诉讼请求,诉讼请求附《工程索赔款一览表》,共有索赔项目 102 项,折合人民币 800 万元。原告全部诉讼请求金额共计折合人民币约 2261.04 万元(当时美元对人民币汇率约为 1∶8.35)。

(三)开庭审理

1993 年 9 月 7 日,北京市中级人民法院组织本案的开庭审理,针对原告的起诉,被告答辩认为剩余的工程款至今不具备支付条件,并以延误工期为由提出反诉,称原告延误工期 194 天,根据合同奖罚条款,应支付罚金 66.5 万美元;并以宾

馆的设备有质量缺陷造成水锈、严重影响正常营业为由向法院提出实地勘察的要求。

工程质量和工期问题首先成为双方争执的焦点。第一个争议焦点:关于卧式热交换器水管锈蚀质量问题。被告认为:按合同进口材料、设备规定:"本工程所需一切材料、设备,包括进口材料设备及非标准设备加工均由乙方(指原告)按施工图及说明书的设计要求负责询价、比价、订货、商检、运输、保管、供应。关于主要材料、设备的制造厂家选型、定货,乙方应与甲方及设计代表共同研究商定。"原告采购的工程设备中有8台卧式客积式气水热交换器,合同要求原告供应国内优质产品。现在由于热交流器的水管锈蚀造成红水,其责任应由原告承担。

原告则举出一系列的原始证据,证明红水问题是因水电设计单位和原告已经谨慎提出建议而被告仍不听劝告、一意孤行所致。按合同的约定,原告采购的设备必须按照施工图及说明书的设计要求。本工程设计单位负责水电设计的工程师李某在设计要求上规定热交换器选用的标准图为老式的已作废的标准图。原告发现设计不合理,即向被告提出书面请求建议采用新标准图,但设计院不同意,设计方面的意见为建设单位和监理单位所同意。

在原告的建议未被采纳的情况下,原告按合同的约定提出合理化建议,提议组织被告、监理单位和设计院共同到设计指定的北京市某环保设备厂进行考察。经过考察,被告、设计院和监理单位向原告发来书面的《关于设备研究结果通知书》明确:"收到贵公司(指原告)1989年4月22日发来的关于设备请予研究的通知书,及6月17日到北京某环保设备厂参观,经我们研究,结果如下:有条件认可。"条件由设计院提出,第一条为:"热交换器内壁的铜喷涂0.3MM厚的话,喷涂时存在不均匀,为安全起见,改为0.5MM厚。"被告向原告发来的研究结果通知书有设计院李某、监理单位的季某和被告筹建处负责人的亲笔签名。被告筹建处负责人还签了一段意见:"按7月11日会议记录,日方监理负责人已与李工、季工、瞒工研究,采用北京某环保设备厂在技术上没有问题,请按李工第1条意见办。"在经过严密的确认程序之后,原告按要求采用北京某环保设备厂生产的热交换器。而出现红水,查出的原因是热交换器容器内壁喷铜表面剥落,造成锈蚀。

第二个争议焦点涉及工期延误。原告提出:工程实际竣工日期不是1990年11月25日,而是8月15日。原告举证证明于1990年8月15日已提出书面竣工报告。被告在竣工报告单上签字认可的时间是8月15日。同日,建设单位、监理单位、施工单位三方参加最后一次每周例会,会议纪要表明:工程竣工验收工作已安排总体道路,8月底配合亚运会试营业。同年8月25日,双方签署"建筑工程保修证书"。8月30日宾馆开始试营业。

原告继续举证工程延误的原因是被告严重违反合同规定,没有履行自己应尽义务。这些证据分为11个方面共36份,包括:

1. 被告拖延支付各阶段的工程款;

2. 被告未按合同完成"三通一平"工作;

3. 被告提供施工图出图拖延导致施工停工待图;

4. 被告未按合同办理"地面工程开工审批表";

5. 被告提供宾馆裙房及主楼的精装修图纸存在严重拖延;

6. 因宾馆第一、二、十七层的机电管道标高设计错误,管道在吊顶之下而无法施工;

7. 由被告供应的客房床头柜严重超期,因床头柜内应安装客房内的全部电气6个控制系统,因此造成整个工程无法正常安装施工;

8. 宾馆厨房部分最后设计出图超期,图纸反复修改;

9. 被告确定的宾馆中央自控系统设计方案和技术参数存在严重拖延;

10. 被告单方面将工程合同中的自行车棚修改为抗震8度设防的宾馆附属用房;

11. 双方协商一致工期延至1990年5月15日,但此后被告还提出设计修改达70次。

原告举出共计36份证据证明被告违约的上述11个方面的问题客观存在。

最终,本案在法院主持下,原、被告经过调解,达成如下调解协议:

第一,被告于本调解书送达后十日内给付原告工程款:美元1,439,118元,人民币5,019,105元,利息美元176,947元,人民币528,295元。

第二,原告给付被告所有机器配件,技术资料及全部图纸。

第三,原告负责更换整流器并解决有关技术问题;负责使冷冻机主机正常运转:由被告购置热交换器(在1994年6月30日前完成),原告负责免费拆装(在1994年12月30日前完成)。有关安装事项双方另行协议。

1993年10月8日,北京市中级人民法院下发(1993)中经初字第453号民事调解书。同年12月18日,被告按调解书的规定付清了全部款项。原告也按调解书的约定,免费拆装了8台热交换器。

三、办案体会

PC模式在我国早期工程总承包引入、培育过程中,因其处在传统承包模式施工总承包向前发展的第一阶段,故在司法实践中最早开始涉及。这是一个在我多本专著都涉及和总结交流的成功案例,本书按工程总承包的法律范畴和案件特点的角度进行分析。

(一)从本案原告的承揽项目模式为设备采购和施工总承包即PC模式属工程总承包范畴,看我国工程总承包定义、主要实施方式及与施工总承包的根本区别

工程总承包早就在国际上成为建设项目组织实施的普遍方式。我国在20世纪80年代已经开始尝试推行工程总承包,本案工程实施在1988年,争议解决发生在1993年,可以说是国内最早实施工程总承包并发生纠纷的诉讼案件。近几年,国家加快推进工程总承包,各种模式的工程总承包越来越多地被采用,常用的工程总承包模式、包括FIDIC体系下工程总承包,都强调设计发挥主导作用。本案原、被告双方签订的是设备供应和土建施工的工程总承包合同,为什么在我国设备采购和施工总承包合同也属于工程总承包范畴呢?那么在我国,工程总承包应被如何定义?主要实施方式又有哪些呢?

我国现行法律对工程总承包的规定,包括《合同法》第272条第1款:"发包人可以与总承包人订立建设工程合同,也可以分别与勘察人、设计人、施工人订立勘察、设计、施工承包合同。发包人不得将应当由一个承包人完成的建设工程肢解成若干部分发包给几个承包人。"《建筑法》第24条:"提倡对建筑工程实行总承包,禁止将建筑工程肢解发包。建筑工程的发包单位可以将建筑工程的勘察、设

计、施工、设备采购一并发包给一个工程总承包单位,也可以将建筑工程勘察、设计、施工、设备采购的一项或者多项发包给一个工程总承包单位;但是,不得将应当由一个承包单位完成的建筑工程肢解成若干部分发包给几个承包单位。"

建设部于2003年2月13日发布实施《30号文件》比较完善的提出了关于工程总承包的定义:"工程总承包是指从事工程总承包的企业受业主委托,按照合同约定对工程项目的勘察、设计、采购、施工、试运行(竣工验收)等实行全过程或若干阶段的承包。"《总承包管理办法》第3条规定:"本办法所称工程总承包,是指承包单位按照与建设单位签订的合同,对工程设计、采购、施工或者设计、施工等阶段实行总承包,并对工程的质量、安全、工期和造价等全面负责的工程建设组织实施方式。"

从现行法律规定和部门规范对工程总承包的定义可以看出,工程总承包与施工总承包的根本区别在于承包范围的大小。工程总承包的承包范围为勘察、设计、采购、施工、试运行(竣工验收)的全过程或若干阶段。而施工总承包,是指建筑工程发包方将工程的施工任务发包给具有相应资质条件的施工总承包单位,施工总承包仅局限于施工阶段。

《30号文件》对工程总承包的主要实施方式在第2点第3项作出了归纳,"工程总承包的具体方式、工作内容和责任等,由业主与工程总承包企业在合同中约定。工程总承包主要有如下方式:

1. 设计采购施工(EPC)/交钥匙总承包。

设计采购施工总承包是指工程总承包企业按照合同约定,承担工程项目的设计、采购、施工、试运行服务等工作,并对承包工程的质量、安全、工期、造价全面负责。

交钥匙总承包是设计采购施工总承包业务和责任的延伸,最终是向业主提交一个满足使用功能、具备使用条件的工程项目。

2. 设计—施工总承包(D-B)。

设计—施工总承包是指工程总承包企业按照合同约定,承担工程项目设计和施工,并对承包工程的质量、安全、工期、造价全面负责。

根据工程项目的不同规模、类型和业主要求,工程总承包还可采用设计—采购总承包(E-P)、采购—施工总承包(P-C)等方式。

我们可以发现，从《30 号文件》的“按照合同约定对工程项目的勘察、设计、采购、施工、试运行（竣工验收）等实行全过程或若干阶段的承包”到《总承包管理办法》的“对工程设计、采购、施工或者设计、施工等阶段实行总承包”，都强调了项目多阶段而不是仅仅对施工阶段的承包，这是工程总承包和施工总承包的本质区别。

（二）工程总承包模式中的设备采购是一个与设计、施工相并列的独立承包阶段，这与施工总承包中的建材采购活动附属于施工工作完全不同

EPC 是一个源于美国工程界的固定短语，它是工程（Engineering）、采购（Procurement）、施工（Construction）的英文缩写。Procurement 指较为正式的购买行为，通常用于企业或者政府机关进行的正式的采买程序，Procurement 作为工程管理中的重要要素，除了包括一般的材料或者设备采购，更重要的是对大宗材料、设备，尤其是指特种设备、定制设备的采购管理。

大型、特种、定制材料、设备采购管理与普通建材或非定制设备的采购管理有着极大的不同。此类型设备是按需定制，涉及设备的设计；一般价值较高，体形和重量一般也偏大，包含运输风险、运输难度，同时运输费用也需要专项管理；为保证设备质量，还常常需要监造、变更、修订设计；为保证过程风险，还涉及设备保险；而且往往技术复杂，安装调试均具有较大难度，因此还需要构建专项的技术服务架构，等等。在各类履约管理中还掺杂着知识产权、国际货物买卖、国际货运、融资租赁、技术保护与技术引进等可能的特种管理体系。因此，在某些项目中，采购的管理难度甚至要高于“设计”“施工”。

国际工程惯例中设备管理甚至贯穿项目管理的全过程。例如，银皮书第 8.3 款【进度计划】第 C 项规定：“承包商计划实施工程的顺序，包括设计的每个阶段的预期时点，编制和提交承包商文件、采购、制造、检验、货物运达现场、施工、安装（大型设备）、安装以及任何指定分包商的工作（如第 4.5 款【指定分包商】所定义的）、试验、调试和试运行。”该条款中所列举的工程总承包单位管理目标中的“采购”要求几乎涵盖了承包人计划的全过程。对此，国际咨询工程师联合会为应对以特种、定制设备的设计、生产、安装为核心的工程项目专门编写了黄皮书以适用于该类型项目的管理。

因此，理解工程总承包中“采购”的定义与施工总承包合同的采购存在明显的区别，应当从大型、特种、定制材料、设备的采购入手，大家应当理解这里的“P”是涵盖了设备设计、建造、运输、保险、安装、调试乃至营运、保修等全过程阶段的联合管理，具有不弱于“E”（设计）、“C”（施工）的重要管理地位。

工程总承包单位要拿出构建工程总承包全过程管控机制的态度与认知，才能做好工程总承包采购管控。这需要工程总承包单位从企业管理的机构设置、制度配套和专有人员三个方面逐步建立、健全，才能适应工程总承包合同“采购”的市场需求。

回头看一下本案原、被告双方签订的总承包合同，双方在合同第 15 条【进口材料、设备】规定：“本工程所需一切材料、设备，包括进口材料设备及非标准设备加工均由乙方（指原告）按施工图及说明书的设计要求负责询价、比价、订货、商检、运输、保管、供应。关于主要材料、设备的制造厂家选型、定货，乙方应与甲方及设计代表共同研究商定。”原告对于案涉工程的设备供应，是包括了本工程所需一切材料、设备以及非标准设备加工，并最终在合同工期内交钥匙给被告，显然，原告的设备采购是符合工程总承包设备采购的含义，并非一般施工总承包的采购。

（三）工程总承包模式下，虽然工程总承包人对工程项目的设计、采购、施工等实行全过程或者若干阶段承包，并对工程的质量、安全、工期和造价等全面负责，但发包人仍有可能要对工程质量缺陷承担过错责任

作为本案审理过程中主要争议焦点之一的“宾馆红水”问题，即在原告总承包范围内的采购设备在投入运行后出现了红色锈水，原告通过一系列举证可以化解并证明作为发包人的被告才应该对此承担责任。这值得发包人与工程总承包人对此引起重视。

原告的证据证明了事先已明确告知被告热交换器选用的标准图为老式的已作废的标准图，并要求采用新标准图，而被告不听建议，坚持按照已作废的标准图。最终选定的热交换器也是被告和监理、设计单位共同认定的北京某环保设备厂生产的热交换器，在经过严密的确认程序之后，原告才最终按要求采用。合同又有明确规定原告在设备选型问题上必须服从设计要求。原告按约履行并已尽

提示的义务，最重要的是留下了一系列书面证据证明了确定出现质量问题的设备的整个过程。

虽然本案是通过调解结案，但双方达成的调解条款包括被告支付拖欠工程款及利息；被告负责购置热交换器，由原告负责免费拆装，足以显示经双方举证后，被告也认可红水问题并非原告责任。

对本案情形，《建设工程司法解释(一)》第12条是有相应规定的。本案被告对出现问题的热交换器提供的设计本身有缺陷，该设备又是设计单位指定、发包人认可采用的，依法被告确应当承担过错责任。而原告发现设计不合理后，已向设计与发包人正式书面提出，已尽承包人的合理注意及提示义务，故并无过错，依法也无须承担责任。

关于《建设工程司法解释(一)》是否适用于工程总承包合同？最高人民法院法官冯小光于2008年发表了《回顾与展望——写在最高院关于建设工程施工合同司法解释颁布实施三周年之际》认为工程总承包的纠纷适用本解释[①]。司法实践中，法院在审理工程总承包的案件时，在符合《建设工程司法解释(一)》规定的情形且符合立法本意的情况下一般均是参照适用解释的。因此，在工程总承包中，当工程出现质量缺陷，而发包人对此存在过错的，应当适用《建设工程司法解释(一)》第12条的规定，由发包人承担相应的过错责任。

1. 提供的设计有缺陷。

这里提供的设计包括发包人提供的初步设计、在不包含设计的工程总承包中发包人所提供的设计或者在工程实施过程中发包人提出变更建设工程设计的情形等。除此以外，如发包人提供勘察和地质资料，因勘察资料是设计的基础资料，勘察和地质资料质量出现问题，也将导致设计上的缺陷，因发包人提供勘察有缺陷造成质量缺陷的，发包人也应承担过错责任。

2. 提供或者指定购买的建筑材料、建筑配件、设备不符合强制性标准。

发包人提供或者指定建筑材料、建筑构配件和设备的，应当保证所提供或指定的建筑材料、建筑构配件和设备符合设计文件和合同要求。发包人也不得明示

① 冯小光："回顾与展望——写在《最高人民法院关于审理建设工程施工合同纠纷案件适用法律问题的解释》颁布实施三周年之际"，载《民事审判指导与参考》(2008年第1集·总第33集)，法律出版社2008年版，第79页。

或者暗示施工单位使用不合格的建筑材料、建筑构配件和设备。因发包人提供或者指定购买的建筑材料、建筑配件、设备导致质量缺陷的，发包人应承担过错责任。

3. 直接指定分包人分包专业工程。

发包人如果在工程分包时直接指定分包人分包工程的，如果工程出现质量缺陷，发包人应承担相应责任。在适用该条款中应注意，该条款仅规定了因发包人原因造成工程质量缺陷的三种主要情形，如发包人有其他过错情形的，也应当承担相应的过错责任。如发包人违反《建筑法》第24条肢解发包的规定造成工程出现质量缺陷的，也应承担相应责任。

如果承包人有过错的，也应当承担相应的过错责任，工程承包人对建设工程的质量负有法定责任和义务。例如，根据《建筑法》第54条的规定，承包人对发包人违反法律、行政法规和建筑工程质量、安全标准，降低工程质量要求的，应当予以拒绝，承包人不予拒绝，并造成建设工程质量缺陷的，依法也应当承担相应责任。根据《建筑法》第59条的规定，承包人应当对发包人提供或指定的建筑材料、设备等进行检验，对不合格的建筑材料、设备应拒绝使用，如果承包人未予以检验或经检验后发现不合格仍使用的也应当承担相应责任。又如，对于发包人直接指定分包人分包专业工程，根据《建筑法》第29条规定，作为工程总承包人，仍应审查分包单位的资质，并对分包工程的质量负有管理的义务、承担责任。若承包人对于发包人指定的不具有相应资质条件的分包单位仍同意分包，或者对于分包单位的工作未尽管理监督的义务，工程因此发生质量缺陷的，承包人依法也应当承担相应责任。

（四）确凿充分的证据是争议解决的根本，对案件成败起到决定性的作用

本案原告对施工管理及签证、索赔工作的严密管理和基础资料工作的积累是本案获得成功的基础，企业应借鉴原告的成功经验，提高自身履约证据管理能力，必要时可选择专业律师提供全过程法律服务以辅助项目过程资料管理。

法官审理案件，是以事实为依据，确凿扎实的证据是解决问题的基础。原告在新万寿宾馆工程施工高速优质的同时，资料管理工作也体现了与国际接轨的高水平。工程施工过程中实行每周例会制度，发包人、承包人、监理单位派代表参

加,例会由原告派人专门负责记录。会议先后召开 114 次,每周例会纪要的原始书面资料共 344 页,全部保存完整。而且会议记录的字迹清晰,很少涂改,自始至终为一人记录。每周例会记录真实地再现了工程施工的全过程。厚厚三大本由与会各方代表签名的每周例会纪要成为本案的重要证据来源。此外,原告还详细保存了整个施工过程中收受发包人分批提供的所有施工图纸和设计修改图纸的原始记录及工程洽商记录、双方来往的全部公函、文件、专题会议纪要等书面资料。

正因为有这样完整的原始资料,原告的证据整理小组才能配合律师的要求,高效的提供律师所需要的全部证据。本案原告的合同履约证据管理成为成功化解被告反诉的基础。

案例 2 制作国内首例工程总承包(DB)合同——延安东路复线隧道项目——上海市政府和社会资本 BOT 投融资 + EPC 工程总承包模式的最早实践

近年来国内基础设施领域掀起 PPP + EPC 的热潮,而早在 1994 年,上海市已开始探索政府和社会资本 BOT 投融资 + EPC 工程总承包模式的最早实践。我承担了这一模式中制作国内首例上海延安东路复线隧道工程总承包 DB 合同文本。

一、事件背景

上海市的地理位置以黄浦江为界分为浦西和浦东,浦江两岸历来交通不便,过江的交通方式原先为轮渡,极易受台风、大雾的影响而导致停航。投资建设越江隧道是改变上海市交通不便的根本出路,而政府投资原先是隧道建设的基本投资方式。上海市 1959 年制定隧道建设规划,1965 年 6 月 8 日由上海市政府投资、兴建的第一条打浦路来回两车道隧道,1971 年 6 月正式通车,隧道日夜开放也不能有效解决浦江两岸交通难的局面。1988 年 12 月建成通车的延安东路北线成为继打浦路隧道建成之后上海的第二条越江隧道,直接连接浦西闹市区和浦东世纪大道,是上海市饱和度最高的一条越江隧道。

随着浦东深入发展,原延安东路隧道已越来越不适应交通发展的客观需求。上海市政府率先采取政府和社会资本合作模式即现今的 PPP 模式投资、兴建延安东路复线隧道。1994 年 1 月 18 日,延安东路复线隧道以工程设计、施工总承包的方式开工建设。1994 年 2 月,上海市人民政府颁布了第一个 BOT 投资模式的操作性地方规章《上海市延安东路隧道专营管理办法》(现已失效),明确由上海市人民政府授权上海中信隧道发展有限公司(投资外方为香港中信泰富有限公司)经营、管理延安东路原隧道,投资兴建并经营、管理新隧道(即延安东路隧道复线)的专营权,特许期限 30 年。此为上海市第一个有关专营基础设施的特许性文件。此后颁布了诸如两桥一隧、奉浦大桥、大场自来水处理厂、沪嘉高速公路、徐浦大桥、延安高架路、内环高架路和南北高架路、逸仙路高架和蕴川路大桥、沪宁高速公路(上海段)等多个专营管理办法。

1996 年 11 月上海延安东路复线隧道正式通车,建设投产周期为二年零十个月,建成后的复线隧道成为连接浦江两岸的重要交通枢纽。

二、服务过程

在上海市政府制定《上海市延安东路隧道专营管理办法》的同时,我所在的上海市建纬律师事务所从 1993 年年底接受上海中信隧道发展有限公司(即项目公司)和上海隧道股份有限公司的共同委托,负责起草制作隧道工程设计施工总承包合同。

政府投资的基础设施在未进入市场之前,是一套计划体制下的传统运作模式,上海市在 20 世纪 60 年代建设打浦路隧道和延安东路原隧道时,一直都是用计划任务书的方式组织施工的。所以,当我们在起草、制作延安东路隧道复线工程总承包合同时,所面对的既是 BOT 条件下运作的项目投资,又是一个全新的复杂的工程总承包模式的非诉讼法律事务。

在国内没有现成资料可供参考的情况下,我们将目光转向了其他国家和地区已有的实践经验。作为公认最早采用 PPP 模式并且在该领域具有相当丰富经验的英国成为首要关注对象。通过各种渠道得知,早在 1991 年 4 月,还在英国管控下的港督政府就定下了通过 BOT 投融资建设的模式来建设香港西区海底隧道

(West Harbour Crossing)即西线隧道。西线隧道为双程三线行车设计,建成后日车流量可达20万次,是香港3条过海隧道中容量最大的一条,于1994年首季动工兴建,1997年4月底竣工通车。该隧道采用BOT模式建设经营,由中信泰富、嘉里建设、港通控股及招商国际组成香港西区隧道有限公司,1993年7月获得香港政府授予的融资、设计、建造、运营和维护该隧道的30年专营权。该隧道工程的总承包商是由日本西松建设(Nishimatsu Construction)和熊谷组(Kumagai Gumi)组成的合资企业,1993年9月正式签订工程总承包合同,内容包括隧道工程的设计、建造以及竣工后12个月内的维护工作,合同总金额达57亿港元。

在建设部相关部门的帮助下,我们找到了香港西线隧道工程总承包合同英文版文本。由于西线隧道也是BOT条件下运作的,又由于投资者也是香港的中兴泰富有限公司,我们自行翻译并参考了香港的隧道总承包合同文本、国际承包工程通用的FIDIC合同文本以及国内由建设部和国家工商局推荐使用的施工总承包合同示范文本,并根据延安东路隧道BOT运作模式和专营管理办法等有关文件的商业条款,在1994年年初,完成了总承包合同文本的制作和修改工作,并顺利通过了双方当事人的审核,为整个工程于1994年1月正式开工创造了条件。该文本比起当时建设部的施工总承包合同示范文本,在强化施工造价、质量和进度控制三大方面设置了许多新的结合上海地方特点的条款,明确了分阶段结算和节点工期具有合同约束力的原则,并特别设定了工程保险、履约保证、索赔程序、质量监理等条款,而这些条款所载明的内容,正是项目发起人和融资者在工程建设期间对巨大风险的责任划分和防范所最为关心的问题。

在外资参与投资的BOT运作前提下,工程能否顺利保质保量按预定的期限竣工交付使用,是整个BOT投资模式能否成功的关键。隧道工程除了施工本身的艰难危险以外,工程周期、质量、成本的控制等构成了BOT项目能否顺利完工乃至整个BOT项目能否顺利运作的风险体系。因此,工程总承包合同就成为分解、分担风险,强化和落实风险管理责任最重要的法律文件。由于复线隧道设计施工工程总承包合同较好地解决了上述一系列问题,为整个复线隧道工程于1994年1月18日顺利开工,1995年11月28日提前竣工,奠定了法律文件的基本框架及其成功基础。

三、办案体会

由于机场、桥梁、码头、隧道、公路等基础设施建设项目，直接关系到我国城市的发展和国计民生的根本利益，在我国形成了以国家投资（主要是中央政府）为主、以地方政府投资为补充的投资体制。在相当一段时间内，中央和地方政府的共同投资体制发挥了明显的作用。以国内高速公路为例，“八五”期间，高速公路总里程从574公里发展到2141公里，平均每年建成300公里。进入“九五”期间，则以每年新建1000公里的速度发展，至1997年年末，全国已建成4771公里高速公路。自1998年开始，国家通过发行专项债券的方式筹措建设资金，全国公路建设的投资额每年超过500亿元。

然而，在市场经济不断完善，各类投资主体不断活跃的氛围下，这一模式是否仍符合时代的发展和市场的期待，有待进一步思考和探讨。而当时由政府和社会资本（外资）采用BOT模式投建运营的上海延安东路隧道复线项目，就是对这些思考和探讨的有力回应，作为此项目设计、施工总承包合同文本的起草、制作者，也让我逐渐认识到：

（一）地方政府进行城市大建设需要以合作模式吸引社会资本的大量投入

政府投资模式的投资主体决定了运作模式的非市场化，各级政府负责人往往把重大基础设施的投资建设作为自己任职期间的政绩体现。因此，此类建设项目的运作，较多地反映长官意志和行政政绩而不反映市场机制和市场规律。

但是，由于基础设施的公益性和相对稳定的回报，以及政府对企业投资和外资投资的鼓励，在国内的内资企业中，出现了以基础设施投资为主的公司。这些公司一般有银行或金融机构作后盾，有相对充足的资金，往往能够筹集几亿、几十亿人民币的投资量。这是以市场主体而非政府作为主体参与基础设施的投资，该市场主体作为各级政府投资的补充，参与基础设施建设。很显然，市场主体以市场方式参与基础设施投资建设，一般不反映长官意志和行政政绩，而以市场规律为行为准则。在参与延安东路复线隧道项目中，我感受到，未来这种以市场主体参与公用基础设施建设的模式将随着我国市场化经济的不断发展而逐渐成为新一轮基础设施建设的重要手段，这也促使当时的我去研究 BOT 这一投融资模式在国内外的实践操作和发展。

BOT 模式，指的是在涉及公众利益的大型基础设施的建设、经营、移交过程中，由当地政府特许的、由私营的或非政府的财团投资的、以一定期限的经营盈利作为回报的投资模式。这种模式并非是唯一的，即便在国外，这种模式本身也在不断变化，并出现了以 BOT 为前提的新模式。利用各种外资筹措基础设施建设资金，后来也成为我国城市发展的基本方针之一，各地方政府对此具有非常大的积极性，外资参与基础设施建设已经有较大的规模。并且外资投资更多、更普遍的方式是私营企业的投资，即 BOT 方式的投资，如延安东路复线隧道项目。当然，结合我国的运作实践，BOT 投资方式在我国国内的实际运作方式已经发生了很大的变化，一个突出的表现是外资方更热衷于采取购买已营建完毕的基础设施，经营一定年限后再转让给当地政府的新方式，即 TOT(转让—运营—转让)。显然，以 BOT 模式或者 BOT 变异模式投资国内基础设施建设，其基本特点是以市场方式运作，只是这种市场化运作更多地涉及外资的投入以及更多地带有国际资本运作的市场特点。

结合自身调研成果和实践经验，我将基础设施市场化运作的基本特点归纳为：

第一，项目的投资主体系非政府的市场主体；

第二，项目的建设和经营及期限须获得政府的特许权；

第三，投资成本收回及盈利依赖当地政府特许的经营权；

第四，投资的风险由投资主体自行承担。

对比之前一些其他项目，采用 BOT 模式的延安东路复线隧道项目无论是在投资控制、项目管理，还是在社会效益方面可以说都处于当时国内的领先水平。

投资控制方面，解决了政府投资项目中经常出现的“概算超估算、结算超概算、结算超预算”等“老大难”问题。在进行延安东路复线隧道项目中，由政府和外资组建的项目公司负责项目投资管理，投资效益和项目公司的命运紧紧捆绑在一起，促使项目公司采取一切方式进行全过程、全方向的投资控制。比如，在项目监控系统设计的采购中，原本的概算是 3000 多万元，但是在延安东路复线项目通过招投标竞争成功地把价格压到了 2000 多万元，而且监控系统还是从德国、新加坡进口的优质监控系统。

项目管理方面,复线隧道的提升也十分明显。在原来延安东路老隧道的建设过程中,阀门的设计位置过高,管理人员很难开关,带来了长久性的作业问题。但是在 BOT 模式下,项目公司既是投资者也是管理者,因而很自然地将设计、施工、管理当作项目管理全过程有机联系起来的各个阶段,在设计阶段就开始考虑未来经营管理之需要。而且,从实际施工进度看,竣工工期比合同工期还要提前一年,这些都是项目管理提升带来有利后果的体现。

社会效益方面,延安东路复线隧道的贯通给浦江两岸的经济发展带来的重要动力、民众出行带来了巨大便利,也形成了良好的示范效应,为后续两桥一隧、奉浦大桥、大场自来水处理厂、沪嘉高速公路、徐浦大桥、延安高架路、内环高架路和南北高架路、逸仙路高架和蕴川路大桥、沪宁高速公路(上海段)等多个公共基础设施项目的开展和实施提供了有力指引。

(二)工程总承包是政府与社会资本合作应优先采用的发包模式

政府与社会资本合作的重要功能在于融资,而在实施环节最核心的部分则是建设。工程总承包模式恰恰能够解决政府和社会资本合作中关于建设部分的需求,有利于政府统筹管理设计、施工等力量,降低管理成本,有效控制投资,实现工程建设项目利益和价值最大化,政府与社会资本合作中采用工程总承包模式的优势十分明显,这主要体现在:

1. 有助于真正实现项目的全过程管理,发挥政府监督职能。

在传统的政府与社会资本合作项目中,项目的设计者、建设者和实际运营维护者可能由多家企业担任,很难去找到一个专业的组织去对其进行全过程的管理和协调,导致项目的过程管理成为各个单位和部门松散的结合,不论是对前期的项目建设还是对后期的项目运营和维护都会或多或少地产生一些负面影响。若采用工程总承包模式,则设计者、建设者、采购者、运营者和维护者的角色都由工程总承包单位进行统筹管理,设计、采购、施工、运营等各阶段工作的深度融合,一方面降低了在项目推进过程中各方的沟通成本;另一方面显著提高各项工作效率,方便从整体上把控项目的建设进度和运维状况等,实现项目全过程的高效管理,有利于政府实行一体化监督,避免监管混乱局面的出现。延安路东路复线隧道项目之所以能够在短时间内完成竣工验收，并且在各个管理环节都取得卓有成效的结果就是因为采取了 DB 模式。

2. 有助于提升项目建设质量，提高公共服务水平。

在政府和社会资本合作中采用工程总承包模式的情况下，由于选定了一个工程总承包单位，由总包方统一进行项目管理，并对政府方负责，总包方可以制定统一的质量标准，避免质量管理过程中的不协调和不一致，从而达到保证整体项目质量的目的。同时，社会资本参与项目合作是为了利用其管理能力和经验（特别是公用事业）获利，当然在这一过程中社会资本优秀的管理能力和先进的管理经验也能同步提升基础设施的建设与运营质量，最终实现政府部门和社会资本的互利双赢。

3. 有助于提高项目实施效率，有效降低项目成本。

工程总承包模式体现了"节约从设计出发"的理念，由于在确定投资人时就同时确定了设计、施工单位，让投资人在设计阶段就能介入到项目管理控制；同样，由于招标和变更环节的减少，变更成本也得到降低；并且通过材料的集中规模采购，能够大大降低工程成本。

相比于传统的政府与社会资本合作模式，采用工程总承包模式实际上是将项目的投资与设计和施工融合在一起，减少了招标的环节，避免重复的资源使用和浪费；此外，通过工程总承包模式可以依据总价固定的方式，减少过程中变更的数量，将工程的建设性风险予以降低。

除了上述列举的几个优势外，采用工程总承包模式还有一些其他的优势，比如，通过工程总承包模式有利于培育综合实力更强更加适应市场的工程企业，实现更高的经济效益；工程总承包模式下的精细化管理方式能融入政府和社会资本合作中，较好地将项目的投资、工期、质量控制在最合理的范围内，这对于政府和社会资本合作项目的总融资及资金链有了目标计划，较好地保证项目实施。

（三）落实 PPP"两评一案"可以借鉴上海一项目一制定地方政府规章的模式

上海市人民政府发布的《上海市延安东路隧道专营管理办法》（现已失效），以地方政府规章的形式对本项目的专营权、工程建设、维修和养护、使用费征收、专营期届满后的责任等各项要素进行了较为全面的规制，首开国内通过地方立法对涉及政府和社会资本共同投资采用工程总承包的项目进行管理的先河。

特别值得指出的是，《上海市延安东路隧道专营管理办法》对于项目的专营权进行了详细规定。其第9~11条一系列有关专营权权益划分、利润分配和补偿的规定对于加快外方项目资金投入、确保工程建设进度起到了显著的积极作用。

上述规定其实也就是目前PPP项目论证过程中所需要的“两评一案”的雏形。所谓“两评一案”，包括物有所值评价、财政承受能力论证和初步实施方案。从目前的政策看，PPP实施方案的评审，国家层面没有明确的规范，而对于物有所值评价和财政承受能力论证则作了明确的规定。对于物有所值评价，财政部《关于征求〈政府和社会资本合作物有所值评价指引(修订版征求意见稿)〉意见的函》(财办金〔2016〕118号)第2条规定：“本指引所称物有所值评价是判断是否采用PPP模式代替政府传统投资运营方式提供公共服务项目，以及评估已执行PPP项目物有所值实现程度的一种方法。”对于财政承受能力论证，财政部《关于印发〈政府和社会资本合作项目财政承受能力论证指引〉的通知》(财金〔2015〕21号)第2条规定：“本指引所称财政承受能力论证是指识别、测算政府和社会资本合作(Public - Private Partnership，以下简称PPP)项目的各项财政支出责任，科学评估项目实施对当前及今后年度财政支出的影响，为PPP项目财政管理提供依据。”PPP“两评一案”是政府和社会投资方履行合同义务的重要保障，有利于规范PPP项目财政支出管理，有序推进项目实施，有效防范和控制参建各方风险，实现PPP可持续发展。

(四)推动政府和社会资本合作项目，任重而道远

虽然近年来政府和社会资本合作项目发展迅猛，但二十多年前在延安东路复线隧道项目中所出现的问题仍然存在——设定投资固定回报率、风险分配失衡，同时在政府和社会资本合作项目立法方面也迟迟无法跟进。作为一个深耕于基础设施、建设工程领域的律师，我总结了一些建议和意见：

1. 以立法的方式明确各级政府在项目建设中的地位。

针对基础设施施工土地使用的特殊情况，政府有着国家土地所有者和国家事

务管理者的双重身份,处于基础设施批准者和未来所有者的主导地位,理应在项目建设中发挥重要的作用。对此,国家立法应明确政府的作用和地位,而政府的作用和地位主要体现于对项目建设、经营以及允许投资者获得回报的特许,同时国家立法应明确基础设施的市场运作的原则和规范要求,以满足市场立法的客观要求。

2. 具体投资项目尤其是市场化运作项目要由法律文件固定。

各地立法部门和政府主管部门,应当根据 BOT 方式在国际上操作的情况以及各地投资成功的经验,针对不同的基础设施项目制定相应的诸如《专营办法》等有关法律法规,将具体的政府特许项目用特定的法律形式固定下来,这种由地方政府制定的具体项目的《专营办法》,比通常使用的政府《安慰函》更有利于增加投资者投资基础设施的信心,有利于具体的 BOT 项目在市场条件下的实施和操作。

3. 明确投资风险的分解方法和渠道,以消除投资者的疑虑。

投资者最关心的是投资回报及合法、安全获取,因为投资的目的是回报。基础设施投资存有巨大风险,根据国际 BOT 投融资变异模式通行的做法,这些风险应当通过一定的措施来分解,政府和投资者需共同和各自承担一定的风险,政府通常通过承诺和颁布法律来承担风险,同时要明确告知投资者的风险以及分解这些风险的途径和方法。如此,投资者的疑虑将会消除,信心也会加强。

4. 加大法律的参与程度,完善超前配套的法律服务。

根据目前我国针对基础设施建设法律法规缺乏的情况,在实施 BOT 方式投资、建设基础设施过程中,行为的合法性尤其重要。因此,加大法律的参与力度,尽可能早地让具有服务能力的律师、法律专家参与其中,这是保证操作严密性、行为合法性的重要手段,也有利于政府和投资者避免法律上的风险,最终使双方都获得收益。

由于基础设施投资、建设过程中涉及各方主体以及法律关系本身的交叉性和复杂性,在市场条件下借鉴 BOT 模式的变异适用,必然会遇到一系列新情况和新问题,项目的操作层面的问题必须及时研究解决。例如,上海市出现的考察、选择污水处理厂的项目法人和承包人的二次招投标的运作实践,对项目法人授予特许权前后的法律责任是否连带的不同承担方式,就需要项目的运作者和授予特许权的政府主管部门认真研究,并采取不同的方式规范投资者的行为。这些问题都需要立法者、项目参与者社会各界不断去解决,去思考。

案例3 因拖欠一个月进度款引发19项索赔、标的额为2800万美元的设备采购、施工总承包即PC涉外仲裁案

一、案情简介

被申请人系由泰国某大型集团在上海投资组建的外商独资企业,投资3.5亿美元开发上海陆家嘴金融贸易区某地块。申请人系法国一家国际著名的工程总承包商。承发包双方经国际招投标,于1997年6月23日按FIDIC合同文本签订了项目工程总承包合同,约定采用国际通用的FIDIC合同条件,承包方式为设备采购和施工总承包模式。工程合同总价款为15,117.62万美元;工程进度价款按月支付,在完成当月工程量后,承包人每月28日向发包人提交当月已完工程量报表,发包人在1个月内予以确认,并于确认后14日内予以支付。若双方发生争议由中国国际经济贸易仲裁委员会(以下简称贸仲)受理并按贸仲的程序和规则进行仲裁,双方约定中华人民共和国的法律为本合同适用的法律,英语是解决争议的适用语言。如发包人不能按约付款,承包人可就此发出书面通知,发包人应在30日内予以支付;如发包人仍不能支付,承包人可以解除施工合同,撤离现场。在该种情况下,在考虑本合同已付给承包人的款项之后,发包人将付给申请人终结日期已完工程的总价值,及因终结工程而使承包人招致的任何直接损失或损坏。

为开发本项目,被申请人的母公司与由泰国7家银行组成的银团签订了贷款协议。1997年上半年金融风暴席卷东南亚,到1997年年底1998年年初,泰国众多银行陷入困境,有的甚至倒闭破产。上述银团也因其中三家银行破产无力再向本项目注入资金。1998年5月,被申请人已无法支付金额为229.55万美元的3月工程进度款。在依约定催告未果的情况下,同年6月12日,申请人正式通知被申请人,根据施工合同的约定解除合同。1998年7月8日,申请人向被申请人提交了金额1158.87万美元的索赔报告。因双方对此协商不成,同年11月25日,申

请人向贸仲提起仲裁，仲裁金额为2543.32万美元。1999年7月14日，申请人增加索赔金额至2697.16万美元。其后，申请人又将索赔金额调整为2037.03万美元。

本案申请人委托的英国大律师，是一位精通欧洲共同体仲裁和工程索赔的专家，被申请人委托我和我当时的助理俞培华律师——一位能用英语及法语在法庭上就国际承包工程的专业法律问题即时进行翻译的律师，我作为全权代理人在庭审中发表意见。在答辩期内，被申请人就工程的工期和质量问题提出反请求即反索赔260万美元，本案双方的争议标的共2803万美元。

二、审理过程

本案中，申请人最终确定的仲裁请求2037.03万美元的索赔分为三大部分、19个具体索赔项目。三大部分索赔分别为：

第一部分，已完工程价款。包括3个小项："已完工程款""已开始未完成工程价款""开办费"，金额为437.86万美元。

第二部分，终止合同前后的直接损失。包括13个小项："合同终结前工程延误损失""移走临时设施设备费用""合同终结后遣散期间开办费""履约保函延期手续费""未足额收回的政府规费""外籍员工提前终止住房租约的损失""未足额积累的人员遣散费""遣返人员待工费""未足额积累的机械设备费""分包合同解除费""材料仓储费""法律咨询费""利息损失"，金额为281.07万美元。

第三部分，终止合同引起的预期利益损失。包括3个小项："未完工程的总部管理费""风险费""利润的损失"，金额为1318.09万美元。

对此，被申请人就其中绝大部分的索赔予以了反驳。案件争议焦点集中于：

(一)就第一部分已完工程价款的争议

申请人认为已完工程和已开始未完成的工程价款为4299.94万美元，而被申请人根据本工程的工料测量师的计算仅同意支付2883.24万美元，双方相差1416.69万美元。主要在于：第一，材料和设备是否可以算作工程；第二，开办费是按形象进度分摊还是按工期分摊。

被申请人认为："材料和设备"和"工程"是两个不同的概念，其未形成永久工程的一部分,不能算作工程,其补偿额也不应按照工程计算间接费用。根据工程规范的规定,开办费按已完合同工程价值的比例支付,即按形象进度支付,而非按照工期进行分摊;同时,根据反映工程施工过程中资源投入与进度关系的“S”曲线模型,在施工初期开办费的支出相对较少。

(二)就第二部分终止合同前后的直接损失,被申请人分别从工程索赔的理论、证据证明效力等多个方面予以了反驳

如对合同终结后110天的停工遣散期间的开办费,申请人以工程正常施工期间开办费为基数索赔95.96万美元。对此,被申请人认为:第一,工程停工遣散期间每天发生的开办费,远小于正常施工期间每天发生的开办费;该期间内申请人的主要工作是绘制“竣工图”、工程结算、准备档案、修补缺陷,被申请人已经在已完工程价款中支付了这些工作的价款。第二,对分包合同解除费,申请人索赔157.71万美元。对此,被申请人认为:申请人的索赔额是照单转送的其分包人向其提出的尚待确定的索赔,这些索赔既无合同依据又无事实依据,不是其实际损失;主要分包人已经放弃向其索赔,相应部分损失不应主张。

(三)就第三部分终止合同引起的预期利益损失中是否包括风险费用

申请人认为终止合同引起的预期利益包括未完工程的总部管理费、风险费及利润3项损失。其主要事实依据是其单方委托的会计师事务所出具的审价报告,该报告认为总部管理费、风险费、利润三项占造价的比例为11.31%。其主要法律依据是最高人民法院《关于适用〈涉外经济合同法〉若干问题的解答》(现已失效),该解释指出:“一方当事人不履行合同或者履行合同义务不符合约定条件的,除采取其他补救措施或者合同另有规定外,违约一方当事人赔偿另一方当事人因此所受到的损失,一般应包括财产的毁损、减少、灭失和为减少或者消除损失所支出的费用,以及合同如能履行获得的利益(在国际货物买卖合同中,就是指利润),但不得超过违约一方当事人在订立合同时应当预见到的因违反合同可能造成的损失。”对此,被申请人的反驳观点主要是:建设单位不能继续履行合同,是由于不能预计、不能克服的因素即东南亚的金融风波造成的;本案审理的最主要依据应是施工合同,施工合同约定建设单位应支付的是直接损失,直接损失不包括预期利益

损失；未完工程的总部管理费、风险费是申请人“预期支出”，而非“预期利益”；同时合同条款明确：被申请人订立合同预见到的申请人预期利益损失为未完工程的1%。

经过四次延期，仲裁庭直到2000年9月15日才对这个发生在中国境内复杂的涉外工程总承包合同索赔案件作出了裁决，申请人的19个索赔项目基本获得支持，只是支持的金额明显减少。裁决结果为被申请人应赔偿申请人742.65万美元，其中：(1)已完工程价款部分金额为178.81万美元；(2)终止合同前后的直接损失部分金额为127.98万美元；(3)终止合同引起的预期利益损失金额为435.86万美元。反诉请求部分，仲裁庭酌情支持了被申请人10万美元的请求。

三、办案体会

(一)本案的设备采购和施工总承包即PC模式，是在我国工程实践当中经常采用的工程总承包模式之一，对于项目到底是采用EPC模式还是PC模式，建设单位应综合考虑后进行选择

除了本案采用PC模式，本书本章前篇北京新万寿宾馆设备采购、施工总承包即PC诉讼案中，当事人同样采用这一承包模式。实务中反映，PC工程总承包模式在我国较为常用。这就值得我们对这种工程总承包模式进行研究。

国际通行的工程总承包强调的是以设计为主导，而工程总承包的设计不仅包含具体的图纸设计工作，还包括整个建设工程内容的总体策划以及整个建设工程实施组织管理的策划工作，总承包将建设工程实施阶段中的各个步骤作为一个整体进行集成和统一。通过这个过程，最终是为达到减少建设单位的管理压力总体风险包干的目的。而我国的市场实践中，在大型成套设备的采购及工艺设计、专业技术要求占重要地位的建设领域，如能源、化工类的建设项目，具有相应资质的设计单位并不多，甚至可能仅有一两家设计单位可供选择。且建设单位自身多是具有强劲实力的企业，对这一行业的建设工程，拥有相当深厚的资源和丰富的经验。在此情况下，建设单位常常倾向于将设计单独发包，再将后续的设备采购、施工及运行整体交由大型建筑安装施工企业作为工程总承包单位来完成。

当然，由于工程实际情况的复杂性和参建单位本身的多样性，我们很难作出

“一刀切”的规定，到底是选择EPC模式，将设计、采购和施工阶段一并发包给一家总承包单位，还是设计阶段交由专门的设计单位完成后再将采购、施工阶段交由总承包单位实施。但这并不代表其中无规律可循，结合多年的实践经验，我认为，应该主要应从以下三点进行考虑：

1. 建设单位的工程建设管理能力。

建设单位对于项目的管理要根据自身资源和能力，具体到EPC模式和PC模式的比较，EPC模式中，建设单位将绝大多数技术工作和管理工作都打包给了总承包单位，因而对建设单位本身的能力要求是比较宽容的；而在PC模式中，建设单位要分别和设计单位、采购施工总承包单位分别对接协调，技术和管理水平如果不过关对工程实施的影响就要更大一些。

2. 项目前期条件的明确程度。

EPC模式适用于建设范围、建设规模、建设标准、功能要求等前期条件明确的项目。如果上述前期条件尚不明确的项目，先委托设计单位和建设单位、行政管理部门及其他相关方明确了前期条件，然后再采用PC模式，这就避免了因前期条件不明确造成项目重大变更甚至难以实施的情况。

3. 项目的工期和造价要求。

工程总承包模式，特别是其中的EPC模式，之所以近年来得到国家和行业的大力推广，在很大程度上是基于通过设计、施工等阶段的深度融合和互相搭接来有效控制工期和造价。如果从项目本身的具体情况而言，技术相对成熟，工期要求不高，采用EPC模式不能发挥出比较大的优势，那么采用PC模式或者传统模式也无不可。

所以，作为建设单位而言，在项目中到底采用EPC模式还是PC模式，要根据具体情况来定，而不应迷信于某个模式百试百灵，项目实际才是我们开展工作的第一前提。

（二）对本案法国承包商提出的三大部分、19小项索赔项目进行分析总结，有助于更好地理解工程总承包模式的特点，以及工程总承包项目的索赔范围与施工总承包项目的区别

工程总承包与施工总承包的根本区别，是在于承包范围的不同，施工总承包

的范围再大，也只是局限于施工阶段这一范围，工程总承包的范围再小，却涵盖了设计、采购、施工、试运行等建设阶段当中的两个或者多个阶段。从本案具体情况来看，承包商主张的索赔项目，是与当事人所采用的PC工程总承包模式的承包范围相对应的。

1. 承包人主张“已完工程价款”中的“已开始未完成工程价款”，主要为承包人已经履行的本案工程总承包合同中的“设备采购”部分。

承包人提出的“已完工程价款”组成部分除“已完工程款”外，还有“已开始未完成工程价款”以及“开办费”两项。“已开始未完成工程价款”主要是指承包人已为案涉项目购置但未使用及安装的各种电梯等54台设备的费用。这个索赔项目反映了案涉项目所采用的PC总承包模式的特点，即承包范围不仅限于“施工”部分。

因本案当事人双方所采用的是设备采购及施工总承包模式，承包人的承包范围除“施工”包括“设备采购”，包括案涉工程全部材料或者设备，尤其还包含一些大型、定制设备。由于案涉项目中途停工，现场存在许多已购置但未使用或安装的材料设备，这部分的价值，法国承包商按照国外工程总承包结算的惯例，作为已完工程价款的组成部分来主张，与项目所采用的PC工程总承包模式的承包范围相对应。

当时，双方的争议焦点在于现场材料和设备是否需要计取工程间接费。申请人主张所有的现场材料设备均按合同约定的综合单价进行计算。但我立刻发现问题所在并进行反驳：已购置但未使用或安装的“材料和设备”和“工程”还是两个不同的概念，其未形成永久工程的一部分，不能算作工程，其补偿额也不应按照工程计算间接费用。

仲裁庭也接受了被申请人方观点，工程的价值包括三部分：材料出场价格、运杂费、安装费，而材料的成本显然只应包括前两部分，相应的安装费不应计算。然而，因为项目采用的是PC工程总承包模式，最终设备采购部分的利润仍被作为预期利益，获得仲裁庭的支持。

2. “开办费”显示出国内外工程造价构成方式的差异，涉及复杂的国内外工程及法律知识。

开办费是国际上比较通行的建安费用组成中的一项。在许多国家，开办费一般是独立于分部分项工程,造价按单项工程独立列支。典型的开办费用构成依照世界银行、国际咨询工程师联合会的规定,通常包括施工水电费,工地清理费,完工后清理费,建筑物烘干费,临时围墙、安全信号、防护用品费,恶劣天气条件下的工程防护费,污染费,噪声费,其他法定防护费,周转材料费,临时设施费,驻地工程师的现场办公室及办公设备费,现场试验及试验设备费,工人现场福利及安全费,职工交通费,日常气候报表费,现场道路及进出场道路修筑、维护费,恶劣天气条件下的工程保护费,现场保卫措施费及其他承发包双方认为需要的费用。本案约定的开办费有 600 万美元。

而在国内现行的工程造价体系中,并无单独的开办费的概念,上文所述开办费的各种子项,通常直接并入分部分项工程费、措施项目费、其他项目费中。例如,开办费中的施工水电费,国内将其并入机械费、材料费和措施费中。开办费中的现场道路及进出场道路修筑、维护费,国内将其作为临时措施费予以列支。开办费中的周转材料费,国内将其拆离成脚手架费、混凝土模板和支架(撑)费用及其他费用计入措施费中。开办费中的工人现场福利及安全费,国内将其直接计入分部分项工程费的人工费中。

国内外工程造价构成中对于“开办费”这项费用的列支方式的不同,可以看出国外的工程造价的构成更倾向于从结构上进行划分,按照项目建设中的各个环节来细化。在本案中,就开办费的证据编制而言,需结合国内外工程价款其子项费用各种不同特点来进行,方能具有说服力,这涉及复杂的国内外工程及法律知识。

案件仲裁过程中,双方的争议焦点就在于开办费的计取是依照工期进行分摊,形成线性模型;还是以形象进度分摊即按已完合同工程价值的比例支付,形成 S 形模型,这个问题是极其复杂的。开办费的子项各自具有完全不同的特点。例如:工地清理费和完工后清理费通常发生在施工过程的初期及末期,中期则支出较少;工人现场福利及安全费与工人数量挂钩,故初期和末期支出较少,中期支出较多;现场道路及进出场道路修筑、维护费,其中修筑费用为一次性投入,仅与总平规划修筑顺序相关,维护费用则通常与工期直接相关;驻地工程师的现场办公室及办公设备费通常为一次性投入,与工期及进度关联性均较小……最终仲裁庭总体上采纳了我方的观点:对部分开办费分项而言,“S”曲线模型是较为合理的;本工程开办费可分为进场部分、期间部分、退场部分,对期间部分开办费而言,可进一步细分为与时间相关的开办费分项及与形象进度相关的开办费分项，据此分析被申请人应支付开办费的比例较为公平。

3. 工程总承包项目索赔中，守约方的直接损失中依法包含预期利益。本案中，“风险费”“利润的损失”作为预期利益获得了仲裁庭的支持。

在本案复杂的国际工程索赔过程中，直接损失的范围和认定，是双方都很关注的一个争议焦点。其中，占仲裁请求总标的额50%的预期利益的索赔是最为引人注目的。承包人仅完成了四分之一的工程量，却拿到了整个工程的利润，发包人仅因一时资金困难，竟要支付两次利润。这似乎违背情理却又在情理之中。

仲裁庭对于直接损失的范围，认为直接损失指因合同终止直接引起的承包商的所有损失，包括未完工程预期利益的损失，但损失赔偿的数额不得超过在订立合同时违约方应当预见到因违反合同可造成的损失。仲裁庭认定的主要法律依据是《涉外经济合同法》第19条：“当事人一方违反合同的赔偿责任，应当相当于另一方因此所受到的损失，但是不得超过违反合同一方订立合同时应当预见到的因违反合同可能造成的损失。”最高人民法院《关于适用〈涉外经济合同法〉若干问题的解答》第6点第1项：“一方当事人不履行合同或者履行合同义务不符合约定条件的，除采取其他补救措施或者合同另有规定外，违约一方当事人赔偿另一方当事人因此所受到的损失，一般应包括财产的毁损、减少、灭失和为减少或者消除损失所支出的费用，以及合同如能履行获得的利益（在国际货物买卖合同中，就是指利润），但不得超过违约一方当事人在订立合同时应当预见到的因违反合同可能造成的损失。”上述法律及其司法解释虽已经失效，但现行《合同法》第113条第1款关于损害赔偿的范围的规定为：“当事人一方不履行合同义务或者履行合同义务不符合约定，给对方造成损失的，损失赔偿额应当相当于因违约所造成的损失，包括合同履行后可以获得的利益，但不得超过违反合同一方订立合同时预见到或者应当预见到的因违反合同可能造成的损失。”法律对于损害赔偿的范围包含合同履行后可以获得的利益的规定，是一致的。

确定了未完工程预期利益的损失属于直接损失，对于承包人提出的“未完工程预期利益的损失”中的“风险费”能否成立，是本案另一核心争议焦点。

由于本案申请人是以被申请人逾期付款为由要求解除合同，那么风险费用属于成本还是预期利益则是这个费用是否能取得支持的核心关键。如果认为风险费用属于成本，由于未完工程未实际施工，故未完工程相对应的风险费用成本被申请人无须支付；如果认为风险费用属于预期利益，那么依据《合同法》的规定，合同因为一方违约而解除，违约方需赔偿守约方的预期利益。这是由于法律请求权基础不同产生的费用差别。

风险费用在国际上比较典型的费用构成可以参照世界银行、国际咨询工程师联合会的规定，属于应急费用中的不可预见准备金，应予以独立列项。不可预见准备金是在预算的基础上，用以支付由于物质、社会和经济的变化，导致估算增加的费用，它是一种储备，可能支付也可能不支付，但不论是否需要支付，其最终均属于施工方所有。从这个意义上来说，风险费用属于成本还是利益确实存在争议，当未发生物质、社会和经济的变化时，风险费用与利润共同构成盈余，从这个意义上说，其形式上偏向利益；当发生物质、社会和经济的变化时，风险费用需要实际支出，当风险超过预计时，风险费用不但没有盈余，反而需要倒贴，这种情况下，其形式上更偏向成本。

但如果采用国内的造价组成则完全不同。根据《建设工程工程量清单计价规范》(GB 50500－2013)第2.0.8款对综合单价的定义——“完成一个规定清单项目所需的人工费、材料和工程设备费、施工机具使用费和企业管理费、利润以及一定范围内的风险费用”以及第2.0.9款对风险费用的定义——“隐含于已标价工程量清单综合单价中，用于化解发承包双方在工程合同中约定内容和范围内的市场价格波动风险的费用”，在国内的造价体系中，风险费用通常直接在分部分项工程费中直接考虑，包括在分部分项工程的综合单价中，通常不予以单独列项，也不存在相应的定额子项，仅是一种风险评价之后对单价进行一定程度的上浮。换句话说，国内体系中不存在风险费用这个概念，仅是综合单价制定时的一种考虑因素。综合单价和工程量直接挂钩，完成多少工程量，则依据相应的综合单价计算工程价款，发包人仅需支付已完工程价款即可，无须支付单独的风险费用。

仲裁庭认为本项目采用的是FIDIC合同中约定的风险费用条件，风险费用属于可得利益。故仲裁庭最终支持了申请人主张的“风险费”和“利润的损失”，并将申请人在合同签订后开始施工前提交的费用项目折分表中风险费为1.5%、利润为2%作为确定可预见的预期利益的标准。

总结来说，工程总承包项目因承包范围与施工总承包存在根本的不同，索赔的范围不仅限于“施工”的部分；同时，各种工程总承包模式下，承包范围以及承发包双方的风险范围又存在不一致，而涉外的国际总承包项目，则还会发生国内外对于工程费用构成上的差异。因此，工程总承包项目索赔，应注意根据实施的工程总承包项目的特点确定索赔项目。

（三）从本案法国承包人高效按合同进行索赔，对比国内外承包人在索赔意识上的差异，国内建筑企业需认识到索赔在工程总承包项目中的重要性，并尽快加强索赔管理能力

本案是一起典型的工程总承包模式下的索赔案件。回顾工程索赔的定义，即工程合同承发包双方中的任何一方因未能获得按合同约定支付各种费用、顺延工期、赔偿损失的书面确认，在约定期限内向对方提出赔偿请求的一种权利，是单方的权利主张。

本案件承发包双方的 PC 工程总承包合同，采用国际通用的《设计—建造与交钥匙工程合同条件》（Conditions of Contract for Design - Build and Turnkey，通称为橘皮书），关于承包商索赔的权利，橘皮书第 20.1 款规定：“如果承包商认为，根据本条件任何调控与合同有关的其他文件，他有权得到竣工时间的任何延长期和（或）任何追加付款，承包商应向业主发出通知，该通知应尽快在承包商察觉或应已察觉该事件或情况后 28 天内发出。”在发包人仅仅拖欠了一个月的进度款的情况下，承包人就按照双方合同的约定，迅速地执行了签证催告、工程停工、解除合同等约定程序并提出了 2543 万美元的高价索赔。

而反观当时国内建筑市场和司法实践，此前从未发生过这样的案件。国内建筑企业对于索赔重要性认识不足，逾期支付工程款至今仍是国内建筑行业的常态，国内建筑企业对建设单位拖欠预付款和进度款很少会提出索赔，更少会通过行使诉权主张权利。当索赔事件发生时，有些承包商考虑与建设单位的下一步合作，而不敢提出；或对索赔工作意识不到位，常常在签署合同时很认真，但合同一旦签订就束之高阁，项目部管理人员对合同内容了解不多，更谈不上理解和掌握，对于发生的索赔往往不提出，使许多本来应当索赔的事项没有留下书面资料；还有些因为索赔不及时超过合同约定的索赔期限而造成的逾期失权的情况。

两相对比,显示出国内外承包商索赔意识的差距,国内建设工程索赔发展仍然滞后,建筑企业的索赔意识薄弱。然而,在我国低价中标的市场环境下,是否善于工程索赔成为影响建筑企业效益的重要因素。另外,在“一带一路”倡议下,我国已有越来越多的建筑企业走出去涉足国际工程领域,如何高效索赔更成为中国承包商能够屹立国际市场的重要因素。

(四)案件当事人双方对于项目全过程履约管理的重视值得学习。即申请人项目管理过程中由五个合同制公司律师组成专业团队;被申请人委托全过程咨询企业负责项目履约证据

在承办这个案件的过程中,我对申请人一方律师团队在短期内如此完整、完备、有力的证据举证十分惊讶,申请人几乎做到了步步有资料,事事有证据,这在当时缺乏履约证据管理意识和履约管理能力的国内建筑行业是十分罕见的。我在与对方律师团队的沟通中了解到,法国承包商在每个项目的履约过程中都有派驻公司律师,合同履行过程中发生的任何签证和索赔事件,都有公司律师随时做好书面法律文件。本案出庭的6位代理人,除了一位英国的大律师,其余五位均是派驻在项目上的公司律师。该公司项目上的派驻律师为合同制的专业律师,律师并无固定薪水,律师报酬为负责施工过程中签证和索赔增加工程款的一定比例,这促成项目公司律师对工程签证索赔的证据管理工作极其认真负责。这个案件开庭时,申请人一方的庭审证据资料由六辆小车送到仲裁庭,这些浩浩繁繁的证据材料,与项目履约过程中公司律师的工作直接相关。

被申请人则委托了一家美国专业的全过程咨询企业,且被申请人与咨询公司所签订的咨询服务合同中约定的全过程服务范围包括:一旦发生纠纷,咨询公司将与被申请人委托的案件代理律师合作进行代理仲裁。这家咨询公司确实和我们一起完成了仲裁的所有程序,全过程咨询公司有代表参加案件仲裁,有助于我方更为高效的整理编制证据材料。

而国内少有项目律师这个证据管理概念,企业普遍不重视项目合同履行证据的管理和掌控,很多案件反映出因放养式的证据管理而导致的失误都出现在项目的履约过程中。建设工程合同履行不仅时间长,技术复杂,如何将合同履行中纷繁复杂的证据材料完整、完备地收集,并加以系统整理,转化成一旦发生诉讼或仲

裁时可用的证据材料,在管理上是一个非常专业化、精细化的实务操作过程。工程合同履行实践中,往往存在两种不可取的、落后的证据收集整理模式:一种是缺乏系统管理,不重视过程证据资料的收集,待到纠纷发生时临时抱佛脚,仓促收集证据,往往出现自始无证据、证据遗失、索赔失权等情况,致使自身权益受到损失;另一种是虽然意识到履约证据管理的重要性,但是缺乏专业的科学整理,从管理上仅解决证据资料的简单堆砌,导致需要使用证据时,虽然握有一堆材料,但杂乱无章,材料本身净是漏洞,证据无法有效证明自己的主张,同样导致权益的损失。

本案法国承包商的项目律师负责履约证据管理的项目法务模式、发包人的委托咨询企业的全过程服务,其本质都是统一的,即履约过程的证据要有专人管理,以上经验是国内建筑企业值得借鉴的。

(五)本案工程总承包合同履行及合同约定的解决争议的适用语言均为英语,工程总承包纠纷的涉外因素以及案件难度所特有法律服务需要,对建设工程领域专业律师提出了更高的要求

本案对专业律师事务所的外语能力也提出了一个现实的服务要求,这个问题在今天看来显得更为重要。涉外工程承包一般会按所在国语言制作合同文本,中方有关投资或承建方可以要求同时制作中文合同,但在解释时发生矛盾或意见不一,则适用英语文本,也就是说,一般情况下,涉外工程承发包合同会有三种语言的合同文本,而如果发生争议或纠纷提起国际仲裁,都会约定使用英语,就像本案的仲裁语言为英语一样。

在当前我国正处在"一带一路"倡议下施工企业"走出去"的大背景,涉外工程承包适用的是 FIDIC 合同文本,承办相应涉外业务的律师不仅要熟悉外语,还要熟悉 FIDIC 合同文本,没有这样的能力根本无法满足承接类似本案的基本要求。通过此案更提醒我们中国的律师事务所:尽快培养既懂外语又懂行业的专业律师,这已成为中国专业律师事务所专业发展的当务之急!

案例4 江苏常州某热电厂设计、建造与交钥匙即TK模式的工程总承包纠纷伦敦商会仲裁和解案

一、案情简介

美国某著名电力集团以BOT投融资模式组建项目公司，在江苏省常州市投资建设某热电厂（以下简称发包人）。经招投标，由我国某专业研究所中标担任总承包人。1995年5月23日，双方借鉴国际通行的包含设计、采购和施工即EPC工程总承包的TK模式，以FIDIC 1995版橘皮书（《设计—建造与交钥匙工程合同条件》）为框架签订交钥匙合同。

交钥匙合同模式（Turnkey模式），是指工程总承包单位为发包人承担整体工程规划、设计、施工、采购、试运行、试运营等所有的工程建造义务，一旦设计与建造工程完成，包括设备安装、试车及初步操作顺利运转后，发包人只要支付合同价款，总承包人即将该工厂或项目所有权和管理权的"钥匙"依合同完整地"交"给发包人，由发包人开始经营。该模式的特点是，发包人几乎不承担任何实质上的工程管理义务，仅需在提出工程需求后支付价款，即可取得工程的交付。

本案交钥匙合同包括总承包人提供整套设施所需的大部分或全部装置、配件与设备，使该设施随时可以启动运营，合同约定由总承包人负责工程设计、设备采购和施工营造的各阶段的总承包。整个热电项目包括热力系统、供油系统、供水系统、化水系统、电气系统、热控系统的设计、安装、施工及余热锅炉的采购，汽轮机的设计、制造和安装等。

此合同为固定总价合同，约定工程价款为1516万美元。工程开工后一个月，由于总承包人提供的设计图纸不符合发包人的要求，导致项目停滞。为早日投产运行收回投资，双方于1998年5月21日签订协议书，主要内容有：（1）将总承包人余下的设计任务移交发包人；（2）由发包人承担余热锅炉的采购和安装；（3）停工损失由发包人和总承包人商洽承担方式。此后，1998年7月8日发包人又与总承包人达成补充协议，确定设计单位变更后：（1）根据原由总承包人设计已开始的

工程,任何设计变更引起的额外施工,由发包人核定审核后进行一次性补偿;(2)尚未开始的工程,由总承包人对变更设计评估后由发包人核定补偿;(3)发包人将不会要求承包人退回已付的工程设计款。在此后的履约过程中,发包人与总承包人就设计变更、合同变更的依据以及所产生的费用增加发生多次争议。双方的各执己见影响了总承包合同的实际履行,在某些具体的问题处理方面,发包人也默认了初步设计对总承包合同发生一定的限制作用。

此外,总承包人将汽轮机交由设备分包供应商、东北某电站辅机厂加工、制造、安装。由于加工过程存在管理疏漏,经扣盖前检验,无论是汽轮机的设计、制造还是安装都存在质量瑕疵和缺陷。汽轮机没有进行组织调试即投入使用,其设备安全性不能确定,发电能力和寿命处于未知状态,导致原计划建造的热电厂只能发电不能供热;而且汽轮机制造拖延及其缺陷造成整个工程的工期严重延误。

与此同时,由于总承包人未顺延履约担保信用证,2000 年 12 月发包人发出暂时停工通知。2001 年 10 月,发包人依约发出解除合同的预通知,要求总承包人在 10 日内就违约补救提出方案,并要求重新提供担保信用证。总承包人复函予以拒绝。此后,发包人正式通知总承包人解除合同,双方由此产生纠纷。

二、服务过程

本案发包人于 2001 年 10 月发出预解除通知,要求总承包人提出违约补救方案被拒后,对如何解除合同、解除合同的后果、双方争议的依约仲裁解决等存在很多疑问,遂于 2001 年 10 月 24 日就本案热电厂工程总承包合同(TK 模式)履约中关于工程造价、工期及质量争议解决有关事务,以及疑难问题的法律分析及相关的谈判、仲裁事项统一委托给本所,由本人及邹菁律师担任承办律师解决上述问题。

发包人就本案提出以下疑问,我们一一给予回复:

(一)发包人提出合同解除是否具有法律依据的问题

我们认为发包人解除总合同具有合同及法律依据。

根据总承包合同第 14.2 款的规定,若承包人未能在合理的时间内履行发包人就承包人未根据合同实施工程所发出的赔偿修补的通知;或承包人没有正当理由未能根据合同第8条有关【开工、延误及停工】进行工程工作;或没有正当理由未能在设计中表现出投入足够力量使工程得以在竣工时间内完成;或未能提供足额履约担保的;发包人可以在向承包人发出通知14天后终止合同的雇佣关系。

履约过程中,总承包人存在如下违约行为:第一,未按照合同约定的工期完工,本合同工期严重延误;第二,汽轮机组织设计、制造及安装存在质量缺陷且迟迟未进行调试,且在发包人多次发出纠正通知后依然未能及时纠正;第三,履约保函信用证未按照发包人要求延续。

结合上述合同约定及履约事实,本所认为依据合同约定适用的中国法律,发包人有权取得合同约定的解除权。

(二)合同解除后,双方可能提出的索赔与反索赔的范围

合同履约过程中,双方都存在不同程度的违约事实,因此合同解除之后的责任承担是一个非常复杂的问题。

1. 发包人有权提出的索赔。

(1)工期延误违约金。

根据合同第8.6款,不同部位的延期采用不同的违约金计算方式。例如,单循环的完工期限为125天,若延期,则按日期2323美元/天计算违约金;联合循环期限为458天,若延期,则按日期14,878美元/天计算违约金。实际索赔额不得超过合同总价的25%。

(2)质量缺陷违约金。

本案已完工程存在一系列的质量缺陷,主要表现为热力系统中的辅助锅炉未依约进行调试;汽轮机有严重质量缺陷,不能进行调试。总承包人迟迟不能调试的根本原因是汽轮机组的本体设备有质量问题,既没有达到合同明确要求的有运行业绩,也非成熟产品,对此,已有权威部门的检查结论,汽轮机存在内在的、结构性的质量缺陷,使发包人的交易目的无法实现。依据合同约定,发包人有权请求主张累计额不超过合同总价45%的违约金。

(3)附随义务的扣减。

对于承包人已完工程部分的附随义务,发包人对相关附随义务的履行具有选

择权,既可以另行委托他人履行,其费用在总额中扣除;也可要求总承包人继续履行(主要是指工程的保修)。

2. 总承包人在合同终止后有权提出的反索赔等权利。

(1)延迟支付违约金。

施工过程中,发包人有延迟支付工程款的问题。对此,总承包人有权依据合同约定主张违约金。

经分析,依据合同第 19.1 款约定的索赔程序,总承包人对发包人延迟支付工程款,应当在索赔事件发生之后 7 天内提交索赔意向通知书,否则失去索赔权利;而总承包人并没有在时限内提出索赔,其索赔权利已经灭失。

但同时也考虑到,该案件中,发包人欠付的工程款数额较大,时间较久,在司法实践中,法庭或仲裁庭都会考虑事实上发包人付款逾期这一因素,根据合理和公平原则,有可能在发包人要求工期延误索赔的计算时做适当的有利于总承包人的处理。

(2)设计变更、合同变更所造成的施工费用的变更增加。

该项费用是本案中争议最大的问题之一,工程总承包模式下的设计变更是否有权主张合同费用的增加与传统施工合同完全不同,需要非常精细的论证(下文将详细论述)。我们认为:在当时国内对于工程总承包模式并没有足够的经验及案例可以参考的前提下,对于总承包人来说,对自身有权取得的金额范围难有明确的预期。

(三)关于汽轮机组质量问题的处理方案

汽轮机的工期和质量问题是双方产生争议和矛盾的焦点。由于总承包人对于设备供应商设备加工制造的管理脱节,造成汽轮机制造的质量缺陷,以致汽轮机未进行整体调试无法投入实际使用,由此造成设备安装的严重延误,并进一步影响到了整个项目的建造期限。

对于汽轮机的质量缺陷,总承包人于 2000 年 2 月的专题会议上也承认汽轮机确实存在部分缺陷。2000 年 6 月,江苏省电力基本建设工程质量监督中心站组织专家就汽轮机的质量进行检验,并出具《某热电有限公司汽轮机扣盖前质量监督检查报告》。该报告指出汽轮机确实存在一定的质量缺陷,且由于是改型设计,该型机组尚无运行业绩,需通过实践进行验证,根据验证结果明确质量缺陷的后果。

对此,我们认为总承包人在该设备的供应安装上存在违约是确定的,但违约责任的范围在尚无验证证明前难以明确。建议如下:

1. 要求对汽轮机进行调试并试车。

根据试车结果要求总承包人无偿修理、返工或改建,因此造成的逾期交付,按总承包合同承担违约责任。

2. 如试车未能通过,则可要求设备退回并主张违约赔偿。

如经过修复仍旧无法达到国家标准以及合同要求,发包人可以要求退回汽轮机组,由总承包人承担违约责任和由此产生的一切赔偿责任。需要指出的是,由于汽轮机的未予调试造成整个供热汽轮发电机组未形成生产能力。因此,应认为总承包人未完成整个合同约定的三大承包内容中的热力系统的承包内容。同时还应当指出,如果总承包合同要求高于国家标准,根据有关法律规定,应以合同要求为准,发包人仍可以享有退赔的权利。

3. 如试车结果符合国家标准但低于合同标准,发包人可以选择折价接受。

如试车结果符合国家标准但低于合同标准,发包人可以选择接受,同时亦享有折价的权利,可以要求"按质论价",并依照合同向总承包人主张性能违约金。按质论价的计算方式合同中亦有约定:美元×缺少的千瓦数×天数(合同第9.4款),总额不超过合同总价的25%(合同第16.4款)。

(四)关于合同约定的仲裁条款是否可以适用的问题

合同对"争议解决"约定为:争议解决适用中华人民共和国法律、法规以及江苏省和常州市的有关规定;选定英国伦敦商会为仲裁机构,适用美国纽约州的仲裁规则。该仲裁条款虽然有效,但实施时却无可行性。

对于本案依合同提起国际仲裁,经本所的整理与分析,虽然本案法律问题逐渐清晰,但案件事实的明晰却更显疑难复杂,由于双方当事人均存在违约,双方当事人均存在难以明确违约责任的难题。例如,发包人主张工程设计存在较多不符合合同约定的问题,但涉案工程属于专业的工业工程,工艺复杂,技术难度大,涉及大量专利、独有技术,对于工程设计是否符合要求,以及存在的问题可能引起的后果,事实上难以找到可以进行明确鉴定的第三方单位;总承包人主张由于发包人逾期付款,其存在巨额损失,但其对于逾期损失也无法提供相应的过程证据。更主要的是,合同的仲裁条款在提起国际仲裁操作时不具有可行性。代理人向伦敦商会接洽、咨询提起国际仲裁时,该国际仲裁机构表示:可以依约"适用美国纽约州的仲裁规则"进行仲裁,也同意"适用中华人民共和国的法律、法规以及江苏省和常州市的有关规定",但要求申请人按该仲裁机构指定的翻译单位,把"适用中华人民共和国的法律、法规以及江苏省和常州市的有关规定"及全部工程资料保证质量地翻译成英文。仅就伦敦商会提出相关法律法规及工程资料须全部翻译为英文且须保证翻译准确性一项,就成为案件双方希望尽快解决争议却又无法面对的难题。发包人感觉作为仲裁申请人如此操作无异于开荒种地,根本无法在希望的期限内提起仲裁。最终经律师的协调和双方的多次洽商,涉及1200万美元的本案争议,最终各自作出让步,以发包人给予总承包人50万美元获得和解解决。

三、办案体会

本案是比较标准的设计、建造与交钥匙即工程总承包模式中的TK模式工程总承包纠纷,虽然最终和解结案,但本案争议及国际仲裁条款涉及一系列法律争议的实务操作,以及如何保证工程总承包项下的设备加工、制造、调试等一系列合同履行中的质量把控颇具代表性,即使在时隔18年后的今天,对推行我国的工程总承包也存在借鉴意义。

(一)吸取教训,准确设定国际仲裁的争议解决条款

诉讼与仲裁是最常见的两类争议解决方式。相较于诉讼,仲裁具有较大的灵活性,只要双方当事人达成合意,仲裁不受地域、级别甚至法律的拘束。在国际工程项目中,由于承发包双方国别不一致,习惯适用的法律、惯例不同,又涉及地域、政治保护、国际关系等问题,双方当事人基本上都会采用国际仲裁的方式解决争议。一般而言,合理的仲裁条款设置和选定适当的仲裁机构往往成为当事人洽谈合同的重要条款甚至是首要条款,甚至成为能否签订合同的前提。就本案而言,

据悉，为洽商本案仲裁条款，当事人前后花了近一年的时间。

仲裁条款的设计主要应考虑下述问题：

1. 仲裁机构的选择。

仲裁机构的选择首先要考虑可行性，本案仲裁机构的选定就是一个典型的失败案例。本案合同额1516万美元、双方各自主张的争议额共1200万美元，这在国际工程中可以说只是个一般工程，但美商掌控的发包人和中国承包人却最终约定在了遥远的英国伦敦商会仲裁。由于伦敦商会仲裁案件的用时特点，以及交通往来的时间成本、差旅成本高昂，就几乎注定了本案仲裁是一种不可能完成的事项。因此，仲裁机构的选择要结合项目规模、地理位置、行业惯例、仲裁语言、双方当事人的基本承受能力及合理预期等因素综合考虑可行性，避免出现选定的仲裁委员会路途过远，仲裁语言翻译要求过高，或者因战争、敌对状态等事实上无法仲裁的情况。

国际仲裁在可行性的基础上一般会选择项目所在国的仲裁机构，例如，我国有国际经济贸易仲裁委员会即贸仲。通常情况下，对于发生在我国境内国际仲裁的当事人来说，国际仲裁机构选择的优先顺序为：项目所在国的仲裁机构（如我国的贸仲）、与本国法律、工程惯例、语言相通类国家的仲裁机构（如香港国际仲裁中心或新加坡国际仲裁中心）、一般的第三国仲裁机构（如路途相对较近国的仲裁机构）。

2. 仲裁规则的选择。

本案合同当事人选择国际仲裁机构和仲裁依据的不一致，也增加了国际仲裁的实际操作难度。此处所称仲裁依据包括仲裁规则、仲裁适用法律及双方当事人同意作为仲裁依据的其他惯例、规定、文件等。显然，当事人对仲裁依据的适用越熟悉越有利，因此要优先选择本国的常用仲裁依据，其次选择国际通用的仲裁依据，尽量不要选择对方当事人所在国的仲裁依据。

此外，需要注意的是，仲裁机构和仲裁规则是合同的仲裁条款中最为重要的两个因素。通常情况下，如果根据一方的要求选择了仲裁机构，惯例上仲裁规则应当由另外一方当事人进行选择，以兼顾公平。

3. 仲裁语言的选择。

我曾经处理过一个国内的仲裁案件，两家国内企业居然在仲裁条款中约定在国内某仲裁委采用英语仲裁，这显然属于损人不利己的约定，不仅加重了自身的仲裁成本，也显示出了该当事人对仲裁语言的选择完全不够重视。

对国际仲裁的使用语言选择，一般可选择的方案有己方当事人所在国语言、国际通行语言、对方当事人所在国语言。就本案而言，既然当事人已选定适用中国法律，就应当坚持选择中文为仲裁语言。因为国际工程争议很多情况下都涉及基本概念之争，如何清晰明确地界定、表述概念与所用语言的熟悉程度密不可分，使用自身不熟悉的语言，往往容易出现歧义，导致案件处理不力；且涉及法律、法规、规章、合同、工程资料翻译的费用和时间是一个不得不考虑的仲裁成本。因此，结合约定的法律适用，从实际出发合理选择仲裁语言，也是本案约定仲裁无法操作值得当事人高度重视的严重教训。

（二）交钥匙模式（TK 模式）与 EPC 模式的差异

本案合同采用的基本框架是 FIDIC1995 版橘皮书合同条件——《设计—建造与交钥匙工程合同条件》，属于 TK 模式。但在本案纠纷处理过程中，双方当事人及当时参与调解的部分部门领导多把其视为一般的 EPC 模式。这两种模式虽然极其相似，但实际上依然存在差异，不能混为一谈。

本案纠纷发生时可借鉴的依据是《30 号文件》，其第 2 条第 3 款第 1 项明确"设计采购施工（EPC）/交钥匙总承包"，即 TK 的定义是："设计采购施工总承包是指工程总承包企业按照合同约定，承担工程项目的设计、采购、施工、试运行服务等工作，并对承包工程的质量、安全、工期、造价全面负责。交钥匙总承包是设计采购施工总承包业务和责任的延伸，最终是向业主提交一个满足使用功能、具备使用条件的工程项目。"可以看出，TK 模式和 EPC 模式属于独立的两种模式，虽然很近似，但依然不同，两者的区别目前没有严格的界限及定义，但结合工程实际及工程管理学理论，可以归纳部分主要区别如下：

1. TK 模式承包范围更大。

如《30 号文件》中的定义："交钥匙总承包是设计采购施工总承包业务和责任的延伸。" TK 模式承包范围相较于 EPC 模式更大。

从前期而言，EPC 模式通常是工程决策阶段结束后进行发包，也就是说，通常 EPC 工程发包晚于可行性研究阶段；而 TK 模式可以囊括工程前期的投资机会研究、项目发展策划、可行性研究及前期经济评价。

从后期而言,EPC 模式通常在试运行完成之后,合同主要义务便基本宣告完结;而 TK 模式往往包括项目运营准备、生产运营组织甚至项目自启动到稳定运用的总体管理。以生物污水处理工程为例,通常生物污水处理工程试运行阶段只要机械设备的联合调试通过即可;而要想达到稳定运行,还需要在机械设备的联合调试通过后进行生物菌群试验、培养、调整等工作,最终才能保证厂区稳定运行,两者往往相差数年的时间。

2. TK 模式风险范围更大、工期和合同价款更加固定。

由于 TK 模式相对于 EPC 模式的承包范围更大,故其风险范围也更大,除了不良地质、气候、市场变化等风险之外,TK 模式下的总承包人甚至还需要承担投资失败的风险。在 TK 模式下,建设单位对工期和合同价款的固定性要求更高,几乎不存在调整空间,这对总承包人的要求更高。

3. 建设单位风险及管理义务更小但需要支付更高的合同价款。

TK 模式相比于 EPC 模式,更加强调“交付”这一概念,建设单位对于工程实施过程的参与程度更低,基本上不介入工程管理,仅强调在约定的时间取得约定效果的工程,更加强调符合合同约定工程的“交付”,建设单位只需要在取得工程后,转动“钥匙”即可使用工程,至于工程如何建造,建设单位并不关心,这也是 TK 模式名称的由来。工程交付之前的风险,建设单位几乎都不承担。

总承包人承担了更多义务、更多风险、更多管理,自然应取得更多价款,TK 模式的合同价格往往高于同类型工程的 EPC 模式价格。

综上,TK 模式和 EPC 模式并没有非常明显的分别,两者是一种渐变的关系,但依然不应将两者混同,否则将不能明确界定承发包人应当承担的合同义务、风险范围及合同价款的相关内容,导致发生争议。

(三)发包人批准的效力问题

本案总承包人在合同订立后进行了初步设计,发包人对该初步设计并不满意,认为初步设计没有满足合同的要求。但迫于时间压力,发包人不得不将该初步设计图纸向江苏省建设委员会报批,获得批准后匆匆上马开始施工。工程开工后仅一个月,由于总承包人提供的后续施工图不符合合同的要求,双方产生争议最终导致项目停工。

对此，总承包人认为发包人将初步设计图纸向政府送审的行为已构成对合同变更的确认，之后的施工图纸根据初步设计图而定，也自然应视为被发包人确认。而发包人否认这种观点，并且认为双方的合同明确规定承包人完成的工程要完全符合合同规定工程的预期目的，而且合同规定“无论发包人是否批准或同意，承包商应对全部工程的完备性、稳定性和安全性承担全部责任”。发包人向政府送审初步设计图纸不能认为是对合同本身的变更，总承包人依约应以合同和合同预定的目的为准。

因此，这一规定是否可理解为发包人批准不解除承包人的合同责任？合同责任包括哪些责任范围？仅仅指工程的安全稳定性还是包括承包范围或承包要求？确实存在较大的模糊空间，这是工程总承包合同履行过程中常见的难题。

FIDIC 1995 版橘皮书合同第 4.1 款规定：“不论雇主代表是否给予了批准或同意，承包商应对全部现场作业、所有施工方法以及全部工程的完备性、稳定性和安全性承担全部责任。”而 1999 版 FIDIC 银皮书第 5.2 款【承包商文件】也有类似规定：“发包人的（根据本款或其他条款的）任何审核，都不应解除承包商的任何义务或职责。”但在 2017 版 FIDIC 银皮书中删除了此项规定。原因就在于，承包人提供的文件中如果仅涉及原合同义务的落实，那么发包人对此表示认可，不构成对合同义务的变化。例如，钢梁吊装施工方案的变化，发包人的审查不能免除承包人对新的吊装方案的安全性、完备性的责任；反之，如果承包人提供的问题中涉及原合同义务的变化，发包人明知且认可，此时双方已经另行达成合意，应视为对合同的变更。例如，承包人提出发电量由 9 万 kW/h 变为 8 万 kW/h，但工程价款不变，而发包人对此表示认可，则双方合同义务已经变化，应当依据新的合意履行。因此，根据 FIDIC 合同条件本身的演变变化，发包人的批准根据是否涉及合同义务的不同，其后果难以一概而论。

上述区分方式看似简单，实务中却非常复杂，某项认可是否涉及合同义务的变化经常难以区分。例如，热电厂污水处理系统中的滤池，初步设计采用 U 形滤池，施工图阶段承包人提出采用 V 形滤池，发包人予以认可，但进水水质和出水水质要求不变，此项确认是否构成合同义务的变化就存在争议，进出水水质不变，意味着污水处理要求的不变，但两种滤池造价差异较大且从技术上来说属于截然不同的两类工艺，发包人的认可究竟是属于同意合同义务变更还是仅仅是落实原合同污水处理的要求，难以区分，争议颇大。

因此，本案的一个教训是：发包人与承包人应当在工程总承包合同中明确约定发包人批准对承包人的具体影响，包括对承包范围及其责任、对施工质量的影响，对工期、对工程价款的影响等，以避免履行过程中不必要的分歧和异议；对于影响重大的过程文件，应当在批准时二次明确双方的意思表示，明确该批准的影响。

（四）如何界定设计变更与合同变更

本案中由于承包人坚持采用已经批准的初步设计文件，承发包双方无法达成一致。发包人只能终止承包人的设计工作，而委托另一家设计院进行设计，并承诺已支付工程设计款承包人无须退回。但是，新设计院的设计却突破了承包人原有初步设计，自然给承包人的具体施工带来了新的工作内容。

本案承包人认为初步设计是经政府批准的，是一个项目的法定文件，施工设计必须按初步设计的内容实施，否则构成合同变更。发包人则认为，这些修改和变更仅是设计变更，通常是在电力建设过程中对设计的局部修改，如更改工程有关部分的标高、基线、位置和尺寸；或是改变有关工程的施工时间和顺序；或是增减合同中约定的工程量，以及其他有关工程变更需要的附加工作，属于工程正常执行过程中图纸的调整，符合电力工程的常规惯例，这种变更不涉及施工合同技术标准和质量要求等内容的修改，不属于合同变更。发包人、政府和专家审查通过的初步设计只是工程进入施工图设计的依据，初步设计和施工图都应以总承包合同为准。由于总承包合同价款已包含此承包范围和要求，原合同包死价款不应变化。因此，总承包人履约过程中先后提出的46份合同变更单所涉及的全部款项，除非发包人给予签证，否则不应增加合同价款。

此项争议是传统施工总承包即DBB模式和工程总承包EPC模式的重要区别之一。建设工程合同是承揽合同的一种特殊形式，本质上是发包人提出合同要求，承包人根据发包人合同要求建造工程并交付的合同。传统DBB模式中，发包人的合同要求通过施工图的形式予以明确，施工图是非常详尽的文件，即发包人的合同要求非常明确。合同约定的价款是施工图列明工程的对价，只要发包人提出的某项修改导致施工图发生变化，则合同价款相应变化，这是较为容易界定的。但是工程总承包模式不同，该模式下，发包人的合同要求通常是初步设计、可行性研究方案甚至只有原则性的文字描述，非常模糊；履约过程中，发包人提出的某项修改是对合同要求的变更，还是认为承包人的履约行为不符合合同要求而提出的修改，很多时候难以区分，易起争议。

因此，在工程总承包履约过程中，双方当事人应当在某项修改提出时就及时分析定性，如果双方无法达成一致，应当及时就该项争议单独进入争议解决程序，避免积少成多，影响工程整体履约，导致损失扩大。

（五）设备采购中的质量缺陷及其相应责任、补救措施，应事先作出相应约定

本案中，发包人委托总承包人对发电重大设备之一的蒸汽轮机进行设计、制造和安装，价值达1200万美元。总承包人又将蒸汽轮机分包由东北某公司制造和其兄弟公司进行安装。由于汽轮机供应商管理混乱造成汽轮机制造的严重延误和质量缺陷，汽轮机的质量缺陷进一步加深了发包人与总承包人之间的矛盾。

工程总承包合同中的“设计”贯穿了工程总承包的整个过程。工程总承包合同中的采购与施工合同中的对施工建筑材料或相关机械设备的采购也具有完全不同的意义。工程总承包合同中的采购不仅包括“购买”项目运行的重大、关键设备、设施（如电气设备等），而且有“设计”“定作”“制造”的含义，即为某一项目度身定作某种大型设备。但当这种设备在制造过程中存在质量缺陷，对于发包人而言是非常被动的。作为发包人委托的律师，虽然我们建议发包人可以依据《合同法》中关于买卖合同的原则，向承包人主张无偿修理、返工、或改建、或退货，如果发包人同意利用，还可以按质论价。但由于汽轮机质量问题中本身包含了设计、制造缺陷，返工或是修理都难以修复并达到预期目标。专门定制的重大设备若要求制造商退货，在实践中也是不容易的，单质量验证就是一个繁杂的过程，更何况上述案例中的汽轮机还是一种改进机型，没有先例，专家也难轻易作出定论。工程总承包合同要求总承包单位的能力非常全面，不仅在设计方面，在施工、设备采购、安装等也要有一定的经验，否则难以胜任。这些专业能力虽有一定的联系但毕竟工作内容不同，例如，本案例中的采购就要求总承包人具有对汽轮机的设计、

制造、安装具有相当的经验与能力，否则在分包人发生偏差时无法起到引导、监督、控制、管理的作用。在这种情形下，如事先在工程总承包合同中未对总承包人的责任范围和补救措施作约定，一旦发生采购质量缺陷，发包人会陷入非常被动的境地。

（六）交钥匙工程质量未达"最低性能标准"的认定及其损害赔偿的计算方式应事先设定

本案中，发包人提出了一项"性能损失补偿"，即总承包合同中，总承包人承诺热电项目每日发电最低净值数额，若在性能测试后没有达到该标准，要赔偿发包人 1 美元/kW・h/日，并乘以担保量与实际发电量之间差额的损失。该项目由于多种原因导致发电量与最初预测存在差距，因此，发包人要求向承包人主张赔偿性能损失补偿。

这种性能损失补偿条款在 FIDIC 银皮书合同条件及在 FIDIC 黄皮书合同条件中均有涉及，并增加了竣工后检验的内容，这是指对某些大型工业项目在工程或区段竣工交付运行一段时间后，工程或设备的各项技术指标参数是否达到发包人要求中规定的"最低性能标准"进行验证。若未能达到可接受的最低性能标准，则按专用条件内约定的违约金计算办法，由承包人承担该部分的损害赔偿费。在这类工业项目中，可以用量化的标准衡量工程完成的质量与功效。这类似于买卖合同中"按质论价"原则，即买卖标的若不符合合同的要求而买方又可以接受的，则买方可以同卖方按照质量协商价格。这对总承包单位提出了更高的技术和管理要求，需要对项目有更高程度的把控，无论是设计能力还是制造、采购、土建、安装都要满足最低性能的标准，否则将受"最低性能标准"的约束，并承担相应的违约责任。

工业类项目的性能如何评价具有极高的专业性，具有鉴别、评估能力的单位通常极少，甚至在某些高精尖领域，具有相关技术能力的单位可能只有一两家，而且还往往涉及技术秘密、商业秘密问题。工程性能在争议解决时无论是法院还是仲裁机构都很难进行认定，因此，建议双方当事人在缔约时就应该在工程总承包合同中订立切实、方便、可行的性能违约补偿标准，可以有效减少双方举证难度及减少诉讼时间成本。

（七）通过调解或和解方式解决复杂争议具有现实的可操作性

诉讼与仲裁是争议解决的最终手段，但不是唯一手段。诉讼与仲裁均有其局限性，诉讼与仲裁案件的裁处以法律人员为主，这就导致对于复杂的专业工程，往往出现法官或仲裁员难以理解事实争议而无法作出法律准确判断的难题，案件审理旷日持久也在所难免。在此前提下，本案双方当事人通过律师的工作和面对案件的疑难复杂，最终通过和解解决争议，不失为一个值得借鉴的现实的处理方案。

近几年来，随着我国法律事业的发展，建设工程案件已经产生了一部分专业的法官及仲裁员，对于建设工程案件具有较高程度的理解，但这仅限于一般的房屋建筑和部分的基础设施工程，对于技术难度更高的厂矿工业、水利水电、港口航务、航空航天等复杂专业的相关建设工程纠纷，绝大部分法官及仲裁员往往力有不逮，这导致对于复杂的工程争议，事实上采用诉讼与仲裁的方式并非最优解。

最高人民法院《关于人民法院进一步深化多元化纠纷解决机制改革的意见》（法发〔2016〕14 号）提出：深化多元化纠纷解决机制改革、完善诉讼与非诉讼相衔接的纠纷解决机制；加强与商事调解组织、行业调解组织的对接；推动律师调解制度建设。而国际流行的 ADR 争议解决机制，已经为多元化的调解、和解解决复杂工程争议提供了有益参考，值得国内的承发包当事人借鉴和重视。

所谓 ADR（Alternative Dispute Resolution）制度，是指当合同各方无法通过协商就解决争端取得一致意见时，为了争取继续以友好方式解决，可由双方协商邀请中间方介入，参考第三方的意见解决争议，即争端解决替代方式（ADR）。

ADR 的优势在于：一是相比仲裁或诉讼的强制性，更利于创造友好气氛，对争端各方更具有吸引力；二是与仲裁或诉讼的不确定性相比，争端双方可更好地控制解决结果；三是 ADR 的工作过程和方式更加快捷和经济，更有利于保护各方的商业关系；四是 ADR 的第三方选择自由，双方当事人可以自行选择认为有能力解决争议的第三方进行评审，尤其适合技术复杂的高精尖工程项目。如果通过 ADR 的方式无法解决，争端各方依然有权进行诉讼或仲裁，不影响各方权益的最终保证，因此在国际项目中，ADR 制度是逐渐兴起的多元化争议解决制度之一。

典型的 ADR 制度包括：1. DRB 制度；2. DAB 制度；3. DAAB 制度。

1. DRB 制度简介。

DRB 是英文 Dispute Review Board 的缩写，即争端评审委员会。该模式由世界银行在 1991 年的“工程采购标准招标文件”中第一次使用。其基本模式是：合同当事人可以在合同签订后也可以在争议发生后共同选择一名或三名争议评审员，组成争议评审小组；并向争议评审小组递交争议相关资料文件，由争议评审小组出具争议解决的初步意见，双方可自行选择是否同意该意见，如果不同意，则可自行提出诉讼或仲裁。目前我国住建部发布的《建设工程施工合同（示范文本）》（GF－2017－0201）推荐的就是这种模式。

2. DAB 制度简介。

DAB 是英文 Dispute Adjudication Board 的缩写，即争端裁决委员会。该模式在 FIDIC 1995 版橘皮书合同条件中第一次提出，本案合同就是采用的该合同条件作为基本框架，合同第 20.3 款即约定了争端裁决委员会的适用。其基本模式是：合同当事人可以在合同签订后共同选择 1 名或 3 名争议裁决员，组成争议裁决小组；并向争议裁决小组递交争议相关资料文件，由争议裁决小组作出决定，双方如果同意或在约定的时间内未提出异议，则该决定对双方当事人产生拘束力，应当按决定执行；如果当事人在约定的时间内表示异议，则可自行提出诉讼或仲裁。

DAB 相对于 DRB 增加了准仲裁性。DRB 的意见仅有推荐作用，双方当事人完全基于自愿决定是否接受；DAB 的决定具有准仲裁性，如果双方当事人没有及时提出异议，则该决定转化为具有拘束力的强制要求，必须执行。

自 FIDIC 1995 版橘皮书之后，在 FIDIC 2017 版合同之前的所有 FIDIC 系列合同条件均采用 DAB 作为争议解决制度之一。

3. DAAB 制度简介。

DAAB 制度是 2017 版 FIDIC 系列合同条件新提出的概念。DAAB 是英文 Dispute Avoidance/Adjudication Board 的缩写，即争端避免/裁决委员会。

DAAB 制度和 DAB 制度相似，也是在合同签订后即马上由双方当事人共同选择一名或三名成员组成争端避免/裁决委员会。DAAB 与 DAB 的区别在于，DAB 是在争议发生之后，由双方当事人向争端裁决委员会递交争议资料；而在 DAAB 中，如果双方当事人认为可能发生争议，即可请求 DAAB 委员会提供争议避免协助，DAAB 委员会成员如果自己认为可能发生争议，也可自行提出争议避免协助，且DAAB在争端避免过程中给出的建议、观点都不要求强制执行，也不对未来的争端解决过程形成约束。若DAAB关于争端避免所作的努力未成功，争端正式发生，则任一方均可将此争端以书面方式正式提交DAAB由其给出决定。双方如果同意或在约定的时间内未提出异议，则该决定对双方当事人产生拘束力，应当按决定执行；如果当事人在约定的时间内表示异议，则可自行提出诉讼或仲裁。

可见，DAAB本质上是在DAB的基础上增加了争议避免程序，由DAB的被动解决争议，变为主动避免争议，将争议解决于事前，有利于减少损失，增加效率。

上述三种ADR的常见争议解决方式均是国际工程中先进经验的总结，非常适用于跨国、大型、复杂项目的争议解决，值得国内承发包单位学习，参考构建自身的多元化争议解决道路。

从本案的处理中可以发现，工程总承包合同的复杂并不仅仅是法律关系的复杂，同时也是工程技术的复杂，两者的复合往往衍生更多的更加复杂的难题。常常发生某些争议法律关系清晰但无法认定客观事实；或是客观事实上非常清晰，但法律关系上难以界定；甚至两者皆难界定。因此，专业律师、专业的工程人员应当互相学习，将工程技术问题融入法律，将法律落实到具体工程技术中去，才能清晰界定工程总承包合同争议，促进合同的履行及争议的解决。

案例5｜印尼某大型电厂TK模式的工程总承包施工分包纠纷调处案

一、案情简介

中国某进出口总公司（以下简称总承包人）于2003年10月6日与印度尼西亚（以下简称印尼）国家电力局（以下简称业主）签订印尼北苏风港2×115兆瓦燃煤电站项目的工程总承包合同。该项目建设资金是中国政府向该国提供的优惠出口信贷，签约金额美元1.95亿元，合同于2005年3月15日正式生效。承发包方式为国际通行FIDIC合同条件的设计—建造与交钥匙工程（橘皮书）即TK模式的EPC工程总承包，这是中国总承包商采取国际通行模式在境外的交钥匙工程。

2005年9月27日,总承包人在国内向多家建筑施工单位发出该电站项目土建安装工程施工招标邀请函,招标范围为安装工程、建筑工程、卸煤码头工程。合同工期要求1#机组2007年11月16日移交投入商业运行,2#机组2008年2月16日移交投入商业运行。承包价格方式为包工包料固定单价,价格风险由投标人以自己对国内外市场情况的了解自行承担。浙江某电建有限公司(以下简称分包人)根据总承包人的招标文件参与了投标报价。总承包人收到分包人投标文件后,认为分包人的报价大大超过其施工费用预算,于2005年10月24日和2005年11月1日先后两次致函要求分包人从优化施工组织方案和技术措施着手调低报价,分包人最后将土建安装部分报价调整至人民币36,467万元,总承包人遂于2005年11月20日向分包人发出了中标通知书。2005年12月9日,总分包双方签署《土建安装施工合同》,双方签订《土建安装施工合同》后,分包人按照合同约定向总承包人提供了合同金额约15%(人民币5615万元)的履约保函。

合同签订后分包人发现合同中将工程量的差异调整约定为:"'本合同附录工程量清单'中给定的数量作为计算工程量差的依据,实际工程量与参考工程量之间的量差增加5%以内(含5%)的部分,结算时不作调整。量差增加超过5%时,只调超过5%部分,但综合单价不做调整。当此项工作量取消时,相应工程费均取消。该部分工程量差的调整金额上浮上限为不得超过合同总价的5%",这一约定与总承包人招标文件所附合同文本不一致,分包人在投标报价时也无此承诺。

由于总承包人与发包人的KT工程总承包合同中约定"承包商不应在获得业主批准前将合同或合同的任何部分分包,或将其间任何利益、利害分享或分担。如有未获业主批准的分包行为发生,则该行为被视为无效";又由于印尼当地政府规定在当地注册且有相应资质的公司方能承担本工程的分包工作。因此,在项目实际履行过程中,分包人自己一律不得对外发生经营活动,所有工作均以总承包人的名义进行。除了以总承包人名义对外采购建筑材料、工程分包等业务谈判、招投标外,分包人在电站项目对外沟通、劳务聘用、项目管理、穿着服装、名片印制等均使用总承包人名义,分包人项目管理人员也以总承包人职员名义,并列入其现场安全组织机构名册内。

根据合同履约所受到的限制,总承包人和分包人于2006年2月28日签订了《补充协议(一)》,对施工合同附件B《工程物资管理》第2.3.2条进行了变更。

约定:“分包人负责材料供应商的确定,采购合同的谈判,及采购合同的具体执行,但应事先通知总承包人所要采购的材料及供应商名称。并约定采购合同以总承包人的名义与供应商签订,总承包人承担材料采购、工程分包合同的付款责任。”还约定“因采购合同而对总承包人产生的责任全部由分包人承担,如果发生纠纷,由分包人负责以总承包人名义处理”。

2006 年 5 月,根据总承包人与发包人的 TK 工程总承包合同有关“未经业主批准不得分包”的约定,总承包人和分包人就《施工合同》项下工程分包和分包工程款支付事项的具体执行签订《补充协议(二)》,约定:“承包人自行负责施工合同内的工程招标、分包商的确定、分包合同的谈判以及分包合同的具体执行(付款义务的执行除外),分包合同以发包人名义由发包人与分包商签订”;“分包合同生效后,承包人根据分包合同中的支付条款,向发包人提交付款通知书,发包人应根据承包人签发的付款通知书规定的期限、金额,及时、足额地向分包商履行支付义务。”

在土建安装工程施工实际过程中,总承包人不得不直接出面与当地企业签订了材料采购和工程分包合同,相应的材料供应商和工程分包人再次根据合同约定向总承包人出具了履约保函,相应的材料供应合同和工程分包合同均得到了实际履行。

合同履行过程中,由于印尼当地施工劳务成本和分包价格偏高、工程材料价格上涨、汇率变化以及当地地质条件恶劣与本案总分包合同约定明显不符等原因,该电站项目的土建部分造价远远高于总承包人与发包人合同的约定,分包人作为名义上的土建施工单位垫付巨额费用而从政府处难以获得索赔,因此,本案总承包人与分包人之间的矛盾从 2007 年起逐渐加剧。2007 年下半年,总承包人致函分包人称,已向分包人支付的土建安装工程进度款(包括现场管理费用、人员费用、代分包人签订并支付的材料费用、工程分包款等)已超过双方合同的总价款加上 5% 调价的金额,且其已支付的分包工程款及代分包人支付的款项已接近合同约定的止付点。如分包人不能及时解决,总承包人将停止代分包人对外签订任何材料及分包合同,已签订的材料及分包合同的剩余待支付资金,分包人需先行支付到总承包人账户,否则总承包人将不再代分包人支付材料及分包款项,并声称由此产生的一切责任由分包人承担。分包人则回函称:双方 2005 年 12 月 9 日签订的工程施工合同名不符实根本未予实际执行，合同关于量差不得超过合同总价 5% 的约定明显违反招标文件，分包人已为该电站项目垫付管理人员工资等费用多达人民币 6000 多万元，已到了无法再继续承受垫付资金和巨大损失的危急时刻。

双方关于合同约定及履行和资金支付等问题的函件频繁往来，但矛盾没有得到任何解决，而且随着双方矛盾的加剧和工资拖欠加重，现场不断有工人骚乱事件发生，施工进度受到严重影响。分包人处于明显不利且难以解脱的困难境地。

二、服务过程

面对上述难题，分包人前往建纬所就该电站项目土建安装施工的合同及履行以及如何解决目前巨大资金风险和法律风险，希望建纬所提供全面的法律意见并为解决争议提供全过程的法律服务，我和韩如波律师共同接受委托。

我们详细审阅相关材料后，就分包人在本项目中的法律地位作出初步分析，认为双方签订的《土建安装施工合同》名不符实，分包人事实上未能组织实际的分包施工，也未能以自己名义对外采购材料和设备、工程分包以及项目管理。其法律地位仅相当于总承包人的土建安装项目管理的代理人，而非双方合同约定的土建安装施工承包人身份，其行为由被代理人即总承包人承担法律责任。分包人在代理总承包人进行合同谈判及项目管理的过程中，出现的土建安装工程材料价格上涨、分包价格高、人工成本高、汇率变化等项目成本的增加和亏损及工程质量、安全、进度等风险，应由总承包人承担。据此，双方应就合同变更事宜进行商谈。另外，针对分包人高度关注已开列的共人民币 5615 万元履约保函问题，我们认为：因双方土建安装工程施工合同并未按实履行，分包人已出具的银行保函已失去合同基础。总承包人通过物资采购合同、工程分包合同又从当地材料商、工程分包人处再次得到了相应保函的履约保证，并且总承包人与当地材料商、工程分包人的合同已得到了实际履行。因此分包人应当向总承包人明确已开具的保函因合同并未实际履行已不再有约束力，该保函不应被执行，分包人有权要求总承包人尽快返还或释放该保函。根据分包人的要求和总分包合同约定的本案争议解决适用中国法律的相关条款，我们于 2008 年 1 月就上述难题按上述分析意见以及化解对策，出具了书面《法律意见书》。

考虑到事实上的合同还在履行过程中，为解决上述矛盾，一开始由分包人根据我们的法律意见与总承包人洽谈，总承包人并未接受上述意见，双方矛盾继续激化，现场还出现了因欠薪导致的停工情况。我们遂于2008年3月25日向总承包人出具了《律师函》，对总承包人与分包人所签订项目合同的性质、效力、双方的权利义务以及项目的后续处理提出了法律意见。《律师函》的要点认为：

首先，总承包人在招投标过程中两次致函要求分包人调低报价，属于在确定中标人前，双方就投标价格、投标方案进行实质内容谈判。因此双方于2005年12月9日签订的土建安装工程施工合同由于违反《招标投标法》第43条强制性规定，中标结果无效，根据《建设工程司法解释（一）》第1条第3项规定，基于该无效中标行为而产生的施工合同没有法律效力。

其次，总承包人就双方施工合同的工作内容（包括土建工程、锅炉安装等）在当地又进行了施工分包，项目所需国内外材料也是由总承包人购买。项目实施过程中分包人对外洽谈合同业务及对外进行项目管理、沟通等业务行为时均以总承包人名义进行，合同对方当事人的发票、收据、保函等也是开具给总承包人。分包人仅代表总承包人在项目分包材料采购过程中进行洽谈和项目管理。事实上双方土建安装工程施工合同的约定并未实际履行。分包人在印尼电站项目中实际上承担和履行的是总承包人对印尼电站项目土建安装工程的项目管理职能，其法律地位实际是总承包人的代理人。

《律师函》就项目合同及履行提出法律意见，要求确认双方合同无效，且分包人基于其代理人的地位不应当承担项目的质量、安全、进度、项目成本、经济损失等责任及风险。由于分包人提供的银行保函已失去合同基础，且总承包人通过实际履行的工程分包合同及材料设备采购合同再次得到了履约保函的保证，据此要求总承包人应立即归还或释放分包人提供的银行保函。分包人代理总承包人进行谈判及项目管理等过程中垫付的资金，应由被代理人总承包人承担。

收到律师函后，总承包人高度重视，两家公司进行数次协商与沟通，最终达成了"搁置争议、共同推进项目后续施工"的共识，后续施工的费用和分包人在现场的管理费用由总承包人承担，分包人的后续损失得到制止，项目也得以顺利推进。在工程竣工结算时，双方虽仍然产生一些争议，涉及上述复杂的争议最终协商解决。

三、办案体会

无独有偶，本案与前一案工程总承包的 TK 模式相同。虽然争议发生在“走出去”的两家工程总承包项下总、分包中国企业之间，但本案纠纷所反映的工程总承包项下的施工分包争议，中国建筑企业境外工程分包的合法化、规范化以及实务操作问题，须引起众多“走出去”的中国建筑企业的高度重视。我们承办本案的深切体会主要有：

（一）中国建筑企业“走出去”须熟悉境外投资建设的法律规定

随着我国“一带一路”倡议的持续推进和不断深入，以及国内供给结构调整和过剩产能转移带来的行业压力，让越来越多的中国建筑企业选择走向海外市场，承接海外分包工程往往会成为国内工程企业走向海外市场的开端。由于我国对外承包工程行业中的企业整体业务水平有限，风险管理能力较差，应对国际工程总承包项目的经验不足，理解欠缺，容易用自己处理国内项目的经验处理国际项目，忽视境外项目与境内项目在管理模式与合同体系上的巨大区别。由此也引起众多的中国企业之间在海外工程承包和分包的争议和纠纷。

从本案项目分包人的巨额亏损可以看出，我国承包商在承接境外 EPC 项目分包工程的过程中还面临大量的市场风险与法律风险。如何应对这些风险成为每个企业在“走出去”的过程中必须面对并学习的课题。

1. 承接境外 EPC 分包业务时会面临法律地位的风险。

正如本案的情况，总承包人在承接了该项目后，发现当地的分包商联合抬价，在明知建设单位要求土建施工必须由当地分包商承建的情况下，还在国内进行邀请招标，并要求中标单位以其名义进行工程分包与材料采购，在分包合同中还约定了“工程量差的调整金额上浮上限为不得超过合同总价的 5%”这样对分包人极为不利的条款，其目的是通过隐形分包将分包合同的价格风险转嫁给他人。本案分包人未经充分市场调查，在签订合同时未仔细审查，等到发现实际成本远远高于合同约定价格时，由于各种因素也无法及时止损，又顾及境外项目的国际影响，只能继续推动项目，由此不得不承受巨大的损失。

本项目中由于分包人在项目中的隐形地位，在与发包人和参建各方沟通时完全丧失了作为独立承包人应有的法律地位和话语权，无法对项目进行有效的管理和控制。因此，分包人在与总承包人签订合同时，应注意总承包人与发包人的合同中是否有分包需经发包人同意或需在发包人处备案的条款。如果有相应条款，分包人在进场或投入资金前一定要确认自己在项目中的合法地位，否则将面临法律地位所造成的巨大风险。

2. 承接工程总承包项目的分包工程的另一大法律风险是“背靠背”条款。

在国际工程中，总承包商往往希望通过分包合同将其与业主签署的总包合同中的风险转移给分包人，以降低总承包合同的风险。而大部分国家的法律体系都会遵循缔约方意思自治的原则，对“背靠背”条款的效力并未作出明确限制，在实践中要否认“背靠背”条款的效力具有一定难度。其中，对分包人而言风险最大的是合同金额与付款方式，以及索赔的“背靠背”条款。

分包合同中合同金额的“背靠背”条款是总承包人控制其成本的有效手段。付款方式的“背靠背”条款（“pay when paid”或“pay if paid”）则是总承包人向分包人转移发包人拖欠工程款风险的常用手段，即以总承包人收到发包人支付的分包人的工程款为向分包人支付工程款的前提条件。由于分包人往往无法及时了解发包人工程款支付的信息，经常会发生总承包人在收到发包人支付的分包工程款后不按合同约定按时支付给分包人。如果分包人在项目中无合法的法律地位，其权益更加难以得到保障。遇到这种情况时，建议分包人可以适当放慢施工进度，同时尽快致函总承包人并抄送发包人。

国际工程中，分包合同通常会规定分包人在履约过程中的变更或索赔只能向总承包人申请，再由总承包人向业主申请合同价格调整和/或工期延长，而且合同通常会约定分包人向总承包人的索赔金额以总承包人从发包人处获得的索赔金额为限。工程实践中如果总承包人怠于行使索赔权利，或者总承包人因疏忽未能及时在合同约定的期限内提出索赔造成逾期失权，则分包人的利益很难得到保障。因此，建议分包人在分包合同中明确约定因总承包人怠于行使权利或者因总承包人的过错，导致分包人在分包合同下的合法权益遭受侵害时，总承包人应承担的相应责任及后果。

面对上述两类主要的法律风险，分包人可采取下述对策：

(1)在投标前应对工程所在地国家的建筑市场进行充分的市场调查。

虽然本案系争项目最终顺利竣工,但项目的实际成本比合同金额增加约美元7000万元,虽然总承包人也积极向业主进行索赔,但项目始终存在巨大的资金缺口,而且考虑到该项目的特殊外部环境和我国政府与印尼政府的关系和大局,分包人为此项目垫付的款项多达人民币6000多万元,并最终承担了较大的损失。影响本项目成本的客观因素有以下7个方面:①业主提供地质资料与实际情况差别较大,桩基施工量大幅增加导致打桩成本增加。②由于总承包合同规定土建安装工程必须采用当地分包,印尼当地较有实力的土建安装公司联合抬价,造成土建安装实际成本增加。③由于油价上涨等因素,导致海运成本大幅上涨,且因现场运输条件限制,大型海运船只只能靠驳船倒运至现场,造成项目运输成本增加。④由于原材料价格上涨及国内通货膨胀,造成设备及材料采购成本大幅上涨,钢筋从人民币4500元/吨涨到8000元/吨;柴油从人民币4元/公升上升到8元/公升等,由此导致总体成本的大幅上涨。⑤设计变更及工程量增加:双方签约时尚没有初步设计文件,此前提下的成本目标核算及控制本身缺乏客观性、合理性和科学性,施工图设计阶段的工程量,较初步设计前,大量项目在工程数量上发生了变化。另外,在施工阶段因为环境保护、抗震等级提高等原因设计发生重大变更施工图纸调整较大,如灰库移位、全厂钢结构、钢筋仝基础等,这些因素导致了费用大幅度增加,为此增加成本支出美元1000多万元。⑥由于地质变化,造成地基处理、打桩时间远超计划工期,工期延误达400多天,造成现场大量人员窝工,机工具闲置,签证、差旅等管理费增加,材料涨价。因为未能按时开工,迫使土方开挖工作全部在雨季进行,不但减慢了工期,且增加了大量排水、开挖费用。为此增加费用支出美元700多万元。此外,为挽回工期,分包人采取各种措施加大管理,组织投入了额外的人工、机械等资源,为此增加费用支出美元300多万元。⑦随着工期的延长,人民币汇率、退税率的变化也导致了项目成本的增加。

除了上述客观因素外,造成分包人的巨额亏损也存在相当的主观因素:①由于分包人国外工程经验不足,未能对涉外项目的风险预先进行有效的防范,也未能对变化的合同环境作出正确的应对。在过程中双方过多寄希望于对业主的索赔。②分包人对国外市场,尤其对项目当地工程环境的复杂性预估不足,事先调研工作不够细致周到,虽然事先对当地市场有过一定的了解。但由于项目地处偏僻,施工资源缺乏,其艰巨程度大大突破事先的预计。③在合同执行过程中,由于项目整体成本已大大超出预算,分包人控制费用及过程中发生的争议,反使工期等受到一定的影响,实际的结果得不偿失。

(2)应做好工程所在地建筑市场情况的调查。

市场情况调查包括工程所在地国家的文化背景、气候条件、交通运输条件、税收政策,当地的工程建设规范标准、政府审批程序以及对外国承包商的资质要求、外国公司在当地设立建筑业企业的相关规定,等等。通常当地国对外国公司承包当地项目分为国际招标项目和国内招标项目两种方式,对于外国公司作为国际承包商参加国际招标项目一般不会有限制性规定,但有些国家的国内招标项目,国际承包商不能参加,只能在当地注册成立公司才能参与,或者要求外国承包商与当地企业组成联合体。

(3)应充分了解工程所在地国家的劳工政策。

为提高本土就业率,拉动经济,许多国家当地政府对于工程项目使用当地劳务人员的比例会有强制性要求。因此,需要事先了解以便对人工费作出准确评估。还需要了解当地劳务人员用工成本,加班、节假期的规定;当地法律关于试用期,劳动合同终止、解除及相关补偿金的规定;当地劳务人员的工会组织情况;国内赴工程所在地国家劳务人员的工资水平,境外派遣用工许可,等等。

(4)应对工程所在地国家建筑材料贸易市场和建筑机械设备租赁市场进行调查,以对拟投标项目的材料及机械成本作出准确评估。

了解建筑机械设备租赁市场的价格,设备进出场费用,市场供需情况。如果涉及建筑机械设备进口,还需了解相应的政策及成本。了解建筑材料贸易市场的价格、市场供需情况及主要建材进口的相关政策及成本,部分国家可能会对主要建材实施地方保护主义,对部分主要建材的进口会收取高额的惩罚性关税。

(二)分包商应熟悉国际惯例和合同条款,尽可能通过合同约定规避自身风险

2017版FIDIC银皮书中对于分包的法律性质、主体资格、分包权利、分包的法律后果、指定分包等规定与我国现行法律法规存在重大差异,分包人应充分熟悉相应条款,尽可能通过合同约定规避自身风险。

1. 从 FIDIC 合同体系的分包人来源来看，分包人可为指定分包商和普通分包商，而我国的法律体系对于指定分包虽没有严格的禁止性规定，但部门规章和最高人民法院相关司法解释对指定分包均持否定态度，而且发包人对指定分包的行为还应当承担相应的法律责任。

“指定分包商”是根据发包人的指示由总承包人雇用的分包人，根据 FIDIC 2017 版银皮书第 4.5 款的规定，除非总承包商对指定的分包商向雇主发出通知，提出合理反对意见，并附有详细的依据资料，则总承包商可免除对指定分包商的雇佣义务。否则，按照第 4.4 款的规定，总承包商对任何分包商、其代理人或雇员的行为或违约，如同总承包商自己的行为或违约一样地负责。

我国的法律体系对于指定分包虽没有严格的强制性禁止规定，但指定分包并不被鼓励，而且发包人对指定分包的行为还应当承担相应的法律责任。《房屋建筑和市政基础设施工程施工分包管理办法》（建设部令第 124 号）第 7 条规定：“建设单位不得直接指定分包工程承包人。任何单位和个人不得对依法实施的分包活动进行干预”。《工程建设项目施工招标投标办法》第 66 条规定：“招标人不得直接指定分包人。”《建设工程司法解释（一）》第 12 条规定：“发包人具有下列情形之一，造成建设工程质量缺陷，应当承担过错责任……（三）直接指定分包人分包专业工程。承包人有过错的，也应当承担相应的过错责任。”上述部门规章和司法解释，虽然并未直接否认指定分包的效力，但明确将指定分包行为作为发包人的过错情形之一。

2. 总承包人与分包人对建设单位的连带责任不同。

FIDIC 银皮书中规定总承包商就分包商的行为向雇主承担连带责任。2017 版银皮书第 4.4 款规定：“总承包商对任何分包商、其代理人或雇员的行为或违约，如同总承包商自己的行为或违约一样地负责。”但分包商和总承包商对雇主没有连带合同关系，总承包商与雇主的合同责任、义务、风险并不因为签订分包合同而发生转移。

我国法律规定分包人与总承包人对建设单位承担连带责任。《合同法》第 272 条规定：“总承包人或者勘察、设计、施工承包人经发包人同意，可以将自己承包的部分工作交由第三人完成。第三人就其完成的工作成果与总承包人或者勘察、设计、施工承包人向发包人承担连带责任。”《建筑法》第 29 条规定：“建筑工程总承包单位可以将承包工程中的部分工程发包给具有相应资质条件的分包单位;但是,除总承包合同中约定的分包外,必须经建设单位认可。施工总承包的,建筑工程主体结构的施工必须由总承包单位自行完成。建筑工程总承包单位按照总承包合同的约定对建设单位负责;分包单位按照分包合同的约定对总承包单位负责。总承包单位和分包单位就分包工程对建设单位承担连带责任。"我国关于承包人与分包人对建设单位的连带责任属于法定连带责任,具有强制性,当事人之间不能约定排除。尽管雇主与分包商没有直接合同关系,但雇主可以突破合同的相对性直接要求分包商承担责任。

3. 分包范围不同。

FIDIC 2017 版银皮书第 4.4 款规定:"承包商不得将整个工程分包出去。"即仅规定不得转包,但可以将设计、采购或者施工范围中的一部分工作分包出去。

我国在工程总承包全面推广以前,对于主体结构的分包一直是我国法律所禁止的(钢结构除外)。《合同法》第 272 条规定,建设工程主体结构的施工必须由承包人自行完成。《建筑法》第 29 条规定,施工总承包的建筑工程主体结构的施工必须由总承包单位自行完成。《建筑工程施工发包与承包违法行为认定查处管理办法》第 12 条规定:"存在下列情形之一的,属于违法分包:……(三)施工总承包单位将施工总承包合同范围内工程主体结构的施工分包给其他单位的,钢结构工程除外……"

4. 对分包人的选择是否需经过建设单位批准的规定不同。

FIDIC 2017 版银皮书中,第 4.4 款规定总承包商有权自行选择分包商,即便专用条件中有规定,总承包商也仅对雇主负有通知义务,需提前 28 天将拟雇用分包商的详细资料,分包商承担工作的拟定开工日期,分包商承担现场工作的拟定开工日期通知雇主。

我国《建筑法》第 29 条则规定,除总承包合同中约定的分包外,必须经建设单位认可。

5. 对于分包商的再分包与我国法律规定不同。

FIDIC 2011 年《施工分包合同条件》(以下简称《分包合同条件》)第 5.2 款规定:"未经承包商事先同意,分包商不得对分包工程进行再分包,但是分包商提供劳务、分包合同中指定的材料供应商或指定的再分包商除外。分包商需要对再分包商及其员工的所有行为负责，并应至少提前 14 天将每个再分包商的计划和现场的开工日期通知承包商。”根据上述规定，如果总承包人同意，分包人可以将分包工程进行再分包。我国《建筑法》第 29 条规定：“禁止分包单位将其承包的工程再分包”，因此分包人除了劳务分包之外，即便总承包人同意，分包人也不能对分包工程进行再分包。

（三）从《分包合同条件》相关条款看分包人应加强在履约过程中的过程管理

FIDIC 于 1994 年出版《土木工程施工分包合同条件》，与 1992 年修订的《土木工程施工合同条件》配套使用。之后相继出版了《施工合同条件》（1999 年新红皮书）和《施工合同条件》（2010 年），并于 2011 年出版了《分包合同条件》配合上述两版施工合同条件使用。

《分包合同条件》通用条件共包含 20 条，94 款。20 条包括：定义和解释；主合同；承包商；分包商；分包合同的转让和分包；合作、职员和劳工；施工机械、临时工程、其他设施、生产设备和材料；开工和竣工；竣工检验；分包工程的竣工和接收；缺陷责任；计量和估价；分包合同的变更和调整；分包合同的价格和支付；主合同的终止和由承包商终止分包合同；分包商提出的暂停和终止；风险和保障；分包合同保险；分包合同的不可抗力；通知、分包商的索赔和争议。国内建筑企业在境外工程总承包的分包施工时，应当熟悉上述条款，加强在履约过程中的过程管理，才能有效维护自己的合同权益。

1. 分包人应当充分行使对总承包合同的知情权，了解并遵守总承包合同的相关规定。

为确保分包人在执行项目时充分考虑建设单位对总承包人的要求，《分包合同条件》将主合同的合同条件、工期、质量、安全等方面的要求全部作为分包合同附件纳入分包合同文件中，在其第一个附件：“主合同要求”中体现。

根据《分包合同条件》第 2.1 款、第 2.2 款的规定，分包商应当了解主合同的相关规定，并且应当履行并承担主合同项下总承包商关于分包工程的所有义务和责任。如果分包商违反分包合同，且造成总承包商在主合同履行中承担了赔偿，则总承包商可以从本应支付给分包商的金额中得到补偿。根据《分包合同条件》

第2.4款的规定,分包商拥有总承包商在主合同中涉及分包工程的同样的权利和补偿。

因此,建议分包人应当充分行使对总承包合同的知情权,了解并遵守总承包合同的相关规定。

2. 分包合同履约过程中,分包人仅接受总承包人的指令。

《分包合同条件》第2.3款和第3.1款规定,分包商应该只从总承包商的分包合同代表处接受经书面发出或确认的指示,并遵守这些指示。主合同项下的指示和决定应由总承包商通过指令形式转发,如果分包商直接从业主和工程师处接受了指示,其应立即通知承包商的分包合同代表,并应提供给他一份书面直接指示的复印件,并在该直接指示被书面确认作为承包商的指示时,分包商才有义务遵守。

3. 分包人可向总承包人索赔的事由。

根据《分包合同条件》第2.4款的规定,分包商拥有总承包商在主合同中涉及分包工程的同样的权利和补偿。即分包商可根据总包合同中的可索赔事由向总承包商提出索赔。

第3.3款规定,承包商在无权扣减分包商付款却发生了扣减的情况下,应向分包商支付融资费用以补偿分包商因此扣减而带来的损失。

第6.1款规定,如果因业主雇佣的任何其他承包商、总承包商及其雇佣的人员、总承包商雇佣的任何其他分包商、任何合法的公共机构人员的原因造成了工期延误和/或导致分包商产生费用时,分包商应立即通知总承包商。并可以索赔工期和费用,但索赔前提条件是分包商已经"尽最大努力"与上述人员合作。因此分包商在履约过程中应注意保存能够证明自己已经努力合作的相关证据,如来往的函件、邮件等。

第8.4款规定,如果以下原因导致分包工程竣工时间延误,分包商有权依据要求延长竣工时间:(a)分包合同变更或者分包合同中任一项工作的工程量发生实质性的改变;(b)根据本合同条件中某款规定有权延长分包工程竣工时间的原因造成的延误;(c)承包商及其员工或者其他分包商引起或导致的任何延误;或(d)主合同条款8.4【竣工时间的延长】中列举的任一原因。

第10.2款规定,如果分包工程的延误接收是由总承包商导致的,总承包商应补偿分包商因此发生的损失。

第13.4款规定,如果在分包商递交报价书之后,工程所在国的法律或者对法律的解释发生变动,使分包商遭受了延误和/或发生了费用,分包商有权索赔工期和/或费用。

第13.4款规定,如果主合同的劳务、材料等费用因市场价格波动涨落时,分包合同的价格也应当进行相应调整。

第14.9款规定,如果总承包商未能按期付款,则分包商有权根据主合同第14.8款要求总承包商承担因此给分包商造成的损失。而且,根据第16.1款的规定,如果总承包商未能按期付款,分包商在至少提前21天通知总承包商后,可以暂停施工或放慢工作进度。如果分包商因暂停或放慢施工进度而受到损害,其有权索赔工期、费用和合理的利润。

第17.1款规定,如果分包工程移交之前,因业主或总承包商任何人员的行为或违约导致分包工程发生损失或损害的,分包商有权从总承包商处获得费用索赔。

4.《分包合同条件》中对于索赔时限的规定。

《分包合同条件》第3.3款规定,承包商有权依据分包合同的相关规定向分包商索赔费用。承包商应在得知索赔事件后的28天内向分包商发出通知,并详细说明索赔依据。在发出通知后的28天内,承包商应向分包商提交详细的索赔资料,包括索赔金额的证明。

第20.2款规定,分包商应当在已经或应当知道索赔事件的21天(红皮书主合同索赔通知事件为28天)内发出索赔通知,35天内或经总承包商批准的时间内提交完整详细的索赔报告。总承包商应在收到分包商提交的详细索赔资料后49天内或双方认可的其他时间内予以响应,作出认定或支付相应费用。如果分包商未能在21天内发出通知,则丧失索赔的权利。如果分包商未能遵守第20.1款第一段和/或第20.2款的规定,导致总承包商不能在主合同项下就分包商索赔主张的金额之外的其他索赔金额从雇主处获得补偿,则总承包商有权从分包商的合同价格中扣除该项金额。

从上述条款可见,总承包人应当在得知索赔事件后28天内通知分包人,分包人应当在已经或应当知道索赔事件的21天内发出索赔通知,并且明确如未在上述时间内发出通知,则分包人丧失索赔的权利。

因此,工程总承包国际市场既存在机遇,又有着相当大的风险。分包人在承接境外工程总承包项目分包工程的过程中除了要了解当地市场,对合同体系事先进行熟悉和了解,并且做好履约的过程管理外,还要选拔与项目相适应的项目经理,并组建高素质的项目管理队伍,另外,在履约过程中还要处理好与各方的关系。同时,要加强项目管理,采取相应的风险规避措施,向管理要效益,以实现项目的预期收益。

案例 6 | 一起把 EPC 工程总承包当作施工总承包审判的二审案

一、案情简介

这是一起 2011 年由江苏省高级人民法院(以下简称江苏高院)审理的建设工程合同纠纷二审案件,也是我在省级人民法院首次代理承包范围包括设计、采购施工的 EPC 工程总承包纠纷案件。

委托人即上诉人某外资化学有限公司(以下简称发包人)是一家日资企业,因需建设位于太仓港港口开发区一期多功能中试装置工程,于 2004 年 1 月 15 日向南京某建设有限公司(以下简称承包人)发出《报价说明书》,要求承包人对从可行性研究报告至工程设计、采购、施工、检验至机械竣工试车全过程的 EPC 建厂费用进行报价,并按照 GMP 标准建设。在承包人报价及双方协商的基础上,双方于 2004 年 4 月 9 日签订一份建设工程施工合同,约定承包人总承包化学公司一期工程(至机械竣工止),合同价款为固定价 10,146,780.8 元。同日,双方还签订了另一份建设工程施工合同,约定:承包人总承包化学公司一期工程,合同价款为固定价 4,980,000元,承包范围:综合实验楼、中试车间、仓库及水电和设备、工艺管线安装。发包人将第二份合同价款为 4,980,000 元的施工合同进行了备案。2004 年 8 月 12 日和 2004 年 8 月 15 日,发包人和承包人又就项目一期的桩基工程以及物流仓库分别签订两份施工总承包合同。

上述合同签订后,承包人作为工程总承包人进行设计、采购、施工。2004 年 6 月 8 日,承包人和北京某地科岩土技术有限公司签订了建设工程勘察合同。2004

年8月,承包人和某大学建筑设计研究院签订了建设工程设计合同,委托设计单位承担项目一期工程中试装置项目、中试车间、综合分析楼、仓库、门卫、配电室的设计工作。2004年11月,承包人出具可行性研究报告。2005年3月至5月,发包人、承包人、监理单位和设计单位分别对综合分析楼、中试车间、物流仓库的土建工程和电气部分进行了验收。之后,承包人对中试车间和消防泵进行机械试运转,对中试装置和消防系统进行联动试车。2005年6月10日,发包人和承包人签署一份协议书,载明:发包人已支付工程款11,010,110元;承包人尚需完成工程竣工资料、配合政府验收等工作。协议签订后,发包人支付工程款100万元,承包人完成撤场。

后因承包人要求发包人处理工程余款,发包人以工程未能通过政府相关部门的竣工验收为由拒绝支付。2006年3月15日,承包人向江苏省苏州市中级人民法院(以下简称苏州中院)提起诉讼,要求发包人支付工程款3,391,431.74元及拖欠工程款的利息。

苏州中院受理后,发包人提起反诉,以承包人未按合同约定完成工程建设等原因要求判令承包人:(1)返还已经预付的物流仓库工程款1,368,220元;(2)承担因环保设施、消防设施、危险品库房设计施工不合理须整改所涉及的损失423,550元;(3)承担因工期延误违约造成的损失400万元;(4)赔偿因工程质量不合格所需的费用约50万元;(5)返还多收的设备款539,995元;(6)提供代采购设备的发票或赔偿发包人可得退税款204,879元。

一审审理期间:发包人向苏州中院申请对案涉工程进行质量鉴定。苏州中院对于发包人申请一期工程土建部分的质量鉴定,以工程已经分项验收等原因,不予支持。对化工、消防等方面是否存在设计缺陷的鉴定,以尚无法定的在册机构可予委托作退卷处理。对安装设备是否存在质量问题,因双方未能提供设计施工图纸及设备采购清单等必备的鉴定资料,鉴定单位未能出具鉴定结论。同时,双方都向法院申请进行司法造价鉴定,承包人申请对增加工程造价进行司法鉴定,发包人申请对全部已完工程价款进行鉴定。苏州中院根据双方申请,对于承包人已施工部分的工程价款进行鉴定。

经审理,苏州中院于2011年5月13日作出一审判决:(1)发包人应支付承包人工程余款1,684,430.58元;(2)承包人应赔偿发包人损失147,550元;(3)上述两项抵扣后,发包人应支付承包人 1,536,880.58 元及利息。

一审判决后,发包人找到建纬所,希望由我作为本案的二审上诉代理人参与诉讼。经听取当事人的陈述以及查看案件材料,我提出,本案当事人签订的合同虽名为施工总承包合同,但双方实际采用和实际履行的是 EPC 工程总承包合同模式,与施工总承包模式相比,承发包人所享有和承担的权利义务是有根本的不同的。苏州中院一审判决未就本案合同性质作出正确的认定,也未能查明事实以及正确认定双方的权利义务。随后我代理了本案,在江苏高院就本案的合同性质及与双方争议焦点的法律关系发表了专业法律意见。

二、审理过程

接受委托后,我查看了一审案件材料,重新整理编制证据材料。

首先,本案的重点是要明确合同性质,这是查明案件事实以及确定双方权利义务的前提。从对双方的洽商、签约、履约过程的证据进行梳理,可以证明本案当事人采用的是设计、采购、施工的 EPC 总承包方式。

其次,一审中双方主要的争议焦点是承包人主张发包人欠付工程款,而发包人主张本案承包人完成的工程中缺少成品仓库、安装设备存在质量缺陷,工程无法通过环保验收,工程无法按照原用途使用。因此,要解决本案争议,需要核对设计文件。结合本案 EPC 工程总承包合同的性质,本案工程的设计应由承包人负责完成,设计文件的举证责任应在承包人。然而,承包人在一审中并没有提供经发包人确认的、由其负责完成的全套设计文件,也没有举证证明自己事实上是按照经确认的图纸组织施工、采购的事实。这使工程的建筑面积、具体项目、数量、设计要求等要素(如项目到底应建几个仓库?什么仓库?应选用什么设备?)等基本事实,都处于含糊不清的状况,一审鉴定也没有按项目的设计要求进行。一审法院认定该部分事实时,也未要求承包人提供相应材料。这是因一审法院未能正确认定本案合同性质,造成后续查明基本事实不清的主要原因。

而根据 EPC 工程总承包模式的特点,承包人最终应向建设单位提交一个满足使用功能的工程项目。在达到工程总承包合同要求的质量,尤其是本案项目环保通过验收、可以投入使用之前,承包人不具备要求结算工程价款的条件。据此,发包人上诉请求撤销本案一审判决，发回原审法院。

江苏高院受理本案后，传唤发包人方谈话，办案法官提出二审要解决：(1)合同的性质和GMP标准问题；(2)环保消防土建设备质量鉴定问题；(3)工程价款。我则提出，一审就本案合同的性质未作正确的认定。承包人在庭审中始终未出具经发包人认可的全套设计文件和图纸，法院在没有要求承包人提供的情况下，以主观推理推定案件事实作出了判决，这是发包人请求发回重审的主要原因。发回后，原审法院应责成负有举证义务的承包人提供经上诉人确认的全部设计和施工图纸，重新进行鉴定。

2011年10月12日，法院组织开庭，双方的主要争议焦点围绕在三个方面。

第一，关于本案的合同性质。承包人以立案时法院将本案案由归入建设工程施工合同纠纷为由辩称本案为施工总承包合同。

我方则提出，《建筑法》第24条和《合同法》第272条对工程总承包均有明确的规定，建设部《30号文件》也明确定义了工程总承包。施工总承包仅局限于施工阶段，承包范围的大小，是工程总承包与施工总承包的根本区别。

第二，工程是否存在质量问题。承包人认为其根据发包人要求的工艺流程进行了设计、施工。环保验收不合格是由于发包人自行改变了工艺。

我方则主张：双方签订的合同组成部分包括双方关于工程的洽商文件。报价说明书要求："严格执行GMP规范和其他中国现行设计标准、规范，同时，参照日本现行设计标准、规范"；2004年2月22日的会议纪要明确要求GMP设计要求；2004年4月6日的会议纪要明确要求建筑物装饰标准要达到业主提供的报价资料中的相关技术要求证明：发包人要求工程应符合GMP规范的要求。而承包人实际施工根本不具备GMP规范要求的相关事项，未按GMP规范设计，也达不到GMP规范标准和质量标准。

同时，发包人提交了太仓市建设质量监督站的三份《工程质量整改通知书》、太仓港港区企业管理局《整改通知书》、太仓市公安消防大队《建筑工程消防设计审核意见书》。承包人交付工程后，发包人自行进行了整改。但工程一直未能完成环保验收，无法通过竣工验收投入生产。为进一步查明本案工程质量是否存在缺陷以及原因，法院应当对工程质量进行鉴定，包括土建、钢结构，消防系统的设计、布局、施工，环保系统的设计、布局、施工，设备（尤其是特种设备）。

第三，关于承包人的合同承包范围是否包含成品仓库而承包人未完成建设。承包人认为双方第一份施工合同中未包含成品仓库。发包人在涉讼以前未提出少建一个仓库可以反推这个事实。

我方则主张：(1)根据承包人递交的一期工程总平面布置图、方案设计图和可行性研究报告、勘探合同、勘察报告明确包含成品仓库。(2)按照GMP标准，应当设置仓储区。承包人最终要交付具备使用条件和功能的项目。因此，要么承包人的设计存在缺陷，要么承包人未完成建设内容。(3)承包人建造的物流仓库是原承包范围外增加的工程，但承包人将物流仓库直接建造在原成品仓库位置而未建造成品仓库，同时物流仓库也未按约定建造。要查明这一事实，还是需要由承包人提交经发包人认可的全套设计文件和图纸。

庭后，江苏高院于2011年11月1日再次组织发包方谈话，办案法官提出：

第一，发包人主张本案合同性质是工程总承包合同，但是最高人民法院涉及建设方面的6种案由里面没有工程总承包合同纠纷。江苏高院法院系统内部资料库目前也没有查到关于工程总承包合同适用法律的依据。

第二，发包人的报价说明书，因双方签订的合同中，没有注明作为合同的附件，不能作为合同的组成部分。

第三，GMP标准是质量规范，不是建设标准，且合同里没有明确约定按照GMP标准。

第四，根据《建设工程司法解释(一)》第13条的规定，发包人已经接收工程，责任风险已转移。

最终，江苏高院仍按施工总承包合同关系作出终审判决，驳回发包人的上诉请求，本案维持原判。

三、办案体会

纵观本案，在分包人与承包人签订合同时，由于我国尚无工程总承包合同示范文本，便使用了当时1999年版的建设工程施工合同示范文本，事实上该文本条款除施工总承包外还包括了工程设计和设备采购，但无法包含EPC工程总承包设计、采购、施工整个过程。尽管承包人事实上履行了包括设计、采购和施工全部工作,双方发生纠纷涉讼后,当时我国缺少工程总承包的适用法律法规以及市场实践中这类合同纠纷的司法实践,建设单位在签约及合同履行过程中缺乏经验,未能做好风险防范,造成最终败诉的教训,更值得引以为鉴。

（一）对于某一建设工程合同到底属于施工总承包还是工程总承包,根据两者的定义,应从合同的承包范围来定性。在正确认定合同性质的前提下,才能明确承发包双方的权利义务

工程总承包模式下,合同双方的权利义务与施工总承包有根本性的区别。从本案以及其他司法实践中可以发现,与施工合同的争议纠纷常会落到细节之争不同,工程总承包纠纷案件有相当数量争议的是大原则、大方向,例如,合同承包范围是否包括工程设计和设备采购? 工程项目安全、质量责任如何承担? 因此,如果合同定性错误,审理就会出现方向性错误,案件事实就难以查明,是非难以公正合理的判决。但在今天国家提倡大力推进工程总承包的大背景下,借鉴本案二审的审理实践,确实有不少值得深入研究的法律问题。

1. 根据工程总承包与施工总承包的定义,承包范围的大小是两者的根本区别。

《合同法》第 272 条、《建筑法》第 24 条这两条法律规定,是施工总承包和工程总承包两大承包模式在我国法律层级的依据,也是对施工总承包和工程总承包定义的法律基础。据此,施工总承包是指建设工程发包人将工程项目的全部施工任务发包给施工总承包企业,由施工总承包企业按照合同约定向建设单位负责,承包完成施工任务。建设部《30 号文件》最早对工程总承包定义作出明确规定,且该文件在本案审理时就是有效的行政部门规范。《30 号文件》第 2 条规定:“工程总承包是指从事工程总承包的企业受业主委托,按照合同约定对工程项目的勘察、设计、采购、施工、试运行(竣工验收)等实行全过程或若干阶段的承包。”2019 年 12 月 31 日发布的《总承包管理办法》第 3 条规定:“本办法所称工程总承包,是指承包单位按照与建设单位签订的合同,对工程设计、采购、施工或者设计、施工等阶段实行总承包,并对工程的质量、安全、工期和造价等全面负责的工程建设组织实施方式。”

施工总承包的承包范围仅局限于施工阶段,工程总承包的承包范围则不仅限

于施工阶段，还包含了勘察、设计、采购、施工、试运行（竣工验收）等全过程或若干阶段。实践中，工程总承包模式主要包括 DB 模式（设计—施工总承包）、EPC 模式（设计—采购—施工总承包），以及由 EPC 模式发展来的变种——EPCM 模式（设计—采购—施工管理总承包）、EPCS 模式（设计—采购—施工监理总承包）、EPCA 模式（设计—采购—施工咨询总承包）、EPC + O（设计—采购—施工—运营管理总承包），等等。

因此，判定建设工程合同是否属于工程总承包，主要是通过审查承包人的承包范围。

2. 要确定承包人的承包范围，应从招投标文件、体现建设单位要求的文件、承发包双方关于工程的洽商文件、合同文件以及证明实际履行情况等证据材料来进行综合分析认定。

本案中，因双方签订的合同是使用了 1999 版建设工程施工合同示范文本。为证明双方实际是 EPC 工程总承包的合同关系，在整理证据时，我从双方的洽商、签约、履约的整个过程进行了梳理。

发包人授予承包人的《报价说明书》中，施工交接的要求是："承建方完成设计、施工、安装、质检、试验、验收、试运转工作，并能满足正常使用功能，交付业主使用"；报价内容则包括："a. 报价范围内所有内容的工程设计工作（可研/初设、施工图）、可研/初设审查工作、安全卫生专项评价、环境影响专项评价和施工图送审工作（太仓市图审中心）；工程项目所有涉及政府的报建和批准工作；b. 设备制作及采购；c. 土建施工；d. 设备安装……p. 质检、试验、验收；试运转并能满足正常使用功能；q. 工程管理；r. 安全管理；s. 试运转并能满足正常使用功能，竣工资料。"承包人随后提交发包人的《商务报价书》《报价书》也均明确报价为发包人一期工程可行性研究报告至工程设计、设备采购、施工建设、检验、机械竣工试车全过程的建厂费用，并承诺在约定工期内完成设计、采购、施工检验、机械竣工试运转。

双方虽签订的合同名为建设工程施工合同，但承包范围写明为工程总承包至机械竣工止，且合同组成部分包括了双方关于工程的洽商文件。因此，报价说明书、承包人的报价函、合同签订前双方的会议纪要等文件均属双方签订的合同组成部分，以上材料弥补了双方在合同未能明确部分的缺陷。合同签订后，承包人先和北京某地科岩土技术有限公司签订了建设工程勘察合同,委托其对案涉上诉人一期工程进行勘察。接着,承包人和某大学建筑设计研究院签订了建设工程设计合同,委托设计单位承担项目一期工程的设计工作。发包人向上诉人出具可行性研究报告后,承包人进行了施工、采购、机械试运转、联动试车等工作。

从证据显示的双方洽商、签约、履约过程来看,承包人的承包范围显然不仅限于施工,而是包含了勘察、设计、采购、施工到试运行,本案当事人之间采用的,完全符合《30 号文件》规定的工程总承包的定义。同时,按照《30 号文件》中对工程总承包主要实施方式的规定:“1. 设计采购施工(EPC)/交钥匙总承包:设计采购施工总承包是指工程总承包企业按照合同约定,承担工程项目的设计、采购、施工、试运行服务等工作,并对承包工程的质量、安全、工期、造价全面负责。”双方采用的是设计采购施工 EPC 总承包模式。

除了签订的合同名不符实需要重新认定合同的性质。还涉及一个问题就是招投标时是按施工总承包,但中标以后建设单位要求按照工程总承包方式签订合同的问题。这种情形并不少见,对此,依据《建设工程司法解释(二)》第 1 条“招标人和中标人另行签订的建设工程施工合同约定的工程范围、建设工期、工程质量、工程价款等实质性内容,与中标合同不一致,一方当事人请求按照中标合同确定权利义务的,人民法院应予支持”以及第 10 条“当事人签订的建设工程施工合同与招标文件、投标文件、中标通知书载明的工程范围、建设工期、工程质量、工程价款不一致,一方当事人请求将招标文件、投标文件、中标通知书作为结算工程价款的依据的,人民法院应予支持”的规定,当签订合同时,合同工程范围与招投标文件不一致的,应当按照招投标文件确定工程范围。

(二)工程总承包模式下,判定建设工程质量是否合格较为复杂。应注意工程总承包工程同样适用工程质量与工程造价直接挂钩的原则,以及工程未经竣工验收建设单位擅自使用的规定

1. 工程总承包项目的工程质量合格的标准。

施工总承包合同模式下,在建设单位与承包人签约时,施工图一般已构成合同附件,施工图纸各项参数均明确具体,双方当事人对工程的施工范围、质量标准都能够较为清楚,承包人按图施工,保证施工质量符合约定即可,违约责任也易于

界定。而工程总承包模式下，除少部分如 DB 施工采购总承包工程外，建设单位发包工程时往往仅有意向性的要求作为参考，如 EPC 或交钥匙工程总承包的发包的前提是尚停留在使用功能或最低性能的基础上，其标准较为模糊，如要判定工程质量是否合格是较为复杂困难的。最终承包人不但应完成合同所规定的全部工作范围，而且必须保证所竣工的工程符合“业主的要求”中所定义的预期目的，具备使用功能或最低性能，同时还要符合国家和地方相关质量标准规范，通过竣工验收。

本案中，建设单位提供的报价说明书要求：“严格执行 GMP 规范和其他中国现行设计标准、规范，同时，参照日本现行设计标准、规范”。二审法院则认为 GMP 标准是质量规范，不是建设标准，这是对 GMP 标准不了解作出的认定。

关于 GMP，全称是 Good Manufacturing Practices，中文含义是“生产质量管理规范”。GMP 原本是一套适用于制药、食品等行业的强制性标准，要求企业从原料、人员、设施设备、生产过程、包装运输、质量控制等方面按国家有关法规的规定达到卫生质量要求，形成一套可操作的作业规范帮助企业改善企业卫生环境。很多国家都制订了各自的 GMP 标准。我国现行的 GMP 标准，是于 2010 年 10 月 19 日经卫生部部务会议审议通过，自 2011 年 3 月 1 日起施行的《药品生产质量管理规范》[Good Manufacturing Practices for Pharmaceutical Products (2010 Revision)]。在此之前，本案工程建设时，则是于 1999 年 3 月 18 日发布自 1999 年 8 月 1 日起施行的《药品生产质量管理规范》。上述两版 GMP 标准，都对厂房与设施、设备设置专门的章节进行规范。

以 1998 年版 GMP 标准为例，第 9 条“厂房应按生产工艺流程及所要求的空气洁净级别进行合理布局。同一厂房内以及相邻厂房之间的生产操作不得相互妨碍”对总图布置时的厂区分区提出要求；第 11 条“在设计和建设厂房时……洁净室(区)的内表面应平整光滑、无裂缝、接口严密、无颗粒物脱落，并能耐受清洗和消毒，墙壁与地面的交界处宜成弧形或采取其他措施，以减少灰尘积聚和便于清洁”对厂房土建提出要求；第 12 条“生产区和储存区应有与生产规模相适应的面积和空间用以安置设备、物料，便于生产操作，存放物料、中间产品、待验品和成品，应最大限度地减少差错和交叉污染”对存储设计提出要求；第 31 条“设备的设计、选型、安装应符合生产要求，易于清洗、消毒或灭菌，便于生产操作和维修、保养，并能防止差错和减少污染”对设备设计、选型、安装作了原则性规定，并有其他更为详细的条款。

2010年版的GMP标准则在前一版的基础上对厂房硬件提出了更高更细致的要求，增加了对设备设施的要求，对厂房设施分生产区、仓储区、质量控制区和辅助区分别提出设计和布局的要求，对设备的设计和安装、维护和维修、使用、清洁及状态标识、校准等几个方面也都作出具体规定。而国家对于符合GMP标准要求的企业会发给GMP认证证书，申报材料就包括：生产企业总平面布置图、仓储平面布置图、质量检验场所平面布置图；药品生产车间概况及工艺布局平面图（包括更衣室、盥洗间、人流和物流通道、气闸等，并标明人、物流向和空气洁净度等级）；空气净化系统的送风、回风、排风平面布置图；工艺设备平面布置图；主要设备、制水系统及空气净化系统的验证情况等。因此，GMP标准是质量规范，但同时也是新建、改建相关企业厂房设施设备的设计依据和验收的主要指标，行业中的工程进行建设时均以求符合GMP标准。据此，本案发包人要求工程严格执行GMP规范，所提供的是合法、明确的标准。承包人应按约定的质量标准，保证设计、建造、采购均符合GMP标准。

但事实上，承包人未按GMP标准设计，实际施工不具备GMP规范要求的相关事项。如不具备仓储区，未建设成品仓库。同时，双方约定工程交接的条件是经过验收、试运行合格，但因承包人完成的工程存在质量缺陷以及设备的质量问题，一直未能通过环保验收，使整个系争工程至今未竣工验收，无法实际使用。然而，由于法院对于发包人的质量要求存在错误的理解，也未启动建设工程司法质量鉴定，最终未能查明涉案工程质量不合格的事实。

鉴于采用工程总承包的项目，其合同质量标准一般是要求符合“建设单位的要求”中所定义的预期目的、使用功能或最低性能，同时还要符合国家和地方相关质量标准规范，通过主管部门的质量验收。而“建设单位的要求”可能涉及行业的标准规范，具有专业性和复杂性。法院在双方对工程质量存在争议又无其他证据证明事实的情况下，应当根据需要，委托专业的鉴定机构出具专业的鉴定结论。

2. 工程总承包工程同样适用工程价款与已完工程质量直接挂钩的原则。

质量是建设工程的生命，《建设工程司法解释（一）》第3条规定：“建设工程施工合同无效，且建设工程经竣工验收不合格的，按照以下情形分别处理：（一）修复后的建设工程经竣工验收合格,发包人请求承包人承担修复费用的,应予支持;(二)修复后的建设工程经竣工验收不合格,承包人请求支付工程价款的,不予支持。因建设工程不合格造成的损失,发包人有过错的,也应承担相应的民事责任。"第16条规定:"建设工程施工合同有效,但建设工程经竣工验收不合格的,工程价款结算按照(一)修复后的建设工程经竣工验收合格,发包人请求承包人承担修复费用的,应予支持;(二)修复后的建设工程经竣工验收不合格,承包人请求支付工程价款的,不予支持。"上述规定体现了施工总承包模式下,工程质量至上的原则,即工程价款的支付应该与工程质量是否合格直接挂钩。《建设工程司法解释(二)》则再次明确了这一原则,第11条规定:"当事人就同一建设工程订立的数份建设工程施工合同均无效,但建设工程质量合格,一方当事人请求参照实际履行的合同结算建设工程价款的,人民法院应予支持。"

关于建设工程司法解释能否适用于工程总承包工程?最高人民法院法官冯小光于2008年发表的《回顾与展望——写在最高院关于建设工程施工合同司法解释颁布实施三周年之际》[①]一文中认为工程总承包的纠纷适用本解释。我同意建设工程司法解释原则上适用于工程总承包合同,但认为部分条款在适用时需结合工程总承包合同模式的特点进行重新考量和裁量。

就司法解释确立的工程质量与工程价款直接挂钩的原则。根据《建筑法》第55条的规定:"建筑工程实行总承包的,工程质量由工程总承包单位负责,总承包单位将建筑工程分包给其他单位的,应当对分包工程的质量与分包单位承担连带责任。分包单位应当接受总承包单位的质量管理。"工程总承包模式下,承包人同样对工程质量负总责,则也同样适用司法解释的规定。

3. 工程总承包模式下除了同样适用工程价款与已完工程质量直接挂钩的原则,还应适用《建设工程司法解释(一)》第13条。本案中发包人未经竣工验收就接收了工程,导致其败诉的教训,提醒其他建设单位应避免未经竣工验收就擅自使用或接收工程。

本案二审法院根据《建设工程司法解释(一)》第13条"建设工程未经竣工验

① 冯小光:"回顾与展望——写在《最高人民法院关于审理建设工程施工合同纠纷案件适用法律问题的解释》颁布实施三周年之际",载《民事审判指导与参考》(2008年第1集·总第33集),法律出版社2008年版,第79页。

收,发包人擅自使用后,又以使用部分质量不符合约定为由主张权利的,不予支持;但是承包人应当在建设工程的合理使用寿命内对地基基础工程和主体结构质量承担民事责任”的规定,认定因发包人已经接收了工程,责任风险已转移。

第13条的立法基础是交付工程责任风险的转移。根据《建筑法》的有关规定,施工单位对建筑工程质量承担责任。但是,在建设工程未经过竣工验收或者验收未通过的情况下,发包人违反法律规定,擅自或强行使用,即可视为发包人对建筑工程质量是认可的,或者虽然工程质量不合格其自愿承担质量责任。因为发包人使用未经验收的工程,其应当预见工程质量可能会存在质量问题,而且使用验收不合格的建筑工程就更直接说明发包人对不合格工程予以认可。随着发包人的提前使用,其工程质量责任风险也由施工单位随之转移给发包人,而且工程交付的时间,可认定为发包人提前使用的时间。工程总承包模式下,就未经验收擅自使用这一行为,同样符合《建设工程司法解释(一)》第13条的立法本意,应当适用该条款,视为发包人对建筑工程质量是认可的,或者虽然工程质量不合格其自愿承担质量责任。

(三)结合本案,在工程总承包模式下建设单位应注意的法律问题

工程总承包模式下,由承包人按照合同约定对工程项目实行全过程或若干阶段的承包,并在其承包范围内对工程的质量、安全、工期和造价等全面负责。采用这一模式可以减轻建设单位的管理负担,但同时,建设单位也是将部分或大部分权力让渡给承包人,特别在EPC/交钥匙总承包模式中,建设单位提出业主要求后,就交由承包人负责完成一个完整工程后再交付建设单位使用。但要最终在预计期限内接收到以固定价格、满足使用功能、具备使用条件的令人满意的合格工程,事实上仍需要建设单位的把控和管理能力。本案发包人因为缺乏经验,在签约及合同履行过程中,未能做好风险防范,造成最终败诉的经验教训,值得我们归纳总结。

1. 在准备阶段,建设单位应合理选择建设项目组织实施方式,并在发包前完成工程项目前期工作。

根据《总承包管理办法》第6条的规定,建设单位选择建设项目组织实施方式时应当结合项目特点和自身管理能力合理选择。建设单位的需求是否全面、明

确、具体、固定,决定着承包人是否可以对该项目作出合理的估价、明确的履约预期及充分的风险评估。只有在这个基础上,双方当事人对自己应当承担的权利义务才有合理预期,双方所商定的固定总价及风险分配才有合理性基础,才有按约履行的可能。建设单位应避免出现错误和遗漏,避免或减少在工程建设过程中发生不必要的变更,否则由此引起的投资额增加和工期延长将可能由业主来承担责任。

2. 发包阶段:合理确定发包方式,准备招标文件,并尽可能给予投标人足够的研究时间。

《总承包管理办法》第 8 条规定:"建设单位依法采用招标或者直接发包等方式选择工程总承包单位。工程总承包项目范围内的设计、采购或者施工中,有任一项属于依法必须进行招标的项目范围且达到国家规定规模标准的,应当采用招标的方式选择工程总承包单位。"即对于非必须招投标的工程项目,建设单位可以自由选择采用招投标或其他方式订立合同。设计、采购或者施工中有任一项属于依法必须招标的,应当通过招标方式选择工程总承包单位。

首先,建设单位应当准备招标文件,向投标人提供准确、具体的建设范围、建设规模、建设标准、功能要求。《总承包管理办法》第 9 条规定:"建设单位应当根据招标项目的特点和需要编制工程总承包项目招标文件,主要包括以下内容:(一)投标人须知;(二)评标办法和标准;(三)拟签订合同的主要条款;(四)发包人要求,列明项目的目标、范围、设计和其他技术标准,包括对项目的内容、范围、规模、标准、功能、质量、安全、节约能源、生态环境保护、工期、验收等的明确要求;(五)建设单位提供的资料和条件,包括发包前完成的水文地质、工程地质、地形等勘察资料,以及可行性研究报告、方案设计文件或者初步设计文件等;(六)投标文件格式;(七)要求投标人提交的其他材料。建设单位可以在招标文件中提出对履约担保的要求,依法要求投标文件载明拟分包的内容;对于设有最高投标限价的,应当明确最高投标限价或者最高投标限价的计算方法。推荐使用由住房和城乡建设部会同有关部门制定的工程总承包合同示范文本。"

其次,需要注意的是,建设单位还应该确定合同价格形式及风险承担。第一,总价固定是发包人采用工程总承包模式的驱动力,也是承包人的盈利核心。《总承包管理办法》第 16 条规定:"企业投资项目的工程总承包宜采用总价合同,政府投资项目的工程总承包应当合理确定合同价格形式。采用总价合同的,除合同约定可以调整的情形外，合同总价一般不予调整。”第二，风险合理分担，这是工程总承包模式与传统模式最大的差异，且直接涉及风险事项发生时，增加的价款和工期的承担问题。建设单位应明确风险的种类和程度，明确风险发生后应如何承担。《总承包管理办法》第15条规定：“建设单位承担的风险主要包括：(一)主要工程材料、设备、人工价格与招标时基期价相比，波动幅度超过合同约定幅度的部分；(二)因国家法律法规政策变化引起的合同价格的变化；(三)不可预见的地质条件造成的工程费用和工期的变化；(四)因建设单位原因产生的工程费用和工期的变化；(五)不可抗力造成的工程费用和工期的变化。具体风险分担内容由双方在合同中约定。鼓励建设单位和工程总承包单位运用保险手段增强防范风险能力。”该条明确规定了具体风险分担内容由双方在合同中约定。

最后，鉴于工程总承包属于功能性招标，建设单位应给投标人提供足够的时间和资料，让投标人仔细研究业主的要求，全面评估项目风险，使投标人确认是否有能力来承担工程总承包工程的建设任务。《总承包管理办法》第13条“建设单位应当依法确定投标人编制工程总承包项目投标文件所需要的合理时间”的规定就是考虑到了这个问题。

3. 选择承包人阶段：对承包人提供的投标文件进行技术和财务评估，选择合适的承包人。

建设单位选择的承包人应具备完成工程总承包合同范围的全部任务的能力，其投标报价和工期必须满足建设单位的要求。《总承包管理办法》第10条第1项规定：“工程总承包单位应当同时具有与工程规模相适应的工程设计资质和施工资质，或者由具有相应资质的设计单位和施工单位组成联合体。工程总承包单位应当具有相应的项目管理体系和项目管理能力、财务和风险承担能力，以及与发包工程相类似的设计、施工或者工程总承包业绩。”对财务、风险具有承担能力，是因为在工程总承包模式下，项目的不确定性比较大，承包人需要承担技术和商业两方面的风险。承包人应该具备较强的风险承担能力和完善的企业运营风险防范手段，能够承担工程建设过程中可能发生的绝大部分的风险。

4. 签约阶段的管理：使用示范文本并尽量完善合同内容，注意如使用招投标发包方式的，签订合同时要避免合同实质性内容与中标合同不一致。

住建部推荐采用工程总承包合同示范文本作为工程招标文件的必要附件。

原因在于广大承发包单位的思维理念还没转变，还是将施工总承包的理念套用在工程总承包领域。而事实上，由于工程总承包模式定义及基础概念的不同，相似的合同文本描述在两种模式下却会有几乎完全不同的法律后果，大部分承发包单位还不能很好地理解这一点，尤其是对于总承包人而言，由于工程总承包的核心理念是责任由更专业的人承受。因此，住建部为了指导工程总承包合同当事人的签约行为，维护合同当事人的合法权益，制定了合同示范文本。这里同样建议签约时也采用示范文本。

在签订合同时还应注意，建设单位如果选择了招投标方式订立合同，应注意根据《建设工程司法解释（二）》第 1 条及第 9 条规定，避免与承包人签订合同时，与中标合同实质性内容不一致。

5. 工程总承包实施阶段：履行合同约定的义务，检查进度、成本和质量，处理变更和索赔，避免质量责任。

建设单位应严格履行合同约定的业主义务，如按时支付工程款。同时，根据《总承包管理办法》第 17 条的规定："建设单位根据自身资源和能力，可以自行对工程总承包项目进行管理，也可以委托勘察设计单位、代建单位等项目管理单位，赋予相应权利，依照合同对工程总承包项目进行管理。"此外，建设单位仍应在必要时对工程的进度、成本和质量进行检查和控制，并处理变更和索赔。

建设单位对于《总承包管理办法》第 22～24 条规定的建设单位的质量责任也应予以重视，包括不得迫使工程总承包单位以低于成本的价格竞标，不得明示或者暗示工程总承包单位违反工程建设强制性标准、降低建设工程质量，不得明示或者暗示工程总承包单位使用不合格的建筑材料、建筑构配件和设备；建设单位不得对工程总承包单位提出不符合建设工程安全生产法律、法规和强制性标准规定的要求，不得明示或者暗示工程总承包单位购买、租赁、使用不符合安全施工要求的安全防护用具、机械设备、施工机具及配件、消防设施和器材；建设单位不得设置不合理工期，不得任意压缩合理工期。否则引起的质量责任，将由建设单位承担，可能还会涉及刑事责任。

6. 竣工验收、接收工程阶段：建设单位在工程竣工验收合格前，应避免擅自使用或接收工程。

如第二点中所述，建设单位在工程竣工验收合格前，应避免擅自使用或接收工程，否则根据《建设工程司法解释（一）》的相关规定，将视为对工程质量的认可，工程质量风险就此转移，造成对建设单位极为不利的后果。

案例7 | 因利比亚战争引发海外EPC项目合作纠纷国内仲裁案

一、案情简介

本案例中两案都是因北非利比亚局势变动引发的海外EPC项目分包合作争议在中国国内仲裁机构提起的仲裁案，也是我任一带一路（中国）仲裁院副院长之前担纲主审海外项目工程总承包项下的施工分包仲裁案件。

2007年8月，中国某央企岩土公司（以下简称被申请人）与利比亚发展组织管理中心（以下简称建设单位）签订《单元住宅房和配套服务设施的施工项目公共工程合同》（以下简称《住宅工程合同》），合同约定由被申请人实施位于利比亚的2000套住宅及配套服务设施工程。2008年5月，被申请人与业主就多个大学校园工程项目签订《公共工程合同》，合同约定由被申请人实施位于利比亚多个大学城项目相关工程。双方签订上述两份公共工程合同均由建设单位以设计—采购—施工（EPC）工程总承包的利比亚模式发包建设。

2008年6月，被申请人与湖北某施工企业（以下简称申请人）就上述两个公共项目的EPC工程总承包合同签订《利比亚住房项目合作协议》（以下简称《住宅合作协议》）和《大学城合作协议》，约定双方组成联合体进行合作；申请人负责项目的全部工程施工，被申请人负责协调处理公共关系，在项目实施过程中负责合同结算、变更和索赔等工作；约定以全部工程款结算总额的76.5%作为申请人的施工费用，被申请人以全部结算总额的6.5%作为项目的管理费、设计费和保函手续费。

之后，由于利比亚形势动荡，2011年2月17日发生武装冲突，2月26日，联合国通过决议制裁卡扎菲利比亚政府。我国政府以保护本国国民的人身安全为第一要务，将在利比亚的包括工程建设人员在内的我国公民共35,860人全部撤回国内。之后，联合国作出决议，同意在利比亚设立“禁飞区”，法、英、美等多国部队随之发动对利比亚的空袭，利比亚进入战争状态。战争导致我国在利比亚的全部工程项目因不可抗力无法继续开展。本案总分包双方也由此发生争议。

2015 年 5 月，申请人就两个项目的相关争议分别向武汉仲裁委提起仲裁。针对《住宅合作协议》，申请人请求确认为无效合同；请求被申请人支付工程款 147,746,187元，赔偿延付工程预付款和进度款的利息损失 6,685,494.9 元，支付申请人的劳务人工费、采购材料、采购设备等其他经济损失 107,666,090 元等；解除申请人提供的担保责任等。被申请人则向仲裁委提出了仲裁反请求，请求申请人返还超付的工程款及利息 98,222,658 元；赔偿被申请人损失 84,944,450.71 元等。

针对《大学城合作协议》，申请人请求被申请人支付保函资金、补偿金等欠款 2510 万元及利息损失 7,208,561.1 元；支付工程款等成本费用欠款 16,557,721 元及利息损失 5,066,428.05 元；解除申请人为其提供信用保证的保证责任；赔偿因其违约行为给申请人造成的经济损失 64,185,334 元，并承担后续损失至申请人解除保证责任之日止。被申请人则反请求申请人赔偿被申请人垫付保证金利息 270 万元，返还借支款及利息 28,333,624.8 元以及按合同应返还的设备、材料，如无法返还则按物品的价格赔偿损失等。

武汉仲裁委受理上述两案的仲裁申请后，申请人和被申请人根据我国《仲裁法》和《武汉仲裁委员会仲裁规则》的规定，分别选定各自的仲裁员，仲裁委主任指定我作为首席仲裁员，和当事人双方选定的两位仲裁员组成三人仲裁庭对两案分别进行了审理。

二、审理过程

申请人就《住宅合作协议》一案主张合同效力及支付工程价款的仲裁请求称：根据协议关于适用中国法律的约定，被申请人把总承包项下的土建全部分包给申请人承包，应为无效协议。协议签订后，申请人即组织人员于 2008 年 6 月进场施工，已按照协议要求进行了工程施工，但被申请人未按协议约定进行工程款的支付和结算工作，致使已完工程有大量进度款没有得到支付，给申请人造成了巨大的经济损失。

针对申请人提出的仲裁请求，被申请人答辩称：《住宅合作协议》系双方真实意思表示,且不违反禁止性法律规定,应为合法有效;申请人请求支付工程进度欠款及利息的条件不成就,被申请人没有支付上述款项的义务;申请人在施工过程中因严重延误工期,由此造成的经济损失应由其自身承担。被申请人认为分包工程款已经付超,据此提起仲裁反请求。

经过审理,仲裁庭针对本案协议效力及工程价款争议,最终裁决《住宅合作协议》合法有效,但自裁决作出之日起解除;被申请人给付申请人已完成的工程进度款42,724,508元;对于申请人提出的支付其余工程款105,021,679元、赔偿利息损失6,685,494.9元、其他经济损失107,666,090元的仲裁请求,以及被申请人提出的返还超付的工程款及利息98,222,658元、赔偿损失84,944,450.71元的仲裁反请求,仲裁庭认为均属于解除合同后对已完工程价款的审定范围之内,由于利比亚战争引起的不可抗力仍处持续状态,因不可抗力致审定工程价款无可操作性,待不可抗力因素解除后,一并结算、支付。

申请人针对《大学城合作协议》解除协议及担保责任解除争议提起仲裁请求称:合作协议签订后,申请人派遣人员进驻现场进行施工,同时向被申请人出具承诺函,借款2000万元用于缴纳保函保证金并承担利息,另以被申请人名义向中信银行武汉分行为上述大学城项目申请了保函,并由申请人为被申请人向中信银行提供5.98亿元的信用担保。此后,由于利比亚形势动荡,导致工程无法继续开展,2010年10月,双方经协商签订了《大学城解除协议》,约定自2010年11月1日起,双方解除合作协议,机械设备、车辆、材料、工具用具及相关生活设施均移交给被申请人;所有前期费用成本及人员工资、回国的机票路费等均由被申请人承担支付;申请人为办理银行履约保函和预付款保函所交纳的保证金及保函手续费,留存1000万元作为项目保证金,剩余款项由被申请人分两次返还申请人;同时约定由被申请人尽快依法解除申请人提供的担保责任,并返还申请人为办理保函而支出的保函资金和相关费用,补偿申请人不可计量损失等1500万元。《大学城解除协议》签订后,申请人已进行了资料移交并提供了相应证据,但被申请人未向申请人全额支付合同中约定的款项,也未解除相应的保证责任。据此申请人向武汉仲裁委提起仲裁请求。

针对申请人提出的仲裁请求,被申请人答辩称:双方签订《大学城解除协议》之后,被申请人已依约向申请人支付了撤离人员机票工资费用、施工前期准备工作成本费用、退还了保函资金等，不存在欠付；由于申请人已向被申请人借支巨额款项，有权拒绝支付1500万元补偿款；已履行了请求中信银行武汉分行解除申请人保证责任的协助义务，由于银行未能解除保证责任，不应承担违约责任及相应损失。此外，因申请人借款未还以及未足额移交诉争项目现场实物，被申请人向仲裁委提出了仲裁反请求。

仲裁庭经过审理，针对本案的替代担保及钱款争议，最终裁决被申请人于裁决书生效之日起30个工作日内为申请人对大学城项目保函办理的5.3亿元信用担保提供替代担保，解除申请人的担保责任；若在上述期限之内无法提供替代担保的，可由申请人自行寻找替代担保人并解除自身的担保，由此产生的费用由被申请人承担；被申请人向申请人返还保证金10,100,000元，支付补偿款15,000,000元并承担该款项的资金占用损失20,705,187.5元；申请人向被申请人返还其已先行支付的款项28,333,624.8元，赔偿设备损失1,321,812.1元等。

三、办案体会

本案中总承包人与国内施工企业签订工程总承包项下的施工承包合同，双方约定适用中国法律。案件本身疑难复杂的特点使本案在仲裁过程中遇到了一系列十分棘手的法律问题，包括案件本身涉及的法律争议处理，以及案件反映的中国企业“走出去”所遇到的一系列法律问题。双方签订合作协议的效力争议和法律适用、工程款的计算和支付、不可抗力导致的协议解除以及责任承担、工程保函下担保责任的解除等问题都值得我们认真分析。

（一）关于系争两案本身的争议焦点及其准确处理

本案属于中国法人之间“走出去”因工程总承包项下的施工分包合作引起的争议，当事人的协议约定发生争议回国内仲裁机构仲裁，并适用中国法律。如何妥善、准确处理此类中国建筑企业“走出去”后遇到的问题，给国内仲裁机构提出了新要求。

1. 应依法确认境外工程总承包施工分包合同的效力。

本案申请人主张：被申请人与建设单位签订的《住宅工程合同》约定工程应全

部由被申请人进行施工,未经建设单位同意不得进行分包并禁止转包。被申请人在2008年8月23日以联合投标的形式获取政府主管部门的境外工程投标许可时,并无房屋设计、施工中的任一资质。其随后与申请人签订《住宅合作协议》,约定将《住宅工程合同》项下全部工程交由申请人施工,属于我国《建设工程质量管理条例》第78条等法律法规明确禁止的违法转分包行为。因此,参照《建设工程司法解释(一)》第4条之规定,《住宅合作协议》应认定为无效。

被申请人则认为:与申请人签订的《住宅合作协议》系双方真实意思表示,且不违反禁止性法律规定,应为合法有效,理由如下:(1)被申请人具有总承包境外建设工程的资质,其于2006年获得了商务部对外承包建设工程的批准,并于2010年获得了湖北省商务厅颁发的对外承包工程资格证书。依据我国《对外承包工程管理条例》的规定,其可以承包境外建设工程。(2)被申请人与建设单位签订的《住宅工程合同》中约定承包方式为EPC总承包,依据我国《对外承包工程管理条例》规定以及原建设部2003年《30号文件》及2003年第161号文件即原建设部《关于工程总承包市场准入问题说明的函》(已于2017年12月12日失效)的规定,可以将项目施工部分进行分包。(3)被申请人将项目施工分包给申请人后,即向建设单位进行了备案,并获得了建设单位的认可,双方实际上已经对《住宅工程合同》中禁止分包的约定进行了变更。

仲裁庭合议后认为:仲裁庭不能支持申请人关于合作协议无效的主张,申请人与被申请人之间签订的合作协议合法、有效。其理由主要包括:

(1)适用中国法律并不能否定《住宅合作协议》的效力。

按照《住宅合作协议》的约定以及庭审中双方当事人的认可,本案适用中国法律。而我国法律中与《住宅合作协议》的效力相关的法律法规包括《建筑法》《合同法》和《对外承包工程管理条例》。其中《建筑法》第2条规定:"在中华人民共和国境内从事建筑活动,实施对建筑活动的监督管理,应当遵守本法。"也就是说,国家监管的范围或干预的范围不包括在我国境外从事建筑活动。从立法目的上来看,国内法律禁止转包、违法分包的主要目的是保证国内建筑质量安全,维护公共利益,此立法目的不能及于境外工程。尽管《合同法》《建设工程质量管理条例》《建设工程司法解释(一)》也有相关限制、禁止工程项目转包和分包的条款,但《合同法》的规定吸收来源于颁布在先的《建筑法》有关原则,其基础法律是《建筑法》;《建设工程质量管理条例》则属《建筑法》的下位法,其效力范围不应超出后者的限制;《建设工程司法解释(一)》第4条中的“转包”概念则是在国内工程领域的特有概念,涉外工程中并不存在此类概念。因此,对于本案而言,《住宅合作协议》并未受我国法律的否定,合同并不会因为法律规定而无效。

(2)申请人与被申请人联合经营经国家主管部门批准。

中国建筑企业“走出去”承包工程,不论是独立承包还是联合经营,均属于需经国家主管部门审查批准的事项。国家审查批准主管部门商务部的2007外经贸合许字第200375号批文《对外承包工程项目投(议)标许可证》不仅批准被申请人承包利比亚住宅项目,还明确由被申请人和申请人组成联合体承包。因此仲裁庭认为,本案申请人与被申请人的联合经营以及据此签订《住宅合作协议》均已获国家主管部门的审查批准。尽管申请人提出商务部的批文时间稍晚于被申请人与建设单位签订《住宅工程合同》的时间,双方签约时并无批准文件,但仲裁庭认为根据《对外承包工程资格管理办法》《合同法》及相关司法解释,对外承包工程合同并不以批准登记为生效的前提条件,因此批准与否并不影响合同的效力,何况该合同已获主管部门的批准即事后追认。并且,《住宅工程合同》和《住宅合作协议》的签约双方并非同一主体,申请人与被申请人签订《住宅合作协议》不存在批准和签约的时间顺序问题。据此,本案主管部门批准涉外承包工程的时间稍晚,既不影响《住宅工程合同》的合同效力,更不影响《住宅合作协议》的效力。

(3)双方签订的合作协议的真实意思属于企业间的联营,我国法律对企业联营有明确规定,应适用于本案。

申请人认为,其与被申请人签订的《住宅合作协议》名实不符,是名为合作,实为工程分包,并据此认为被申请人涉嫌欺诈,双方签订的合作协议无效。仲裁庭认真审查了《住宅合作协议》的合作内容,其前言部分明确被申请人与申请人“本着互惠互利、相互信任、共同发展的原则,经友好协商,同意就利比亚住宅项目进行合作”。其第1条“项目的管理营运”中约定被申请人与申请人组成联合体,并明确了双方的具体分工。仲裁庭认为:本案申请人与被申请人签订合同的名称为《住宅合作协议》,合同的前言部分及双方对项目运营管理的合作内容与合同名称一致,不存在名实不符的情形。根据《住宅合作协议》对各自权利义务的约定,双方构成企业间的联营关系,应适用《民法通则》第52条和《建筑法》第27条的规定,双方的《住宅合作协议》符合我国法律规定,因此是合法有效的。

(4)被申请人与建设单位签订的《住宅工程合同》不自然适用申请人与被申请人的《住宅合作协议》,且该合同中不得分包的约定与《住宅合作协议》的效力无关。

申请人要求仲裁庭确认与被申请人的合作协议无效的另一理由是,被申请人与建设单位签订的《住宅工程合同》中有不得分包的约定,被申请人违反此约定也构成合作协议无效。仲裁庭经审查确认,根据《住宅工程合同》第17条【分包】的约定,建设单位并未禁止被申请人分包,只是对岩土公司的分包作了限制和经建设单位同意的前置条件。即便被申请人违反了与建设单位关于分包的约定,也仅构成被申请人对建设单位的违约,并不影响作为合作双方的《住宅合作协议》的效力。据此,仲裁庭认为申请人与被申请人之间建立的是合作关系,不认为双方之间是工程分包关系,也不认为此约定能够成为双方签订的合作协议无效的理由。

2. 因不可抗力致使不能实现合同目的引发的争议合同可以解除。

被申请人认为,其有权行使法定解除权解除《住宅合作协议》,理由是:(1)2011年2月利比亚爆发战争后,《住宅合作协议》一直处于中止履行状态,至今已历经5年,诉争项目已不可能复工,协议目的已不可能实现,被申请人有权依中国《合同法》第94条规定解除双方的合作协议;(2)双方的合作性质是企业联营,以信任为合作基础,现双方已失去了对彼此的信任,继续合作事实上已不可能;(3)《住宅工程合同》与《住宅合作协议》是两个独立的合同,《住宅合作协议》的解除并不以《公共工程合同》的解除为条件;(4)《住宅合作协议》第7.2条约定的解除程序仅适用于双方协议解除;(5)审批只是《住宅合作协议》的生效条件,解除经审批的合同不适用行政程序,无须国家主管部门批准。

申请人认为,《住宅合作协议》不能解除,理由如下:(1)战争过后,利比亚国内局势渐趋稳定,且被申请人自己也认为其"一直""多次"与利比亚建设单位方联系谈判复工索赔事宜。另外,我国负责协调对利谈判工作的中国对外承包工程商会已明确表示会视情况开展后续工作,因此工程很有可能会有后续复工及索赔,这需要双方利用各自的优势进行协作;(2)《住宅合作协议》第7.2条约定:"当事人一方要求变更或解除协议时,应当提前28天通知对方",该条款约定的合同单方面解除的必要条件,至今仍然没有成就。

仲裁庭合议后认为,仲裁庭支持被申请人关于解除《住宅合作协议》主张,其理由是:根据《合同法》第 94 条第 1 款的规定:“有下列情形之一的,当事人可以解除合同:(一)因不可抗力致使不能实现合同目的……”本案中,2011 年 2 月利比亚爆发战争后,申请人与被申请人在利比亚项目现场所有人员都已撤回国内,双方签订的《住宅合作协议》一直处于中止履行状态,至今已历经 5 年,工程在预见的期限内不能复工。由于战争这一不可抗力的出现,致使《住宅合作协议》客观上无法履行,合同目的无法实现,被申请人可以依照《合同法》第 94 条的规定单方行使合同解除权,《住宅合作协议》自裁决作出之日起解除。

3.《住宅合作协议》已履行部分的工程进度款及利息应计算并支付。

申请人提出,《住宅合作协议》签订后其按协议要求进行了工程施工,其中前十一期工程报量已得到建设单位和监理签认,但没有足额完成支付;第十二期工程已完工且工程报量已交被申请人,但因战争原因建设单位和监理无法对已完工工程报量予以签认,也没有进行支付。申请人认为,根据双方签订的《谅解备忘录》第 1 条第 2 款的约定和“支付前提”的严格责任,无论建设单位支付与否,被申请人都应按建设单位确认的工程量向申请人支付应付进度款。被申请人没有按照协议约定进行工程款的支付和结算工作,致使申请人已完成的工程有大量工程进度款没有得到支付,因此请求被申请人支付申请人工程款 147,746,187 元(其中包括十一期以前的 42,724,508 元)、利息损失 6,685,494.9 元、其他经济损失 107,666,090 元。

被申请人认为,申请人无权要求上述款项,理由如下:(1)《住宅合作协议》第 6.2 条特别约定,被申请人只有在收到建设单位对项目合同下的付款后才按上述约定支付给申请人,而第十期、第十一期工程进度款建设单位仅支付了 60%,因而被申请人也只能按此比例支付申请人。建设单位未支付的工程进度款应当作为联合体的损失,由双方依合作协议约定按工程款分配比例共同分担。(2)《谅解备忘录》只是为了解决双方共同面对的工期问题所采取的一种临时变通措施,且该措施的存续是有期限限制的,在 2011 年 1 月 1 日以后应适用《住宅合作协议》。除此之外,在施工期间申请人怠于施工管理,因其碎石和制砖产能严重不足,装饰材料迟迟不到位,所建的墙壁出现大量裂缝等,导致工期出现严重延误。这使被申请人受到利比亚建设单位和监理的多次警告,蒙受了巨大的声誉和经济损失。

因此,请求申请人返还被申请人超付的工程款及利息98,222,658元和赔偿损失84,944,450.71元。

仲裁庭合议后认为,对于申请人要求支付十一期以前的42,724,508元工程进度款及利息的仲裁请求予以支持,理由如下:《住宅合作协议》属继续性合同,其特点是在一定时间内持续地履行。根据《合同法》第97条的规定,该种合同解除后未履行的不再继续履行,已经履行的部分按照有效合同的处理原则及方式进行处理,履行方仍可以请求对方对已受领的利益支付价款,不发生恢复原状的法律后果。关于被申请人是否只有在收到建设单位对项目合同下的付款后才需要支付给申请人,仲裁庭认为,根据合同的相对性原理,合同责任具有相对性,只能在特定的当事人之间即合同关系的当事人之间发生,在因第三人的行为造成债务不能履行的情况下,债务人仍应向债权人承担违约责任。具体到本案中,根据我国《民法通则》及《合同法》规定的公平原则以及上述合同相对性原理,对于被申请人与建设单位之间的《住宅工程合同》以及二者之间的结算以及支付行为,申请人并无任何权利义务、也无法进行推动。因此,申请人的工程完工后,被申请人应当积极履行与建设单位之间的合同,促进《住宅合作协议》的履行。但被申请人没有证据证明自己已经积极履行了其与建设单位之间合同的权利义务,因此,被申请人应当向申请人支付十一期以前的42,724,508元工程进度款。至于利息,申请人的申请依据不足,仲裁庭予以驳回。

对于建设单位和监理尚未签认的十一期以后的工程进度款,仲裁庭认为,在合同解除后,双方对于工程款的数额无法达成一致意见的情况下,双方本应结算已完工程价款,结清后才能确定款项的支付。但由于利比亚战乱这一不可抗力因素的存在,仲裁庭也无法进行鉴定,本案审理不可能结算工程价款。该笔费用属于解除合同后对已完工程价款的审定范围之内的,待不可抗力因素解除后,一并结算、支付。

4. 被申请人应当根据《大学城解除协议》解除申请人的担保责任,并依约应当对此作出赔偿。

在大学城项目一案中,被申请人认为其为申请人向中信银行申请保函,并承担保证责任是基于项目联营合作的关系,其实质上是一种有偿担保。《大学城解除协议》中约定被申请人应"尽快依法解除"申请人的"担保责任",但因被申请人作为被保证人拒不向中信银行提供替代保证人来替换申请人,导致申请人承担保证责任至今。鉴于《大学城解除协议》约定的办理移交、支付拖欠工资及其他债务的时间均为 15 日,因此“尽快”这一时间期限应理解为 15 日内。被申请人恶意违反“依法解除乙方为办理保函所提供的经济担保和抵押责任”的约定,造成了申请人的经济损失 64,185,334 元,应由被申请人承担违约责任。

被申请人认为,《大学城解除协议》第 8 条仅约定被申请人应在协议签订之后尽快依法解除申请人为办理保函所提供的经济担保,既未明确约定解除的期限,也未约定解除担保的方式。2011 年 5 月 20 日与 2012 年 2 月 24 日,被申请人已两次发函给中信银行请求其解除申请人对大学城项目保函办理的 5.3 亿元信用担保责任并申请办理相关解除手续,但中信银行未予同意,这已经履行了《大学城解除协议》中约定的“依法尽快解除”义务,并不构成违约。另外,《最高额保证合同》第 7.11 款约定:“如有第三人为主合同项下债务的履行提供保证,甲方(指申请人)仍然承担本合同第三条约定的保证责任”。因此,被申请人与第三方中信银行约定的保证责任是不可撤销和解除的。最后,依据合同相对性原理,《最高额保证合同》是申请人与中信银行签订的,中信银行是担保权人,被申请人因不是该保证合同的相对人与担保权人,无权直接解除保证合同。

仲裁庭认为,双方签订的《大学城解除协议》第 8 条虽未对解除担保的方式进行明确约定,但是基于一般商业行为,协议约定的“依法解除担保责任”实际上只能是申请人从原来的保证关系中退出来,由其他符合条件的保证人替换其保证地位。在申请人提交的证据中,中信银行也明确认可了解除申请人担保责任,由被申请人提出替代保证人进行置换担保的担保解除方式。被申请人提出该保证是不可撤销和解除的,并认为其不是该保证合同的相对人与担保权人,无权直接解除保证合同,但中信银行提出的担保解除方式只是解除保证人的担保责任并由其他替代保证人进行置换担保,并非解除整个担保合同,故对于被申请人的该项抗辩,仲裁庭不予支持。

对申请人解除担保责任的请求,仲裁庭予以支持。鉴于双方在《大学城解除协议》未对办理替代担保的期限作出明确约定,仲裁庭裁定被申请人于裁决书生效之日起 30 个工作日内为申请人对大学城项目保函办理的 5.3 亿元信用担保提供替代担保,解除申请人的担保责任;若被申请人在上述期限之内无法提供替代担保,可由申请人自行寻找替代担保人并解除自身的担保,由此产生的费用由被申请人承担。如出现由申请人自行寻找替代担保人并产生费用的情形,双方对费用产生争议,申请人可另行提出仲裁请求,另案解决争议。然而,对于被申请人未能及时解除信用担保给申请人造成的经济损失,由于其无法量化并且申请人所提供的与第三方签订的借贷合同与解除担保责任之间也不存在直接因果关系,无法具体计算其产生的损失数额。因此,对该项赔偿仲裁庭不予支持。

5. 申请人应根据《大学城解除协议》承担相应的工程成本费用和设备材料损失。

申请人认为,工程施工超支的围墙、板房工程款共 16,557,721 元,被申请人应当支付该成本费用并承担后续利息损失至欠款付清之日止。被申请人则认为,根据《大学城解除协议》第 7 条成本费用条款的约定,申请人请求被申请人支付成本费用以申请人出具的发票和工资单为依据,但申请人没有提供任何发票和工资单予以证实,需承担举证不能的责任,被申请人无须支付该项费用。

仲裁庭认为,《大学城解除协议》第 7 条【成本费用】中明确约定:"在移交时点前,乙方(指申请人)为指挥部及大学工程项目发生的人员工资、房租、设备、材料、工具用具、炊具家具、活动板房等所有费用,全部由甲方承担。费用核销以乙方出具相应发票为依据。"申请人工程施工超支的围墙和板房工程款属该约定中的成本费用,应由被申请人承担,但申请人应出具相应发票为依据。然而,申请人仅提供了单方制作的《大学城项目施工管理成本费用收入支出汇总及明细》证明其支出金额,仲裁庭对其不予认可,申请人应承担其举证不能的后果。故此,仲裁庭对申请人对本项仲裁请求中的成本费用及利息损失支付请求不予支持。

除此之外,被申请人认为,依据双方签订的《大学城解除协议》第 4 条实物移交约定,申请人应确保为指挥部及大学城各项目购买的机械设备、运输车辆、材料、工具用具、炊具家具及活动板房等临时设施完好,由双方共同清点,编制清单后足额移交被申请人。而根据《利比亚大学城项目国内采购机械设备、车辆、材料、工具用具、炊具用具现场移交核对明细》《出口物资采购合同审核及签章意见表》、报关单、清关单、提单、双方签字确认的设备材料移交记录等证据,申请人在移交项目财产时,少移交了大量机械设备、运输车辆、材料、工具用具等财产,共造成被申请人经济损失 5,856,245.29 元,申请人应当向被申请人赔偿。

申请人认为,《大学城解除协议》签订后,申请人已向被申请人移交了大量车辆、设备用具、建材、用品、生活物资等。被申请人提交的相关证据只能证明其自己就是这些设备的购买主体,而其利比亚的工程项目有很多,被申请人没有证据证明向申请人何时移交过哪些设备,数量多少。因此,申请人对此不负有返还移交的义务。

仲裁庭认为,在该项请求中,对于减水剂、焊管、安全网、胶合板等消耗型施工材料,被申请人用买卖合同中所签数量减去最终交付的数量,仅举出二者之差并不能证明被申请人的损失,应当由被申请人承担举证不能的不利后果,因此对该部分款项不予认可。但该项请求中的搅拌车、挖掘机、起重机不属消耗品,被申请人可以证明其购买并运送至项目工地,申请人移交时有所短缺,应属被申请人的损失、申请人应予以赔偿,但由于上述物品本身在使用中就有自然损耗,申请人不应以原价赔偿,而应折价计算;对上述物品的运费,由于被申请人认可上述物品已运送到项目工地、只是申请人移交时有所短缺,因此运费本身属于该项目的成本费用,应由被申请人承担。由于申请人与被申请人均未提出折价方案,仲裁庭行使自由裁量权,判定申请人按原价70%进行赔偿。

(二)本案反映中国建筑企业“走出去”遇到一系列法律问题

本案虽属于中国建筑企业“走出去”所发生的个案,但在案件仲裁审理过程中所反映的一系列法律问题,仍反映出在“一带一路”倡议下中国企业在海外工程项目的一般共性,这些法律问题的准确处理对“一带一路”倡议下海外工程的合规运作,事先掌控法律风险均具有值得借鉴的现实意义。

1. 国际工程总承包项目合同文本选择和使用。

由于国际工程总承包项目的复杂性,用来规范项目交易的合同条件显得尤为重要,一份成熟完备、公平合理的合同条件是项目顺利实施并取得预期效果的有力保障。

在实践中,国际工程总承包项目的合同条件大多参照国际FIDIC组织的合同条件来编制。目前国际上得到广泛承认和使用的工程总承包合同范本编制机构主要包括国际咨询工程师联合会(FIDIC),也有英国土木工程师学会(ICE)、英国联合合同委员会(JCT)、英国咨询建筑师学会(ACA)、美国建筑师协会(AIA)、美国总承包商会(AGC)、美国设计—施工学会(DBIA)等编制的文本。其中最为著名的是FIDIC编制的橘皮书、黄皮书、银皮书、金皮书[①]等一系列工程总承包合同条件,不仅成为世界银行推荐使用的合同文本,而且在全世界范围内得到了广泛使用。我国目前的工程总承包合同类示范文本,包括住建部发布的《建设项目工程总承包合同示范文本(试行)》和发改委等九部委发布的《标准设计施工总承包招标文件》,也都是以FIDIC合同条件为重要的参考文本。

尽管使用FIDIC等国际通用的工程总承包合同范本在某种程度上已经成为国际工程领域的共识,但目前在国际层面并没有就使用统一的合同范本形成共识,并且很多国家的政府和行业机构都会在借鉴国际通用合同范本的基础上,依据本国法律和行业惯例制定符合本国国情的合同范本,甚至形成完全基于本地实践制定的合同范本。尤其在法律和文化体系与欧美国家差距较大,还未与国际实践完全接轨的"一带一路"沿线国家和地区中较为突出。以利比亚为例,在商务部《对外投资合作国别指南》中便已明确指出,其工程承包市场同国际承包工程通常做法不接轨;国家基建规划缺乏前瞻性和科学性,规划的实施无章法;合同不采用国际通行的国际咨询工程师联合会颁布的FIDIC条款;项目多数进行部分招标、议标,或者直接议标;合同文本一般采用阿拉伯文,或阿拉伯文和英文文本,不采用中文文本等情况。上述情况这也确实是我在本案仲裁庭审过程中的直观感受。

在本案中,被申请人与利比亚建设单位签订的两份公共工程合同并非使用FIDIC合同条件,而是使用当地用于公共工程的阿拉伯语合同范本,合同内容又不够明确,在理解使用中就容易产生误解乃至偏差。被申请人是以设计—采购—施工(EPC)总承包的模式承接两项目,并已实际完成了两项目的设计工作,提交了设计图纸。但在公共工程合同中,并未直接体现出设计的相关内容,仅约定承包人应实施相关项目,包括全面准确地对工程进行施工。申请人就主张公共工程合同为单纯的施工总承包合同,因此被申请人将施工部分全部交由申请人实施构成转包。而被申请人则主张公共工程合同为EPC合同,其将施工部分交由申请人是工程总承包中的合法分包,符合法律规定和国家政策。

这体现了国际工程与我国的建设工程监管体制不同,在国际工程中对于设计

---

① FIDIC《生产设备、设计、建造及运营项目合同条件》俗称金皮书。

和施工一般不进行严格区分，承包人在完成施工工作的同时，也往往会进行一些可施工性相关的设计深化内容，所以并未将设计部分特别提出说明。

除此之外，在国际工程总承包项目中，尤其在本地语言和文化特色比较突出的“一带一路”国家和地区，中国承包商对此类语言风险应予以充分重视。本案中关于合同语言的条款明确约定合同语言为阿拉伯语，所有与合同相关的文件均用阿拉伯语书写，当阿拉伯语文本和英语翻译文本发生分歧时，以阿拉伯语文本为准。上述约定给中国承包商的合同签订、交底和日常管理增加了较重的负担，相关合同文件均需要翻译成英文或中文版本后才能使用，不仅增加了翻译费用，而且很可能因为翻译不准确或有歧义而给合同履行带来风险。实际上，在庭审中的证据也显示，被申请人曾将《住宅工程合同》委托武汉市的一家翻译公司进行翻译，但该公司提供的中文翻译件在最为关键的支付条款上出现偏差，产生了两个不同的翻译版本，影响了被申请人对合同条文的正确理解，险些造成重大损失，为此被申请人还专门发函要求翻译公司进行说明澄清。

2. 须深入研究国际工程总承包合同相关法律适用的准据法。

国际工程总承包业务作为一种国际间的经济合作活动，涉及主体众多，因此时常会面临各国之间的法律冲突情况。因此，在国际工程总承包项目的相关合同中，一般都会对合同的法律适用，即合同的准据法进行明确约定，以解决与合同有关的法律适用和法律冲突问题。

合同的法律适用问题从狭义上来讲，是指直接确定合同相关实质性问题，包括合同的订立、有效性、可强制执行性和合同解释等问题的法律。例如，FIDIC 黄皮书合同条件第 1.4 款【法律和语言】规定：“合同应受投标书附录中所述国家(或其他司法管辖区)法律管辖。”这里所说的管辖法(Governing Law)便是合同双方当事人约定的合同适用法律。我国《涉外民事关系法律适用法》第 3 条规定：“当事人依照法律规定可以明示选择涉外民事关系适用的法律。”第 41 条规定：“当事人可以协议选择合同适用的法律。当事人没有选择的，适用履行义务最能体现该合同特征的一方当事人经常居所地法律或者其他与该合同有最密切联系的法律。”因此，合同双方当事人可以通过约定，对合同适用的法律进行选择。在本案中，双方当事人在合作协议中约定该协议适用的法律为中华人民共和国法律，因此在审理合同性质、合同效力、合同履行、违约责任等合同相关实质性问题时，仲裁庭适用的法律为我国《合同法》《民法通则》等法律规定以及相关司法解释等。

然而,由于国际工程总承包项目的复杂性,参与方在履行其相关合同时,除了双方选择的狭义的合同适用法律,还会涉及工程实施所涉国家的法律,如工程建设和劳务雇佣需遵守工程所在国的法律、设备材料制造和进出口需符合制造国和进口国的法律、资金汇兑和保函开具需符合银行所在国法律等。例如,FIDIC 黄皮书合同条件第 1.13 款【遵守法律】规定承包商在履行合同期间,应遵守适用法律;第 5.3 款【承包商的承诺】规定承包商承诺其设计、承包商文件、实施和竣工的工程符合工程所在国的法律;第 6.4 款【劳动法】规定承包商应遵守所有适用于承包商人员的劳动法律等。这里的适用法律(Applicable Laws)便是广义的法律适用概念,即要求工程总承包项目实施过程中相关参与方应遵守工程所在国等国家和地区适用于工程实施的相关法律,而不仅仅是双方约定的合同管辖法律。

3. 认真研究国内建筑企业合作承接海外工程总承包项目的合规风险。

由于国际工程总承包项目的复杂性,加之国内房建和市政类工程项目之前对于设计和施工的分隔化管理,实践中建筑企业通过联合体、总分包等方式进行合作承接工程总承包项目的情况较为常见,这也符合国际工程的一般惯例。例如,FIDIC 黄皮书合同条件第 1.14 款【共同的和各自的责任】就规定,如果承包商是联合体的,联合体成员应在履行合同上对业主承担连带责任,并且联合体成员应作在投标书中提交由联合体所有成员签署的联合体承诺。同时,合同条件第 4.4 款【分包商】对于承包商将工程交由分包商实施进行了规定,明确承包商应就分包商的工作负总责,并且应该遵守合同所约定的分包限制,并在分包商开工前事先通知业主等。

在本案中,被申请人和申请人经协商达成了两份合作协议,就位于利比亚的住宅和大学城项目开展合作。根据合作协议的约定,双方同意组成联合体,共同全面履行被申请人与建设单位签订的合同,具体由申请人负责项目的全部工程施工工作,被申请人负责协调处理公共关系,在项目实施过程中负责设计工作、合同结算、变更和索赔工作等。除此之外,双方还取得了商务部颁发的《对外承包工程项目投(议)标许可证》,其中明确载明持证企业为申请人和被申请人组成的联合体。从上述情况来看,双方对内是以联合体的形式进行了合作。但是,在合作协议签订前,被申请人便已经和建设单位签订了公共工程合同,并且在与申请人展开合作后,被申请人是将申请人作为分包人报备建设单位并取得了建设单位对于将施工任务进行分包的同意。同时,合作协议中也约定,组成联合体后应以被申请人的名义成立联合指挥部和项目部,并以被申请人的名义从事施工管理活动。从上述情况来看,对外被申请人和申请人又是以总分包的形式开展合作的。

由于上述合作关系的复杂性,在工程因战争不可抗力暂停后,双方就合作协议的性质和效力发生了一系列争议。《民法通则》第52条规定:"企业之间或者企业、事业单位之间联营,共同经营、不具备法人条件的,由联营各方按照出资比例或者协议的约定,以各自所有的或者经营管理的财产承担民事责任。依照法律的规定或者协议的约定负连带责任的,承担连带责任。"第53条规定:"企业之间或者企业、事业单位之间联营。按照合同的约定各自独立经营的,它的权利和义务由合同约定,各自承担民事责任。"仲裁庭经过梳理,根据上述法律规定准确地认定双方签订的合作协议真实意思属于企业间的联营,符合我国法律规定,因此是合法有效的。

另外,在本案中,被申请人还特别指出,由于其与建设单位签订的《公共工程合同》中约定承包方式为EPC总承包,依据我国《对外承包工程管理条例》、《30号文件》及建设部《关于工程总承包市场准入问题说明的函》的规定,即使被申请人和申请人构成总分包关系,被申请人将项目施工部分进行分包也是符合我国法律和政策规定的,这也充分体现了工程总承包模式的特殊性。在工程总承包模式下,尤其是在设计牵头的工程总承包模式下,一般允许工程总承包单位自行实施设计工作,并将其资质范围外的工程总承包项目中的施工业务分包给具有相应施工资质的单位。在本案中,被申请人对外便采取了这一工程总承包组织模式,由此可见,熟知工程总承包这一国际工程的常见组织模式和国家相关政策,对于我国建筑企业走出去具有重要意义。

最后,在本案中认定双方间的合作协议合法有效的依据之一还在于被申请人已取得商务部门的对外承包工程资格证书,并且本案双方当事人的联合经营以及据此签订的合作协议已获国家主管部门的审查批准。根据之前的《对外承包工程管理条例》以及《对外承包工程项目投标(议标)管理办法》,对外承包工程的单位应当依照条例的规定,取得对外承包工程资格;企业以投标或议标方式承包合同报价金额不低于美元500万元的境外建设工程项目,应当在对外投标或议标前按照本办法规定办理对外承包工程项目投标(议标)核准。但目前最新的《对外承包工程管理条例》正式取消了对外承包工程资格审批,而且删除了商务主管部门可以吊销对外承包工程资格证书的规定,而《对外承包工程项目投标(议标)管理办法》也已于2018年废止。上述对外承包工程政策的进一步放宽表明,今后企业走出去承包国外工程将不再受相关资格和审批限制,这一变化有利于进一步调动建筑企业对外承包工程的积极性。但同时,对外承包工程的合法性及相关法律风险也将更多的由企业自身评估和承担,我国建筑企业在走出去时需对此有充分意识,更加谨慎行事。

4.因战争等不可抗力引起的国际工程总承包项目履行风险。

在我国企业响应"一带一路"倡议,走出去承接国际工程总承包项目的过程中,由于相关国家的自然地理条件和政治法律制度等原因,遇到突发事件导致工程暂停甚至终止的情况时有发生。如本案中的北非国家利比亚就因政局不稳引发骚乱。战前,我国在利比亚有总计人民币1000多亿元的巨额投资,涉及大量的工程承包项目,中国承包商在利比亚的工程机械、设备、设施和建筑材料的价值高达数百亿人民币。突然撤回全部人员,使我国投资的项目和承包的工程都处于失控状态。

根据我国《民法总则》第180条、《合同法》第117条的规定,不可抗力是指不能预见、不能避免并不能克服的客观情况。FIDIC黄皮书合同条件第19.1款【不可抗力的定义】规定:"'不可抗力'系指某种异常的事件或情况:(a)一方无法控制的;(b)该方在签订合同前,不能对之进行合理准备的;(c)发生后,该方不能合理避免或克服的;及(d)不能主要归因于他方的。不可抗力可以包括但不限于下列各种异常事件或情况:(i)战争、敌对行动(不论宣战与否)、入侵、外敌行为;(ii)叛乱、恐怖主义、革命、暴动、军事政变或篡夺政权、内战;(iii)承包商人员和承包商及其分包商其他雇员以外的人员的骚动、喧闹、混乱、罢工或停工;(iv)战争军火、爆炸物资、电离辐射或放射性污染,但可能因承包商使用此类军火、炸药、辐射或放射性引起的除外;(v)自然灾害,如地震、飓风、台风、火山活动。"

因此,按照我国法律的相关规定和跨国承包工程的国际惯例,利比亚的战争属于不可抗力。此等因不可抗力引起的巨额经济损失可能导致的争议如何依法处置等重大问题,也成为本案中当事人的主要争议焦点。在本案中,双方签订的合作协议对于不抗力的后果并未进行明确约定,但对于大学城工程项目,利比亚战争发生后双方协商签订了《大学城解除协议》,对于因战争这一不可抗力解除合作协议后,双方如何承担相关的权利义务,包括如何移交工现场的相关材料设备、如何进行人员撤离、如何解除相关工程担保、如何赔偿损失等作出了明确约定。

但对于住宅项目下的《住宅合作协议》,双方并未就协议解除达成一致,并因此引发了一系列争议。《合同法》第 94 条第(1)项规定:"有下列情形之一的,当事人可以解除合同:(一)因不可抗力致使不能实现合同目的……"据此,仲裁庭认为,2011 年 2 月利比亚爆发战争后,协议一直处于中止履行状态至今已历经 5 年,工程已不可能复工,协议目的已不可能实现,因此被申请人有权依法单方解除《住宅合作协议》。而对于合同解除后的责任承担,由于合作协议中并未进行明确约定,仲裁庭根据《合同法》第 97 条的规定,判令合同自解除之日起不再继续履行,已经履行的部分,按照有效合同的处理原则及方式进行处理。但由于双方对于工程款的数额无法达成一致意见,鉴于利比亚战乱这一不可抗力因素的存在,也无法进行鉴定,不可能结算工程价款,因此仲裁庭裁决相关费用待不可抗力因素解除后一并结算、支付,而并非以证据不足直接驳回当事人的仲裁请求,有利于当事人事后再进行结算和追索,维护了当事人的合法权益。

值得一提的是,本案所涉项目的《住宅工程合同》中,对于不可抗力的约定也仅概括性地规定:"如果发生无法处理、无法预料的意外情况,使施工义务沉重且可能会给乙方造成不必要的损失,则乙方可以申请索赔并要求在合理范围内获得财务平衡的补偿",而并未就不可抗力的情形、后果和责任承担进行明确约定。因此,本案中的工程总承包单位被申请人在赔偿申请人后,是否能就相关损失从建设单位处获得赔偿,也是一个未知数。

通过本案我们可以看到,在国际工程总承包项目中,一旦发生不可抗力,尤其是战争、内乱等持续性的不可抗力,将对包括总分包商在内的建筑企业产生巨大风险,还可能引发旷日持久的仲裁或诉讼争议,甚至通过仲裁也难以完全解决费用结算和支付的问题。因此,我国承包商在缔约时,要注意就不可抗力的情形进行明确列举,并约定一旦发生不可抗力,相关的各项费用损失应如何承担,双方具有什么样的责任和义务。当然,更为重要的是在缔约前应就当地的自然、政治、人文环境进行严格考察和评估,将可能发生不可抗力的风险予以充分考虑,并制定相关的应对方案，如购买保险等。

5. 海外工程总承包项目工程保函及相关风险。

在本案中，双方的主要争议焦点还涉及因不可抗力解除合作协议后，已开立的工程保函应如何处理。保函作为一种有效的信用担保工具，在国际工程总承包项目得到广泛使用。如 FIDIC 黄皮书合同条件后便专门增加了担保函格式这一附件，其中包括了目前国际工程总承包项目中普遍使用的母公司保函、投标保函、履约担保函（包括即付保函和担保保证）、预付款保函、保留金保函和雇主支付保函的范例格式。但工程保函的开立和使用也会引发一系列风险，如受益人的欺诈性索赔，保函转开造成的费用和履行风险，保函期限约定不明造成的闭口风险等。目前国内出现的因利比亚战争等引起工程保函的争议或纠纷，主要表现有：

第一，工程保函期限已届满，被担保人以发生不可抗力为由通知担保银行不再续保；或者保函期限虽未届满，但被担保人以发生不可抗力为由，通知担保银行冻结保函资金、不同意按原保函担保内容承担支付义务，受益人坚持要求续保或不同意冻结资金引起争议。

第二，因工程施工中止，被担保人依我国法律行使合同的法定解除权，并以此为由撤销保函，受益人坚持不同意保函被撤销而引起争议。

第三，受益人在发生不可抗力之后要求被担保人应采取措施最大限度减少因此造成的损失，有的甚至要求被担保人在利比亚派人留守或要求保全工地财产，被担保人认为因不可抗力造成的损失不可避免，以应首先保障人身安全为由拒绝实施财产保全所引起的争议。

第四，受益人以工程保函约定的“见索即付”方式为由，要求担保银行即行支付保证金，担保银行以不可抗力为由不同意支付引起的争议。

本案争议主要涉及以上第 2 种情况，即申请人以被申请人名义向中信银行为上述利比亚大学城项目申请了保函，并由申请人提供了 5. 98 亿元的信用担保。而在工程停工、相关协议解除后，被申请人却未能根据约定解除申请人的担保责任。其争议焦点在于，双方对于如何“尽快依法解除申请人担保责任”没有进行明确约定，被申请人认为其已通过两次发函中信银行请求其解除申请人对大学城项目保函办理的信用担保责任，履行了“依法尽快解除”的义务，只是中信银行未予同意。然而，对于申请人来说，由于担保责任并未实际解除，影响其银行授信和贷款,进而间接增加其财务成本,造成一系列经济损失,只是由于无法证明损失和解除担保责任之间的直接因果关系,其损失赔偿请求并未得到仲裁庭的支持。这也提示我国承包商,对于工程保函的开立和相关风险应予以充分重视,尤其是工程保函特有的法律属性使其开立后独立于基础交易,即使工程项目之后由于不可抗力等原因无法实施乃至终止,工程保函并不会因此自动撤销,并且因工程保函不能撤销的所带来的授信风险和财务损失较为间接,因此一旦发生此类情况,如果对解除的具体情形和违约责任约定不够明确,承包人将很难索赔相关费用,从而造成不必要的损失。

案例8 | 内蒙古某热电厂设备供应商牵头 EPC 抗震质量纠纷仲裁案

一、案情简介

2007 年 2 月 2 日,我国北方某民营企业能源集团公司与国有某大型设备公司签订系争热电厂一期工程 EPC 交钥匙工程总承包合同。由于该民营能源公司对热电厂工程的设计、设备、施工均缺乏经验,也可能出自对热电厂设备重要性的片面理解,故把本案建设项目以工程总承包“一揽子”发包给该设备公司,本案总承包人作为设备供应商全面负责工程的设计、采购、施工、管理、质量监控等全面责任,双方签订了典型的 TK 模式的 EPC 工程总承包合同。

在上述工程总承包合同从设计到施工,直至工程完工发包人投入使用的履行过程中,工程质量问题贯穿始终。其中最为严重的,是总承包人将整个工程的设计工作分包给不具备相应资质的设计单位,工程主体质量的抗震性指标从 G3 下降为 G2,使建成的建筑物应抗 8 级地震、8 度烈度降至只能抗 6 级地震、6 度烈度,最终导致该工程因质量问题未获得建设主管质监部门的验收许可。

本案的总承包人在建设过程中违法聘用了某设计公司负责工程设计,因该公司缺乏相应资质,无法出图盖章,继而又聘请了某电力工程公司的分公司负责出图签章。而事实上,上述两个设计单位均不具备承担本工程设计工作的资质条件。总承包人未尽核查、监督的义务,违法将工程的设计部分分包给不具备相应工程设计资质和能力的设计分包人,从而使工程在设计这一根基性工作环节就存在缺陷，导致案涉工程施工过程及投产使用后在地基基础埋下不可逆转的重大质量隐患。

二、代理过程

2014 年 3 月 20 日，本案发包人某民营企业能源集团公司（以下简称申请人）以项目工程总承包人、国有某大型设备公司为被申请人（以下简称被申请人），向合同约定的仲裁委员会提起仲裁。由于本案不多见的疑难复杂程度，申请人先后在内蒙古土佑旗、呼和浩特和北京聘请了三批律师代理本案。2014 年 10 月，申请人再次到上海，委托我成为本案的第四批代理律师。

该案件审理中，申请人遇到的首要法律难题是：内蒙古质监部门在项目正式验收前已认定该工程抗震指标不合格而不予验收，但在质监部门作出上述认定前，申请人就已实质占有并使用了纠纷项目，这能否成为可依法推定工程总承包人合同质量缺陷责任已被免除？

由于《建设工程司法解释（一）》第 13 条规定："建设工程未经竣工验收，发包人擅自使用后，又以使用部分质量不符合约定为由主张权利的，不予支持；但是承包人应当在建设工程的合理使用寿命内对地基基础工程和主体结构质量承担民事责任。"当时申请人已经多方咨询，均被认为依据上述法律规定，由于工程已投入使用，因此作为发包人的申请人无法再向总承包人主张质量缺陷责任。

但我认为：工程主体结构合格的主要标志是安全性、整体性和抗震性的"三性"，这"三性"都属于国家强制性标准，应由承包人终身负责。工程抗震设计针对的就是主体结构和地基基础，是主体结构和地基基础设计的重要组成部分。如果工程抗震指标不符合强制性标准，则应当认定为《建设工程司法解释（一）》第 13 条的除外条款，即使项目已投入使用，承包人对此亦不能免责。本案总承包人本身不具有设计、施工资质，且其将工程设计分包给不具有相应资质的设计单位，设计单位降低设计标准导致工程主体结构抗震指标未能达到国家强制性规定，这违反了法律的强制规定。我国《建筑法》第 29 条规定："建筑工程总承包单位可以将承包工程中的部分工程发包给具有相应资质条件的分包单位；但是，除总承包合同中约定的分包外，必须经建设单位认可。建筑工程总承包单位按照总承包合同的约定对建设单位负责;分包单位按照分包合同的约定对总承包单位负责。总承包单位和分包单位就分包工程对建设单位承担连带责任。禁止总承包单位将工程分包给不具备相应资质条件的单位。”依据上述规定,本案工程总承包人在工程总承包合同的承包和设计分包时均明显违背了《建筑法》强制性规定,才酿成严重的工程质量缺陷,应当承担主要的过错责任。

工程抗震指标不符合国家强制性标准属于工程结构主体质量不合格,根据《建设工程司法解释(一)》第3条“建设工程施工合同无效,且建设工程经竣工验收不合格的,按照以下情形分别处理:(一)修复后的建设工程经竣工验收合格,发包人请求承包人承担修复费用的,应予支持;(二)修复后的建设工程经竣工验收不合格,承包人请求支付工程价款的,不予支持。因建设工程不合格造成的损失,发包人有过错的,也应承担相应的民事责任”以及第16条第3款“建设工程施工合同有效,但建设工程经竣工验收不合格的,工程价款结算参照本解释第三条规定处理”的规定,建设工程质量是建设工程的生命,也是承包人有权取得给付的对价基础;建设工程质量不合格,发包人有权不支付工程价款。但案件的司法处理并不那么简单,本案需要有专门的鉴定机构对此作出具有公信力的司法鉴定意见,否则仲裁庭难以直接对此事实问题作出明确的认定。而目前在国内,少有鉴定机构对抗震指标具有鉴定的能力,本案仲裁一度陷入困境,案件事实难以查清。针对这个难题,我再次提出:没有法定鉴定单位,应由司法裁判单位指定,由司法裁判单位指定的机构即成为司法鉴定单位。而本案的抗震有国家的强制性验收规范,编制规范的单位应负责鉴定。终于,仲裁庭接受这一观点,指定编制国家抗震规范的设计院为本案的抗震鉴定单位。经鉴定单位长达四年的专业鉴定出具的鉴定意见,本案工程主体结构经鉴定的大部分分项低于国家强制性标准。

经司法鉴定虽然明确了本案的质量缺陷,随之本案的处理又迎来了下一个难题:主体结构及地基基础的抗震设计不达标作为根本性缺陷是否能够修复?如果不能修复是否要拆除重建?而如果拆除重建,其经济损失以及引起的其他重大影响,双方当事人都将难以承担。

目前,本案纠纷仍在仲裁审理过程中。

三、办案体会

我国建设工程施工总承包领域的纠纷案件大多集中在房屋建筑和市政基础设施工程,这些工程项目的特点是偏重于土建施工及其安装工程,涉及重大设备安装工程相对较少;工程总承包的承包范围可以包括设备采购,会较多涉及重大设备的采购和安装。对重大设备安装工程涉及的法律问题,不论实务界还是理论界都较为陌生,而本案纠纷除了主体结构抗震争议,还涉及大量与设备安装有关的独特问题,这值得办案律师、工程专业人员详加分析并借鉴其经验教训。

(一)设计和施工企业的兼并重组和深度融合,是我国工程总承包发展的必由之路

本案的教训首当其冲地把工程总承包单位的企业资质推到风口浪尖上,设备供应商一般都不具有设计和施工的相应资质,这是造成本案主体结构质量缺陷的根本原因。而鼓励设计和施工资质的深度融合是发展工程总承包的必经之路。

我国工程总承包模式发展过程中,各类政策文件一向支持并鼓励设计和施工企业的兼并重组和深度融合。早在2005年7月12日,由建设部、国家发展和改革委员会、财政部、劳动和社会保障部、商务部、国务院国有资产监督管理委员会联合发布的《关于加快建筑业改革与发展的若干意见》(建质〔2005〕119号,已于2017年12月12日失效)中就提出"大型设计、施工企业要通过兼并重组等多种形式拓展企业功能,完善项目管理体制,发展成为具有设计、采购、施工管理、试车考核等工程建设全过程服务能力的综合型工程公司……鼓励部分建筑设计企业与大型施工企业重组,发挥设计施工一体化优势,促进设计与施工技术的结合与发展"。

然而,目前工程总承包发展过程中,许多施工企业与设计企业对于"兼并重组和深度融合"的认识不足,往往更倾向于简单地采取组成设计—施工联合体作为承接工程总承包业务的方式。实际上,以组建联合体的方式承接工程总承包业务往往会伴随着非常巨大的法律风险,如总承包合同签订的主体、内部分工、保函的开具、收款方的安排、发票的开具等细节问题。而联合体最根本的问题在于,工程

总承包模式原本旨在促进设计施工的融合提高建设效率和进行成本控制，当设计与施工联合体作为工程总承包商，本应因业务相辅相成、优势互补而有助于设计施工融合，但实践中这一模式却饱受诟病，联合体中标后往往仍然是各自为政“两张皮”，难以形成综合合力。加之联合体模式下复杂的责任连带法律关系，联合体成员内部面临此消彼长的利益纠葛而加大内耗。

由此可见，联合体方式只是我国工程总承包发展起步阶段市场对于缺乏有能力的工程总承包企业而做出暂时性的妥协对策。任何企业想要立足于工程总承包市场，必须通过重组并购等方式做到企业自身施工能力与设计能力真正深度融合。对于目前已经实现了自身施工能力与设计能力深度融合的企业，政府也相应地给予了利好政策，以鼓励其融合发展。2018 年 7 月，住建部办公厅公布了《住房城乡建设部办公厅关于同意上海、深圳市开展工程总承包企业编制施工图设计文件试点的复函》（建办市函〔2018〕347 号），同意在上海、深圳市开展工程总承包企业编制施工图设计文件试点，同步开展建筑师负责制和全过程工程咨询试点。同年 8 月，深圳市住房和建设局就率先发布了《关于开展工程总承包企业编制施工图设计文件试点等改革工作的通知》，其中对于试点企业提出具体要求，就包括必须取得施工总承包资质，同时要求具备相应的注册执业人员和专业技术人员，明确应充分发挥设计与施工深度融合的优势。根据《建筑工程设计文件编制深度规定》中的划分，建筑工程图纸分为方案设计、初步设计、施工图设计三个阶段，目前市场上三个阶段的收费比例一般为 20%、30%、50%。上海与深圳两地的工程总承包企业编制施工图设计文件试点就是要将设计阶段的“大蛋糕”重新分配，是对率先同时取得施工和设计相应资质、能力的企业最直接的奖励，可见未来设计与施工的深度融合是工程总承包发展的重要路径，也将最大限度上体现工程总承包的优势。

（二）设备供应商牵头工程总承包商带来的合规和效力问题

《建筑法》规定的建筑业企业资质准入的前提，应适用于设备供应商牵头作为工程总承包单位的合规性把控。

1. 设备供应商牵头工程总承包应具有相应的设计和施工资质，否则依法不能作为工程总承包商，其签订工程总承包合同涉嫌无效。

本案中最根本的问题是工程总承包单位即热电厂设备供应商不具有工程资

质。《建筑法》第 13 条规定:“从事建筑活动的建筑施工企业、勘察单位、设计单位和工程监理单位,按照其拥有的注册资本、专业技术人员、技术装备和已完成的建筑工程业绩等资质条件,划分为不同的资质等级,经资质审查合格,取得相应等级的资质证书后,方可在其资质等级许可的范围内从事建筑活动。”《建设工程司法解释(一)》第 1 条规定:“建设工程施工合同具有下列情形之一的,应当根据合同法第五十二条第(五)项的规定,认定无效:(一)承包人未取得建筑施工企业资质或者超越资质等级的;(二)没有资质的实际施工人借用有资质的建筑施工企业名义的;(三)建设工程必须进行招标而未招标或者中标无效的。”《总承包管理办法》第 10 条第 1 款规定:“工程总承包单位应当同时具有与工程规模相适应的工程设计资质和施工资质,或者由具有相应资质的设计单位和施工单位组成联合体。”

我国建筑市场实行的是资质准入制度,没有资质的单位是不允许承包建设工程项目的。因此,本案工程总承包单位是热电厂设备供应商,其不具有工程资质,显然不具有承包工程的资格,其签订的工程总承包合同无效,且应负主要责任。

2. 设备供应商往往缺乏对土建工程的质量管理能力,易导致工程建设质量出现问题。

建设工程中,土建工程主要偏重于钢筋、混凝土、钢结构等土建材料形成的构筑物的整体稳定;而设备供应主要偏重于设备运行效果的稳定,两者存在较大程度的差异。对于并无专业土建资质及土建团队的设备供应商而言,通常缺乏对土建工程的质量管理能力,也不具有相关的资历经验,往往导致土建工程质量出现问题。而土建工程作为主体工程,作为设备工程承载的主体,一旦土建工程尤其是主体结构出现质量问题,其负面影响往往是根本性的。

因此,如果设备供应商欲承接工程总承包项目,应当组建自身的土建工程设计、施工团队,弥补短板;或至少应当和具有设计、工程施工资质、能力的单位组成联合体共同承包,才能对工程进行全面管理,实现质量、工期、安全、造价的全管理、全负责。

3. 工程总承包单位须对工程质量,尤其是主体工程质量承担终身责任。

《建筑法》第 60 条规定:“建筑物在合理使用寿命内,必须确保地基基础工程和主体结构的质量。”《建设工程质量管理条例》第 40 条规定:“在正常使用条件下，建设工程的最低保修期限为：（一）基础设施工程、房屋建筑的地基基础工程和主体结构工程，为设计文件规定的该工程的合理使用年限。”《建设工程司法解释（一）》第13条规定：“建设工程未经竣工验收，发包人擅自使用后，又以使用部分质量不符合约定为由主张权利的，不予支持；但是承包人应当在建设工程的合理使用寿命内对地基基础工程和主体结构质量承担民事责任。”

根据现行有效的《民用建筑设计通则》的规定，农村的砖木结构的房屋设计年限不少于30年；城市的砖和混凝土结构的房屋设计年限不少于50年；城市的钢筋混凝土结构的房屋设计年限不少于70年；城市的钢结构房屋设计年限不少于100年。根据新颁布的《民用建筑设计统一标准》（GB 50352－2019）第3.2.1款的要求，临时性建筑物的设计年限不少于5年；易于替换结构构件的建筑物的设计年限不少于25年；普通建筑及构筑物设计年限不少于50年；纪念性建筑和特别重要的建筑物设计年限不少于100年。

可以看到，根据现行法律法规规范的要求，工程总承包单位对于工程主体结构及地基基础的质量承担终身责任，时间往往长达50～100年。如此长时间的质量责任要求，对于工程总承包单位的施工能力是有极高要求的，而设备供应商通常难以具有与此匹配的施工能力。根据《建设工程司法解释（一）》第3条及第16条第3款的相关规定，不论合同是否有效，如果设备供应商承建的建设工程地基基础及主体结构质量在设计年限内出现不符合国家强制性标准且无法修复的问题的话，承包人不仅无法取得工程价款，还要承担拆除重建的费用及损失赔偿的责任，后果极其严重。

4. 设备供应商往往缺乏对分包单位管理的能力，对分包单位的资质、质量、安全、造价等方面难以尽到管理责任。

本案中最直接的问题是设计分包单位具有的资质低于该项目的要求，而设计义务是否可以分包及分包人的资质问题在当时是一个较为疑难的问题。本案争议发生时，我国工程总承包模式几乎没有较为有力的法律规定可以参考。但时至今日，该项争议仍在探索。根据《总承包管理办法》第3条“本办法所称工程总承包，是指承包单位按照与建设单位签订的合同，对工程设计、采购、施工或者设计、施工等阶段实行总承包，并对工程的质量、安全、工期和造价等全面负责的工程建设组织实施方式”及第22条第2款“工程总承包单位应当对其承包的全部建设工程质量负责，分包单位对其分包工程的质量负责，分包不免除工程总承包单位对其承包的全部建设工程所负的质量责任”的规定，工程总承包单位应当对分包单位进行质量、安全、工期、造价进行全面管理，并应当就分包单位的过错向发包人承担连带责任。而设备供应商不仅通常不具有施工资质，且不具有对工程施工进行实质管理的能力，如果其本身无法管理工程施工，更无法对分包单位进行有效的管理。

综合上述分析可知，设备供应商作为工程总承包单位具有法律与实际实施上的双重弊端。从法律规定而言，我国目前禁止不具有设计、施工资质的设备供应商作为工程总承包商，设备供应商作为工程总承包商将导致工程总承包合同无效。并且，我国建设工程建设过程中还存在大量立项、审批、检查、审核、备案等过程行政流程，均需具有相应资质等级的工程总承包单位作为实施主体才能推进，否则将面临无法取得相应审批、停工等不利后果影响工程建设。

从项目实施角度而言，设备供应商不具有工程设计、施工的实施能力及管理经验，也不具备对分包单位的管理能力，其对于工程的实际实施处于一种相对失控的状态，难以保证工程质量及工程实际运行效果。因此，设备供应商不应作为工程总承包单位承揽工程总承包项目。

（三）工程总承包模式包括工程设备法律关系本身的特殊性

既然设备供应商作为工程总承包商存在诸多弊端，为何本案发包人会选择设备供应商作为工程总承包单位？原因在于，在化工冶金、工矿码头包括本案的热电厂项目等其他以设备为主体的建设工程中，设备的运行效果是发包人建设工程项目的核心目的，工程项目的建设必须服务于设备的运行，而如何保证设备的运行，设备供应商显然是最具有管理能力的，因此本案发包人选择了设备供应商作为工程总承包单位，这是项目的现实需求。实际上，国际上不乏有大型设备供应商作为工程总承包单位的实例，如西门子、华为、三星、京东方等公司，其不仅供应设备，也承担相关设备的土建、安装工作，但与本案不同的是，这些国际化大企业，其虽然以设备供应为主体，但依然有着自身成熟的设计、土建配套团队，可以保证工程质量。

关于设备本身价值占据绝对优势的项目属于建设工程合同还是设备买卖合

同的争议。本案中,设备供应商作为总承包人承揽了设计、施工、采购所有的工程建设义务,对于合同属于建设工程合同并无争议。如果本案中设备供应商不承担土建部分的设计与施工,而仅承担设备的供应与安装,设备本身的价值就占绝对多数甚至可以占据80% ~90%,那么这种设备安装合同是建设工程合同还是买卖合同值得进一步分析。我们可以进一步假设,如果是一个已建好的厂房采购了一个生产线,这个生产线的安装只要把设备运抵现场,接好电线,固定下基础螺栓即可,那么这种合同类型又该如何定性呢?

根据合同法基本原理,合同性质的差异本质上是合同目的的差异,合同目的的差异是有名合同间得以区分的关键。因此,买卖合同和建设工程合同的区分亦应从合同目的入手。《合同法》第130条规定:"买卖合同是出卖人转移标的物的所有权于买受人,买受人支付价款的合同。"买卖合同的根本目的在于取得物的交付,至于物的制作过程和出卖人的身份,并非买卖合同的根本目的。例如,甲向乙购买A大米,双方的目的在于A大米的如期按质交付,至于A大米是由乙自行种植还是向第三人购置,抑或由第三人进行交付并不是买卖合同本身关注的重点。《合同法》第251条规定:"承揽合同是承揽人按照定作人的要求完成工作,交付工作成果,定作人给付报酬的合同。承揽包括加工、定作、修理、复制、测试、检验等工作。"第269条规定:"建设工程合同是承包人进行工程建设,发包人支付价款的合同。"根据上述定义及《合同法》承揽合同分则及建设工程合同分则的规定,建设工程合同是承揽合同的一种特殊形式,其合同的目的在于特殊的人按照发包人特殊的要求,完成约定的物的交付。因此建设工程合同的合同目的并不局限于物的交付,而且对于物的制作过程及制作人员都有明确的要求。在建设工程合同中,如果制作的人员不符合合同约定,如转包、挂靠,将直接导致合同无效;如果制作过程有问题,发包人可以直接在过程中主张违约责任。这是买卖合同和建设工程合同中显著的区别。

不能简单地根据设备采购款的占比,来区分合同法律性质的依据,错误理解为:如果设备采购款占比极高,则合同主要义务为设备的交付,安装仅是附随义务,应认定为买卖合同。这种观点存在较大瑕疵,经不起推敲。就算是一般的土建工程,也包括大量的混凝土、砂石料、钢筋等材料采购,材料款占比常常超过60%,甚至更高,但相信并不会有人以材料款占比高主张一般的土建工程属于材料买卖合同。

故,本案中热电厂工程,即使只承担设备工程,因为热电厂设备安装是一个非常复杂的工艺,其设备质量与安装质量在验收前很难有明确的预期,发包人对安装主体的资格及安装过程的合规性显然是有较为严格的需求的,因此合同目的显然不仅仅是物的交付,应当定性为建设工程合同。反之,如果是成熟的生产线,仅需固定地脚螺栓、连线的简易安装,应当认定为买卖合同。在这种前提下,生产线设备的是一个成熟稳健的产品,只要交付即可使用,安装本身几乎不影响设备的适用;因此双方当事人的合同主要目的是设备的交付,设备安装仅是附随义务。

还可进一步归纳,对于设备越成熟,尤其是已经制作完成的成套设备采购,那么双方当事人的合同目的显然更偏向于物的交付,更应该定为买卖合同;对于采购主要部件现场安装的,尤其是根据发包人的要求现场设计、制作完成的非标定制设备工程,显然更偏向制作和交付的双重属性,更应该定为建设工程合同。因此,只有从合同目的的角度进行分析,才能完整、完善地界定以设备安装为主的合同的性质究竟是买卖合同还是建设工程合同的问题,并选择应当适用的相关法律。

(四)工程总承包纠纷案件司法鉴定的复杂性导致案件审理期限难以控制,应引起当事人的高度重视

最高人民法院《关于适用〈中华人民共和国民事诉讼法〉的解释》(以下简称《民诉法解释》)第243条规定鉴定期间不计入案件审限,《仲裁法》中虽然没有对仲裁审限作出直接的限制性规定,但参考各地仲裁委仲裁规则制定的情况,对于仲裁审限的时长及计算方式均参考《民诉法解释》作出类似的规定,即鉴定期间不计入审限。

对于涉及需要进行鉴定的建设工程案件而言,案件的审理期限往往就取决于鉴定的时长。但对于绝大多数法官、仲裁员而言,其作为法律从业人士,对于工程鉴定的技术、管理,工程鉴定时长的管控而言,通常是心有余而力不足的,工程鉴定期限难以把控。而相对于传统的设计、施工、采购相分离情形下的建设工程司法鉴定;工程总承包模式下的工程鉴定更加复杂。

首先,难以找到具有足够鉴定资质的鉴定单位。最高人民法院《关于民事诉

讼证据的若干规定》第 27 条规定:“当事人对人民法院委托的鉴定部门作出的鉴定结论有异议申请重新鉴定,提出证据证明存在下列情形之一的,人民法院应予准许:(一)鉴定机构或者鉴定人员不具备相关的鉴定资格的……”鉴定单位是否具有鉴定资格是一个工程司法鉴定合法合理启动的前提条件。目前我国建筑市场不仅仅是承包单位设计、施工、采购相分离,鉴定单位也通常是设计、施工、采购的资质相分离,因此,对于工程总承包项目,面临的一个首要的难题就是难以找到对设计、施工、采购具有全面鉴定资质的鉴定单位;尤其是设备采购的鉴定资质随着设备类型的不同,其资质要求完全不同,如热电厂项目与化工项目的设备鉴定,其资质要求就明显完全不同;如果是相对冷僻的设备工程,甚至是完全无法找到具有鉴定资质的单位的,这是工程总承包司法实践不得不考虑的问题。

其次,难以找到具有足够鉴定能力的鉴定单位。工程总承包的鉴定与设计、施工、采购三者分离的鉴定不是“1 + 1 + 1”的关系,并非三者的简单叠加,分别鉴定;而是三者的复合会产生完全不同的结果。例如,质量鉴定,原施工总承包模式下,鉴定单位仅需核对已完工程是否符合图纸要求即可,注重客观形式上的吻合;但工程总承包模式下,由于图纸也是由工程总承包单位出具,因此单纯的图物一致无法证明工程质量符合合同约定,需要结合图纸设计及实际效果全面评价其履约是否符合合同要求,更偏向主观的技术咨询,难度更高。又如,造价鉴定,原施工总承包模式下,造价鉴定一般通过最终稿设计图纸及设计变更即可明确;但在工程总承包模式下,设计亦由工程总承包单位承揽,设计变更不一定构成合同价款可变更的事由,需要鉴定单位根据自身专业能力评价某项变更是否构成合同要求的变更,仅有构成合同要求的变更才能相对应地调整合同价款,这对工程总承包项目的鉴定提出了更高的要求。据此,施工总承包模式下的鉴定相对而言鉴定标准更加明确,客观性更强,而工程总承包模式鉴定标准较为模糊,主观性更强,需要鉴定单位具有足够的专业能力才能合理评价,对鉴定单位的能力要求更高。

最后,鉴定的结果更难预期。对于施工总承包,目前有造价定额、造价信息、工期定额等相对完善成熟的市场评价体系,对于鉴定结果,有经验的承发包单位事实上具有一定的预期能力;但对于工程总承包,不论是工程市场还是司法实践均缺乏明确的参考标准,对于鉴定的结果,各方包括鉴定单位本身都相对难以预计实际鉴定的结果。

从上述分析可见，由于具有工程总承包鉴定资质、能力的鉴定单位极少，且对于鉴定单位而言，工程总承包鉴定也较为困难，其鉴定时间往往较长，对于大型工程而言，鉴定时间长达一两年也并非罕见，对当事人的权益事实上会造成极大影响。

因此，当事人在进行工程总承包项目时应当对此充分重视，要将鉴定单位的选定难题及鉴定技术难题作为核心的诉讼成本进行充分考虑，避免提起不可控的诉讼；推进诉前在专业法律人员、专业工程人员协助下的调解工作，通过协商解决问题；同时应当加强工程过程管理，强化证据意识，尽可能收集对己方有利的证据，争取诉讼优势。

综上，我国建设工程界对于设备安装的相关法律问题、工程实施事实上缺乏经验，存在较多的实际难题，对此，在工程总承包蓬勃发展的今天，不论是工程从业人员还是法律从业人员，均需对此深入研究，才能在工程总承包的浪潮中赢得先机。

案例9 | 某油脂厂外企 EPC 工程总承包诉讼案

一、案情简介

相比较在我国国内才刚刚起步，工程总承包模式在其他国家，特别是传统的发达国家已经发展了较长的时间且相对成熟。以日本为例，日本工程建设项目较普遍实行工程总承包制度，建设单位通过招标竞争的机制，择优选定承包商，承包商对工程项目建设一般实行总承包责任制。由此，很多日本企业在我国进行工程建设时也倾向于采用工程总承包的方式。然而，由于我国的工程总承包制度尚待完善，在市场实际操作中很多法律问题因为缺乏有针对性的法律法规的规制，合同具体的履行过程中产生了不少争议和纠纷，在法律案件审理的司法领域同样遇到类似的法律困惑。

2013 年 8 月，某发达国家一投资人在上海成立的某外资（上海）有限公司作为发包人，与总承包人某外资工程建设（中国）有限公司签订了《项目总承包合同书》及包括设计、采购、施工等阶段在内的分项合同，将其所投资的位于上海市的某油脂厂项目建设工作全部发包给总承包人，项目总投资金额约人民币 2.5 亿元，本案承发包双方均为外资企业并在中国境内采用 EPC 模式。至 2015 年 5 月，该项目的工程量大部分已经完成，项目所在区建设工程质量安全监督站在监管工作中发现总承包人存在超资质范围承揽工程的问题，发包人认为由于总承包人的过错导致合同无效并且无法继续建设，遂要求总承包人退场、赔偿相应损失。

二、审理过程

双方产生纠纷后，发包人按其所处国家纠纷处理通常的思维方式，将诉讼过程带入中国司法审理实践。发包人于 2015 年 6 月作为原告起诉至受理案件的中级人民法院，具体的请求包括：认定被告不具有本项目需要的承包和施工资质，合同无效；要求被告拆除无法通过政府主管部门验收的生产设备安装工程；要求返还已支付生产设备安装工程款 7387 万元；支付工程保证金 900 万元；赔偿所有损失 10,038.05 万元。

被告总承包人于 2015 年 8 月委托我和另一家律师事务所的律师为代理人应诉并提起反诉，反诉请求为：要求发包人支付已完工程价款 5889 万元；支付变更及索赔价款 4137 万元；支付逾期付款违约金 94 万元；支付违约解除合同损失赔偿 2200 万元（以司法鉴定意见为准）；请求在应得工程价款范围内对已完工程价款享有优先受偿权。

双方对工程总承包范围内的工程设计、供应设备以及施工的质量和工程价款全面发生争议。一审法院经审理后，认为本案争议焦点包括：

第一，总承包人是否具备资质及合同是否有效的问题；

第二，项目建筑设计是否合格的问题；

第三，工程施工质量是否合格的问题；

第四，价款应如何结算的问题；

第五，损失金额及责任如何确认的问题。

为解决上述争议焦点及问题，根据双方的申请，一审法院启动了以下 5 项鉴定：

第一，土建工程造价鉴定，用以明确已完工程价值；

第二，土建工程质量鉴定，用以明确总承包人的施工质量是否满足合同约定；

第三，成套设备设计质量鉴定，用以明确设计分包商所作设计是否满足合同要求；

第四，成套设备施工质量鉴定，以明确总承包人的设备安装施工质量是否满足合同约定；

第五，成套设备造价鉴定，以明确总承包人已安装及已采购设备的价值。

案件受理4年多来，本案的司法鉴定仅有工程设计、土建工程造价和质量争议由鉴定单位出具了鉴定意见。案件仍在一审审理中。

三、办案体会

本案起诉至今已逾4年，但上述5项司法鉴定至今仍在进行中，其中第4、5项关于项目设备的鉴定，更是因为难以选定鉴定单位而至今尚未启动。本案件鉴定工作进度缓慢、案件审理旷日持久、法官不断申请延长审限的根本原因，在于当前我国的工程总承包模式仍然处于探索和推行的阶段，很多问题尚无法律法规的相应规定。因此，通过本案深入分析研究应对对策，对于从事建设工程审判业务的法官，对于有志于发展工程总承包业务的承发包单位和代理律师，都有重要的参考价值和现实意义。

现在行业内讨论工程总承包模式，往往关注两个焦点：第一个焦点是中国建筑企业走出去，如何才能适应国际市场，如何才能在陌生且激烈的环境中发展壮大；第二个焦点是学习国际先进经验，别人是怎么做的？别人为什么会这样做？很多企业和专业律师也都把工作重心放在这些方面，而本案则给我们提供了一个新的思路：原来不仅仅是我们走出去做工程总承包会出现不适应的情况，国外的企业走进来，在中国做工程总承包同样也会不适应。就本案而言，其中所涉及的工程总承包企业的资质、工程设计、设备采购和土建施工以及诉讼过程涉及相应的司法鉴定等方面问题，都值得我们详加研讨。

（一）工程总承包模式无国界，国际通用的FIDIC有关工程总承包的合同条件同样无国界通用

1. 工程总承包模式以其突出的优势成为国际通用的工程发承包方式，目前在国内的推广也是如火如荼。

工程总承包单位接受建设单位委托，对工程项目的勘察、设计、采购、施工、试运行（竣工验收）等实行全过程或若干阶段的承包，它并不是一般意义上施工承包的重复式叠加，它是区别于一般土建承包、专业承包，具有独特内涵的一种管理专业。它是以向建设单位交付最终产品服务为目的，对整个工程项目实行整体构思，全面安排，协调运行的前后衔接的承包体系。

国际上采用工程总承包已经有了很长的时间，主要有以下方式：设计—采购—施工总承包、设计—建造工程总承包、交钥匙工程总承包、设计和采购总承包、施工总承包等。工程总承包的优越性突出体现在以下两方面：

一方面，设计和施工深度交叉，降低了工程造价。设计阶段是对工程造价影响最大的环节。工程造价的90%在设计阶段就已经确定，施工阶段影响项目投资仅占5%左右。因此，在设计阶段实行限额设计，通过优化方案降低工程造价的效果十分显著。同时，设计阶段属于案头工作，进行设计修改优化的成本是很低的，而对项目投资的影响却是决定性的。

另一方面，工程总承包方式有利于缩短建设周期和提高工程质量。实现设计、采购、施工、试运行全过程的有效管理和控制，能够在最大限度上消除质量不稳定因素。同时设计、采购、施工、试运行各阶段的深度合理交叉，在设计阶段就积极引用新技术、新工艺，考虑到施工的便于操作性，最大限度地在施工前发现图纸存在的问题，有利于保证工程质量，对于缩短建设周期也大有裨益。

早在1982年，位于云南省和贵州省交界的鲁布革水电站引水系统工程就进行了国际招标，并在之后的建设过程中实行了国际通行的工程监理制和项目法人负责制，开启了我国与国际接轨的工程建设管理体制改革的先河。自1982年始，国务院及有关部委颁布了一系列指导性文件、规定和办法，逐渐深化我国建设项目管理体制改革，推进我国工程总承包和项目管理的发展。同时，一批部属的大型工业设计院开始向具备咨询、设计、采购、施工、运行为一体的建筑企业转型，成

为国内最早成立的一批以设计为主体、具有工程总承包能力的建筑企业。随后，许多建筑设计企业也纷纷向工程总承包方向发展，积极开展相关业务。经过近 30 年的发展，我国工程勘察设计行业工程总承包发展已经取得了显著的成绩。

2. FIDIC 有关工程总承包的合同条件是中国企业走向国际化的有力工具。

FIDIC 为国际咨询工程师联合会，于 1913 年在比利时根特成立。作为国际知名工程咨询联合会，FIDIC 因其编制高质量的国际合同范本而享誉全球。自 1957 年首次正式发布《土木工程施工合同条件》（红皮书第一版）以来，FIDIC 紧跟国际工程市场和商务模式发展和变化，大约每十年会对其已有的合同范本进行修订更新，并适时增加编制新型合同范本，逐步形成了独具特色的 FIDIC 合同体系，被广泛地用于国际工程承包和咨询市场，并在国际工程界具有巨大的影响力。

从合同性质来看，FIDIC 不仅出版工程承包合同，也编制出版工程咨询合同；从承包模式看，不仅编制施工合同，也编制工程总承包合同（P－DB/EPC）以及 PPP（DBO）合同；从编制思想上看，其合同范本不仅仅体现出严谨的法律思维，而且也正在向实用型的“项目管理思维”转变。尤其是黄皮书和银皮书。

最新的 2017 版银皮书和黄皮书仍然沿用了 1999 版银皮书和黄皮书各自的适用范围。2017 版银皮书模式下，承包商承担项目的设计、设备及材料供货、施工和安装及试运行等工作，业主在项目实施过程中参与度较低。与黄皮书相比，由于将更多的风险分配给予承包商承担，对业主而言，合同工期和价格的确定性更强。FIDIC 在银皮书的说明中给出了三种不适用于银皮书的情况：

第一，投标人没有足够的时间或充足的信息及资料以仔细审查和核查（scrutinise and check）业主要求，或开展设计、风险评估以及费用估算工作；

第二，工程施工涉及相当数量的地下工程，或投标人无法对未来工程所在区域开展调查，除非在特殊条款中对不可预见的各类条件予以说明；

第三，业主想要密切监督或控制承包商的工作，或审核（review）大部分施工图纸。

FIDIC 建议在上述三种情况下可以使用黄皮书，在 2017 版黄皮书模式下，承包商根据业主要求，负责项目大部分设计和施工工作。银皮书和黄皮书均适用于大型基础设施项目以及生产设备比较多的项目，如能源、供水、污水处理、工业厂房等。需要指出的是，银皮书的诞生主要源自私人业主以及融资银行的需求。私人业主往往比政府组织在融资或者资金链等方面有更加严格的要求，因此要求合同价格和工期更加固定。采用建设—运营—移交（Build - Operate - Transfer, BOT）、公共私营合作制（Public - Private Partnership, PPP）模式的项目在建设实施阶段较多使用银皮书作为合同框架。

经过国际工程市场60多年的应用检验，虽然在实践中也发现了一些不足，但从总体来看，FIDIC合同范本显示出了极大的生命力以及对国际工程市场的巨大影响力。我们相信，FIDIC在未来会编制与发布更多、更成熟的工程总承包合同范本，更好地服务于国际工程市场可持续的健康发展。

（二）对工程总承包专门资质的问题，立法思想随着工程实践不断变化

引发本案的直接原因在于工程质量安全监督部门在监管工作中认定总承包人存在超资质范围承揽工程的问题，资质问题确实是工程总承包实践过程中回避不了的问题。我国建筑市场采用的是资质准入制度，传统模式下，承包人不具有相应资质则不允许承担相应规模的建设工程设计或施工，不具有相应资质的承包人所签订的施工合同是无效的。

工程总承包资质及相似的资质曾存在过一段时间。1992年4月，原建设部发布了《工程总承包企业资质管理暂行规定》（建施字第189号），其第2条将工程总承包企业定义为："对工程从立项到交付使用全过程承包的企业，不包括以设计院为主体的设计工程公司"，并将工程总承包企业按照资质条件分为三级，该规定是针对施工单位做为工程总承包企业的规定；同年11月，原建设部又发布了《设计单位进行工程总承包资格管理的有关规定》（建设〔1992〕805号），第2条规定："《工程总承包资格证书》与工程设计资格等级相一致，分甲、乙、丙、丁四级"，该规定是专门针对设计单位作为工程总承包企业的规定。但是，2002年11月，《国务院关于取消第一批行政审批项目的决定》（国发〔2002〕24号）第239项，取消了"工程总承包资格核准"；2003年2月，原建设部《关于培育发展工程总承包和工程项目管理企业的指导意见》（建市〔2003〕30号）第9项又明确："1992年11月建设部颁布的《设计单位进行工程总承包资格管理的有关规定》同时废止。"

对于带有过渡性质的设计施工一体化资质，2006年3月，原建设部发布了《关于印发〈建筑智能化工程设计与施工资质标准〉等四个设计与施工资质标准的通

知》(建办市〔2006〕68 号),根据该通知产生四个设计与施工一体化资质用以过渡,分别为建筑智能化工程设计与施工资质标准、消防设施工程设计与施工资质标准、建筑装饰装修工程设计与施工资质标准、建筑幕墙工程设计与施工资质标准。但是,2016 年 2 月,住建部发布《关于宣布失效一批住房城乡建设部文件的公告》,决定废止上述设计施工一体化资质。

可以总结出以往关于工程总承包资质的规定除《工程总承包企业资质管理暂行规定》(建施字第 189 号),其余均已被明确废止失效。而该暂行规定的制定依据《施工企业资质管理规定》(建设部令第 2 号)也已失效,因此其本身实际上也已同样失效。

2016 年 5 月,住房和城乡建设部发布了《工程总承包发展意见》(建市〔2016〕93 号),其第 2 条第 7 款规定:"工程总承包企业应当具有与工程规模相适应的工程设计资质或者施工资质。"

2020 年 3 月 1 日生效的《总承包管理办法》第 10 条规定:"工程总承包单位应当同时具有与工程规模相适应的工程设计资质和施工资质,或者由具有相应资质的设计单位和施工单位组成联合体。"最终明确了工程总承包单位应该同时具备设计和施工资质,此条在工程总承包业务中应该引起重视。

(三)进行司法鉴定是解决工程总承包纠纷争议的重要途径之一,工程参建各方对此应予重视,同时还应意识到工程总承包相关鉴定与传统的施工合同纠纷鉴定存在区别

《建设工程司法解释(一)》《建设工程司法解释(二)》对鉴定事项进行了专门规制,这成为施工合同承发包双方及相关方维护自身合法权益的有效工具。但是,施工阶段仅仅是工程总承包工作中的一部分,工程总承包项目一旦产生纠纷争议,其中的鉴定工作相比较传统的施工项目会复杂很多。以本案为例,司法鉴定达到 5 项,在施工合同纠纷中是难以想象的。最高人民法院的这两部司法解释毕竟都是专门针对施工合同的,如果我们在工程总承包纠纷争议中直接生搬硬套,很可能不能解决问题,因此有必要对其中的区别加以厘清。

1. 工程总承包模式承包范围的变化导致总价范围的扩张,采用固定总价模式的工程总承包项目鉴定的提起将更加严格。

采用固定总价模式的施工总承包合同,除了由于设计变更引起的变化,固定

总价范围内的工程造价风险由承包人负责。对此,《建设工程司法解释(一)》第22条规定:"当事人约定按照固定价结算工程价款,一方当事人请求对建设工程造价进行鉴定的,不予支持。"第16条第2款又规定:"因设计变更导致建设工程的工程量或者质量标准发生变化,当事人对该部分工程价款不能协商一致的,可以参照签订建设工程施工合同时当地建设行政主管部门发布的计价方法或者计价标准结算工程价款。"而在工程总承包项目中,固定总价合同模式对于当事人提起鉴定的限制则更为严格。

工程总承包模式下,由于是对设计、采购、施工、试运行等阶段的全面承包,所约定的固定总价范围更大,并且传统五方单位模式中"设计变更"的概念在工程总承包模式下也发生了本质变化。因为设计和施工在面对建设单位时已经不再分家,设计单位是工程总承包单位的内部机构或下属机构,其所发出的设计变更属于其内部行为,其单方法律效力不及于外部,故单纯的由设计单位发出的设计变更,不再对固定总价范围造成影响,不再成为固定总价合同可鉴定的事由。

取而代之的是一个新概念——FIDIC 合同体系中称为"雇主要求",我国也有的专业人士将其翻译为"发包人要求"。FIDIC 2017 版银皮书第13.1款约定:"在颁发工程接收证书前的任何时间,雇主可通过发布指示或要求承包商提交建议书的方式,提出变更。变更不应包括准备交他人进行的任何工作的删减。"可见,在工程总承包模式下,变更权完全基于雇主的要求而产生,因此仅有基于雇主要求而产生的变更,才会导致原合同固定总价的变化,也只有这部分才能进行相关的价格鉴定。

而且需要强调的是,也并不是所有的"雇主要求"都可以构成足以影响总价范围的变更。传统施工总承包模式下,施工单位的核心义务是按图施工,施工图的内容是明确、具体、可执行的,只要设计变更导致现场施工内容与原签约图纸不符,则非常容易作出合同总价范围因变更而变化的结论。但工程总承包模式则完全不同,工程发包时还没有进入施工图设计的阶段,《总承包管理办法》第7条规定:"建设单位应当在发包前完成项目审批、核准或者备案程序。采用工程总承包方式的企业投资项目,应当在核准或者备案后进行工程总承包项目发包。采用工程总承包方式的政府投资项目,原则上应当在初步设计审批完成后进行工程总承包项目发包;其中,按照国家有关规定简化报批文件和审批程序的政府投资项目,应当在完成相应的投资决策审批后进行工程总承包项目发包。”因此，工程总承包模式发包时，通常仅具有概念图、方案图或初步设计图，尤其是有些国际项目在招标时连图纸都不具备，仅有工程项目要求文件。在工程总承包模式下，工程总承包单位的核心义务并非按图施工，而是实现发包人的项目需求，工程总承包模式实际上是将发包人项目需求具体化的过程。因此只要发包人的“雇主要求”并未超出双方签约时所确定的项目需求的范围，就不构成足以变更总价范围的变更，对此另行鉴定的申请也难获得法庭或仲裁庭支持。

具体到本案中，总承包人提起了4137万元的设计变更及索赔请求（此处的索赔是指由于设计变更产生的工期延长所引起的损失索赔），在本项诉请的相关鉴定中，首先就必须明确该项请求中哪些设计变更超出了原合同的项目需求范围，针对如何界定项目需求范围，双方一直以来争议极大，这也是本案鉴定工作推进困难的重要原因之一。

再以中国铁建股份有限公司（以下简称中铁建）沙特轻轨项目为例，该项目是我国承包商在走出国门的过程中不能回避的典型案例，项目采用的也是工程总承包模式。承发包双方在合同文件中明确轻轨站需要设置空调，但并未明确空调的具体参数，后来双方因此产生争议。中铁建的施工图设计中采用适用于外温36℃的空调，而沙特方要求改为适用于外温43℃的空调，双方对该要求是否构成足以变更总价价款的“雇主要求”产生争议。就工程总承包模式的本质而言，是为了让本身不具有足够工程组织能力的发包人对于项目的需求可以更简单、更专业地具体化为可以使用的实体，因此如何实现发包人的需求就成为总承包商应当考虑并应当承担的责任。发包人要求站体设置空调，按照一般理性人的观点，当然应当使用适应当地气候的产品，而沙特的平均气温确实达到43摄氏度，该项目中发包人的要求仅是原合同要求的进一步细化，而非变更。所以关于空调外温的要求难以被判定为构成变更，也就意味着这项要求属于固定总价范围内，不应调整，更无须鉴定。

归根结底，在传统的五方模式下，“设计变更”的内容仅通过与原施工图的对比即可明确得到。但工程总承包模式下的“雇主要求”涵盖内容更为宽泛，需要进行实质性的评价，才能进一步判断是否构成超出合同约定的项目需求外的变更，从而进一步决定是否可以开展相应变更的鉴定工作，这对承办律师、企业法务、法官、仲裁员、鉴定机构的专业水平要求会更为严格。

2. 在工程总承包模式下的质量问题鉴定中，原则上仅需启动损失鉴定，是否需要同时启动归责鉴定因案情而定。

施工总承包模式下的质量争议的鉴定通常包括两个组成部分，损失鉴定及归责鉴定。损失鉴定是用来明确质量问题是否存在、影响范围、严重程度及造成损失的具体数额；归责鉴定是用来明确相关损失是由施工原因或其他原因造成的。《建设工程司法解释(一)》第 11 条规定："因承包人的过错造成建设工程质量不符合约定，承包人拒绝修理、返工或者改建，发包人请求减少支付工程价款的，应予支持。"第 12 条又规定："发包人具有下列情形之一，造成建设工程质量缺陷，应当承担过错责任：(一)提供的设计有缺陷；(二)提供或者指定购买的建筑材料、建筑构配件、设备不符合强制性标准；(三)直接指定分包人分包专业工程。承包人有过错的，也应当承担相应的过错责任。"这两条是关于施工合同承发包双方过错责任的承担，落实到司法鉴定中，则是典型的两步走：损失鉴定和归责鉴定。

在工程总承包模式下，由于设计、采购、施工、试运行等阶段都属于工程总承包单位的工作范围内，并且工程总承包单位需对工程的安全、工期、质量及造价承担全面责任。所以在通常情况下，发包人仅有提出项目需求、支付相关价款及配合完成相应项目审批等必要程序的义务；如何提供满足项目需求的施工图纸，如何制定完善的施工方案并进行实施都属于工程总承包单位的义务。由此，原则上所有的质量问题都可以归结为工程总承包单位的责任，无须进行归责鉴定，仅需进行损失鉴定，明确损失范围即可，但合同另有约定的、有证据证明是由发包人不适当要求引起的或者属于发包人应承担风险范围内的质量问题除外。

其中，对于发包不适当要求引起的质量问题，《总承包管理办法》第 22 条第 1 款规定："建设单位不得迫使工程总承包单位以低于成本的价格竞标，不得明示或者暗示工程总承包单位违反工程建设强制性标准、降低建设工程质量，不得明示或者暗示工程总承包单位使用不合格的建筑材料、建筑构配件和设备。"第 23 条第 1 款规定："建设单位不得对工程总承包单位提出不符合建设工程安全生产法律、法规和强制性标准规定的要求，不得明示或者暗示工程总承包单位购买、租赁、使用不符合安全施工要求的安全防护用具、机械设备、施工机具及配件、消防设施和器材。"第 24 条规定："建设单位不得设置不合理工期，不得任意压缩合理工期。"对于发包人应承担风险范围内的质量问题，《总承包管理办法》第 15 条第2

款规定:“建设单位承担的主要风险主要包括:(一)主要工程材料、设备、人工价格与招标时基期价相比,波动幅度超过合同约定幅度的部分;(二)因国家法律法规政策变化引起的合同价格的变化;(三)不可预见的地质条件造成的工程费用和工期的变化;(四)因建设单位原因产生的工程费用和工期的变化;(五)不可抗力造成的工程费用和工期的变化。具体风险分担内容由双方在合同中约定。鼓励建设单位和工程总承包单位运用保险手段增强防范风险能力。”可以发现,除了明确由发包人承担的质量问题外,其他都是由工程总承包单位承担,归责的司法鉴定无须启动。

本案例也是同样如此,进行成套设备设计质量的司法鉴定并不是要确定质量问题是由设计分包商引起还是由总承包人引起,而是要确定设计质量是否引起损失及损失的大小,因为在工程总承包模式中,总承包人是要全面负责的。

3. 目前国内的工程造价体系还难以在工程总承包争议纠纷的司法鉴定活动中直接适用。

传统模式下,所有的定额体系均是基于设计、施工、采购三者分离的基础进行确定的。导致工程总承包模式下,现有的定额体系将较难直接适用。原因在于工程总承包模式的最重要特征是全过程承包,所以这一模式的管理责任、风险责任及商业让利水平均和既有定额体系并不相同,两者是基于完全不同的商业模型基础上形成的不同结果,而管理责任、风险责任及商业让利都是造价的对价,直接适用既有定额体系缺乏合理性的基础,会略过很多对造价产生影响的因素,难以平衡承发包双方的权利义务。因此,鉴定活动中直接适用既有定额难以反映工程承发包的现实情况。但在我国目前的市场环境下,这个问题的解决还需要一定的时间,因为重新构建工程总承包模式下的大数据体系,需要相应的数据分析结果并建立新的工程价格评价体系,或者也可称为“工程总承包定额体系”。

再结合本案来看,由于没有足够、过硬的参考指标作为基础,如何计算双方固定价款以外的变更价款具体数额,是本案鉴定工作的又一个难点,只能通过鉴定单位的专业能力进行较为主观的费用计算,不仅过程缓慢而且相关结果主观性较强。所以,在目前的市场条件下,建筑企业应当尽可能收集自身工程总承包业务的相关数据,以备在争议纠纷发生后可以提供给司法鉴定单位参考。行业内也需要加大呼吁的力度,合力加快推进“工程总承包定额体系”的构建,配合国家行政管理部门共同推进工程总承包制度。

（四）工程总承包纠纷案件审理一旦需要通过司法鉴定确定案件事实，则必然旷日持久。针对司法实践中的新情况，提高案件审理效率已成为建设工程案件审理的新问题和新要求

建设工程纠纷案件的突出特点之一是周期长，普通程序的正常 6 个月审限内结案数极少，而司法鉴定已成为建设工程合同纠纷案件能否及时审结的关键因素，对于工程总承包案件而言，由于可能要同时或者先后启动几个鉴定，消耗的时间更是显得尤其漫长。

实践中，工程总承包案件决定鉴定以后很大的概率就是等待。对于法院或者仲裁机构而言，当事人何时选定鉴定机构，是否完成鉴定缴费，是否按照鉴定机构的要求提交鉴定材料，鉴定机构进行鉴定的进展如何等都难以确定；对鉴定机构而言，也许是当事人在摇号选鉴定机构环节拖延，在缴纳高昂的鉴定费用环节踌躇，在提交鉴定材料环节推三阻四，也许是鉴定人员积极性不强，因工作繁忙而搁置。总之，在鉴定过程中，法院或仲裁机构对于监督管理鉴定进程常常有心无力，使司法鉴定进展困难，鉴定意见迟迟不能出具，严重拖延了工程总承包争议纠纷案件的期限，本案就是一个非常典型的情况。对此可以从以下四方面着手，提高案件审理效率。

1. 加强与鉴定机构的沟通协调，推进司法鉴定的工作进程。

现在法院和仲裁机构的案件数量逐年增加，承办人员面临着繁重的工作任务，移送鉴定后往往无法给予过多精力的关注。现实当中，一旦移送鉴定，案件就会处于“休眠”状态的情况屡见不鲜。所以，为加快案件审理，承办人员在鉴定过程中绝不能不闻不问，要主动加强与鉴定机构的沟通协调，及时了解鉴定的进度情况，对于经常出现的当事人迟延提供鉴定资料等问题需要积极与鉴定机构配合进行督促干预，以保证鉴定的正常进行。从另一个角度来讲，了解鉴定进展情况也是承办人员的一项必为的义务。

2. 落实证据交换和举证质证制度，依法对鉴定材料进行审查认定，提高鉴定质量和效率。

鉴定资料是证明当事人权利、义务的主要证据，是鉴定主要依据。鉴定人员是技术人员，不能代替法官或者仲裁员来进行判断，对证据的审查认定是裁判权

的范围,案件承办人员不能将对证据的审核认定让渡给鉴定单位、鉴定人实施,因此,对鉴定材料的取舍应当由法院或者仲裁机构来认定。在选定鉴定机构、鉴定人后,应督促当事人在规定期限内提交鉴定资料,然后法院或者仲裁机构组织双方当事人进行证据交换,对鉴定资料进行庭审质证,依据双方当事人的质证意见对鉴定资料进行审核认定。然后才能将认定的鉴定资料及认证意见一并移送给鉴定机构、鉴定人员进行鉴定,未经法院或者仲裁机构确认的证据材料不能作为鉴定依据,只有这样才可能有效避免补充鉴定、重新鉴定、重复鉴定等乱象的发生。

3. 对鉴定过程和鉴定报告进行全面监督和审查,实现司法鉴定的高质高效。

法院或仲裁机构同意当事人鉴定申请后,应尽可能由双方当事人协商确定有资格的鉴定机构、鉴定人,协商不成的才由法院或仲裁机构指定。法院或者仲裁机构委托鉴定机构从事工程鉴定时,应审查鉴定机构和鉴定人是否具备相关资格,还应征询双方当事人是否对鉴定机构、鉴定人申请回避;鉴定报告作出后,除了应对是否附有相关资格证明、鉴定人有无签名或盖章、鉴定程序是否违法等进行形式审查,还应对鉴定意见的依据是否充分,推理是否科学、公正等进行实质审查。这样才能实现对鉴定过程和鉴定结论的有效全面监督审查,提高鉴定过程的合法化、透明化、高效化,有效避免补充鉴定、重新鉴定、重复鉴定,节约鉴定以及诉讼资源,实现工程鉴定的高质量和高效率。

4. 充分发挥专家辅助人对司法鉴定程序的补充和监督作用。

《民事诉讼法》第 79 条规定:“当事人可以申请人民法院通知有专门知识的人出庭,就鉴定人作出的鉴定意见或者专业问题提出意见。”该条通过立法的方式明确了我国的专家辅助人制度,确立了我国民事诉讼中鉴定人和专家辅助人并存的“双层”专家证据制度。从目前的状况看,专家辅助人制度是对鉴定制度的有力补充,对鉴定人的行为和作用形成有效的制约,不仅能防止鉴定人过度影响审判,更能帮助法院或者仲裁机构综合各方面因素做出更加科学客观的判断。

本案中,两家国外企业在国内因为工程总承包争议纠纷在国内法院形成专业诉讼,争议的起因为是否超越资质承揽项目,诉讼过程中又启动了多达 5 项的司法鉴定。案涉企业资质还是司法鉴定,都是工程总承包司法实践中必须高度重视的疑难复杂的法律问题。相信国内相关法规制度会加快制定,以适应建筑业改革和发展的客观需求。

案例 10 | 江西丰城电厂 EPC 项目“11 · 24”事故善后处理非诉讼服务

这是我国电力工程建设史上一次性死亡人数最多的特别重大安全事故，也是采取设计、采购、施工的工程总承包模式因没有法规制度以及有关各方管理不善引起的特别重大教训。

一、事故概况

2016 年 11 月 24 日早晨 7 时 40 分许，采取设计—采购—施工工程总承包即 EPC 方式发包的江西丰城发电厂三期（以下简称丰电三期）扩建工程发生冷却塔施工钢平台整体坍塌的特别重大事故。73 名正在平台施工作业的建筑工人，最小 23 岁、最大 53 岁，转瞬之间均命丧工程总承包项下的分包施工过程中，另致地面施工人员 2 人受伤，事故直接经济损失高达 10197.2 万元。丰电三期工程位于江西省丰城市西石上村铜鼓山，总投资额 76.7 亿元，项目建设有两座高 168 米、直径 135 米的双曲线型自然通风冷却塔。2016 年 6 月 18 日，丰电三期扩建工程建设由土建施工阶段进入设备安装阶段。项目拟建两台 100 万千瓦超临界燃煤机组，两台机组原计划于 2017 年年底、2018 年年初分别投产发电。

事故发生后，中共中央总书记习近平、国务院总理李克强当即作出重要指示：要求做好救援救治善后处置等工作，全面彻底排查各类隐患，狠抓安全生产责任落实，确保人民群众生命和财产安全。2017 年 9 月 15 日，国家安监总局全文发布了国务院《江西丰城发电厂“11 · 24”冷却塔施工平台坍塌特别重大事故调查报告》。调查组查明事故直接原因是建设单位在“大干 100 天”口号指令下要求冷却塔施工工期缩短 102 天。施工分包单位河北某公司建筑工程施工现场管理混乱，未按要求制定拆模作业管理控制措施，对拆模工序管理失控。事发当日，在 7 号冷却塔第 50 节筒壁混凝土强度不足的情况下，违规拆除模板，致使筒壁混凝土失去模板支护，不足以承受上部荷载，造成第 50 节及以上筒壁混凝土和模架体系连续倾塌坠落。

调查组同时认定，工程总承包单位某电力设计院有限公司对施工方案审查不严,对分包施工单位缺乏有效管控,未发现和制止施工单位项目部违规拆模、抢工期等行为。监理单位上海某工程咨询有限公司未按照规定要求细化监理措施,对拆模工序等风险控制点失管失控,未纠正施工单位违规拆模行为。建设单位在“大干100天”口号指令下无序缩短合理工期,要求冷却塔原施工工期由212天缩短为102天。建设单位及其上级公司未按规定组织对工期调整的安全影响进行论证和评估,项目建设组织管理混乱。

调查报告建议处理、追究各参建方及有关政府监管部门负责人刑事责任计31人。调查报告建议责令工程总承包商某电力设计院工程总承包停业整顿一年、吊销安全生产许可证、罚款2000万元;吊销施工单位河北某公司建筑工程施工总承包一级资质、吊销安全生产许可证、罚款2000万元;对监理单位上海某工程咨询有限公司罚款1000万元等,并对相关人员给予相应行政处罚。

鉴于本案事故发生在工程总承包项下的施工分包过程中,调查报告给出的七条“事故防范措施建议”,有两条直指工程总承包:(1)应进一步健全法规制度,明确工程总承包模式中各方主体的安全职责;(2)夯实企业安全生产基础,提高工程总承包安全管理水平。

二、服务过程

2017年11月6日,建设单位给建纬南昌分所发来《关于寻求法律服务的函》,要求对“11·24”事故的法律责任进行分析以及对事故处理风险和对策提供相应的法律服务,来函提出的法律服务具体要求包括六个方面:

第一,根据法律、法规,结合丰电“11·24”事故情况以及国务院事故调查报告,细致分析事故相关材料,提出建设单位将面临哪些具体的法律责任以及事故给甲方带来的法律影响。

第二,根据法律、法规和相关资料,具体分析建设单位与总承包单位签订的EPC总承包合同,提出建设单位将面临哪些法律风险、合同的改良建议和合同下一步执行方案。

第三,根据法律、法规和相关资料,具体分析建设单位与总承包单位的法律关系以及法律责任;并根据目前总承包单位的行为,提出建设单位将如何决策的建议。

第四,根据法律、法规和相关资料,分析建设单位签订的其他三期工程合同的法律风险。

第五,其他具体事项:工程款支付的法律意见;按照国家法律,现场如何开展救济工作(工地成品的保护、材料的保护等);建设单位目前开展的各种工作的法律风险。

第六,列出与工程建设相关的法律、法规目录清单。

建纬南昌分所随即向总所汇报,我对这项法律服务需求给予高度重视。经建设单位同意,我和总所韩如波律师以及南昌分所主任龙晓忠律师等在 11 月 16 日直接赶到丰城三期电厂项目现场办公室,经过与建设单位相关领导和负责人员对事故情况、服务要求以及基本观点的交流,建设单位相关领导当场决定把本次法律服务委托本所完成。律师遂深入事故现场踏勘,通过沟通、了解项目发包的招标签约和合同履行的实际情况,审查了相关的各项文件,经过持续不断的努力工作,于 2018 年 2 月 3 日按要求的时间向委托人提供了共 2.3 万字的《关于江西丰城发电厂三期扩建工程复工的法律意见书》。

我们根据委托人的法律服务要求以及国务院《江西丰城发电厂"11·24"冷却塔施工平台坍塌特别重大事故调查报告》,以协助委托人在停工期限届满后依法恢复本工程项目建设为目标,针对本工程是否还由原工程总承包单位继续履行工程项目 EPC 总承包合同的不同情形,结合有关法律法规进行法律分析,并提供了详细的操作步骤建议。法律意见书的详细目录如下:

一、贵司提供与本法律意见书所涉复工问题相关的基础材料

二、工程各方法律关系及重要事件时间节点

三、关于本工程因审批手续不齐停建对复工影响

(一)项目停建的现状

(二)复建的法律建议

(三)复建存在的困难

四、原总承包单位继续履行《EPC 总承包合同》存在的风险

(一)原总承包单位被国务院事故调查组建议责令工程总承包业务停业整顿一年,"停业整顿"期间将面临无法继续开展工程总承包业务的风险

（二）原总承包单位安全生产许可证被吊销，如由其继续履行本工程总承包合同，存在违反国家安全生产管理制度的风险

（三）原总承包单位院继续履行《EPC总承包合同》负总责能力不足的风险

五、与原总承包单位解除合同的法律分析、风险和利弊分析

（一）"11·24"事故同时构成合同的约定解除条件和法定解除条件，贵司有权依约或依法解除与原总承包单位的《EPC总承包合同》

（二）与原总承包单位解除合同的法律程序

（三）合同解除中存在的法律风险及法律建议和意见

（四）与原总承包单位解除合同的利弊分析

六、合同解除后，新的工程总承包单位进场履约的方案设计

（一）不重新招标，从2015年评标委员会推荐的中标候选人中确定排名第二或第三的中标候选人为新的工程总承包单位

（二）如若重新招投标，由于本工程是国有资金投资项目，属于必须公开招标的范畴，除非符合《招标投标法实施条例》第八条例外条件和《招标投标法》第十一条的规定，方可以邀请招标

七、关于已完工程结算、工程安全事故损失和停工损失处理的法律意见

（一）解除原总承包单位《EPC总承包合同》情形下，已完工程结算、工程安全事故损失和停工损失处理

（二）原总承包单位继续履行合同情形下，已完工程结算、工程安全事故损失和停工损失处理

（三）无论继续履行合同还是解除合同，贵司均可发函督促原总承包单位启动"停工"后的保护性施工措施

（四）关于工程已完工部分3856万元进度款和100万元监理费支付与否的法律意见

为当事人的重大法律服务需求提供专项法律意见，是专业律师的一项重要的非诉讼服务。能够为国内以典型的EPC方式发包的江西丰城三期电厂特别重大事故提供善后处理专项法律意见，是工程总承包法律服务市场对建纬所的专业认可。

三、办案体会

值此江西丰城三期电厂“11·24”事故发生三周年之际，回顾为事故善后处理提供的专项法律服务，总结承办此非诉讼法律服务的体会，深感通过本案应汲取的失误教训以及值得总结的应对对策良多。

（一）无序缩短合理工期已经成为建筑市场新的痼疾亟待尽快解决

中华人民共和国成立前期，物资匮乏，经济落后，对当时的工程领域来说，质量问题多是由于偷工减料而导致，因此，建筑行业有一个专有新词“豆腐渣工程”。但近十数年，随着国家经济的发展，物资匮乏的局面已经大大改善，工程物料成本占比降低，同时出现新的矛盾即建设周期，与之直接相关的是建设资金成本和融资成本；尤其是近年来房地产市场的疲软，土地出让金的节节攀升，整个工程建设市场均在强调现金的高周转率，以压缩融资成本，无序压缩工期遂成为“豆腐渣工程”新的市场痼疾表现形式。

建设工程行业中所称“工期”通常包括四类：实际工期、合同工期、合理工期以及节点工期。合理工期是保证工程安全和质量的必要工期，合同工期和实际工期均应当长于合理工期，而节点工期则是完成合同工期的阶段保证。建设单位往往会通过各种手段要求承包人缩减工期：如在签约时就设立不合理工期，通过高额的工期违约条款拘束承包人的工期；又如，在工程建设过程中，建设单位通过延长进度款审核、支付作为要挟手段，要求承包人抢工。承包人为了承揽业务往往无条件就范。

工期并非不可压缩，但不能无序压缩，尤其是不能无序缩短到少于合理工期。合理工期是一种客观规律，建设工程中许多工序的完成有最短的必须施工时间，如混凝土的凝固、钢筋的放张、基础的沉降等，如果压缩其必要施工时间，必然导致工程质量出现严重问题。无序压缩工期对工程质量的负面影响主要体现在两方面：一方面，抢工期易引起重大的质量安全事故；另一方面，工期缩短易引起建筑物寿命的缩短。

1. 无序压缩工期是造成工程质量安全事故的重要原因。

三年前的“11·24”丰城电厂事故以73条鲜活生命离世的惨痛代价为我国工

程总承包发展的不规范敲响了警钟,2008 年杭州地铁一号线湘湖站“11·15”坍塌重大安全事故,一个重要原因同样是“抢工期”。2019 年 10 月位于贵州省贵阳市观山湖区的一个在建地下停车场发生坍塌,根据有关方面披露该起事故又与无序缩短工期有关。该地下室结构混凝土浇筑龄期约 15 天,但施工方未能提供混凝土早期强度报告。根据规范规定,超过 8 米结构跨度的混凝土,强度必须达到设计强度的 100% 方可拆模。

2. 我国建筑寿命明显低于国际标准与无序压缩工期直接相关。

原住房和城乡建设部副部长仇保兴曾在第六届国际绿色建筑与建筑节能大会上表示,中国是世界上每年新建建筑量最大的国家,每年 20 亿平方米新建面积,相当于消耗了全球 40% 的水泥与钢材,但是住房使用寿命仅有 25 ~ 30 年。

建筑物主体结构使用年限被无序缩短,对使用人的生命财产造成严重的威胁。按我国《民用建筑设计规则》的规定,城市砖混结构建筑的设计年限应不少于 50 年,按国家国有土地的出让年限规定商品房的使用年限为 70 年。显然,施工过程中比较普遍的抢工期,导致城市房屋建筑的寿命被严重“折寿”了。建筑使用寿命的大幅缩短是对国家财产和公众生命安全的极大威胁,实际上反而提高了建筑成本,是严重的材料与能源浪费,其危害之大可见一斑。

3. 无序压缩工期将面临诸多法律风险,各方必须提高注意。

我国诸多法律法规都对无序压缩工期作出了惩罚性或禁止性的规定。例如,《建设工程质量管理条例》第 10 条规定:“建设工程发包单位不得迫使承包方以低于成本的价格竞标,不得任意压缩合理工期。”第 56 条规定:“违反本条例规定,建设单位有下列行为之一的,责令改正,处 20 万元以上 50 万元以下的罚款:……(二)任意压缩合理工期的……”《建设工程安全生产管理条例》第 7 条规定:“建设单位不得对勘察、设计、施工、工程监理等单位提出不符合建设工程安全生产法律、法规和强制性标准规定的要求,不得压缩合同约定的工期。”第 55 条规定:“违反本条例的规定,建设单位有下列行为之一的,责令限期改正,处 20 万元以上 50 万元以下的罚款;造成重大安全事故,构成犯罪的,对直接责任人员,依照刑法有关规定追究刑事责任;造成损失的,依法承担赔偿责任:……(二)要求施工单位压缩合同约定的工期的……”除了行政罚款之外,最高人民法院《第八次全国法院民事商事审判工作会议(民事部分)纪要》第 30 条也强调:“要依法维护通过招投标所签订的中标合同的法律效力。当事人违反工程建设强制性标准，任意压缩合理工期、降低工程质量标准的约定，应认定无效。”

对于政府投资项目更应该严格执行建设工期。2019 年 7 月 1 日起正式施行的《政府投资条例》第 24 条就明确规定：“政府投资项目应当按照国家有关规定合理确定并严格执行建设工期，任何单位和个人不得非法干预。”第 34 条也规定：“项目单位有下列情形之一的，责令改正，根据具体情况，暂停、停止拨付资金或者收回已拨付的资金，暂停或者停止建设活动，对负有责任的领导人员和直接责任人员依法给予处分：……（六）无正当理由不实施或者不按照建设工期实施已批准的政府投资项目。”随后，司法部、国家发展改革委负责人就《政府投资条例》有关问题答记者问中指出，政府投资项目实施中存在三个重要问题，其中之一就是“政府投资项目应当合理确定并严格执行建设工期。”这必将有效地抑制政府相关单位利用自身优势地位无序压缩工期的行为，同时也反映出国家立法部门和主管部门对工期问题进行治理的决心。

“11 · 24”丰城电厂事故参建方及有关政府监管部门负责人刑事责任计 31 人，有关责任公司共被罚款 5000 万元；“11 · 15”杭州地铁一号线湘湖站施工各有关单位主要负责人被追究刑事责任；而贵州省地下车库坍塌事件的施工单位及其分包单位目前也已被贵州省住建部门通报批评并列入黑名单，禁止参与贵州省内的任何建设项目。因此，对于参与建设工程的各方都必须对合理工期怀有敬畏之心，不可任性压缩侵占。

（二）联合体模式下承接工程总承包项目，牵头工程总承包的设计单位应当强化施工管理流程的管控，建立有针对性的施工管理部门，对安全生产进行有效管控，才能避免事故发生

在以设计单位牵头工程总承包的情形下，由于建设工程施工阶段是工程质量控制难度最大、安全风险最高的阶段，设计单位并无实际管理工程施工的经验与能力，在目前的工程实践中，往往出现设计单位以工程总承包的名义承接项目，但并未对工程施工进行实际管理，而是由施工单位自行管理的情形，这就是俗称的“假工程总承包模式”，也称“设计施工两张皮”。

在“假工程总承包模式”下，设计单位担任名义上的工程总承包单位，但实际

上“包而不管”,施工工作事实上还是由施工单位自行完成,质量和安全也完全由施工单位自行管理。很多设计单位还是抱着老一套的想法:质量、安全当然是施工单位管,他们自行负责。这种想法显然是错误的。国务院“11·24”事故调查表明:即便是我国电力工程设计领域非常有经验的专业设计单位,牵头成为工程总承包单位,由于对施工安全管理不到位,成为本次惨剧发生的根本原因之一,该设计单位最终被处以停业整顿一年、吊销安全生产许可证、罚款2000万元的严肃处罚。

由此,设计单位牵头工程总承包时,可以在如下几个方面加强自身的管控能力,以避免发生相关事故,避免承担相应责任:

首先,设计单位作为工程总承包单位时应当构建专职的安全管理部门。管理以人为本,没有足够的工程安全管理人才,安全管理将成为一句空话。

其次,设计单位在制度设计上要明确细化安全管理责任制,加强安全责任宣传工作。建立和落实安全生产责任制,就是要对项目部各级领导、管理干部、设计人员、施工管理人员、安全管理人员在安全工作上的责任、权利和义务通过制度固定下来,以权责一致、奖惩分明为原则,做到安全工作层层分工、专职专责,确保安全工作落到实处、落到专人,强化安全管理工作奖励比例,对安全管理突出的个人与集体增加绩效表彰,发挥人员主观能动性,确保工程安全管理落到实处,避免由于工程总承包范围的扩大,导致权责不清,互相推诿,最终导致工程安全管理完全失控。

再次,要强化设计人员的安全知识教育,推进安全设计与工程设计相结合。从目前工程市场来看,设计人员普遍与工程施工实际脱节,很多设计人员连“三宝四口五临边”是什么概念也不清楚,更不用说安全设计了。但实际上,工程设计对安全管理的影响不可忽视:其一,工程设计作为整个工程建设的上游与基础,对工程建设具有核心影响,如果设计本身不利于施工安全,那么工程安全根本就难以保证,要么会给工程施工造成安全隐患,要么在施工过程中需要投入更多的安全措施费用进行处理,造成工程建设成本的增加;其二,工程安全文明施工措施并非独立存在,而是与工程项目特点及施工组织设计密不可分,如果施工组织设计时未充分考虑安全设计,容易互相冲突,将导致较多的调整与变更,从而影响工程总体工期;其三,工程总承包模式采用分阶段设计、分阶段施工方式,因此在施工分包招标时，并没有完全的图纸，施工分包商的施工能力相对于传统模式更难判断。对于项目安全施工的难度，只有负责设计的人员才能提前做出预期，因此需要设计人员具有较强的安全设计能力，才能在招标阶段尽可能明确安全设计及安全措施的必要指标，避免招标施工分包单位之后才发现其不具有安全施工的能力。

最后，也是最重要的，是要推进安全设计交底，推进现场管理与设计管理的深度融合。安全设计依然是一个书面文件，容易存在落实上的误差，现场管理人员难以理解设计人员的意图，而设计人员难以理解现场的实际需求，导致安全设计流于空谈。尤其是项目试运行阶段，工程项目的运行安全是需要结合设计目的及设计参数才能有效确定的。我曾经接触过一个项目，施工单位在安装消防泵的时候遗漏了泄压阀，结果消防泵试压的时候，出水管道的弯头在高压水锤的作用下崩飞，将消防泵房的大门直接击穿，万幸的是，没有造成人员伤亡。这个案例就是典型的安全设计与现场管理脱节带来的后果。泄压阀相对于整个消防系统，无论从体积还是价值，均是一个小配件，但它对安全运行的影响至关重要，而现场管理人员对此认识不足才导致事故的发生。如果设计人员能落实安全交底，相信能够避免类似的事故。

（三）应当构建与工程总承包模式相匹配的全过程咨询管理，为工程总承包模式的实施套上双保险

在工程总承包模式下，由于工程总承包单位全面掌握了设计、施工、采购的所有内容，权限不断扩大，直接导致发包人对其进行有效管理和制约的能力变弱，如本案采取传统的施工监理模式，显然难以对工程总承包单位进行有效的监督。对工程总承包单位缺乏制约就可能导致工程建设陷入不可控的风险，因此，应当构建与其相匹配的全过程咨询管理，以利于对工程总承包单位形成有效的管理与制约，形成双保险，保证工程质量的落实。

所谓全过程咨询，根据国务院办公厅《关于促进建筑业持续健康发展的意见》，指的是“从事工程咨询服务的企业受建设单位委托，在授权范围内对工程建设的全过程提供专业化咨询和服务的活动。具体包括为建设方提供投资咨询、勘察、设计、监理、招标代理和造价的全过程集约化咨询服务”。也就是说，全过程工

程咨询涉及建设工程全生命周期内的策划咨询、前期(投融资)可研、工程设计、招标代理、造价咨询、工程管理、施工前期准备、施工过程监理、竣工验收及运营后的项目评估等各个阶段的咨询(管理)服务。

对于像设计单位这样并不见长于施工管理的工程总承包人,聘请一个懂得工程管理,并从项目前期就参与项目、了解项目各方面情况的全过程工程咨询单位,可以有效实现管控建设过程的目标,也能够进一步保证工程建设过程的质量安全。

全过程工程咨询服务的优势在于,其不是工程建设各环节、各阶段咨询工作的简单罗列,而是把各个阶段的咨询服务看作一个有机整体,在决策指导设计、设计指导交易、交易指导施工、施工指导竣工的同时,使后一阶段的信息在前期集成、前一阶段的工作指导后一阶段的工作,从而优化咨询成果。采用全过程工程咨询模式有利于工程咨询企业较早介入到工程中,更早熟悉建设图纸和设计理念,明确投资控制要点,预测风险,并制定合理有效的防范性对策,以避免或减少索赔事件的发生。这也是全过程工程咨询业务的内涵,即让内行做管理,实现提高效率、精细管理的目标。因此全过程工程咨询服务可以有利于实现以下两点优势:

1. 有利于提高建设工程管理水平、保障项目质量与生产安全。

全过程工程咨询服务过程中,工程咨询企业秉持建设工程项目整个生命周期的咨询服务理念,能够发挥其专业特长以及系统管理和资源整合的优势,能够紧密围绕建设单位的建设目标进行集约化管理,能够发挥建设工程项目咨询工作连贯性的优势,能更好地保障项目的质量与生产安全。全过程的工程咨询服务,工程咨询企业可以全面而深刻地分析工程项目的技术可行性以及工程项目的特点、难点;可以全面而深刻地分析工程项目管理[包括设计管理(咨询)、质量管理、进度管理、投资控制(含建设期和运维期)、安全环保管理]的重点、难点和关键点;可以确定经济、可行的设计总体方案和重大施工方案;可以系统、全面、综合地分析影响建设工程目标的各项风险因素,进而确定具有针对性的主要应对措施;能够全面深入地理解设计意图并促进设计意图的全面落实、执行;可以将建设工程项目全过程的管理理念融会贯通于建设工程项目各个阶段、各个专业的管理中,有利于实现建设工程项目的质量、进度、安全管控目标,有利于实现工程各个环节有机结合,保障工程的质量与安全。

2. 有利于为协调工程各方关系,更好地在工程参与方之间实现交流沟通,减少因信息传递导致事故发生的可能性,并可以安全合理地实现工期利益。

勘察、设计、施工各个环节都直接关系到工程的质量安全问题。然而,实践中因为各方利益的不同,勘察单位、设计单位、施工单位交流往往并不顺利,推诿与信息传递延误普遍存在。而采用全过程的工程咨询服务方式,更能调动工程咨询服务企业的积极性和能动性,可以将大部分的专业化委托方式下的咨询企业之间的协调转变为全过程咨询企业的内部协调,能够充分发挥工程咨询企业内部的、主动的沟通协调作用,有效协调各环节之间的关系,有效协调与工程总承包单位(或设计单位、施工单位)、主要设备和材料供应方之间的关系,减少建设单位的协调工作量、减少矛盾、提高效率,有利于建设单位享受到优质高效的工程咨询服务。同时这一点也有利于缩短项目工期。由一家单位提供全过程工程咨询服务的情况下,一方面,承包单位可最大限度处理内部关系,大幅度减少建设单位日常管理工作和人力资源投入,有效减少信息漏洞,优化管理界面;另一方面,全过程工程咨询模式不同于传统模式冗长繁多的招标次数和期限,可有效优化项目组织和简化合同关系,并克服设计、造价、招标、监理等相关单位责任分离、相互脱节的矛盾,从而缩短项目建设周期。

(四)“工程项目五方责任主体”的安全责任应当在工程总承包模式下重新设定,方能有效落实工程总承包人和各有关参与主体的安全管理责任

国务院“11·24”事故调查组在对涉事企业作出处罚认定时,遇到的问题之一就是法律法规的依据不足问题。在事故发生时,我国尚未有一部全面的、统一的、具体的规范和管理工程总承包的法律规范,因此缺乏对工程总承包安全生产、质量、工期、造价、试运行等环节的相应规制,缺乏对工程总承包模式中各方主体责任的具体要求,缺乏强有力的针对各种工程总承包违法活动的处罚措施。因此,对于工程总承包模式下各方参与主体如何承担相应的管理责任这一议题是亟待解决的重要问题。

2019 年 9 月,住房和城乡建设部发布的《关于完善质量保障体系提升建筑工程品质的指导意见》中就明确了下一步政府将细化落实工程总承包模式下,工程

总承包单位及各方主体的责任分配，文件指出："推行工程总承包，落实工程总承包单位在工程质量安全、进度控制、成本管理等方面的责任。完善专业分包制度，大力发展专业承包企业。积极发展全过程工程咨询和专业化服务，创新工程监理制度，严格落实工程咨询（投资）、勘察设计、监理、造价等领域职业资格人员的质量责任。在民用建筑工程中推进建筑师负责制，依据双方合同约定，赋予建筑师代表建设单位签发指令和认可工程的权利，明确建筑师应承担的责任。"

1. 传统施工模式下五方主体的责任承担。

五方责任主体的概念其实并非新兴概念，建设单位、勘察单位、设计单位、施工单位及监理单位的职责与责任零星散落在《建筑法》《建设工程质量管理条例》《建设工程勘察设计管理条例》等法律法规中。例如，《建筑法》第 54 条规定："建设单位不得以任何理由，要求建筑设计单位或者建筑施工企业在工程设计或者施工作业中，违反法律、行政法规和建筑工程质量、安全标准，降低工程质量。建筑设计单位和建筑施工企业对建设单位违反前款规定提出的降低工程质量的要求，应当予以拒绝。"

然而，在很长一段时间内，建筑市场混乱，工程质量低劣依然是建筑行业的顽疾所在。2014 年 9 月 26 日国新办举行"工程质量治理两年行动"有关情况发布会时，住建部工程质量安全监管司副司长曾宪新在答记者问时即明确指出："产生工程质量问题的原因很多，我们认为，一个非常重要的原因，或者主要的原因，就是质量责任落实不到位，特别是忽略了个人的责任。为此，不仅要强化企业的责任，更重要的是要强化个人的责任。"对此，住房和城乡建设部在当时颁布的《建筑工程五方责任主体项目负责人质量终身责任追究暂行办法》（建质〔2014〕124 号）中明确规定要求落实建筑工程五方责任主体项目负责人质量终身责任制。该办法明确了在发生质量安全事故、发现严重质量问题或因勘察、设计、施工导致建筑物在设计年限内不能正常使用时，建设单位项目负责人、勘察单位项目负责人、设计单位项目负责人、施工单位项目经理、监理单位总监理工程师等将被相应追究质量终身责任。

《建筑工程五方责任主体项目负责人质量终身责任追究暂行办法》中对五方具体的质量责任范围作了系统而明确的规定，可以据此将五方责任划分为：

第一，建设单位项目负责人对工程质量承担全面责任，不得违法发包、肢解发包,不得以任何理由要求勘察、设计、施工、监理单位违反法律法规和工程建设标准,降低工程质量,其违法违规或不当行为造成工程质量事故或质量问题应当承担责任。

第二,勘察、设计单位项目负责人应当保证勘察设计文件符合法律法规和工程建设强制性标准的要求,对因勘察、设计导致的工程质量事故或质量问题承担责任。

第三,施工单位项目经理应当按照经审查合格的施工图设计文件和施工技术标准进行施工,对因施工导致的工程质量事故或质量问题承担责任。

第四,监理单位总监理工程师应当按照法律法规、有关技术标准、设计文件和工程承包合同进行监理,对施工质量承担监理责任。

2. 工程总承包模式下对于各方责任的新要求。

在工程总承包模式中,显然不能直接套用传统施工模式下的五方主体责任。原因在于:五方的责任承担属于刑事责任或行政责任,刑事责任的主要原则之一是"法无规定不为罪",行政责任的主要原则之一是"法无授权不可为"。因此,不论是刑事责任还是行政责任的承担均需要法律进行明确规定,否则无法处罚。但如上所述,目前建筑市场五方责任的规定均基于传统的设计、施工、采购相分离的模式,并无直接规定工程总承包单位应当承担什么责任的规定,直接致使工程总承包单位的责任承担缺乏法律依据。但从基本逻辑出发,对于负责组织管理工程建设全过程的工程总承包方显然需要成为责任主体之一,而且应当是负总责的一方。

这一问题实际上也已被关注许久,早在2016年住建部发布的《关于进一步推进工程总承包发展的若干意见》中就已指出:"相关许可和备案表格,以及需要工程总承包企业签署意见的相关工程管理技术文件,应当增加工程总承包企业、工程总承包项目经理等栏目。"鉴于竣工验收和备案登记表是体现责任主体对于工程质量监督的书面印证,在文件中加上工程总承包企业、工程总承包项目经理等栏目就是体现要求工程总承包企业及其项目经理负起总责的意思。因此,《总承包管理办法》第23条第2款就明确规定:"工程总承包单位对承包范围内工程的安全生产负总责。分包单位应当服从工程总承包单位的安全生产管理,分包单位不服从管理导致生产安全事故的,由分包单位承担主要责任,分包不免除工程总承包单位的安全责任。”

工程总承包单位是工程总承包项目总的承包单位，与传统设计、施工分开的承包模式相比，工程总承包模式下，设计、采购、施工等环节均在工程总承包单位的承包范围内。在此情形之下，工程总承包单位理所当然地应当对其承包的全部建设工程质量负责。但这里的负总责不仅仅是简单地把原先设计、施工等单位的责任简单叠加，实际上，总包人所要履行的职责要比原来五方模式中设计单位、施工单位的职责更加具有综合性，这主要体现在两方面：

一方面，是管理的职责。在传统施工总承包模式下的五方责任主体，勘察单位、设计单位、施工单位、监理单位这四方是分别对建设单位负责的，对于工程项目建设的具体事项各负其责，而建设单位则处于绝对的中心位置。但是到了工程总承包模式，就变成了工程总承包单位按照总承包合同的约定对建设单位负责，分包单位按照分包合同的约定对总承包单位负责，这种情况下，五方模式中一部分本来由建设单位承担的项目管理职责就变成了由总承包单位来承担，相对于分包单位，总承包单位就是“小业主”。这种管理责任是五方责任单位当中设计单位和施工单位所不需要承担的。

另一方面，是优化的职责。推行工程总承包模式，在很大程度上是基于其相较于传统模式所具备的优势，包括化解项目风险、统一权利责任、提升推进效率、降低工程造价、缩短建设工期、保证工程质量等，而这些优势得以发挥的条件是总承包单位从项目初期就对工程进行全面设计优化、统筹安排，充分发挥设计、采购、施工等各阶段的合理交叉和协调，通过不断调整找出最优方案，从而确保合同目标。因此，工程总承包单位的实际工作中有很大一部分应该是对整个项目流程和技术的整合、协调等优化工作，这也恰恰是传统五方单位模式中设计和施工单位所缺乏的。

因此，总承包单位所担负的职责不仅仅止于原来五方单位中设计单位和施工单位的责任，还要包括综合性的项目管理和流程、技术优化责任。除此之外，新参与到工程总承包建设过程中的全过程咨询方是否需要承担质量安全责任，其与原五方责任主体中的监理一方职责如何划分过渡，都是未来工程总承包模式发展过程中应进一步明确的问题。

“11·24”丰城电厂事故已经过去三年有余，但其敲响的警钟应当时刻回响在每一个工程建设领域从业者的心中。工程总承包是我国建筑业中重要的市场活动，其开展过程中能否保证质量安全将影响我国建筑业的未来发展，也关系着国民最根本的生命安全与财产安全。因此，负责单位牵头工程总承包时，尤其要注意避免过度压缩合理工期导致质量安全事故，增强自身的管理能力以实现对于施工过程的有效管控。同时，建设单位可以通过聘请全过程咨询服务机构以弥补自身工程管理能力的不足，从而使工程总承包单位有效落实对建设项目质量安全总负责的责任。

案例 11 ｜涉及真假工程总承包的某建设公司 EPC 纠纷仲裁案

一、案情简介

案涉 EPC 工程发包人为某仓储公司（以下简称申请人），总包人为某建设公司（以下简称被申请人）。2011 年 1 月项目实施了工程的招投标工作，总承包澄清会议后确定被申请人中标，双方于 2011 年 2 月签订了工程总承包 EPC 合同。

该 EPC 合同使用的具体条款为 FIDIC 1999 版红皮书《施工合同条件》，合同约定暂定总价约 3300 万元，但在协议书部分的承包范围却描述为“设计、采购、施工总承包”。具体为“包业主取得土地使用许可证后的全部报批、包合同备案、包测绘、设计及设计审查及相关审批如规划审批、消防审批等、包采购、包报建、包施工、包工、包料、包图纸、包规范、包工期、包质量、包安全施工、包风险、包调试……”各项。该 EPC 合同签订后，于 2011 年 8 月实际开工，并于 2013 年 3 月完成竣工验收备案。此后，双方形成一致结算意见，于 2013 年 12 月签订了结算协议书，确定了工程的最终结算价。

案涉工程竣工后在使用过程中，因工程质量瑕疵等矛盾双方发生争议。经协商无果后，申请人于 2014 年 8 月向合同约定的某仲裁委员会提起仲裁，后在仲裁过程中变更仲裁请求，最终明确仲裁请求为要求工程总包单位赔偿质量缺陷损失以及整改费用并承担逾期返还资料违约金等总计约 3800 万元。本案仲裁审理过程中，仲裁庭先后进行了工程质量鉴定、维修方案鉴定、维修造价鉴定 3 个鉴定程序。

案件审理至2018年3月,被申请人决定更换代理人,委托我和建纬所工程总承包业务部主任韩如波及副主任徐寅哲律师为代理人。

二、案件审理

本案所涉及的主要争议焦点为被申请人的承包方式是否为工程总承包?针对工程局部的质量瑕疵,承包人是否应当承担责任?

申请人认为:被申请人作为EPC总承包人应当按照合同约定,就勘察、设计、采购、施工承担全部合同义务。有关质量瑕疵是因承包人的承包范围内的工作所致,因此,应当由被申请人承担相应的法律责任。

被申请人则认为:双方按FIDIC红皮书签订的是施工总承包合同,被申请人完全按照发包方要求施工,在有关勘察、设计工作实际均非被申请人实施的情况下,不应由被申请人承担质量瑕疵的责任。

截至目前,案件审理已经逾5年,各方正在等待仲裁庭的最终仲裁。

三、办案体会

工程合同承包范围的大小决定了承发包双方采取的是否属于工程总承包模式,承包范围是工程总承包最重要的实质性内容之一。本案中就是这样,本案的问题出现在合同承包范围对勘察工作的分配上,最终体现在保修工作的履行上,因此,我就本案的办案体会也将集中在这一头一尾的两个部分,以判断当事人所签订的合同是否属于工程总承包?并详细解析相关的法律风险和防控方法。

(一)国际通行的FIDIC 1999版红皮书本身是施工总承包合同条件,本案将该合同条件用于工程总承包范围不符合国际惯例

在FIDIC合同中,《施工合同条件》即FIDIC红皮书主要适用于业主负责大部分设计工作,承包人主要工作为施工的情形。结合本案情况,承发包双方其实并未能意识到1999版红皮书的条款内容对应的是国内的施工总承包而非工程总承包,案涉项目将该合同条件用于工程总承包既不符合国际惯例,也不符合项目实

际。具体而言,主要有以下三点:

1. 工程总承包涵盖了工程设计、采购、施工等各个阶段,而 FIDIC 红皮书当中承包商主要是承担施工方面的工作。

本案中,承发包双方约定承包人应"包业主取得土地使用许可证后的全部报批、包合同备案、测绘、设计及设计审查、包采购、包报建、包施工、包料、包图纸、包规范、包工期、包质量、包安全、包调试……"这其实是对应了工程总承包的工作范围。根据《总承包管理办法》第 3 条的规定:"本办法所称工程总承包,是指承包单位按照与建设单位签订的合同,对工程设计、采购、施工或者设计、施工等阶段实行总承包,并对工程的质量、安全、工期和造价等全面负责的工程建设组织实施方式。"

而 FIDIC 1999 版红皮书当中承包商主要是承担施工方面的工作,其通用合同条件第 8.2 款即约定:"承包人应对现场操作和施工方法的适用性、稳定性和安全性全面负责。但是,除了在下文中写明或另有协议外,承包人对永久性工程的设计或规范或对不是由承包人编制的临时工程的设计或规范不负责任。如果合同明文规定,部分永久性工程由承包人设计,即使有工程师的批准,承包人也应对这部分工程全面负责。"

2. 工程总承包一般采用固定总价合同,而 FIDIC 红皮书采用根据实际工程量重新计价的单价合同。

工程总承包一般采用固定总价计价的形式,这也是该模式获得发包人青睐的主要原因之一。《总承包管理办法》第 16 条第 1 款规定:"企业投资项目的工程总承包宜采用总价合同,政府投资项目的工程总承包应当合理确定合同价格形式。采用总价合同的,除合同约定可以调整的情形外,合同总价一般不予调整。"

FIDIC 1999 版红皮书由于对应施工总承包模式,则是采用了根据实际工程量重新计价的单价合同。其通用合同条件第 60 条【支付证书】第 60.1 款【月报表】即约定:"在每个月结束后承包人应向工程师提交月报表一式六份,每份报表都要由承包人代表(该代表经工程师按第 15.1 款批准)签字。月报表的格式随时由工程师规定,月报表应表明承包人认为自己直到月底已有权得到以下方面的金额:(a)已完成的永久性工程的价值;(b)工程量清单内任何其他细目,包括诸如承包人设备、临时工程、计日工等细目在内;(c)材料表中列出的材料发票面值的百分比(均按投标书附录中写明的),和承包人为装入永久工程而运到现场但尚未装入永久工程之内的设备发票面值的百分比；(d)根据第70条规定所作的调整值；(e)根据合同规定，承包人可能有权得到的任何其他金额。”

3. 工程总承包除法定和约定事由应由发包人承担的风险，其余均由承包人承担，而FIDIC红皮书中承发包双方的风险分配更有利于承包人。

工程总承包模式中，承包人在可能获得更高利润的同时，也要承担更加多的风险。《总承包管理办法》第3条规定："本办法所称工程总承包，是指承包单位……并对工程的质量、安全、工期和造价等全面负责的工程建设组织实施方式"，第15条第2款规定："建设单位承担的风险主要包括：(一)主要工程材料、设备、人工价格与招标时基期价相比，波动幅度超过合同约定幅度的部分；(二)因国家法律法规政策变化引起的合同价格的变化；(三)不可预见的地质条件造成的工程费用和工期的变化；(四)因建设单位原因产生的工程费用和工期的变化；(五)不可抗力造成的工程费用和工期的变化。具体风险分担内容由双方在合同中约定。鼓励建设单位和工程总承包单位运用保险手段增强防范风险能力。"因此，实际情况中，为了获得中标，承包人往往还要承担更多的风险。

但在FIDIC红皮书中则是承包商要承担的风险要更少一些。以图纸为例，工程总承包中由于工程总承包单位承担了设计工作，故而图纸的错误、延期等风险概由工程总承包单位承担；而在FIDIC红皮书中，图纸风险则主要由发包人承担，其通用合同条件第6条【图纸】第6.4款即约定："在任何情况下，工程师未曾或不能按本条6.3款规定的合理时间内发出承包人所要求的任何图纸或指令，致使承包人蒙受进度的延误和(或)费用的增加，工程师在与业主及承包人协商后，应决定：(a)据44条承包人有权得到的延期；(b)应增加到合同价中该项费用的金额。上述决定应相应通知承包人和抄报业主。"

(二)国内工程承发包模式改革过程中出现的真假工程总承包的实际情况，应引起有关方面尤其是当事人的高度重视

毫无疑问，真正的工程总承包符合工程建设的客观规律，有利于实现设计、采购、施工等各阶段工作的深度融合和资源高效配置，提高工程建设水平；有利于提高工程建设效益，组织统筹管理设计、施工等力量，降低管理成本，有效控制投资，

实现工程建设项目利益和价值最大化；有利于提升工程建设质量安全，发挥工程建设责任主体单一和技术管理优势，降低工程风险，确保工程建设质量安全和效益。

正是由于工程总承包的优势，国家和业界都在对这一模式进行积极的尝试和大力的推广。然而，由于探索时间较短，市场对工程总承包的误解较多，一个表现形式是出现了各种假工程总承包，这应引起有关方面尤其是当事人的高度重视并全力避免。

1. 名为工程总承包，实际上却是施工总承包。

工程总承包是建设单位为实现项目目标而采取的一种承发包方式，即从事工程项目建设的建筑企业受建设单位委托，按照合同约定对从设计、采购、施工到试运行的建设项目发展周期实行全过程或若干阶段的承包。施工总承包则是指建设单位将全部施工任务发包给具有施工承包资质的建筑企业，由施工总承包单位按照合同的约定向建设单位负责，承包完成施工任务。这是两个完全不同的概念，可是现实中就是有很多单位分不清楚，混为一谈。本案中的当事人就是非常典型的例子，承接内容是工程总承包的模式，却签下了 FIDIC 红皮书的合同条款。

2. 名为工程总承包，实际上建设单位仍然大包大揽。

工程总承包模式如果要发挥出优势，总包商非常关键，要履行很多的管理职能。但这与我们传统的建设、勘察、设计、施工、监理五方模式是存在矛盾的。五方模式中，建设单位处于绝对的强势地位，而在工程总承包模式中，却要将部分职能赋予工程总承包单位，这还是会存在不适应的情况，表现出来就是虽然履行了工程总承包的程序，实际合同履行过程中却仍然大包大揽，甚至提出不合法不合规的要求。为此，《总承包管理办法》第 22 条、第 23 条和第 24 条分别从造价、安全、工期三方面对建设单位作出了禁止性规定，避免建设单位过度干涉工程总承包的实施。

3. 名为工程总承包，实际上各单位和各阶段都各自为战。

工程总承包这一模式要求工程总承包单位对工程的质量、安全、工期和造价等全面负责，这其实是强调了工程总承包单位的整合作用，要把各单位、各阶段统筹起来。但从目前的情况来看，项目存在各单位各干各的现象屡见不鲜，特别是联合体中标的情况甚至还存在工程总承包单位和设计单位或者施工单位互不统属甚至扯皮推诿;即便是兼具设计和施工的一家单位中标,单位内部不同部门在各个阶段也是互相分割、条块分明。这种情况对于工程总承包的推广发展同样是很不利的,应当引起有关各方的高度重视。

(三)《总承包管理办法》第3条并未将勘察阶段纳入工程总承包范围,这是反复权衡、深思熟虑的结果。至于在合同实际签订和履行中,如果发包人要求工程总承包单位承担勘察工作,应将这部分承包范围及双方责任体现在合同条款和工程价款中

本案中,承发包双方就总承包内容中是否包含勘察阶段、承包人是否应承担勘察阶段工作产生了较大的争议,这也是本案的焦点之一,因为这直接关系到后续的质量问题归责。有关勘察的问题一直是工程总承包模式推广过程中所无法回避的事项,根据《建设工程勘察设计管理条例》第2条的规定,勘察是指“根据建设工程的要求,查明、分析、评价建设场地的地质地理环境特征和岩土工程条件,编制建设工程勘察文件的活动”。勘察单位是建设工程五方责任主体之一,勘察是建设工程基本程序中不可或缺的工作阶段之一,是后续设计、施工工作开展的基础,其重要性是显而易见的。

其实,在工程总承包的发展过程中,也曾经将勘察阶段纳入到工程总承包的工作范围。早在1984年,国务院就在《关于改革建筑业和基本建设管理体制若干问题的暂行规定》(国发〔1984〕123号)中指出,要建立这样一种工程承包公司:“接受建设项目主管部门(或建设单位)的委托,或投标中标,对项目建设的可行性研究、勘察设计、设备选购、材料订货、工程施工、生产准备直到竣工投产实行全过程的总承包,或部分承包。”从当时的规定中,可以清晰地发现工程总承包当中有勘察阶段。《合同法》第272条规定:“发包人可以与总承包人订立建设工程合同,也可以分别与勘察人、设计人、施工人订立勘察、设计、施工承包合同。发包人不得将应当由一个承包人完成的建设工程肢解成若干部分发包给几个承包人。总承包人或者勘察、设计、施工承包人经发包人同意,可以将自己承包的部分工作交由第三人完成。”《建筑法》第24条第2款也规定:“建筑工程的发包单位可以将建筑工程的勘察、设计、施工、设备采购一并发包给一个工程总承包单位,也可以将建筑工程勘察、设计、施工、设备采购的一项或者多项发包给一个工程总承包单

位。”同样涵盖勘察阶段。

但是,在《总承包管理办法》中,最终未将勘察阶段纳入到工程总承包的范围之内。工程总承包一般采用固定总价模式,突破总价的风险将使参建各方特别是总包人的风险不可控地增加,这是推广工程总承包模式过程中需要极力避免的。由于勘察阶段未包含在工程总承包的范围之内,使工程总承包单位的风险控制工作从以下两方面得到了增强:

一方面,使对应阶段的勘察资料成为发包的前提。无论是发包人、承包人还是分包人,在进行工程造价计算的时候有了科学的定量依据,从而有利于避免在工程施工过程中因发现未明地质情况从而导致突破总价的情况,工程总承包单位的资金风险得以降低。

另一方面,使勘察阶段导致的风险更多地由发包人承担。基于勘察方式本身的局限及工作人员的可能疏漏,在施工过程中发现勘察阶段未勘明的情况并不罕见,正是因为对应阶段的勘察成果由发包人提供,错勘、漏勘所导致的工期延误和造价增加也将由发包人承担。对此,《总承包管理办法》同样进行了呼应,其第15条第2款第3项规定:“建设单位承担的主要风险一般包括:……(三)不可预见的地质条件造成的工程费用和工期的变化。”

但是,在此需要着重强调的是,勘察未被包含在工程总承包的工作阶段中,并不代表工程总承包单位在实际履约过程中就接触不到勘察工作。《岩土工程勘察规范》(GB 50021－2001)(2009年局部修订版)第4.1.2条规定:“建筑物的岩土工程勘察宜分阶段进行,可行性研究勘察应符合选择场址方案的要求;初步勘察应符合初步设计的要求;详细勘察应符合施工图设计的要求;场地条件复杂或有特殊要求的工程,宜进行施工勘察。”《城市轨道交通岩土工程勘察规范》(GB 50307－2012)第3.0.2条规定:“城市轨道交通岩土工程勘察应分为可行性研究勘察、初步勘察和详细勘察。施工阶段可根据需要开展施工勘察工作。”第3.0.3条又规定:“城市轨道交通工程线路或场地附近存在对工程设计方案和施工有重大影响的岩土工程问题时应进行专项勘察。”由此,在设计和施工阶段,还可能存在详细勘察、专项勘察、施工勘察等工作,以上勘察工作是由第三方勘察单位跟进完成、由工程总承包单位自行完成还是以其他方式完成,应与发包人在相关合同中约定清晰。如果是由工程总承包单位承担部分勘察工作,应将其考虑到合同对价中。

(四)如果事实上工程总承包合同已包含勘察,建设单位向工程总承包单位提供包括勘察资料在内的各项资料应满足真实性、准确性、完整性、及时性等要求;工程总承包单位应负责对发包人提供的资料进行核查

其实,除了勘察资料,工程总承包单位开展工作之前,建设单位还应依法依约提供其他各项资料,这些资料的重要性不亚于勘察资料,且种类较多。对此,《总承包管理办法》第9条第1款规定为:“建设单位应当根据招标项目的特点和需要编制工程总承包项目招标文件,主要包括以下内容:……(五)建设单位提供的资料和条件,包括发包前完成的水文地质、工程地质、地形等勘察资料,以及可行性研究报告、方案设计文件或者初步设计文件等……”建设单位所提供的资料是工程总承包单位开展后续工作的前提和基础,“牵一发而动全身”。为了避免争议、维护权益,工程总承包单位应重点关注以下两点:

1. 建设单位提供的相应资料应满足真实性、准确性、完整性、及时性等要求。

对于建设单位提供资料的相关义务,法律法规有相应的规定,但都是较为笼统和原则性的,还需要拟制较为详细的合同条款进一步明确,以下可以作为参考:

《建设项目工程总承包合同示范文本(试行)》(GF-2011-0216)通用条款第4.1.3款【项目进度计划的调整】约定:“出现下列情况,竣工日期相应顺延,并对项目进度计划进行调整:(1) 发包人根据5.2.1款提供的项目基础资料和现场障碍资料不真实、不准确、不齐全、不及时,或未能按14.3.1款约定的预付款金额和(或)14.3.2款约定的预付款时间付款,导致4.2.2款约定的设计开工日期延误,或4.3.2款约定的采购开始日期延误,或造成4.4.2款施工开工日期延误的。”第5.2.1款【发包人的义务】约定:“(1) 提供项目基础资料。发包人应按合同约定、法律或行业规定,向承包人提供设计需要的项目基础资料,并对其真实性、准确性、齐全性和及时性负责。上述项目基础资料不真实、不准确或不齐全时,发包人有义务按约定的时间向承包人提供进一步补充资料。提供项目基础资料的类别、内容、份数和时间在专用条款中约定。其中,工程场地的基准坐标资料(包指基准控制点、基准控制标高和基准坐标控制线),发包人应按约定的时间,有义务配合承包人在现场的实测复验。承包人因纠正坐标资料中的错误,造成费用附加或(和)工期延误,由发包人负责其相关费用增加,竣工日期给予合理延长……发包

人未能按约定时间提供项目基础资料及其补充资料，或提供的资料不真实、不准确、不齐全，或发包人计划变更，造成承包人设计停工、返工或修改的，发包人应按承包人额外增加的设计工作量赔偿其损失。造成工程关键线路延误的，竣工日期相应顺延。”

《标准设计施工总承包招标文件》第 9.3 款【基准资料错误的责任】约定：“发包人应对其提供的测量基准点、基准线和水准点及其书面资料的真实性、准确性和完整性负责，对其提供上述基准资料错误导致承包人损失的，发包人应当承担由此增加的费用和（或）工期延误，并向承包人支付合理利润。承包人应在设计或施工中对上述资料的准确性进行核实，发现存在明显错误或疏忽的，应及时通知监理人。”

2. 工程总承包单位，特别是在承揽涉外工程时，应破除思维定式，对建设单位提供的资料进行实质性的审核。

如前所述，在国内，一般大家都会认为发包人对所提供资料的真实性、准确性和完整性负责，如果出了问题，也应当由发包人承担相应的工期延长、造价增加及赔偿责任。但是，在承揽涉外工程时，这一思维定式应被打破，工程总承包单位应对建设单位提供资料的真实性、准确性和完整性进行实质性的审核。

涉外工程中，承发包方多选择适用 FIDIC 合同，关于设计缺陷责任，FIDIC 2017 版红皮书第 1.8 条【文件的照管和提供】第 5 款约定：“如果一方（或工程师）在为实施工程准备的文件中发现了错误或缺陷（无论是技术性的问题还是其他的缺陷问题），该方（或工程师）应立即将该错误或缺陷通知另一方（或其他当事方）。”第 4.10 条【现场数据】第 1 款约定：“承包商应负责理解第 2.5 条【现场数据和参考项目】中提到的所有数据。”第 2 款约定：“在实际可行（考虑到费用和时间）的范围内，承包商应被认为已取得可能对投标书或工程产生影响或作用的有关风险、偶发事件和其他情况的所有必要资料。同样地，承包商应被认为在提交投标书前，已视察和检查了现场、周围环境、上述数据和其他得到的资料，并对所有相关事项已感到满足要求，包括（但不限于）：（a）现场的状况和性质，包括地下条件；（b）水文和气候条件，以及气候条件对数据造成的影响；（c）为实施、完成工程所需的工作和货物的范围和性质；（d）工程所在国的法律、程序和劳务惯例；（e）承包商对进入、食宿、设施、人员、电力、运输、水和其他程序或服务的要求。”

FIDIC 2017 版银皮书第 1.8 条【文件的照管和提供】第 5 款约定:“如果一方(或工程师)在为实施工程准备的文件中发现了错误或缺陷(无论是技术性的问题还是其他的缺陷问题),该方(或工程师)应立即将该错误或缺陷通知另一方(或其他当事方)。”第 2.5 条【现场数据和参考项目】第 1 款约定:“发包人应在基准日之前向承包人提供发包人所拥有的有关场地地形、地下、水文、气候和环境条件的所有相关数据。雇主在基准日期后得到的此类资料也应提供给承包商。”第 2 款约定:“原始的测量控制点、线路和参考标准(本条件下的‘参考项目’)应在雇主要求中注明。”第 3 款约定:“除第 5.1 条【一般设计义务】规定外,雇主对该等资料的准确性、充分性或完整性没有任何责任。”第 4.10 条【现场数据】约定:“承包商应负责核查和解释雇主根据第 2.5 条【现场数据和参考项目】提供的所有数据。”

根据 2017 年 8 月 3 日英国最高法院的一则判例:MT Højgaard A/S (Respondent) v. E. ON Climate & Renewables UK Robin Rigg East Limited and another (Appellants)【2017】UKSC 59,一家名为 MT Højgaard A/S 的公司中标了 E. ON 集团的海上风力发电厂的设计、制造、安装工程总承包项目。根据招标文件中的业主方相关技术要求,基础部分需符合由一家国际等级与证明机构专为海上风力涡轮装置制定的设计标准,即 J101。但是此后发现该所谓的 J101 标准内有一项错误,该错误会导致基础结构存在瑕疵。MT Højgaard A/S 被选为承包商后严格遵照 E. ON 集团的招标文件以及其中所包括的设计标准和所谓的 J101 进行施工,但是因前述的设计缺陷问题,该工程基础结构倒塌,此项造成的修复费用高达 2625 万欧元。发包方和承包方就此巨额费用的责任归属对簿公堂,最终经英国最高法院判决,该费用应当由承包方承担。法院认为:双方签订的合同中对确保建筑物使用年限为 20 年以上有明确约定,且在工程总承包项目模式下,即便业主方指定或批准了某一设计,但是最终的建筑产品仍应当符合既定的合同目的。假使承包方同意按照某一设计施工,而该项设计却无法实现其已经承诺的合同目的,承包方应当承担按此设计施工所造成的相应问题的责任。

由此判例可以看出,适用 FIDIC 合同,尤其是银皮书时,发包人提供的资料即使存在不准确、瑕疵缺陷或错误,除特定情形外也不对提供资料的准确性、充分性和完整性承担责任。而总包人应负责核实理解这些资料并承担依据错误资料施工造成问题的责任。这就要求总包人一定要对资料的真实性、准确性和完整性进行实质性的审核。

(五)工程总承包项目的承发包双方不仅应对工程实施过程中的设计、采购、施工等阶段的合同内容予以重视,还应对保修阶段双方权利义务关系作明确的约定

但凡发生工程质量纠纷,双方很多情况下都会涉及法律和合同中有关工程保修的条款,本案当中也不例外。《建筑法》第62条规定:"建筑工程实行质量保修制度。建筑工程的保修范围应当包括地基基础工程、主体结构工程、屋面防水工程和其他土建工程,以及电气管线、上下水管线的安装工程,供热、供冷系统工程等项目;保修的期限应当按照保证建筑物合理寿命年限内正常使用,维护使用者合法权益的原则确定。具体的保修范围和最低保修期限由国务院规定。"以此作为主要的法律依据,2000年1月30日,国务院发布施行了《建设工程质量管理条例》,规定了建设工程在正常使用条件下的最低保修期限及责任承担主体,其明确了建设工程在保修范围和保修期限内发生质量问题的,承包人应当进行保修,并对造成的损失承担赔偿责任。这基本上确立了目前建设工程质量保修制度的法律法规依据。

就工程总承包典型的设计、施工或者设计、采购、施工模式而言,发包人与施工阶段工作的分包人之间并不存在直接的合同关系,分包人也不直接向发包人承担保修责任,相比较传统的建设单位和施工单位两方之间的保修权利义务关系,变成了发包人、总包人和分包人多方之间的关系,显然更为复杂。这也是工程总承包单位在建立保修责任承担及风险防范制度时必须要考虑的关键因素。

《总承包管理办法》第25条就工程总承包模式下总包人的【保修责任】进行了明确规定:"工程保修书由建设单位与工程总承包单位签署,保修期内工程总承包单位应当根据法律法规规定以及合同约定承担保修责任,工程总承包单位不得以其与分包单位之间保修责任划分而拒绝履行保修责任。"其主要目的是厘清工程总承包模式下保修义务的责任承担方,避免在工程出现质量问题时工程总承包单位和分包人之间互相推诿、敷衍塞责。如果工程总承包单位不履行保修义务,实际上将承担原来建设工程五方模式下施工单位的责任。《总承包管理办法》第29条还规定了保修承诺为书面形式的《工程保修书》,这实际上也可以理解为是一份

附期限的保修合同。签署并提交保修书是进行竣工验收的必要条件,其依据是《建设工程质量管理条例》第 16 条第 2 款的规定:“建设工程竣工验收应当具备下列条件:……(五)有施工单位签署的工程保修书。”在工程总承包模式中,保修书由工程总承包单位签署并提交建设单位。不签署或者不提交保修书,除了不能开展竣工验收,还将导致后续不能正常竣工结算。《建设项目工程总承包合同示范文本(试行)》(GF-2011-0216)通用条款第 11.1.2 项【未能提交质量保修责任书】即约定:“承包人未能提交质量保修责任书、无正当理由不与发包人签订质量保修责任书,发包人可不与承包人办理竣工结算,不承担尚未支付的竣工结算款项的相应利息,即使合同已约定延期支付利息。”

结合本案实际,以及在为工程总承包项目及参建各方提供法律服务的过程中,我发现很多业内人士对工程实施过程中的设计、采购、施工等阶段都很重视,但却对保修阶段缺乏关心,其实这一阶段中,如果处理不当,也容易发生纠纷争议,值得引起关注。对于工程总承包项目有关工程保修的法律风险防控,以下 3 点应予重视:

1. 工程总承包单位应通过分包合同、保修书等书面形式与施工、安装、采购等阶段分包人明确其在保修阶段的工作内容、赔偿责任等事项。

工程总承包单位如果没有与所承揽的工程总承包项目相对应的施工等专业资质,就要把工作分包给具有相应资质的单位。而到了保修阶段,虽然是工程总承包单位对发包人负全责,但是具体的维修工作还是要由施工、采购等阶段的分包人来具体完成。因此,和竣工阶段类似,工程总承包单位有必要与分包人通过分包合同明确相关事项并签订保修书,约定具体的保修范围、期限、责任、履约保证等内容,而且不应低于总承包合同以及提交给建设单位的保修书等文件的要求。对一些规模比较大、结构或者设备比较复杂的工程,分包人数量也会比较多,这种情况下,工程总承包单位要特别注意对各个分包人工作之间的搭接部分进行详尽的梳理,确定保修阶段的具体责任人,避免发生质量问题时互相推脱。

2. 工程保修既是承包人的义务,也是承包人的权利。除非承包人明确不承担保修义务,工程交付后发生质量问题发包人不得拒绝承包人进行保修,工程总承包单位依法依约有权负责工程保修。

《建设工程质量管理条例》第 39 条第 1 款规定:“建设工程实行质量保修制

度。”第 40 条第 1 款、第 2 款规定：“在正常使用条件下，建设工程的最低保修期限为：（一）基础设施工程、房屋建筑的地基基础工程和主体结构工程，为设计文件规定的该工程的合理使用年限；（二）屋面防水工程、有防水要求的卫生间、房间和外墙面的防渗漏，为 5 年；（三）供热与供冷系统，为 2 个采暖期、供冷期；（四）电气管线、给排水管道、设备安装和装修工程，为 2 年。其他项目的保修期限由发包方与承包方约定。”而在承发包双方的合同中，通常也会约定“承包人在质量保修期内，按照有关部门法律、法规、规章的管理规定和双方约定，承拒本工程质量保修责任。对于涉及结构安全的质量问题，由原设计单位或者具有相应资质等级的设计单位提出保修方案，承包人实施保修”等保修条款。

但是，在现实当中，也有发包人拒绝承包人进行保修的情况，代之以直接聘请其他单位进行维修而要求承包人承担就此发生的高昂的维修费用。而其实保修不仅是承包人的义务，也是权利，工程总承包单位可以积极主张依法依约自行保修，避免直接支付维修费用，维护自身合法权益。

3. 对于保修期的起算点应充分考虑到实际情况，避免出现“空档期”引发争议。

《建设工程质量管理条例》第 40 条第 3 款规定：“建设工程的保修期，自竣工验收合格之日起计算。”但现行法律法规并未明确禁止合同当事人对保修期的起算点另行作出约定，司法实践中，法院亦对当事人自行约定的保修期起算点持肯定态度。虽然合同当事人对保修期起算点作出的约定合法有效，但如果承发包双方约定起算点为竣工验收备案日，则在工程实践中可能会引发风险。

对于自工程实际验收合格之日（通过五方验收合格之日）起至工程通过备案之日的期间内发生的工程质量问题，如果当事人未在合同中作出进一步明确约定，则基于该区间不属于保修期，一旦发生重大质量问题，则双方很可能产生较大分歧：发包人认为质量责任属于承包人，承包人则抗辩该期间按约定不属于保修期，应由发包人自行承担相应风险。

根据《房屋建筑和市政基础设施工程竣工验收备案管理办法》第 4 条的规定：“建设单位应当自工程竣工验收合格之日起 15 日内，依照本办法规定，向工程所在地的县级以上地方人民政府建设主管部门（以下简称备案机关）备案。”但在项目的具体实施过程中，竣工验收后无法完成备案的情况很多，这个“空档期”不仅是1个月、2个月,甚至长达1年、2年或是更长的时间。在为企业提供法律服务的过程中,我们发现这一“空档期”最容易在合同签约、谈判过程中被忽略,后续可能就会发生争议纠纷,这其实也正是保修阶段法律风险防控的一个重点。

综上,对于工程总承包项目而言,无论是开头的勘察等项目前期资料移交和审核,还是结尾的工程质量保修,都是整个工程实施过程中不可或缺的重要组成部分,参建各方除了对设计、采购、施工等工作量较大的主要阶段,对开头和结尾的工作同样要投入资源、强化管理、防控风险,只有这样,才能真正发挥出工程总承包模式的优势。

案例12 | 为铁路项目工程总承包提供风险识别防范的专项服务

这是建纬总、分所律师由我领衔在国家大力推进工程总承包背景下,深入专业领域为铁路项目工程总承包提供的高品位专项服务,这也是建纬律师在中国铁路建设领域具有开创性的非诉讼法律服务。

一、项目简介

2018年6月,建纬所与中国铁路设计集团有限公司签订《常年法律顾问及工程总承包专项法律服务合同》,2019年6月再次续签法律服务合同。这是建纬所首次经过严格的竞争性谈判程序,成为中国铁路设计集团有限公司拓展工程总承包业务的法律服务供应商,也是建纬所在中国铁路建设工程总承包法律服务领域所开的先河。

本案例的“主人公”——中国铁路设计集团有限公司,是工程集团公司类型的央企中第一批实践专业工程领域改革之路的先驱者。2013年3月,伴随着第十二届全国人民代表大会第一次会议审议通过《国务院关于提请审议国务院机构改革和职能转变方案》,计划经济体制的最后一个“堡垒”——铁道部被正式撤销,新成立的中国铁路总公司,承担起了原铁道部的企业职责。身份的转变带来的是直面市场经济的挑战,中国铁路总公司于2017年开始了三步走的体制改革道路。

2017年3月,中国铁路总公司直属管理的唯一一家国家综合甲级勘察设计企业集团——“铁道第三勘察设计院集团有限公司”正式更名为“中国铁路设计集团有限公司”(以下简称中国铁设)。这是她走过近65年的发展历程后,面向未来实现产业转型升级的一次华丽转身。是年,《国务院办公厅关于促进建筑业持续健康发展的意见》、住建部《工程勘察设计行业发展“十三五”规划》等鼓励发展工程总承包模式的利好政策相继发布,为改制后的中国铁设指明了发展方向。

作为勘察设计企业,中国铁设具有雄厚的实力,一直立足于行业发展前沿:第一条时速350公里的高速铁路——京津城际铁路、第一座现代化综合交通枢纽——北京南站,都是中国铁设的作品。中国铁设屡屡创下行业第一,全国铁路运营总里程三分之一的工程背后有中国铁设的智慧结晶。中国铁设在改制后尤其重视工程总承包市场的开拓,并已取得了优异的成果。2017年年底至2018年上半年,中国铁设先后中标了由民营企业投资的总额160.82亿元的江苏省新建盐城至南通铁路工程总承包项目及229.22亿元的浙江省杭州—绍兴—台州的高铁工程总承包项目。为了更好地承接铁路工程总承包项目,中国铁设通过竞争性谈判和比选找到建纬所,为其量身定制转型升级实施工程总承包战略后的企业常年法律顾问服务和法律风险防控的管理指引。

能够领衔为专注于铁路工程建设专业工程领域的改革“排头兵”提供工程总承包专项法律服务,这使建纬所站在为工程总承包领域不断提供各种超前法律服务的新高地。

二、服务过程

建纬所与中国铁设签订的法律服务合同的内容包含中国铁路设计集团常年法律服务及工程总承包项目专项法律服务,其中最重要的专项服务之一就是为其编制《工程总承包业务普遍性法律风险识别及防范指引》(以下简称《指引》)。《指引》的编写目的在于为中国铁设承接工程总承包项目在合同履行过程中提供法律风险识别与防范,并针对铁路工程总承包项目的规范实施及过程风险管控提供有针对性的法律建议。

在依约接受中国铁设委托后,建纬所高度重视,组建了以我为组长,主任助理、工程总承包业务部主任韩如波为副组长的编写小组,并集总所工程总承包业务部和天津分所专业力量，由徐寅哲、张春玲、汪铭、胡丹、蒋峰、孟庆阳、张胜虎等合伙人和律师组成编写小组。经过与客户的交流、了解企业部门和岗位设置、征求多部门意见，编写小组起草、编制并内部多次复核修订后，历时4个月形成首版《指引》建议稿。

《指引》建议稿共分为9个章节，主要内容包括项目前期招投标、合同签订、项目实施、竣工验收与移交、项目结算等工程总承包全过程风险识别及防范指引，全文共计16万余字。为了与正文配套，建纬所汇编整理了工程总承包相关法律法规、政策文件以及与铁路工程建设相关的法律法规，这份详细而实用的附件更是多达43万余字。

中国铁设的相关领导对《指引》的编制工作非常重视，在起草初期就整理并向建纬所提供了六大类公司在业务转型过程中遇到的共计56个热点、难点问题。例如，前期经营阶段设计优化的量差归属，分包工作中集团承揽的工程由子公司具体实施是否会涉及违法转包违法分包，施工过程中总包方对现场管控的职能依据及其在安全事故中承担的责任划分，等等。上述问题我们均在《指引》的对应章节中给予了详细答复。在《指引》编写的后期阶段，恰逢铁路总公司新出台了关于物资采购的内部文件，本着精益求精的精神，建纬所又集中人力对《指引》相关章节进行修编，并在原定交稿期限内完成了《指引》建议稿的全部编写工作，获得了中国铁设的高度认可。

企业领导对于工程总承包这一市场热点的准确把握以及对于相关法律风险管控的高度关注，是中国铁设在转型后取得优异成绩的核心因素。《指引》交付后不久，中国铁设又以332.42亿元的投标报价中标了杭州至黄山高铁的重要组成部分，即从南昌经景德镇至黄山的昌景黄高速铁路工程，该项目也是目前中国高铁最大的EPC工程总承包项目。为保障企业相关业务的有序开展，中国铁设再次选择了我们建纬所担任其下一年度的法律顾问单位并续签了新的常年法律顾问及专项法律服务合同，其中就包含了进一步更新修编《指引》的专项法律服务。建纬所也决心再接再厉为企业保驾护航，并且相信中国铁设如此重视企业法治建设，定能平稳有序地度过其发展、转型、升级阶段，在铁路工程总承包领域再创佳绩，取得新的辉煌。

三、办案体会

目前根据中国铁设的委托，建纬所正在筹备对《指引》新一轮的更新修编完善工作。每一次根据客户的要求为其提供例如制定修改内部管理条例、构建风险防范体系等非诉讼专项法律服务时，我们都会根据客户的具体情况定制相应的服务内容。目前，国内的工程总承包市场仍以房建及市政工程为主，工程总承包设计和施工阶段的深度融合还有很长的发展路途，因此，能为中国铁设这样一家以铁路工程为主要业务内容的国内大型勘察设计企业集团编写法律风险控制的专业指引，对于建纬所而言也是一次特别有前瞻意义的挑战。

（一）深入研究铁路项目工程总承包的行业特点以及法律风险

中国铁设的主要业务集中在铁路项目工程建设领域，因此我们在制定《指引》的大纲时就尤其注意要体现铁路项目工程总承包的特点，这就要求我们必须将近20年以来所有铁路项目工程的规范性文件进行系统地梳理并与房建、市政项目作横向比较。经过梳理发现，基于行业和项目特征差异，现行规范性法律文件对于铁路项目和房建市政项目在工程总承包模式的规范管理上有着明显的不同。我国铁路建设项目一般具有工程规模大、投资大、施工难、技术要求高等特点，铁路建设“任务重、技术新、要求高、时间紧”的现象尤其突出。这就使铁路主管部门在制定规范性管理文件时创设了独特的制度流程，若对此没有细致了解而直接以房建的思维类推类比则很容易产生法律风险。

1. 铁路工程总承包分包范围的特殊规定。

在房建和市政项目中，当工程总承包单位同时具备设计和施工资质时，鼓励其自行实施施工图设计和施工；当其仅具备设计或施工单一资质时，应将不具备资质的施工或设计分包出去，此时其自行实施的施工或设计部分不得将主体部分再进行分包。对此，《工程总承包发展意见》第9条作了非常详细而明确的规定：“工程总承包项目的分包。工程总承包企业可以在其资质证书许可的工程项目范围内自行实施设计和施工，也可以根据合同约定或者经建设单位同意，直接将工程项目的设计或者施工业务择优分包给具有相应资质的企业。仅具有设计资质的企业承接工程总承包项目时，应当将工程总承包项目中的施工业务依法分包给具有相应施工资质的企业。仅具有施工资质的企业承接工程总承包项目时，应当将工程总承包项目中的设计业务依法分包给具有相应设计资质的企业。”第10条规定：“……工程总承包企业自行实施设计的，不得将工程总承包项目工程主体部分的设计业务分包给其他单位。工程总承包企业自行实施施工的，不得将工程总承包项目工程主体结构的施工业务分包给其他单位。”

然而，铁路工程总承包项目中的勘察设计业务原则上不得分包。《铁路建设项目工程总承包办法》（铁建设〔2006〕221号）第37条规定：“工程总承包单位必须独立完成补充定测和施工图设计等工作，除特殊勘察业务经建设单位批准外，不得分包勘察设计业务。施工分包按铁道部有关规定办理。”除此之外，中国铁路总公司于2017年发布了《铁路建设项目施工分包试点管理规定》（铁总建设〔2017〕246号），其中规定了北京局、上海局、南昌局等试点地区对于列明的部分专业工程禁止分包，可以分包的专业工程分包时也不能超过合同总价的三分之一。该文件虽然不是铁道部发布的全面适用于铁路工程建设的规定，但因中国铁路总公司的特殊性，其仍具有对于许多铁路建设企业的约束性及风向标的意义。由此可见，铁路工程总承包确定分包范围时要格外小心谨慎。

2. 铁路工程总承包采购业务的特殊规定。

对较大程度依赖于通过设备实现项目使用价值的工程而言，其设备采购控制对设计出图、现场安装需求、工程最终目的的实现起决定性作用，是项目建设能否顺利进行、项目功能能否实现的重要保证，在铁路工程尤其如此。

铁路工程总承包铁路专用设备的质量对于铁路工程建设质量安全举足轻重，《铁路安全管理条例》《铁路建设工程质量监督管理规定》明确规定了铁路专用设备质量安全的监管。设计、制造、维修或者进口新型铁路机车车辆，应当符合国家标准、行业标准，并分别向国务院铁路行业监督管理部门申请领取型号合格证、制造许可证、维修许可证或者进口许可证。铁路机车车辆的制造、维修、使用单位应当遵守有关产品质量的法律、行政法规以及国家其他有关规定，确保投入使用的机车车辆符合安全运营要求。生产铁路道岔及其转辙设备、铁路信号控制软件和控制设备、铁路通信设备、铁路牵引供电设备的企业，应当符合特定的条件并经国务院铁路行业监督管理部门依法审查批准。铁路机车车辆以外的直接影响铁路运输安全的铁路专用设备,依法应当进行产品认证的,经认证合格方可出厂、销售、进口、使用。

在房建工程中,除了以暂估价形式包含在总包范围且达到法定必须招标范围和标准的应当进行招标的材料、设备之外,其余材料、设备在建设单位选择工程总承包单位的招标阶段应当被视为已经进行过招标程序,总包进行材料设备采购时可以不再招标。但是按照《铁路建设项目物资设备管理办法》(铁建设〔2006〕83号)的规定,除了甲方供应物资设备之外,包含在工程总承包商工作范围内的甲方控制物资设备(在工程招标文件和合同中约定,在建设单位监督下工程承包单位采购的物资设备,主要是指对工程质量、安全和造价有直接影响的大宗通用物资设备)采购单项合同估算价在100万元人民币以上的,必须进行招标,其中单项合同估算价在1000万元以上的在铁道部工程交易机构进行,其他在二级交易机构进行。目前,由于《必须招标的工程项目规定》(国家发展和改革委员会令第16号)已经施行,其第5条规定:"本规定第二条至第四条规定范围内的项目,其勘察、设计、施工、监理以及与工程建设有关的重要设备、材料等的采购达到下列标准之一的,必须招标:……(二)重要设备、材料等货物的采购,单项合同估算价在200万元人民币以上;……同一项目中可以合并进行的勘察、设计、施工、监理以及与工程建设有关的重要设备、材料等的采购,合同估算价合计达到前款规定标准的,必须招标。"我们据此也在《指引》中对该条款与《铁路建设项目物资设备管理办法》(铁建设〔2006〕83号)的不同之处进行了列明。

除此之外,包括中国铁设在内的由中国铁路总公司集团管理的铁路工程建设企业还需要注意,按照《中国铁路总公司物资采购管理办法》(铁总物资〔2015〕63号)第41条规定:"……采购人需要追加与合同标的物相同的物资时,在符合国家及铁路总公司相关规定,且不改变合同其他条款的前提下可以签订补充合同,补充合同应在原始合同有效期内签订,采购金额累计不得超过原始合同金额的10%。"因此,如果采购追加部分金额超过规定数值标准的,还应根据有关规定考虑是否需要进行招标。

3. 铁路工程总承包计价方式的特殊规定。

房建和市政项目工程总承包因为借鉴了国际上FIDIC惯例,故无论是DB还是EPC的总承包,原则上均采取固定总价的计价方式,这也符合工程总承包模式下建设单位对固定价格、固定工期的期待，便于发挥工程总承包组织实施方式的成本控制和提高建设效率优势。住房城乡建设部办公厅《关于征求房屋建筑和市政基础设施项目工程总承包计价计量规范（征求意见稿）》第3.1.5条也规定："建设项目工程总承包应采用总价合同，除合同另有约定外，合同价款不予调整。"

然而，《铁路建设项目工程总承包办法》第33条规定："工程总承包采用总价下的节点计价方式。计价节点一般按工点和工程类别设置，根据工点和工程类别的工作内容和工作量将总费用分劈到各节点，节点工程验收合格后，计价支付工程费。具体节点设定和相应费用根据项目实际在工程总承包合同中约定。"由此可见，铁路建设工程总承包项目一般采用节点计价方式。所谓节点计价即工程总承包单位将根据初步设计阶段的概算工程量清单设置节点，将合同总价按照概算工程量清单进行分摊，得出带有工程量和对应费用额的节点清单，经监理或建设单位批准后作为节点验工计价的基础。监理或建设单位在审批总承包单位报送的验工计价时，只需审查节点的完成情况，符合合同要求的标准即可得到已完成节点对应的工程款。

（二）根据工程总承包不同牵头主体的实际情况提供有针对性的法律服务

工程总承包模式下，设计或施工企业可以以自己的名义或组成联合体的形式牵头承包工程总承包项目。如何利用自身成熟的专业化优势，化解工程实施风险、提高项目收益成为各方主体最关心的问题。设计企业牵头工程总承包时，其优势在于可以从源头上对工程进行总体把控，通过限额设计、优化以及深化设计，可以锁定工程的成本；通过设计过程与采购过程、施工过程的分阶段、分专业搭接，可以压缩总工期并使总工期得以锁定；同时还可以通过设计优化和深化增加可施工性，将设计和施工进行融合，在设计时考虑到实际的施工水平、能力和条件，考虑到设计的可施工性，进而为施工的顺利开展创造有利条件，为项目增值；并且有利于变更控制，减少设计变更的机会，进一步减少由此造成的施工成本的增加。

因此，中国铁设在前期委托时就提出了"何为设计优化"以及"设计优化的量差归属问题"这两个关系到其核心利益的问题。我们在编写《指引》时也有针对性地站在设计院的角度为其作了如下分析：

1. 设计优化的概念及其风险防范。

设计优化这一说法在国内提的比较多，但在法律上和规范中并无确切概念。从工程实践中看，更多源于设计过程中节约了投资或创造了价值，进而形成了设计优化。从设计院的角度，一般认为，设计优化是设计成品（一般指施工图设计）出来前对初步设计基本内容的一些改良或完善。而国际惯例上少有设计优化的提法，只要是涉及对合同约定设计内容、标准、工程量的变化，都归类于设计变更。工程总承包合同对设计变更一般是严格控制的，且对合同价款的调整空间更是有限。同时合同也鼓励能带来经济利益的设计变更，并在条款中会约定由此产生的经济利益的共享分配（一般在合同"价值工程"条款中）。因此，设计优化还是设计变更，经济利益如何归属，往往会引起总承包方与业主方之间的争议，其存在以下 3 种风险情况：

（1）施工图设计阶段的设计优化的风险。

对于这个阶段的设计优化，如果业主方已经做好了比较成熟的初步设计文件，本阶段的设计优化的可实施操作空间相对较小，但对于业主方在本阶段尚未提供较为成熟的初步设计文件的 EPC 项目，EPC 总承包商的设计有充足的设计优化空间。

（2）业主在初步设计阶段发包，优化设计界定基础理解不统一的风险。

关于优化设计界定基础的理解主要包括：①经批复的初步设计；②投标文件的设计方案；③招标文件的功能要求或者技术标准和要求。一般情况下，经批复的初步设计、招标文件不作为合同文件组成部分，投标文件作为合同文件组成部分，但投标文件需对批复的初步设计和招标文件的功能要求或技术标准和要求进行实质性响应。因此，实际操作中，业主、监理往往以经批复的初步设计作为优化设计的基础，同时基于设计优化往往涉及对工程造价的节约，只要和初步设计有出入的，业主会要求履行相应的设计变更程序，对优化节约的费用进行核减。实践中还涉及设计优化后的图纸如果未经监理单位、业主审批，竣工验收时无法交验，而业主审批时往往将设计优化的利益视为设计变更进行核减处理。

（3）优化设计须与监理和业主单位充分协商。

在工程总承包合同执行过程中，要实施设计优化，通常就要考虑采用合同设计变更和价值工程评估的操作流程，那么设计优化导致的合同设计变更方案需要报监理和业主进行审批，没有充分沟通或认可将可能导致审批延误，最终影响工程进度。

对于上述风险，设计企业可以通过做好以下 6 个方面的工作来应对在主张设计优化时可能遇到的法律风险：

第一，在工程承包合同签订后、项目实施前，应组织设计专业人员认真研究总包合同技术要求，要根据合同报价和成本分析编制限额设计实施细则，同时对设计总承包、主要设计专业人员做好合同交底工作，规避合同中约定的风险。在设计过程中应时刻做好与合同技术规范的符合性检查，保证设计优化在严格履行合同的基础上发展。在设计优化过程中，工程总承包方与工程相关方就设计优化达成的共识，应形成文字纪要，避免日后纠纷。

第二，结合企业的设计优势条件，制定自己的设计优化导则，直接指导项目的设计。开始情况下，可以在设计策划时增加此项内容，召集公司有经验的工程师，针对具体项目，对所有专业提出设计要求清单，包括可施工性要求清单，在设计任务下达时，作为设计大纲的一部分，同时下达。

第三，施工图设计阶段的设计优化，对工程范围、工程造价等影响比较大的设计优化应经过业主方同意。

第四，工程总承包商在选择施工分包商前，在招标文件和分包合同中就应当对可能出现的设计优化的处理进行约定，防止因设计优化出现施工合同重大变更或合同纠纷。

第五，在总承包方内部，设计优化实施流程也需要项目管理的设计、采购、施工环节之间更紧密的配合，需要设备材料供货商和建安施工分包商配合提出合理的建议。

第六，因设计变更和设计优化在法律上并无准确定义，涉及业主项目质量安全及功能实现等管控，需要双方在合同中对于是否允许设计优化、哪些部分工程可以设计优化进行约定。工程实践中对这两个概念的解释往往存在交叉，设计变更的同时不排除设计优化，而对于（经批复的）初步设计在满足业主合同要求及招标文件要求情况下，工程总承包对设计进行调整，并保证调整后设计能实现业主合同要求及招标文件要求的情况下，应争取将此类调整约定为设计优化，避免节约的造价被核减。

2. 设计优化利益归属问题。

在总承包项目中，业主期望在合同约定费用内，项目有更高的建设标准，如采用性能更优、技术指标更高的设备和材料，具有一流的工程外观质量等，但不会主动补偿相应费用；而作为承包方，项目的设计标准或指标越经济合理，对降低总承包项目成本越有利。设计优化的利益是否全部归工程总承包单位，是否要与业主分享一直以来存在争议。相对地，设计优化一般会减少施工方的合同工作量，从而导致施工合同额缩水，那么施工方在已投入或计划投入一定资源的条件下，施工利润相应减少，又可能提出因设计优化造成分包商工程变更或索赔，影响设计优化的顺利实施，也可能影响总承包方的优化利润。

除了作为工程总承包商的设计单位进行的优化，也有在施工过程中施工单位或施工的分包单位提出的优化设计，在这些情况下，优化设计的利益如何分配，是否全部归工程总承包单位，是否要与业主分享，是否要与施工单位及施工分包分享也存在一定的争议。

为了避免在设计优化及利益分配时发生纠纷，设计单位牵头作为工程总承包方时，可以在工程总承包合同谈判阶段，争取在合同中结合项目特点明确可以设计优化情形及利益的归属方或者效益共享分配机制，避免合同履行过程中对是否属于设计优化及利益分配发生争议。同时也可以在选择分包商前，在招标文件和分包合同中就对可能出现的设计优化的利益归属和分配作出明确的规定。同时，可以考虑设置经济激励措施，鼓励施工、监理等工程建设相关方提出或配合实施设计优化方案。

（三）法律风险识别及防范是企业适应市场需求、合规开展工程总承包业务的重中之重

本次《指引》的编写，就是为了以简明的操作手册的形式，帮助中国铁设在工程总承包业务日常经营过程中对潜在的法律风险进行系统识别判断，并对其内部管理、对外经营、合同签订、谈判、履约环节等存在的法律风险进行分析论证，进一步健全和完善企业合同管理体系，加强签约、履约管理，尽可能地防范和规避相应的风险，保护企业的合法权益。

目前，工程总承包模式正在国内如火如荼开展，很多工程企业都想在政策的

大力扶持下抢占这个巨大的蓝海市场以及背后的先手红利，然而，大量的法律风险也埋藏在这片热土之中。目前适用于工程总承包模式的各类法律法规尚处于制定的初期阶段，大多是以试行或政策的形式，对于实践中遇到的许多情况没有明确的法律定性。这也就导致了履约风险随之层出不穷，而工程总承包模式发展初期阶段市场的不规范运作进一步带来了更大的法律风险。

然而，对工程总承包模式履约风险所产生的相应的法律风险，很多投身新模式试水的工程企业并不重视。在操作实践中，有的仍以施工总承包的单一模式思维应对工程总承包的复杂情况，没有建立对设计、采购和施工全过程管理的意识和对工期、质量、造价和交付使用负总责的管理体系。对工程总承包的认知障碍还产生了另外一种错误观念，就是认为工程总承包模式本质上其实是设计、施工、采购的简单相加，其法律法规的适用可以直接根据设计、施工、采购的相关法律法规分别适用即可。此种观念在法律分析和风险防范上也是完全错误的。设计、施工、采购 3 种法律关系叠加的综合后果并非简单的法律关系的分别适用，相对于传统施工总承包而言，工程总承包的法律关系更加复杂，法律责任更加集中，这就要求广大正在投身工程总承包领域的企业深入研究工程总承包模式发展过程中合同关系的复杂性和法律风险的严重性。

江西丰城电厂“11 · 24”事故的惨痛教训至今仍历历在目，73 条鲜活生命的离去是永远刻在我国工程总承包模式发展道路上血的警示牌。该项目工程总承包单位某电力设计院有限公司，最终受到工程总承包停业整顿 1 年、吊销安全生产许可证的处罚，并被处以 2000 万元罚款。企业的主要责任人员中，有 3 人负刑事责任，党纪处分 11 人，行政处罚 2 人。这起事故的教训之一就是工程总承包企业在合同履行过程中未对可能存在的法律风险提前加以甄别与防范。当负责施工分包的河北某烟塔工程有限公司为赶工期在混凝土尚未达到强度冒险操作时，总承包人未能提前意识到可能会发生重大安全事故的危险，未予以及时有效管控，最终导致特别重大的施工钢平台高空塌陷事故。我一直强调工程总承包企业要建立合同履约预警机制，实现有关风险信息的超前反馈，针对在实践中遇到的各种可能的风险及时对策处置，完善防患于未然的管理体系。这些制度建立的前提就是要做到对整个合同履约过程中所有可能存在的风险点心中有数，对不同风险发生时如何应对以及可能产生的结果提前做好预案，这也就是《指引》编写价值的体现。所有有志于工程总承包的企业都应该有这样的风险意识,提前编制符合企业自身属性的法律风险识别防范“操作手册”,并以内部传阅、培训学习的方式让每一位管理人员都牢记于心。

(四)其他专业建设领域的工程总承包探索者,都存在中国铁设同样的服务需要,专业律师应深入研究,为企业提供前瞻的法律服务

2016年以来,我国工程总承包领域正逐渐成熟,迈向快速发展的阶段。像中国铁设一样的国内建设领域领军企业都早已将目光聚焦在工程总承包领域,争先恐后地拓展相关业务。例如,中建八局、中建三局、北京城建、宝冶、上海建工、隧道股份、陕西建工、中铁一局等企业近几年都在工程总承包领域取得了骄人业绩。其中转型最为积极的中建三局、中建八局,早在2017年签订的工程总承包合同就已超过1000亿元,约占全年新签合同总额的四分之一。除了传统的建筑业企业,房地产企业也在进军工程总承包领域,绿地等国内实力雄厚的传统房企近年来也在大量收购地方龙头施工企业和知名设计院,开展集团内部的工程总承包尝试。

然而,不论在传统建筑领域的积累多么雄厚,各类企业在转型工程总承包业务的过程中都将直面自身经验不足的现实情况以及工程总承包模式发展初期市场不规范导致的各类问题。以工程总承包政策文件为例,据我们统计,近两年内,中央和地方政府相继推出的关于推进工程总承包建设模式的相关文件就多达上百份,除了政策规定更新频繁外,其中还伴随着大量相互冲突的规定。目前较为集中的主要包括发包阶段、资质要求、联合体投标、前期设计服务企业能否参加工程总承包的招标、计价方式、再发包等各方面的冲突。为应对上述问题,专业的工程建设企业,就必须借助专业的律师团队帮助其厘清自身主要业务领域涉及的法律法规,只有这样才能真正做到有序管理,规避风险,保证企业的稳定发展。

由此可见,工程总承包模式的大力发展,给专业律师提供了大量的业务机会,但同时也是一次严酷的挑战。除了对于日新月异的政策文件深度学习梳理,分析判断未来的政策导向外,还必须直面与工程总承包息息相关的行业热点、难点问题。除了传统房建领域外,基础设施、生态环境、数字化建造、预制装配式、城市更新等将成为建筑专业律师提供服务的新兴业务领域。对于专业律师而言,要想真正做好对工程总承包企业的服务,就必须要深入研究工程总承包领域相关的各类

问题,才能真正为服务对象提供前瞻的法律服务。

就我们的经验来看,这次之所以能够顺利中标中国铁设建设工程总承包“开先河”的法律服务项目,就是与建纬所站在制定工程总承包新法律的前沿直接有关。2017 年 7 月,我作为住建部建筑市场监管司的法律顾问,接到通知参加市场司组织的制订《房屋建筑和市政基础设施工程总承包管理办法》课题组,具体负责该管理办法的起草任务。为此,建纬所组织了专业的律师团队,按拟制订的管理办法章节分组起草相应条款。完成初稿后,又在我担任主任的全国律协建房委组织论证完善工作,并组织专家进行了多次修改讨论,以帮助该办法征求意见稿按时保质地呈现在大众面前。这一版征求意见稿面世后各界反响热烈,住建部根据各地送来的修改意见,修改形成了共 35 条的送审稿,我们建纬所也在第一时间组织参与起草工作的专业律师编制了《工程总承包管理办法理解与适用》,以帮助各方更好地学习理解《总承包管理办法》,不日也将正式出版发行。随后不久,全国律协建房委承接了起草工程总承包配套合同文本的相关工作,建纬总、分所律师同样大力参与,为了更好地完成起草工作,组织了多次研讨会,邀请行业内龙头企业的领导和专家分享实际工作中发现的各种问题和困难,共同探讨解决方法,推进工程总承包立法工作和配套示范合同文本的编制和完善。

工程总承包行业的良性发展与各专业建设领域的工程总承包探索者的开拓进取密不可分。而要保证企业在转型过程中稳定发展、避免风险,离不开真正了解行业现状及发展方向、始终领跑行业前沿的专业律师为其保驾护航。

(五)设计和施工企业的兼并重组和深度融合,是我国工程总承包发展的必由之路,值得处在转型升级过程中的所有改革者高度重视

我国工程总承包模式发展过程中,各类政策文件一向支持并鼓励设计和施工企业的兼并重组和深度融合。早在 2005 年 7 月 12 日,由建设部、国家发展和改革委员会、财政部、劳动和社会保障部、商务部、国务院国有资产监督管理委员会联合发布的《关于加快建筑业改革与发展的若干意见》(建质〔2005〕119 号)中就提出了“大型设计、施工企业要通过兼并重组等多种形式拓展企业功能,完善项目管理体制,发展成为具有设计、采购、施工管理、试车考核等工程建设全过程服务能力的综合型工程公司……鼓励部分建筑设计企业与大型施工企业重组,发挥设计

施工一体化优势，促进设计与施工技术的结合与发展”。

然而，从目前我国工程总承包业务开展的情况来看，许多设计和施工企业对于“兼并重组和深度融合”认识不足，往往更倾向于简单地采取组成设计—施工联合体作为承接工程总承包业务的方式。实际上，以组建联合体的方式承接工程总承包业务往往会伴随着较大的法律风险，总承包合同签订主体、内部分工、保函开具、收款方安排、发票开具等一系列问题都是目前产生争议纠纷的重灾区。联合体最根本的问题在于，工程总承包模式原本旨在促进设计施工的融合以提高建设效率并进行成本控制，当设计与施工联合体作为工程总承包商时，本应由于业务相辅相成而优势互补，但实际上中标后往往变成“两张皮”，各自为政，无法形成合力。加之联合体模式下复杂的法律关系，联合体成员内部很可能面临此消彼长的利益纠葛而加大内耗。

由于上述种种弊端，我国部分地区已经明确禁止设计—施工联合体作为工程总承包人。例如，吉林省住房和城乡建设厅《关于进一步明确工程总承包管理有关事项的通知》（建办〔2017〕50 号）中就规定：“我省工程总承包项目应由符合条件的设计或施工总承包企业中的一家承揽，不得采用联合体方式承揽。”与之类似，广西壮族自治区住房城乡建设厅《关于征求进一步完善房屋建筑和市政基础设施工程总承包管理的通知（第二次征求意见稿）意见的函》（桂建便函〔2017〕747 号）中也规定：“为严格落实工程总承包单位在工程质量安全、进度控制、成本管理等方面的责任，切实做到由工程总承包单位负总责，工程总承包项目应由符合条件的设计或施工总承包企业中的一家承揽，不得采用联合体方式承揽。”

由此可见，联合体方式必然只是我国工程总承包发展起步阶段市场对于缺乏有能力的工程总承包企业而做出的暂时性的妥协。任何企业想要立足于工程总承包市场，必须通过重组并购等方式做到企业自身施工能力与设计能力真正的深度融合。《工程总承包发展意见》就从资质等角度对此展现了非常明确的导向性意见。该文件规定：“工程总承包企业应当具有与工程规模相适应的工程设计资质或者施工资质，相应的财务、风险承担能力，同时具有相应的组织机构、项目管理体系、项目管理专业人员和工程业绩。”

对于目前已经实现了设计和施工能力深度融合的企业，政府也相应地给予了利好政策。2018 年 7 月，住建部办公厅公布了《关于同意上海、深圳市开展工程总承包企业编制施工图设计文件试点的复函》(建办市函〔2018〕347 号),同意在上海、深圳市开展工程总承包企业编制施工图设计文件试点,同步开展建筑师负责制和全过程工程咨询试点。同年 8 月,深圳市住房和建设局就率先发布了《关于开展工程总承包企业编制施工图设计文件试点等改革工作的通知》,其中对于试点企业提出具体要求,就包括必须取得施工总承包资质,同时要求具备相应的注册执业人员和专业技术人员,强调应充分发挥设计与施工深度融合的优势。根据《建筑工程设计文件编制深度规定》中的划分,建筑工程图纸分为方案设计、初步设计、施工图设计 3 个阶段,目前市场上 3 个阶段的收费比例一般为 20%、30%、50%。上海与深圳两地的工程总承包企业编制施工图设计文件试点就是要将设计阶段的"蛋糕"重新分配。这是对率先同时取得施工和设计相应资质、能力的企业最直接的奖励,可见设计与施工的深度融合是工程总承包未来发展的必由之路,也将在最大程度上体现工程总承包的优势。

在工程总承包模式刚刚推行的当下,任何一分优势均可以帮助企业扩大一分市场份额,并且形成优势积累,最终形成行业优势地位。企业必须要认清行业现状及政策导向,制定明确适合企业发展的规划方针,并充分学习了解业务相关的法律法规规定,在严加防范法律风险的前提下加强对工程总承包过程中相应风险的合理评估、合理规避,只有控制了风险,才有可能抢占先机,实现企业的平稳发展。

后　　记

一直在引领

成果丰硕的2019年仿佛仍在眼前,砥砺前行的2020年已掀起新的篇章。在这辞旧迎新的时节,朱老师的新书《工程总承包实务问答》即将于2020年3月1日与翘首以盼的广大读者见面。2020年3月1日,对于中国的工程总承包行业和工程法律界都是一个有着特殊意义的日期:这一天,住建部、发改委联合发布的《房屋建筑和市政基础设施项目工程总承包管理办法》(以下简称《总承包管理办法》)正式施行,相关领域缺乏全国统一的规范性文件进行规制的情况从此得到了可观的改变;同样是这一天,与国家行政管理部门规章紧密结合的《工程总承包实务问答》同步正式出版,使广大工程总承包业内企业和专业人士手头有了切实可靠的参考书和工具书。

本书以《总承包管理办法》正式发布后朱老师在中国国家铁路集团有限公司下属的唯一勘察设计企业——中国铁路设计集团有限公司进行的第一次宣贯活动的演讲内容为主体,结合相关内容在微信公众号发布后的读者问题答疑及相关典型案例分析汇总而成。

在这次宣贯活动中,朱老师首先以江西丰城电厂"11·24"坍塌特别重大事故作为切入点,提出了工程总承包既有法律体系下的8项主要矛盾与冲突:(1)工程总承包发包阶段相关规定冲突;(2)工程总承包单位资质要求相关规定冲突;(3)工程总承包联合体投标相关规定冲突;(4)工程总承包项目计价方式相关规定冲突;(5)关于前期设计服务企业是否可以参加工程总承包招标的相关规定冲突;(6)工程总承包的再发包相关规定冲突;(7)建设单位与工程总承包单位风险分配原则相关规定冲突;(8)工程总承包项目固定总价的审价与审计相关规定冲突。然后以朱老师自身承办的上海一中院的某工程总承包案件入手,分析了工程总承包案件在司法实践中的效力难题、结算难题、总分包要求难题及鉴定难题。可以说,仅就这一篇开题,就奠定了本次宣贯或者说本书的不同寻常。它并不是以冗长的法律条文作为出发点,而是立足于行业实际,以企业和专业人士可能遇到的各种实际问题作为基底,深入浅出,构建整个工程总承包模式运行的体系,并解析相应疑难问题。

其次,朱老师对《总承包管理办法》进行了逐章的讲解,围绕《总承包管理办法》的条文规定、立法本意、立法背景作了全面解读。抓住《总承包管理办法》适用范围、监督部门、发包阶段与要求、总分包的资质与条件、价格形式与风险分担、合同示范文本的使用以及《总承包管理办法》与《建设工程司法解释(二)》的衔接等核心要点进行逐项说明;并根据宣贯活动的受众——设计单位,量身定制了“设计单位牵头工程总承包应当关注的12个法律问题”进行逐项解析,贴近行业实际需要,赢得听众的阵阵喝彩。

最后,就进入了宣贯活动的高潮——实务问答。如果说有能力在国内顶级设计企业举办专项宣贯活动的律师已经是少数,那么有能力在宣贯活动中组织现场问答并应对自如的律师更是凤毛麟角。原因在于演讲授课还是有底稿有准备的,节奏和脉络都可以自由掌控。但问答则不然,一是现场的提问是随机的,演讲者无法依靠事先准备的文稿,能凭借的只有自身的底蕴和积累,厚积方能薄发,现场的应对自如来源于数十年如一日的辛勤积累;二是现场的提问是疑难的,本次宣贯是在顶级的设计企业中进行,相关人员都在行业从业多年,他们提出的问题也都是工程总承包实践中曲折繁复的疑难问题,而朱老师的回答是基于对工程总承包的深刻理解,也是基于数千个工程案件的实务打磨,“以无厚入有间”,当然游刃有余。现场的提问是来自实务的,相对于法学上高度抽象化的概念,实务问题由于未经提炼,往往错综复杂,如果没有精深的实务经验,在一问一答的短暂时间内,很难归纳出正确的法律关系,更难做到合理解答。除此之外,由于朱老师将相关稿件以每周微信文章的方式推出后,引起了强烈反响,读者踊跃留言提问,对于留言中有价值的提问,本次也作为实务问答的补充内容,并入本书书稿之中。

除了在中铁设计集团的宣贯讲义之外,本书的最后一个部分——12个工程案例集锦,取材自朱老师亲自办理的12个工程总承包案例。霍姆斯大法官曾言:法律的生命不在于逻辑,而在于经验。这12个案例就是朱老师经验的总结,通过富有代表性的案例的深刻解读,提取、归纳工程总承包模式下核心的法律争议,结合《总承包管理办法》的立法本意、立法背景综合解读,赋予法律条文、法律逻辑以鲜活的灵魂。只有在实际案例中,才能体会到法律条文理解中的细微偏差在实务中对当事人的权益可以产生的巨大影响。将法律与工程实践进行结合,以实践解析法律,既便于工程总承包企业及专业人士彻底了解工程总承包相关法律法规的体系架构及价值取向,指导工程总承包模式的发展;也便于为工程总承包企业实时跟进行业热点,把握最新工程总承包相关法律规定带来的利好。

《总承包管理办法》自2020年3月1日起正式生效,而本书也于同日一起出版。时间的紧密契合,是因为朱老师2019年一整年时间呕心沥血的写作,是因为朱老师担任《总承包管理办法》课题起草工作后系统全面的积累,是因为朱老师为工程总承包项目提供诉讼和非诉讼法律服务经年累月的沉淀,更是因为朱老师和他所带领的建纬团队一直坚持不懈的理念:我们要做的,就是“一直在引领”。

熟悉朱老师,熟悉建纬所的人都知道,朱老师以及建纬所是国内第一个提出律师专业化的律师及律所。很多人,包括我们,都是在朱老师提出的“律师专业化”的指引下步入律师行业,并指导自己的事业发展。时间与市场也逐渐证明,专业化是律师必然的发展方向,只有专业化才能构建律师核心竞争力,成为市场认可的专业律师。而今,律师行业中已经有越来越多的律师、律所标榜自己是“专业律师”“专业律所”。

但作为专业化领航人的朱老师,已经不再满足于“专业化”,而是提出了“行业化”的理念,要求所有建纬律师不仅要做一个专业律师,更要做一个行业律师。什么是“专业律师”?就是将工程专业知识、工程专业经验与法律知识、司法实践结合起来,用专业知识为客户解决专业问题的律师。专业律师需要具备的三种能力是:(1)了解行业实际情况的能力;(2)熟悉行业法律规定的能力;(3)将两者结合解决专业法律问题的能力。这对很多律师来说已经是需要终身学习的目标,但朱老师认为这还不够,这并不是终点。专业律师的核心在于具备解决专业问题的能力,但这种能力是基于问题已经发生的基础上,是一种治疗手段;对症下药固然重要,但一旦生病就难免“身虚体弱”“损及元气”,时间、精力及经济损失是很难完全弥补的。那么朱老师提出,是否可以再进一步?从治“已病”到治“未病”,将某些企业具有普遍性的问题予以抽象归纳,将这些问题的解决方案转化为行业性、普适性的解决方案,通过宣贯授课、著书立说等方式向行业普及;如有能力,还可以将这些解决方案进一步提升,通过向行业协会、主管部门献计献策的方式将这些标准成文化,提升为行业标准甚至提升为规章、法规乃至法律。不纠结于一城一地的得失,着眼于行业的发展,为行业的发展构建制度化的基础,通过对行业整体的制度化设计,将部分问题从根源上予以消灭,达到治“未病”的效果。行业律师不仅仅服务于客户,为客户提供专业方案;更重要的是服务于行业,为行业发展提供助力。因此,行业律师必须以专业律师为基础,在专业律师的 3 项能力的基础上进一步提升,具备行业律师的 3 项能力:(1)了解行业发展方向及需求的能力;(2)为行业发展制定切实可行的解决方案的能力;(3)将解决方案在行业内推广,切实解决行业需求的能力。

对此,很多律师表示不解,我们是律师,我们是法律界的医生,我们的目标就是“治病救人”,忙于定标准、做规范、修法律是不是有点不务正业?但朱老师笑答“上医治未病,中医治欲病,下医治已病”“一流企业定标准、二流企业做品牌、三流企业做产品”,话不同但理一致。仅仅着眼于解决问题的律师是滞后的,是被动的,看不清行业大势,随波逐流,只是行业的附庸;而优秀的律师要学会引领行业,制定标准,通过掌握主动权,引导行业的发展,行业的健康发展自然带来律师的水涨船高,这一点并不矛盾。从专业走向行业、为行业领航才是中国律师发展 40 年后需要进一步提升的方向,是新时代提出的新要求。

朱老师的这一理念可以说是令人茅塞顿开,但道理的理解是简单的,而贯彻始终是困难的,仅仅是专业化就已经令人望而生畏,多少人穷极一生也难以达到真正的专业化,那么行业化又该付出多少努力?朱老师以身作则,不论是之前的“专业化”,还是现在的“行业化”,他都“一直在引领”,为我们作出了表率。

“一直在引领”,体现在朱老师对于著书立说的执着付出。至今,朱老师作为作者撰写、出版的专著已达 10 本,其中 2002 年由全国律协审定的《建设工程法律实务》和《房地产开发法律实务》一套 2 本,是引领很多业内人士进入建设工程和房地产领域的最早的法律专业书籍;2006 年出版的《工程合同实务问答》,首次以“一问一答”的形式解决工程合同领域疑难问题,甫一面世即被称为施工合同实务的“操作手册”“百科全书”;2017 年出版的《墨斗匠心定经纬》有关建设工程和房地产疑难案件办案思路和执业技巧一套 2 本,2018 年出版的《苦寒磨砺筑方圆》有关律师演讲和写作技能提升之道一套 2 本,2019 年出版的《未雨绸缪控风险——施工合同证据“两分法”及管理“三要诀”》1 本,是紧扣时代脉搏的律师执业能力提升和企业管理体制升级的“三部曲”;《责任与使命——担任上海市政协常委十年的六十个提案》1 本,是律师参与社会主义建设和国家治理体系的经验总结;以及将于 2020 年 3 月 1 日付梓、与《工程合同实务问答》形成姊妹篇的《工程总承包实务问答》1 本,则是呼应工程发承包领域深刻变革的最新力作。一本本著作,直击行业发展的热点,剖析社会关注的焦点,解决权益维护的难点,引领了行业发展的潮流,这一切都源自多年来的执着付出。朱老师每天清晨 4 点左右起床,每天都在上班前抽出 2 个小时进行写作,仅花在总结写作上的时间每年多达 700 多个小时,始终保持着被上海媒体称为“上海滩最为勤奋的律师”的刻苦精神。被业内称为“律师之师”的他,坚持认为:“写作就是律师的人生,立说就是律师的成功。作为专业律师,要有不断总结法律实务、提升理论水平的能力,而写作则是律师不断提升自我的必然选择。”

“一直在引领”,体现在朱老师以促进行业进步回报社会的责任担当。在全国律协的专业委员会中,朱老师自 1998 年担任全国律协民事业务委员会秘书长、1999 年起担任民事业务委员会副主任、2005 年起担任民事业务委员会主任、2013 年起担任建设工程和房地产专业委员会主任。自 1979 年中国律师制度恢复以来的 40 年,他分管律师民事业务与建设工程和房地产专业业务时间跨度长达 21 年。这 21 年,是我国民事法律和建筑工程与房地产法律领域的飞速发展时期,朱老师作为全国律协建房委的掌舵人,对此作出了不可磨灭的贡献。

2019 年 3 月 24 日,在“全国律协 2019 年度专业委员会主任联席(扩大)会议”上,朱老师总结了专业委员会主任分管律师业务的 4 点体会:“一、关键在于努力打造一支兼具专业性和事业性的委员队伍;二、主任应以身作则,包括主任所在的事务所,凡要求委员做到的,主任自己应首先做到;三、针对市场和法律的变化,结合热点和难点法律问题加强对专业律师的实务研究和业务指导;四、及时汇报,合理安排,争取获得全国律协的重视和支持。”他是这么总结的,也是这么做的。仅从 2016 年到 2018 年短短 3 年间,他主持的建房委就连续不断地举办了 16 次重要的专业业务研讨活动,对建设工程与房地产法律实务的难题和前沿业务进行了全面的分析思考、研究总结。可以说,中国律师在建设工程与房地产法律领域的每一项进步,背后都有朱老师的默默付出和倾力支持。

“一直在引领”,体现在朱老师对于国家立法课题研究的持之以恒。2011 年,朱老师作为住建部建筑市场监管司的法律顾问参加《1999 版建设工程施工合同(示范文本)》修订课题组,任副组长;2012 年,建纬成为住建部制订《2013 版建设工程施工合同(示范文本)》课题组组长单位;2013 年,建纬独家完成了《2013 版建设工程施工合同(示范文本)》的国家宣贯和各地住建主管部门的宣贯工作;2014 年,建纬获《建筑工程施工转包违法分包等违法行为认定查处管理办法》课题组任命,配合国务院开展的“工程质量两年治理行动”,独家完成了该管理办法起草工作,并通过半年时间完成课题研究、论证,使该办法于当年 10 月 1 日得以施行;2015 年,完成住建部修订《建筑工程施工合同管理办法》课题研究;2016 年,完成住建部修订《建筑工程施工专业分包合同(示范文本)》《建筑工程劳务分包合同(示范文本)》课题工作;2017 年,完成住建部《2017 版建设工程施工合同(示范文本)》修订工作,参与《房屋建筑和市政基础设施项目工程总承包管理办法》课题组,为该办法起草单位,朱老师任副组长;2018 年,朱老师任住建部《完善工程发包模式研究》课题组组长;2019 年 8 月,入选国家发改委的《政府投资项目事中事后监管研究》课题,朱老师担任负责人。持之以恒地参与国家立法课题研究工作使朱老师能够带领全体建纬同仁总是站在国家工程领域立法的最前沿。

“一直在引领”,最新的体现则是这本即将于 2020 年 3 月正式出版的《工程总承包实务问答》。2019 年年初,朱老师就开始了相关文章的撰写,我们这些年轻人当时有些疑惑不解:“《总承包管理办法》还在征求意见,这么着急写干嘛呢? 等《总承包管理办法》正式发布、正式施行后再慢慢写不是更好吗?”朱老师对我们说:“这件事情是不能等的,等是等不来业界领先的。《总承包管理办法》出台后我再准备,书出版的时候又是什么时候呢? 我们作为建设工程和房地产领域的专业律师,著书立说一定要提前筹划,只有与最新规定同步甚至于提前,才能引领潮流。你们觉得我准备得太早,其实我的工作开始地还要更加早。”原来,这几年在全国各地为企业、高校、律协等各个单位授课的过程中,他已经利用课后答疑的时间收集了大量有价值的问题,微信公众号当中关于工程总承包的留言提问,也都一一记录成册。对于书中的12个案例,包括最早的诉讼案例“中国建筑业追欠索赔第一案”——北京新万寿宾馆设备采购、施工总承包即PC诉讼案和最早的非诉讼案例“制作国内首例工程总承包(DB)合同——延安东路复线隧道项目——上海市政府和社会资本BOT投融资+EPC工程总承包模式的最早实践”,早已基础资料成竹在胸,细节情况信手拈来。直到2019年年底,《总承包管理办法》正式发布,定于2020年3月1日正式施行,我们才完全地体会到朱老师的深思熟虑:如果在办法公布后再写书,根本就做不到在办法施行的时候就有一本与办法完全契合的专业书籍;原来,“一直在引领”的前提是“一直在思考”,“一直在引领”的基础是“一直在努力”,“一直在引领”的秘诀在于“一切工作要提前”。

“一直在引领”的精神深深地感染了我们,在朱老师撰写新书的过程中,团队的全体成员,包括我们两人及何郁宁律师、王馨苡律师、戴儒杰律师、谢玮律师、沈哲驭律师、陈佳佳律师、关春玲律师、邢冠华律师、车丽助理在法规查询、案例检索方面承担了大量的工作。为了新书的准时发布,我们两人及王馨苡律师、戴儒杰律师、谢玮律师和车丽助理在春节前夕放弃了准备过节的安排与朱老师一道加班加点,文字校对、目录编排、样稿审核等工作一丝不苟。一本新书的出版,让大家都扎扎实实地领悟了朱老师“一直在引领”的精神和干劲。

行业律师服务于行业,又引领着行业,最终行业又反哺行业律师,完成良性循环。律师与行业互相学习,互相促进,互相引导,共同进步;这是新的行业律师之路,是律师行业前所未有的新道路。朱老师作为新道路的领航者,建纬所作为新道路的开辟者,我们相信,“一直在引领”的精神必将为行业发展开启一个新的篇章。

朱树英律师助理

张维帆　石　鹏

2020年1月20日于上海

附录 《房屋建筑和市政基础设施项目工程总承包管理办法》两次征求意见稿与正式发布稿对比

正式发布版	征求意见稿(2019年5月17日版)	征求意见稿(2017年12月26日版)
第一章　总　　则	**第一章　总　　则**	**第一章　总　　则**
第一条　(制定目的、依据)为规范房屋建筑和市政基础设施项目工程总承包活动,提升工程建设质量和效益,根据相关法律法规,制定本办法。	无修改	**第一条**　(制定目的、依据)为了规范房屋建筑和市政基础设施项目工程总承包活动,促进工程设计、采购、施工等各阶段的深度融合,提高工程建设效率,依据相关法律、行政法规,制定本办法。
第二条　(适用范围)从事房屋建筑和市政基础设施项目工程总承包活动,实施对房屋建筑和市政基础设施项目工程总承包活动的监督管理,适用本办法。	**第二条**　(适用范围)从事房屋建筑和市政基础设施项目工程总承包活动,实施对房屋建筑和市政基础设施项目工程总承包(以下简称工程总承包)活动的监督管理,适用本办法。	**第二条**　(适用范围)房屋建筑和市政基础设施项目实行工程总承包(以下简称工程总承包),适用本办法。
第三条　(工程总承包的定义)本办法所称工程总承包,是指承包单位按照与建设单位签订的合同,对工程设计、采购、施工或者设计、施工等阶段实行总承包,并对工程的质量、安全、工期和造价等全面负责的工程建设组织实施方式。	无修改	**第三条**　(工程总承包的定义)本办法所称工程总承包,是指从事工程总承包的单位按照与建设单位签订的合同,对工程项目的设计、采购、施工等实行全过程或者若干阶段承包,并对工程的质量、安全、工期和造价等全面负责的工程建设组织实施方式。
第四条　(基本原则)工程总承包活动应当遵循合法、公平、诚实守信的原则,合理分担风险,保证工程质量和安全,节约能源,保护生态环境,不得损害社会公共利益和他人的合法权益。	无修改	**第四条**　(基本原则)工程总承包活动,应当遵循合法、高效、公平、诚实守信的原则,合理分担风险,保证工程质量和安全,保护生态环境,不得损害社会公共利益和他人的合法权益。

续表

正式发布版	征求意见稿(2019 年 5 月 17 日版)	征求意见稿(2017 年 12 月 26 日版)
第五条　(监督管理部门)国务院住房和城乡建设主管部门对全国房屋建筑和市政基础设施项目工程总承包活动实施监督管理。国务院发展改革部门依据固定资产投资建设管理的相关法律法规履行相应的管理职责。 县级以上地方人民政府住房和城乡建设主管部门负责本行政区域内房屋建筑和市政基础设施项目工程总承包(以下简称工程总承包)活动的监督管理。县级以上地方人民政府发展改革部门依据固定资产投资建设管理的相关法律法规在本行政区域内履行相应的管理职责。	**第五条**　(监督管理部门)国务院住房和城乡建设主管部门对全国房屋建筑和市政基础设施项目工程总承包活动实施指导和监督。国务院投资主管部门依据投资项目审批、核准、备案的相关法律法规履行相应监督管理职责。 县级以上地方人民政府住房和城乡建设主管部门负责本行政区域内房屋建筑和市政基础设施项目工程总承包活动的监督管理。县级以上地方人民政府投资主管部门依据投资项目审批、核准、备案的相关法律法规履行相应监督管理职责。	**第五条**　(监督管理部门)国务院住房城乡建设主管部门对全国的房屋建筑和市政基础设施项目工程总承包活动实施指导和监督。 县级以上地方人民政府住房城乡建设主管部门负责本行政区域内房屋建筑和市政基础设施项目工程总承包活动的监督管理。
第二章　工程总承包项目的发包和承包	**第二章　工程总承包项目的发包和承包**	**第二章　工程总承包项目的发包和承包**
第六条　(工程总承包方式的适用项目)建设单位应当根据项目情况和自身管理能力等,合理选择工程建设组织实施方式。 建设内容明确、技术方案成熟的项目,适宜采用工程总承包方式。	**第六条**　(工程总承包方式的适用项目)建设单位应当根据项目情况和自身管理能力等,合理选择建设项目组织实施方式。 装配式建筑原则上采用工程总承包方式。鼓励政府投资项目采用工程总承包方式。	**第六条**　(工程总承包方式的适用项目)建设单位应当根据工程项目的规模和复杂程度等合理选择建设项目组织实施方式。政府投资项目、国有资金占控股或者主导地位的项目应当优先采用工程总承包方式,采用建筑信息模型技术的项目应当积极采用工程总承包方式,装配式建筑原则上采用工程总承包方式。 建设范围、建设规模、建设标准、功能需求不明确等前期条件不充分的项目不宜采用工程总承包方式。

续表

正式发布版	征求意见稿(2019 年 5 月 17 日版)	征求意见稿(2017 年 12 月 26 日版)
	删除	**第七条**　(工程总承包的主要方式)工程总承包一般采用设计—采购—施工总承包或者设计—施工总承包方式。建设单位也可以根据项目特点和实际需要,按照风险合理分担原则采用其他工程总承包方式。
第七条　(发包阶段和条件)建设单位应当在发包前完成项目审批、核准或者备案程序。采用工程总承包方式的企业投资项目,应当在核准或者备案后进行工程总承包项目发包。采用工程总承包方式的政府投资项目,原则上应当在初步设计审批完成后进行工程总承包项目发包;其中,按照国家有关规定简化报批文件和审批程序的政府投资项目,应当在完成相应的投资决策审批后进行工程总承包项目发包。	**第七条**　(发包阶段和条件)建设范围、建设规模、建设标准、功能要求等前期条件明确的项目,适宜采用工程总承包方式。 建设单位应当在发包前完成项目审批、核准或备案程序。企业投资项目应当在核准或备案后,进行工程总承包项目发包。政府投资项目原则上应当在初步设计审批完成后进行工程总承包项目发包;按照国家有关规定简化报批文件和审批程序的政府投资项目,应当在完成投资决策审批后进行工程总承包项目发包。	**第八条**　(发包阶段和条件)建设单位应当在发包前做好工程项目前期工作,自行或者委托设计咨询单位对工程项目建设方案深入研究,在可行性研究、方案设计或者初步设计完成后,在项目范围、建设规模、建设标准、功能需求、投资限额、工程质量和进度要求确定后,进行工程总承包项目发包。
第八条　(发包方式)建设单位依法采用招标或者直接发包等方式选择工程总承包单位。 工程总承包项目范围内的设计、采购或者施工中,有任一项属于依法必须进行招标的项目范围且达到国家规定规模标准的,应当采用招标的方式选择工程总承包单位。	**第八条**　(发包方式)建设单位依法采用招标或者直接发包等方式选择工程总承包单位。 工程总承包项目范围内的设计、采购或者施工中有任一项属于依法必须进行招标的项目范围且达到国家规模标准的,应当采用招标的方式选择工程总承包单位。	**第九条**　(发包方式)建设单位可以依法采用招标或者直接发包的方式选择工程总承包单位。 工程总承包项目范围内的设计、采购或者施工中有任一项属于依法必须招标的,应当采用招标的方式选择工程总承包单位。

续表

正式发布版	征求意见稿(2019 年 5 月 17 日版)	征求意见稿(2017 年 12 月 26 日版)
第九条 (招标文件编制)建设单位应当根据招标项目的特点和需要编制工程总承包项目招标文件,主要包括以下内容: (一)投标人须知; (二)评标办法和标准; (三)拟签订合同的主要条款; (四)发包人要求,列明项目的目标、范围、设计和其他技术标准,包括对项目的内容、范围、规模、标准、功能、质量、安全、节约能源、生态环境保护、工期、验收等的明确要求; (五)建设单位提供的资料和条件,包括发包前完成的水文地质、工程地质、地形等勘察资料,以及可行性研究报告、方案设计文件或者初步设计文件等; (六)投标文件格式; (七)要求投标人提交的其他材料。 建设单位可以在招标文件中提出对履约担保的要求,依法要求投标文件载明拟分包的内容;对于设有最高投标限价的,应当明确最高投标限价或者最高投标限价的计算方法。 推荐使用由住房和城乡建设部会同有关部门制定的工程总承包合同示范文本。	**第九条** (招标文件编制)建设单位应当根据招标项目的特点和需要编制工程总承包项目招标文件,一般包括以下内容: (一)投标人须知; (二)评标办法和标准; (三)拟签订合同的主要条款; (四)发包人要求,列明项目的目标、范围、设计和其他技术标准,包括对项目的内容、范围、规模、标准、功能、质量、安全、节约能源、生态环境保护、工期、验收等的明确要求; (五)建设单位提供的资料和条件,包括发包前完成的水文地质、工程地质、地形等勘察资料,以及工程可行性研究报告、方案设计文件或者初步设计文件等; (六)投标文件格式; (七)要求投标人提交的其他材料。 建设单位可以在招标文件中,提出对履约担保的要求,依法要求投标文件载明拟分包的内容;对于设有最高投标限价的,应当明确最高投标限价或者最高投标限价的计算方法。 推荐使用由住房和城乡建设部会同有关部门制定的工程总承包合同示范文本。	**第十条** (招标文件编制)工程总承包项目招标文件一般包括以下内容: (一)发包前完成的水文、地勘、地形等勘察和地质资料,工程可行性研究报告、方案设计文件或者初步设计文件等基础资料; (二)招标的内容及范围,主要包括设计、采购和施工的内容及范围、规模、标准、功能、质量、安全、工期、验收等量化指标; (三)招标人与中标人的责任和权利,主要包括工作范围、风险划分、项目目标、价格形式及调整、计量支付、变更程序及变更价款的确定、索赔程序、违约责任、工程保险、不可抗力处理条款等; (四)要求投标文件中明确分包的内容; (五)采用建筑信息模型或者装配式技术的,招标文件中应当有明确要求; (六)最高投标限价或者最高投标限价的计算方法; (七)要求提供的履约保证金或者其他形式履约担保。 鼓励、推荐使用由住房城乡建设部和国家工商行政管理总局联合制定的工程总承包合同示范文本,并将其作为招标文件的组成部分。

续表

正式发布版	征求意见稿(2019年5月17日版)	征求意见稿(2017年12月26日版)
第十条 (工程总承包单位条件一)工程总承包单位应当同时具有与工程规模相适应的工程设计资质和施工资质,或者由具有相应资质的设计单位和施工单位组成联合体。工程总承包单位应当具有相应的项目管理体系和项目管理能力、财务和风险承担能力,以及与发包工程相类似的设计、施工或者工程总承包业绩。 设计单位和施工单位组成联合体的,应当根据项目的特点和复杂程度,合理确定牵头单位,并在联合体协议中明确联合体成员单位的责任和权利。联合体各方应当共同与建设单位签订工程总承包合同,就工程总承包项目承担连带责任。	**第十条** (工程总承包单位条件)工程总承包单位应当具有与工程规模相适应的工程设计资质或者施工资质,具有相应的项目管理体系和项目管理能力,财务、风险承担能力,以及与发包工程相类似的设计、施工或者工程总承包业绩。 工程总承包单位不得是工程总承包项目的代建单位、项目管理单位、监理单位、造价咨询单位、招标代理单位。 政府投资项目的项目建议书、可行性研究报告、初步设计文件编制单位及其评估单位,不得成为该项目的工程总承包单位。	**第十一条** (工程总承包单位条件)工程总承包单位应当具有与工程规模相适应的工程设计资质(仅具有建筑工程设计事务所资质除外)或者施工总承包资质,相应的财务、风险承担能力,同时具有相应的组织机构、项目管理体系、项目管理专业人员,以及与发包工程相类似的工程业绩。 工程总承包单位不得是工程总承包项目的代建单位、项目管理单位、监理单位、造价咨询单位、招标代理单位,也不得是与上述单位有利害关系的关联单位。 招标人公开发包前完成的可行性研究报告、勘察设计文件的,发包前的可行性研究报告编制单位、勘察设计文件编制单位可以参与工程总承包项目的投标。
第十一条 (工程总承包单位条件二)工程总承包单位不得是工程总承包项目的代建单位、项目管理单位、监理单位、造价咨询单位、招标代理单位。 政府投资项目的项目建议书、可行性研究报告、初步设计文件编制单位及其评估单位,一般不得成为该项目的工程总承包单位。政府投资项目招标人公开已经完成的项目建议书、可行性研究报告、初步设计文件的,上述单位可以参与该工程总承包项目的投标,经依法评标、定标,成为工程总承包单位。		

续表

正式发布版	征求意见稿(2019年5月17日版)	征求意见稿(2017年12月26日版)
第十二条 (鼓励取得相应类别施工、设计资质)鼓励设计单位申请取得施工资质,已取得工程设计综合资质、行业甲级资质、建筑工程专业甲级资质的单位,可以直接申请相应类别施工总承包一级资质。鼓励施工单位申请取得工程设计资质,具有一级及以上施工总承包资质的单位可以直接申请相应类别的工程设计甲级资质。完成的相应规模工程总承包业绩可以作为设计、施工业绩申报。	新增	
	更改为第十八条	**第十二条** (项目经理条件)工程总承包项目经理是指具备法律法规及本办法规定条件,并经工程总承包单位任命或者授权,在任命或者授权范围内负责工程总承包合同履行和项目管理的项目负责人。 工程总承包项目经理应当具有相应工程建设类注册执业资格,包括注册建筑师、勘察设计注册工程师、注册建造师、注册监理工程师,或者具备工程类高级专业技术职称,熟悉工程技术和总承包项目管理知识以及相关法律法规,具备较强的组织协调能力和良好的职业道德,担任过与拟建项目相类似的工程总承包项目经理、设计项目负责人或者施工总承包项目经理。

续表

正式发布版	征求意见稿(2019 年 5 月 17 日版)	征求意见稿(2017 年 12 月 26 日版)
第十三条 （投标文件编制期限）建设单位应当依法确定投标人编制工程总承包项目投标文件所需要的合理时间。	原第十一条	**第十三条** （投标文件编制期限）招标人应当确定投标人编制投标文件所需要的合理时间。依法必须招标的工程项目，自招标文件开始发出之日起至投标人提交投标文件截止之日止，不宜少于三十日；国家重大建设项目以及技术复杂、有特殊要求的项目，不宜少于四十五日。
	删除	**第十四条** （评标办法）工程总承包项目评标一般采用综合评估法，评审的主要因素包括工程总承包报价、项目管理组织方案、设计方案、设备采购方案、施工组织设计或者施工计划、工程质量安全专项方案、工程业绩、项目经理资格条件等。
第十四条 （评标委员会组成）评标委员会应当依照法律规定和项目特点，由建设单位代表、具有工程总承包项目管理经验的专家，以及从事设计、施工、造价等方面的专家组成。	原第十二条	**第十五条** （评标委员会组成）评标委员会的专家成员应当依照项目特点由具备工程总承包项目经理经验以及从事设计、采购、施工管理、造价等方面的专家组成。
第十五条 （发承包的风险分担）建设单位和工程总承包单位应当加强风险管理，合理分担风险。 建设单位承担的风险主要包括： （一）主要工程材料、设备、人工价格与招标时基期价相比，波动幅度超过合同约定幅度的部分；	**第十三条** （发承包的风险分担）建设单位和工程总承包单位应当加强风险管理，合理分担风险。 建设单位承担的主要风险一般包括： （一）主要工程材料、设备、人工费价格与招标时基期价相比，波动幅度超过合同约定幅度的部分；	**第十六条** （发承包的风险分配）建设单位和工程总承包单位应当加强风险管理，在招标文件、合同中约定公平、合理分担风险。风险分担可以参照以下因素约定： 建设单位承担的主要风险一般包括： （一）建设单位提出的建设范围、建设规模、建设标准、功能需求、工期或者质量要求的调整；

续表

正式发布版	征求意见稿(2019 年 5 月 17 日版)	征求意见稿(2017 年 12 月 26 日版)
(二)因国家法律法规政策变化引起的合同价格的变化; (三)不可预见的地质条件造成的工程费用和工期的变化; (四)因建设单位原因产生的工程费用和工期的变化; (五)不可抗力造成的工程费用和工期的变化。 具体风险分担内容由双方在合同中约定。 鼓励建设单位和工程总承包单位运用保险手段增强防范风险能力。	(二)因国家法律法规政策变化引起的合同价格的变化; (三)不可预见的地质条件造成的工程费用和工期的变化; (四)因建设单位原因产生的工程费用和工期的变化; (五)不可抗力造成的工程费用和工期的变化。 具体风险分担内容由双方在合同中约定。 鼓励建设单位和工程总承包单位运用保险手段增强防范风险能力。	(二)主要工程材料价格和招标时基价相比,波动幅度超过合同约定幅度的部分; (三)因国家法律法规政策变化引起的合同价格的变化; (四)难以预见的地质自然灾害、不可预知的地下溶洞、采空区或者障碍物、有毒气体等重大地质变化,其损失和处置费由建设单位承担;因工程总承包单位施工组织、措施不当等造成的上述问题,其损失和处置费由工程总承包单位承担; (五)其他不可抗力所造成的工程费用的增加。 除上述建设单位承担的风险外,其他风险可以在合同中约定由工程总承包单位承担。 建设单位要求工程总承包单位出具履约担保的,建设单位也应当向工程总承包单位出具支付担保。
第十六条 (合同价格形式)企业投资项目的工程总承包宜采用总价合同,政府投资项目的工程总承包应当合理确定合同价格形式。采用总价合同的,除合同约定可以调整的情形外,合同总价一般不予调整。 建设单位和工程总承包单位可以在合同中约定工程总承包计量规则和计价方法。	**第十四条** (合同价格形式)企业投资项目的工程总承包项目宜采用总价合同,政府投资项目的工程总承包应合理确定合同价格形式。采用总价合同的,除合同约定可以调整的情形外,合同总价一般不予调整。	**第十七条** (合同价格形式)工程总承包项目宜采用固定总价合同。建设单位和工程总承包单位依据住房城乡建设主管部门制定的计价规则,在合同中约定工程总承包计价方式和计价方法。

续表

正式发布版	征求意见稿(2019年5月17日版)	征求意见稿(2017年12月26日版)
依法必须进行招标的项目,合同价格应当在充分竞争的基础上合理确定。	建设单位和工程总承包单位依据住房和城乡建设主管部门制定的工程总承包项目计价规则,在合同中约定工程总承包计量规则和计价方法。 依法必须进行招标的项目,合同价格应当在充分竞争的基础上合理确定。	依法必须招标的工程项目,合同固定价格应当在充分竞争的基础上合理确定。除合同约定的变更调整部分外,合同固定价格一般不予调整。 除双方合同明确约定外,建设单位不得将工程总承包项目的审计结论作为结算依据。
第三章　工程总承包项目实施	**第三章　工程总承包项目实施**	**第三章　工程总承包项目实施**
第十七条　(建设单位的项目管理)建设单位根据自身资源和能力,可以自行对工程总承包项目进行管理,也可以委托勘察设计单位、代建单位等项目管理单位,赋予相应权利,依照合同对工程总承包项目进行管理。	**第十五条**　(建设单位的项目管理)建设单位根据自身资源和能力,可以自行对工程总承包项目进行管理,也可以委托项目管理单位,赋予相应权利,依照合同对工程总承包项目进行管理。	**第十八条**　(建设单位的项目管理)建设单位应当加强工程总承包项目全过程管理,履行合同和法定义务。具有全过程项目管理能力的建设单位可以自行对工程总承包项目进行管理,也可以委托项目管理单位对工程总承包项目进行管理。项目管理单位不得与工程总承包单位具有利害关系。
第十八条　(工程总承包单位的组织机构)工程总承包单位应当建立与工程总承包相适应的组织机构和管理制度,形成项目设计、采购、施工、试运行管理以及质量、安全、工期、造价、节约能源和生态环境保护管理等工程总承包综合管理能力。	**第十六条**　(工程总承包单位的组织机构)工程总承包单位应当建立与工程总承包相适应的组织机构和管理制度,形成项目设计管理、采购管理、施工管理、试运行管理以及质量、安全、工期、造价、节约能源和生态环境保护等工程总承包综合管理能力。	**第十九条**　(工程总承包单位的组织机构)工程总承包单位应当建立与工程总承包相适应的组织机构和管理制度,形成项目设计管理、采购管理、施工管理、试运行以及质量、安全、工期、造价等工程总承包综合管理能力。

续表

正式发布版	征求意见稿(2019 年 5 月 17 日版)	征求意见稿(2017 年 12 月 26 日版)
第十九条 (工程总承包单位的管理)工程总承包单位应当设立项目管理机构,设置项目经理,配备相应管理人员,加强设计、采购与施工的协调,完善和优化设计,改进施工方案,实现对工程总承包项目的有效管理控制。	**第十七条** (工程总承包单位的管理)工程总承包单位应当设立项目管理机构,设置项目经理,配备相应管理人员,加强设计、采购与施工的协调,完善和优化设计,改进施工方案,实现对工程总承包项目的有效管理控制。 鼓励采用先进工程技术进行优化设计,并依法应用于工程。	**第二十条** (工程总承包单位的现场管理)工程总承包单位应当在施工现场设立项目管理机构,设置项目经理以及技术、质量、安全、进度、费用、设备和材料等现场管理岗位,配备相应管理人员,加强设计、采购与施工的协调,完善和优化设计,改进施工方案,实现对工程总承包项目的有效控制。 工程总承包单位的项目经理不得同时在两个或者两个以上工程项目上任职。
第二十条 (工程总承包项目经理条件)工程总承包项目经理应当具备下列条件: (一)取得相应工程建设类注册执业资格,包括注册建筑师、勘察设计注册工程师、注册建造师或者注册监理工程师等;未实施注册执业资格的,取得高级专业技术职称; (二)担任过与拟建项目相类似的工程总承包项目经理、设计项目负责人、施工项目负责人或者项目总监理工程师; (三)熟悉工程技术和工程总承包项目管理知识以及相关法律法规、标准规范; (四)具有较强的组织协调能力和良好的职业道德。 工程总承包项目经理不得同时在两个或者两个以上工程项目担任工程总承包项目经理、施工项目负责人。	**第十八条** (工程总承包项目经理条件)工程总承包项目经理宜具备下列条件: (一)取得相应工程建设类注册执业资格,包括注册建筑师、勘察设计注册工程师、注册建造师或者注册监理工程师等; (二)担任过与拟建项目相类似的工程总承包项目经理、设计项目负责人、施工总承包项目经理或者项目总监理工程师; (三)熟悉工程技术和工程总承包项目管理知识以及相关法律法规、标准规范; (四)具有较强的组织协调能力和良好的职业道德。 工程总承包项目经理一般不得同时在两个或者两个以上工程项目担任工程总承包项目经理、施工项目经理。	原第十二条

续表

正式发布版	征求意见稿(2019 年 5 月 17 日版)	征求意见稿(2017 年 12 月 26 日版)
删除	**第十九条** (鼓励自行实施设计和施工)鼓励具有相应资质的工程总承包单位自行实施施工图设计和施工,促进设计与施工深度融合。	新增
删除	**第二十条** (工程总承包单位的分包一)工程总承包单位根据合同约定或者经建设单位同意,可以将工程总承包项目中的设计或者施工业务分包给具有相应资质的单位,但不得将工程总承包项目中设计和施工全部业务一并或者分别分包给其他单位。	**第二十一条** (工程总承包单位的分包)工程总承包单位可根据合同约定或者经建设单位同意,将工程总承包合同中的设计或者施工业务分包给具有相应资质的单位。 工程总承包单位同时具有相应的设计和施工资质的,可以将工程的设计或者施工业务分包给具备相应资质的单位,但不得将工程总承包项目中设计和施工全部业务一并或者分别分包给其他单位。工程总承包单位自行实施施工的,不得将工程主体结构的施工分包给其他单位;自行实施设计的,不得将工程主体部分的设计分包给其他单位。 工程总承包单位仅具有相应设计资质的,应当将工程总承包项目中的全部施工业务分包给具有相应施工资质的单位,不得将主体部分的设计分包给其他单位。工程总承包单位仅具有相应施工资质的,应当将工程总承包项目中的全部设计业务分包给具有相应设计资质的单位,不得将工程主体结构的施工分包给其他单位。
删除	**第二十一条** (工程总承包单位的分包二)工程总承包单位仅具有相应设计资质的,应当将工程总承包项目中的施工业务分包给具有相应施工资质的单位;仅具有相应施工资质的,应当将工程总承包项目中的设计业务分包给具有相应设计资质的单位。 工程总承包单位自行实施设计的,不得将工程主体部分的设计分包给其他单位;自行实施施工的,不得将工程主体结构的施工分包给其他单位。 建设单位和工程总承包单位可以在合同中约定不得分包的内容。	

续表

正式发布版	征求意见稿(2019 年 5 月 17 日版)	征求意见稿(2017 年 12 月 26 日版)
第二十一条 (工程总承包单位的分包方式)工程总承包单位可以采用直接发包的方式进行分包。但以暂估价形式包括在总承包范围内的工程、货物、服务分包时,属于依法必须进行招标的项目范围且达到国家规定规模标准的,应当依法招标。	原第二十二条	**第二十二条** (工程总承包单位的分包方式)工程总承包的分包,可以采用直接分包方式。但以暂估价形式包含在总承包范围内的工程、货物、服务分包时,属于依法必须招标的项目范围且达到国家规定应当招标规模标准的,应当依法招标。暂估价的招标可以由建设单位或者工程总承包单位单独招标,也可以由建设单位和工程总承包单位联合招标,具体由建设单位在工程总承包招标文件中明确。
删除	**第二十三条** (禁止工程总承包单位转包)工程总承包单位应当按照合同约定履行义务,不得将工程总承包项目转包。	**第二十三条** (禁止工程总承包单位转包)工程总承包单位不得将工程总承包项目转包。 采用联合体方式承包工程的,在联合体分工协议中约定或者在项目实际实施过程中,联合体一方既不按照其资质实施设计或者施工业务,也不对工程实施组织管理,且向联合体其他成员收取管理费或者其他类似费用的,视为联合体一方将承包的工程转包。
	删除	**第二十四条** (设计总包或者施工总承包单位的分包)按照本办法第二十一条规定进行工程总承包分包的,设计总包单位或者施工总承包单位根据与工程总承包单位的合同约定或者经工程总承包单位同意,可以将其承包范围内的非主体部分分包给具有相应资质的单位。

续表

正式发布版	征求意见稿(2019 年 5 月 17 日版)	征求意见稿(2017 年 12 月 26 日版)
	修改为第三十三条。	**第二十五条** (施工图设计文件审查)工程总承包单位自行完成或者分包工程设计的,工程设计图纸和竣工图纸应当增加工程总承包单位图签栏,并由工程总承包单位项目经理签字。 工程总承包项目按照法律法规规定应当进行施工图设计文件审查的,可以根据项目实施情况,分阶段审查施工图设计文件。
第二十二条 (质量责任)建设单位不得迫使工程总承包单位以低于成本的价格竞标,不得明示或者暗示工程总承包单位违反工程建设强制性标准、降低建设工程质量,不得明示或者暗示工程总承包单位使用不合格的建筑材料、建筑构配件和设备。 工程总承包单位应当对其承包的全部建设工程质量负责,分包单位对其分包工程的质量负责,分包不免除工程总承包单位对其承包的全部建设工程所负的质量责任。 工程总承包单位、工程总承包项目经理依法承担质量终身责任。	**第二十四条** (质量责任)建设单位不得迫使工程总承包单位以低于成本的价格竞标,不得明示或暗示工程总承包单位违反工程建设强制性标准、降低建设工程质量,不得明示或暗示工程总承包单位使用不合格的建筑材料、建筑构配件和设备。 工程总承包单位应当对其承包的全部建设工程质量负责,分包单位对其分包工程的质量负责,分包不免除工程总承包单位对全部建设工程所负的质量责任。 工程总承包单位、工程总承包项目经理依法承担质量终身责任。	**第二十六条** (质量责任)建设单位存在迫使工程总承包单位以低于成本的价格承包,任意压缩合理工期,要求工程总承包单位违反工程建设强制性标准、降低建设工程质量等情形并导致工程质量事故的,建设单位应当承担质量责任。 工程总承包单位应当对其承包的全部建设工程质量负责,分包不免除工程总承包单位对全部建设工程所负的质量责任。 分包单位对其分包工程的质量负直接责任。

续表

正式发布版	征求意见稿(2019 年 5 月 17 日版)	征求意见稿(2017 年 12 月 26 日版)
第二十三条 (安全责任)建设单位不得对工程总承包单位提出不符合建设工程安全生产法律、法规和强制性标准规定的要求,不得明示或者暗示工程总承包单位购买、租赁、使用不符合安全施工要求的安全防护用具、机械设备、施工机具及配件、消防设施和器材。 工程总承包单位对承包范围内工程的安全生产负总责。分包单位应当服从工程总承包单位的安全生产管理,分包单位不服从管理导致生产安全事故的,由分包单位承担主要责任,分包不免除工程总承包单位的安全责任。	原第二十五条	**第二十七条** (安全责任)建设单位存在对工程总承包单位提出不符合建设工程安全生产法律、法规和强制性标准规定的要求,任意压缩合理工期等情形并导致工程安全生产事故的,建设单位应当承担安全生产责任。 工程总承包单位对施工现场的安全生产负总责。 分包单位应当服从工程总承包单位的安全生产管理,分包单位不服从管理导致生产安全事故的,由分包单位承担主要责任。
第二十四条 (工期责任)建设单位不得设置不合理工期,不得任意压缩合理工期。 工程总承包单位应当依据合同对工期全面负责,对项目总进度和各阶段的进度进行控制管理,确保工程按期竣工。	原第二十六条	**第二十八条** (工期责任)建设单位不得设置不合理工期。 工程总承包单位对工期全面负责。工程总承包单位应当对项目总进度和各阶段的进度进行管理,通过设计、采购、施工、试运行各阶段的协调、配合与合理交叉,科学制定、实施、控制进度计划,确保工程按期竣工。

续表

正式发布版	征求意见稿(2019 年 5 月 17 日版)	征求意见稿(2017 年 12 月 26 日版)
删除	**第二十七条** (竣工验收、备案)工程符合竣工验收条件的,工程总承包单位应当向建设单位提交工程竣工报告,申请工程竣工验收。建设单位应当依法组织各参建单位进行工程竣工验收,并自工程竣工验收合格之日起 15 日内向工程所在地县级以上地方人民政府住房和城乡建设主管部门备案。 工程总承包单位负责组织分包单位配合建设单位完成工程竣工验收。	**第二十九条** (竣工验收、备案)工程已完成全部工作并符合竣工验收规定和约定条件的,工程总承包单位应当向建设单位提交工程竣工报告,申请工程竣工验收。建设单位应当按照法定程序和合同约定期限组织各参建单位进行工程竣工验收,验收合格后应当在法定期限内向主管部门备案。 工程总承包单位负责组织各分包单位配合建设单位完成工程竣工验收。 各级住房城乡建设主管部门应当在工程总承包项目竣工验收备案登记表中增加工程总承包单位和工程总承包项目经理栏目。
删除	**第二十八条** (项目资料移交)建设单位应当及时收集、整理建设项目各环节的文件资料,以及工程总承包单位、监理单位等移交的工程资料,建立项目档案,并在工程竣工验收后,及时向城建档案管理部门移交。 工程总承包单位负责总承包范围内工程实施过程中的工程资料的审核、签署、整理等工作,并向建设单位移交相应工程档案资料。	**第三十条** (项目资料移交)建设单位应当及时收集、整理建设项目各环节的文件资料,以及工程总承包单位、工程监理等单位移交的工程资料,建立项目档案,并在工程竣工验收后,及时向城建档案管理部门移交。 工程总承包单位负责总承包范围内工程实施过程中的各种工程资料的审核、签署、整理等工作,并向建设单位移交相应工程档案资料。工程总承包单位协助建设单位建立工程电子文件和电子档案。

续表

正式发布版	征求意见稿(2019 年 5 月 17 日版)	征求意见稿(2017 年 12 月 26 日版)
第二十五条 (保修责任)工程保修责任书由建设单位与工程总承包单位签署,保修期内工程总承包单位应当根据法律法规规定以及合同约定承担保修责任,工程总承包单位不得以其与分包单位之间保修责任划分而拒绝履行保修责任。	原第二十九条	**第三十一条** (保修责任)工程保修责任书由建设单位与工程总承包单位签署,保修期内工程总承包单位应当根据法律规定以及合同约定承担保修责任,工程总承包单位不得以其与分包单位之间保修责任划分而拒绝履行保修责任。
第二十六条 (按要求实施项目建设)建设单位和工程总承包单位应当加强设计、施工等环节管理,确保建设地点、建设规模、建设内容等符合项目审批、核准、备案要求。 政府投资项目所需资金应当按照国家有关规定确保落实到位,不得由工程总承包单位或者分包单位垫资建设。政府投资项目建设投资原则上不得超过经核定的投资概算。	新增	
删除	**第四章　监 督 管 理**	**第四章　监 督 管 理**
	删除	**第三十二条** (监督管理内容)县级以上地方人民政府住房城乡建设主管部门应当加强对本地区工程总承包活动中各参建单位行为的监督检查。主要监督检查以下内容: (一)建设单位的发包行为是否符合法律法规规定,是否存在应招标未招标、应公开招标未公开招标、肢解发包等违法行为;

续表

正式发布版	征求意见稿(2019年5月17日版)	征求意见稿(2017年12月26日版)
		(二)工程总承包单位的行为是否符合法律法规和强制性标准要求,是否存在无资质或者超越资质等级承揽工程等违法行为; (三)工程总承包单位在工程总承包合同履行过程是否存在转包、违法分包、出借资质等违法行为; (四)工程总承包单位组建的项目管理机构是否符合相关规定,各主要项目管理人员是否具备相应执业资格或者本办法规定的资格条件; (五)咨询单位在工程总承包活动中的咨询行为是否符合法律法规规定; (六)工程总承包项目其他参建单位是否存在违法违规行为; (七)对工程总承包项目勘察设计文件、工程材料设备及工程质量监督; (八)对工程总承包项目安全生产行为监督; (九)工程总承包项目是否依法进行竣工验收、工程档案归档及竣工验收备案; (十)依法由住房城乡建设主管部门监督管理的其他事项。
删除	**第三十条** (项目投资管理)投资项目采取工程总承包的,建设单位和工程总承包单位应当加强设计、施工等环节管理,确保建设地点、建设规模、建设内容等符合项目审批、核准、备案要求。 政府投资项目建设投资原则上不得超过经核定的投资概算。	新增

续表

正式发布版	征求意见稿(2019 年 5 月 17 日版)	征求意见稿(2017 年 12 月 26 日版)
删除	**第三十一条**　(安全生产许可证管理)工程总承包单位自行实施工程总承包项目施工的,应当依法取得安全生产许可证;将工程总承包项目中的施工业务依法分包给具有相应资质的施工单位的,施工单位应当依法取得安全生产许可证。	**第三十三条**　(安全生产许可证管理)工程总承包单位自行实施工程总承包项目施工的,应当依法取得安全生产许可证;将工程总承包项目中的施工业务依法分包给具有相应资质的施工单位的,施工单位应当依法取得安全生产许可证。 工程总承包单位不具备施工资质和安全生产许可证时,工程总承包单位主要负责人、项目经理和专职安全生产管理人员应当取得相应的安全生产考核合格证。
删除	**第三十二条**　(安全生产考核合格证)工程总承包单位应当设立安全生产管理机构,配备专职安全生产管理人员。 工程总承包单位仅具有设计资质的,其主要负责人、项目负责人和专职安全生产管理人员应当依照《建筑施工企业主要负责人、项目负责人和专职安全生产管理人员安全生产管理规定》及其实施意见,向省级人民政府住房和城乡建设主管部门申请安全生产考核,并取得相应的安全生产考核合格证书。省级人民政府住房和城乡建设主管部门负责相应考核发证和监督管理工作。	

续表

正式发布版	征求意见稿(2019 年 5 月 17 日版)	征求意见稿(2017 年 12 月 26 日版)
删除	**第三十三条** (施工图设计文件审查)工程总承包项目按照法律法规规定应当进行施工图设计文件审查的,可以根据项目实际情况,按规定分阶段审查施工图设计文件。	原第二十五条
删除	**第三十四条** (施工许可证办理的条件)工程总承包项目申请领取施工许可证时,可以提交以下文件确认相对应的办理条件: (一)工程总承包单位具有相应施工资质且自行实施施工的,以工程总承包合同作为已确定施工单位的文件;工程总承包单位不具有相应施工资质或者将施工分包的,以工程总承包合同、施工分包合同作为已确定施工单位的文件。 (二)按规定分阶段经审查合格的施工图设计文件,可作为申请领取施工许可证所需的施工图纸。 (三)以工程总承包单位组织编制的施工组织设计文件,认定保证工程质量和安全的具体措施。 县级以上地方人民政府住房和城乡建设主管部门不得违反法律、行政法规规定,增设办理工程总承包项目施工许可证的条件。	**第三十四条** (施工许可证办理)工程总承包项目开工前,建设单位可分阶段向工程所在地的县级以上地方人民政府住房城乡建设主管部门申请领取施工许可证。 县级以上地方住房城乡建设主管部门应当在工程总承包项目施工许可证、工程质量安全监督手续及相关表格中增加工程总承包单位和工程总承包项目经理等栏目,并根据工程总承包合同及分包合同确定设计、施工单位。 **第三十五条** (施工许可证办理的条件)工程总承包项目的建设单位申请领取施工许可证,可以提交建设单位与具备相应施工资质的工程总承包单位签订的工程总承包合同,或者工程总承包单位与施工单位签订的施工分包合同,作为已经确定建筑施工单位的条件。可以提交当前阶段按规定经审查合格的施工图设计文件,作为申请领取施工许可证所需的图纸。可以提交由工程总承包单位组织编制的施工组织设计文件,作为保证工程质量和安全的具体措施。县级以上地方人民政府住房城乡建设主管部门不得违反法律法规规定和本办法规定,增设办理工程总承包施工许可证的其他条件。

续表

正式发布版	征求意见稿(2019年5月17日版)	征求意见稿(2017年12月26日版)
	第三十五条 (信息管理)县级以上地方人民政府住房和城乡建设主管部门应当加强工程总承包项目的信用管理工作,及时收集本行政区域内工程总承包项目、各参建单位、项目管理人员信用信息,按照相关规定记录并通过省级建筑市场监管一体化平台报送至全国建筑市场监管公共服务平台。 全国建筑市场监管公共服务平台、全国投资项目在线审批监管平台之间加强数据互联互通和信息对接共享。	**第三十六条** (信用管理)各级住房城乡建设主管部门应当加强工程总承包项目参建单位及项目管理人员的信用管理工作,及时收集本行政区域内工程总承包项目、各参建单位、项目管理人员信息以及相关信用信息,按国务院住房城乡建设主管部门相关规定记录并报送至全国建筑市场监管公共服务平台,通过全国建筑市场监管公共服务平台统一对外公布各参建单位及项目管理人员信用信息。
	删除	**第三十七条** (行业自律)行业组织应当加强工程总承包单位行业自律,发布行业公约,促进公平竞争,引导行业健康发展。
删除	**第三十六条** (监督管理表格添加工程总承包单位)工程总承包项目的工程质量安全监督手续、施工许可证、竣工验收备案登记表、建筑物永久性标牌、质量终身责任信息表等相关许可和备案表格,以及需要工程总承包单位签署意见的相关工程管理技术文件,应当增加“工程总承包单位”和“工程总承包项目经理”等栏目。	**第三十八条** (质量终身责任制)工程总承包单位及项目经理依法承担质量终身责任,工程总承包项目在永久性标牌、质量终身责任信息表中应当增加工程总承包单位及其项目经理信息。

续表

正式发布版	征求意见稿(2019 年 5 月 17 日版)	征求意见稿(2017 年 12 月 26 日版)
第二十七条 (法律责任)工程总承包单位和工程总承包项目经理在设计、施工活动中有转包违法分包等违法违规行为或者造成工程质量安全事故的,按照法律法规对设计、施工单位及其项目负责人相同违法违规行为的规定追究责任。	**第三十七条** (法律责任)工程总承包单位和工程总承包项目经理在设计、施工活动中有违法违规行为的,按照法律法规对设计、施工单位及其项目负责人相同违法违规行为的规定追究责任。	**第三十九条** (法律责任)工程总承包活动中,有违反《中华人民共和国建筑法》《中华人民共和国招标投标法》《建设工程勘察设计管理条例》《建设工程质量管理条例》《建设工程安全生产管理条例》等法律法规的,按照相应处罚规定追究工程总承包单位和工程总承包项目经理的法律责任。
第四章 附 则	**第五章 附 则**	**第五章 附 则**
第二十八条 (实施日期)本办法自 2020 年 3 月 1 日起施行。	**第三十八条** (实施日期)本办法自 年 月 日起施行。	**第四十条** (实施日期)本办法自 年 月 日起施行。

图书在版编目(CIP)数据

工程总承包实务问答 / 朱树英著. -- 北京 : 法律出版社, 2020(2020.4 重印)
ISBN 978 -7 -5197 -4255 -3

Ⅰ. ①工… Ⅱ. ①朱… Ⅲ. ①建筑工程－承包工程－法律－中国－问题解答 Ⅳ. ①D922.297.5

中国版本图书馆 CIP 数据核字(2020)第 026665 号

工程总承包实务问答
GONGCHENG ZONGCHENGBAO SHIWU WENDA

朱树英 著

策划编辑 冯雨春
责任编辑 冯雨春
装帧设计 完 颖 李 瞻

出版 法律出版社
总发行 中国法律图书有限公司
经销 新华书店
印刷 固安华明印业有限公司
责任印制 吕亚莉

编辑统筹 法律应用出版分社
开本 710 毫米×1000 毫米 1/16
印张 35.75
字数 620 千
版本 2020 年 3 月第 1 版
印次 2020 年 4 月第 2 次印刷

法律出版社/北京市丰台区莲花池西里 7 号(100073)
网址/www. lawpress. com. cn
投稿邮箱/info@ lawpress. com. cn
举报维权邮箱/jbwq@ lawpress. com. cn
销售热线/400 -660 -8393
咨询电话/010 -63939796

中国法律图书有限公司/北京市丰台区莲花池西里 7 号(100073)
全国各地中法图分、子公司销售电话：
统一销售客服/400 -660 -8393/6393
第一法律书店/010 -83938432/8433
西安分公司/029 -85330678
重庆分公司/023 -67453036
上海分公司/021 -62071010/1636
深圳分公司/0755 -83072995

书号:ISBN 978 -7 -5197 -4255 -3
定价:158.00 元